„Life Cycle Costing“ als Instrument nachhaltiger öffentlicher Auftragsvergabe

Europäische Hochschulschriften Recht

European University Studies in Law

Publications Universitaires Européennes de Droit

Band/Volume 6116

Anne Kathrin Henzel

„Life Cycle Costing" als Instrument nachhaltiger öffentlicher Auftragsvergabe

PETER LANG

Bibliografische Information der Deutschen Nationalbibliothek
Die Deutsche Nationalbibliothek verzeichnet diese Publikation in der Deutschen Nationalbibliografie; detaillierte bibliografische Daten sind im Internet über http://dnb.d-nb.de abrufbar.

Zugl.: Siegen, Univ., Diss., 2018

D 467
ISSN 0531-7312
ISBN 978-3-631-80140-6 (Print)
E-ISBN 978-3-631-80141-3 (E-PDF)
E-ISBN 978-3-631-80142-0 (EPUB)
E-ISBN 978-3-631-80143-7 (MOBI)
DOI 10.3726/b16138

Peter Lang – Berlin · Bern · Bruxelles · New York · Oxford · Warszawa · Wien

Diese Publikation wurde begutachtet.

www.peterlang.com

Meinen Eltern

Danksagung

Die vorliegende Arbeit wurde im Wintersemester 2018/2019 von der Fakultät III Wirtschaftswissenschaften, Wirtschaftsinformatik und Wirtschaftsrecht der Universität Siegen als Dissertation angenommen. Sie befindet sich auf dem Stand von Winter 2017.

Meinem Doktorvater Herrn Prof. Dr. Peter Krebs danke ich herzlich für die Betreuung der Arbeit und für seine wissenschaftliche Unterstützung. Bei Herrn Prof. Dr. Marc Bungenberg, LL.M. bedanke ich mich für die Erstellung des Zweitgutachtens.

Besonders möchte ich an dieser Stelle auch meiner Familie und meinem Mann für die unermüdliche Stärkung und Motivierung danken, sowie für das stets offene Ohr für meine Gedanken.

Frankfurt, im Juni 2019
Anne Kathrin Henzel

Inhaltsverzeichnis

Abkürzungsverzeichnis

a.A.	Anderer Ansicht
a.F.	Alte Fassung
BIP	Bruttoinlandsprodukt
BKR	Baukoordinierungsrichtlinie
BMVBS	Bundesministerium für Verkehr, Bau und Stadtentwicklung
BMWi	Bundesministerium für Wirtschaft und Energie
BNP	Bewertungssysteme nachhaltiges Bauen
CO_2	Kohlendioxid
DGNB	Deutsche Gesellschaft für Nachhaltiges Bauen
DoD	Department of Defense (US-Verteidigungsministerium)
DVA	Deutscher Vergabe- und Vertragsausschuss
ELCA	Environmental Life Cycle Assessment
ELCC	Environmental Life Cycle Costing
EMAS	Eco-Management and Audit Scheme
EoL	End-of-Life
et al.	et alii
F&E	Forschung und Entwicklung
GD	Generaldirektion
GOA	General Accounting Office
GPA	Government Procurement Agreement
GPP	Green Public Procurement
HGrG	Haushaltsgrundsätzegesetz
HOAI	Honorarordnung für Architekten und Ingenieure
i.V.m.	in Verbindung mit
i.V.z.	im Verhältnis zu
ILCD	International Reference Life Cycle Data System
ILO-Kriterien	Internationale Arbeitsorganisation
IPCC	Intergovernmental Panel on Climate Change
IT	Informationstechnik
KMU	Kleine und mittlere Unternehmen
LCA	Life Cycle Assessment
LCC	Life Cycle Costing
LCSA	Life Cycle Sustainability Assessment
LKR	Lieferkoordinierungsrichtlinie
LTTG	Landestariftreuegesetz
o.V.	ohne Verfasser

OECD	Organisation für wirtschaftliche Zusammenarbeit und Entwicklung
PLCM	Product Life Cycle Management
RELIEF	Environmental Relief Potential of Urban Action on Avoidance and Detoxification of Waste Streams through Green Public Procurement
S-LCA	Societal oder Social Life Cycle Assessment
SektVO	Sektorenverordnung
SELCA	Social and Environmental Life Cycle Assessment
SETAC	Society of Environmental Toxicology and Chemistry
SKR	Sektorenkoordinierungsrichtlinie
SLCC	Societal oder Social Life Cycle Costing
SO_x	Schwefeloxidverbindungen
TC	Target Costing
TCO	Total Cost of Ownership
TVgG-NRW	Tariftreue- und Vergabegesetz NRW
UfAB	Unterlage für Ausschreibung und Bewertung von IT-Leistungen
UN	United Nations
UNEP	United Nations Environment Programme
UVgO	Unterschwellenvergabeordnung
VDMA	Verband Deutscher Maschinen- und Anlagenbauer e.V.
VergRModG	Vergaberechtsmodernisierungsgesetz
VergRModVO	Vergaberechtsmodernisierungsverordnung
VgRÄG	Vergaberechtsänderungsgesetz
VOF	Vergabeordnung für freiberufliche Leistungen
VOL	Vergabe- und Vertragsordnung für Leistungen
VOB	Vergabe- und Vertragsordnung für Bauleistungen
WLC	Whole Life Costing-Ansatz
WLCC	Whole Life-Cycle Costing

Kapitel 1: Einleitung

A. Bedeutung

Das Wort „Nachhaltigkeit" oder „Sustainability" ist heutzutage so allgegenwärtig, dass es teilweise als überstrapaziert empfunden wird.[1] Man spricht von einer „inflationären Verwendung" bis hin zum Mantra.[2] Diese Einschätzung korreliert mit dem Bekanntheitsgrad von Nachhaltigkeit in der deutschen Bevölkerung: Während zur Jahrtausendwende gerade einmal 13 Prozent den Begriff einordnen konnten, waren es 2010 bereits 43 Prozent.[3] Es wird befürchtet, dass Folge der hohen Frequenz der Verwendung eine Begriffsverwässerung oder gar Verwirrung sei.[4] Einige (wenige?) Unternehmen versuchen dies zu ihrem Vorteil zu nutzen, indem sie nachhaltiges Engagement zu Unrecht für sich in Anspruch nehmen; ein Verhalten, das international als „greenwashing" bezeichnet wird.[5] So rühmt sich beispielsweise der Marktführer Nespresso auf seinen Packungen mit der Einhaltung des Nestlé-Labels „ecolaboration AAA Sustainable Quality Programm".[6] Hierbei handelt es sich um ein Stufenprogramm, das bereits angegeben werden darf, wenn der Kaffeebauer nur die Mindestanforderungen erfüllt.[7] Diese umfassen allerdings weder die Zahlung eines Mindestlohnes auf den Plantagen, noch die Einhaltung der ILO-Kriterien.[8]

---

1 Hamberger, Vorbemerkung Sylviacultura Oeconomica, S. 10, Rn. 5; Vogt, Prinzip Nachhaltigkeit, S. 110 f.; Grober bezeichnet Nachhaltigkeit als „sperrige[n] Begriff" auf S. 1 des Essays „Ein sperriger Begriff: über die Erfindung von Nachhaltigkeit" in „Scheidewege. Jahresschrift für skeptisches Denken", Band 38, Jahrgang 2008/2009.

2 Grober, Die Entdeckung der Nachhaltigkeit, S. 16; Renn/Deuschle/Jäger/Weimer-Jehle, Leitbild Nachhaltigkeit, S. 9.

3 Borgstedt/Christ/Reusswig, Umweltbewusstsein in Deutschland 2010, S. 40, in: http://www.umweltbundesamt.de/sites/default/files/medien/publikation/long/4045.pdf, abgerufen am 08.12.2016.

4 Bolz, UPR 2012, 433; Grober, Die Entdeckung der Nachhaltigkeit, S. 16; Bückmann UPR 2009, 407, 409; bei Vogt, Prinzip Nachhaltigkeit, auf S. 111 findet sich eine Auflistung verschiedener – meist negativer – Assoziationen inklusive Nachweises mit dem Begriff, wie etwa „Leerformel", „Alleskleber" oder „Containerbegriff".

5 Schrader, ZUR 2013, 451 f.; Balitzki, GRUR 2013, 670, 672.

6 Vgl. auch die Hinweise des Webauftritts: Nestlé Nespresso S.A., AAA: Die langfristige Verpflichtung von Nespresso gegenüber den Bauern, in: http://www.nespresso.com/ecolaboration/de/de/article/8/1899/aaa-die-langfristige-verpflichtung-von-nespresso-gegenuber-den-bauern.html, abgerufen am 08.12.2016.

7 Öko-Test, 10|2013, S. 37, in: http://www.oekotest.de/cgi/index.cgi?artnr=102798&bernr=04, abgerufen am 08.12.2016.

8 Öko-Test, 10|2013, S. 37, in: http://www.oekotest.de/cgi/index.cgi?artnr=102798&bernr=04, abgerufen am 08.12.2016.

Die Wissenschaftsgemeinde hat sich des Themas Nachhaltigkeit in einer großen Anzahl an Veröffentlichungen angenommen. Eine Analyse der Entwicklung des Konzepts „Nachhaltigkeit" ergab, dass sich in der englischsprachigen Literatur zwischen den Jahren 1973 und Ende 2009 37.000 verschiedene Autoren aus über 174 Ländern und Regionen sowie 2.206 Städten weltweit in über 20.000 Veröffentlichungen mit Nachhaltigkeitsforschung befassten.[9] Dies ist eine ganz erstaunliche Anzahl an wissenschaftlichen Veröffentlichungen, die das stetig wachsende Interesse und die gesteigerte Bedeutung der Nachhaltigkeitsforschung verdeutlicht.

In diesen Kontext ordnet sich diese Forschungsarbeit wie folgt ein: Es wird untersucht, wie sich das Instrument des „Life Cycle Costing" (nachfolgend: „LCC")[10]. einsetzen lässt, um eine nachhaltige öffentliche Auftragsvergabe sicherzustellen. Damit wird ein gewichtiger Teilaspekt der Nachhaltigkeitsforschung behandelt. Denn das öffentliche Beschaffungswesen spielt mit einem Anteil von etwa einem Fünftel des BIP der EU eine bedeutende Rolle in der europäischen Wirtschaft.[11] Die Gesamtausgaben der öffentlichen Hand und der Versorgungsbetriebe für Waren, Bau- und Dienstleistungen – ausgenommen Verteidigungs- und Sektorenbeschaffung – betrugen im Jahr 2015 einer Schätzung der Europäischen Kommission zufolge 2015,3 Milliarden Euro („total general government public procurement expenditure")[12] und machten damit einen Anteil von 13,1 Prozent des BIP der EU aus.[13] Der auf Deutschland entfallende Anteil im gleichen Jahr wurde von der Kommission mit 461,7 Milliarden Euro angegeben[14], was einem Anteil von 13,7% des Bruttoinlandsproduktes entsprach.[15]

Bund, Länder und Kommunen verfügen über ein sehr großes Marktpotenzial[16], dessen Hebelwirkung sich prima facie hervorragend zur Verwirklichung

9 Bettencourt/Kaur, Evolution and structure of sustainability science, PNAS 2011, vol. 108, no. 492011, 19541, in: http://www.pnas.org/content/108/49/19540.full.pdf, abgerufen am 08.12.2016 und Supporting Information, in: http://www.pnas.org/content/suppl/2011/11/23/1102712108.DCSupplemental/pnas.1102712108_SI.pdf#STXT, abgerufen am 08.12.2016.

10 Die Abkürzung LCC wird vorliegend synonym für „Life Cycle Costing" und „Lebenszykluskostenrechnung" eingesetzt.

11 Commission Staff Working Document: Annual Public Procurement Implementation Review 2012, SWD(2012) 342 final, S. 6.

12 Europäische Kommission, Public Procurement Indicators 2015, S. 1, in: http://ec.europa.eu/DocsRoom/documents/20679, abgerufen am 09.09.2017.

13 Europäische Kommission, Public Procurement Indicators 2015, S. 1, in: http://ec.europa.eu/DocsRoom/documents/20679, abgerufen am 09.09.2017.

14 Europäische Kommission, Public Procurement Indicators 2014, S. 8, in: http://ec.europa.eu/DocsRoom/documents/20679, abgerufen am 09.09.2017.

15 Statista GmbH, Bruttoinlandsprodukt (BIP) in Deutschland von 1991 bis 2015, in: https://de.statista.com/statistik/daten/studie/1251/umfrage/entwicklung-des-bruttoinlandsprodukts-seit-dem-jahr-1991/, abgerufen am 08.12.2016.

16 BMUB, Die öffentliche Beschaffung – ein Hebel für Klimaschutz und Zukunftsmärkte!, in: http://www.bmu.de/fileadmin/Daten_BMU/Download_PDF/

nachhaltiger Ziele anbietet. Diese Marktmacht wird allerdings durch das Vergaberechtsregime begrenzt, das unter anderem sicherstellen soll, dass der öffentliche Auftraggeber die Sach- und Personalmittel zu den preiswertesten und besten Konditionen beschafft. Die im Rahmen der Beschaffung von Gütern, Dienstleistungen und Bauaufträgen aufgewendeten Steuergelder sollen das beste Preis-Leistungsverhältnis erzielen. Auf europäischer Ebene wird der Ausdruck „best value for tax payer's money" verwendet.[17]

Was ist allerdings darunter zu verstehen und wie kann dies sichergestellt werden? Die für den Zuschlag maßgeblichen Normen des Vergaberechts sind wenig aufschlussreich, sondern werfen nur ihrerseits Fragen auf. Wie genau ist das beste Preis-Leistungsverhältnis zu ermitteln? Dasselbe gilt für die „Nur-Preis" bzw. „Nur-Kosten" Vergabe. Kann ausschließlich die Höhe des geforderten Betrages maßgeblich sein, oder sind etwaige Folgekosten wie etwa Wartung oder Entsorgung mit in Betracht zu ziehen?

Ein einprägsames Beispiel für die Einbeziehung etwaiger Folgekosten ist der Kauf eines Druckers. Fallen während der Nutzung eines günstigen Produktes durch den Kauf teurer Druckerpatronen hohe Folgekosten an, so kann die Anschaffung eines teureren Druckers gerechtfertigt sein.[18] Etwas vereinfacht dargestellt folgt die Kaufentscheidung für oder gegen den günstigen Drucker den Grundsätzen des LCC.

Der Begriff des LCC wird uneinheitlich verwendet. Grundsätzlich handelt es sich hierbei um eine Kosten-Management Methode, die die Kosten eines Produktes oder einer (Bau-)Leistung während des gesamten Lebenszyklus betrachtet. Im Englischen spricht man von „cradle to grave" oder „cradle to cradle" analysis. Typischerweise werden in die Analyse Anschaffungskosten, Betriebskosten, Wartungskosten sowie die Entsorgungskosten am Ende der Lebensdauer mit einbezogen.

Öffentliche Auftraggeber sollten auf dieses Instrument zurückgreifen, weil zum Zeitpunkt der Erteilung des Zuschlages an einen Bieter nicht alle relevanten Kosten sichtbar sind. Mit einem Produkt, einer Dienst- oder einer Bauleistung werden häufig Folgekosten verbunden sein, die nur schwer abzuschätzen sind.[19] So können sich höhere Anschaffungskosten im Vergleich zum Konkurrenzprodukt amortisieren, wenn die Gesamtbetriebskosten unter denen des auf den ersten Blick günstigeren Produktes liegen. Die hinter einer Lebenszykluskostenrechnung stehende Grundidee ist es, Einsparungen auf lange Sicht zu generieren. LCC soll dazu

Produkte_und_Umwelt/mckinseystudie_papier_beschaffung.pdf abgerufen am 08.12.2016.

17 Kulartz/Scholz, VergabeR 2014, 109 f.

18 Geißdörfer verwendet dieses Beispiel auf S. 61 in Total Cost of Ownership (TCO) und Life Cycle Costing (LCC) aus Sicht des LCC im Controlling.

19 Swarr/Hunkeler/Klöpffer/Pesonen/Ciroth/Brent/Pagan, Environmental Life Cycle Costing: A code of Practice, S. 1 allgemein für Produkte und Investitionen.

dienen, den Impuls zu überwinden, dem „günstigsten" Angebot den Zuschlag zu erteilen und damit im Ergebnis öffentliche Ausgaben reduzieren.

So verstanden ist LCC vordergründig nur eine Methode zur mathematisch betriebswirtschaftlichen Beurteilung von Lebenszykluskosten eines Beschaffungsgegenstandes. „Nachhaltigkeit" wird eher mit Umweltbelangen assoziiert.[20] Bindet der öffentliche Auftraggeber hierauf bezogene Überlegungen in die Lebenszykluskostenrechnung ein, so verändert sich auch das Begriffsverständnis von LCC. In die Lebenszykluskostenrechnung gehen dann auch die Vorteile ein, die nicht nur isoliert für die die Vergabeentscheidung treffende Organisation bedeutsam sind, sondern auch solche für die Umwelt, die Gesellschaft und die Wirtschaft. Nach diesem erweiterten Verständnis werden in ein LCC auch ökologische- und soziale Belange einbezogen. Die hieraus resultierende uneinheitliche und vielschichtige Definition des LCC und die sich hieraus ergebenden juristischen und zum Teil wirtschaftlichen Konsequenzen werden nachfolgend untersucht.

Über die Häufigkeit des Einsatzes von LCC-Modellen im Rahmen der öffentlichen Beschaffung ist man sich uneins.[21] Allerdings ergab die seitens der Europäischen Kommission im Jahr 2011 in Auftrag gegebene Studie „The Uptake of Green Public Procurement in the EU 27"[22], dass 26% der von der öffentlichen Hand in der

---

20 Eine forsa Umfrage aus dem Jahr 2012 ergab, dass lediglich 8% der Befragten Nachhaltigkeit dem Umwelt- und Naturschutz zuordneten. Damit lag diese Assoziation mit der dritten Säule der Nachhaltigkeit, dem nachhaltigen wirtschaften, gleichauf. Mit sozialen Aspekten assoziierten den Begriff hingegen nur 2%. BMBF, Forsa-Umfrage im Wissenschaftsjahr Zukunftsprojekt ERDE: Viele Deutsche wissen nicht, was Nachhaltigkeit, in: http://www.zukunftsprojekt-erde.de/fileadmin/de.wissenschaftsjahr-2012/content_de/Presse/Downloads/WJ2012_Dokument_Ergebnisse_Forsa-Studie.pdf, abgerufen am 08.12.2016; Eine Studie des Folgejahres des GfK Vereins ergab, dass die Menschen den Begriff am häufigsten mit Natur und Umwelt verknüpfen: GfK Verein, Pressemitteilung: Nachhaltigkeit – in vieler Munde und in immer mehr Köpfen, Nürnberg 2013, http://www.gfk-verein.org/sites/default/files/medien/34/dokumente/pm_gfk_verein_nachhaltigkeit_13_dt.pdf; abgerufen am 08.12.2016.

21 Während manche davon ausgehen, dass LCC bereits derzeit häufig zur Anwendung kommt, wie etwa Dragos/Neamtu, EPPPL 2013, 19 f., nehmen wieder andere an, dass dies aufgrund bestehender Hindernisse nicht der Fall ist: Swarr/Hunkeler/Klöpffer/Pesonen/Ciroth/Brent/Pagan, Environmental Life Cycle Costing: A code of Practice, S. 85. Zu der weltweit begrenzten Anwendung von LCC: Valdivia/Ugaya/Hildenbrand/Traverso/Mazijn/Sonnemann, Int J LCA 2013, 1673, 1674.

22 Renda/Pelkmans/Egenhofer/Schrefler/Luchetta/Selçuki/Ballesteros/Zirnhel, The Uptake of Green Public Procurement in the EU 27, in: http://ec.europa.eu/environment/gpp/pdf/CEPS-CoE-GPP%20MAIN%20REPORT.pdf, abgerufen am 08.12.2016 bzw. die Anhänge in: http://ec.europa.eu/environment/gpp/pdf/CEPS-CoE-GPP%20ANNEXES.pdf, abgerufen am 07.12.2016.

EU unterzeichneten Verträge alle Kern GPP-Kriterien[23] berücksichtigten. Ganze 55% der Verträge enthielten mindestens eines dieser Kriterien. Eine Vorreiterrolle übernehmen Dänemark, Belgien, die Niederlande und Schweden[24]. Das Niveau der Umweltfreundlichkeit der Beschaffung variiert stark innerhalb der EU. Von besonderem Gewicht für diese Forschungsarbeit ist das Ergebnis der Studie, dass die Anschaffungskosten nach wie vor das vorherrschende Kriterium im Rahmen des Zuschlages ist. Ganze 64% der Befragten gaben an, in erster Linie den niedrigsten Preis als entscheidendes Kriterium zu verwenden, während nur eine Minorität überwiegend Lebenszyklusbewertungsmethoden einsetzt.[25]

Auf europäischer Ebene wurden Anstrengungen unternommen, den Weg für LCC-Methoden in das Vergabeverfahren zu ebnen, indem für bestimmte Bereiche Standardmodelle entwickelt wurden. Hierzu zählt das von der Europäischen Kommission geförderte "Clean Fleets" Projekt, das eine LCC-Berechnungshilfe der über die Lebensdauer von Straßenverkehrsfahrzeugen anfallenden externen Kosten für die Beschaffung sauberer Straßenfahrzeuge zur Verfügung stellt.[26] Auch im Bereich Bauleistungen existiert eine Methode für LCC in Entwurfsform[27], um nur zwei Beispiele zu nennen.

Der wachsenden Bedeutung dieses Bereichs wurde im Rahmen der Reform des europäischen Vergaberechts Rechnung getragen. Die neue Vergaberichtlinie 2014/24/EU[28] (nachfolgend: „VRL“[29]) erkennt eine umweltfreundliche und nachhaltige öffentliche Beschaffung nunmehr an. Die VRL musste von den Mitgliedstaaten innerhalb von zwei Jahren, also bis zum 18.04.2016, in nationales Recht umgesetzt werden.[30]

Dies gilt auch für Artikel 68 VRL, der erstmalig eine Regelung zum LCC enthält. Unter der Überschrift Lebenszykluskostenrechnung regelt die Vorschrift die

---

23 Siehe Anhang F, S. 185 f. zu der Studie: Renda/Pelkmans/Egenhofer/Schrefler/Luchetta/Selçuki/Ballesteros/Zirnhel, The Uptake of Green Public Procurement in the EU 27, Brüssel 2012, in: http://ec.europa.eu/environment/gpp/pdf/CEPS-CoE-GPP%20MAIN%20REPORT.pdf, abgerufen am 08.12.2016 bzw. die Anhänge in: http://ec.europa.eu/environment/gpp/pdf/CEPS-CoE-GPP%20ANNEXES.pdf, abgerufen am 07.12.2016; ausführlich hierzu: *Schäfer* in: FS für Marx, S. 657–676.

24 In 40–60% der Fälle wurden alle Kern-GPP Kriterien angewandt.

25 Renda/Pelkmans/Egenhofer/Schrefler/Luchetta/Selçuki/Ballesteros/Zirnhel, The Uptake of Green Public Procurement in the EU 27, Brüssel 2012, S. 5, Main Finding, No. 7, in: http://ec.europa.eu/environment/gpp/pdf/CEPS-CoE-GPP%20MAIN%20REPORT.pdf, abgerufen am 08.12.2016.

26 Vgl. Fn. 297

27 Vgl. 465.

28 Richtlinie 2014/24/EU des Europäischen Parlaments und des Rates vom 26.02.2014 über die öffentliche Auftragsvergabe und zur Aufhebung der Richtlinie 2004/18/EG, ABl. L 93 v. 28.03.2014, S. 65–242.

29 VRL als Abkürzung für Vergaberichtlinie.

30 Vgl. Artikel 90 Abs. 1 VRL.

einzubeziehenden Kosten sowie Anforderungen an das zu verwendende Modell. Nach der neuen Regelung soll, sofern eine gemeinsame Methode für die Berechnung der Lebenszykluskosten in einem Rechtsakt der Union begründet ist, diese auch angewendet werden.

Die nachfolgende Analyse erfolgt aus der Sicht des öffentlichen Auftragswesens, weshalb es auf das im Vergaberechtsregime etablierte Verständnis von LCC sowie auf dessen rechtlichen Rahmen zur Beurteilung von Gestaltungsmöglichkeiten von LCC-Vorgaben ankommt.

B. Zielsetzung

Ziel dieser Forschungsarbeit ist die Untersuchung des möglichen Beitrages eines LCC-Modells zu einer nachhaltigen öffentlichen Auftragsvergabe anhand der Bewertung der Einsatzmöglichkeiten und Grenzen von LCC durch eine Analyse des europäischen sowie innerstaatlichen rechtlichen Rahmens. Die nachfolgende Darstellung erfolgt also de lege lata. Die Erarbeitung eines „one fits all" LCC-Modells wird nicht angestrebt, da dies angesichts der Heterogenität der zu beschaffenden Produkte bzw. der Bau- und Dienstleistungen kaum gelingen dürfte. Die Ergebnisse dieser Arbeit sollen vielmehr als Leitfaden dienen, indem sie unter Zugrundelegung des geltenden Rechts und der Heranziehung bereits existenter Standardmodelle den Einsatz einer LCC-Methode erleichtern. Die gefundenen Thesen sollen öffentlichen Auftraggebern den Weg ebnen, LCC in einem Vergabeverfahren über Zuschlagskriterien einzusetzen. Hierin liegt ein Beitrag zur Nachhaltigkeitsforschung auf dem Gebiet des öffentlichen Auftragswesens, der seinerseits nachhaltig ist. Für die verschiedenen Gegenstände öffentlicher Beschaffung gibt es eine beträchtliche Anzahl an verschiedenen LCC-Modellen, die einem ständigen Wandel unterliegen. Das Ergebnis dieser Forschung kann auf diese Entwicklungen reagieren und ist damit längerfristiger werthaltig, als es ein „one fits all" Modell sein könnte.

Idealerweise kann auf diese Weise das beträchtliche volkswirtschaftliche Potenzial öffentlicher Beschaffung „optimiert" und zugleich zur Durchsetzung umweltpolitischer und sozialer Belange eingesetzt werden. Gleichermaßen können die Forschungsergebnisse Bietern aus der Privatwirtschaft eine Hilfestellung bei der Formulierung ihrer Angebote geben.

C. Forschungshypothese und -fragen

Aus der besonderen Bedeutung (A) und der Zielsetzung (B) kann folgende grundlegende Forschungshypothese abgeleitet werden:

LCC kann einen effektiven Beitrag zu einer nachhaltigen öffentlichen Auftragsvergabe im vorgesehenen rechtlichen Rahmen leisten.

Diese Forschungshypothese mündet in die leitende Forschungsfrage:

Wie kann das Instrument des LCC einen effektiven Beitrag zur Umsetzung einer nachhaltigen öffentlichen Auftragsvergabe leisten?

In Übereinstimmung mit der Zielsetzung dieser Forschungsarbeit kann diese Leitfrage in Teilfragen untergliedert werden:

1. Welche Voraussetzungen stellt das Vergaberechtsregime an den Einsatz von LCC und sind diese förderlich oder eher hinderlich?
2. Muss sich der Einsatz eines LCC Modells an den Maßstäben der Grundsätze der Auftragsvergabe messen lassen und begegnen diese wirksam den Risiken von LCC (wie etwa einer Ungleichbehandlung der Bieter und der Gefahr der Diskriminierung)?
3. Ergeben sich weitere primärrechtliche Grenzen aus Sicht des nationalen öffentlichen Auftraggebers?
4. Welches Gewicht darf dem LCC in der Zuschlagsentscheidung zukommen?
5. Welche Möglichkeiten bietet das LCC-Instrument im Hinblick auf strategische Ziele und sind ihm hinsichtlich der Einbeziehung auch sozialer Anforderungen Grenzen gesetzt?

Kapitel 2: Nachhaltigkeit und LCC

A. Der Begriff „Nachhaltigkeit“

Längst ist Nachhaltigkeit nicht nur ein politisches, sondern auch ein gesellschaftliches und damit normatives Leitbild, was manche zu der Annahme veranlasst, der Begriff sei gar nicht wissenschaftlich bestimmbar.[31] Gleichwohl unternimmt der Duden in seiner aktuellen Fassung den Versuch einer Definition. Nachhaltigkeit bedeutet hiernach längere Zeit anhaltende Wirkung.[32] Das dazugehörige, seit dem Ende des 18. Jahrhunderts etymologisch bezeugte Adjektiv geht zurück auf das veraltete Nomen „Nachhalt“, also etwas, das man für Notzeiten zurückbehält.[33] Nachhaltigkeit wird daher auch als Kind der Krise bezeichnet.[34]

I. Herkunft und Entstehungsgeschichte des Begriffs „Nachhaltigkeit“

1. Ursprünge von Nachhaltigkeit

Nachhaltigkeit beschreibt ein forstwirtschaftliches Prinzip, nicht mehr Holz zu fällen, als jeweils nachwachsen kann.[35] Diese Wortbedeutung ist zugleich der überraschende etymologische Ursprung von „Nachhaltigkeit“. Der Begriff wurde vor über 300 Jahren von Hans Carl von Carlowitz, einem Oberberghauptmann aus der Silberstadt Freiberg in Sachsen, in seinem forstwirtschaftlichen Werk „Sylviacultura Oeconomica oder Haußwirtschaftliche Nachricht und Naturgemäße Anweisung zur Wilden Baum-Zucht“ von 1713 geprägt.[36] Er wird gar als Erfinder der

31 Grunwald/Kopfmüller, Nachhaltigkeit, S. 11; Tremmel, Nachhaltigkeit als politische und analytische Kategorie, S. 85 mit weiteren Nachweisen in Fn. 247.

32 Dudenverlag, Nachhaltigkeit, in: http://www.duden.de/rechtschreibung/Nachhaltigkeit, abgerufen am 08.12.2016.

33 Duden, Das Herkunftswörterbuch, S. 581.

34 Grober, Natur und Kultur 2002, S. 127, in: http://www.umweltethik.at/wp/wp-content/uploads/GroberTiefeWurzeln.pdf, abgerufen am 08.12.2016; Pufé, Nachhaltigkeit, S. 30.

35 Grober, Die Entdeckung der Nachhaltigkeit, S. 21; Carlowitz, Einführung Sylviacultura Oeconomica, XI; *Hipp* in: Nachhaltigkeit als Prinzip für die Zukunft, S. 31; Renn/Deuschle/Jäger/Weimer-Jehle, Leitbild Nachhaltigkeit, S. 9.

36 Brackmann, VergabeR 2014, 310; Hamberger, Vorbemerkung, Sylviacultura Oeconomica, S. 9; Vogel, DS 2009, 127; Grunwald/Kopfmüller, Nachhaltigkeit, S. 18 die darauf hinweisen, dass die Sylviacultura Oeconomica vielfach als erste Erwähnung genannt wird; Renn/Deuschle/Jäger/Weimer-Jehle, Leitbild Nachhaltigkeit, S. 9.

Nachhaltigkeit bezeichnet.[37] Wenngleich das Substantiv „Nachhaltigkeit" nicht wörtlich, sondern als „nachhaltend nutzen" auftaucht, bringt folgender, vielzitierter Satz[38] das Prinzip deutlich zur Geltung:

> „Wir derhalben die größte Kunst/Wissenschaft/Fleiß und Einrichtung hiesiger Lande darinnen beruhen/wie eine sothane Conservation und Anbau des Holtzes anzustellen/*dass es eine continuierliche beständige und nachhaltende Nutzung gebe*/weiln es eine unentbehrliche Sache ist/ohne welche das Land in seinem Esse nicht bleiben mag."[39]

Die aus dem zunehmenden industriellen Holzbedarf resultierende Knappheit des Forstbestandes veranlasste die Forstwirtschaft, kurzfristige ökonomische Erwägungen gegenüber langfristigen hintanzustellen.[40] Die Sylviacultura Oeconomica von 1713 beschrieb eine Bewirtschaftungsweise, die zwar einen möglichst hohen, zugleich aber dauerhaften Holzertrag der Wälder sicherstellen sollte.[41]

Der Verdienst von Oberberghauptmann Hans Carl von Carlowitz bestand vor allen Dingen darin, dass seine gewählte Formulierung sprachprägend wurde. War doch das grundlegende Konzept der Nachhaltigkeit in der Nutzung der natürlichen Ressourcen bereits seit Jahrhunderten bekannt.[42] Beispielhaft aufzuführen ist hier etwa der in China oder Indonesien praktizierte Reisterrassenanbau oder der Fischfang der Inuit, bei denen der natürliche Bestand dauerhaft genutzt, jedoch nicht unwiederbringlich aufgebraucht wurde.[43] Auch die in Zentraleuropa im Mittelalter eingeführte Drei-Felder-Wirtschaft ist ein im heutigen Sinne nachhaltiges

---

37 So zumindest Grober, Der Erfinder der Nachhaltigkeit, Die Zeit vom 25.11.1999, in: http://www.zeit.de/1999/48/Der_Erfinder_der_Nachhaltigkeit, abgerufen am 07.12.2016; Tremmel, Nachhaltigkeit als politische und analytische Kategorie, S. 96; ders. S. 97 mit Verweis auf forstwirtschaftliche Literatur, nach der es zumindest unpräzise ist, von Carlowitz als alleinigen Erfinder der Nachhaltigkeit zu bezeichnen.

38 Hamberger, Vorbemerkung Sylviacultura Oeconomica, S. 9.

39 Hervorhebung von der Verfasserin; Carlowitz, Sylvicultura Oeconomica, Buch I, Kapitel 7, § 20.

40 Brackmann, VergabeR 2014, 310; Carlowitz, Einführung Sylviacultura Oeconomica, X; Vogel, DS 2009, 127.

41 Grunwald/Kopfmüller, Nachhaltigkeit, S. 18; Nachhaltigkeit – Eine Erfindung der Forstwirtschaft, WBP 2014, 500; Um 1930 hielt dieses Prinzip auch unter dem Ausdruck „maximum sustainable yield" in die Fischereiwirtschaft Einzug, Mesnil, Marine Policy 2012, 473.

42 Grober bezeichnet Nachhaltigkeit als „unser ursprünglichstes Weltkulturerbe", Die Entdeckung der Nachhaltigkeit, S. 13.

43 Pinner, Nachhaltig investieren und gewinnen: Profitieren vom ökologischen Megatrend, S. 23; weitere Beispiele bei Hardtke/Prehn, Perspektiven der Nachhaltigkeit, S. 24 wie etwa die Bewirtschaftung von Weideland in den Alpen vom 17. bis zur Mitte des 20. Jahrhunderts.

Konzept.[44] In der Sylviacultura Oeconomica wurden diese Überlegungen zum ersten Mal festgeschrieben. Die zeitgeschichtliche Einordnung ihres Erscheinens im Zeitalter der Aufklärung, sowie die durch den Buchdruck ermöglichte neue Öffentlichkeit, spielte für die Verbreitung des Konzeptes eine entscheidende Rolle. Hans Carl von Carlowitz ist also insofern „Erfinder der Nachhaltigkeit“, als dass er mit seinem Werk den Grundstein der Wissenschaftlichkeit von Nachhaltigkeit legte.

Im Zuge der Industriellen Revolution entstanden erste wissenschaftliche Ansätze zu Beständigkeit, Stabilität und Belastungsgrenzen von Wirtschaft und Gesellschaft.[45] Der Faktor Natur, wie etwa der Boden als Grundlage der Ernährung, wurde gerade zu Beginn der wirtschaftswissenschaftlichen Forschung als besonders gewichtig erachtet.[46] So auch in der von Sir John Stuart Mill (1806–1873) entwickelten Idee einer stationären Wirtschaft, die neben ethischen und Gerechtigkeitsaspekten auch Erwägungen beinhaltete, die man heute als Ressourcenschonung versteht.[47] Sein Werk „The Stationary State“ von 1848 schließt er mit einem bewegenden Plädoyer für die Erhaltung der Schönheit der Natur ab.[48] Am geläufigsten dürfte das von Thomas Robert Malthus festgestellte Missverhältnis zwischen dem im Nachgang der Industriellen Revolution aufgetretenen Bevölkerungswachstum in England, zu der vorhandenen Ressourcenmenge sein, das ihn zu der düsteren Prognose von Hungersnöten, Epidemien und Kriegen veranlasste.[49]

Seine These sollte sich nicht bewahrheiten. Trotz der verbesserten Nahrungsmittelversorgung, die durch fortschrittliche Methoden in Land- und Ernährungswirtschaft ermöglicht wurde, stieg die Bevölkerungszahl nicht in dem vorhergesagten

---

44 Pinner, Nachhaltig investieren und gewinnen: Profitieren vom ökologischen Megatrend, S. 23.

45 Grunwald/Kopfmüller, Nachhaltigkeit, S. 15.

46 Grunwald/Kopfmüller, Nachhaltigkeit, S. 15.

47 Mill, Principles of Political Economy, Book IV, Chapter 6 of the stationary state, S. 454, in: http://www.econlib.org/library/Mill/mlP61.html, abgerufen am 08.12.2016; Grunwald/Kopfmüller, Nachhaltigkeit, S. 15.

48 Mill, Principles of Political Economy, Book IV, Chapter 6 of the stationary state, S. 454, in: http://www.econlib.org/library/Mill/mlP61.html, abgerufen am 08.12.2016: “Nor is there much satisfaction in contemplating the world with nothing left tot he spontaneous activity of nature; with every root of land brought into cultivation, which is capable of growing food for human beings; every flowery waste or pasture ploughed up, all quadruplets or birds which are not domesticated for man’s use exterminated as his rivals for food, every hedgerow or superfluous tree rooted out, and scarcely a place left where a wild shrub or flower could grow without being eradicated as a weed in the name of agriculture. If the earth must loose its pleasantness which it owes to things that the unlimited increase of wealth and population would extirpate from it, for the mere purpose of enabling it to support a larger, but not a better or happier population, I sincerely hope for the sake of posterity, that they will be content to the stationary, long before necessity compels them to it.”

49 Vgl. das Werk von Malthus, An Essay on the Principle of Population, 1798; Grunwald/Kopfmüller, Nachhaltigkeit, S. 15.

Maße, sondern blieb konstant.[50] Der wissenschaftlich-technische Fortschritt schien unbegrenztes Wachstum zu erlauben, sodass dessen natürliche Grenzen bis Mitte des 20. Jahrhunderts kaum thematisiert wurden.[51] Beispielhaft sei an dieser Stelle lediglich erwähnt, dass das Prinzip Nachhaltigkeit unter dem Ausdruck „maximum sustainable yield" um 1930 in die Fischereiwirtschaft Einzug hielt.[52] Dieser Begriff beschreibt das Prinzip, dass sich das Ausmaß des Fischfangs an der Reproduktionsfähigkeit der Fischbestände orientieren muss, um dauerhaft maximale Erträge erzielen zu können[53]

2. *„Club of Rome" und Stockholmer Umweltkonferenz*[54]

Die negativen Folgen des technischen Fortschrittes machten sich gegen Ende der 60er, Anfang der 70er Jahre des vergangenen Jahrhunderts in Form einer hohen Ressourcennutzung – vor allem in den Industriestaaten[55] – bemerkbar.[56] Dem bisher geltenden „unbekümmerten Fortschrittsoptimismus"[57] gebot der im Jahr 1972 veröffentlichte Bericht des „Club of Rome" zur Lage der Menschheit Einhalt. Wie bereits der Titel „Die Grenzen des Wachstums" vermuten lässt, prophezeite das Forscherteam, dass die absoluten Wachstumsgrenzen auf der Erde im Laufe der

50 Grunwald/Kopfmüller, Nachhaltigkeit, S. 19.

51 Grunwald/Kopfmüller, Nachhaltigkeit, S. 19, 20.

52 Mesnil, Marine Policy 2012, 473.

53 Grunwald/Kopfmüller, Nachhaltigkeit, S. 14.

54 Eine tabellarische Auflistung der wichtigsten Konferenzen, Abkommen und Bündnisse bis zum Jahr 2012 findet sich bei Pufé, Nachhaltigkeit, S. 52–55.

55 Das politische Bedürfnis erwuchs auch aus der Diskrepanz zwischen dem Bewusstsein der Dritte-Welt-Länder für Umweltprobleme und dem der Industrieländer, so: Hohmann, NVwZ 1993, 311; Leonard/Morell, Stan. J. Int'l L. 1981, 281 f. mit vertiefenden Hinweisen und insbesondere einem Zitat von Indira Gandhi: „How can we speak to those who live in the villages and in the slums about keeping the oceans, the rivers, and the air clean, when their own lives are contaminated? Are not poverty and need the greatest polluters?" Die Staaten der Dritten Welt sahen sich Überlebensnotwendigkeiten ausgesetzt und standen Umweltschutz daher skeptisch gegenüber. Infolge der Konzentration des meisten Naturkapitals im Süden, war es dem Süden aber möglich, Druck auf die Industriestaaten auszuüben, Tremmel, Nachhaltigkeit als politische und analytische Kategorie, S. 139. Ein Auflistung der übrigen Faktoren, die diese Entwicklung voran trieben findet sich bei Beyerlin, ZaöRV 1994, 124, 127.

56 Hardtke/Prehn, Perspektiven der Nachhaltigkeit, S. 24–27 mit diversen Beispielen; Grunwald/Kopfmüller, Nachhaltigkeit, S. 20 f.; Beyerlin, ZaöRV 1994, 124, 127 der als Beispiel die Ölverschmutzung des Meeres durch die Torrey Canyon im Jahr 1967 anführt.

57 Grunwald/Kopfmüller, Nachhaltigkeit, S. 20 f.

nächsten hundert Jahre erreicht sein werden.[58] Obwohl der Bericht konzeptionell und methodisch angreifbar war und die meisten seiner Aussagen deutlich zu pessimistisch waren, bewirkte er entscheidend, dass ein Bewusstseinswandel eintrat, intensiver über die Zusammenhänge zwischen gesellschaftsrechtlichen Lebensstilen, Wirtschaftswachstum und der Endlichkeit von Ressourcen nachzudenken.[59] Den Auftakt einer internationalen Umweltpolitik und der Genese des Nachhaltigkeitskonzepts stellte allerdings die erste Konferenz der Vereinigten Nationen über die Umwelt des Menschen in Stockholm im gleichen Jahr dar.[60] Auf Vorschlag der Stockholm Konferenz hin beschloss die UN-Generalversammlung ein halbes Jahr später die Gründung des United Nations Environment Programme (im Folgenden: „UNEP“),[61] das auch als „Umweltgewissen der Vereinten Nationen“ bezeichnet wird.[62]

3. *Brundtland Bericht*

Die außerforstwirtschaftliche Karriere des Begriffs „Nachhaltigkeit“ wurde spätestens mit der Veröffentlichung des so genannten Brundtland-Berichts im Jahr 1987 angestoßen.[63] Namensgeberin dieses Berichts ist die norwegische Ministerpräsidentin Gro Harlem Brundtland, unter deren Leitung die insgesamt vier Jahre währenden Arbeiten der UN-Welt- und Umweltkommission stattfanden.[64] Die gefundenen Ergebnisse wurden, zusammengefasst in einem Bericht mit dem Titel „Our Common Future“, einer breiteren, insbesondere nicht-wissenschaftlichen Öffentlichkeit nähergebracht.[65] Das auf diese Weise erzeugte Nachhaltigkeitsverständnis gilt bis heute fort[66] und stellt einen Meilenstein in der Begriffsentwicklung dar[67]. Am bekanntesten ist sicherlich die Stelle, in der es wörtlich heißt[68]:

---

58 Meadows/Meadows/Behrens, The Limits to Growth 1972, S. 23; weiter hierzu: Pufé, Nachhaltigkeit, S. 32; Grunwald/Kopfmüller, Nachhaltigkeit, halten die Ergebnisse für angreifbar, dort auf S. 21.

59 Grunwald/Kopfmüller, Nachhaltigkeit, S. 21.

60 Mebratu, EIA Review 1998, 493, 500; Hohmann, NVwZ 1993, 311; Vogt, Prinzip Nachhaltigkeit, S. 118.

61 *Beyerlin* in: FS Bernhardt, S. 937, 944; Beyerlin, Umweltvölkerrecht, § 3, Rn. 20; Hohmann NVwZ 1993, 310, 312.

62 BMZ, Umweltprogramm der Vereinten Nationen, in: http://www.bmz.de/de/was_wir_machen/wege/multilaterale_ez/akteure/uno/unep, abgerufen am 08.12.2016.

63 Hamberger, Vorwort Sylviacultura Oeconomica, S. 10.

64 IHK Nürnberg, Lexikon der Nachhaltigkeit, Nachhaltigkeit, Brundtland Bericht, in: https://www.nachhaltigkeit.info/artikel/brundtland_report_563.htm, abgerufen am 08.12.2016.

65 Grunwald/Kopfmüller, Nachhaltigkeit, S. 24.

66 Grunwald/Kopfmüller, Nachhaltigkeit, S. 24.

67 Bolz, UPR 2012, 433, 435.

68 Grunwald/Kopfmüller, Nachhaltigkeit, S. 24; Grober, Die Entdeckung der Nachhaltigkeit, S. 20.

> "Sustainable development is development that meets the needs of the present without compromising the ability of future generations to meet their own needs."[69]

Der Brundtland-Bericht prägte das Leitbild einer nachhaltigen Entwicklung im Sinne einer intergenerativen Gerechtigkeit, die ökonomischen Fortschritt mit den natürlichen Ressourcen übereinzubringen versucht.[70] Weil sowohl ökonomische, ökologische als auch soziale Aspekte[71] Berücksichtigung finden, spricht man insoweit von dem Dreieck der Nachhaltigkeit[72] bzw. dem Drei-Säulen Modell[73].

4. *Erdgipfel in Rio*

In politischer Hinsicht stellte die 1992 in Rio de Janeiro abgehaltene UN-Konferenz für Umwelt und Entwicklung, besser bekannt unter dem Begriff „Erdgipfel", einen Wendepunkt dar, der den stetigen Aufstieg von nachhaltiger Entwicklung hin zum international gültigen, gesellschaftlichen und normativen Leitbild vorantrieb.[74]

---

69 United Nations, Our Common Future 1987, S. 41. Sinngemäße deutsche Übersetzung: Nachhaltige Entwicklung ist eine Entwicklung, die die Bedürfnisse der gegenwärtigen Generation befriedigt, ohne die Fähigkeit künftiger Generationen zu gefährden, ihre eigenen Bedürfnisse zu befriedigen.

70 Bräuninger u.a., Nachhaltigkeit S. 10; Bückmann, UPR 2009, 407, 409; Renn/Deuschle/Jäger/Weimer-Jehle, Leitbild Nachhaltigkeit, S. 9; Höltermann, Verantwortung für zukünftige Generationen in der Forstwirtschaft, spricht auf Seite 2 davon, dass seit der Publikation des Brundtland Berichts Nachhaltigkeit zu einer Schlüsselmetapher der umweltpolitischen Agenda geworden ist.

71 Frenz, GewArch Beilage WiVerw Nr. 01/2010, 74, 76.

72 Grober, Natur und Kultur 2002, S. 127, in: http://www.umweltethik.at/wp/wp-content/uploads/GroberTiefeWurzeln.pdf, abgerufen am 08.12.2016; ders., Die Entdeckung der Nachhaltigkeit, S. 21.

73 So etwa Tremmel, Nachhaltigkeit als politische und analytische Kategorie, S. 117 ff. und *Voss* in: Auf dem Weg zu mehr Nachhaltigkeit, S. 7, 9. Weiter wird unterschieden zwischen starker und schwacher Nachhaltigkeit, auf deren Darstellung in Ansehung des zu begrenzenden Umfanges verzichtet werden soll. Vgl. aber exemplarisch die Ausführungen bei *Voss* in: Auf dem Weg zu mehr Nachhaltigkeit, S. 7, 16 ff.

74 Vogel, DS 2009, 127; *Göpel* in: Kann Demokratie Nachhaltigkeit?, S. 89 f.; Grober, Natur und Kultur 2002, S. 116, in: http://www.umweltethik.at/wp/wp-content/uploads/GroberTiefeWurzeln.pdf, abgerufen am 08.12.2016; Bolz, UPR 2012, 433, 435; *Döring* in: Bergmann, Handlexikon der Europäischen Union, 5. Auflage 2015, Europäische Nachhaltigkeitsstrategie; nach Calliess wurde Nachhaltigkeit in Rio zum prägenden Leitbild internationaler Umweltpolitik, DVBl 1998, 559 f.

Eines der insgesamt fünf[75] verabschiedeten Dokumente ist die „Rio-Erklärung über Umwelt und Entwicklung"[76], die Grundsätze, auf die man sich einigen konnte, festhält. Wegweisend war die hart umkämpfte[77] Verabschiedung des weitgehend politischen Aktionsprogramms[78] „Agenda 21"[79], mit dem Entwicklungs- und Umweltziele gesteckt wurden, um „die Welt auf die Herausforderungen des nächsten Jahrhunderts vorzubereiten"[80].[81] Die Unterzeichnung der UN-Klimarahmenkonvention[82] leitete den globalen Kampf gegen den Klimawandel ein.[83]

---

75 Neben den hier genannten waren dies die „Konvention über die Biologische Vielfalt" (Secretariat of the Convention on Biological Diversity, Convention on Biological Diversity, in: https://www.cbd.int/doc/legal/cbd-en.pdf, abgerufen am 08.12.2016) und die UNEP-„Walderklärung" (General Assembly, 14.08.1992, Report of the United Nations Conference on Environment and Development, Rio de Janeiro, 3–14 June 1992, Annex III: Non-Legally Binding Authoritative Statement of Principles for a Global Consensus on the Management, Conservation and Sustainable Development of all Types of Forests, in: http://www.un.org/documents/ga/conf151/aconf15126-3annex3.htm, abgerufen am 08.12.2016). Wegen des zu begrenzenden Umfangs der Arbeit, sowie ihrer geringeren Relevanz für das Thema der Forschungsarbeit im Vergleich zu den übrigen Dokumenten, wird auf eine Darstellung verzichtet.

76 UNEP, Rio Declaration on Environment and Development, in: http://www.unep.org/Documents.Multilingual/Default.asp?DocumentID=78&ArticleID=1163, abgerufen am 08.12.2016.

77 Sand, Eur. J. Int'l Law 1993, 377,381.

78 Hohmann, NVwZ 1993, 311,315.

79 UNEP, in: http://www.unep.org/Documents.Multilingual/Default.asp?documentid=52, abgerufen am 13.12.2014.

80 Agenda 21, Konferenz der Vereinten Nationen für Umwelt und Entwicklung, Rio de Janeiro, Juni 1992, Präambel, S. 3, Punkt 1.3.

81 Die Überwachung des Umsetzungsfortschrittes vorgenannter Resultate des Erdgipfels sowie des Rio-Prozesses insgesamt wurde einer eigens auf der UN Generalversammlung im Dezember 1992 gegründeten United Nations Commission on Sustainable Development (CSD) übertragen, Jordan, The Environmentalist 1994, 23, 26 f.; Vogtmann/Maier, Future of Food: Journal on Food, Agriculture and Society, 2013, 65, 67; Hohmann, NVwZ 1993, 311, 316; *Malanczuk* in: FS Bernhardt, S. 985, 1001 merkt an, dass die Schlüsselfunktion der CSD nicht überschätzt werden sollte.

82 United Nations Framework Convention on Climate Change, in: https://unfccc.int/essential_background/convention/items/6036.php, abgerufen am 08.12.2016. An dieser Stelle sei ergänzend darauf hingewiesen, dass die Klimarahmenkonvention bereits im Mai desselben Jahres in New York angenommen und von zwischenstaatlichen Verhandlungsausschüssen angenommen wurde. In Rio wurde sie lediglich unterzeichnet, sodass sie streng genommen kein „Produkt" des Erdgipfels ist, Beyerlin, Umweltvölkerrecht, § 4, Rn. 42.

83 Endziel der Konvention ist es, die Treibhausgaskonzentrationen in der Atmosphäre auf einem Level zu stabilisieren, das gefährliche anthropogene Störungen des Klimasystems zu verhindern geeignet ist, Art. 2. Seit dem Inkrafttreten mit Hinterlegung

Der Erfolg der Rio-Konferenz wurde unterschiedlich bewertet.[84] Einige Tageszeitungen titelten gar das Scheitern der Verhandlungen in Rio.[85] Auch Stimmen in Politik sowie Literatur bewerteten die Resultate als Misserfolg.[86] Dennoch wurde der Erdgipfel überwiegend als zentrales Ereignis der Entwicklung von Nachhaltigkeit empfunden, was auch auf die geschichtlichen Entwicklungen zu dieser Zeit zurückzuführen war.[87] Mit dem Ende des kalten Kriegs atmete die Weltgemeinschaft

---

der 50. Ratifikationsurkunde (Portugal) am 21.3.1994 (Ehrmann, NVwZ 1996, 347 f.) haben fast alle Staaten der Welt – insgesamt 195 – sowie die Europäische Union die UNFCCC ratifiziert und verpflichten sich damit sowohl regelmäßig über ihre Treibhausgasemissionen zu berichten, als auch Klimaschutzmaßnahmen umzusetzen. Von den jährlichen Vertragsstaatenkonferenzen (Conference of the Parties – COP) dürfte die COP 3, die im Dezember 1997 in Kyoto abgehalten wurde und die das „Kyoto-Protokoll" verabschiedete, am bekanntesten sein. Erstmals wurde in Anlage B für die Industriestaaten eine rechtsverbindliche Begrenzungs- und Reduktionsverpflichtung vorgesehen (Bail, EuZW 1998, 457, 460), die für die damalige Europäische Gemeinschaft und ihre 15 Mitgliedstaaten (Stand 1997) 8 % betrug, vgl. UN Framework Convention on Climate Change, Kyoto Protocol to the United Nations Framework Convention on Climate Change, Annex B, in: http://unfccc.int/essential_background/kyoto_protocol/items/1678.php, abgerufen am 08.12.2016

84 So auch *Malanczuk* in: FS Bernhardt, S. 985, Fn. 2 mit diversen Nachweisen; Beyerlin, ZaöRV 1994, 124 f.

85 So: Hohmann, NVwZ 1993, 311, Oberthür, EA 1992, 595; vgl. beispielhaft Schmidt, Aus Rio kommt die Rettung nicht, Die Zeit vom 12.06.1992, in: http://www.zeit.de/1992/25/aus-rio-kommt-die-rettung-nicht, abgerufen am 08.12.2016; der Spiegel titelt bereits 14 Tage vor Beginn des Gipfels „Festival der Heuchelei", o.V., Festival der Heuchelei, Der Spiegel 18.05.1992, in: http://www.spiegel.de/spiegel/print/d-13688465.html, abgerufen am 08.12.2016.

86 Gettkant, Vorwort in: Nach dem Erdgipfel, S. 15 der insofern auf den Folgeprozess setzt; ebenso Johnson, The Earth Summit, S. 5, 9 der den Erfolg des Gipfels an künftigen Entwicklungen messen will; Engelhardt, Der Erdgipfel. Perspektiven für die Zeit nach Rio, S. 110 ff. der von bitter enttäuschten Erwartungen spricht; einschränkend *Martens* in: Nach dem Erdgipfel, S. 149, 151 konnte nach Rio keine Verbesserung der Situation, allerdings auch keinen völligen Fehlschlag feststellen; *Beyerlin* in: FS Bernhardt, S. 937, 941. Epiney/Scheyli, Strukturprinzipien des Umweltvölkerrechts, S. 33, Fn. 71 sowie *Porras* in: Greening International Law, S. 20 führten diese Einschätzung darauf zurück, dass sie dem unrealistischen Erwartungshorizont geschuldet ist, auf einer 12-tägigen Konferenz eine Universallösung zur Heilung der Erde zu beschließen. Oberthür, EA 1992, 595, 601 bezeichnet es als „realitätsfern" von der UNCED die Lösung der internationalen Umweltprobleme zu erwarten.

87 Najam, PLS 2002, 46; Grunwald/Kopfmüller, Nachhaltigkeit, S. 25; Hohmann, NVwZ 1993, 311, 319; Oberthür, EA 1992, 595, 602; Engelhardt, Der Erdgipfel. Perspektiven für die Zeit nach Rio, S. 130 gesteht dem Erdgipfel wenigstens zu der Beginn eines Prozesses zu sein, o.V., Der legendäre „Erdgipfel" von Rio 1992, Hamburger Abendblatt vom 13.06.12, in: www.abendblatt.de/ratgeber/wissen/article2306532/Der-legendaere-Erdgipfel-von-Rio-1992.html, abgerufen am 08.12.2016.

auf.[88] Diese Aufbruchstimmung, in Verbindung mit dem ehrgeizigen Streben nach Weltfrieden und einer gesunden Umwelt, trug zu der besonderen Verhandlungsatmosphäre bei, die als „Geist von Rio" bezeichnet wurde.[89] Zudem machten die intensiven Bemühungen einzelner Staaten sowie der medial vermittelte politische Entscheidungsdruck den ersten brasilianischen Erdgipfel so erfolgreich.[90]

Über die umweltpolitische Dimension hinaus, konnten im Bereich des Umweltvölkerrechts wichtige Fortschritte verzeichnet werden.[91] Wenngleich lediglich der UN-Klimarahmenkonvention völkerrechtliche Bindungswirkung zukam[92], spielten auch die rechtlich unverbindliche[93] Rio-Deklaration sowie die Agenda 21, in der Entwicklung des Umweltvölkerrechts als soft-law[94] eine zentrale Rolle, da sie bisher lediglich gewohnheitsrechtlich anerkannte Prinzipien bestätigten oder in der Entstehung begriffenen fortentwickelten.[95] Die Wertigkeit der Ergebnisse der Konferenz pauschal auf eine lediglich moralische Bedeutung[96] zu begrenzen, ist daher zu kurz gegriffen.

---

88 o.V., Der legendäre „Erdgipfel" von Rio 1992, Hamburger Abendblatt vom 13.06.12, in: www.abendblatt.de/ratgeber/wissen/article2306532/Der-legendaere-Erdgipfel-von-Rio-1992.html, abgerufen am 08.12.2016.

89 Gordon/Bigg, Nach dem Erdgipfel von Rio de Janeiro – eine Zwischenbilanz, S. 7; o.V., Der legendäre „Erdgipfel" von Rio 1992, Hamburger Abendblatt vom 13.06.12, in: www.abendblatt.de/ratgeber/wissen/article2306532/Der-legendaere-Erdgipfel-von-Rio-1992.html, abgerufen am 08.12.2016.

90 Grunwald/Kopfmüller, Nachhaltigkeit, S. 25; Bosselmann, NZJEL 2002, 297 f.; Pufé, Nachhaltigkeit, S. 43 bezeichnet den Rio-Gipfel immerhin als bisherigen Höhepunkt weltweiter politischer Bemühungen.

91 Sand, Eur. J. Int'l Law 1993, 377 f.; Calliess nimmt in: DVBl 1998, 559, 561 an, dass die Rio Grundsätze "[...] Grundlage und Kristallisationspunkt für künftige Völkerrechtssätze sein werden."

92 Zumindest von den für diese Forschungsarbeit relevanten Dokumenten; Beyerlin, Umweltvölkerrecht, § 4, Rn. 42; *Oschmann* in: Danner/Theobald, Energierecht, 89. EL Mai 2016, § 1 EEG, Rn. 41; Epiney/Scheyli, Strukturprinzipien des Umweltvölkerrechts, S. 32.

93 Völkerrechtliche Verbindlichkeit käme der Rio Deklaration und der Agenda 21 nur dann zu, wenn nachgewiesen werden könnte, dass sie gewohnheitsrechtliche Pflichten und Prinzipien enthalten, woran es letzterem Dokument als lediglich politischem Aktionsprogramm fehlen wird, so: Hohmann, NVwZ 1993, 311, 314; zu diesem Ergebnis kommen auch: Beyerlin, Umweltvölkerrecht, § 4, Rn. 38; *Oschmann* in: Danner/Theobald, Energierecht, 89. EL Mai 2016, § 1 EEG, Rn. 40; Calliess, DVBl 1998, 559, 561.

94 Meyerholt, Umweltrecht, S. 227.

95 Hohmann, NVwZ 1993, 311, 318; Beyerlin, Umweltvölkerrecht, § 4 Rn. 38; Wolff, NuR 2003, 137 f.; *Beyerlin* in: FS Bernhardt, S. 937, 950 f. bezweifelt dies allerdings.

96 Jordan, The Environmentalist 1994, 23, 25.

5. *Rio Folgeprozess*

An diese Erfolge konnten die Nachfolgekonferenzen nicht anknüpfen.[97] Erste Ernüchterung stellte sich bereits im Jahr 1997 auf einer Sondersitzung der UN-Generalversammlung in New York („Rio+5“) ein, als die Zwischenbilanz zum Rio-Prozess ergab, dass die Ziele der Agenda 21 keineswegs verwirklicht werden konnten.[98] Der Lebensstandard verschlechterte sich infolge der andauernden Bevölkerungsexplosion und auch die Umweltzerstörung schritt in den fünf Jahren nach Rio voran.[99]

Mit Abschluss der Verhandlungen des Johannesburg-Gipfels („Rio+10“)[100] am 4.09.2002 wurden einstimmig zwei offizielle Dokumente verabschiedet: Die

---

97 Vgl. die Reaktionen auf den Rio+20 Gipfel: Anlässlich dieses Gipfels verkündeten die Schlagzeilen der Tageszeitungen, der „Geist von Rio“ sei verflogen, so beispielsweise: Polzin, Jürgen, „Geist von Rio“ bei Umweltkonferenz nicht mehr zu spüren, Der Westen vom 19.06.2012, in: http://www.derwesten.de/politik/geist-von-rio-bei-umweltkonferenz-nicht-mehr-zu-spueren-id6785045.html, abgerufen am 08.12.2016; Hofmann, Rio+20 – Den alten Geist von Rio wiederbeleben, NZZ vom 20.6.2012, in: http://www.nzz.ch/den-alten-geist-von-rio-wiederbeleben-1.17261473, abgerufen am 08.12.2016; ähnlich: o.V., Rio+20: Umweltschützer beklagen mangelhaftes Gipfelergebnis, Der Spiegel vom 22.06.2012, in: http://www.spiegel.de/wissenschaft/natur/uno-gipfel-rio-20-endet-enttaeuschend-a-840423.html, abgerufen am 08.12.2016 und Perras, Der entzauberte Gipfel, Süddeutsche Zeitung vom 05.09.2002, in: http://www.sueddeutsche.de/wissen/kommentar-der-entzauberte-gipfel-1.634572, abgerufen am 08.12.2016; die FAZ bescheinigte dem Gipfel wenigstens eine gemischte Bilanz: Grossarth/Plickert, 20 Jahre nach „Rio 1992“ – Gemischte Bilanz der Weltenretter, FAZ vom 21.06.2012, in: http://www.faz.net/aktuell/wirtschaft/20-jahre-nach-rio-1992-gemischte-bilanz-der-weltenretter-11793288.html, abgerufen am 08.12.2016: Auch von politischer Seite wurden die Ergebnisse des Rio+20 Gipfels kritisiert. So bewertete beispielsweise der ecuadorianische Wirtschaftswissenschaftler Acosta das Modell der Green Economy als bloße „grüne Fassade – die grüne Farbe dafür kommt von US-Dollar-Scheinen“. Die Bundeskanzlerin Dr. Angela Merkel urteilte etwas differenzierter, indem sie festhielt, die Konferenz sei hinter dem zurückgeblieben, was angesichts der Ausgangslage erforderlich gewesen wäre. (vgl. zu beidem Rat für Nachhaltige Entwicklung, Jahreskonferenz des RNE: Unterschiedliche Bewertungen von Rio+20, in: http://www.nachhaltigkeitsrat.de/aktuelles/news-nachhaltigkeit-archiv/20.12/2012-07-05/jahreskonferenz-des-rne-unterschiedliche-bewertungen-von-rio-20/, abgerufen am 08.12.2016.)

98 *Voss* in: Auf dem Weg zu mehr Nachhaltigkeit, S. 7, 14; Bosselmann, NZJEL 2002, 297, 301; Beyerlin, Umweltvölkerrecht, § 4, Rn. 53; Wägenbaur, EuZW 2001, 290.

99 Beyerlin/Reichard, ZaöRV 2003, 213; Bosselmann, NZJEL 2002, 297, 301.

100 Der die Millenniumsziele der Vereinten Nationen konkretisieren (Grunwald/Kopfmüller, Nachhaltigkeit, S. 28) und nachhaltiger Entwicklungspolitik einen neuen Anstoß geben sollte (Wolff, NuR 2003, 137, 138).

Erklärung von Johannesburg über nachhaltige Entwicklung,[101] die eher eine Art Standortbestimmung denn Fortentwicklung der Rio-Deklaration darstellte[102], sowie ein Plan zur Durchführung der Ergebnisse des Weltgipfels für nachhaltige Entwicklung,[103] dessen Verpflichtungen vage formuliert waren und denen es im Vergleich zu der Agenda 21 an Substanz mangelte[104]. Beiden Dokumenten fehlte es an konkreten Maßnahmen,[105] was auf die Blockadepolitik einiger Länder zurückzuführen war.[106]

Die dritte Nachfolgekonferenz („Rio+20") fand 2012 erneut in Rio de Janeiro statt. Das 50-seitige Abschlussdokument „The future we want"[107] enthält zunächst ein Bekenntnis zu einer „Green Economy", also einer Wirtschaft, deren Grundlage sowohl nachhaltige Entwicklung als auch Armutsbekämpfung ist.[108] Gleichzeitig verpflichteten sich die Unterzeichnerstaaten unter anderem dazu, allgemein gültige Nachhaltigkeitsziele[109] auszuarbeiten.[110]

Auf europäischer und nationaler Ebene konnten im Verlaufe des Rio-Folgeprozesses einige Vorgaben der Agenda 21 umgesetzt werden.[111] Dies gilt etwa für die Verpflichtung der Unterzeichnerstaaten, statistische Informationssysteme zu schaffen, die Fortschritte nachhaltiger Entwicklung messbar machen.[112] 2002 wurde diese Vorgabe auf dem „Rio+10" Gipfel in Johannesburg um eine Selbstverpflichtung der

---

101 UN, Bericht des Weltgipfels für nachhaltige Entwicklung, Johannesburg 26.08.-04.09.2002, Resolution 1, S. 1, in: http://www.un.org/depts/german/conf/jhnnsbrg/a.conf.199-20.pdf, abgerufen am 08.12.2016.

102 Wolff, NuR 2003, 137 f.; Sands/Peel, Principles of International Environmental Law, S. 48.

103 UN, Bericht des Weltgipfels für nachhaltige Entwicklung, Johannesburg 26.08.-04.09.2002, Resolution 2, S. 6, in: http://www.un.org/depts/german/conf/jhnnsbrg/a.conf.199-20.pdf, abgerufen am 08.12.2016.

104 Beyerlin/Reichard, ZaöRV 2003, 213, 234.

105 Sands/Peel, Principles of International Environmental Law, S. 48.

106 Vogt, Prinzip Nachhaltigkeit, S. 120 f.

107 UN, Sustainable Development Goals – 17 Goals to Transform Our World, in: http://www.un.org/en/sustainablefuture/index.shtml, abgerufen am 08.12.2016.

108 Rat für Nachhaltige Entwicklung, Weltgipfel Rio+20 – Rio 2012, in: http://www.nachhaltigkeit.info/artikel/weltgipfel_rio_20_rio_de_janeiro_2012_1419.htm, abgerufen am 08.12.2016.

109 Sog. Sustainable Development Goals (SDGs) in den Bereichen Energie, Wasser, Ressourceneffizienz, nachhaltige Landnutzung, Biodiversität und Meeresschutz.

110 Bolz, UPR 2012, 439; sowie weiter durch institutionelle Reformen das UN-Umweltprogramm und die Commission on Sustainable Development (CSD) zu stärken und aufzuwerten.

111 *Voss* in: Auf dem Weg zu mehr Nachhaltigkeit, S. 7, 20.

112 *Voss* in: Auf dem Weg zu mehr Nachhaltigkeit, S. 7, 20.

Entwicklung von Nachhaltigkeitsstrategien ergänzt.[113] Eine Vorreiterrolle nimmt hier die Europäische Union ein, die neben einer grenzüberschreitenden Nachhaltigkeitsstrategie zugleich einen Fortschrittsbericht eingeführt hat, der anhand bestimmter Indikatoren für eine nachhaltige Entwicklung erstellt wird und alle zwei Jahre von Eurostat veröffentlicht wird.[114]

Die nationale Nachhaltigkeitsstrategie „Perspektiven für Deutschland – Unsere Strategie für nachhaltige Entwicklung"[115] wurde vom Staatssekretärausschuss für nachhaltige Entwicklung sowie dem Rat für Nachhaltige Entwicklung erarbeitet und 2002 von der Bundesregierung beschlossen. Damit wurde zugleich eine weitere Vorgabe der Agenda 21 umgesetzt, nach der die Unterzeichnerstaaten eine Integration des Leitbildes der Nachhaltigkeit in jegliche Politikbereiche auch institutionell sicherstellen sollten.[116] In ihrer Aufgabe, die Nachhaltigkeitsstrategie umzusetzen, zu überprüfen und ggf. weiterzuentwickeln, werden diese beiden Institutionen seit 2009 vom Parlamentarischen Beirat für nachhaltige Entwicklung unterstützt.[117] Überdies wurden seit 1992 zahlreiche „Lokale Agenda 21" Handlungsprogramme ins Leben gerufen, die nach dem Vorbild der Agenda 21 Kommunen in Richtung Nachhaltigkeit entwickeln sollen.[118]

II. Nachhaltigkeit im deutschen Verfassungs- und europäischen Primärrecht

In das europäische Recht erhielt „Nachhaltigkeit" mit der Ratifizierung des Amsterdamer Vertrages im Jahr 1997 Einzug.[119] Gleich in der Präambel des EU-Vertrages (in der Folge: EUV) wurde das Ziel der damaligen Europäischen Gemeinschaft

---

113 Wägenbaur, EuZW 2001, 290; *Döring* in: Bergmann, Handlexikon der Europäischen Union, 5. Auflage 2015, Europäische Nachhaltigkeitsstrategie.

114 Eurostat, Sustainable development in the European Union – 2015 monitoring report of the EU Sustainable Development Strategy, http://ec.europa.eu/eurostat/documents/3217494/6975281/KS-GT-15-001-EN-N.pdf/5a20c781-e6e4-4695-b33d-9f502a30383f, abgerufen am 08.12.2016.

115 Die Nachhaltigkeitsstrategie sowie ein Fortschrittsbericht für das Jahr 2012 sind abrufbar unter: Die Bundesregierung, Die nationale Nachhaltigkeitsstrategie, in: http://www.bundesregierung.de/Webs/Breg/DE/Themen/Nachhaltigkeitsstrategie/1-die-nationale-nachhaltigkeitsstrategie/nachhaltigkeitsstrategie/_node.html, abgerufen am 08.12.2016. Der Entwurf für die Neuauflage unter: Die Bundesregierung, Deutsche Nachhaltigkeitsstrategie – Neuauflage 2016 (Entwurf 30.05.2016), in: https://www.bundesregierung.de/Content/DE/StatischeSeiten/Breg/Nachhaltigkeit/0-Buehne/2016-05-31-download-nachhaltigkeitsstrategie-entwurf.html?nn=437032, abgerufen am 08.12.2016.

116 *Voss* in: Auf dem Weg zu mehr Nachhaltigkeit, S. 7, 20.

117 *Voss* in: Auf dem Weg zu mehr Nachhaltigkeit, S. 7, 20.

118 Grunwald/Kopfmüller, Nachhaltigkeit, S. 12.

119 *Wolf/Hailbronner/Nettesheim/ Krenzler/Herrmann* in: Grabitz/Hilf, EUV Präambel (Nizza Fassung), Rn. 30; Bückmann/Lee/Simonis, UPR 2002, 168 f.

festgehalten, wirtschaftlichen und sozialen Fortschritt der europäischen Länder unter Berücksichtigung des Grundsatzes der nachhaltigen Entwicklung zu verfolgen.[120] Art. 2 EUV machte eine harmonische, ausgewogene und nachhaltige Entwicklung des Wirtschaftslebens zu einer Gemeinschaftsaufgabe.[121] Nachhaltige Entwicklung ist damit seit 1999[122] ein rechtlich verbindliches Ziel der Europäischen Gemeinschaft und zugleich Handlungsauftrag, jegliches Handeln der Gemeinschaftsorgane, sowie das der unionspolitisch handelenden Mitgliedsstaaten[123] auf die Erfüllung der Gemeinschaftsaufgabe „nachhaltige Entwicklung des Wirtschaftslebens" auszurichten[124]. Ein maßgebliches Instrument zur Umsetzung der vorgenannten Gemeinschaftsaufgabe wurde mit der Querschnittsklausel des Art. 3 c EGV[125] geschaffen.[126] Nach dieser Vorschrift soll die Einbeziehung der Erfordernisse des Umweltschutzes bei der Festlegung und Durchführung der Gemeinschaftspolitiken und -maßnahmen, insbesondere der Förderung einer nachhaltigen Entwicklung, dienen.

Das nationale Verfassungsrecht enthält seit 1994 in Artikel 20a GG eine Bezugnahme auf den Umweltaspekt des Nachhaltigkeitsprinzips, ohne allerdings den Begriff konkret zu verwenden.[127] Nach diesem Artikel schützt der Staat, auch in Verantwortung für die künftigen Generationen, die natürlichen Lebensgrundlagen und die Tiere im Rahmen der verfassungsmäßigen Ordnung. Wenngleich Artikel 20a GG keine

---

120 Mit dem Vertrag von Amsterdam zur Änderung des Vertrags über die Europäische Union, der Verträge zur Gründung der Europäischen Gemeinschaften sowie einiger damit zusammenhängender Rechtsakte erhielt der bisherige 7. Erwägungsgrund diese Fassung, Amtsblatt Nr. C 340 vom 10.11.1997, S. 1–144.

121 *Krämer* in: von der Groeben/Schwarze, Kommentar zum EU-/EG-Vertrag, 6. Auflage 2003, Art. 174 EGV, Rn. 14.

122 Mit Inkrafttreten des Vertrages von Amsterdam am 01.01.1999.

123 *Ruffert* in: Calliess/Ruffert, EUV, AEUV, 5. Auflage 2016, Art. 3 EUV, Rn. 4; *Terhechte* in: Grabitz/Hilf/Nettesheim, 59. EL 2016, Art. 3 EUV, Rn. 27.

124 *V. Bogdandy* in: Grabitz/Hilf, 40. Auflage 2009, Art. 2 EGV, Rn. 8; *Zuleeg* in: von der Groeben/Schwarze/Manfred, Kommentar zum EU-/EG-Vertrag, 6. Auflage 2003, Artikel 2 EGV, Rn. 8.

125 Nach der Neufassung durch den Vertrag von Amsterdam zur Änderung des Vertrags über die Europäische Union, der Verträge zur Gründung der Europäischen Gemeinschaften sowie einiger damit zusammenhängender Rechtsakte, Amtsblatt Nr. C 340 vom 10/11/1997 S. 0001–0144; nunmehr Art. 11.

126 Calliess, DVBl 1998, 559 f.; Pufé, Nachhaltigkeit, S. 216. Mit der Einführung des ex-Art. 130r (nunmehr Art. 191 AEUV) wurde die Ausrichtung der Umweltpolitik der damaligen Gemeinschaft an dem Vorsorge-, Ursprungs- und Verursacherprinzip festgeschrieben.

127 *Huster/Rux* in: Beck'scher Online-Kommentar GG, 30. Edition, Stand: 01.09.2016, Art. 20a GG, Rn. 1; zu den zähen Verhandlungen der Aufnahme des Umweltschutzes in die Verfassung vgl. dort Rn. 2 ff.; *Scholz* in: Maunz/Dürig, Grundgesetzkommentar, 78. EL Juni 2017, Art. 20a GG, Rn. 19 ff. Deter, ZUR 2012, 157, 160 f.; Erbguth, DVBl. 1999, 1082; Kahl, DÖV 2009, 2; Bückmann/Lee/Simonis, UPR 2002, 168, 170 sehen „wesentliche Versatzstücke des Nachhaltigkeitsprinzips" in Art. 20a GG enthalten.

subjektiven Rechte gewährt, verschiebt er als Staatszielbestimmung die Ausrichtung staatlichen Handelns in Richtung Ökologie und Nachweltschutz.[128] Die soziale Komponente von Nachhaltigkeit findet sich – zumindest zum Teil – im Rechtsstaatsprinzip in Artikel 20 Abs. 1 GG.[129]

Nachhaltige Entwicklung hat viele Ausprägungen in der nationalen Rechtsanwendung.[130] Die nachfolgenden Ausführungen beschränken sich in Anbetracht des Forschungsbereichs dieser Arbeit ausschließlich auf den Beitrag des europäischen und nationalen Vergaberechts zur nachhaltigen Entwicklung durch den Einsatz von LCC.

III. Nachhaltigkeit in dem hier verwendeten Sinne

Nachhaltigkeit ist ein komplexer Begriff. Aufgrund seiner unterschiedlichen Verwendung sowie der dynamischen Fortentwicklung hat sich ein kontroverses Verständnis herausgebildet.[131] Nach einer in wirtschaftlichen Kontexten mittlerweile geläufigen Definition, bedeutet Nachhaltigkeit „[...] nicht Gewinne zu erwirtschaften, die dann in Umwelt- und Sozialprojekte fließen, sondern Gewinne bereits umwelt- und sozialverträglich zu erwirtschaften."[132] Überdies wurde Nachhaltigkeit unter Rückgriff auf die Schöpfungsgeschichte der Bibel dahingehend begründet, dass die Schöpfung bewahrt werden muss, die Erde also zu bebauen und zu bewahren ist.[133] Auch in anderen Religionen, wie dem Buddhismus oder dem Islam, finden sich nachhaltige Ansätze.[134] Mancherorts wird gar ein „Weltethos" als Motivation für nachhaltiges Handeln gefordert.[135] Die Forstwissenschaft entwickelte wiederum eine eigene Lesart des Begriffs.

---

128 Kloepfer, DVBl 1996, 73; Peters, NVwZ 1995, 555 f.

129 Menzel, ZRP 2001, 221, 226; Kahl, DÖV 2009, 2 und Deter, ZUR 2012, 157, 160 halten das Sozialstaatsprinzip hingegen nicht für einen ausreichenden verfassungsrechtlichen Anknüpfungspunkt der sozialen Komponente von Nachhaltigkeit.

130 Bsp.: § 11 Abs. 2 S. 1 ROG, § 1 Abs. 5 S. 1 BauGB der vorsieht, dass Bauleitpläne (u.a.) eine nachhaltige städtebauliche Entwicklung gewährleisten sollen; *Schlacke* in: Tamm/Tonner, Verbraucherrecht, 2. Auflage 2016, § 5 Verbraucherschutz im Urheberrecht, Rn. 18; Ronellenfitsch, NVwZ 2006, 385, 386 f. mit zahlreihen Beispielen der Bedeutung des Rechtsbegriffs in der Rechtssprache. Ebenso Pufé, Nachhaltigkeit, S. 211–218.

131 Bückmann/Lee/Simonis, UPR 2002, 168 f.; Grober, Die Entdeckung der Nachhaltigkeit, S. 20.

132 Pufé, Nachhaltigkeit; IHK Nürnberg, Lexikon der Nachhaltigkeit, Nachhaltigkeit, in: https://www.nachhaltigkeit.info/artikel/nachhaltigkeit_1398.htm, abgerufen am 08.12.2016.

133 Grober, Die Entdeckung der Nachhaltigkeit, S. 21; Grunwald/Kopfmüller, Nachhaltigkeit, S. 13; *Neuhauser* in: Nachhaltigkeit als Prinzip für die Zukunft, S. 11.

134 Zum Buddhismus: *Baatz* in: Littig, S. 119 ff.; zum Islam: *Aytac* in: Littig, S. 191 ff.

135 Di Giulio, Die Idee der Nachhaltigkeit im Verständnis der Vereinten Nationen – Anspruch, Bedeutung und Schwierigkeiten, S. 361 Fn. 476.

Den nachstehenden Ausführungen wird das durch den Brundtland-Bericht geprägte Verständnis von Nachhaltigkeit zugrunde gelegt[136] – insbesondere die folgenden Grundsätze, die den meisten Konzeptionen gemein sein dürften:

Schutzgegenstand von Nachhaltigkeit sind natürliche Ressourcen, materielle/immaterielle Güter ebenso wie ökonomische/ökologische Einheiten – besonders, wenn sie nicht erneuerbar sind.[137] Der Fortbestand eines oder mehrerer Bezugsobjekte soll kurz-, vor allen Dingen aber auch langfristig sichergestellt werden, sodass sich Nachhaltigkeit stets auf Gegenwart und Zukunft ausrichtet.[138] In dieser Zukunftsausrichtung liegt zugleich auch die Schwierigkeit, der sich eine LCC-Analyse ausgesetzt sieht, worauf noch zurückzukommen ist.

B. Der Begriff „Life Cycle Costing"

Das UNEP definiert nachhaltige öffentliche Auftragsvergabe als einen Prozess, nach dem Organisationen ihren Bedarf an Gütern, Dienst- und Bauleistungen sowie Versorgungsdiensten auf eine Art und Weise decken, die das beste Preis-Leistungsverhältnis auf Basis der gesamten Lebensdauer in Bezug auf die Generierung von Vorteilen, nicht nur für die Organisation, sondern auch für die Gesellschaft und die Wirtschaft, darstellt und gleichzeitig den Schaden für die Umwelt minimiert.[139] Zweifellos wird mit der Vorgabe der Beschaffung nach dem besten Preis-Leistungsverhältnis auf Basis der gesamten Lebensdauer auf ein Lebenszyklusmodell Bezug genommen. Auch losgelöst von dieser Begriffsbestimmung des Umweltprogramms der Vereinten Nationen stellt sich die Frage, wie sich der Begriff des LCC definieren lässt.

I. Geschichtliche Entwicklung und konzeptionelle Entstehung von LCC

Erste Ansätze der Verwendung eines Lebenszykluskostenmodells durch die öffentliche Hand finden sich bereits in den 1930er Jahren. Dokumentiert ist, dass der

---

136 Der forstwirtschaftliche Nachhaltigkeitsbegriff sowie die religiösen Ansätze haben sich weitgehend unabhängig hiervon entwickelt (Höltermann, Verantwortung für zukünftige Generationen in der Forstwirtschaft, S. 2, Fn. 6; Schanz, Forstliche Nachhaltigkeit, führt auf den Seiten 35 und 36 aus, dass sich der forstwirtschaftliche Nachhaltigkeitsbegriff weitgehend unabhängig von dem in der Volkswirtschaft und in der Politik verwendeten Nachhaltigkeitsbegriff entwickelt hat. Er bestreitet aber, dass der Ursprung letzteren überhaupt in der Forstwirtschaft liege. In der Folge werden sie nicht mehr behandelt.

137 IHK Nürnberg, Lexikon der Nachhaltigkeit, Nachhaltigkeit, in: https://www.nachhaltigkeit.info/artikel/nachhaltigkeit_1398.htm, abgerufen am 08.12.2016.

138 IHK Nürnberg, Lexikon der Nachhaltigkeit, Nachhaltigkeit, in: https://www.nachhaltigkeit.info/artikel/nachhaltigkeit_1398.htm, abgerufen am 08.12.2016.

139 UNEP, What is Sustainable Public Procurement?, in: http://www.unep.org/resourceefficiency/Consumption/SustainableProcurement/WhatisSustainablePublicProcurement/tabid/101245/Default.aspx, abgerufen 08.12.2016.

US-Rechnungshof – das General Accounting Office (nachfolgend: „GOA") – bei der Beschaffung von Traktoren vorschrieb, nicht nur die reinen Anschaffungskosten, sondern auch Wartungs- und Betriebskosten zu berücksichtigen.[140] Der Generalkontrolleur[141] des GOA führte insoweit aus:

> „It may be stated, however, that the cost of maintenance and operation of equipment would appear to be of primary importance and no legal objection is seen to the issuance of a proper specification advising prospective bidders that such elements will be taken into consideration in addition to the price in the acceptance or rejection of bids."[142]

Damit lassen sich die Anfänge des Lebenszykluskonzepts in der öffentlichen Beschaffung ziemlich genau auf den 21.09.1933 datieren. Schon zu diesem Zeitpunkt stand also fest, dass die Folgekosten eines Produkts in einem Vergabeverfahren nicht unterschätzt werden dürfen, da sie den reinen Anschaffungspreis um ein Vielfaches übersteigen können. So hob der Generalkontrolleur mit der soeben zitierten Entscheidung hervor, dass auch die Kosten für die Wartung und den Betrieb von Geräten von zentraler Bedeutung zu sein scheinen. Auch sah er keine rechtlichen Einwände gegen ein solches Vorgehen.

Dreißig Jahre später fand das LCC Eingang in die Entscheidungen der Bundesländer der Vereinigten Staaten von Amerika.[143] Breiteres Interesse erlangte es allerdings erst, nachdem das US-Verteidigungsministerium (Department of Defence, DoD) die Wirtschaftlichkeit der im Wettbewerb erteilten Zuschläge verbessern wollte, um so die Effektivität des öffentlichen Beschaffungswesens zu erhöhen.[144] Diese Entwicklung ließ sich auf die wachsenden Instabilitäten des Weltwirtschaftssystems zurückführen.[145] Anfang der 1970er Jahre erarbeitete es mehrere

140 General Services Administration, Section II – 1; Hunkeler/Lichtenvort/Rebitzer, Environmental Life Cycle Costing, S. 2; Zehbold, Lebenszyklusrechnung, S. 78, Fn. 3; Geißdörfer, Total Cost of Ownership (TCO) und Life Cycle Costing (LCC), S. 55; UNEP/SETAC Life Cycle Initiative, Towards a Life Sustainability Assessment, S. 14.

141 Aus dem Englischen „Comptroller General".

142 General Services Administration, Section II – 1 mit Verweis auf die Entscheidung A-50925, 21.09.1933.

143 Vgl. die Übersicht bei Wübbenhorst, Konzept der Lebenszykluskosten, S. 8; zur zwischenzeitlichen Entwicklung insbesondere in der Kriegszeit: Wübbenhorst, Konzept der Lebenszykluskosten, S. 7 f. Eingehend zur Geschichte der betriebswirtschaftlichen Forschung: Schild, Lebenszyklusrechnung und lebenszyklusbezogenes Zielkostenmanagement, S. 155.

144 Sherif/Kolarik, OMEGA 1981, 287; Geißdörfer, Total Cost of Ownership (TCO) und Life Cycle Costing (LCC), S. 55; Bubeck, Life Cycle Costing (LCC) im Automobilbau, S. 26; Shields/Young, J Cost Manage Manuf Ind 1991, 39; Dhillon, Life Cycle Costing: Techniques, Models, and Applications, S. 1; Pfohl/Wübbenhorst, JfB 83, 142 f.

145 Wübbenhorst, Konzept der Lebenszykluskosten, S. 8 führt die Energiekrise und steigende Inflationsraten an. Zu weiteren Impulsen vgl. die Ausführungen bei Zehbold, Lebenszyklusrechnung, S. 81 f.

Richtlinien, so genannte „directives“, für die Berechnung von Lebenszykluskosten, die bereits in der Forschungs- und Entwicklungsphase die Kosten eines Produktes oder einer Leistung über deren gesamten Lebenszyklus berücksichtigten[146] sowie die sogenannte „Design-to-Cost“ directive, die auf eine frühzeitige Festlegung von Kostenvorgaben neben technischen und terminlichen Zielgrößen abstellte.[147] Für die Beschaffung von Waffensystemen wurde LCC gesetzlich vorgeschrieben.[148] Ähnliches galt für Bauprogramme öffentlicher Einrichtungen, denen in zahlreichen Bundesstaaten[149] durch den Erlass entsprechender Verordnungen vorgegeben wurde, LCC bei der Analyse, Konstruktion und Umsetzung von Bauvorgaben sowie anderen Investitionsentscheidungen einzubeziehen.[150]

Mitte der siebziger Jahre des vergangenen Jahrhunderts geriet LCC auch in Europa in den Fokus des öffentlichen Sektors.[151] Vermehrt wurden in öffentlichen Projekten sowie für Bau- und Beschaffungsaktivitäten die Berücksichtigung von Folgekosten zugelassen oder gar vorgeschrieben.[152] Erste nationale Ansätze einer Einbeziehung von Folgekosten[153] fanden sich in dem 1969 in Kraft getretenen Haushaltsgrundsätzegesetz[154], dessen § 6 Abs. 1 bis heute bestimmt, dass bei

---

146 Hunkeler/Lichtenvort/Rebitzer, Environmental Life Cycle Costing, S. 2; Bubeck, Life Cycle Costing (LCC) im Automobilbau, S. 26 f. verweist auf die DoD Directive 5000.1 „Acquisition of Major Defense Systems“ sowie die Folgeverordnungen; Dhillon, Life Cycle Costing: Techniques, Models, and Applications, S. 1.

147 Zehbold, Lebenszyklusrechnung, S. 79 mit Verweis auf die „Design to cost“ Directive 5000.28 des US-amerikanischen Department of Defence vom 23.05.1975; Bode/Bünting/Geißdörfer, Rechenbuch der Lebenszykluskosten, S. 9. allgemein hierzu.

148 Hunkeler/Lichtenvort/Rebitzer, Environmental Life Cycle Costing, S. 2; Zehbold, Lebenszyklusrechnung, S. 78, Fn. 3.

149 Wübbenhorst führt in Konzept der Lebenszykluskosten auf S. 8 Florida, Alaska, North Carolina, New Mexico, Washington, Texas, Maryland und Kalifornien an; Bubeck, Life Cycle Costing (LCC) im Automobilbau, S. 27 weitere Nachweise in Fn 62; Dhillon, Life Cycle Costing: Techniques, Models, and Applications, S. 1; Pfohl/Wübbenhorst, JfB 83, 142 f., die zudem noch auf die besondere Bedeutung von LCC im Zusammenhang mit Energiesparmaßnahmen („Florida Energy Conservation in Building Act“ von 1975) hinweisen.

150 Geißdörfer, Total Cost of Ownership (TCO) und Life Cycle Costing (LCC), S. 55; Hunkeler/Lichtenvort/Rebitzer, Environmental Life Cycle Costing, S. 2; Bubeck, Life Cycle Costing (LCC) im Automobilbau, S. 27; Sherif/Kolarik, OMEGA 1981, 287, 291; Wübbenhorst, Konzept der Lebenszykluskosten, S. 15.

151 Wohl vornehmlich in Großbritannien, nach Wübbenhorst, Konzept der Lebenszykluskosten, S. 8 f.

152 Hunkeler/Lichtenvort/Rebitzer, Environmental Life Cycle Costing, S. 2.

153 Hierzu: Geißdörfer, Total Cost of Ownership (TCO) und Life Cycle Costing (LCC), S. 55, Bubeck, Life Cycle Costing (LCC) im Automobilbau, S. 27; Wübbenhorst, Konzept der Lebenszykluskosten, S. 15.

154 Haushaltsgrundsätzegesetz vom 19.08.1969, BGBl. I S. 1273, das zuletzt durch Artikel 1 des Gesetzes vom 15.07.2013, BGBl. I S. 2398, geändert worden ist; nachfolgend: „HGrG“.

Aufstellung und Ausführung des Haushaltsplans die Grundsätze der Wirtschaftlichkeit und Sparsamkeit zu beachten sind. In Absatz 2 der Vorschrift war sodann der Hinweis enthalten, dass für geeignete Maßnahmen von erheblicher finanzieller Bedeutung Nutzen-Kosten-Untersuchungen anzustellen sind.[155] Konkretisiert wurde dieser Grundsatz in § 16 Abs. 1 und Abs. 2, der für Baumaßnahmen, größere Beschaffungen und größere Entwicklungsvorhaben vorsah, dass den Unterlagen für Investitionsanträge eine Schätzung der nach Fertigstellung der Maßnahme entstehenden jährlichen Haushaltsbelastungen beizufügen ist.[156] Auch das deutsche Bundesverteidigungsministerium soll angeblich als Resultat einer Untersuchung der Lebenswegkosten von Wehrmaterial zahlreiche Rahmenrichtlinien zu einer LCC-orientierten Entwicklung und Beschaffung von Produkten und Systemen bei der Bundeswehr umgesetzt haben.[157]

II. Begriffliche Bezüge

Eine einheitliche Definition von LCC existiert nicht.[158] Allein im Zusammenhang mit dem hier als LCC abgekürzten Instrument ist neben der weitverbreiteten, englischen Bezeichnung als „Life Cycle Costing“[159] zudem von „Lebenszyklus-[160] bzw. Lebenszykluskostenrechnung“[161], „Produktlebenszyklusrechnung“[162] oder auch vom „Konzept der Lebenszykluskosten“[163] die Rede. Zudem werden unterschiedliche

155 Die aktuelle Fassung der Norm lautet ähnlich: „Für alle finanzwirksamen Maßnahmen sind angemessene Wirtschaftlichkeitsuntersuchungen durchzuführen.“

156 § 16 HGrG in der Fassung vom 19.8.1969. Auch die aktuelle Fassung sieht eine entsprechende Verpflichtung vor.

157 So: Bubeck, Life Cycle Costing (LCC) im Automobilbau, S. 28 allerdings ohne die Angabe einer Primärquelle.

158 Vgl. beispielhaft die Definition des Verbands Deutscher Maschinen- und Anlagenbau e.V. (im Folgenden: VDMA) in ihrem Prognosemodell für die Lebenszykluskosten von Maschinen und Anlagen: „Unter Lebenszykluskosten wird [...] die Summe aller zum bestimmungsgemäßen Gebrauch einer geeignet ausgelegten Maschine oder Anlage erforderlichen Aufwendungen von der Anschaffung bis zur Entsorgung verstanden.“, VDMA Einheitsblatt 34160:2006, Prognosemodell für die Lebenszykluskosten von Maschinen und Anlagen, S. 2. Wie bereits auf Seite 3 bereits angesprochen.

159 Geißdörfer, Total Cost of Ownership (TCO) und Life Cycle Costing (LCC); ders./Gleich/Wald, ZfB 2009, S. 693 ff.

160 Riezler, Lebenszyklusrechnung.

161 Zehbold, Lebenszykluskostenrechnung; Bode/Günting/Geißdörfer, Konzept der Lebenszykluskosten.

162 Zehbold, Lebenszykluskostenrechnung, S. 167 verwendet die Begriffe synonym. Ebenso: Günther, Ökologieorientiertes Management, S. 258.

163 Wübbenhorst, Konzept der Lebenszykluskosten.

Begrifflichkeiten verwendet, um dieses Instrument zu beschreiben, weil die Lebenszykluskostenansätze in unterschiedlichen Sparten entwickelt wurden[164]. Es wird insoweit auch von „Product Life Cycle Cost Management“[165], „Total Cost of Ownership“, „Whole Life Costing“ oder „Whole Life Cycle Costing“, „Terotechnology[166]“ u.v.m. gesprochen.[167]

1. Terotechnology und Whole Life Costing

Der Begriff Terotechnology lässt sich den Anfängen lebenszyklusbasierter Kostenmodelle in Großbritannien zuordnen, die im Jahr 1975 mit der Gründung des National Terotechnology Centre ihren Ausgangspunkt fanden.[168] Terotechnology wird definiert als eine Kombination von Management-, Finanz-, Ingenieur- und anderen Praktiken, angewendet auf physische Systeme, in der Verfolgung wirtschaftlicher Lebenszykluskosten.[169] Zugleich stellte die Terotechnology die Basis für den Whole Life Costing-Ansatz (nachfolgen: „WLC“)[170] dar, der die während des gesamten Lebenszyklus entstehenden Kosten eines Produkts und die für den Verbraucher entstehenden Kosten, wie etwa Installations-, Betriebs-, Wartungs-, Revitalisierungs- und Entsorgungskosten, bewertet.[171] Es wird vertreten, dass

---

164 Perera/Morton/Perfrement, Life Cycle Costing in Sustainable Public Procurement: A white paper from IISD, S. 16 in: https://www.iisd.org/pdf/2009/life_cycle_costing.pdf, abgerufen am 08.12.2016.

165 Shields/Young, J Cost Manage Manuf Ind 1991, S. 39–51.

166 Aus dem Griechischen „tērein“ „take care of“ + technology; English Oxford Dictionaries, https://en.oxforddictionaries.com/definition/terotechnology; abgerufen am: 11.08.2017.

167 Perera/Morton/Perfrement, Life Cycle Costing in Sustainable Public Procurement: A white paper from IISD, S. 16 in: https://www.iisd.org/pdf/2009/life_cycle_costing.pdf, abgerufen am 08.12.2016. Beispielhaft: „Total Cost Assessment“, „Full Cost Accounting“, „Activity-based costing“ bzw. „Prozesskostenrechnung“. Das Activity based costing (ABC) (dt. Prozesskostenrechnung) ist eine Kostenrechnungssystem, das die Kosten der indirekten Leistungsbereiche durch Zuordnung von Kostenobjekten zu Aktivitäten und Rohstoffen um eine beanspruchungsgerechtere Verteilung dieser Gemeinkosten ermöglicht, vgl. Cooper/Kaplan, HBR 1988, 96–103. Zu den übrigen aufgezählten Modellen sogleich.

168 Wübbenhorst, Konzept der Lebenszykluskosten, S. 8. Zur Genese des Begriffs eingehend Zehbold, Lebenszykluskosten, S. 102.

169 So die Definition im Britischen Standard BS 3811:1993, Glossary of Terms used in terotechnology (zurückgenommen am 13.12.2011). Auf die gleiche Definition scheint sich Wübbenhorst, Konzept der Lebenszykluskosten auf S. 8 zu berufen.

170 Boussabaine/Kirkham, Whole Life-Cycle Costing, S. 4.

171 Zurückgehend auf Shields/Young, J Cost Manage Manuf Ind 1991, 39, die „whole life costing“ als einen Eckpfeiler des PLCCM (Product Life Cycle Management) verstehen. Etwas weniger präzise das Britische Institut für Normung, das es in der Norm BS 5760:1997 als „the cumulative cost of a product over its life cycle“ also die kumulierten Kosten eines Produktes während des Lebenszyklus beschreibt.

dieser vornehmlich in Kanada und Großbritannien verbreitete Begriff synonym zu Lebenszykluskosten oder „Total Cost of Ownership" (im Folgenden: „TCO") eingesetzt wird.[172] An anderer Stelle möchte man – als Ergebnis einer online Befragung – einen fühlbaren Unterschied darin sehen, dass WLC um eine Risikoabschätzung erweitert wird und so die Unwägbarkeiten einer Zukunftsprognose ausschaltet.[173] Auch das britische Office of Government Commerce nutzt heute den Ausdruck whole life costing oder whole life-cycle costing.[174]

2. *Total Cost of Ownership*

TCO – wie auch das LCC – ist ein Instrument des strategischen Kostenmanagements[175], das bei der Analyse der indirekten und direkten Gesamtkosten unterstützend eingesetzt werden kann.[176] Wie bereits angedeutet, entwickelten sich die Lebenszykluskostenansätze in unterschiedlichen Sparten. Während das LCC seinen Ursprung in der Rüstungsindustrie und der Bewertung der Kosten größerer Bauprojekte hat, prägte der amerikanische IT-Analyst Gartner Group den Begriff TCO. Das Unternehmen stellte im Jahr 1987 heraus, dass in der Unternehmenspraxis die Kosten einer IT Infrastruktur in der Regel nur mit dem jeweiligen finanziellen Anschaffungswert kostenrechnerisch berücksichtigt werden und die im laufenden Betrieb entstehenden Kosten nicht transparent sind.[177]

---

172 So: Bradley/Dawson, SQJ 1999, 121, „Whole life costing can also be referred to as the through life cost or the total cost of ownership." Back-Hock, Lebenszyklusorientiertes Produktcontrolling, S. 6 scheint die Unterscheidung zu dem „Vorgänger" Terotechnology nur in der Begrifflichkeit zu sehen. Pfohl/Wübbenhorst, JfB 83, 142 setzen LCC mit „Whole life costs" gleich.

173 Boussabaine/Kirkham, Whole Life-Cycle Costing, S. 8 f. Sie verstehen WLCC als eine Verbesserung von LCC.

174 Vgl. beispielhaft die den OGC, Procurement Guide: 07 – Whole-life costing and cost management, in: http://www.ciseco.it/Ricerca/whole%20life%20costing.pdf, abgerufen am 08.12.2016.

175 Vgl. zu einer Übersicht über die in der Literatur benannten Instrumente des strategischen Kostenmanagements, Pfohl, Prototypgestützte Lebenszyklusrechnung, S. 21. Auch das sog. Target costing (TC) ist ein strategisches Kostenmanagementkonzept. Es handelt sich um eine innovationsorientierte Methode des marktorientierten Kosten- und Erfolgsmanagements. Ausgangspunkt der Betrachtungen der Preisfindung und Produktkonzeption ist der Kunde. TCO als proaktives Instrument strebt ein Erfolgsziel an, um so die Wettbewerbsfähigkeit des Unternehmens insgesamt zu stärken, Geißdörfer, Total Cost of Ownership (TCO) und Life Cycle Costing (LCC), S. 15. Zu der Einordnung auch des LCC als Instrument des strategischen Kostenmanagements vgl. die erläuternden Ausführung bei Pfohl, Prototypgestützte Lebenszyklusrechnung, S. 19–23.

176 Geißdörfer, Total Cost of Ownership (TCO) und Life Cycle Costing (LCC), S. 13; ders./Gleich/Wald, ZfB 2009, 693,696.

177 Die Gartner-Group definiert TCO als umfassende Bewertung von IT oder anderen Kosten über die Unternehmensgrenzen hinweg während eines bestimmten

3. *Abgrenzung*

Die Abgrenzung dieser grundsätzlich eng miteinander verknüpften Instrumente[178] ist schwierig, weil infolge der uneinheitlichen Begriffsverwendung auch insoweit unterschiedliche Ansichten vertreten werden, die zudem von der Sichtweise des jeweiligen Gewerbes abhängen.[179] So wird LCC etwa als Untermenge von TCO verstanden, da dieses indirekte Kosten wie etwa die der Eingliederung in bestehende Produktionsabläufe oder „weiche“ Effekte, die beispielsweise mit Motivation und der informellen Aneignung von Wissen zu tun haben, nicht berücksichtige.[180] Dieses Verständnis wird der vorliegenden Forschungsarbeit allerdings nicht zugrunde gelegt, weil – worauf noch zurückzukommen ist – ökologische und soziale Externalitäten, die einer Monetarisierung zugänglich sind, für diese wissenschaftliche Untersuchung von erheblicher Bedeutung sind.

III. LCC als ökonomische Dimension von Nachhaltigkeit

Die Frage „Was ist Nachhaltigkeit?“ beantwortet der Nachhaltigkeitsrat damit, dass „[n]achhaltige Entwicklung heißt, Umweltgesichtspunkte gleichberechtigt mit sozialen und wirtschaftlichen Gesichtspunkten zu berücksichtigen. Zukunftsfähig wirtschaften bedeutet also: Wir müssen unseren Kindern und Enkelkindern ein intaktes ökologisches, soziales und ökonomisches Gefüge hinterlassen. Das eine ist ohne das andere nicht zu haben.“[181] Mit dem letzten Satz nimmt der Rat Bezug auf das „Dreieck“ der Nachhaltigkeit – auch Drei-Säulen Modell genannt[182], das

---

Zeitraumes. Für die IT-Branche umfasst ein TCO den Kauf von Hard- und Software, Management und Support, Kommunikation, dem Endnutzer entstehende Aufwendungen und Ausfallkosten, Schulungs- und andere Produktivitätseinbußen, Gartner-Group, in: http://www.gartner.com/it-glossary/total-cost-of-ownership-tco, abgerufen am 10.12.2016. Weiter: Wolf/Holm, Information Management 1998, 19 die darauf hinweisen, dass die Gartner Group diesen Begriff prägte; Krischun, Total Cost of Ownership, S. 11.

178 Bode/Bünting/Geißdörfer, Rechenbuch der Lebenszykluskosten, S. 9.

179 Vgl. insofern die Tabelle bei: Geißdörfer, Total Cost of Ownership (TCO) und Life Cycle Costing (LCC), S. 20; ders./Gleich/Wald, ZfB 2009, 693, 696, die zugleich auch auf den bestehenden Forschungsbedarf hinweisen, 693 f.

180 So: VDMA Einheitsblatt 34160:2006, Prognosemodell für die Lebenszykluskosten von Maschinen und Anlagen, S. 2.

181 Rat für Nachhaltige Entwicklung, Was ist Nachhaltigkeit?, in: http://www.nachhaltigkeitsrat.de/nachhaltigkeit/?size=1%C3%82%C2%A8blstr%3D0, abgerufen am 08.12.2016.

182 Beispielhaft spricht Grober, Natur und Kultur 2002, S. 127, in: http://www.umweltethik.at/wp/wp-content/uploads/GroberTiefeWurzeln.pdf, abgerufen am 08.12.2016; ders., Die Entdeckung der Nachhaltigkeit, S. 21 vom Dreieck der Nachhaltigkeit; Tremmel, Nachhaltigkeit als politische und analytische Kategorie, S. 117 ff. und *Voss* in: Auf dem Weg zu mehr Nachhaltigkeit, S. 7, 9 vom Drei-Säulen Modell; Ramirez/Petti, The Annals of The „Ştefan cel Mare“ University of Suceava 2011, 11 „pillars of

zum Ausdruck bringt, dass mit dem Leitbild einer nachhaltig zukunftsverträglichen Entwicklung „jenseits der ökologischen Dimension“[183] auch soziale und ökonomische Aspekte angesprochen werden und alle Dimensionen eine gleichwertige Rolle spielen.[184] Im Wesentlichen besagt dieses Modell, dass zur Erreichung (oder Beurteilung) von Nachhaltigkeit Umwelt-, Wirtschafts- und Sozialaspekte aufeinander abgestimmt und gegeneinander geprüft werden müssen.[185]

Dieser Grundkonzeption folgt das Lebenszyklusmodell „Life Cycle Sustainability Assessment“ (im Folgenden: „LCSA“). Es bezieht sich auf die Bewertung aller ökologischen, sozialen und wirtschaftlichen negativen Auswirkungen und Vorteilen in Entscheidungsprozessen hin zu nachhaltigeren Produkten während ihres gesamten Lebenszyklus.[186] Es wird durch folgende Gleichung beschrieben:

$$LCSA = LCA + LCC + S\text{-}LCA,$$

wobei LCA für Life Cycle Assessment und S-LCA für Societal oder Social Life Cycle Assessment stehen.[187]

Zur Bewertung von Nachhaltigkeit existieren verschiedene Lebenszyklusmodelle, von denen das LCSA das Umfassendste darstellt. Das hier untersuchte LCC ist ein

---

sustainability“. Im englischsprachigen Raum ist die Bezeichnung als „triple bottom line“ gängig, wie er von Elkington, MBE 1998, Vol. 2, Iss. 3 S. 1822 geprägt wurde, vgl. Klöpffer, Int J LCA 2008, 89 f. sowie die Nachweise in Fn. 4; *Schneidewind* in: Nachhaltigkeit. Unternehmerisches Handeln in globaler Verantwortung, S. 135, Fn. 4 sowie weitere Nachweise dort.

183 Ein „Umdenken“ von Umweltschutz hin zu Nachhaltigkeit, so auch Finkbeiner/Schau/Lehmann/Traverso, Sustainability 2010, 3309 f., vgl. zu der Assoziation des Begriffs Nachhaltigkeit eher mit Umweltaspekten Fn. 20.

184 Deutscher Bundestag, Abschlußbericht der Enquete-Kommission „Schutz des Menschen und der Umwelt – Ziele und Rahmenbedingungen einer nachhaltig zukunftsverträglichen Entwicklung“, BT-Drs. 13/11200, S. 15. Aufgrund der komplexen Zusammenhänge zwischen den drei Dimensionen bzw. Sichtweisen von Ökologie, Ökonomie und Sozialem fordert die Enquete-Kommission eine Integrative Behandlung. Es gehe bildlich gesprochen nicht um die Zusammenführung dreier nebeneinander stehender Säulen, sondern um die Entwicklung einer dreidimensionalen Perspektive aus der Erfahrungswirklichkeit. Ebenfalls hierzu: Koch et al., Umweltgutachten 2008 – Umweltschutz im Zeichen des Klimawandels, in: http://www.umweltrat.de/SharedDocs/Downloads/DE/01_Umweltgutachten/2008_Umweltgutachten_BTD.pdf?__blob=publicationFile, abgerufen am 08.12.2016.

185 Klöpffer, Int J LCA 2008, 89 f.

186 UNEP/SETAC Life Cycle Initiative, Towards a Life Sustainability Assessment, S. 3; Definition der Life Cycle Initiative, Life Cycle Sustainability Assessment, in: http://www.lifecycleinitiative.org/starting-life-cycle-thinking/life-cycle-approaches/life-cycle-sustainability-assessment/, abgerufen am 08.12.2016.

187 UNEP/SETAC Life Cycle Initiative, Towards a Life Sustainability Assessment, S. 6; Swarr/Hunkeler/Klöpffer/Pesonen/Ciroth/Brent/Pagan, Environmental Life Cycle Costing: A code of practice, S. 6; Zamagni, Int J LCA 2012, 373, 374; Klöpffer, Int J LCA 2008, 89 f.; Finkbeiner/Schau/Lehmann/Traverso, Sustainability 2010, 3309, 3312.

Ansatz zur Einschätzung der wirtschaftlichen Dimension von Nachhaltigkeit. Es fasst alle Kosten zusammen, die im Zuge des Lebenszyklus eines Produktes direkt von einem oder mehreren Akteuren des Produktlebenszyklus getragen werden müssen.[188] Die Umweltdimension von Nachhaltigkeit deckt das LCA ab[189], bei dem es sich um das einzige international standardisierte Bewertungsmodell[190] handelt.[191] Eine Ökobilanz (LCA) befasst sich mit potenziellen Umweltauswirkungen als Folge der Gewinnung von Ressourcen, des Transports, der Produktion, Nutzung, Recycling und dem Ausrangieren von Produkten.[192] Im Vergleich dazu steckt das S-LCA noch in den Kinderschuhen. Diese Methode zielt auf die Beurteilung der möglichen sozialen und sozioökonomischen Auswirkungen – in positiver und negativer Hinsicht – von Produkten und Dienstleistungen über den gesamten Lebenszyklus ab.[193] Das Instrument soll folglich die sozialen Aspekte von Produkten und Dienstleistungen beurteilen.[194] Gemeinsam bilden diese Lebenszyklusmodelle die drei Säulen des LCSA.

1. Verschiedene Erscheinungsformen von Life Cycle Costing

Im vorstehend beschriebenen Sinne stellt das LCC das ökonomische Äquivalent einer Ökobilanz (LCA) dar. Es bildet die wirtschaftliche Dimension von Nachhaltigkeit ab. Dies bedeutet jedoch nicht, dass ökologische oder soziale Belange nicht behandelt werden. Es existieren heutzutage neben dem hier als „konventionellen LCC“ bezeichneten auch das so genannte „Environmental LCC“ (im Folgenden: „ELCC“) sowie das „Societal LCC“ (im Folgenden: „SLCC“).

---

188 Hunkeler/Lichtenvort/Rebitzer, Environmental life cycle costing, XXVii; Swarr/Hunkeler/Klöpffer/Pesonen/Ciroth/Brent/Pagan, Environmental Life Cycle Costing: A code of practice, S. 15; UNEP/SETAC Life Cycle Initiative, Towards a Life Sustainability Assessment, S. 14 ff.

189 Swarr/Hunkeler/Klöpffer/Pesonen/Ciroth/Brent/Pagan, Environmental Life Cycle Costing: A code of practice, S. 6; die UNEP/SETAC Life Cycle Initiative versteht LCA nunmehr als E-LCA, in Abgrenzung zu der ISO 14001 und den Praktikern, die in ein LCA auch das soziale und ökonomische Umfeld einbeziehen, Guidelines for Social Assessment of Social Life Cycle Assessment of Products, S. 33, Fn. 27. Auch Jørgensen/Le Bocq/Nazarkina/Hauschild, Int J LCA 2008, 96 f. sprechen von ELCA.

190 Reihen DIN EN ISO 14040.

191 Swarr/Hunkeler/Klöpffer/Pesonen/Ciroth/Brent/Pagan, Environmental Life Cycle Costing: A code of practice, S. 6; Klöpffer, Int J LCA 2008, 89 f.

192 UNEP/SETAC Life Cycle Initiative, Towards a Life Sustainability Assessment, S. 6; Zamagni, Int J LCA 2012, 373, 374; Klöpffer, Int J LCA 2008, 89 f.

193 UNEP/SETAC Life Cycle Initiative, Towards a Life Sustainability Assessment, S. 22f.; UNEP/SETAC Life Cycle Initiative, Guidelines for Social Life Cycle Assessment of Products, S. 37, in: http://www.unep.fr/shared/publications/pdf/DTIx1164xPA-guidelines_sLCA.pdf; abgerufen am 09.12.2016; Ramirez/Petti, The Annals of The “Ştefan cel Mare” University of Suceava 2011, 11; Finkbeiner/Schau/Lehmann/Traverso, Sustainability 2010, 3309, 3314.

194 Swarr/Hunkeler/Klöpffer/Pesonen/Ciroth/Brent/Pagan, Environmental Life Cycle Costing: A code of practice, S. 6; Parent/Cucuzzella/Revéret, Int J LCA 2010, 164.

a) *Konventionelles Life Cycle Costing*

Das konventionelle LCC entwickelte sich aus den rein finanziellen Kostenbewertungsmethoden und wurde bereits zum intensiven Gegenstand insbesondere betriebswirtschaftlicher Forschung.[195] Ein konventionelles LCC ist die zumeist aus der Perspektive nur eines Marktteilnehmers durchgeführte Bewertung aller Kosten, die während des Lebenszyklus eines Produkts entstehen und direkt vom Hersteller oder dem Nutzer während des Lebenszyklus (Zulieferer, Hersteller, Nutzer oder Verbraucher, Entsorger am Ende der Lebensdauer) getragen werden müssen.[196] Der Begriff „Kosten" wird hierbei entsprechend seiner Verwendung im gewöhnlichen Sprachgebrauch als der monetäre Wert von Waren und Dienstleistungen, die Hersteller und Verbraucher kaufen, verstanden.[197] Es werden vier Kostenkategorien berücksichtigt, nämlich Investitions- oder Anschaffungskosten, Betrieb, Wartung sowie Entsorgungskosten am Ende der Lebensdauer.[198] Nachfolgend wird entsprechend der Terminologie der Richtlinienvorgabe in Art. 68 Abs. 1

---

195 Vgl. beispielhaft: Zehbold, Lebenszyklusrechnung; Geißdörfer, Total Cost of Ownership (TCO) und Life Cycle Costing; Wübbenhorst, Konzept der Lebenszykluskosten; Bubeck, Life Cycle Costing (LCC) im Automobilbau; Bode/Bünting/Geißdörfer, Rechenbuch der Lebenszykluskosten; Pfohl, Prototypgestützte Lebenszyklusrechnung; Schild, Lebenszyklusrechnung und lebenszyklusbezogenes Zielkostenmanagement; Riezler, Lebenszyklusrechnung u.v.m.

196 Hunkeler/Lichtenvort/Rebitzer, Environmental Life Cycle Costing, S. 4. Dieser Forschungsarbeit wird das Begriffsverständnis der „SETAC"-Europe Working Group zum Life Cycle Costing zugrunde gelegt, weil es zum einen Ergebnis der Analyse einer Umfrage zu aktuellen Lebenszykluskosten ist, vgl. Hunkeler/Lichtenvort/Rebitzer, Environmental life cycle costing, Kapitel 6, S. 91 ff. Außerdem empfiehlt die Europäische Kommission, neben ihrem „Buying green!" Handbuch, das soeben erwähnte Werk als Hintergrundlektüre zum LCC („The following publication also gives a useful background on environmental LCC [...]"), Europäische Kommission, Life-cycle costing, in: http://ec.europa.eu/environment/gpp/lcc.htm, abgerufen am 08.12.2016. Das „Buying green!" Handbuch enthält in dem Kapitel, das sich den Lebenszykluskosten widmet (S. 42–45), eine eher generelle Beschreibung des Konzepts, die zudem auf der SETAC-Definition zu fußen scheint. Überdies findet sich diese Definition bereits im Jahr 2008 bei Klöpffer, Int J LCA 2008, 89, 91. Vgl. zu den ersten Entwürfen eines LCC bereits im Jahr 1978, Blanchard, Design and manage to life cycle cost.

197 So: Swarr/Hunkeler/Klöpffer/Pesonen/Ciroth/Brent/Pagan in Environmental Life Cycle Costing: A code of practice, S. 15, die sich auf die Definition der Encyclopaedia Britannica berufen. Dort heißt es wörtlich: „Cost, in common usage, the monetary value of goods and services that producers and consumers purchase.", Encyclopaedia Britannica, Cost, in: http://www.britannica.com/topic/cost, abgerufen am 08.12.2016.

198 Dragos/Neamtu, EPPPL 2013, 19 f. Zum Teil werden auch noch Forschungs- und Entwicklungskosten mit einbezogen, wie in den Anfängen von LCC, vgl. Blanchard, Design and Manage to life cycle cost, S. 10.

zwischen Anschaffungs-, Nutzungs- und Wartungskosten sowie der am Ende der Nutzungsdauer entstehenden Kosten („End-of-Life“ Kosten, nachfolgend: „EoL“) unterschieden. Dies entspricht zugleich der Vorgehensweise der am häufigsten von öffentlichen Auftraggebern eingesetzten LCC-Methoden.[199]

Die verschiedenen Kostenelemente umfassen etwa den Kaufpreis oder den Miet- bzw. den Leasingpreis im Zuge der Anschaffung des Beschaffungsgegenstandes.[200] Weiter werden üblicherweise alle hiermit verbundenen Kosten, wie die Lieferung, Installation und Inbetriebnahme, hinzugezählt.[201] Zu den Nutzungskosten können etwa die Kosten des Verbrauchs von Energie (z.B. Strom für Elektro- und Elektronikgeräte; Benzin und Diesel für Kfz-Nutzung; Heizöl und Gas für Gebäudenutzung), die Kosten für Trinkwasserbereitstellung und Abwasserentsorgung, Steuern und Versicherungskosten (Kfz-Steuer sowie Haftpflicht- oder Kaskoversicherung), Schulungskosten (IT, Reinigungspersonal), Wartungs- und Instandhaltungskosten (Heizungsanlage), Reparaturkosten oder Kosten für notwendiges Zubehör gehören.[202] Von den am Ende der Lebensdauer entstehenden Kosten sind beispielsweise Abholungs- und Recyclingkosten, Kosten des Rückbaus oder Abbruchs, Renovierungs- und Stilllegungskosten umfasst.[203]

Bei einem konventionellen LCC werden im Gegensatz zu ELCC und SLCC nur reale, interne Kosten herangezogen.[204] „Intern“ impliziert in diesem Zusammenhang,

---

199 Dragos/Neamtu, EPPPL 2013, 19 f.

200 Möller/Statmann/Gröger, Umweltfreundliche Beschaffung: Schulungsskript 5 – Einführung in die Berechnung von Lebenszykluskosten und deren Nutzung im Beschaffungsprozess, S. 15 ff., in: https://www.umweltbundesamt.de/sites/default/files/medien/378/publikationen/umweltfreundliche_beschaffung_script_5.pdf, abgerufen am 08.12.2016.

201 Perera/Morton/Perfrement, Life Cycle Costing in Sustainable Public Procurement: A white paper from IISD, S. 1, in: https://www.iisd.org/pdf/2009/life_cycle_costing.pdf, abgerufen am 08.12.2016.

202 Vgl. die beispielhafte Auflistung bei: Möller/Statmann/Gröger, Umweltfreundliche Beschaffung: Schulungsskript 5 – Einführung in die Berechnung von Lebenszykluskosten und deren Nutzung im Beschaffungsprozess, S. 15 ff., in: https://www.umweltbundesamt.de/sites/default/files/medien/378/publikationen/umweltfreundliche_beschaffung_script_5.pdf, abgerufen am 08.12.2016.

203 Perera/Morton/Perfrement, Life Cycle Costing in Sustainable Public Procurement: A white paper from IISD, S. 1, in: https://www.iisd.org/pdf/2009/life_cycle_costing.pdf, abgerufen am 08.12.2016. Europäische Kommission, Umweltorientierte Beschaffung! Ein Handbuch für ein umweltorientiertes öffentliches Beschaffungswesen, 3. Auflage 2016, S. 67, in: http://ec.europa.eu/environment/gpp/pdf/handbook_2016_de.pdf, abgerufen am 08.12.2016.

204 Hunkeler/Lichtenvort/Rebitzer, Environmental life cycle costing, S. 4; Swarr/Hunkeler/Klöpffer/Pesonen/Ciroth/Brent/Pagan in Environmental Life Cycle Costing: A code of practice, 15.

dass ein Wirtschaftsteilnehmer[205] die während eines Lebenszyklus entstehenden Kosten, wie die Produktion, die Nutzung und die EoL- bzw. Entsorgungskosten trägt, sodass die internen Kosten mit den Unternehmenskosten in Verbindung stehen.[206] Dies betrifft alle Kosten und Einnahmen eines ökonomischen Systems.[207] Werden EoL- und Nutzungskosten von anderen Wirtschaftsteilnehmern getragen, so bleiben sie beim konventionellen LCC also außer Acht.[208] Mit dem Ergebnis einer LCA-Analyse wird diese Form der LCC-Methode üblicherweise nicht verbunden,[209] was daraus resultiert, dass dort Umweltaspekte mit abgebildet werden.

b) Environmental LCC

Anders ist dies bei dem ELCC, bei dem über die in ein konventionelles LCC einzubeziehenden Kosten hinaus externe Umweltkosten Berücksichtigung finden.[210] Dieses Modell wird definiert als die Bewertung aller Kosten, die entlang des Produktlebenszyklus einem oder mehreren Akteuren (Lieferant, Hersteller, Nutzer oder Verbraucher und/oder EoL-Akteur) entstehen, unter Berücksichtigung externer Effekte, die voraussichtlich in der entscheidungserheblichen Zukunft internalisiert werden.[211]

Es soll konventionelles LCC „verbessern", indem es einerseits alle Lebenszyklusstadien sowie die während des entscheidungsrelevanten Zeitraumes einzubeziehenden, antizipierte Kosten und andererseits gesonderte, nicht monetarisierte Ergebnisse einer LCA Analyse erfordert.[212] Durchgeführt wird ein ELCC aus der Perspektive eines oder mehrerer Marktakteure, vor allem aus Sicht des Herstellers.[213] Sofern relevant, werden auch Subventionen und Steuern in einem ELCC berücksichtigt.[214] Zusammenfassend lässt sich ELCC beschreiben als das

205 Bspw. dem Produzenten, dem Transportunternehmen, dem Verbraucher oder einem anderen unmittelbar Beteiligten.

206 Rebitzer/Hunkeler, Int J LCA 2003, 253, 254 f.; Hunkeler/Lichtenvort/Rebitzer, Environmental Life Cycle Costing, Executive Summary, XXiX.

207 Rebitzer/Hunkeler, Int J LCA 2003, 253, 254 f. mit Verweis auf die Abbildung 1 auf Seite 254; Hunkeler/Lichtenvort/Rebitzer, Environmental Life Cycle Costing, Executive Summary, XXiX.

208 Hunkeler/Lichtenvort/Rebitzer, Environmental Life Cycle Costing, S. 4.

209 Hunkeler/Lichtenvort/Rebitzer, Environmental Life Cycle Costing, S. 4.

210 Dragos/Neamtu, EPPPL 2013, 19, 20 f.

211 Hunkeler/Lichtenvort/Rebitzer, Environmental Life Cycle Costing, S. 4, die sich auf die bei Rebitzer/Hunkeler, Int J LCA 2003, 253, 254 f. vorgeschlagene Definition stützen. Diese wiederum modifiziert die Definition von Blanchard/Fabrycky, Systems Engineering and Analysis, 3rd Edition, 1998, S. 560.

212 Hunkeler/Lichtenvort/Rebitzer, Environmental Life Cycle Costing, S. 4. Es wird an dieser Stelle empfohlen, beidem ein der Ökobilanz (ISO 14040/44 (2006)) genügendes Produktsystem zugrunde zu legen. Dragos/Neamtu, EPPPL 2013, 19, 21 gehen auf eine LCA als Basis für ELCC kurz ein.

213 Hunkeler/Lichtenvort/Rebitzer, Environmental Life Cycle Costing, S. 4.

214 Hunkeler/Lichtenvort/Rebitzer, Environmental Life Cycle Costing, S. 4.

wirtschaftliche Konzept nicht ausgeglichener Umweltauswirkungen des Produktionsprozesses und Verbrauchs, die Verbrauchernutzen und Unternehmenskosten außerhalb des Marktmechanismus beeinflussen.[215]

Anders als die soeben beschriebenen internen Kosten umfassen externe (Umwelt-)Kosten ökologische und soziale Auswirkungen, die nicht direkt von einem am Produktlebenszyklus partizipierenden Wirtschaftsteilnehmer, wie etwa den Unternehmen, Endnutzern oder staatlichen Einrichtungen, getragen werden.[216] Die ökonomischen Erwägungen der am System Beteiligten lassen diese so genannten „Externalitäten“ außer Acht, weil sie im oder durch das natürliche oder gesellschaftliche System auftreten.[217] Externalitäten kann ein hypothetischer finanzieller Wert zugewiesen werden, d.h. sie werden monetarisiert.[218] Ein bekanntes Beispiel vormaliger Externalitäten, denen seitens der Regierungen ein finanzieller Wert zugeschrieben wurden, ist das „polluter-pays-principle“[219] oder Verursacherprinzip.[220] Externalitäten führen sodann zu echten Geldströmen und tatsächlichen Kosten für deren Verursacher, wie es in einigen Ländern für CO_2 und SO_x Emissionen bereits der Fall ist.[221] Andernfalls werden die Umweltkosten in Geld ausgedrückt, also hypothetisch monetarisiert, um in einem ELCC als Kostenrechnungsmethode Berücksichtigung finden zu können.[222]

Ein Beispiel, wie die externen Effekte der Umweltbelastung in ein LCC einbezogen werden können, gibt die „Clean-Vehicles-Directive“[223]. Diese Richtlinie verpflichtet öffentliche Auftraggeber und Vergabestellen, in ihren Einkauf von Straßenfahrzeugen deren Energieverbrauch und Emissionen mit einzubeziehen.[224]

---

215 Dragos/Neamtu, EPPPL 2013, 19, 24.

216 Hunkeler/Lichtenvort/Rebitzer, Environmental Life Cycle Costing, Executive Summary, XXiX.

217 Hunkeler/Lichtenvort/Rebitzer, Environmental Life Cycle Costing, Executive Summary, XXiX.

218 Hunkeler/Lichtenvort/Rebitzer, Environmental Life Cycle Costing, Executive Summary, XXiX, die auf die so genannte „willingness-to-pay“ Methode abstellen.

219 Nach dem der „Umweltstörer“ grundsätzlich die Kosten für die Vermeidung, Beseitigung oder den Ausgleich von Umweltbelastungen tragen soll, vgl. OECD, The Polluter Pays Principle; Atapattu, Emerging principles of international environmental law, S. 437 ff.; Kiss/Shelton, Guide to international environmental law, S. 95.

220 Hunkeler/Lichtenvort/Rebitzer, Environmental Life Cycle Costing, Executive Summary, XXiX.

221 Hunkeler/Lichtenvort/Rebitzer, Environmental Life Cycle Costing, Executive Summary, XXiX.

222 Generaldirektion Umwelt der Europäischen Kommission zu LCC als Instrument des GPP, in: http://ec.europa.eu/environment/gpp/lcc.htm, abgerufen am 08.12.2015.

223 Richtlinie 2009/33/EG des Europäischen Parlaments und des Rates vom 23. April 2009 über die Förderung sauberer und energieeffizienter Straßenfahrzeuge, ABl. L 120 v. 15.05.2009, S. 5–12.

224 Generaldirektion Umwelt der Europäischen Kommission zu LCC als Instrument des GPP, in: http://ec.europa.eu/environment/gpp/lcc.htm, abgerufen am 09.12.2015.

Eine mögliche Vorgehensweise ist hierbei, diesen Faktoren in der Wertung der Angebote Kosten zuzuweisen.[225] Im Anhang der Richtlinie findet sich ein entsprechender Katalog von Daten zur Berechnung der über die gesamte Lebensdauer anfallenden externen Kosten von Straßenfahrzeugen.

ELCC ist die am besten adaptierte Lebenszyklusmethode.[226] Auch Art. 68 der VRL nimmt in Absatz 2 Bezug auf das environmental LCC. Nach dieser Vorschrift sind die Kosten, die durch die externen Effekte der Umweltbelastung entstehen und mit der Ware, der Dienstleistung oder der Bauleistung während ihres Lebenszyklus in Verbindung stehen, in eine Lebenszykluskostenrechnung mit einzubeziehen.

c) Societal LCC

Das SLCC greift am weitesten, indem es alle Externalitäten in die Analyse mit einbezieht. Es wird beschrieben als die Bewertung aller gegenwärtigen und künftigen Kosten, die im Zuge des Lebenszyklus eines Produktes entstehen und von irgendeinem Mitglied der Gesellschaft getragen werden müssen.[227] Durchgeführt wird es aus der Perspektive der gesamten Gesellschaft (national und international), einschließlich der Regierungen.[228]

Im Vergleich zu ELCC bewertet SLCC alle weiteren externen Kosten – zumeist in monetärer Hinsicht, bspw. basierend auf einer „willingness-to-pay“ Methode.[229] Die Externalitäten, denen sich ein Geldwert nur schwerlich beimessen lässt, wie etwa die öffentliche Gesundheit und sozialer Wohlstand, Normen und Rechte hinsichtlich der Arbeitsplatzqualität, sowie Privat- und Familienleben, können grundsätzlich im SLCC qualitativ berücksichtigt werden.[230] Dies setzt allerdings voraus, dass die betreffenden Externalitäten bestimmt werden können und der jeweilige Akteur von seiner Betroffenheit Kenntnis erlangt hat.[231] Mit der Vorgabe in Art. 68 Abs. 2, dass ökologische Externalitäten einer Monetarisierung zugänglich sein müssen, scheint die Vergaberichtlinie implizit das SLCC auszuschließen. Die soeben aufgezählten sozialen Externalitäten, deren Geldwert nicht bestimmt

---

225 Generaldirektion Umwelt der Europäischen Kommission zu LCC als Instrument des GPP, in: http://ec.europa.eu/environment/gpp/lcc.htm, aberufen am: 09.12.2015.

226 So der durch die Recherche gewonnene Eindruck und auch: Dragos/Neamtu, EPPPL 2013, 19, 20.

227 Hunkeler/Lichtenvort/Rebitzer, Environmental Life Cycle Costing, S. 8. Subventionen und Steuern werden, im Gegensatz zu ELCC, nicht einbezogen, weil diesen kein Nettokosteneffekt zukommt.

228 Hunkeler/Lichtenvort/Rebitzer, Environmental Life Cycle Costing, S. 4.

229 Hunkeler/Lichtenvort/Rebitzer, Environmental Life Cycle Costing, S. 4.

230 Hunkeler/Lichtenvort/Rebitzer, Environmental Life Cycle Costing, S. 9.

231 Hunkeler/Lichtenvort/Rebitzer, Environmental Life Cycle Costing, S. 9. Zudem wird an dieser Stelle noch vorgebracht, dass vielen Externalitäten ein Geldwert beigemessen werden kann, vgl. hierzu insgesamt die Seiten, 59 ff. und insbesondere die Tabelle A.2 im Anhang, S. 166.

werden kann, sind nach dem Wortlaut der Richtlinie von den in eine Lebenszykluskostenrechnung einzubeziehenden Kosten ausgenommen. Obschon sich hierin der momentane Forschungsstand widerspiegeln mag, ist fraglich, ob die Richtlinie durch die deutlichere Gewichtung „ökologischer Kosten“ im Vergleich zu sozialen Faktoren, ihr Nachhaltigkeitsziel verfehlt, was in Kapitel 4 unter Punkt C, I, 1, c) eingehend behandelt wird.

2. Weitere lebenszyklusbasierte Modelle

Auf diesem Gebiet existieren darüber hinaus eine beträchtliche Anzahl ähnlicher Konzepte, was, wie erläutert, eine gewisse begriffliche Unschärfe zur Folge hat und zu Abgrenzungsschwierigkeiten im Hinblick auf den konkret verwendeten Ansatz führt.[232] Entsprechend der Bezeichnung ist den Lebenszykluskostenmodellen die theoretische Konzeption der Orientierung am Lebensweg eines Produktes oder einer Bau-, bzw. Dienstleistung gemeinsam. Die weitere Unterscheidung wird nachfolgend dargestellt.

a) Life Cycle Assessment

Bei einem LCA handelt es sich um eine vergleichende Methode zur Bewertung verschiedener Produktsysteme mit den gleichen oder sehr ähnlichen Funktionen.[233] Es wird eingesetzt, um die mit einem Produkt verbundenen Umweltaspekte zu bewerten, die während seines Lebenszyklus entstehen. Die Grundsätze und Rahmenbedingungen zur Durchführung von Ökobilanzen wurden in den ISO-Standards 14040 und 14044 international festgelegt und in das deutsche Normenwerk übertragen.[234] Ausweislich der Einleitung der DIN EN ISO 14040 bezieht sich eine Ökobilanz auf die Umweltaspekte und potenziellen Umweltwirkungen (z.B. Nutzung von Ressourcen und die Umweltauswirkungen von Emissionen) im Verlauf des Lebensweges eines Produktes von der Rohstoffgewinnung über Produktion, Anwendung, Abfallbehandlung, Recycling bis zur endgültigen Beseitigung (d.h. „von der Wiege bis zur Bahre“).[235]

---

232 *Dragos/Neamtu* in: Sustainable Public Procurement under EU Law, S. 118.

233 Swarr/Hunkeler/Klöpffer/Pesonen/Ciroth/Brent/Pagan, Environmental Life Cycle Costing: A code of practice, S. 8.

234 DIN EN ISO 14040:2009-11, Umweltmanagement – Ökobilanz – Grundsätze und Rahmenbedingungen; Deutsche und Englische Fassung

235 DIN EN ISO 14040:2006-10, Umweltmanagement – Ökobilanz – Grundsätze und Rahmenbedingungen; Deutsche und Englische Fassung, S. 4; Klöpffer/Grahl, Ökobilanz (LCA), S. 2; Swarr/Hunkeler/Klöpffer/Pesonen/Ciroth/Brent/Pagan, Environmental Life Cycle Costing: A code of practice, S. 8 mit dem Hinweis auf weiterführende Literatur. Die SETAC definierte die Ökobilanz bereits 1993, also vier Jahre vor der erstmaligen internationalen Standardisierung, in ihren „Guidelines for Life Assessment: A „Code of Practice““ ähnlich (SETAC, Guidelines for Life-Cycle Assessment: A ‚Code of Practice‘, S. 7 Table 2: „Goal Definition and Scoping,

b) Social Life Cycle Assessment

Demgegenüber steht die wissenschaftliche Erforschung von SLCA noch am Anfang ihrer Entwicklung.[236] In der „Life Cycle Initiative“[237], einer gemeinsamen Organisation des UNEP und der Society of Environmental Toxicology and Chemistry (im Folgenden: „SETAC“)[238], wurde eigens eine Arbeitsgruppe eingerichtet, die untersuchte, ob und wie SLCA als produktbezogene Sozialbilanz möglich ist.[239] Die Forschungsergebnisse fasste sie in ihren „Guidelines for Social Life Cycle

---

Inventory Analysis, Impact Assessment, Improvement Assessment“, die Beschreibung findet sich auf den S. 12 ff.).

236 Swarr/Hunkeler/Klöpffer/Pesonen/Ciroth/Brent/Pagan, Environmental Life Cycle Costing: A code of Practice, S. 6; Klöpffer, Int J LCA 2008, 89, 91. Einen Überblick über die zum Zeitpunkt der Veröffentlichung existierenden Ansätze geben Jørgensen/Le Bocq/Nazarkina/Hauschild, Int J LCA 2008, 96 ff. Ein Vorschlag einer S-LCA Methode vor Erlass der sogleich beschriebenen Guidelines for Social Life Cycle Assessment of Products findet sich bei Hunkeler, Int J LCA 2006, 371 sowie einer Anwendung der Methode in einer Fallstudie, die zwei Waschmittel miteinander vergleicht findet sich im Anhang, S. 377 ff. Auch Dreyer/Hauschild/Schierbeck, Int J LCA 2006, 88 ff. schlagen einen Rahmen einer S-LCA vor Veröffentlichung der UN/SETAC Guidelines vor. Ein Überblick zur geschichtlichen Entwicklung findet sich bei: Benoît/Norris u.a., Int J LCA 2010, 156 f. Jüngst: Wu/Yang/Chen, Sustainability 2014, 4200–4226. Bereits die Sinnhaftigkeit eines solchen Ansatzes wurde in der Literatur diskutiert (So wohl: Dragos/Neamtu, EPPPL 2013, 19, 25, die sich zwar auf SLCC beziehen, aber in ihren Fußnoten ausschließlich Literatur zum SLCA zitieren), weil die meisten sozialen Auswirkungen keinen Bezug zu dem eigentlichen Prozess hätten, sondern vielmehr das Verhalten der ausführenden Unternehmen beträfen (So etwa: Dreyer/Hauschild/Schiebeck, Int J LCA 2006, 88, 89 ff.). Weil ein kausaler Zusammenhang nur in diesem Verhältnis bestehe, schlagen die Autoren vor, auch die SLCA Sachanalyse auf die am Produktsystem beteiligten Unternehmen zu fokussieren.).

237 UNEP/SETAC Life Cycle Initiative, in: http://www.lifecycleinitiative.org, abgerufen am 08.12.2016.

238 Nähere Informationen zur SETAC, in: https://www.setac.org, abgerufen am 08.12.2016.

239 In einer Machbarkeitsstudie mit dem Titel „Integration of Social Aspects into LCA“ aus dem Jahr 2006 kam die Gruppe zu dem Ergebnis, dass einer solchen, dem (ökologischen) LCA entsprechenden Bilanzierung, aus methodischer Hinsicht offensichtlich keine grundsätzlichen Probleme entgegenstünden, die die Durchführbarkeit in Frage stellen würden, so: Grießhammer/Benoît/Dreyer/Flysjö/Manhart/Mazijn/Méthot/Weidem, Feasibility Study: Integration of social aspects into LCA, Freiburg i.Br. 2006, S. 1: „In terms of methodology, there are evidently no fundamental problems calling the feasibility of SLCA into question.“, in: http://www.saiplatform.org/uploads/Library/UNEP-SETACLifeCycleInitiativeTFonSocialIssues-FeasibilityStudy.pdf, abgerufen am 08.12.2016.

Assessment of Products“[240] zusammen. Dort wird SLCA als Technik zur sozialen Folgenabschätzung beschrieben, die die sozialen und sozioökonomischen Aspekte der Produkte sowie deren positive und negative Auswirkungen entlang ihres Lebenszyklus (Lieferkette, einschließlich der Nutzungsphase und Entsorgung) anhand generischer und standortspezifischer Daten bewertet.[241] Letztere können sich auf Verhaltensweisen der Unternehmen, sozioökonomische Prozesse oder die Auswirkungen auf soziales Kapital beziehen.[242] Je nach Umfang der Studie können zusätzlich indirekte Auswirkungen auf Interessenvertreter berücksichtigt werden.[243] Die Initiative orientierte sich an den Standards zur Durchführung einer Ökobilanz[244], die sie um soziale und sozioökonomische Aspekte ergänzte. Ein SLCA kann entweder allein oder in Kombination mit der Durchführung eines LCA angewendet werden.[245]

c) Life Cycle Sustainability Assessment

Erste konzeptionelle Überlegungen, die zu der Entwicklung der heutigen LCSA Ansätze hingeführt haben, lassen sich auf das deutsche Ökoinstitut und seine

240 UNEP/SETAC Life Cycle Initiative, Guidelines for Social Life Cycle Assessment of Products, in: http://www.unep.fr/shared/publications/pdf/DTIx1164xPA-guidelines_sLCA.pdf, abgerufen am 09.12.2016. Weiterführende Literatur: Parent/Cucuzzella/Revéret, Int J LCA 2010, 164 ff.; Benoît/Norris u.a., Int J LCA 2010, 157 ff.

241 Der Lebenszyklus umfasst die Gewinnung und Verarbeitung von Rohstoffen, Herstellung, Vertrieb, Nutzung und Wiederverwendung, Wartung, Recycling sowie die Endlagerung; UNEP/SETAC Life Cycle Initiative, Guidelines for Social Life Cycle Assessment of Products, S. 37, in: http://www.unep.fr/shared/publications/pdf/DTIx1164xPA-guidelines_sLCA.pdf, abgerufen am 09.12.2016.

242 UNEP/SETAC Life Cycle Initiative, Guidelines for Social Life Cycle Assessment of Products, S. 37, in: http://www.unep.fr/shared/publications/pdf/DTIx1164xPA-guidelines_sLCA.pdf, abgerufen am 09.12.2016.

243 UNEP/SETAC Life Cycle Initiative, Guidelines for Social Life Cycle Assessment of Products, S. 37, in: http://www.unep.fr/shared/publications/pdf/DTIx1164xPA-guidelines_sLCA.pdf, abgerufen am 09.12.2016.

244 An den Reihen DIN EN ISO 14040 und 14044; UNEP/SETAC Life Cycle Initiative, Guidelines for Social Life Cycle Assessment of Products, S. 5: Somit wird auch das SLCA in den folgenden iterativen Schritten ausgeführt: Definition von Ziel und Untersuchungsrahmen, Sachbilanz, Wirkungsabschätzung, Auswertung. Obschon sich die von der Life Cycle Initiative vorgeschlagene Methode an den Standards für die Durchführung einer Ökobilanz orientiert, weichen einige Aspekte der Analyse voneinander ab, während andere beiden gemeinsam sind und wieder andere verstärkt sind, vgl. dort S. 39.

245 UNEP/SETAC Life Cycle Initiative, Guidelines for Social Life Cycle Assessment of Products, S. 37, in: http://www.unep.fr/shared/publications/pdf/DTIx1164xPA-guidelines_sLCA.pdf, abgerufen am 09.12.2016.

Produktlinienanalyse von 1987 zurückführen.[246] Erst in jüngerer Zeit wurde LCSA zum Gegenstand vertiefter wissenschaftlicher Forschung.[247]

Mit der dargestellten Formel, nach der sich LCSA aus LCA, LCC und SLCA zusammensetzt, soll ausgedrückt werden, dass eine Gewichtung unter den mittels der verschiedenen Methoden gefundenen Ergebnissen nicht stattfinden soll, obschon dies in der Entscheidungspraxis – stillschweigend – häufig der Fall sein wird.[248] Zur Bewältigung der Abwägung wurden multikriterielle Bewertungssysteme[249] entwickelt, die sowohl einen Maßstab und Zielwerte der Indikatoren sowie

---

246 Finkbeiner/Schau/Lehmann/Traverso, Sustainability 2010, 3309, 3312. Vgl. weiterhin O'Brien/Doig/Clift, Int J LCA 1996, 231 ff. die, die Entwicklung des SELCA, dem sogenannten „Social and Environmental Life Cycle Assessment", als Analysewerkzeug zur Bewertung des Zusammenspiels sozialer und technologischer Systeme während des Lebenszyklus einer bestimmten Dienstleistung, beschreiben. Diese Grundgedanken wurden zu der soeben dargestellten Formel, nach der sich LCSA aus LCA, LCC und SLCA zusammensetzt, weiterentwickelt, vgl. erstmals die Präsentation von Klöpffer, Life-Cycle Based Sustainability Assessment as Part of LCM, in: Proceedings of the 3rd International Conference on Life Cycle Management, Zürich 27.-29.08.2007, in: http://www.lcm2007.org/presentation/Mo_3.06-Kloepffer.pdf, abgerufen am 08.12.2016; Klöpffer, Int J LCA 2008, 89 ff. mit Anmerkungen von Helias und Haes. Weiter hierzu: Finkbeiner/Schau/Lehmann/Traverso, Sustainability 2010, 3309 ff.

247 Während wie ausgeführt die ersten Ansätze auf die Produktlinienanalyse zurückzuführen sind, entwickelten O'Brien, Doig und Clift das SELCA, das wirtschaftliche Betrachtungen außer Acht lässt. Erstmals in eine Formel gegossen wurde das LCSA von Klöpffer im Jahr 2007, der das Konzept auf die Anmerkungen von Helias und Haes hin erweiterte. Im Jahr 2010 nahmen sich Finkbeiner/Schau/Lehmann/Traverso in: Sustainability 2010, 3309 ff. dem Konzept an. Im Folgejahr Guineé u.a. in Environ Sci Technol 2011, 90–96. Die Life Cycle Initiative des UNEP veröffentlichte im Jahr 2011 den Leitfaden „Towards a Life Cycle Sustainability Assessment, Making informed choices on products". Das auf die Initiative der EU Kommission ins Leben gerufene CALCAS Projekt („Co-ordination Action for innovation in Life Cycle Analysis for Sustainability") beschreibt in seinem sog. „Blue Paper" aus dem Jahr 2009 ein Rahmenkonzept für LCSA, Institute of Environmental Sciences, Leiden University (CML), D20 Blue Paper on Life Cycle Sustainability Analysis, in: http://www.leidenuniv.nl/cml/ssp/publications/calcas_report_d20.pdf, abgerufen am 08.12.2016. Zamagni/Guinée/Heijungs/Masoni, widmeten das Kapitel „Life Cycle Sustainability Analysis", in Life Cycle Assessment Handbook: A Guide for Environmentally Sustainable Products, im Jahr 2012 dem LCSA.

248 Swarr/Hunkeler/Klöpffer/Pesonen/Ciroth/Brent/Pagan, Environmental Life Cycle Costing: A code of Practice, S. 11.

249 Ein LCSA stellt Bewertungssysteme vor zweierlei Gewichtungsprobleme: zum einen bei der Priorisierung der verschiedenen Indikatoren bei der Durchführung des LCA, LCC oder dem SLCA sowie einer ausgeglichenen Berücksichtigung derselben als die drei Dimensionen von Nachhaltigkeit insgesamt (Finkbeiner/Schau/Lehmann/Traverso, Sustainability 2010, 3309, 3315).

deren Gewichtung untereinander festlegen sollen.[250] Es werden dabei drei separate „life cycle assessments“[251] durchgeführt, denen konsistente, idealerweise identische Untersuchungsrahmen zugrunde liegen, ohne dass eine Wertung unter diesen drei Säulen stattfindet.[252]

Auf diese Weise sollen so genannte „Trade-offs“ zwischen den einzelnen Lebenszyklusmodellen vermieden werden.[253] Schließlich würde ihr Zweck konterkariert, wenn nur ein Teil des Systems eines Landes, auf nur einem Schritt des Lebenszyklus oder lediglich eines Umweltbereichs in ökologischer, ökonomischer und sozialer Hinsicht verbessert würde, wenn damit negative Auswirkungen auf

---

250 Finkbeiner/Schau/Lehmann/Traverso, Sustainability 2010, 3309, 3315. Es gilt einige Grundprinzipien zu beachten. Am bedeutsamsten ist die Konsistenz der Systemgrenzen der drei Lebenszyklusbewertungsmodelle, die idealerweise identisch sein sollten. Hierzu zählt, dass in der LCC-Analyse der physische Lebenszyklus im Gegensatz zu dem Vermarktungslebenszyklus, der sich „nur“ von der Produktentwicklung, über die Markteinführung bis zum Ende der Lebensdauer auf dem Markt, also Produktions- und Verkaufsende, erstreckt, dem Untersuchungsrahmen zugrunde gelegt wird. Obschon die Verwendung nur eines Untersuchungsrahmens bei allen drei Komponenten dieser Gleichung die bestmögliche Lösung wäre, wird dies bei dem sozialen Untersuchungsrahmen im Hinblick auf die eher regionale Rasterung schwieriger umzusetzen sein, als bei LCA und LCC; Klöpffer, Int J LCA 2008, 89, 90 f.

251 LCA, LCC und SLCA.

252 Klöpffer, Int J LCA 2008, 89, 93. Siehe insoweit die Abbildung 2–1 bei Swarr/Hunkeler/Klöpffer/Pesonen/Ciroth/Brent/Pagan, Environmental Life Cycle Costing: A code of Practice, S. 13. Eine weitere Lesart wäre die folgende: LCSA = ‚LCA neu‘ (einschließlich der Durchführung eines LCC und SLCA als zusätzliche Wirkungskategorien im Rahmen der Wirkungsabschätzung), was bedeutet, dass der Sachbilanzstudie bis zu drei Wirkungsabschätzungen folgen, was vermutlich einen gleichen Schutzbereich zur Folge hätte und den Vorteil hat, dass dies nur eine Wirkungsabschätzung erfordert, die in Ziel und Untersuchungsrahmen festgelegt werden kann (Klöpffer, Int J LCA 2008, 89, 93). Für die hier ausführlich dargestellte Option spricht die Sicherstellung größtmöglicher Transparenz durch drei separate Lebenszyklusbewertungen. Zustimmung verdient insoweit Klöpfer, Int J LCA 2008, 89, 93. Er führt weiterhin den Wortlaut der Ökobilanz an, nachdem „LCA typically does not address the economic or social aspects of a product, but the life cycle approach and methodologies described in this International Standard may be applied to these other aspects.“ Auch Guineé u.a., Environ Sci Technol 2011, 90 verstehen LCSA als “transdisciplinary integration framework of models rather than a model in itself.”, was nach Auffassung der Verfasserin auch gegen ein „LCA neu“ am Ende der Gleichung spricht.

253 Zudem soll eine Verlagerung der Probleme in die Zukunft, was als „shifting of burden“ beschrieben wird, vermieden werden (Klöpffer, Int J LCA 2008, 89 f.). Dies würde letztlich dem Nachhaltigkeitsverständnis, wie es durch den Brundtland Bericht geprägt wurde, das eine intergenerative Gerechtigkeit hervorhebt, widersprechen.

andere Bereiche einhergingen, die die erreichten Vorteile aufwögen.[254] Häufig wird aber die wirtschaftlichste Alternative nicht zugleich die nach der LCA-Bewertungsmethode „günstigste", sprich die Umwelt am wenigsten belastende Lösung sein, sodass an der Praktikabilität dieses umfassenden Lebenszyklusmodells durchaus Zweifel bestehen.

Der Forschungsgegenstand LCC als Instrument nachhaltiger öffentlicher Auftragsvergabe bildet die wirtschaftliche Dimension der Nachhaltigkeit ab. Entsprechend den Ursprüngen des konventionellen LCC, das sich aus rein finanziellen Kostenbewertungsmethoden entwickelte, handelt es sich hierbei vornehmlich um eine Methode zur Bewertung von Kosten. Dies berücksichtigt auch die VRL, nach deren Art. 67 Abs. 2 das wirtschaftlich günstigste Angebot auf der Grundlage des Preises oder der Kosten, mittels eines Kosten-Wirksamkeits-Ansatzes, wie der Lebenszykluskostenrechnung bestimmt wird.

IV. Konkretisierung des hier maßgeblichen LCC

Der Forschungsgegenstand dieser Arbeit gibt zugleich das maßgebliche Begriffsverständnis von LCC vor. Mit der Behandlung der Frage, wie das Instrument des LCC einen effektiven Beitrag zur Umsetzung einer nachhaltigen öffentlichen Beschaffung leisten kann, ist zugleich auch bestimmt, dass LCC vorliegend aus Sicht des Vergaberechts definiert wird. Vor dem Hintergrund, dass sich LCC-Vorgaben in einem Vergabeverfahren künftig an der VRL sowie dem nationalen Umsetzungsrecht messen lassen müssen, wird nachfolgend das dort zugrunde gelegte Begriffsverständnis herausgearbeitet.

1. LCC in der Richtliniennovelle

Die VRL bestimmt LCC, indem sie die einzubeziehenden Kosten festlegt. Nach Art. 68 Abs. 1 VRL „umfasst die Lebenszyklusrechnung die folgenden Kosten während des Lebenszyklus eines Produkts, einer Dienstleistung oder Bauleistung ganz oder teilweise:

a) von dem öffentlichen Auftraggeber oder anderen Nutzern getragene Kosten, wie:
   i) Anschaffungskosten
   ii) Nutzungskosten, wie z.B: Verbrauch von Energie und anderen Ressourcen
   iii) Wartungskosten,
   iv) Kosten am Ende der Nutzungsdauer (wie Abholungs- und Recyclingkosten);

254 Finkbeiner/Schau/Lehmann/Traverso, Sustainability 2010, 3309, 3315; Klöpffer, Int J LCA 2003, 157, 158.

b) Kosten, die durch die externen Effekte der Umweltbelastung entstehen, die mit der Ware, der Dienstleistung oder der Bauleistung während ihres Lebenszyklus in Verbindung stehen, sofern ihr Geldwert bestimmt und geprüft werden kann; solche Kosten können Kosten der Emission von Treibhausgasen und anderen Schadstoffen sowie sonstige Kosten für die Eindämmung des Klimawandels umfassen.“

Erwägungsgrund 96 VRL konkretisiert dies dahingehend, dass sämtliche über den gesamten Lebenszyklus von Bauleistungen, Lieferungen oder Dienstleistungen anfallenden Kosten berücksichtigt werden. Dies sind „interne Kosten, wie Kosten für durchzuführende Forschung, Entwicklung, Produktion, Transport, Nutzung, Wartung und Entsorgung, kann aber auch Kosten umfassen, die externen Effekten auf die Umwelt zugeschrieben werden, wie einer durch die Gewinnung der in der Ware verwendeten Rohstoffe oder die Ware selbst oder ihre Herstellung hervorgerufenen Umweltverschmutzung, sofern sie sich finanziell bewerten und überwachen lassen.“[255] Den Begriff des Lebenszyklus definiert Art. 2 Nr. 20 VRL als alle aufeinander folgenden und/oder miteinander verbundenen Stadien, einschließlich der durchzuführenden Forschung und Entwicklung, der Produktion, des Handels und der damit verbundenen Bedingungen, des Transports, der Nutzung und Wartung, während der Lebensdauer einer Ware oder eines Bauwerks oder während der Erbringung einer Dienstleistung, angefangen von der Beschaffung der Rohstoffe oder Erzeugung von Ressourcen bis hin zu Entsorgung, Aufräumarbeiten und Beendigung der Dienstleistung oder Nutzung.

Der europäische Gesetzgeber macht deutlich, dass er den Lebenszykluskostenansatz als Zuschlagskriterium in Zukunft stärker betont wissen möchte, um die Auftragsvergabe zur Erzielung nachhaltigen Wachstums zu nutzen[256]

a) Rückgriff auf die Nachhaltigkeitsforschung

Bei genauerer Betrachtung fällt auf, dass die Richtlinie die in der Nachhaltigkeitsforschung herrschende Definition von LCC übernimmt. Das Standardwerk[257] von

---

255 Erwägungsgrund 96 VRL. Im Übrigen enthält die VRL Anforderungen an die jeweilige LCC-Methode, die in Kapitel 4 unter Punkt C, I eingehend erläutert werden.

256 So auch: *Mutschler-Siebert/Kern* in: Gabriel/Krohn/Neun, Handbuch des Vergaberechts, 1. Auflage 2014, § 30 Die Angebotswertung (vierte Wertungsstufe), Rn. 55.

257 So bezieht sich etwa die „Europe Working Group“ zum Life Cycle Costing der SETAC in ihren in Zusammenarbeit mit dem UNEP erarbeiteten Richtlinien („Guidelines for Social Life Cycle Assessment of Products“; „Towards a Life Cycle Sustainability Assessment, Making informed choices on products“) auf dieses Werk. Auch in der Literatur wurde die Definition von Hunkeler, Lichtenvort und Rebitzer von führenden Forschern auf dem Gebiet der Nachhaltigkeit übernommen (beispielhaft: Klöpffer, Int J LCA 2008, 89, 91: “Environmental (or LCA-type) Life Cycle Costing (LCC) summarizes all costs associated with the life cycle of a product that are directly covered by one or more of the actors in that life cycle (e.g., supplier, producer, user/consumer and those involved at the End-of-Life [...]”).

Hunkeler, Lichtenvort und Rebitzer mit dem Titel „Environmental Life Cycle Costing" versteht unter konventionellem LCC die zumeist aus der Perspektive nur eines Marktteilnehmers durchgeführte Bewertung aller Kosten, die während des Lebenszyklus eines Produkts entstehen und direkt vom Hersteller oder dem Nutzer während des Lebenszyklus (Zulieferer, Hersteller, Nutzer oder Verbraucher, Entsorger am Ende der Lebensdauer) getragen werden müssen.[258]

Die VRL ersetzt den „Hersteller" durch den „öffentlichen Auftraggeber". Der „andere Nutzer" wird übernommen. Ein nur marginaler Unterschied ergibt sich aus Folgendem: Während die VRL die im Verlauf des Lebenszyklus anfallenden Kosten aufführt[259], definiert die Begriffsbestimmung von Hunkeler, Lichtenvort und Rebitzer diese Kosten von der jeweiligen Person ausgehend, bei der sie entstehen.[260]

In Anbetracht des Umstandes, dass das Begriffsverständnis von LCC in der Nachhaltigkeitsforschung vorherrschend ist, vor allen Dingen aber das Ergebnis der Analyse einer Umfrage der zum Veröffentlichungszeitpunkt 2008 aktuellen Lebenszykluskosten ist[261], erscheint der Rückgriff hierauf sachgerecht. Auch war dies nicht verwunderlich – empfiehlt doch die Europäische Kommission, neben ihrem „Buying Green!" Handbuch das soeben erwähnte Werk als Hintergrundlektüre zum LCC.[262] Das Handbuch selbst enthält eine eher generelle Beschreibung des Konzepts, die zudem auf der soeben dargestellten Definition zu fußen scheint. Hiernach bedeutet LCC, dass „alle Kosten, die während der Lebensdauer des Produkts und der Dauer der Bau- oder Dienstleistung anfallen, berücksichtigt werden".[263]

b) Bereits existente Definitionen im europäischen und nationalem Recht

Die VRL entlehnt ihre Definition von LCC nicht nur der Nachhaltigkeitsforschung. Vielmehr etablierte die Kommission bereits im Jahr 2001 in ihrer

---

258 Hunkeler/Lichtenvort/Rebitzer, Environmental Life Cycle Costing, S. 4.

259 Anschaffungskosten, Nutzungskosten, Wartungskosten und Kosten am Ende der Nutzungsdauer.

260 Zulieferer und Hersteller denen typischerweise die Anschaffungskosten entstehen; Nutzer oder Verbraucher, bei denen typischerweise die Nutzungs- und Wartungs-, aber auch die Anschaffungskosten entstehen; sowie Entsorger am Ende der Lebensdauer, der die in diesem Lebenszyklusstadium anfallenden Kosten tragen muss.

261 Hunkeler/Lichtenvort/Rebitzer, Environmental Life Cycle Costing, S. 91 ff.

262 „The following publication also gives a useful background on environmental LCC [...]", Europäische Kommission, in: http://ec.europa.eu/environment/gpp/lcc.htm, abgerufen am 07.12.2015.

263 Europäische Kommission, Umweltorientierte Beschaffung! Ein Handbuch für ein umweltorientiertes öffentliches Beschaffungswesen, 3. Auflage 2016, S. 67, in: http://ec.europa.eu/environment/gpp/pdf/handbook_2016_de.pdf, abgerufen am 08.12.2016.

Auslegungsmitteilung zur Berücksichtigung von Umweltbelangen bei der Vergabe öffentlicher Aufträge ihr Verständnis von LCC, nach dem bei der Berücksichtigung der Lebenszykluskosten alle Kosten einbezogen werden, die im Rahmen der Produktion/Verbrauch/Nutzung und Entsorgung eines Produktes oder einer Dienstleistung („Wiege zur Bahre Ansatz“) anfallen.[264] In der Regel handele es sich bei den einzelnen Phasen um die Produktplanung, den Materialeinkauf, Produktion, Transport, Erprobung, Nutzung, Entsorgung, Recycling, wobei es nicht zwangsläufig auf diese aufgeführte Reihenfolge ankomme.[265] Nach Auffassung der Kommission sollte der Preis, den ein öffentlicher Auftraggeber für die Beschaffung eines Produktes zahlt, nicht ein zweites Mal bei der Erteilung des Zuschlages berücksichtigt werden, weil er die Kosten wiederspiegelt, die in bereits abgeschlossenen Phasen angefallen sind.[266] Aus diesem Grund sollten die von Seiten des Bieters getragenen und eingepreisten Transportkosten oder Kosten für die Produkterprobung nicht vom öffentlichen Auftraggeber zu dem zu zahlenden Preis addiert werden.[267] Demgegenüber müssten alle Kosten, die dem öffentlichen Auftraggeber nach dem Kauf des Produktes entstehen, berücksichtigt werden, weil sie dessen Wirtschaftlichkeit direkt beeinflussen.[268] In ihrer interpretierenden Mitteilung geht die Kommission auch auf externe Kosten ein. Dies seien Vorteile und Nachteile, die der Verursacher oder Nutznießer nicht unter normalen Marktbedingungen bezahlt.[269] Sie werden als Kosten und Gewinne definiert, die entstehen, wenn sich soziale oder wirtschaftliche Tätigkeiten einer Gruppe von Menschen auf eine andere Gruppe auswirken und wenn die erste Gruppe die Auswirkung nicht voll ausgleicht.[270] Ihre Auffassung zu den den Anschaffungskosten vorgelagerten Kosten (Forschung und Entwicklung, Produktion etc.) behielt sie zunächst bei,[271] gab sie jedoch in ihrem

264 Interpretierende Mitteilung der Kommission über das auf das öffentliche Auftragswesen anwendbare Gemeinschaftsrecht und die Möglichkeiten zur Berücksichtigung von Umweltbelangen bei der Vergabe öffentlicher Aufträge, KOM(2001) 274 endg., ABl. C 333 v. 28.11.2001, S. 12, Ziffer 3.2. Demgegenüber finden sich in der parallelen Mitteilung zu sozialen Belangen keine Ausführungen zu LCC, Interpretierende Mitteilung der Kommission über die Auslegung des gemeinschaftlichen Vergaberechts und die Möglichkeiten zur Berücksichtigung sozialer Belange bei der Vergabe öffentlicher Aufträge, KOM(2001) 566 endg., ABl. C 333 v. 28.11.2001, S. 27.

265 KOM(2001) 274 endg., Ziffer 3.2.

266 KOM(2001) 274 endg., Ziffer 3.2.

267 KOM(2001) 274 endg., Fn. 52.

268 KOM(2001) 274 endg., Ziffer 3.2.

269 KOM(2001) 274 endg., Ziffer 3.3.

270 KOM(2001) 274 endg., Ziffer 3.3.

271 So zählt sie in ihrem Handbuch für ein umweltorientiertes Beschaffungswesen zu den während der Lebensdauer eines Produktes bzw. einer Dienst- oder Bauleistung zu berücksichtigenden Kosten den Beschaffungspreis und alle damit verbundenen Kosten (Lieferung, Installation, Inbetriebnahme usw.). Hierbei handele es sich um die Kosten, die dem öffentlichen Auftraggeber nach Zuschlagserteilung entstehen und die nicht bereits im Beschaffungspreis mit aufgehen. Europäische

Vorschlag für eine Richtlinie über die öffentliche Auftragsvergabe von 2011[272] auf. Artikel 67 Abs. 1 a) des Richtlinienvorschlages bezog interne Kosten, einschließlich Kosten im Zusammenhang mit dem Erwerb, wie Produktionskosten, ausdrücklich mit ein.[273] Hierzu führt Kapitel 4 Punkt C, I, 1, a), aa) im Detail aus.

Auch das nationale Recht sah bereits vor Erlass der VRL die Berücksichtigung von Lebenszykluskosten vor. Zum einen wurde im Zuge der Novellierung der VOL/A 2009 das neue Zuschlagskriterium „Lebenszykluskosten" in § 16 Abs. 8 VOL/A a.F. bzw. § 19 Abs. 9 EG VOL/A a.F. eingeführt. Der deutsche Gesetzgeber ergänzte damit die Richtlinienvorgabe des Art. 53 VKR um dieses Beispiel.[274] Überdies enthielten die VgV a.F. in § 4 Abs. 6 für Liefer- und Dienstleistungsaufträge bzw. in § 6 Abs. 4 Nr. 2 a für Bauleistungen sowie die SektVO a.F. in § 7 Abs. 4 die leistungsbezogene Vorgabe, nach der in geeigneten Fällen eine Analyse minimierter Lebenszykluskosten zu fordern ist. Insoweit wurde der vergaberechtsrelevante Teil der Energieeffizienzrichtlinie[275] umgesetzt. Die „Clean-Vehicles-Directive" fand Eingang in § 4 Abs. 7–10 VgV a.F. bzw. § 7 Abs. 5–6 SektVO a.F. Absatz 9 des § 4 VgV a.F. sah für eine finanzielle Bewertung des Energieverbrauchs und der Umweltauswirkungen von Straßenfahrzeugen im Rahmen des Zuschlages vor, dass die LCC-Rechnung der Richtlinie, die in Anlage 3 zur VgV umgesetzt wurde, zur Anwendung kommt.[276]

Kommission, Umweltorientierte Beschaffung! Ein Handbuch für ein umweltorientiertes öffentliches Beschaffungswesen, 3. Auflage 2016, S. 67, in: http://ec.europa.eu/environment/gpp/pdf/handbook_2016_de.pdf, abgerufen am 08.12.2016. So auch schon in der 2. Auflage 2011, S. 56 in: http://ec.europa.eu/environment/archives/gpp/buying_green_handbook_2011_de.pdf, abgerufen am 08.12.2016; sowie der Hinweis auf den Vorschlag britischen Chartered Institute of Purchasing and Supply auf S. 36 der 1. Auflage 2004, in: http://ec.europa.eu/environment/archives/gpp/buying_green_handbook_de.pdf, abgerufen am 08.12.2016.

272 Vorschlag für eine Richtlinie des Europäischen Parlaments und des Rates über die öffentliche Auftragsvergabe, KOM(2011) 896 endg., S. 11. Weiter lässt hierauf der Internetauftritt der EU Kommission schließen, der die Anschaffungskosten sowie alle damit verbundenen Kosten (Lieferung, Installation, Versicherung etc.) aufzählt. Zumindest die Lieferung ist mit dem Beschaffungspreis abgegolten, Europäische Kommission, in: http://ec.europa.eu/environment/gpp/lcc.htm; abgerufen am 22.11.2016.

273 Weiter ergibt sich dies aus Erwägungsgrund 40 der Vorschlagsfassung.

274 *Orthmann* in: Müller-Wrede, Kompendium des Vergaberechts, 2. Auflage 2013, 23. Abschluss des Verfahrens, Rn. 3.

275 Richtlinie 2006/32/EG des Europäischen Parlaments und des Rates vom 5.04.2006 über Energieeffizienz und Energiedienstleistungen und zur Aufhebung der RL 93/76/EWG, ABl. L 114 v. 27.04.2006, S. 64–85 aufgehoben durch die Richtlinie 2012/27/EU des Europäischen Parlaments und des Rates vom 25.10.2012 zur Energieeffizienz, zur Änderung der Richtlinien 2009/125/EG und 2010/30/EU und zur Aufhebung der Richtlinien 2004/8/EG und 2006/32/EG, ABl. L 315 v. 14.11.2012, S. 1–56.

276 Für die SektVO ergibt sich dies aus § 29 S. 3, 4.

Die Kommentarliteratur definiert das Kriterium der Lebenszykluskosten als Kostenmanagement-Methode, mit der die Kosten der Entwicklung eines Produktes von der Produktidee bis schließlich zur Rücknahme vom Markt (Produktlebenszyklus) berechnet werden kann, wobei lediglich die Ausgaben, also die negativen Zahlungsströme, berücksichtigt und die Erlöse vernachlässigt werden.[277] Neben den Anschaffungskosten finden damit auch die Kosten der Nutzung, wie bspw. Kosten der Nutzungseinweisung, Betriebspersonalkosten, Instandhaltungskosten, Energie- und Verbrauchskosten, Modernisierungskosten, sowie schließlich die Kosten der Entsorgung des Produktes („End-of-life“ Kosten) Eingang in die Bewertung.[278] An anderer Stelle wird unter Verweis auf die Mitteilung der Kommission zur Berücksichtigung von Umweltbelangen daran erinnert, dass sich die Produktionskosten bereits im Preis des Produktes niederschlagen und mit Zahlung des Kaufpreises abgegolten werden, weshalb sie nicht erneut in die Wirtschaftlichkeitsberechnung einfließen sollten.[279]

c) Übereinstimmung mit LCC im betriebswirtschaftlichen Sinne?

Auch in der Betriebswirtschaft wurde LCC bereits zum Gegenstand intensiver Forschung gemacht, sodass diese in aller Kürze Erwähnung finden soll.

In der betriebswirtschaftlichen Literatur existieren verschiedene Begriffsverständnisse[280]. Nach einer, zumindest für nationale Verhältnisse, frühen Definition

---

277 Beispielhaft für viele: *Kues* in: Leinemann/Kirch, VSVgV, 1. Auflage 2013, § 34 VSVgV, Rn. 50; *Scharf* in: Dieckmann/Scharf/Wagner-Cardenal, VOL/A, 1. Auflage 2013, VOL/A-EG § 19 EG, Rn. 278, *Horn* in: Müller-Wrede: Kommentar: Vergabe- und Vertragsordnung für Leistungen, 4. Auflage, Datenbank VergabePortal, Zugriff am 11.07.2016, § 19 VOL/A-EG, Rn. 282. Weiter monographisch: Barth/Erdmenger/Günther, Umweltfreundliche öffentliche Beschaffung, S. 215.

278 *Kues* in: Leinemann/Kirch, VSVgV, 1. Auflage 2013, § 34 VSVgV, Rn. 50; *Weiner* in: Gabriel/Krohn/Neun, Handbuch des Vergaberechts, 1. Auflage 2014, § 20 Green Procurement, Rn. 32. A.A. Zeiss, NZBau 2011, 658, 660 f., der für die Energieeffizienzvorgaben der VgV annimmt, dass diese nicht im betriebswirtschaftliche Sinne auch die Erwerbs-, Schulungs- und Entsorgungskosten umfassen, weil diese Kosten keinen Beitrag zu der Förderung der Beschaffung energieeffizienter Produkte leisten. Aber grundsätzlich scheint er dem zuzustimmen, weil er zudem ausführt, dass der öffentliche Auftraggeber die im betriebswirtschaftlichen Sinne verstandenen (wie soeben im Fließtext dargestellt) Lebenszykluskosten ohnehin in der Wertung berücksichtigen dürfe.

279 Barth/Erdmenger/Günther, Umweltfreundliche öffentliche Beschaffung, S. 215; *Weiner* in: Gabriel/Krohn/Neun, Handbuch des Vergaberechts, 1. Auflage 2014, § 20 Green Procurement, Rn. 32.

280 Diese Ausführungen stellen keinen Anspruch auf Vollständigkeit. Vielmehr sollte anhand der ausgewerteten Literatur verdeutlicht werden, welches Verständnis in der betriebswirtschaftlichen Literatur zugrunde gelegt wird. Zu den ersten Entwürfen eines LCC bereits im Jahr 1978, Blanchard, Design and manage to life cycle

von Lebenszykluskosten, lassen sich diese als Gesamtkosten, die für die Entwicklung, die Beschaffung (Produktion) und den Betrieb eines Systems erforderlich sind, definieren.[281] Eine ebenso frühe wissenschaftliche Publikation versteht unter LCC die Erfassung der gesamten Kosten, die die Beschreibung, Erklärung und Prognose der gesamten Kosten eines Systems während seiner Lebensdauer umfasst.[282] Nach einer eher knappen Begriffsbestimmung ist LCC die Summe aller während der Lebensdauer eines Produktes entstehenden Kosten, also die gesamten Kauf- und Betriebskosten.[283] Ähnlich ist das Verständnis von LCC, nachdem es einen aktiven, situativen Prozess der Lebenswegkostenkalkulation bezeichnet, gerichtet auf die Erfassung, Analyse und Planung der lebenswegbezogenen Kosten.[284] An anderer Stelle definiert man eine LCC-Rechnung als Instrument des lebenszyklusorientierten Produktcontrollings im Sinne eines umfassenden periodenübergreifenden Planungs- und Überwachungsinstrumentariums, das die mit dem „Projektlebenszyklus" verbundenen wirtschaftlichen Wirkungen berechenbar macht.[285] Etwas ausführlicher wird LCC bei wieder anderen beschrieben als Verfahren zur Beurteilung von Investitionsalternativen, dessen Ziel die aktive Gestaltung der Gesamtkosten eines Systems unter Berücksichtigung der Folgekosten ist.[286] Zu fordern sei eine stärkere Unterstützung der Aufgaben des Entstehungszyklus, da ein Großteil der Kosten in der Entstehungsphase eines Systems festgelegt werde, wobei besonders Beziehungen zwischen Anfangs- und Folgekosten zu beachten seien.[287] Schließlich wird zwischen einer Lebenszykluskostenrechnung im „engeren" respektive im „weiteren Sinne" differenziert. Werden mittels einer LCC-Analyse hauptsächlich die insgesamt während der Entstehung, Nutzung und Stilllegung eines Systems anfallenden Kosten geplant, periodenübergreifend kumuliert und kontrolliert sowie gesteuert und auf diesem Wege einer gesamtheitlichen Gestaltung zugänglich gemacht, so liegt ein LCC im engeren Sinne vor.[288] Werden neben den Kosten auch sämtliche Erfolgsvariablen in das Rechensystem

---

cost. Vgl. insgesamt die tabellarische Auflistung bei Höhne, Life Cycle Costing – Systematisierung bestehender Studien, S. 20–24.

281 *Madauss* in: Symposium Life Cycle Cost, S. 5.

282 Pfohl/Wübbenhorst, JfB 83, 142, 145. Siehe auch die Analyse von Wildemann, Kostenprognosen bei Großprojekten, S. 39 ff. von 1982.

283 Dhillon, Life Cycle Costing: Techniques, Models, and Applications, S. 3

284 Bubeck, Life Cycle Costing (LCC) im Automobilbau, S. 24.

285 Riezler, Lebenszyklusrechnung, S. 8.

286 Back-Hock, Lebenszyklusorientiertes Produktcontrolling, S. 6; vgl. S. 100 ff. eingehend hierzu.

287 Back-Hock, Lebenszyklusorientiertes Produktcontrolling, S. 6.

288 Zehbold, Lebenszykluskostenrechnung, S. 3.

einbezogen, sei es zweckmäßig, von einer Lebenszykluskostenrechnung im weiteren Sinne zu sprechen.[289]

Gemeinsamer Nenner der betriebswirtschaftlichen Verständnisse von LCC ist die Orientierung am Lebensweg eines Produktes oder einer Dienstleistung. In Analogie zu den natürlichen Lebewesen in der Biologie wird der Zeitraum von der Geburt bis zum Tod erfasst und auf nicht natürliche Bezugsobjekte in der Betriebswirtschaftslehre übertragen, sodass dort unter Lebenszyklus der Zeitraum verstanden wird, in dem etwas geplant, entwickelt, aufgestellt oder beschafft wird, sodann genutzt bzw. hergestellt und schließlich stillgelegt und entsorgt wird.[290]

Der Begriff der Lebenszykluskosten, wie er vor Erlass der VRL im europäischen und nationalen Recht verwendet wurde, entspricht damit dem grundlegenden betriebswirtschaftlichen Verständnis von LCC[291], sodass dessen Grundaussagen erforderlichenfalls zur Auslegung herangezogen werden können.

2. LCC in der VergRModVO

Das Vergaberechtsmodernisierungsgesetz[292] (im Folgenden: „VergRModG“) enthält weder eine Definition von Lebenszykluskosten, noch setzt es die Vorlage der VRL zu einer Lebenszykluskostenrechnung um. Allerdings wird das Gesetz durch mehrere Rechtsverordnungen ergänzt, die durch Beschluss des Bundeskabinetts am 20.01.2016 in einer Mantelverordnung, der „Verordnung zur Modernisierung des

289 Zehbold, Lebenszykluskostenrechnung, S. 3. Andernfalls, also bei einer Beschränkung bzw. Konzentration nur auf die Kosten, handele es sich um eine Lebenszyklusrechnung im engeren Sinne.

290 Wübbenhorst, Konzept der Lebenszykluskosten, S. 50; Schild, Lebenszyklusrechnung und lebenszyklusbezogenes Zielkostenmanagement, S. 155; Bubeck, Life Cycle Costing im Automobilbau, S. 21 f.

291 Weiter differenziert Zeiss, NZBau 2011, 658, 660 f., der für die Energieeffizienzvorgaben der VgV annimmt, dass diese nicht im betriebswirtschaftlichen Sinne auch die Erwerbs-, Schulungs- und Entsorgungskosten umfassen, weil diese Kosten keinen Beitrag zu der Förderung der Beschaffung energieeffizienter Produkte leisten. Aus diesem Grund sei der Begriff der „Lebenszykluskosten“ im Rahmen der Umsetzung der EU-Energieeffizienzrichtlinie also deutlich enger zu verstehen, als sein betriebswirtschaftliches Äquivalent.

292 Gesetz zur Modernisierung des Vergaberechts (Vergaberechtsmodernisierungsgesetz – VergRModG) vom 17.02.2016, BGBl. 2016 Teil I Nr. 8, ausgegeben zu Bonn am 23.02.2016. Der vom Bundesministerium für Wirtschaft und Energie vorbereitete Gesetzesentwurf der Bundesregierung zur Modernisierung des Vergaberechts und zur Umsetzung der VRL, in: http://www.bmwi.de/BMWi/Redaktion/PDF/E/entwurf-gesetz-modernisierung-vergaberecht,property=pdf,bereich=bmwi2012,sprache=de,rwb=true.pdf; abgerufen an: 22.11.2016 wurde im Dezember 2015 von Bundestag und Bundesrat mit leichten Änderungen verabschiedet.

Vergaberechts (Vergaberechtsmodernisierungsverordnung – VergRModVO)“[293], zusammengefasst worden sind. Der Bundestag billigte die Verordnung am 25.02.2016 und auch der Bundesrat stimmte am 18.03.2016 zu, sodass mit Veröffentlichung im Bundesgesetzblatt am 14.04.2016 die nationale Reform des Vergaberechts rechtzeitig vor Ablauf der Umsetzungsfrist am 18.04.2016 in Kraft getreten ist.

Die von der VergRModVO umfassten Verordnungen regeln die Einzelheiten der Verfahren zur Vergabe von öffentlichen Aufträgen und Konzessionen. Ziel ist es, dem Rechtsanwender ein möglichst übersichtliches und leicht handhabbares Regelwerk zur Vergabe von öffentlichen Aufträgen und Konzessionen zur Verfügung zu stellen. Ebenso wie das VergRModG, das im 4.Teil des GWB geregelt ist, dient die VergRModVO der Umsetzung der VRL. In § 59 VgV setzt sie unter der Überschrift „Berechnung der Lebenszykluskosten“ Artikel 68 der VRL nahezu wortgleich um.

3. Definition

Der nachfolgenden Untersuchung wird das mit der VRL sowie dem nationalen Umsetzungsrecht eingeführte Verständnis von LCC zugrunde gelegt. Wie eingangs erwähnt, ergibt sich dies aus dem Forschungsgegenstand sowie der Behandlung der Frage, wie LCC einen effektiven Beitrag zu einer nachhaltigen öffentlichen Beschaffung leisten kann. Damit ist zugleich vorgegeben, dass die nachfolgende Analyse aus der Sicht des öffentlichen Auftragswesens erfolgt, weshalb es auf das im Vergaberechtsregime etablierte Verständnis von LCC ankommt. Von einem LCC umfasst sind die während des Lebenszyklus eines Produkts, einer Dienst- oder Bauleistung ganz oder teilweise entstehenden Kosten, wie Anschaffungskosten, Nutzungs- oder Betriebskosten (wie z.B Verbrauch von Energie und anderen Ressourcen), Wartungskosten, Kosten am Ende der Nutzungsdauer (wie Abholungs- und Recyclingkosten). Der Lebenszyklus einer Dienstleistung umfasst alle Phasen, von der Vorbereitung bis zum Ende ihrer Bereitstellung.[294] In Bezug auf Bauleistungen sind dies üblicherweise die Planungs- und Bauphase, die Nutzung sowie schließlich das EoL Stadium (Liquidierung, Konversion, Modernisierung etc.).[295] Der Frage der einzubeziehenden Kosten, insbesondere der nach dem Schicksal der im Anschaffungspreis aufgehenden Kosten, widmen sich die Ausführungen in Kapitel 4 unter Punkt C, I, 1, a), aa) im Detail.

---

293 Verordnung zur Modernisierung des Vergaberechts (Vergaberechtsmodernisierungsverordnung – VergRModVO) vom 12. April 2016, BGBl. 2016 Teil I Nr. 16, ausgegeben zu Bonn am 14. April 2016.

294 Jobse/Dimitri, LCC-calculations and the principles of public procurement, S. 1, in: https://underpinn.portals.mbs.ac.uk/Portals/70/docs/2.1%20-%20Jobse%20&%20Dimitri%20-%20LCC%20calculations%20v1%200.pdf, abgerufen am 08.12.2016; Dragos/Neamtu, EPPPL 2013, 19 f.

295 Heralova, Procedia Eng. 2014, 454 f.

C. Die LCC-Analyse

Zum besseren Verständnis des typischen Ablaufes einer LCC-Analyse, sind deren methodische Grundlagen darzustellen. Wie bereits aufgezeigt wurde, ist das LCC der Wissenschaft nicht neu. Es existiert eine Fülle an vornehmlich betriebswirtschaftlich geprägter sowie sich der Nachhaltigkeitsforschung widmender Literatur.[296] Dem öffentlichen Auftraggeber steht eine Vielzahl von Instrumenten zur Berechnung von Lebenszykluskosten in Form von Arbeitshilfen, (online) Tools sowie Excel-Tabellen zur Verfügung.[297] Eine in 28 Ländern durchgeführte Umfrage zu der Politik der nachhaltigen öffentlichen Auftragsvergabe ergab einen breiten Konsens dahingehend, dass es mehr als genug Tools und Arbeitshilfen für die Durchführung eines LCC gibt, jedoch seien sie nur schwer auffindbar.[298] Von Seiten der teilnehmenden öffentlichen Auftraggeber bestand kein darüber hinausgehender Bedarf, vielmehr wurden gezielte Schulungen und Fallstudien zu bestimmten LCC-Ansätzen gefordert.[299]

---

296 Vgl. die systematische Literaturanalyse bei: von Deimling u.a., Life-Cycle-Cost-Management as an Instrument for Strategic Public Procurement: State of the Art and Perspectives, 2016, 25th Annual IPSERA Conference, Dortmund, S. 9 ff.

297 So etwa das allgemeine sowie das produktgruppenspezifische Excel-Tool des Bundesumweltamtes, online abrufbar unter: BMUB, Berechnung der Lebenszykluskosten, in: https://www.umweltbundesamt.de/themen/wirtschaft-konsum/umweltfreundliche-beschaffung/berechnung-der-lebenszykluskosten, abgerufen am 08.12.2016; weiter das Tool des LCC-Tool von ICLEI / Öko-Institut, in: http://tool.smart-spp.eu/smartspp-tool/registration/login_de.php, abgerufen am 22.11.2016; das SMART SPP Tool für öffentliche Auftraggeber zur Bewertung von LCC und CO2 Emissionen sowie zum Vergleich von Angeboten, in: http://www.smart-spp.eu/, abgerufen am 22.11.2016; Upphandlingsmyndigheten (The National Agency for Public Procurement of Sweden), LCC Instrumente des Schwedischen Rates für Umweltmanagement (SEMCo), in: http://www.upphandlingsmyndigheten.se/en/subject-areas/lcc-tools/, abgerufen am 08.12.2016; von der EU-Komission gefördertes „Clean Fleets" Projekt, Berechnungshilfe der über die Lebensdauer von Straßenverkehrsfahrzeugen anfallenden externen Kosten, in: http://www.clean-fleets.eu/fileadmin/files/documents/Publications/LCC_tool_Aug_2015/Clean_Fleets_LCC_tool_-_EN.xlsm, abgerufen am 09.12.2016; gemeinsame Methode der Europäischen Kommission für LCC im Bauwesen: Europäische Kommission, Support tools and studies, in: http://ec.europa.eu/growth/sectors/construction/support-tools-studies/index_en.htm, abgerufen am 08.12.2016.

298 Perera/Morton/Perfrement, Life Cycle Costing in Sustainable Public Procurement: A white paper from IISD, S. 7, in: https://www.iisd.org/pdf/2009/life_cycle_costing.pdf, abgerufen am 08.12.2016.

299 Perera/Morton/Perfrement, Life Cycle Costing in Sustainable Public Procurement: A white paper from IISD, S. 7, in: https://www.iisd.org/pdf/2009/life_cycle_costing.pdf, abgerufen am 08.12.2016.

Überdies existieren internationale und nationale Standards sowie Richtlinien, die sich Lebenszykluskostenanalysen widmen.[300] Diesen methodischen Grundlagen lassen sich die nachfolgend dargestellten, für eine Lebenszykluskostenrechnung allgemein gültigen Grundsätze entnehmen, die den öffentlichen Auftraggeber bei der Vorbereitung und Überwachung von konsistenten Lebenszykluskostenrechnungen unterstützen können.[301] Dies sind die Berücksichtigung des gesamten Lebenszyklus, die Festlegung der Systemgrenzen, die Berücksichtigung relevanter Kostenelemente, eine akteurspezifische Kostenerfassung sowie die Orientierung am zu erfüllenden Nutzen.[302] Zunächst berücksichtigt ein LCC als lebenszyklusbasiertes Modell den gesamten physikalischen Lebenszyklus eines betrachteten Produktes. Mit den Systemgrenzen wird festgelegt, welche Lebenswegabschnitte eines Produktes, welche Prozesse und welche damit verbundenen Kosten bei der Analyse zu berücksichtigen sind, wobei es zu beachten gilt, dass sie zu Beginn eindeutig definiert werden und für alle zu untersuchenden Varianten des zu betrachtenden Produktes identisch sind.[303] In einem LCC werden nur die relevanten Kostenelemente berücksichtigt, also die, die einen beträchtlichen Anteil an den Gesamtkosten eines Produktes oder einer Dienstleistung ausmachen und zudem innerhalb einer Produktgruppe stark variieren können.[304] Neben der soeben dargestellten akteurspezifischen Kostenerfassung ist letztlich die Orientierung am

300 So etwa der internationale Standard „Hochbau und Bauwerke – Planung der Lebensdauer – Teil 5: Kostenberechnung für die Gesamtlebensdauer“ ISO 15686-5:2008-06; DIN „Anwendungsleitfaden Lebenszykluskosten“ (DIN EN 60300-3-3:2004) des Deutschen Instituts für Normung; VDI 2884:2005, Beschaffung, Betrieb und Instandhaltung von Produktionsmitteln unter Anwendung von Life Cycle Costing (LCC); Prognosemodell des VDMA Einheitsblattes 34160 181 u.v.w.m.

301 Allerdings wird auch angenommen, dass es an eben diesen allgemein gültigen Grundsätzen gerade fehle, von Deimling u.a., Life-Cycle-Cost-Management as an Instrument for Strategic Public Procurement: State of the Art and Perspectives, 2016, 25th Annual IPSERA Conference, Dortmund, S. 4.

302 Möller/Statmann/Gröger, Umweltfreundliche Beschaffung: Schulungsskript 5 – Einführung in die Berechnung von Lebenszykluskosten und deren Nutzung im Beschaffungsprozess, S. 10–12, in: https://www.umweltbundesamt.de/sites/default/files/medien/378/publikationen/umweltfreundliche_beschaffung_script_5.pdf, abgerufen am 08.12.2016.

303 Möller/Statmann/Gröger, Umweltfreundliche Beschaffung: Schulungsskript 5 – Einführung in die Berechnung von Lebenszykluskosten und deren Nutzung im Beschaffungsprozess, S. 11, in: https://www.umweltbundesamt.de/sites/default/files/medien/378/publikationen/umweltfreundliche_beschaffung_script_5.pdf, abgerufen am 08.12.2016.

304 Möller/Statmann/Gröger, Umweltfreundliche Beschaffung: Schulungsskript 5 – Einführung in die Berechnung von Lebenszykluskosten und deren Nutzung im Beschaffungsprozess, S. 11, in: https://www.umweltbundesamt.de/sites/default/files/medien/378/publikationen/umweltfreundliche_beschaffung_script_5.pdf, abgerufen am 08.12.2016.

zu erfüllenden Nutzen ein weiteres Grundprinzip eines LCC. Es besagt, dass eine Lebenszykluskostenrechnung immer für einen bestimmten zu erfüllenden Nutzen durchgeführt wird, der durch eine Quantifizierung eine Größe ergibt, auf die alle Kostenelemente bezogen werden.[305] Erfolgt ein LCC etwa zum Vergleich eines konventionellen und eines besonders umweltfreundlichen Produkts, so müssen die betrachteten Varianten einen vergleichbaren technischen Nutzen liefern, um die Vergleichbarkeit sicherzustellen.[306]

I. Die vier Phasen des LCC

Vorab kann festgehalten werden, dass es ein allgemeingültiges Ablaufschema eines LCC nicht gibt.[307] Auch die in DIN-Normen und in VDI-Richtlinien standardisierten LCC-Modelle schreiben kein einheitliches Verfahren vor.[308] Die Entwicklung eines universellen Modells scheitert an verschiedenen Umständen, zu denen unter anderem die speziellen Charakteristiken eines Systems wie z.B. dessen Betriebsbereitschaft und Wartungsfreundlichkeit oder sein spezielles Umfeld, die Effekte eines verstärkten Haftungsrisikos, der Erwerb von Sachkunde hinsichtlich der Wartung sowie die Integrität der Daten und Zukunftsprojektionen gehören.[309]

---

305 Möller/Statmann/Gröger, Umweltfreundliche Beschaffung: Schulungsskript 5 – Einführung in die Berechnung von Lebenszykluskosten und deren Nutzung im Beschaffungsprozess, S. 15 ff., in: https://www.umweltbundesamt.de/sites/default/files/medien/378/publikationen/umweltfreundliche_beschaffung_script_5.pdf, abgerufen am 08.12.2016.

306 Möller/Statmann/Gröger, Umweltfreundliche Beschaffung: Schulungsskript 5 – Einführung in die Berechnung von Lebenszykluskosten und deren Nutzung im Beschaffungsprozess, S. 12, in: https://www.umweltbundesamt.de/sites/default/files/medien/378/publikationen/umweltfreundliche_beschaffung_script_5.pdf, abgerufen am 08.12.2016. Vgl. das an dieser Stelle aufgeführte Beispiel der Vergleichbarkeit eines kleinen PKW, der zumeist dem Transport nur einer Person mit wenigen Gütern dient, mit einem über 2,8 Tonnen wiegenden Transportfahrzeug.

307 Zu diesem Ergebnis kam auch: Höhne, Life Cycle Costing – Systematisierung bestehender Studien, S. 24.

308 So gibt etwa die VDI 2884:2005, Beschaffung, Betrieb und Instandhaltung von Produktionsmitteln unter Anwendung von Life Cycle Costing (LCC), folgenden Ablauf vor: Entscheidung für LCC, Ermittlung von alternativen Produktionsmitteln, Festlegung der Instandhaltungsstrategie, Erfassung der Einsatzbedingungen und Festlegung der geplanten Nutzungsdauer, Festlegung der relevanten Kosten bzw. Faktoren, die zur Entscheidungsfindung berücksichtigt werden sollen, Erhebung der relevanten Kosten und Erlöse, Bewertung der Alternativen, Entscheidung. Demgegenüber enthalten die DIN 18960:2008-02, Nutzungskosten im Hochbau, sowie die DIN 276-1:2008-12, Kosten im Bauwesen – Teil 1: Hochbau lediglich eine Kostengliederung.

309 Sherif/Kolarik, OMEGA 1981, 287, 292 mit weiteren Beispielen.

Allerdings wurden in der Wissenschaft Versuche einer Grobkategorisierung unternommen. Gewichtige Stimmen in der Nachhaltigkeitsforschung[310] formulieren folgende vier Phasen eines (E)LLC[311]: Definition von Ziel und Untersuchungsrahmen, ökonomische Sachbilanz, Auswertung der Ergebnisse sowie Berichterstattung und kritische Überprüfung.[312] Sie empfehlen eine Orientierung an den Arbeitsschritten eines LCA bzw. der in der DIN EN ISO 14040 festgelegten Abfolge[313], um einer möglichen Standardisierung analog der Ökobilanz vorwegzugreifen[314]. Hierzu sei angemerkt, dass es sich um das Ergebnis mehrjähriger Forschung[315] der an der SETAC-Europe Arbeitsgruppe zum LCC beteiligten Forschern handelt, das zudem auf frühere Monographien aufbaut.[316] Die SETAC ist eine weltweit agierende, professionelle non-profit Organisation, deren Mission es ist, die Entwicklung von Prinzipien und Praktiken für den Schutz, die Verbesserung und das Management von nachhaltiger Umweltqualität und Ökosystemintegrität zu unterstützen.[317] Die Rolle dieser Gesellschaft in der Entwicklung der Lebenszyklusmodelle und ihr Beitrag zur Nachhaltigkeitsforschung insgesamt kann kaum überschätzt werden.[318] So gab sie mit dem Umweltprogramm

---

310 Zu den in der betriebswirtschaftlichen Literatur unterschiedenen weiteren bzw. anderen Phasen vgl. die Literaturauswertung bei Höhne, Life Cycle Costing – Systematisierung bestehender Studien, S. 25–27.

311 Die Autoren führen ausdrücklich das LCC an, ohne jeweils das ELCC zu benennen. In Ansehung des Umstandes, dass sich die verschiedenen Modelle lediglich dahingehend unterscheiden, dass mit dem ELCC externe Umweltkosten internalisiert werden, kann nachfolgend von einem analogen Ablauf ausgegangen werden.

312 Swarr/Hunkeler/Klöpffer/Pesonen/Ciroth/Brent/Pagan, Environmental Life Cycle Costing: A Code of Practice, S. 51.

313 Swarr/Hunkeler/Klöpffer/Pesonen/Ciroth/Brent/Pagan, Environmental Life Cycle Costing: A Code of Practice, S. 51.

314 Höhne, Life Cycle Costing – Systematisierung bestehender Studien, S. 24 f.

315 Im Vorfeld der Veröffentlichung der Monographie von Hunkeler/Lichtenvort/Rebitzer mit dem Titel „Environmental Life Cycle Costing“ wurde eine dreijährige Studie durchgeführt, die verschiedenen existenten Zielsetzungen und Untersuchungsrahmen sowie die verschiedenen Methoden zu erforschen, vgl. dort S. 91 ff.

316 In dem 2008 von Hunkeler/Lichtenvort/Rebitzer herausgegebenen Werk Environmental Life Cycle Costing wurde der Ablauf abweichend vom späteren „Code of Practice“ noch wie folgt beschrieben: 1) Festlegung von Ziel und Untersuchungsrahmen, 2) Informationsbeschaffung (engl. „information gathering“), 3. Identifizierung und Interpretation sogenannter „hot spots“ (engl. identification & interpretation of hot spots) und 4. Sensitivitätsanalyse und Diskussion (engl. sensitivity analysis and discussion), vgl. dort S. 12 ff.

317 SETAC, SETAC's Mission, in: http://www.setac.org/?page=Mission, abgerufen am 08.12.2016.

318 Hierzu eingehend: Klöpffer, Int J LCA 2006, 116–122; zu dem an dieser Stelle nicht behandelten Einfluss auf wirtschaftliche und Regierungsaktivitäten Menzie, Integr. Enviro. Assess. Manage. 2015, 5.

der Vereinten Nationen, dem UNEP, mehrere Leitlinien heraus, die die Anwendung der existenten lebenszyklusbasierten Modelle vereinfachen sollen.[319] Der im gleichen Jahr herausgegebene Leitfaden „Towards a Life Cycle Sustainability Assessment – Making informed choices on products“ konstatiert, dass ein konventionelles LCC für gewöhnlich in vier Phasen ausgeführt wird: 1. Definition von Ziel, Untersuchungsrahmen und funktioneller Einheit, 2. Kosteninventarisierung, 3. Aggregation[320] der Kosten nach Kostenkategorien[321] und schließlich 4. die Auswertung.[322] Scheinbar kann selbst innerhalb einer Forschungsgruppe kein Konsens hinsichtlich des Ablaufes gefunden werden. Allerdings werden die einzelnen Arbeitsschritte weiter untergliedert, sodass sich bei genauerer Betrachtung eine Schnittmenge ergibt, die nachfolgend dargestellt wird.

1. Festlegung von Ziel und Untersuchungsrahmen

Allen Quellen gemein ist die erste Phase der Festlegung von Ziel und Untersuchungsrahmen.[323] Das Ziel des LCC muss seine beabsichtigte Anwendung, die Gründe der Durchführung der Studie, die vorgesehene Zielgruppe und weiter angeben, ob die Ergebnisse der Öffentlichkeit zugänglich gemacht werden sollen.[324] Die angemessene Festlegung der Systemgrenzen sowie der funktionellen Einheit sind wichtige Entscheidungen im Rahmen der Definition des Untersuchungsrahmens eines LCC.[325] Schließlich quantifiziert man mit der Festlegung der funktionellen Einheit, die bestimmte Funktion wegen der ein LCC durchgeführt

319 Vgl. die bereits zitierten: UNEP/SETAC Life Cycle Initiative, Towards a Life Sustainability Assessment; UNEP/SETAC Life Cycle Initiative, Guidelines for Social Life Cycle Assessment of Products, in: http://www.unep.fr/shared/publications/pdf/DTIx1164xPA-guidelines_sLCA.pdf, abgerufen am 09.12.2016.

320 Das Gabler Wirtschaftslexikon, Aggregation, in: http://wirtschaftslexikon.gabler.de/Archiv/55812/aggregation-v12.html, abgerufen am 08.12.2016, versteht hierunter die “Zusammenfassung mehrerer Einzelgrößen hinsichtlich eines gleichartigen Merkmals, um Zusammenhänge zu gewinnen, z.B. Zusammenfassung der Nachfrage der einzelnen Haushalte zur Gesamtnachfrage des betreffenden Marktes.”

321 Vgl. hierzu im Detail die Ausführungen bei Ciroth, EcolEcon 2009, 1583, 1585 f. zu den zwei Problemen der Kostendefinition und Kostenallokation für Arbeitskosten.

322 UNEP/SETAC Life Cycle Initiative, Towards a Life Cycle Sustainability Assessment, Making informed choices on products, S. 17, in: http://www.unep.org/pdf/UNEP_LifecycleInit_Dec_FINAL.pdf, abgerufen am 09.12.2016.

323 So auch: Höhne, Life Cycle Costing – Systematisierung bestehender Studien, S. 28.

324 Swarr/Hunkeler/Klöpffer/Pesonen/Ciroth/Brent/Pagan, Environmental Life Cycle Costing: A code of practice, S. 54.

325 Swarr/Hunkeler/Klöpffer/Pesonen/Ciroth/Brent/Pagan, Environmental Life Cycle Costing: A code of practice, S. 57.

wird und stellt einen Bezugsrahmen für alle Kosten und Vorteile her.[326] Der quantitative Referenzwert einer funktionellen Einheit kann aufgrund von Skaleneffekten Einfluss auf die berechneten Kosten nehmen, sodass es entscheidend darauf ankommt, eine dem Ziel und Untersuchungsrahmen der Studie entsprechende, angemessene Größe der funktionellen Einheit zu bestimmen.[327] In Übereinstimmung mit dem Grundsatz der akteurspezifischen Betrachtung wird die Sichtweise des jeweiligen Lebenszyklus-Akteurs (Lieferant, Hersteller, Nutzer oder Verbraucher) angegeben.[328] Abhängig von der Perspektive des jeweiligen Entscheidungsakteurs reduzieren oder erweitern sich die Systemgrenzen des LCC.[329] Bei deren Festlegung sollte darauf geachtet werden, dass alle relevanten Subprozesse hinsichtlich der daraus resultierenden Auswirkungen auf die LCC-Analyse mit einbezogen werden.[330] Zusammenfassend strukturiert das LCC den Bilanzrahmen des Entscheidungssystems zeitlich und sachlogisch, sodass eine (spätere) Zuordnung der mehrdimensionalen Systemelemente wie Kosten, Zeit, Leistung sowie Umweltauswirkungen ermöglicht wird.[331]

Um die Konsistenz der während des Lebenszyklus gesammelten Daten, die über diesen Zeitraum aggregiert werden können, zu gewährleisten, sollte möglichst bereits in dieser ersten Phase ein Kostenstrukturplan entwickelt werden.[332] Es handelt sich hierbei um ein wichtiges Element des LCC, mit dem alle relevanten Kostenelemente ausgemacht werden sollen.[333] Weil es darauf ankommt, alle für die untersuchte Variante relevanten Kosten (inkl. interne Kosten) einzubeziehen, muss jedes einzelne Kostenelement sorgfältig definiert und einem bestimmten Prozessniveau zugeordnet werden.[334] Des Weiteren werden die

326 UNEP/SETAC Life Cycle Initiative, Towards a Life Cycle Sustainability Assessment, Making informed choices on products, S. 16, in: http://www.unep.org/pdf/UNEP_LifecycleInit_Dec_FINAL.pdf, abgerufen am 09.12.2016.

327 Swarr/Hunkeler/Klöpffer/Pesonen/Ciroth/Brent/Pagan, Environmental Life Cycle Costing: A code of practice, S. 57.

328 UNEP/SETAC Life Cycle Initiative, Towards a Life Cycle Sustainability Assessment, Making informed choices on products, S. 16, in: http://www.unep.org/pdf/UNEP_LifecycleInit_Dec_FINAL.pdf, abgerufen am 09.12.2016.

329 So Höhne, Life Cycle Costing – Systematisierung bestehender Studien, S. 36; vgl. weiter die tabellarische Darstellung der verschiedenen Perspektiven eine LCC bei: Hunkeler/Lichtenvort/Rebitzer, Environmental Life Cycle Costing, S. 11.

330 Swarr/Hunkeler/Klöpffer/Pesonen/Ciroth/Brent/Pagan, Environmental Life Cycle Costing: A code of practice, S. 58.

331 Höhne, Life Cycle Costing – Systematisierung bestehender Studien, S. 38.

332 UNEP/SETAC Life Cycle Initiative, Towards a Life Cycle Sustainability Assessment, Making informed choices on products, S. 16, in: http://www.unep.org/pdf/UNEP_LifecycleInit_Dec_FINAL.pdf, abgerufen am 09.12.2016.

333 Sofroniou, Change Management in I.T., S. 148.

334 Sofroniou, Change Management in I.T., S. 148, der weiter die Zuordnung zu wesentlichen Ausrüstungsgegenständen und Software aufführt. Vgl. weiterhin die Ausführungen an dieser Stelle zu weiteren Anforderungen an einen Kostenstrukturplan.

Allokationsverfahren[335] und die Diskontsätze[336] festgelegt.[337] Besonders für sehr langlebige Gebrauchsgüter kann die Diskontierung von erheblicher Bedeutung sein, da in einem LCC künftige Kosten in einen gegenwärtigen Wert umgerechnet werden, der einer ebenfalls gegenwärtigen Entscheidungsfindung zugrunde gelegt wird.[338]

2. Ökonomische Sachbilanz

Die ökonomische Sachbilanz als zweiter Schritt erfordert die Angabe des Ziels und Untersuchungsrahmens der Analyse, die Definition des zu untersuchenden Produkts, einschließlich seiner Struktur und der Komponenten (Produktbaum oder Kostenstrukturplan[339]), eine Kostenklassifizierung oder ein Kostenstrukturplan, der Lebenszyklus des Produktes und seine Komponenten und Kostendatenquellen (zeitlicher und geographischer Hintergrund, Währungseinheiten und Unsicherheiten).[340] Idealerweise sollte für jedes Element des Lebenszyklus ein Kostenstrukturplan vorhanden sein[341], der am Ende genaue Informationen enthält, welche Kostenart von wem (Lebenszyklusakteur) oder was (Prozess) durch was (Wirkbeziehung mit Parametern) verursacht wird[342].

In technischer Hinsicht muss ein konsistenter Rahmen für die Kostenrechnung (inkl. Referenzzeit und Währung) sowie ein für die Untersuchung passendes Datenqualitätsmanagement und Kommunikationssystem festgelegt werden.[343] Weiter erfolgt eine Entscheidung über die Anforderungen an die Qualität der Kostendaten – unter Berücksichtigung des Ziels und Untersuchungsrahmes des

---

335 Aus dem Englischen „allocation procedures".

336 Aus dem Englischen „discount rates".

337 UNEP/SETAC Life Cycle Initiative, Towards a Life Cycle Sustainability Assessment, Making informed choices on products, S. 16, in: http://www.unep.org/pdf/UNEP_LifecycleInit_Dec_FINAL.pdf, abgerufen am 09.12.2016.

338 UNEP/SETAC Life Cycle Initiative, Towards a Life Cycle Sustainability Assessment, Making informed choices on products, S. 16, in: http://www.unep.org/pdf/UNEP_LifecycleInit_Dec_FINAL.pdf, abgerufen am 09.12.2016. Vgl. eingehend hierzu: Hunkeler/Lichtenvort/Rebitzer, Environmental Life Cycle Costing, S. 30–33 die zudem darauf verweisen, dass im öffentlichen Sektor (Sektorentätigkeit) der Diskontsatz nur 2% betragen kann.

339 Aus dem Englischen „cost breakdown structure" (CBS).

340 Swarr/Hunkeler/Klöpffer/Pesonen/Ciroth/Brent/Pagan, Environmental Life Cycle Costing: A code of practice, S. 59.

341 Swarr/Hunkeler/Klöpffer/Pesonen/Ciroth/Brent/Pagan, Environmental Life Cycle Costing: A code of practice, S. 59.

342 Höhne, Life Cycle Costing – Systematisierung bestehender Studien, S. 41.

343 Swarr/Hunkeler/Klöpffer/Pesonen/Ciroth/Brent/Pagan, Environmental Life Cycle Costing: A code of practice, S. 62.

LCC – indem Leitlinien für die Datenauswahl vorgegeben werden.[344] Die Bestimmung der einzubeziehenden Kosten und die Organisation der Daten ist eine der methodischen Herausforderungen einer jeden LCC-Studie, deren Nachvollziehbarkeit zudem davon abhängt, dass nur die für die Untersuchung im konkreten Fall relevanten Kosten (die weiter in verschiedene Level heruntergebrochen werden können) mit einbezogen werden.[345] Die ermittelten Kosten werden auf einer Prozessebene inventarisiert und nach Kostenkategorien aggregiert.[346] Es wird insoweit zwischen den nachfolgenden vier Ebenen von Kostenkategorien unterschieden: ökonomische Kostenkategorien, Lebenszyklusphasen[347], Leistungsarten[348] und anderen Kostenkategorien, wie etwa Personal- und Sachmittel, Miete und Umsätze oder Materialkosten, Energiekosten usw.[349] Zur Erfassung aller Kosten, insbesondere der weniger offensichtlichen, versteckten und indirekten Kosten, erfolgt die Allokation[350] im Sinne einer Zuordnung der Kosten zu speziellen Kostenelementen.[351] In Ansehung des Umstandes, dass die meisten Unternehmen mehr als ein Produkt aus einer Ressource oder dem Rohmaterial erzeugen, ist die Allokation der Kosten zu jedem Produkt notwendig.[352] Wie bereits angedeutet, kann die Diskontierung (Abzinsung) im Rahmen eines LCC eine erhebliche Bedeutung erlangen.[353] Die Anwendbarkeit dieser der Finanzmathematik entstammenden Rechenoperation liegt nahe, denn schließlich wird der gegenwärtige Wert künftig entstehender

---

344 Swarr/Hunkeler/Klöpffer/Pesonen/Ciroth/Brent/Pagan, Environmental Life Cycle Costing: A code of practice, S. 62.

345 Swarr/Hunkeler/Klöpffer/Pesonen/Ciroth/Brent/Pagan, Environmental Life Cycle Costing: A code of practice, S. 63–65.

346 UNEP/SETAC Life Cycle Initiative, Towards a Life Cycle Sustainability Assessment, Making informed choices on products, S. 16, in: http://www.unep.org/pdf/UNEP_LifecycleInit_Dec_FINAL.pdf, abgerufen am 09.12.2016, was sich im Hinblick auf die Definition der Kostenkategorien und der Entwicklung der Kosteninventarisierung entlang der Wertschöpfungskette als besonders schwierig darstellen kann. Überdies produzieren die meisten Unternehmen mehr als ein Produkt, sodass die Umlage der Kosten auf das jeweilige Produkt erforderlich ist.

347 Aus dem Englischen: „life cycle stages".

348 Aus dem Englischen: „activity types".

349 Hunkeler/Lichtenvort/Rebitzer, Environmental Life Cycle Costing, S. 21, Tabelle 2.1.

350 Aus dem Englischen: „allocation".

351 Swarr/Hunkeler/Klöpffer/Pesonen/Ciroth/Brent/Pagan, Environmental Life Cycle Costing: A code of practice, S. 66 f.

352 UNEP/SETAC Life Cycle Initiative, Towards a Life Cycle Sustainability Assessment, Making informed choices on products, S. 16, in: http://www.unep.org/pdf/UNEP_LifecycleInit_Dec_FINAL.pdf, abgerufen am 09.12.2016; Swarr/Hunkeler/Klöpffer/Pesonen/Ciroth/Brent/Pagan, Environmental Life Cycle Costing: A code of practice, S. 83.

353 Vgl. hierzu Rebitzer, Enhancing the application efficiency of life cycle assessment for industrial uses, S. 97 f. sowie dazu, dass es sich hierbei um ein umstrittenes Thema handelt.

Kosten ermittelt, um ihn der gegenwärtigen Entscheidungsfindung zugrunde zu legen.[354] Der angewendete Abzinsungssatz muss sich mit dem festgelegten Ziel und Untersuchungsrahmen sowie den in einer Sensitivitätsanalyse[355] untersuchten Effekten rechtfertigen lassen.[356]

Der grundsätzliche Ablauf zur Erfassung und Qualifizierung der relevanten Kostendaten per Prozesseinheit oder einem Sub-System des Produktsystems sowie die Aggregation zu den jeweiligen Lebenszykluskosten der Produktion, Nutzung und EoL-Phase kann wie folgt zusammengefasst werden: in einem ersten Schritt erfolgt die Bestimmung der Subsysteme oder Prozesseinheit, die zu unterschiedlichen Kosten führen können.[357] Anschließend werden die Kosten oder Preise dem jeweiligen Material und den Energieflüssen der Prozesseinheiten oder Subsysteme zugeordnet, wobei der Prozess-Output als Bezugseinheit dient.[358] Schritt drei identifiziert die zusätzlichen Kosten oder Preiseffekte der Prozesseinheiten oder Subsysteme, die sich bei den untersuchten Alternativen unterscheiden.[359] Auch hinsichtlich dieser ermittelten zusätzlichen Betriebskosten eines Prozesses erfolgt eine Zuordnung anhand des Prozess-Outputs als Bezugseinheit. In Schritt fünf werden die Kosten per Prozesseinheit oder Subsystem berechnet, indem die Kosten der Schritte 2 und 4 multipliziert werden mit den absoluten Mengen der Prozess-Outputs, um einen Referenzfluss des kompletten Produktsystems zu bieten.[360] Schließlich werden die Kosten aller Prozesseinheiten oder Subsysteme über den gesamten Lebenszyklus aggregiert, inklusive des Mehrwertes.[361]

---

354 UNEP/SETAC Life Cycle Initiative, Towards a Life Cycle Sustainability Assessment, Making informed choices on products, S. 16, in: http://www.unep.org/pdf/UNEP_LifecycleInit_Dec_FINAL.pdf, abgerufen am 09.12.2016.

355 Vgl. hierzu die Auswertung der betriebswirtschaftlichen Literatur: Höhne, Life Cycle Costing – Systematisierung bestehender Studien, S. 44 f.

356 Swarr/Hunkeler/Klöpffer/Pesonen/Ciroth/Brent/Pagan, Environmental Life Cycle Costing: A code of practice, S. 70. Vgl. weiterhin die Anhaltspunkte auf Seite 71. Beträgt die Dauer des Produktsystems der untersuchten Studie etwa weniger als 2 Jahre, so kann die Abzinsung vernachlässigt werden.

357 Rebitzer, Enhancing the application efficiency of life cycle assessment for industrial uses, S. 100; Hunkeler/Lichtenvort/Rebitzer, Environmental Life Cycle Costing, S. 44.

358 Rebitzer, Enhancing the application efficiency of life cycle assessment for industrial uses, S. 100; Hunkeler/Lichtenvort/Rebitzer, Environmental Life Cycle Costing, S. 44.

359 Rebitzer, Enhancing the application efficiency of life cycle assessment for industrial uses, S. 100; Hunkeler/Lichtenvort/Rebitzer, Environmental Life Cycle Costing, S. 46.

360 Rebitzer, Enhancing the application efficiency of life cycle assessment for industrial uses, S. 100; Hunkeler/Lichtenvort/Rebitzer, Environmental Life Cycle Costing, S. 46.

361 Rebitzer, Enhancing the application efficiency of life cycle assessment for industrial uses, S. 100; Hunkeler/Lichtenvort/Rebitzer, Environmental Life Cycle Costing, S. 46.

3. Auswertungsphase

Es folgt die Auswertungsphase, die definiert wird als systematische Vorgehensweise, mit der die sich aus den Ergebnissen der Kostenrechnung[362] ergebenden Informationen festgestellt, qualifiziert, überprüft und ausgewertet sowie dargestellt werden, um den in der Beschreibung von Ziel und Untersuchungsrahmen festgelegten Anwendungsvoraussetzungen zu entsprechen.[363] Sie wird für jede LCC-Studie individuell durchgeführt und beinhaltet eine Überprüfung der Vollständigkeit, Konsistenz und Sensitivität anhand von Unsicherheits- oder Sensitivitätsanalysen[364], um zu Ergebnissen oder Empfehlungen in Bezug zu den Zielen der Analyse zu gelangen.[365] Intendiert ist, die erlangten Ergebnisse unter Berücksichtigung der vorherigen Phasen zu bewerten, insbesondere dann, wenn sie mit potenziellen Variationen eines LCA verglichen werden.[366] Beispiele, die die Unsicherheiten bezüglich künftiger Kosten verstärken können, sind Änderungen der Steuern, Löhne, Sozialleistungen, des Marktes (Zugang, Wettbewerber) sowie die gewählten Diskontsätze und temporäre oder regionale Variationen des Preises, die auf die Marktpolitik, das Image, Trends, Wechselkurse etc. zurückzuführen sind.[367]

4. Berichterstattung und kritische Überprüfung

Für alle vergleichenden, der Öffentlichkeit zugänglich zu machenden LCC-Studien ist in Analogie zu der Ökobilanz eine Berichterstattung sowie eine kritische Überprüfung vorgesehen.[368] Mit diesem Prozess sind neben den internen, der

362 Aus dem Englischen: „cost accounting".

363 Rebitzer, Enhancing the application efficiency of life cycle assessment for industrial uses, S. 101; Swarr/Hunkeler/Klöpffer/Pesonen/Ciroth/Brent/Pagan, Environmental Life Cycle Costing: A code of practice, S. 72.

364 Die Durchführung von Sensitivitätsanalysen wird empfohlen, um die Validität der Schlussfolgerungen sowie der zugrundeliegenden Arbeiten zu bestätigen, Swarr/Hunkeler/Klöpffer/Pesonen/Ciroth/Brent/Pagan, Environmental Life Cycle Costing: A code of practice, S. 75.

365 Rebitzer, Enhancing the application efficiency of life cycle assessment for industrial uses, S. 101.

366 Rebitzer, Enhancing the application efficiency of life cycle assessment for industrial uses, S. 101; Swarr/Hunkeler/Klöpffer/Pesonen/Ciroth/Brent/Pagan, Environmental Life Cycle Costing: A code of practice, S. 73.

367 Schmidt, Int J LCA 2003, 167, 172 der zudem noch darauf verweist, dass diese Faktoren nicht unbedingt auf das künftige Umweltverhalten Einfluss nehmen; Rebitzer, Enhancing the application efficiency of life cycle assessment for industrial uses, S. 101.

368 Swarr/Hunkeler/Klöpffer/Pesonen/Ciroth/Brent/Pagan, Environmental Life Cycle Costing: A code of practice, S. 77. An anderer Stelle wurde dies so bewertet, dass dies optional ist und häufig darauf verzichtet wird, UNEP/SETAC Life Cycle Initiative, Towards a Life Cycle Sustainability Assessment, Making informed choices on

beauftragenden Organisation angehörenden Experten, auch externe Fachkundige betraut, wobei letztere hinsichtlich des untersuchten Produkts über ein gewisses technisches Know-how verfügen und mit dem LCC vertraut sein müssen.[369] Die kritische Überprüfung kann erheblich zu der Qualität und der Glaubwürdigkeit einer Studie beitragen, weil nahezu immer Verbesserungen vorgeschlagen und Fehler in der Datenerhebung, der Berechnung sowie der Präsentation der Ergebnisse aufgedeckt werden.[370] Es wird untersucht, ob die Studie dem ursprünglich festgelegten Ziel entsprach, ob die Allokation sowie die Diskontierung sorgfältig ausgeführt wurden und ob die gezogenen Schlussfolgerungen gerechtfertigt waren.[371]

II. Ökobilanz als Basis für ELCC?

Obschon diese ökologische Dimension von Nachhaltigkeit nicht Gegenstand der vorliegenden Forschung ist, besteht deren Relevanz darin, dass die Literatur thematisiert, ob ein ELCC auf einem LCA, genauer dessen Sachbilanz, beruhen kann[372], sowie ob die Ergebnisse beider Analysen in ein LCSA als Teil einer umfassenden Nachhaltigkeitsanalyse eingehen können.[373]

Auf den ersten Blick bietet sich dies an, weil diese Methode international standardisiert ist. Auch existieren im LCA bereits beachtliche Forschungsergebnisse und ein umfassender Erfahrungsschatz aus der weltweiten Anwendung dieses Lebenszyklusmodells[374], die sich ein öffentlicher Auftraggeber bei seinen ELCC Vorgaben zu Nutze machen kann, auch wenn das ELCC grundsätzlich die am besten adaptierte Lebenszyklusmethode ist[375]. In der Literatur wird behauptet, die EU Kommission sehe in der Verwendung der Resultate dieses Standards und damit der LCC-Berechnung selbst, einen potenziellen Verstoß gegen die Prinzipien der Verträge, weshalb sie in ihrem „International Reference Life Cycle Data System

products, S. 16, in: http://www.unep.org/pdf/UNEP_LifecycleInit_Dec_FINAL.pdf, abgerufen am 09.12.2016.

369 Swarr/Hunkeler/Klöpffer/Pesonen/Ciroth/Brent/Pagan, Environmental Life Cycle Costing: A code of practice, S. 77.

370 Swarr/Hunkeler/Klöpffer/Pesonen/Ciroth/Brent/Pagan, Environmental Life Cycle Costing: A code of practice, S. 77.

371 Swarr/Hunkeler/Klöpffer/Pesonen/Ciroth/Brent/Pagan, Environmental Life Cycle Costing: A code of practice, S. 83.

372 Rebitzer, Enhancing the application efficiency of life cycle assessment for industrial uses, S. 96.

373 Swarr/Hunkeler/Klöpffer/Pesonen/Ciroth/Brent/Pagan, Environmental Life Cycle Costing: A code of Practice, S. 52.

374 Perera/Morton/Perfrement, Life Cycle Costing in Sustainable Public Procurement: A white paper from IISD, S. 9, in: https://www.iisd.org/pdf/2009/life_cycle_costing.pdf, abgerufen am 08.12.2016.

375 Siehe Nachweis in Fn. 226.

(ILCD)" Handbuch zusätzliche Leitlinien für die Durchführung einer Lebenszykluskostenanalyse anbiete.[376] Dies lässt sich nicht belegen. An anderer Stelle wird gegen die Erstellung eines ELCC auf Basis der Ergebnisse einer Ökobilanz vorgebracht, dass es sich um zwei sehr unterschiedliche Wissenschaften handelt, die durch wesensverschiedene Überlegungen geprägt sind.[377]

Zunächst sei an die Grundkonzeption eines LCA erinnert: Es handelt sich um eine vergleichende Methode, die eingesetzt wird, um verschiedene Produktsysteme mit den gleichen oder sehr ähnlichen Funktionen im Hinblick auf die mit einem Produkt verbundenen Umweltaspekte zu bewerten, die während seines Lebenszyklus entstehen.[378] Eine Ökobilanz bezieht sich auf die Umweltaspekte und potenziellen Umweltwirkungen (z. B. Nutzung von Ressourcen und die Umweltauswirkungen von Emissionen) im Verlauf des Lebensweges eines Produktes von der Rohstoffgewinnung über Produktion, Anwendung, Abfallbehandlung, Recycling bis zur endgültigen Beseitigung (d. h. „von der Wiege bis zur Bahre").[379] Von anderen Lebenszyklusmodellen unterscheidet sich eine Ökobilanz durch die ihr zugrundeliegenden Grundsätze.[380]

---

376 Jobse/Dimitri, LCC-calculations and the principles of public procurement, S. 1, in: https://underpinn.portals.mbs.ac.uk/Portals/70/docs/2.1%20-%20Jobse%20&%20 Dimitri%20-%20LCC%20calculations%20v1%200.pdf, abgerufen am 08.12.2016; Dragos/Neamtu, EPPPL 2013, 19, 21.

377 Perera/Morton/Perfrement, Life Cycle Costing in Sustainable Public Procurement: A white paper from IISD, S. 9, in: https://www.iisd.org/pdf/2009/life_cycle_costing.pdf, abgerufen am 08.12.2016.

378 Swarr/Hunkeler/Klöpffer/Pesonen/Ciroth/Brent/Pagan, Environmental Life Cycle Costing: A code of practice, S. 8.

379 Einleitung DIN EN ISO 14040:2006-10, Umweltmanagement – Ökobilanz – Grundsätze und Rahmenbedingungen; Deutsche und Englische Fassung, S. 4; Klöpffer/Grahl, Ökobilanz (LCA), S. 2; Swarr/Hunkeler/Klöpffer/Pesonen/Ciroth/Brent/Pagan, Environmental Life Cycle Costing: A code of practice, S. 8 mit dem Hinweis auf weiterführende Literatur. Die SETAC definierte die Ökobilanz bereits 1993, also vier Jahre vor der erstmaligen internationalen Standardisierung, in ihren „Guidelines for Life Assessment: A „Code of Practice"" ähnlich SETAC, Guidelines for Life-Cycle Assessment: A ‚Code of Practice', S. 7 Table 2: „Goal Definition and Scoping, Inventory Analysis, Impact Assessment, Improvement Assessment"; die Beschreibung findet sich auf den S. 12 ff.

380 Dies sind: Lebenswegbetrachtung, Umweltbezogene Ausrichtung, Relativer Ansatz und funktionelle Einheit, Iterativer Ansatz, Transparenz, Ganzheitlichkeit, Priorität des wissenschaftlichen Ansatzes, DIN EN ISO 14040:2006-10, Umweltmanagement – Ökobilanz – Grundsätze und Rahmenbedingungen; Deutsche und Englische Fassung, S. 14 f.

1. *Sachbilanz eines LCA*

Eine Ökobilanz-Studie wird nach der DIN EN ISO 14040 in vier, üblicherweise zusammenhängenden Schritten durchgeführt: Festlegung von Ziel und Untersuchungsrahmen, Sachbilanz, Wirkungsabschätzung und schließlich Auswertung.[381] Hier fällt auf, dass sich die Literatur[382] bei der Bestimmung der Phasen des LCC an den Arbeitsschritten eines LCA bzw. der in der DIN EN ISO 14040 festgelegten Abfolge orientiert haben.

Die Sachbilanz eines LCA ist ein iterativer Prozess, von dem Datenerhebungen und Berechnungsverfahren zur Quantifizierung relevanter Input- und Outputflüsse eines Produktsystems umfasst sind.[383] Die Daten für jedes Prozessmodul innerhalb der jeweiligen Systemgrenze lassen sich in die vier nachfolgenden Hauptgruppen gliedern:

- Energieinputs, Rohstoff-Inputs, Betriebsstoff-Inputs und andere physikalische Inputs;
- Produkte, Koppelprodukte und Abfall;
- Emissionen in die Luft, Einleitungen in Wasser und Verunreinigungen des Bodens;
- weitere Umweltaspekte.[384]

Anschließend sind Berechnungsverfahren nötig, einschließlich der Validierung der gesammelten Daten, des Bezugs der Daten auf Prozessmodulen und des Bezugs der Daten auf den Referenzfluss der funktionellen Einheit, damit die Ergebnisse der Sachbilanz des festgelegten Systems für jedes einzelne Prozessmodul und für die festgelegte funktionelle Einheit des zu modellierenden Produktsystems erlangt werden kann.[385] Weil Betriebsabläufe selten einen einzigen Output hervorbringen

---

381 DIN EN ISO 14040:2006-10, Umweltmanagement – Ökobilanz – Grundsätze und Rahmenbedingungen; Deutsche und Englische Fassung, S. 4. Weiterführende Informationen enthält der Internetauftrauftritt des Umweltbundesamtes: BMUB, Ökobilanz, in: https://www.umweltbundesamt.de/themen/wirtschaft-konsum/produkte/oekobilanz, abgerufen am 08.12.2016.

382 Swarr/Hunkeler/Klöpffer/Pesonen/Ciroth/Brent/Pagan, Environmental Life Cycle Costing: A Code of Practice, S. 51.

383 DIN EN ISO 14040:2006-10, Umweltmanagement – Ökobilanz – Grundsätze und Rahmenbedingungen; Deutsche und Englische Fassung, S. 25.

384 DIN EN ISO 14040:2006-10, Umweltmanagement – Ökobilanz – Grundsätze und Rahmenbedingungen; Deutsche und Englische Fassung, S. 26. Es wird weiter darauf hingewiesen, dass die Datenerhebung ein aufwendiger Prozess sein kann. Die sich ggf. ergebenden praktischen Einschränkungen sollten im Untersuchungsrahmen berücksichtigt und im Bericht zur Studie aufgeführt werden.

385 DIN EN ISO 14040:2006-10, Umweltmanagement – Ökobilanz – Grundsätze und Rahmenbedingungen; Deutsche und Englische Fassung, S. 26

oder auf der Linearität der Rohstoff-Inputs und den Outputs beruhen, sind häufig Allokationsverfahren notwendig.[386]

2. *Diskussion und Grundprinzipien für ELCC auf Basis eines LCA*

Wie angemerkt, handelt es sich um zwei eigenständige Wissenschaften, die durch unterschiedliche Überlegungen geprägt sind.[387] Schon der Anwendungsbereich eines ELCC divergiert insofern von einem LCA, als dass Kosten anstelle von Umweltauswirkungen untersucht werden.[388]

Entscheidet man sich dennoch dafür, einem ELCC die Sachbilanz eines zuvor durchgeführten LCA zugrunde zulegen, gilt es, einige Grundprinzipien zu beachten. Existiert bereits ein LCA des gleichen Systems, müssen die korrespondierenden Definitionen von Ziel und Untersuchungsrahmen eng aufeinander abgestimmt und kompatibel gemacht werden.[389] Hieraus ergibt sich auch, dass die funktionelle Einheit der des zugrundeliegenden LCA entsprechen muss, weil das ELCC auf dem gleichen Produktsystem mit der gleichen Funktion aufbaut.[390] Die ökonomische Sachbilanz eines LCC wird dann analog zu der einer LCA-Studie durchgeführt und baut in den meisten Fällen auf einer Sachbilanz der physischen Flüsse des jeweiligen Produktsystems auf.[391] Unbedingt gilt es, das sog. „double counting" zu vermeiden, das auftreten kann, wenn externe Effekte in Form von Steuern oder Subventionen internalisiert werden.[392] Besonders problematisch wird dies zudem, wenn Umwelteinflüsse bewertet werden, die in der Zukunft und noch während des Betrachtungszeitraumes der Analyse internalisiert werden.[393] Auch im Hinblick

386 DIN EN ISO 14040:2006-10, Umweltmanagement – Ökobilanz – Grundsätze und Rahmenbedingungen; Deutsche und Englische Fassung, S. 26.

387 Perera/Morton/Perfrement, Life Cycle Costing in Sustainable Public Procurement: A white paper from IISD, S. 9, in: https://www.iisd.org/pdf/2009/life_cycle_costing.pdf, abgerufen am 08.12.2016.

388 Hunkeler/Lichtenvort/Rebitzer, Environmental Life Cycle Costing, S. 39.

389 Swarr/Hunkeler/Klöpffer/Pesonen/Ciroth/Brent/Pagan, Environmental Life Cycle Costing: A code of Practice, S. 52. Die Autoren weisen weiter darauf hin, dass sich die Analysen insofern unterscheiden, als dass das LCC im Gegensatz zu einem LCA früher ansetzt, indem auch noch die F&E Phase mit einbezogen wird.

390 Hunkeler/Lichtenvort/Rebitzer, Environmental Life Cycle Costing, S. 42.

391 Swarr/Hunkeler/Klöpffer/Pesonen/Ciroth/Brent/Pagan, Environmental Life Cycle Costing: A code of Practice, S. 52.

392 Höhne, Life Cycle Costing – Systematisierung bestehender Studien, S. 44. Dies stellt insbesondere ein Problem dar, wenn Externalitäten nicht einbezogen werden. Teilweise wurde insgesamt das Verhältnis von Kosten und Nachhaltigkeit und damit das Konzept des LCSA in Frage gestellt, vgl. hierzu Hall, Int J LCA 2015, 1625 f.

393 Höhne, Life Cycle Costing – Systematisierung bestehender Studien, S. 44. Dies stellt insbesondere ein Problem dar, wenn Externalitäten nicht einbezogen werden. Teilweise wurde insgesamt das Verhältnis von Kosten und Nachhaltigkeit und damit das Konzept des LCSA in Frage gestellt, vgl. hierzu Hall, Int J LCA 2015, 1625 f.

auf die Diskontierung gilt es einiges zu beachten. Neben den für beide Analysen üblichen Datenproblemen der Verfügbarkeit, Qualität und Unsicherheiten, ergeben sich bei einen LCC zusätzliche Schwierigkeiten aus schwankenden Preisen, Wechselkursen und dem jeweiligen Zeitwert des Geldes, was grundsätzlich durch eine Diskontierung abgemildert werden soll.[394] Weil demgegenüber ein LCA physische Einheiten misst, ohne Anpassungen im Hinblick auf den jeweiligen Zeitpunkt ihres Auftretens zu machen, unterstellen einige Literaturstimmen auch dem ELCC einen statischen Charakter[395], um eine Vergleichbarkeit in zeitinvarianter Weise mit den Langzeiteffekten eines LCA zu gewährleisten.[396] Besondere Schwierigkeiten können sich im Hinblick auf die Allokation ergeben, weil das LCC versucht, die Kosten den relevanten Aktivitäten und Kostentreibern zuzuordnen, wohingegen das LCA eine Allokation entweder durch eine Ausweitung des Systems oder die Zerlegung in äquivalente Subsysteme zu vermeiden sucht.[397]

In der Literatur wurde vertreten, dass die EU Kommission von möglichen Verstößen der Ergebnisse einer Ökobilanz und damit auch des LCC gegen die Prinzipien der Verträge ausgeht.[398] Aus diesem Grund habe sie in dem ILCD-Handbuch zusätzliche Leitlinien für die Durchführung einer Lebenszykluskostenanalyse angeboten.[399] In dem ILCD-Handbuch finden sich insoweit keine Hinweise – zumindest was die Intention der EU Kommission betrifft. Vielmehr wurde es ausweislich seiner Einleitung entwickelt, weil es bislang keine allgemein anerkannten Orientierungshilfen gab, die den generellen Rahmen der DIN EN ISO 14040 und 14044 ergänzen.[400] Das ILCD-Handbuch soll diese Lücke füllen, indem es technische Leitlinien entwickelt, die die international standardisierten Vorgaben der Durchführung einer Ökobilanz ergänzen.[401] Es bietet eine Basis für eine größere

394 Swarr/Hunkeler/Klöpffer/Pesonen/Ciroth/Brent/Pagan, Environmental Life Cycle Costing: A code of Practice, S. 52.

395 Aus dem Englischen „steady-state".

396 Hunkeler/Lichtenvort/Rebitzer, Environmental Life Cycle Costing, S. 30.

397 Swarr/Hunkeler/Klöpffer/Pesonen/Ciroth/Brent/Pagan, Environmental Life Cycle Costing: A code of Practice, S. 52.

398 Jobse/Dimitri, LCC-calculations and the principles of public procurement, S. 1, in: https://underpinn.portals.mbs.ac.uk/Portals/70/docs/2.1%20-%20Jobse%20&%20Dimitri%20-%20LCC%20calculations%20v1%200.pdf, abgerufen am 08.12.2016; Dragos/Neamtu, EPPPL 2013, 19, 21 verweisen ohne Angabe einer Primärquelle auf Jobse/Dimitri.

399 Jobse/Dimitri, LCC-calculations and the principles of public procurement, S. 1, in: https://underpinn.portals.mbs.ac.uk/Portals/70/docs/2.1%20-%20Jobse%20&%20Dimitri%20-%20LCC%20calculations%20v1%200.pdf, abgerufen am 08.12.2016; Dragos/Neamtu, EPPPL 2013, 19, 21.

400 JRC, ILCD Handbook – General guide for Life Cycle Assessment – Detailed guidance, 1. Auflage 2010, S. 2.

401 JRC, ILCD Handbook – General guide for Life Cycle Assessment – Detailed guidance, 1. Auflage 2010, S. 2.

Konsistenz und Qualität der Lebenszyklusdaten, -methoden und LCA Studien.[402] Allerdings ergeben sich, selbst wenn man der DIN EN ISO 14040 entspricht, Unsicherheiten hinsichtlich der Ergebnisse. Das ILCD-Handbuch verweist auf drei wesentliche Unsicherheiten, die sich aus den folgenden Quellen ergeben können.[403] Dies sind stochastische Unsicherheiten im Hinblick auf die Sachbilanzdaten und die Wirkungsabschätzung sowie methodische Entscheidungen, die die Ergebnisse der LCC-Berechnung beeinflussen können, wie die Auswahl der Wirkungskategorien (bspw. Waldressourcen, zeitliche Perspektive und kulturelle Aspekte) und schließlich Informationsdefizite, die dazu führen können, dass die Ergebnisse einer LCC-Rechnung willkürlich werden, wenn kein ausreichendes Datenmaterial vorhanden ist.[404]

Bezogen auf ein Vergabeverfahren können diese Unsicherheiten Anlass für Diskussionen in puncto Belastbarkeit der Ergebnisse der verwendeten Lebenszykluskostenrechnung geben.[405] Berücksichtigt das in dem Vergabeverfahren eingesetzte LCC die Auswirkungen eines zentralen Umweltindikators nicht und sind diese von hervorgehobener Bedeutung für die Umweltauswirkungen des Beschaffungsgegenstandes, so gibt dies dem Argument des Bieters Vorschub, nur seine LCC-Methode berechne die Lebenszykluskosten korrekt.[406] Tatsächlich können sich hieraus Probleme im Hinblick auf die Vergleichbarkeit der Angebote und damit der Beachtung des Diskriminierungsverbotes sowie des Grundsatzes der Gleichbehandlung, aber auch des Transparenzgebotes ergeben. Die Beachtlichkeit dieser

402 JRC, ILCD Handbook – General guide for Life Cycle Assessment – Detailed guidance, 1. Auflage 2010, S. 2.

403 Jobse/Dimitri, LCC-calculations and the principles of public procurement, S. 5, in: https://underpinn.portals.mbs.ac.uk/Portals/70/docs/2.1%20-%20Jobse%20&%20Dimitri%20-%20LCC%20calculations%20v1%200.pdf, abgerufen am 08.12.2016, mit Verweis auf: JRC, ILCD Handbook – General guide for Life Cycle Assessment – Detailed guidance, 1. Auflage 2010, S. 377, generell hierzu Annex E des Handbuches.

404 JRC, ILCD Handbook – General guide for Life Cycle Assessment – Detailed guidance, 1. Auflage 2010, S. 377; Jobse/Dimitri, LCC-calculations and the principles of public procurement, S. 5, in: https://underpinn.portals.mbs.ac.uk/Portals/70/docs/2.1%20-%20Jobse%20&%20Dimitri%20-%20LCC%20calculations%20v1%200.pdf, abgerufen am 08.12.2016, die vorschlagen, diese Unsicherheiten durch die Anwendung der „key performance indicators“ der OECD aufzulösen. Weitere Informationen hierzu: OECD, Procurement – Key Performance Indicators, in: http://www.oecd.org/gov/ethics/procurement-key-performance-indicators.htm, abgerufen am 08.12.2016.

405 Jobse/Dimitri, LCC-calculations and the principles of public procurement, S. 5, in: https://underpinn.portals.mbs.ac.uk/Portals/70/docs/2.1%20-%20Jobse%20&%20Dimitri%20-%20LCC%20calculations%20v1%200.pdf, abgerufen am 08.12.2016.

406 Jobse/Dimitri, LCC-calculations and the principles of public procurement, S. 5, in: https://underpinn.portals.mbs.ac.uk/Portals/70/docs/2.1%20-%20Jobse%20&%20Dimitri%20-%20LCC%20calculations%20v1%200.pdf, abgerufen am 08.12.2016.

dem Vergabeprimärrecht erwachsenden allgemeinen Grundsätze wird daher in Kapitel 3 unter Punkt C, IV bzw. D, II eingehend behandelt.

Aus Sicht des Vergaberechts sprechen gleichwohl keine gewichtigen Gründe gegen die Durchführung eines ELCC auf Basis eines LCA. Die potentiellen Verstöße gegen das Vergabeprimärrecht liegen nicht darin gerade begründet, dass ein ELCC auf der Sachbilanz eines LCA basiert. Vielmehr würden sie sich auch bei Anwendung eines separat durchgeführten ELCC oder gar eines konventionellen LCC ergeben. Es gilt daher im Einzelfall zu entscheiden, ob mit der Anwendung der soeben dargestellten Grundprinzipien den Divergenzen der beiden Analysen begegnet werden kann.

III. Kein „one-fits-all" LCC-Modell

Die Entwicklung eines „one-fits-all" LCC-Modells scheitert aus einer Vielzahl von Gründen. Hiergegen spricht zunächst, dass kein generisches Datenformat für ein sachbilanzbasiertes LCC existiert und es als fraglich angesehen wird, ob die Datenerfordernisse für LCC überhaupt en Detail standardisiert werden können, weil diese stark von dem festgelegten Ziel und Untersuchungsrahmen einer LCC-Studie abhängig sind.[407] Hauptanliegen eines LCC ist die Herausstellung von Kostenunterschieden, was zur Folge hat, dass verschiedene Studien, die zwar für dasselbe Objekt durchgeführt werden, aber unterschiedliche Ziele und Untersuchungsrahmen zugrunde legen, für gewöhnlich nicht miteinander vergleichbar sind.[408] Überdies sind Kosteninformationen, anders als Sachbilanzdaten, über einen längeren Zeitraum wesentlich volatiler, weshalb sich statische Datenbanken für LCC nicht eignen.[409]

Der Entwicklung einer einheitlichen LCC-Methode steht weiter entgegen, dass sich die Durchführung eines LCC (im Gegensatz zu der reinen Fokussierung auf den Anschaffungspreis) besonders dann eignet, wenn ein wesentlicher Teil der Kosten des analysierten Produktes oder der Dienstleistung erst während der Nutzungs- oder EoL-Phase auftritt.[410] Typische Beispiele hierfür sind etwa Heizungen, Innen- und Außenbeleuchtung, Kraftfahrzeuge, Multifunktionsgeräte

---

407 Rebitzer, Enhancing the application efficiency of life cycle assessment for industrial uses, S. 99.

408 Rebitzer, Enhancing the application efficiency of life cycle assessment for industrial uses, S. 99.

409 Rebitzer, Enhancing the application efficiency of life cycle assessment for industrial uses, S. 99, das Gegenteil ist der Fall für fließende Daten von „LCI unit processes". Der Autor empfiehlt Organisationen, die regelmäßig sachbilanzbasierte LCC-Studien durchführen, eine interne Datenbank für die relevantesten Kostenelemente der Prozesse, Materialien und Energieträger, aufzubauen und zu pflegen.

410 Öko-Institut e.V./ICLEI, Costs and Benefits of Green Public Procurement in Europe, S. 5, in: http://ec.europa.eu/environment/gpp/pdf/eu_recommendations_1.pdf, abgerufen am 08.12.2016.

sowie Computer und Bildschirme.[411] Demgegenüber ist eine LCC-Analyse für die Beschaffung von Büromaterial weniger zweckmäßig.[412] Im Bereich der Dienstleistungen ist das Catering nur bedingt geeignet, während die Handhabung von Abfall sehr gut durch eine LCC-Analyse vergleichbar ist.[413] Dies korreliert mit dem Detaillierungsgrad eines LCC, der je nach Komplexität des Beschaffungsgegenstandes schwankt, was zudem Auswirkungen auf die einzubeziehenden Nutzungs-, Wartungs- und schließlich Entsorgungskosten hat.[414] Das Verhältnis der wirtschaftlichen Bedeutung der während des Lebenszyklus entstehenden Folgekosten zu den Anschaffungskosten kann Eingang in die Gewichtung des LCC als Kostenmanagement-Methode finden. Je nach zu erwartendem Umfang kann den Folgekosten eine erhebliche Wertungsrelevanz eingeräumt werden.[415]

Der Hauptgrund des Scheiterns der Entwicklung eines „one-fits-all" Modells ist jedoch die Mannigfaltigkeit der Beschaffungsgegenstände. So werden die nach dem Einkauf von Papier entstehenden Folgekosten in Art und Höhe stark abweichen von denen der öffentlichen Beschaffung von Gebäuden.[416] Gleiches gilt für die Lebenszykluskosten von Schiffen, Straßen, Computern oder Krankenhäusern, weil es einmal auf Energie oder Wartung und ein anderes Mal auf Innovationsfähigkeit

411 Möller/Statmann/Gröger, Umweltfreundliche Beschaffung: Schulungsskript 5 – Einführung in die Berechnung von Lebenszykluskosten und deren Nutzung im Beschaffungsprozess, S. 4, in: https://www.umweltbundesamt.de/sites/default/files/medien/378/publikationen/umweltfreundliche_beschaffung_script_5.pdf, abgerufen am 08.12.2016; Perera/Morton/Perfrement, Life Cycle Costing in Sustainable Public Procurement: A white paper from IISD, S. 11, in: https://www.iisd.org/pdf/2009/life_cycle_costing.pdf, abgerufen am 08.12.2016.

412 Perera/Morton/Perfrement, Life Cycle Costing in Sustainable Public Procurement: A white paper from IISD, S. 11, in: https://www.iisd.org/pdf/2009/life_cycle_costing.pdf, abgerufen am 08.12.2016, die Autoren verweisen auf eine formelle Konsultation öffentlicher Auftraggeber, die das Internationale Institut für Nachhaltige Entwicklung durchgeführt hat.

413 Perera/Morton/Perfrement, Life Cycle Costing in Sustainable Public Procurement: A white paper from IISD, S. 11, in: https://www.iisd.org/pdf/2009/life_cycle_costing.pdf, abgerufen am 08.12.2016.

414 Sofroniou, Change Management in I.T., S. 148, der unter Hinweis auf die beachtlichen Kosten, die entstehen, um die erforderlichen Daten zu sammeln, die Entwicklung von Kostendatenbanken für häufig einzukaufende und ähnliche Produkte empfiehlt.

415 *Horn* in: Müller-Wrede: Kommentar: Vergabe- und Vertragsordnung für Leistungen, 4. Auflage, Datenbank VergabePortal, Zugriff am 11.07.2016, § 19 VOL/A-EG, Rn. 283.

416 Dies lässt sich nach der Überzeugung der Verfasserin auch aus der Übersicht bei Perera/Morton/Perfrement, Life Cycle Costing in Sustainable Public Procurement: A white paper from IISD, S. 11, in: https://www.iisd.org/pdf/2009/life_cycle_costing.pdf, abgerufen am 08.12.2016 ableiten, die die Anwendbarkeit von LCC auf verschiedene Beschaffungsgegenstände beurteilt.

oder Personalkosten ankommt.[417] Schließlich sollten Harmonisierungsanstrengungen nicht zu Lasten der öffentlichen Auftraggeber gehen, die LCC bereits für bestimmte Aufträge einsetzen.[418] Die Entwicklung einer „one-fits-all" LCC-Methode wird wegen dieser Schwierigkeiten als „Chimäre" bezeichnet.[419]

Eine reine Einzelfallbetrachtung ist allerdings für den öffentlichen Auftraggeber nicht praktikabel, weil ihm dadurch ein unverhältnismäßig hoher Aufwand entstehen würde und sich die beschaffenden Stellen einem hohen Grad an Unsicherheiten ausgesetzt sähen. Vielmehr bietet sich die Kategorisierung der Beschaffungsgegenstände in sinnvolle Fallgruppen an.

In Ansehung der vorgenannten Gründe werden nachstehend die Überbegriffe determiniert und bereits existente, für das Vergaberecht relevante, Standardisierungen dargestellt.

IV. Standardisierte Verfahren

Es existieren diverse internationale Standards und Richtlinien, die Vorgaben hinsichtlich der Durchführung von Lebenszyklusanalysen für unterschiedliche Anwendungen machen.[420] Die nachfolgenden Ausführungen beschränken sich auf die standardisierten Verfahren, die für die vorliegende Untersuchung besondere Relevanz aufweisen.

1. Clean-Vehicles-Directive

Die Richtlinie über die Förderung sauberer und energieeffizienter Straßenfahrzeuge („Clean-Vehicles-Directive")[421] schreibt für den Bereich der öffentlichen

---

417 *Jasper* in: Tagungsband 16. Düsseldorfer Vergaberechtstag, S. 46, in: https://broschueren.nordrheinwestfalendirekt.de/herunterladen/der/datei/16-du-sseldorfer-vergaberechtstag-online-version-pdf/von/16-duesseldorfer-vergaberechtstag/vom/mweimh/2167, abgerufen am 08.12.2016.

418 Semple, Reform of the EU Procurement Directives and WTO GPA: Forward Steps for Sustainability?, S. 22, in: https://papers.ssrn.com/sol3/Delivery.cfm/SSRN_ID2089357_code606015.pdf?abstractid=2089357&mirid=1, abgerufen am 08.12.2016.

419 *Jasper* in: Tagungsband 16. Düsseldorfer Vergaberechtstag, S. 46, in: https://broschueren.nordrheinwestfalendirekt.de/herunterladen/der/datei/16-du-sseldorfer-vergaberechtstag-online-version-pdf/von/16-duesseldorfer-vergaberechtstag/vom/mweimh/2167, abgerufen am 08.12.2016.

420 Vgl. etwa die Auflistung bei: Möller/Statmann/Gröger, Umweltfreundliche Beschaffung: Schulungsskript 5 – Einführung in die Berechnung von Lebenszykluskosten und deren Nutzung im Beschaffungsprozess, S. 10 Fn.11, in: https://www.umweltbundesamt.de/sites/default/files/medien/378/publikationen/umweltfreundliche_beschaffung_script_5.pdf, abgerufen am 08.12.2016.

421 Richtlinie 2009/33/EG des Europäischen Parlaments und des Rates vom 23.04.2009 über die Förderung sauberer und energieeffizienter Straßenfahrzeuge, ABl. L 120 v. 15.5.2009, S. 5–12.

Verkehrsdienste die Anwendung einer ELCC-Lebenszykluskostenanalyse vor. Diese Richtlinie legt eine detaillierte Methodik zur finanziellen Bewertung und Berechnung der CO_2-Emissionen sowie der Schadstoffemissionen fest, mit deren Hilfe die während der gesamten Lebensdauer anfallenden Betriebskosten bestimmt werden können.[422] „Straßenfahrzeuge" im Sinne der Richtlinie sind Personenkraftwagen, leichte und schwere Nutzfahrzeuge sowie Busse.[423] Demgegenüber werden Motorräder nicht erfasst.[424] Die Art des Antriebs ist unerheblich[425], sodass auch Elektrofahrzeuge in den Anwendungsbereich der Richtlinie fallen.[426]

Für die Beschaffung von „Straßenfahrzeugen" in diesem Sinne wird öffentlichen Auftraggebern verbindlich vorschrieben, die über die gesamte Lebensdauer anfallenden Energie- und Umweltauswirkungen (Energieverbrauch, CO2-Emissionen, Emissionen von NOx, Nichtmethan-Kohlenwasserstoffen und Partikeln) zu berücksichtigen, indem sie entsprechende technische Spezifikationen vorgeben oder diese über die in Art. 6 der Richtlinie vorgegebene Lebenszykluskostenrechnung im Rahmen des Zuschlages zu berücksichtigen, wenn diese Auswirkungen zur Berücksichtigung bei der Kaufentscheidung finanziell bewertet werden.[427] Für den vorliegenden Forschungsgegenstand ist lediglich die zweite Option von Bedeutung, sodass sich die nachfolgenden Ausführungen hierauf konzentrieren.

Den konkreten Ablauf der Lebenszykluskostenrechnung beschreibt Art. 6 der „Clean-Vehicles-Directive". Die Summe der während des Lebenszyklus anfallenden Energiekosten sowie der Kohlendioxid- und Schadstoffemissionskosten ergeben die während der Lebensdauer anfallenden Betriebskosten, die im Rahmen des Zuschlages zu beachten sind.[428]

---

422 Saphir, Umweltfreundliche Beschaffung: Schulungsskript 1, Grundlagen der umweltfreundlichen öffentlichen Beschaffung 2015, S. 22, in: https://www.umweltbundesamt.de/sites/default/files/medien/378/publikationen/umweltfreundliche_beschaffung_script_1.pdf, abgerufen am 08.12.2016; hierzu auch Schmidt/Buchmüller/Falke/Schnutenhaus, Rechtsgutachten Umweltfreundliche öffentliche Beschaffung, S. 14 f., in: https://www.umweltbundesamt.de/sites/default/files/medien/378/publikationen/texte_54_2014_rechtsgutachten_umweltfreundliche_beschaffung.pdf, abgerufen am 09.12.2016; Dragos/Neamtu, EPPPL 2013, 19, 26 f. Beschreibung bei Schröder, NZBau 2014, 467, 469 ff. Vgl. weiter die Berechnungshilfe des von der EU-Kommission geförderten „Clean Fleets" Projekts in Fn. 297.

423 Vgl. Art. 4 Nr. 3 i.V.m. Tabelle 3 des Anhangs.

424 Dies ergibt sich aus dem Umkehrschluss der Tabelle 3 des Anhangs, weil dort nur vierrädrige Fahrzeuge aufgeführt sind.

425 Auflistung Tabelle 1 im Anhang. Erfasst sind Diesel- sowie Ottokraftstoff, Erd- und Flüssiggas, Ethanol, Biodiesel, Emulsionskraftstoff und Wasserstoff.

426 Art. 6 Abs. 1 a).

427 Art. 5 RL 2009/33/EG.

428 Art. 6 Abs. 1 i.V.m. Art. 5 Abs. 3 b) RL 2009/33/EG.

a) *Berechnung der Energiekosten*

Zur Berechnung der anfallenden Energiekosten für den Betrieb eines Fahrzeugs werden die Gesamtkilometerleistung (ggf. unter Berücksichtigung der bereits erbrachten Kilometerleistung), der Energieverbrauch je Kilometer und die Kosten je Energieeinheit miteinander multipliziert.[429] Dies lässt sich auf folgende Formel bringen:

Energieverbrauchskosten eines Fahrzeugs = Gesamtkilometerleistung x Energieverbrauch je km (MJ/km) x Kosten je Energieeinheit (Euro/MJ).[430]

Der Energieverbrauch wird in Megajoule (MJ) anhand des Kraftstoffverbrauchs gemessen.[431] Dabei wird der Kraftstoffverbrauch je Kilometer eines Fahrzeugs gerechnet, gleichgültig, ob dies – wie bei Elektrofahrzeugen – direkt erfolgt oder nicht.[432] Auch diese Berechnung lässt sich durch die nachfolgende Formel ausdrücken:

Energieverbrauch je km (MJ/km) = Kraftstoffverbrauch je km (Liter/km) x Energiegehalt (MJ/Liter bzw. Nm^3).[433]

Die Werte für den Kraftstoffverbrauch basieren für Fahrzeuge, für die genormte gemeinschaftliche Testverfahren in den Gemeinschaftsrechtsvorschriften über die Typgenehmigung festgelegt sind, auf solchen Verfahren.[434] Für Fahrzeuge, für die keine genormten gemeinschaftlichen Testverfahren bestehen, werden zur Gewährleistung der Vergleichbarkeit verschiedener Angebote allgemein anerkannte Verfahren, die Ergebnisse für die Behörde durchgeführter Prüfungen oder die Angaben des Herstellers verwendet.[435] Soweit der Treibstoffverbrauch in anderen Einheiten angeben ist, wird er in Energieverbrauch je Kilometer umgerechnet.[436]

Weiter wird je Energieeinheit ein einziger finanzieller Wert verwendet, der dem jeweils geringeren Wert der Kosten je Energieeinheit von Ottokraftstoff oder Dieselkraftstoff vor Steuern entspricht, wenn sie als Verkehrskraftstoff verwendet werden.[437] Die Berechnung der Kosten je Energieeinheit wird durch die Formel ausgedrückt:

---

429 Art. 6 Abs. 1 a) RL 2009/33/EG.

430 Angelehnt an Schröder, NZBau 2014, 467, 469.

431 Vgl. Anlage, Tabelle 1 „Energiegehalt von Kraftstoffen" und Art. 6 Abs. 1 a) 1. Spiegelstrich RL 2009/33/EG.

432 Art. 6 Abs. 1 a) 1. Spiegelstrich RL 2009/33/EG.

433 Schröder, NZBau 2014, 467, 469.

434 Art. 6 Abs. 2 RL 2009/33/EG. Das Kraftfahrt-Bundesamt (KBA) misst i.R.d. Typgenehmigungsverfahrens u.a. Kraftstoffverbrauch und Emissionen der Kraftfahrzeuge. Das Verzeichnis der Typprüfwerte von Kraftfahrzeugen mit Typgenehmigungen wird vierteljährlich je nach Fahrzeugklasse veröffentlicht, so: Schröder, NZbau 2014, 467.

435 Art. 6 Abs. 2 RL 2009/33/EG.

436 Art. 6 Abs. 1 a), 1. Spiegelstrich RL 2009/33/EG.

437 Art. 6 Abs. 1 a), 2. Spiegelstrich RL 2009/33/EG.

Kosten je Energieeinheit = Netto-Kosten Kraftstoff (Euro/Liter) / Energiegehalt Kraftstoff (MJ/Liter).[438]

Der Energiegehalt des jeweiligen Kraftstoffes findet sich wiederum in Tabelle 1 des Anhangs zur Richtlinie. Es ist sinnvoll, hier den Schlusstermin für die Angebotsabgabe als Stichtag der Feststellung der Netto-Kraftstoffkosten zu Grunde zu legen, um keine Missbrauchsmöglichkeiten zu eröffnen.[439] Die „Clean-Vehicles-Directive" gibt in Tabelle 3 des Anhangs Aufschluss über die Gesamtkilometerleistung eines Straßenfahrzeugs anhand derer während der Lebensdauer entstehenden Betriebskosten zu messen sind. Für Personenkraftwagen beträgt diese 200.000 km, für leichte Nutzfahrzeuge 250.000 km, demgegenüber für schwere Nutzfahrzeuge 1.000.000 km und schließlich für Busse 800.000 km. Diese normativen Werte der Richtlinie wurden seit Inkrafttreten der „Clean-Vehicles-Directive" nicht mehr angepasst, was im Hinblick auf die angesetzte Gesamtkilometerleistung etwa von PKW nicht unproblematisch ist.

b) Berechnung der Kohlendioxid-Emissionskosten

Zur Berechnung der über die gesamte Lebensdauer für den Betrieb des Fahrzeuges anfallenden Kosten der CO_2-Emissionen eines Fahrzeugs werden die Gesamtkilometerleistung (ggf. unter Berücksichtigung der bereits erbrachten Kilometerleistung), die CO2-Emissionen in Kilogramm je Kilometer und die Kosten je Kilogramm miteinander multipliziert.[440] Die Emissionskosten je Kilometer ergeben sich aus Tabelle 2 des Anhangs zur „Clean-Vehicles-Directive".[441] Hier gilt es jedoch zu beachten, dass die Richtlinie es dem öffentlichen Auftraggeber anheimstellt, höhere Kosten heranzuziehen, sofern sie die Tabellenwerte nicht um mehr als das Doppelte überschreiten.[442] Bereits an dieser Stelle sei angemerkt, dass die Vergabestelle, die von dem ihr eingeräumten Ermessen pflichtgemäß Gebrauch gemacht hat, die Bieter vorab über die beabsichtigte Angebotswertung/-methodik unterrichten muss, weil der Bieter nicht ohne Weiteres damit rechnen muss, dass ein Wert herangezogen wird, der bis zu 100% über dem in der Tabelle angegebenen liegt.[443] Die Kohlenstoffdioxid-Emissionen sind, ebenso wie die Werte des Kraftstoffverbrauchs und die Schadstoffemissionen (hierzu sogleich), anhand genormter gemeinschaftlicher Testverfahren, die in den Unionsrechtsvorschriften über die

---

438 Schröder, NZBau 2014, 467, 470. Der auch Hinweise dazu liefert, welcher Stichtag maßgeblich sein soll.

439 Schröder, NZBau 2014, 467, 470.

440 Art. 6 Abs. 1 b) RL 2009/33/EG.

441 Dort sind die Preise von 2007 aufgeführt: Kohlenstoffdioxid: 0,03-0,04 EUR/kg; Stickstoff: 4 EUR/g; Nichtmethan- Kohlenwasserstoffe: 0,001 EUR/g; Partikel: 0,087 EUR/g.

442 Art. 6 Abs. 1 c) UAbs. 2 RL 2009/33/EG.

443 Schröder, NZBau 2014, 467, 471.

Typgenehmigung festgelegt sind, zu bestimmen.[444] Die Berechnung der Kohlenstoffdioxid-Emissionskosten erfolgt nach dieser Formel:

Kohlenstoffdioxid-Emissionskosten = Gesamtkilometerleistung x Kohlenstoffdioxid-Emissionen in Kilogramm je km (kg/km) x Emissionskosten je Kilogramm (Euro/kg).[445]

c) Berechnung der Schadstoffemissionskosten

Die gesamten während der Lebensdauer anfallenden Schadstoffemissionskosten ermitteln sich aus einer Addition der Kosten der Emissionen von NOx, Nichtmethan-Kohlenwasserstoffen und Partikeln.[446] Zur Berechnung werden die Gesamtkilometerleistung, die Emissionen in Gramm je Kilometer und die jeweiligen Kosten je Gramm miteinander multipliziert.[447] Wie bereits erwähnt, sind die Emissionskosten im Straßenverkehr der Tabelle des Anhangs zu entnehmen. Auch insoweit eröffnet die Richtlinie dem öffentlichen Auftraggeber die Möglichkeit, nach seinem Ermessen, einen bis zu doppelt so hohen Tabellenwert zugrunde zu legen. Schließlich soll für diese Berechnung ebenso eine Formel zur Vereinfachung der Nachvollziehbarkeit dargestellt werden:

Kosten für Schadstoffemissionen = Kosten für Schadstoffemissionen je km (Euro/km) x Gesamtkilometerleistung.[448]

d) Bewertung

Zunächst fällt insbesondere im Vergleich zu den bisher beleuchteten Instrumenten auf, dass es sich um ein für den öffentlichen Auftraggeber praktisch handhabbares LCC-Modell handelt, weil es eine konkrete Vorgehensweise beschreibt, die sich in einfachen Formeln darstellen lässt und Verweise auf ein verlässliches sowie für alle Bieter einheitliches Datenmaterial enthält. Überdies stellt die EU Kommission eine frei zugängliche „Lifetime cost tool-box" zur Verfügung. Hierbei handelt es sich um einen Rechner, der auf Basis der in Art. 6 der „Clean-Vehicles-Directive" harmonisierten Methode eine Lebenszykluskostenrechnung durchführt.[449] Mit dem „Clean Vehicle Portal" stellt die EU Kommission öffentlichen Auftraggebern eine elektronische Arbeitshilfe zur Verfügung, die einen Zugang zu Europas größter Fahrzeugdatenbank bietet und mit deren Hilfe die Lebenszykluskosten entsprechend

444 Art. 6 Abs. 2 RL 2009/33/EG.
445 Schröder, NZBau 2014, 467, 471.
446 Art. 6 Abs. 1 c) S. 1 RL 2009/33/EG.
447 Art. 6 Abs. 1 c) S. 1 RL 2009/33/EG.
448 Schröder, NZBau 2014, 467, 471.
449 Weitere Informationen hierzu unter: Europäische Kommission, Lifetime cost toolbox, in: http://ec.europa.eu/transport/themes/urban/vehicles/directive/toolbox_en.htm, abgerufen am 08.12.2016.

der „Clean-Vehicles-Directive“ berechnet werden können.[450] Die Berechnung der Lebenszykluskosten für LKW ist mit Hilfe dieser Datenbank nicht möglich, weil sie dort keine Berücksichtigung finden.[451] Für diese Fahrzeuge ergibt sich ohnehin das Problem, dass Energieverbrauch und Schadstoffemissionen abhängig von dem jeweiligen Aufbau unterschiedlich ausfallen können und es sich meist der Kenntnis der Hersteller entzieht, wie ihr Aufbau die Werte des Fahrgestells beeinflusst.[452] Zudem wurden die Angaben in Tabelle 3 des Anhangs zur „Clean-Vehicles-Directive“ der Gesamtkilometerleistung von Straßenfahrzeugen nicht aktualisiert. Wie bereits erwähnt, wird diese für Personenkraftwagen mit 200.000 km angegeben. Es handelt sich hierbei nur um einen normativen Mittelwert. Die tatsächliche Gesamtkilometerleistung kann jedoch je nach Hersteller, Fahrzeugklasse sowie Benzin- oder Dieselmotor bis zu 150.000 km auseinanderliegen.[453] Ein auf dieser Grundlage durchgeführten ELCC liefert also keine präzisen Resultate.

Die ELCC-Methode der Richtlinie begegnet auch deshalb Bedenken, weil nicht ersichtlich ist, warum nicht die Preise des tatsächlich verwendeten Kraftstoffes zugrunde gelegt werden, obgleich sich doch allein hieraus dessen Vorteile ergeben.[454] Überdies werden, anders als es der Lebenszyklusgedanke vorsieht, die Entsorgungskosten der Straßenfahrzeuge sowie die indirekt verursachten Umweltkosten nicht mit einbezogen.[455] Dies steht auch im Gegensatz zu der Richtlinienvorgabe der neuen Vergaberichtlinie. Nach Art. 68 Abs. 1 VRL umfasst die Lebenszykluskostenrechnung auch die Kosten am Ende der Nutzungsdauer (wie Abholungs- und Recyclingkosten). Der Kritikpunkt, dass eine Gewichtung der einzelnen Zuschlagskriterien ebenso wenig möglich ist wie eine Einbeziehung von Kriterien, die einer Monetarisierung nicht zugänglich sind, ist eher allgemeiner Natur und betrifft nicht explizit die hier dargestellte Methode.[456]

Das Vorstehende ist in Ansehung des Forschungsgegenstandes von hervorgehobener Bedeutung, weil das ELCC-Modell der „Clean-Vehicles-Directive“ die bislang einzige gemeinsame Methode im Sinne der VRL ist.[457] Nach Art. 68 Abs. 3

---

450 Schröder, NZBau 2014, 467, 469. Weitere Informationen hierzu finden sich hier: ICLEI, Clean Fleets – Useful Links, in: http://www.clean-fleets.eu/about-clean-fleets/useful-links/, abgerufen am 08.12.2016.

451 Homann/Büdenbender, VergabeR 2012, 1, 8.

452 Homann/Büdenbender, VergabeR 2012, 1, 8.

453 IWW Institut, Nutzungsvergütung richtig berechnen, http://www.iww.de/asr/archiv/autokauf-nutzungsverguetung-richtig-berechnen-f39214, abgerufen am 17.08.2017. Kleinwagen und untere Mittelklasse (Benziner) haben eine ungefähre Laufleistung von 150.000 km und Dieselfahrzeuge generell von 250.000 – 300.000 km.

454 Homann/Büdenbender, VergabeR 2012, 1, 8. Die Autoren gehen davon aus, dass das ELCC-Modell keine „vergaberechtliche Erfolgsstory“ werden wird.

455 Zu diesem Ergebnis kam auch: Schröder, NZBau 2014, 467, 472.

456 Homann/Büdenbender, VergabeR 2012, 1, 8.

457 Dies ergibt sich aus Anhang XIII der VRL, der ein Verzeichnis derartiger Rechtsakte und erforderlichenfalls der sie ergänzenden delegierten Rechtsakte enthält und bisher lediglich die „Clean-Vehicles-Directive“ aufzählt.

VRL ist für den Fall, dass eine gemeinsame Methode zur Berechnung der Lebenszykluskosten durch einen Rechtsakt der Union verbindlich vorgeschrieben ist, diese gemeinsame Methode bei der Bewertung der Lebenszykluskosten anzuwenden. Die GD Umwelt der EU Kommission plant eine baldige Überarbeitung der „Clean-Vehicles-Directive". Auch diese Entwicklung ist mit Spannung zu erwarten.

2. Lebenszykluskosten von Gebäuden

Aus Sicht des öffentlichen Auftragswesens ist weiterhin die Anwendung von LCC im Bauwesen von Bedeutung.[458] Auch die Lebenszykluskostenanalyse von Gebäuden betrachtet die Kosten, die während Erstellung, Nutzung und im Einzelfall beim Abriss eines Gebäudes anfallen.[459] Resultat des LCC ist u.a. ein zeitbereinigter Geldbetrag (Barwert) bezogen auf die Nutz- oder Bruttogrundflächen (in Euro pro Quadratmeter), der durch eine Kumulation aller absehbarer Kosten unter Berücksichtigung bestehender Risiken inklusive Preissteigerungsraten ermittelt wird.[460] Der Gegenstandswert wird mit Hilfe der Barwertmethode ermittelt,[461] die zukünftigen Kosten werden also diskontiert. In Ansehung der langen Lebensdauer von Gebäuden sind Prognosen mit einer großen Unsicherheit behaftet, sodass Sensitivitäts- und Risikoanalysen eine hohe Relevanz zukommt.[462] Das Bundesbauministerium setzt für seine Lebenszykluskostenmethodik „Nachhaltiges Bauen für Bundesgebäude" (BNB-LCC) generell einen Betrachtungszeitraum der ersten 50 Jahre an, der in Abhängigkeit von der Gebäudenutzungsart erweitert werden kann.[463] So wird für Baukonstruktionen mit langer

---

458 Diese Ansicht teilt die EU Kommission, weil sie auf ihrer Homepage neben der „Clean-Vehicles-Directive" nur das Bauwesen erwähnt, in: http://ec.europa.eu/environment/gpp/lcc.htm, abgerufen am 23.11.2016.

459 BMUB, Leitfaden Nachhaltiges Bauen Zukunftsfähiges Planen, Bauen und Betreiben von Gebäuden, S. 33, in: http://www.bmub.bund.de/fileadmin/Daten_BMU/Pools/Broschueren/nachhaltiges_bauen_leitfaden_broschuere_bf.pdf, abgerufen am 09.12.2016.

460 BMUB, Leitfaden Nachhaltiges Bauen Zukunftsfähiges Planen, Bauen und Betreiben von Gebäuden, S. 33, in: http://www.bmub.bund.de/fileadmin/Daten_BMU/Pools/Broschueren/nachhaltiges_bauen_leitfaden_broschuere_bf.pdf, abgerufen am 09.12.2016.

461 BMUB, Leitfaden Nachhaltiges Bauen Zukunftsfähiges Planen, Bauen und Betreiben von Gebäuden, S. 33, in: http://www.bmub.bund.de/fileadmin/Daten_BMU/Pools/Broschueren/nachhaltiges_bauen_leitfaden_broschuere_bf.pdf, abgerufen am 09.12.2016.

462 Von Ahsen/Weißmann, ZFU 2014, 229,236.

463 BMUB, Leitfaden Nachhaltiges Bauen Zukunftsfähiges Planen, Bauen und Betreiben von Gebäuden, S. 63, in: http://www.bmub.bund.de/fileadmin/Daten_BMU/Pools/Broschueren/nachhaltiges_bauen_leitfaden_broschuere_bf.pdf, abgerufen am 12.08.2017.

technischer Lebensdauer empfohlen, einen Betrachtungszeitraum von 80 Jahren anzusetzen.[464]

Obschon die Europäische Kommission bereits im Jahr 2006 die Entwicklung einer gemeinsamen LCC-Methode für das Bauwesen angestoßen hat, existiert eine solche bislang lediglich in Entwurfsform.[465] Für die nationale Ebene entwickelte das Bundesministerium für Verkehr, Bau und Stadtentwicklung (BMVBS) und die Deutsche Gesellschaft für Nachhaltiges Bauen (DGNB) ein vereinfachtes Verfahren, um LCC zu einem Bestandteil einer Gebäudezertifizierung machen zu können.[466] Bislang gibt es „Bewertungssysteme nachhaltiges Bauen (BNP)" für Bürogebäude, Außenanlagen, Unterrichts- und Laborgebäude, zu deren Bestandteilen eine Excel-Arbeitshilfe zur Berechnung der Lebenszykluskosten zählt.[467]

Überdies wurden internationale Standards entwickelt. So ist zunächst die ISO 15686-5:2008-06 mit dem Titel „Hochbau und Bauwerke – Planung der Lebensdauer – Teil 5: Kostenberechnung für die Gesamtlebensdauer" zu erwähnen, die eine wirtschaftliche Bewertung aller vereinbarten projektierten, signifikanten und relevanten Kostenflüsse ausgedrückt in einem Geldwert über einen bestimmten Analysezeitraum enthält. Die projektierten Kosten sind die Kosten, die zur Erreichung des vereinbarten Leistungsniveaus (einschließlich Zuverlässigkeit, Sicherheit und Verfügbarkeit) erforderlich sind. Obschon diese ISO-Norm entsprechende Leitlinien für die Kostenberechnung des Lebenszyklus von Immobilien vorgibt, wird sie in Deutschland nur selten angewandt, weil sie nur wenig konkrete Vorgaben für die Berechnung der Lebenszykluskosten definiert.[468] Sie wird daher nicht Gegenstand weiterer Untersuchung.

Die DIN 276 „Kosten im Bauwesen – Teil 1 Hochbau" nimmt ebenfalls keine Bewertung der Kosten vor, sondern dient vielmehr der Ermittlung und der Gliederungen von Kosten, indem sie Begriffe der Kostenplanung im Bauwesen sowie Unterscheidungsmerkmale von Kosten festlegt und damit die Voraussetzungen für die Vergleichbarkeit der Ergebnisse von Kostenermittlungen schafft.[469] Sie enthält Grundsätze der Kostenplanung, damit ein Bauprojekt wirtschaftlich, kostentransparent und kostensicher realisiert werden kann, sowie Vorgaben hinsichtlich der Kostenermittlung.[470] Die fünf verschiedenen Stufen der Kostenermittlung gliedern

---

464 Vgl. Fn. 463.

465 Vgl. hierzu: Davis Langdon Management Consulting, Life cycle costing (LCC) as a contribution to sustainable construction: a common methodology – Final Report, in: http://ec.europa.eu/DocsRoom/documents/5054/attachments/1/translations/en/renditions/native, abgerufen am 08.12.2016.

466 Von Ahsen/Weißmann, ZFU 2014, 229, 236.

467 Vgl. die Übersicht bei: BMUB, BNB-Bewertungsmethodik, in: https://www.bnb-nachhaltigesbauen.de/bewertungssystem/bnb-bewertungsmethodik.html, abgerufen am 08.12.2016.

468 Preuß/Schöne, Real Estate and Facility Management, S. 574 f. Die Autoren führen aus, dass die Akzeptanz der ISO Norm abzuwarten bleibt.

469 Siemon, Baukosten bei Neu- und Umbauten, S. 41.

470 Punkt 3.1 sowie 3.3 DIN 276-1:2008-12.

sich in den Kostenrahmen, der als Grundlage für die Entscheidung über die Bedarfsplanung und zur Festlegung der Kostenvorgabe dient, eine Kostenschätzung, die Kostenberechnung auf Grundlage bestimmter Informationen, wie Planungsunterlagen, Berechnung der Mengen von Bezugseinheiten der Kostengruppen sowie Erläuterungen, ein Kostenanschlag und schließlich die Kostenfeststellung.[471] In sog. Kostengruppen werden einzelne, nach den Kriterien der Planung oder des Projektablaufes zusammengehörender Kosten zusammengefasst.[472] Eine tabellarische Auflistung der verschiedenen Kostengruppen findet sich in Anlage 1 der DIN 276.[473] Die Höhe der jeweils relevanten Kostenarten im Betrachtungsobjekt kann, gerade in frühen Planungsphasen, unter Rückgriff auf die BKI-Baukostendatenbank ermittelt werden.[474] Dort finden sich Angaben zu Anschaffungs- und Herstellungskosten einzelner Bauteile, bei denen es sich um Durchschnittswerte handelt, die aus abgeschlossenen Bauprojekten gewonnen wurden.[475] Für die Ermittlung der Nutzungskosten im Hochbau, also die Kapital-, Objektmanagement-, Betriebs- und Instandhaltungskosten, kann die DIN 18960 herangezogen werden, die in Aufbau und Gliederung der DIN 276 sehr ähnlich ist.[476]

In Ansehung der Neuregelung der Lebenszykluskostenrechnung in der VRL wäre die Entwicklung einer gemeinsamen Methode, wie bereits von der Kommission im Jahr 2006 initiiert, besonders begrüßenswert. Auch die VRL fordert in Erwägungsgrund 96, dass gemeinsame Methoden auf Unionsebene für die Berechnung der Lebenszykluskosten entwickelt und ihre Anwendung verbindlich vorgeschrieben wird. Vergleiche hierzu sowie zu der der EU Kommission eingeräumten Befugnis zum Erlass delegierter Rechtsakte nach Art. 68 Abs. 3 UAbs. 2 i.V.m. Art. 87 VRL die Ausführungen in Kapitel 4 unter Punkt C, 5, d).

---

471 Punkt 3.4.1 bis 3.4.5 DIN 276-1:2008-12.

472 Punkt 2.9 DIN 276-1:2008-12.

473 Diese bestehen aus: 100 Grundstück, 200 Herrichten und Erschließen, 300 Bauwerk – Baukonstruktion, 400 Bauwerk – Technische Anlagen, 500 Außenanlagen, 600 Ausstattung und Kunstwerke, 700 Baunebenkosten.

474 Von Ahsen/Weißmann, ZFU 2014, 229, 235. Weitere Informationen zur BKI-Baukostendatenbank: Baukosteninformationszentrum Deutscher Architektenkammern GmbH (BKI), BKI-Baukostendatenbank, in: http://www.bki.de/neubau-2016.html, abgerufen am 08.12.2016.

475 Von Ahsen/Weißmann, ZFU 2014, 229, 235.

476 Zimmermann, Anwendung des Leitfadens Nachhaltiges Bauen und des Bewertungssystems Nachhaltiges Bauen (BNB) in den Bundesbauverwaltungen, S. 9, in: http://www.nachhaltigesbauen.de/fileadmin/Netzwerk_NB/pdf/Men%C3%BCpunkt_Unterrichtsmaterialien/13_Zusatzmodul_Lebenszykluskosten.pdf, abgerufen am 08.12.2016.

3. Studie zur Entwicklung eines EU LCC-Tools

Um öffentlichen Auftraggebern die Anwendung von LCC zu vereinfachen, gab die Europäische Kommission nach Inkrafttreten der VRL eine Studie zur Entwicklung eines LCC-Tools für bestimmte Produktkategorien, wie IT-/Büroausstattung, (Innenraum-)Beleuchtung, Haushaltsgeräte[477], Warenautomaten und medizinische elektrische Geräte in Auftrag[478]. Damit konzentriert sich die Studie auf Produkte, deren Gesamtkosten zu einem wesentlichen Teil aus der Stromnutzung herrühren.[479] Die Studie wurde von dem strategischen Beratungsunternehmen Studio Fieschi[480] und der Scuola Superiore Sant'Anna, einer Hochschule in Pisa, durchgeführt. Deren Ergebnisse bestehen aus einem LCC-Tool[481], einem Benutzerhandbuch[482] und technischen Spezifikationen[483], die genauer zum Hintergrund des vorgeschlagenen Tools ausführen.

Es wurde in Übereinstimmung mit den Anforderungen des Art. 68 VRL entwickelt[484] und soll einen Beitrag zu einer gemeinsamen Methode im Sinne des Absatzes 3 dieser Richtlinienvorschrift leisten. Allerdings gilt es zu beachten, dass es sich lediglich um eine Studie handelt und nicht um ein offiziell von der EU Kommission anerkanntes LCC-Modell oder gar eine gemeinsame Methode im Sinne der Vergaberichtlinie. Dies fügt sich in die jüngste Tendenz der Kommission ein, Studien oder Berichte, die von Dritten für sie erstellt worden sind, über das Internet zugänglich machen, um die öffentliche Diskussion in einem Vorstadium anzuregen, manchmal, dem diplomatischen Sprachgebrauch folgend, auch „Non-Papers"

---

477 Aus dem Englischen „White Goods".

478 Internetauftritt Europäische Kommission, Green Public Procurement, in: http://ec.europa.eu/environment/gpp/index_en.htm, abgerufen am 08.12.2016.

479 So die Begründung der Studio Fieschi & soci Srl/Scuola Superiore Sant'Anna, LCC calculation tool User's Guide, in: http://ec.europa.eu/environment/gpp/pdf/LCC_tool_user_guide_final.pdf, abgerufen am 13.08.2016.

480 Studio Fieschi & soci Srl bietet qualifizierte Unterstützung für Unternehmen und Organisationen, die sich entschieden haben, Nachhaltigkeit in der gesamten Wertschöpfungskette ihrer Produkte und Dienstleistungen zu berücksichtigen, vgl. deren Internetauftritt: http://www.studiofieschi.it/en/about-us, abegerufen am: 13.12.2016.

481 Europäische Kommission, Green Public Procurement, in: http://ec.europa.eu/environment/gpp/index_en.htm, abgerufen am 08.12.2016.

482 Online abrufbar unter: Studio Fieschi & soci Srl/Scuola Superiore Sant'Anna, LCC calculation tool User's Guide, in: http://ec.europa.eu/environment/gpp/pdf/LCC_tool_user_guide_final.pdf, abgerufen am 13.08.2016.

483 Online abrufbar unter: Studio Fieschi & soci Srl/Scuola Superiore Sant'Anna, LCC calculation tool Technical Specifications, in: http://ec.europa.eu/environment/gpp/pdf/LCC_tool_technical_specifications.pdf, abgerufen am 08.12.2016.

484 Weitere Hinweise finden sich unter: Europäische Kommission, in: http://ec.europa.eu/environment/gpp/lcc.htm; abgerufen am 18.08.2016.

genannt.[485] Die Kommission sieht sich jedoch hinsichtlich des Inhaltes der Studien oder Berichte nicht als gebunden an.[486]

Die öffentlichen Auftraggeber wurden in die Entwicklung insofern einbezogen, als dass ihre Bedürfnisse mittels Fragebögen festgestellt wurden und sie schließlich das Tool testen konnten.[487] Das EU LCC-Tool bezieht alle direkten Kosten mit ein, die dem öffentlichen Auftraggeber während des Lebenszyklus eines Produktes entstehen.[488] Der Lebenszykluskostenansatz ermittelt alle künftigen Kosten und reduziert sie auf den Zeitwert mittels Diskontierungstechniken.[489] Die fundamentalen Schritte der Berechnung umfassen:

- Festlegung des Einsatzprofils des Produktgutes und der Ausnutzungsgrade
- Erfassung und Berechnung der Kostenpositionen,
- Diskontierung aller Kosten i.V.z. Untersuchungsrahmen,
- Zusammenfassung aller diskontierten Kosten zur Bestimmung des Zeitwertes.[490]

Im Zuge der Entwicklung des LCC-Tools wurden der Klimawandel, die menschliche Gesundheit, Ökosysteme und Ressourcenverfügbarkeit als Externalitäten untersucht.[491] Das beauftragte Forscherteam kam mit der EU Kommission überein,

485 Ritter in: Immenga/Mestmäcker, EU-Wettbewerbsrecht, 5. Auflage 2012, VO 1/2003, Art. 33, Rn. 5.

486 Ritter in: Immenga/Mestmäcker, EU-Wettbewerbsrecht, 5. Auflage 2012, VO 1/2003, Art. 33, Rn. 5.

487 Minestrini, Stefania, EC project on Life Cycle Costing calculation tool, Stockholm 28-29.04.2015, in: http://ec.europa.eu/environment/gpp/pdf/28_04_2015/6_LCC.pdf, abgerufen am 08.12.2016.

488 Beispielhaft werden Beschaffungskosten, Vertriebskosten, Installationskosten, während der Nutzung entstehende Kosten (bspw. Energie, Wasser, Verbrauchsmaterialien etc.), Reparatur und Wartungskosten, Beseitigungs- und Recyclingkosten aufgezählt, Pretato/Rillo, Update on Life Cycle Costing (LCC) project, S. 6, in: http://ec.europa.eu/environment/gpp/pdf/20_04_2016/6_LCC_Tool.pdf, abgerufen am 08.12.2016.

489 Pretato/Rillo, Update on Life Cycle Costing (LCC) project, S. 6, in: http://ec.europa.eu/environment/gpp/pdf/20_04_2016/6_LCC_Tool.pdf, abgerufen am 08.12.2016.

490 Studio Fieschi & soci Srl/Scuola Superiore Sant'Anna, LCC calculation tool Technical Specifications, S. 19, in: http://ec.europa.eu/environment/gpp/pdf/LCC_tool_technical_specifications.pdf, abgerufen am 08.12.2016.; Pretato/Rillo, Update on Life Cycle Costing (LCC) project, S. 6, in: http://ec.europa.eu/environment/gpp/pdf/20_04_2016/6_LCC_Tool.pdf, abgerufen am 08.12.2016.

491 In Übereinstimmung mit den Empfehlungen des 7. Umweltaktionsprogramms der Union für die Zeit bis 2020 „Gut leben innerhalb der Belastbarkeitsgrenzen unseres Planeten" Beschluss Nr. 1386/2013/EU des Europäischen Parlaments und des Rates vom 20.11.2013 über ein allgemeines Umweltaktionsprogramm der Union für die Zeit bis 2020 „Gut leben innerhalb der Belastbarkeitsgrenzen unseres Planeten", ABl. L 354, 28.12.2013, S. 171–200.

dass die verfügbaren Methoden für die Bewertung und Monetarisierung der Externalitäten in Bezug auf die menschliche Gesundheit, Ökosysteme und Ressourcenverfügbarkeit derzeit nicht solide genug sind, um den Anforderungen des Art. 68 VRL zu entsprechen.[492] Aus diesem Grund beschränkt sich das LCC-Tool auf die Wirkungskategorie Klimawandel und auch insoweit lediglich bezogen auf die Nutzungsphase der Produkte.[493] Sobald in der Zukunft belastbarere Methoden zur Monetarisierung der weiteren Externalitäten verfügbar werden, erlaubt das LCC-Tool eine einfache Erweiterung hinsichtlich der anderen Wirkungskategorien.[494] Das LCC-Tool umfasst daher die folgenden Externalitätselemente: Elektrizität, Wasser, Abwasser, thermische Energie (Erdgas, Holzpellets, leichtes Heizöl), Waschmittel, Klar- und Weichspüler, Toner, Tinte.[495] Die nachfolgende Formel exemplifiziert den Rechenvorgang für die Externalitäten, bezogen auf die Wirkungskategorie Klimawandel für 1 kWh Strom (EU 27 mix):

$$1\ [\text{kWh}] * 0.569\left(\frac{\text{kgCO}_2\text{eq}}{\text{kWh}}\right) * 0.04\left(\frac{€}{\text{kgCO}_2\text{eq}}\right) = 0.023\ €.$$ [496]

Hierbei handelt es sich lediglich um ein Beispiel. Es finden sich zahlreiche weitere Rechenvorgänge in dem Benutzerhandbuch und den technischen Spezifikationen.

Das LCC-Tool erhielt während der Testphase ein insgesamt positives Feedback. Überdies wird seine Anwendung durch die Bereitstellung eines Nutzungsleitfadens vereinfacht, der anhand von Screenshots die Funktionsweise des Tools erklärt. In Anhang I des Nutzungsleitfadens findet sich eine Auflistung der einzubeziehenden direkten Kosten sowie ein Rechenbeispiel für Waschmaschinen.[497] Nicht mit einbezogen werden Versicherungskosten, auf das Eigentum anfallende Steuern sowie Kapitalkosten.[498] Die Ermittlung der Externalitäten vollzieht sich laut Anhang II in den folgenden Schritten: Die relevanten Punkte des Produktlebenszyklus

492 Pretato/Rillo, Update on Life Cycle Costing (LCC) project, S. 7, in: http://ec.europa.eu/environment/gpp/pdf/20_04_2016/6_LCC_Tool.pdf, abgerufen am 08.12.2016.

493 Pretato/Rillo, Update on Life Cycle Costing (LCC) project, S. 7, in: http://ec.europa.eu/environment/gpp/pdf/20_04_2016/6_LCC_Tool.pdf, abgerufen am 08.12.2016.

494 Pretato/Rillo, Update on Life Cycle Costing (LCC) project, S. 7, in: http://ec.europa.eu/environment/gpp/pdf/20_04_2016/6_LCC_Tool.pdf, abgerufen am 08.12.2016.

495 Studio Fieschi & soci Srl/Scuola Superiore Sant'Anna, LCC calculation tool User's Guide, Tabelle 4, S. 38 ff., in: http://ec.europa.eu/environment/gpp/pdf/LCC_tool_user_guide_final.pdf, abgerufen am 08.12.2016.

496 Pretato/Rillo, Update on Life Cycle Costing (LCC) project, S. 7, in: http://ec.europa.eu/environment/gpp/pdf/20_04_2016/6_LCC_Tool.pdf, abgerufen am 08.12.2016.

497 In dem nicht näher beschriebenen Anhang III findet sich ein Beispiel einer Berechnung von Wartungskosten und in Anhang IV ein Beispiel einer Berechnung Wärmeenergieverbrauchsrechnung.

498 Studio Fieschi & soci Srl/Scuola Superiore Sant'Anna, LCC calculation tool Technical Specifications, S. 23, in: http://ec.europa.eu/environment/gpp/pdf/LCC_tool_technical_specifications.pdf, abgerufen am 08.12.2016.

(bspw. Elektrizitätsverbrauch) werden zunächst anhand ihres Ressourcen-/Emissionsprofils unter Heranziehung öffentlich zugänglicher Sachbilanzdaten charakterisiert und sodann unter Zuhilfenahme von Methoden zur Wirkungsabschätzung (z.B.: „IPCC Global Warming Potential") in Umweltauswirkungen umgewandelt.[499] Schließlich werden die Umweltauswirkungen in Externalitäten umgerechnet, indem Monetarisierungsfaktoren auf die errechneten Umweltauswirkungen angewendet werden.[500] Die Monetarisierung erfolgt anhand des „ReCiPe"[501], wie von der EU Kommission in dem ILCD-Handbuch empfohlen.[502] Es wird jedoch darauf hingewiesen, dass die Stufe der Monetarisierung recht sensibel ist, weil hierzu noch immer kaum Einigkeit besteht – insbesondere bezogen auf die Wirkungskategorien menschliche Gesundheit, Ökosysteme und Ressourcenverfügbarkeit, für die sich nur wenig anerkannte und konsistente Werte für die Umrechnung finden lassen.[503]

Schließlich enthält ein drittes Dokument mit dem Titel „technische Spezifikationen"[504] nähere Ausführungen hinsichtlich des rechtlichen Rahmens und der LCC-Methode, sowie zusätzliche Informationen zu dessen Struktur und Funktionsweise. Insbesondere findet sich im Anhang III des Dokuments eine Definition der jeweils einbezogenen Produkte für die fünf eingangs erwähnten Produktkategorien der IT-/Büroausstattung, (Innenraum-)Beleuchtung, Haushaltsgeräte, Warenautomaten und medizinische elektrische Geräte sowie Details zu deren jeweiligen, Lebenszyklus.

Die GD Umwelt arbeitet an der Entwicklung freiwilliger LCC-Methoden für weitere Produktgruppen. Eine gemeinsame und somit verpflichtende Methode ist von dieser Generaldirektion derzeit nicht geplant.

V. Zwischenfazit

Vor dem Hintergrund, dass es sich um eine interdisziplinäre Forschung handelt, die auch noch durch eine uneinheitliche Verwendung von Begrifflichkeiten gekennzeichnet ist, verwundert es nicht, dass den vergebenden Stellen die erforderliche

499 Studio Fieschi & soci Srl/Scuola Superiore Sant'Anna, LCC calculation tool User's Guide, S. 36, in: http://ec.europa.eu/environment/gpp/pdf/LCC_tool_user_guide_final.pdf, abgerufen am 08.12.2016.

500 Studio Fieschi & soci Srl/Scuola Superiore Sant'Anna, LCC calculation tool User's Guide, S. 36, in: http://ec.europa.eu/environment/gpp/pdf/LCC_tool_user_guide_final.pdf, abgerufen am 08.12.2016.

501 Nähere Informationen hierzu: o.V., ReCiPe Methode für Wirkungsabschätzungen, in: http://www.lcia-recipe.net/, abgerufen am 08.12.2016.

502 Studio Fieschi & soci Srl/Scuola Superiore Sant'Anna, LCC calculation tool Technical Specifications, S. 24 ff., in: http://ec.europa.eu/environment/gpp/pdf/LCC_tool_technical_specifications.pdf, abgerufen am 08.12.2016.

503 Studio Fieschi & soci Srl/Scuola Superiore Sant'Anna, LCC calculation tool Technical Specifications, S. 33, in: http://ec.europa.eu/environment/gpp/pdf/LCC_tool_technical_specifications.pdf, abgerufen am 08.12.2016.

504 Aus dem Englischen: „technical specifications".

Fachkunde fehlt. Wie bereits erwähnt, bemängelten öffentliche Auftraggeber, dass zu wenig gezielte Schulungen und Fallstudien zu bestimmten LCC-Ansätzen angeboten werden.[505] Die vorstehenden Ausführungen grenzen die dieser Forschungsarbeit zugrunde gelegte Definition von LCC gegenüber dem in der Nachhaltigkeits- und betriebswirtschaftlichen Forschung etablierten Verständnis ab. Das hier untersuchte LCC bildet die wirtschaftliche Dimension von Nachhaltigkeit ab. Über die Einbeziehung von Externalitäten kann dem LCC-Instrument zusätzlich eine ökologische und soziale Komponente zukommen. Im hier verstandenen Sinne orientiert sich der Ablauf eines LCC grundsätzlich an dem der Ökobilanz, die mit der DIN EN ISO 14040 international standardisiert wurde. Soll ein ELCC auf der Sachbilanz eines LCA basieren, so sollten einige Besonderheiten beachtet werden. Insbesondere müssen die korrespondierenden Definitionen von Ziel und Untersuchungsrahmen eng aufeinander abgestimmt und kompatibel gemacht werden.

Letztlich wurde aufgezeigt, dass keine „one-fits-all“ Methode für die öffentliche Beschaffung existiert. In Ansehung dieses Umstandes ist es besonders begrüßenswert, dass die Europäische Kommission die Entwicklung von freiwillig anwendbaren LCC-Tools für einige Beschaffungsgegenstände vorantreibt. Es bleibt abzuwarten, ob sich hieraus „gemeinsame Methoden“ i.S.d. Art. 68 Abs. 3 VRL entwickeln. Bislang liegt eine solche nur mit der „Clean-Vehicles-Directive“ vor.

D. Spannungsverhältnis von LCC zu strategischen Kriterien

Das Vergaberecht ist – zumindest nach Auffassung der EU Kommission im Jahr 2011 – ein wichtiges Instrument zur Verwirklichung des Binnenmarktes.[506] Obschon dies begrüßenswert wäre, spricht der lediglich sehr geringe Anteil direkter grenzüberschreitender öffentlicher Auftragsvergabe[507] gegen die Effektivität des

505 Perera/Morton/Perfrement, Life Cycle Costing in Sustainable Public Procurement: A white paper from IISD, S. 7, in: https://www.iisd.org/pdf/2009/life_cycle_costing.pdf, abgerufen am 08.12.2016.

506 Begründung des Vorschlages für eine Richtlinie des Europäischen Parlaments und des Rates über die öffentliche Auftragsvergabe, KOM(2011) 896 endg., S. 1.

507 Es besteht darüber hinaus ein beträchtliches Volumen indirekter Beschaffung, welche dann vorliegt, wenn Unternehmen über ihre ausländischen Tochterunternehmen und Niederlassungen an einem Vergabeverfahren teilnehmen. Diese Auftragsvergaben machten in den Jahren 2005 bis 2011 einen durchschnittlichen Anteil von 24,6% bis 25,6% des Gesamtwertes der insgesamt erteilten Zuschläge aus (Großhändler und Vertriebsgesellschaften inkl.), Sylvest/Kröber/Jürgens/Schermuly/Bendel/Hauser/Kronthaler/Ludwig Final Report: Cross Border Procurement Above EU Thresholds, S. 36 in: http://ec.europa.eu/internal_market/publicprocurement/docs/modernising_rules/cross-border-procurement_en.pdf, abgerufen am 08.12.2016

europäischen Vergaberechtsregimes als Mittel zur Marktöffnung.[508] In den Jahren 2005 bis 2011 machten diese Auftragsvergaben lediglich einen durchschnittlichen Anteil von 1,6% und 3,5% des Gesamtwertes der insgesamt erteilten Zuschläge aus.[509] Unabhängig davon, ob die Marktdurchdringung durch Einfuhren im öffentlichen Sektor gering ist, stellt sich vorab die Frage, ob Nachhaltigkeit in einem Vergabeverfahren[510] überhaupt berücksichtigt werden sollte. Schließlich soll der öffentliche Auftraggeber nicht als Regulierer, sondern als Einkäufer tätig werden.

Traditionell gesehen war dieses Rechtsgebiet bis zum Inkrafttreten des Vergaberechtsänderungsgesetzes[511] am 1.1.1999 als Teil des Haushaltsrechts in dem Haushaltsgrundsätzegesetz sowie den Bundes- und Landeshaushaltsordnungen bzw. den Gemeindehaushaltsverordnungen normiert[512] und damit vorrangig dem Grundsatz der sparsamen Haushaltsführung unterstellt[513]. Die zentrale Aufgabe des Vergaberechts war es, die in erster Linie betriebswirtschaftlich geprägte Beschaffung des

---

508 Zu diesem Ergebnis kommt auch: Steinberg, Vergaberechtliche Steuerung als Verbundaufgabe S. 345.

509 Sylvest/Kröber/Jürgens/Schermuly/Bendel/Hauser/Kronthaler/Ludwig Final Report: Cross Border Procurement Above EU Thresholds, S. 41 in: http://ec.europa.eu/internal_market/publicprocurement/docs/modernising_rules/cross-border-procurement_en.pdf, abgerufen am 08.12.2016. Basierend auf eigenen Kalkulationen nach dem „Ted-Dataset"; Kutlina-Dimitrova/Lakatos, Chief Economist Note, „Determinants of Direct Cross-Border Public Procurement in EU Member States", Issue 2, July 2014, S. 4, 5 leicht abweichende Ergebnisse mit 1,4% durchschnittlichen Anteil und 3,7% des Gesamtwertes der insgesamt erteilten Zuschläge.

510 Unter dem Begriff „Vergabeverfahren" wird in dieser Forschungsarbeit untechnisch der gesamte Beschaffungsprozess von der Entscheidung über den konkreten Einkaufsbedarf und die Vorbereitung der Beschaffung eines bestimmtes Gutes oder einer Leistung bis hin zur Abwicklung verstanden. Mit der Verwendung dieses Begriffes soll weder über die Art der Ausschreibung, noch die Wahl eines bestimmtes Verfahrens (offen, beschränkt, mit oder ohne Teilnahmewettbewerb) eine Aussage getroffen werden.

511 Vergaberechtsänderungsgesetz (VgRÄG) vom 26. 8. 1998 (BGBl. I S. 2512).

512 *Antweiler* in: Dreher/Motzke, Beck'scher Vergaberechtskommentar, 2. Auflage 2013, § 126 GWB, Rn. 4; *Schneider* in: Kapellmann/Messerschmidt, VOB-Kommentar, Teil A/B, 5. Auflage 2015, Einl. Rn. 5 sowie § 1 VgV, Rn. 2; Rittner, EuR Beiheft 1/1996, 7, 19 f.; *Hailbronner* in: Grabitz/Hilf, Das Recht der Europäischen Union, 40. Auflage 2009, Rn. 10. Ein kurzer Abriss der jüngeren geschichtlichen Entwicklung des Vergaberechts findet sich bei Burgi, ZHR 2014, 2 ff. unter dem Titel „Ein Rechtsgebiet wird erwachsen: Zur Umsetzung der neuen EU-Vergaberichtlinien."

513 Pache, DVBl 2001, 1781, 1785; ders. in: Pünder/Schellenberg, § 55 BHO, Rn. 4; Martin-Ehlers, WuW 1999, 685; Burgi, NZBau 2001, 64; Pietzcker, AöR 107 (1982), 61, 89; Rittner, EuZW 1999, 677; Hausmann, GewArch 2012, 107 mit Verweis in Fn. 1 auf das in den § 30 HGrG, § 55 BHO und den entsprechenden Landeshaushaltsordnungen bzw. Gemeindehaushaltsverordnungen enthaltene Gebot der Ausschreibungspflicht bei öffentlichen Aufträgen.

öffentlichen Auftraggebers zu normieren[514], was auch in der Bezeichnung als „fiskalisches Hilfsgeschäft“ zum Ausdruck kam[515]. Die damit einhergehende Verpflichtung des öffentlichen Auftraggebers zum sparsamen und wirtschaftlichen Einkauf war in der Vergangenheit Anlass lebhafter Diskussionen[516] darüber, inwieweit mit einem Vergabeverfahren neben dem Primärziel des kostengünstigen Einkaufs[517] weitere Zwecke[518] verfolgt werden können. Hierbei handelt es sich um umwelt-, soziale, innovative oder gesellschaftspolitische Zwecke, bei denen es nicht um die Erfüllung der Verwaltungsaufgabe geht, zu deren Erfüllung etwas beschafft werden soll, sondern um allgemeine Verwaltungsaufgaben, wie bspw. der Verbesserung des Umwelt- und Sozialschutzes.[519] Unter Punkt D, I, 2 dieses Kapitels wird ein Überblick über gängige Zwecke dieser Art gegeben.

Infolge seines beträchtlichen finanziellen Volumens ist es verlockend, das öffentliche Beschaffungswesen zum strategischen Einkauf zu nutzen. Würde nur für einen Teil des sich auf ca. 1.932,5 Milliarden Euro[520] belaufenden Beschaffungsvolumens der EU die Einhaltung bestimmter sozialer und ökologischer Standards vorgeschrieben, ließen sich beträchtliche Steuerungseffekte erzielen.[521]

---

514 *Kulartz* in: FS für Marx, S. 351; Rittner, EuR Beiheft 1/1996, 7, 19 f. der den Kern des Vergaberechts als die Suche nach dem wirtschaftlichsten Angebot beschreibt.

515 Burgi, ZHR 2014, 2, 5.

516 Rust, EuZW 1999, 453 ff.; Replik: Rittner, EuZW, 677 ff.; Duplik: Rust, EuZW 2000, 205 ff; zur Diskussion um die Einbeziehung vergabefremder Kriterien im Zuge der zweiten und dritten Beratung des von der Bundesregierung eingebrachten Entwurfs eines Gesetzes zur Modernisierung des Vergaberechts, Drs.: 16/10117, S. 21384; *Schwarze* in: ders., Die Vergabe öffentlicher Aufträge im Lichte des europäischen Wirtschaftsrechts, S. 13, 27; *Marx* in: Die Vergabe öffentlicher Aufträge im Lichte des europäischen Wirtschaftsrechts, S. 77 ff.; Dageförde, NZBau 2002, 597; Ziekow, NZBau 2001, 72; Bartosch, EuZW 2001, 229; Benedict, Sekundärzwecke im Vergabeverfahren, S. 5 f.

517 *Dörr* in: Dreher/Motzke, Beck'scher Vergaberechtskommentar, 2. Auflage 2013, § 97 Abs. 1 GWB, Rn. 3; *Schneider* in: Kapellmann/Messerschmidt, VOB-Kommentar, Teil A/B, 5. Auflage 2015, § 1 VgV, Rn. 2.

518 Unabhängig von der Terminologie sind dies beispielsweise: Einhaltung der Tariftreue, die Ausbildungsförderung, die Frauenförderung, der Umweltschutz etc., siehe beispielhaft die Aufzählung inkl. Nachweise bei *Dreher* in: Immenga/Mestmäcker, Wettbewerbsrecht, 5. Auflage 2014, § 97 GWB, Rn. 235.

519 Burgi, ZHR 2014, 2, 7.

520 Aus dem Englischen: „total general government public procurement expenditure“, Europäische Kommission, Public Procurement Indicators 2014, S. 1, in: http://ec.europa.eu/DocsRoom/documents/11022/attachments/1/translations/en/renditions/native, abgerufen am 08.12.2016

521 Ziekow, DÖV 2015, 897; Latzel, NZBau 2014, 673; Nach einer Berechnung von Höpfl in WISO 2004, 10, 124 stünden der Sozialpolitik in der EU auf einen Schlag 80 Milliarden zur Verfügung, würden nur 5 Prozent der Vertragssumme bei den Vergabeentscheidungen von sozialen Überlegungen geleitet sein. In diese Summe rechnete Höpfl nicht die Einsparungen mit ein, die sich seiner Meinung nach durch die

Grundsätzlich eignet sich das öffentliche Auftragswesen damit als wirkungsvoller Hebel für die Verwirklichung eines Binnenmarkts, der intelligentes, nachhaltiges und integratives Wachstum fördert.[522] Obschon eine derartige Steuerung das „mildere Mittel" sein mag, diese an sich begrüßenswerten Ziele ungestört, also ohne Aufmerksamkeit in der Öffentlichkeit, zu verfolgen[523], müssen gleichwohl wirksame „Schranken" gesetzt werden, um das Vergaberecht nicht unkontrolliert zur Verwirklichung von Politikzielen einzusetzen.

I. Von den vormals „vergabefremden" zu strategischen Zwecken

Anlass des nationalen Diskurses um den Einsatz weiterer Zwecke war die im Zuge des Vergaberechtsänderungsgesetzes[524] eingeführte Regelung in § 97 Abs. 4 GWB, nach der der Zuschlag auf das wirtschaftlichste Angebot und zwar an fachkundige, leistungsfähige und zuverlässige Unternehmen erteilt wird, Bundes- oder Landesgesetze allerdings „andere oder weitergehende Anforderungen" stellen können. In der Literatur wurde diese Vorschrift als „Büchse der Pandora"[525] bezeichnet und die Befürchtung geäußert, dass sie einem willkürlichen Bewertungsspielraum oder „noch Schlimmerem Tür und Tor öffnen" würde[526].

1. Terminologische Entwicklung

Tatsächlich zählt die Berücksichtigung von nicht originär mit dem Beschaffungsprozess zusammenhängenden Politikzielen zu einer der meist diskutierten Fragen des europäischen und nationalen Vergaberechts.[527] Bereits auf eine einheitliche Terminologie konnte man sich nicht einigen. Gegen die weit verbreitete

---

Reform des Vergaberechts bei bisherigen Sozialausgaben ergeben würden (z.B. den Entfall oder die Verringerung von Geldmitteln in nationalen Programmen bzw. Arbeitslosengeldern, Sozialhilfeentschädigungen, Familien- und Wohnungszuschüssen). Seiner Berechnung legte er das Volumen der in der EU-15 jährlich vergebenen öffentlichen Aufträge zugrunde.

522 Vorschlag für eine Richtlinie des Europäischen Parlaments und des Rates über die öffentliche Auftragsvergabe, KOM(2011) 896 endg., S. 3.

523 Vom Grundgedanken her Ziekow, DÖV 2015, 897.

524 Gesetz zur Änderung der Rechtsgrundlagen für die Vergabe öffentlicher Aufträge (Vergaberechtsänderungsgesetz – VgRÄG) vom 26.08.1998, BGBl. I S. 2512.

525 So Heintzen in ZHR 165(2001), 62, 78; Seidel, ZVgR 2000, 195 f. bereits zum Legislativpaket zur Reform der EG-Vergaberichtlinien, das u.a. in der VKR mündete.

526 *Rittner* in: Die Vergabe öffentlicher Aufträge im Lichte des europäischen Wirtschaftsrechts, S. 90.

527 So *Opitz* in: Dreher/Motzke, Beck'scher Vergaberechtskommentar, 2. Auflage 2013, § 97 Abs. 4 GWB, Rn. 82 geht sogar davon aus, dass es sich um eine der meist diskutierten Fragen handelt und verweist insofern auf *Dreher* in: Immenga/Mestmäcker, § 97, Rn. 166 ff. bei dem sich aber eine entsprechende Aussage nicht findet.

Bezeichnung[528] als „vergabefremde Kriterien" wird vorgebracht, dass sie nicht völlig wertungsfrei, sondern vielmehr negativ behaftet sei, da sie politische Belange der Vergabestelle nicht als Bestandteil des Beschaffungsvorgangs und damit sachfremd erscheinen lässt.[529] Es wurde daher vertreten, dass spätestens mit dem Inkrafttreten des Richtlinienpakets 2004 Kriterien nur noch dann als vergabefremd bezeichnet werden sollten, wenn durch sie Vorgaben gemacht werden, die mit dem Vergaberecht nicht vereinbar sind.[530] Die Gegenansicht bestand – ohne Angabe einer dezidierten Begründung – auf der Wertungsneutralität des Begriffs „vergabefremde Zwecke".[531]

Etwas milder bewertet eine Literaturmeinung die Bezeichnung „vergabefremde Zwecke" als zumindest missverständlich, da sie suggeriere, dass Sozial- und Umweltstandards gleichsam in Widerspruch zum Vergaberecht stünden.[532] Eine positive Umschreibung als „preisergänzende" Aspekte erscheine vorzugswürdig, da auf diese Weise die nach wie vor unbestreitbare Dominanz des Preiskriteriums hervorgehoben werde und Sozial- und Umweltstandards nicht von vornherein als „Fremdkörper" im Vergaberecht aufgefasst werden.[533]

Für die Bezeichnung als „vergabefremde Ziele" spreche nach einer weiteren Stimme in der Literatur, dass sie konkreter als „Zweck" sei und im Gegensatz zu

---

528 Gröning, VergabeR 2014, 339, 341; Kirchner, VergabeR 2010, 725, 732; *Dreher* in: Immenga/Mestmäcker, Wettbewerbsrecht, 5. Auflage 2014, § 97 GWB, Rn. 235; Beuttenmüller, Vergabefremde Kriterien im öffentlichen Auftragswesen, S. 43; Mader, EuZW 2004, 425, 427 spricht sowohl von vergabefremden Kriterien bzw. Aspekten als auch von Sekundärzwecken; Dageförde, NZBau 2002, 598; Burgi, NZBau 2001, 64; Ziekow, NZBau 2001, 72; Neßler, DÖV 2000, 145; Schwarze, EuZW 2000, 133, 138; Rust, EuZW 1999, 453 ff.; Martin-Ehlers, WuW 1999, 685; Rittner, EuZW 1999, 677 ff.; Gröning, ZIP 1999, 52, 55; *Mertens* in: Franke/Kemper/Zanner/Grünhagen, VOB-Kommentar, 3. Auflage 2007, § 6 EG VOB/A, Rn. 71 erwähnte „vergabefremde Aspekte"; ebenso Kühling/Huerkamp, VergabeR 2010, 545; Meyer, Die Einbeziehung politischer Zielsetzungen bei der öffentlichen Beschaffung, S. 61.

529 Benedict, Sekundärzwecke im Vergabeverfahren. S. 22 f. zu weiteren „konzeptionellen" Schwächen; wie auch schon Scharpenack, Sekundärzwecke im Vergaberecht, S. 23; Meyer, Die Einbeziehung politischer Zielsetzungen bei der öffentlichen Beschaffung, S. 60 ff. zur Problematik des Begriffs; *Marx* in: Die Vergabe öffentlicher Aufträge im Lichte des europäischen Wirtschaftsrechts, S. 77; Schirma, NZBau 2002, 1.

530 *Schäfer* in: FS für Marx, S. 657, 659 dem zuzustimmen ist.

531 Ziekow, NZBau 2001, 72, der zwar einräumt, dass sich „vergabefremde Kriterien" zu einem politischen Kampfbegriff entwickelt haben, aber trotzdem aus der Bezeichnung als vergabefremd noch keine Aussage über die Zulässigkeit oder Unzulässigkeit der Verfolgung dieser Zwecke ableiten will. Auch weist *Marx* in: Die Vergabe öffentlicher Aufträge im Lichte des europäischen Wirtschaftsrechts auf S. 77 darauf hin, dass es sich um einen politischen Kampfbegriff handelt.

532 Siegel, VergabeR 2013, 370 f.

533 Siegel, VergabeR 2013, 370 f.

„Kriterien" die Teleologie vergabefremder Maßstäbe deutlich werden lasse[534]. An anderer Stelle wird die immanente Wertung offenkundig, wenn von „vergabefremden Aspekten" bzw. davon gespochen wird, dass sie das Vergaberecht missbrauchen.[535] Auch ist von „beschaffungs-" oder „auftragsfremden Zwecken" die Rede.[536]

Auf europäischer und nationaler politischer Ebene sprach man bislang von umwelt- oder sozialen Aspekten.[537] Seltener fand sich die Bezeichnung als „Sekundärzwecke" oder „wettbewerbsfremde Vergabekriterien".[538] Zugunsten einer Bezeichnung als „Sekundärzwecke"[539] wird hervorgebracht, dass damit weder über die Legitimität, noch über die Ebene des Einsatzes im Vergabeverfahren etwas ausgesagt wird und er sich zugleich negativ gegenüber den Primärzwecken abgrenzen lässt.[540] Die begriffliche Neutralität wird auch als Gegenargument eingewandt, da sie das Spannungsverhältnis der Vergabekriterien auf den beiden Stufen eben nicht ausreichend kennzeichnet.[541] In Ansehung der Verortung im Kartellvergaberecht, dem 4. Teil des GWB, sei eine Anlehnung an den Wettbewerbsbegriff und damit die Apostrophierung als „wettbewerbsfremde Vergabekriterien" vorzugswürdig.[542]

Eine ganze Zeit lang war die Bezeichnung als „vergabefremde" Kriterien oder Zwecke vorherrschend. Gleichwohl ist sie Ausdruck dessen, dass das Vergaberecht

534 Heintzen, ZHR 165(2001), 62, Fn. 1.

535 Noch, Vergaberecht, 2. Auflage 2002, S. 183.

536 Pünder, VerwArch 2004, 38, 44; Pietzcker, AöR 107(1982), 61, 87; ders. in ZHR(162), 427, 464; Seidel, EuZW 2000, 755, 763; Götz, EuR 1999, 621.

537 Mitteilungen der Kommission zur Berücksichtigung von Umwelt- bzw. sozialen Belangen bei der Auftragsvergabe, KOM(2001) 274 endg., ABl. C 333/12 und KOM(2001) 566 endg., ABl. C 333/27. In der englischen Fassung „environmental considerations" bzw. „social considerations" und in der französischen „considèrations environnementales" bzw. „aspects sociaux". National siehe beispielhaft die Webseite des BMWi, Öffentliche Aufträge und Vergabe – Übersicht und Rechtsgrundlagen auf Bundesebene, in: http://www.bmwi.de/DE/Themen/Wirtschaft/Oeffentliche-Auftraege-und-Vergabe/uebersicht-und-rechtsgrundlagen.html, abgerufen am 08.12.2016 oder das (stenographische) Plenarprotokoll 16/197 der Sitzung des Bundestages vom 19.12. 2008, die u.a. den von der Bundesregierung eingebrachten Entwurf eines Gesetzes zur Modernisierung des Vergaberecht zum Gegenstand hatte, S. 21384 ff.

538 Latzel, NZBau 2014, 673; *Burgi* in: Das Recht der Europäischen Union, 40. Auflage 2009, B 13 Vergabefremde Kriterien, Rn. 2.

539 Benedict, Sekundärzwecke im Vergabeverfahren, S. 23 f.; auch Arrowsmith spricht in CMLR 1999, 13, 46 von „secondary policies"; Mader, EuZW 2004, 425, 427 spricht sowohl von vergabefremden Kriterien bzw. Aspekten als auch von Sekundärzwecken.

540 Benedict, Sekundärzwecke im Vergabeverfahren, S. 23 f.

541 Hopp, DB 2000, 29 f.

542 Hopp, DB 2000, 29 f.

mit der Verfolgung von ökologischen, sozialen, innovativen sowie weiteren Zielen „fremdelte“[543].

In dieser Forschungsarbeit werden weitere Zwecke, die nicht unmittelbar dazu dienen, das Einkaufsverhalten des öffentlichen Auftraggebers an einer wirtschaftlichen und sparsamen (Steuer)mittel Verwendung auszurichten, sondern politikorientiert sind, als „strategische“ Zwecke oder Ziele bezeichnet[544]. Der Begriff „strategisch“ ist, im Gegensatz zu der Bezeichnung dieser Ziele als „vergabefremd“, wertneutral im Hinblick auf die Zulässigkeit eines Einsatzes. Zudem soll nicht bereits durch die verwendete Terminologie suggeriert werden, ob es sich um dem Vergaberecht immanente Vorgaben handelt oder nicht. „Strategische“ Zwecke drücken demgegenüber aus, dass die öffentliche Auftragsvergabe als (politisches) Steuerungsinstrument eingesetzt wird, was deren Zielsetzung gerecht wird.

Zugleich entspricht dies der auf Unionsebene neuerdings verwendeten Begrifflichkeit. Die Kommission sprach in ihrem Vorschlag für die VRL erstmals von der „strategischen Vergabe öffentlicher Aufträge“, die sie als Antwort auf neue Herausforderungen begreift.[545] Tatsächlich bringt diese Bezeichnung im Gegensatz zu der als „vergabefremde Aspekte“ zum Ausdruck, dass die Kaufkraft öffentlicher Auftraggeber genutzt wird, „um umwelt- und klimafreundliche Waren und Dienstleistungen zu beschaffen, die Innovationen befördern, und gleichzeitig einen Beitrag zur Beschäftigung und zur Verbesserung der öffentlichen Gesundheit und der sozialen Rahmenbedingungen [zu] leisten“.[546] Die endgültige Neufassung der VRL orientiert sich ebenso an dieser Terminologie. So heißt es in Erwägungsgrund 47 wörtlich, dass öffentliche Auftraggeber „die öffentliche Auftragsvergabe strategisch optimal nutzen [sollten], um Innovationen voranzutreiben.[547] Das gleiche

543 So: Ziekow, DÖV 2015, 897; Gröning, VergabeR 2014, 339; *Hattig/Hetmann* in: Hattig/Maibaum, Praxiskommentar Kartellvergaberecht, 2. Auflage 2014, Einleitung, Rn. 124; Burgi, ZHR 2014, 2, 8 zu der insbesondere in Deutschland gepflegten Aversion; ders. damals kritisch in: NZBau 2001, 64 ff.

544 So die im Vordringen befindliche Auffassung: Wagner/Pfohl, VergabeR 2015, 389; Burgi, NZBau 2015, 597; ders. in ZHR 2014, 2, 7; Ohrtmann, NZBau 2015, 612, 615; Gröning, NZBau 2015, 690, 692; ders. VergabeR 2014, 339 f.; Latzel, NZBau 2014, 673; Brauser-Jung, VergabeR 2013, 285, 294; Gaus, NZBau 2013, 401; *Hattig/Hetmann* in: Hattig/Maibaum, Praxiskommentar Kartellvergaberecht, 2. Auflage 2014, Einleitung, Rn. 180.

545 Entwurf zur RL 2014/24/EU, KOM 2011(896), S. 11 f. In der englischen Fassung „Strategic use of public procurement“ und in der französischen „Utilisation stratégique de la politique des marchés public“.

546 Entwurf zur RL 2014/24/EU, KOM 2011(896), S. 11. So auch: Burgi, ZHR 2014, 2, 8.

547 In Umsetzung der Strategie 2020, auch erwähnt in den Erwägungsgründen 2 und 123 RL 2014/24/EU. In der englischen Fassung "Public authorities should make the best strategic use of public procurement to spur innovation." Und in der französischen Fassung "Les pouvoirs publics devraient faire le meilleur usage stratégique des marchés publics pour stimuler l'innovation.".

gilt für das deutsche Umsetzungsrecht. Auch im Regierungsentwurf zum Vergaberechtsmodernisierungsgesetz (VergRModG) heißt es gleich auf der ersten Seite: „Gleichzeitig ermöglicht es der neue Rechtsrahmen den Vergabestellen, die öffentliche Auftragsvergabe stärker zur Unterstützung strategischer Ziele zu nutzen. Dazu gehören vor allem soziale, umweltbezogene und innovative Aspekte."[548] Entsprechend dieser Vorgabe erfahren diese Aspekte in § 97 Abs. 3 der Neufassung des GWB eine Aufwertung. Die Vorschrift lautet wörtlich: „Bei der Vergabe werden Aspekte der Qualität und der Innovation sowie soziale und umweltbezogene Aspekte nach Maßgabe dieses Teils berücksichtigt." Sie mutet damit wesentlich entschlossener an, als die vorherige Fassung, nach der zusätzliche Anforderungen für die Auftragsausführung an Auftragnehmer gestellt werden *können*, die insbesondere soziale, umweltbezogene oder innovative Aspekte betreffen, wenn sie im sachlichen Zusammenhang mit dem Auftragsgegenstand stehen und sich aus der Leistungsbeschreibung ergeben.

Wenn in der Literatur also vertreten wird, dass in Konsequenz des neuen § 97 Abs. 3 GWB der frühere Begriff des „vergabefremden Zwecks", wie er zur Beschreibung ökologischer und sozialer Zielsetzungen der Beschaffung verwendet wurde, seine Berechtigung verliert, da diese Aspekte mit der neuen Gesetzeskonzeption zu originären Vergabezwecken werden[549], so kann dem nur zugestimmt werden. Auch eine Bezeichnung als „Sekundärzwecke" kann in Ansehung der Modernisierung des Europäischen Vergaberechts nicht mehr aufrechterhalten werden. Diese erfuhren eine erhebliche Aufwertung in den Neufassungen der Richtlinien[550], sodass sie nunmehr den Primär- anstatt den Sekundärzwecken des Vergaberechts zuzuordnen sind[551], was dem gewandelten politischen Verständnis in der EU zuzuschreiben ist. Mit dem Vertrag von Lissabon hat sich der Charakter der Union geändert. Im Vergleich zu den früheren Verträgen, die ganz ursprünglich auf die Verwirklichung des Binnenmarktes zielten, erfuhr die Sozialpolitik eine deutliche Aufwertung.[552] Dies veranlasste Literaturstimmen gar zu der Annahme, dass die EU sich immer stärker einem gewöhnlichen Staatswesen angeglichen habe, das nicht nur rein wirtschaftliche, sondern daneben auch sozialpolitische Belange und

---

548 BT-Drs 18/6281, Fassung vom 08.10.2015.

549 Orthmann, NZBau 2015, 612 über den Vortrag von Prof. Dr. Martin Burgi auf dem 16. Düsseldorfer Vergaberechtstag 2015; Rechten/Röbke scheinen diesen Schluss in Basiswissen Vergaberecht auf S. 37 bereits für die derzeitige Fassung des § 97 Abs. 4 GWB zu ziehen, da die Vorschrift die Einbeziehung sozialer, umweltbezogener und innovativer Aspekte für die Auftragsausführung an „exponierter Stelle" erlaube.

550 Siehe die detaillierten Ausführungen in Kapitel 3 unter C, I, 1.

551 Brackmann, VergabeR 2014, 310 f. spricht davon, dass Sekundärzwecke zu Primärzwecken avanciert sind. Summa, NZBau 2012, 729.

552 Vgl. nur beispielhaft die Titel „IX Beschäftigung", „ X Sozialpolitik", „XI Der Europäische Sozialfonds", aber auch die Titel „XX Umwelt" und „XXI Energie" des AEUV.

damit verknüpfte Interessen an Umverteilung sowie an öffentlichen Transferleistungen über eine erhebliche Durchsetzungskraft verfüge.[553]

2. Überblick über gängige „strategische" Zwecke

Bevor sogleich die Frage nach dem „Ob" diskutiert wird, bedarf es zunächst einer kurzen Beschreibung dessen, was sich denn als „strategischer Zweck" in ein Vergabeverfahren einbeziehen ließe.[554] Soziale Aspekte sind beispielsweise die Einhaltung der Kernarbeitsnormen der Internationalen Arbeitsorganisation (ILO), die Lieferung von Produkten, die bestimmten sozialen Standards entsprechen (bspw. Fair-Trade Gütezeichen), die besondere Berücksichtigung von Benachteiligungen oder der Verpflichtung zur Zurverfügungstellung einer Mindestquote von Arbeitsplätzen (Langzeitarbeitslose[555], ältere oder behinderte Menschen), die Vorgabe bestimmter Mindest- oder Tariflöhne[556] oder etwa die Vorgabe von Genderaspekten (Quotierungen von Führungspositionen zugunsten der Frauenförderung).[557]

Umweltschutzpolitische Erwägungen können als Anforderungen an das zu beschaffende Produkt selbst (produktbezogen), wie beispielsweise einen bestimmten CO_2-Ausstoß[558] oder Antrieb eines Fahrzeugs (z.B. Elektro) Eingang in ein Vergabeverfahren finden.[559] Produktionsbezogenheit drückt demgegenüber aus, dass umweltschützende Anforderungen an den Produktionsvertrieb selbst gestellt werden.[560] Denkbar ist etwa die Vorgabe der Verwendung von Strom aus erneuerbaren

553 Glaser/Kahl, ZHR 2013, 643, 677, die dies auf die Finanz- und Schuldenkrise zurückführen. Dadurch zusätzlich angefacht stünden soziale Fragestellungen auch in der Verfassungsrealität der EU immer stärker im Vordergrund. Außerdem spiegele sich das Gewicht sozialpolitischer Postulate „pars pro toto" in der VRL wider. Noch auf Art. 70 S. 1 und S. 2 des Entwurfs bezugnehmend, bringen die Autoren vor, dass dort besondere Bedingungen für die Ausführung eines Auftrages insbesondere Sozialbelange betreffen dürfen. Weiter: Burgi, ZHR 2014, 2 f.; Latzel, NZBau 2014, 673 bezeichnet dies als „Sozialpolitisierung der EU".

554 Eine Übersicht findet sich bei: *Fehling* in: Pünder/Schellenberg, Vergaberecht, GWB, 1. Aufl. 2015, § 97 Rdnr. 145; Latzel, NZBau 2014, 673.

555 Wie in den „Beentjes" (EuGH, Urt. v. 20.09.1988, Rs. C-31/87, EU:C:1998:508) und „Nord-Pas-de-Calais" (EuGH, Urt. v. 26.09.2000, Rs. C-225/98, EU:C:2000:494) Entscheidungen geschehen.

556 Zum neuen Hessischen Vergabe- und Tariftreuegesetz stellt Tegeler, VergabeR 2015, auf den Seiten 402 ff. ihre persönliche Auffassung dar.

557 So die Beispiele bei Ziekow, DÖV 2015, 897, 898; einen Überblick über die strategischen Zwecke in den Landesvergabegesetzen geben Wagner/Pfohl, VergabeR 2015, 390 ff.; Vgl. zudem Meißner, VergabeR 2012, 301 ff.

558 Wie in der Rechtssache „Concordia Bus Finland" vorgegeben, EuGH, Urt. v. 17.09.2002, Rs. C-513/99, EU:C:2002:495.

559 BT-Drucks. 16/10117, v. 13.08.2008, S. 16; ausführlich bei Wagner/Pfohl, VergabeR 2015, 390.

560 BT-Drucks. 16/10117, v. 13.08.2008, S. 16; Wagner/Pfohl, VergabeR 2015, 390.

Energiequellen[561], die Beachtung von Lebenszykluskosten und Energieeffizienz sowie die Einhaltung sonstiger ökologischer Standards (bspw. über Öko-Gütezeichen[562]) bei der Produktion.

Weiter erfasst sind innovative Verfahren und Produkte[563], die sich mit umwelt- und sozialpolitischen Themen teilweise überschneiden[564]. Als konkrete Anwendungsbeispiele werden die Festlegung einer Energiedienstleistung wie die Raumklimatisierung eines näher definierten Verwaltungsgebäudes als Alternative zu einer technischen Spezifizierung der Heizungs- oder Klimatisierungsanlage[565] oder die Pflicht zur Fortentwicklung sozialer Dienstleistungen (etwa im Pflegebereich) während der Laufzeit ihrer Erbringung[566] sowie die Vergabe der LKW-Mautsysteme („Toll-Collect“)[567] genannt.

II. Für und Wider einer politischen Steuerung über das Vergaberecht

1. *Einwände gegen eine Einbeziehung strategischer Ziele*

Die gegen eine Einbeziehung strategischer Ziele in ein Vergabeverfahren vorgebrachten Argumente sind vielfältig.[568] Während teils pauschal behauptet wird, dass das Vergaberecht schlicht nicht der geeignete Ort sei, um sozial- und/ oder umweltpolitische Ziele zu verwirklichen[569] wird an anderer Stelle mit einer

561 In der Rechtssache „EVN und Wienstrom“ hatte das Bundesland Kärnten Strom aus erneuerbaren Energiequellen ausgeschrieben, EuGH vom 04.12.2003, Rs. C-448/01, EU:C:2003:651 – *EVN und Wienstrom.*

562 Für den zu liefernden Kaffee und Tee sowie Zucker wurde im „Max Havelaar“ Fall vorgeschrieben, dass diese dem EKO-Gütezeichen entsprechen müssen, EuGH, Urt. v. 10.05.2012, Rs. C-368/10, EU:C:2012:284 – *Max Havelaar.*

563 *Frister* in: Kapellmann/Messerschmidt VOB-Kommentar, Teil A/B, 5. Auflage 2015, § 16 VOB/A, Rn. 145.

564 Wagner/Pfohl, VergabeR 2015, 390, 391; Burgi, NZBau 2011, 577 f.

565 Beispiel nach Schneider, NVwZ 2009, 1057 f.

566 Beispiel nach Burgi, NZBau 2011, 577 f., der sich seinerseits auf das Grünbuch der EU Kommission beruft das auf Seite 51 KOM(2011) 15 endg. angedeutet wird.

567 *Fehling* in: Pünder/Schellenberg, Vergaberecht, GWB, 1. Aufl. 2015, § 97 Rdnr. 145; Wagner/Pfohl, VergabeR 2015, 390 f.

568 Siehe eine Übersicht bei Burgi in: Das Recht der Europäischen Union, 40. Auflage 2009, B 13 Vergabefremde Kriterien, Rn. 7; Schäfer, Öffentliche Belange im Auftragswesen und Europarecht, S. 248 ff.

569 Götz, EuR 1999, 621, 634; Strohs, BauR 1988, 144, 147 für das Bauvergaberecht. Rittner in: EuZW 1999, 677, 680 kritisiert, dass die Kommission mit ihren Auslegungsmitteilungen im Nachgang zu „Beentjes“ einen „gefährlichen Weg“ einzuschlagen droht, den die moderne Steuergesetzgebung teilweise genommen habe, „nämlich weitere Zwecke oder Ziele nahezu beliebig zuzulassen“.

Beeinträchtigung des Wettbewerbs argumentiert[570]. Die Wettbewerbsintensität reduziere sich, da der Einsatz vormals vergabefremder Kriterien es lokalen oder gar vom öffentlichen Auftraggeber bevorzugten Bietern ermögliche, auf einer anderen als der Kostenebene konkurrieren zu können.[571] Überdies verenge sich der Bieterkreis, da potenzielle Bieter, die zwar ein günstigeres Angebot abgeben könnten, vom Vergabeverfahren ausgeschlossen würden, weil sie die vorgegebenen vergabefremden Kriterien nicht erfüllten.[572] Zudem verteuere sich die Beschaffung der öffentlichen Hand[573], auch wenn dies zunächst nicht das volkswirtschaftliche Ganze, sondern den einzelnen Einkauf für den jeweiligen öffentlichen Auftraggeber betreffen würde[574]. Für letzteren erhöhe sich außerdem der Arbeitsaufwand, was auch für die Erstellung eines Angebotes seitens der Bieter gelte.[575]

Zu diesem Schluss gelangt man an anderer Stelle aufgrund folgender Überlegung: Wirtschaftspolitischer Hintergrund der grundsätzlichen Entscheidung des nationalen Gesetzgebers gegen eine Einbeziehung strategischer Ziele sei es, eine Zersplitterung des Marktes zu verhindern.[576] Eine Gleichstellung des öffentlichen

570 Beispielhaft *Rittner* in: Die Vergabe öffentlicher Aufträge im Lichte des Europäischen Wirtschaftsrechts, S. 87, 91; Seidel, ZVgR 2000, 195, 200.

571 Semple, Reform of the EU Procurement Directives and WTO GPA: Forward Steps for Sustainability?, S. 4, in: https://papers.ssrn.com/sol3/Delivery.cfm/SSRN_ID2089357_code606015.pdf?abstractid=2089357&mirid=1, abgerufen am 08.12.2016; Kirchner, VergabeR 2010, 725, 733; Martin-Ehlers, WuW 1999, 685.

572 So Kirchner, VergabeR 2010, 725, 733.

573 Ziekow in DÖV 2015, 896 spricht von „kann" und führt als Beispiel die Einhaltung vergabespezifischer Mindestlöhne an; ders. in: Ziekow/Völlink, Vergaberecht, 1. Auflage 2011, § 97 GWB, Rn. 108; Kirchner, VergabeR 2010, 725, 733; Martin-Ehlers, WuW 1999, 685 begründet dies mit dem den Bietern entstehenden Mehraufwand, der sich auf den Angebotspreis auswirke. Pietzcker in: AöR 107 (1982), 61, 95 und ders. in: Staatsauftrag auf S. 321 beruft sich auf die Vergabepraxis in den Vereinigten Staaten von Amerika, die in dem Einsatz vergabefremder Zwecke wesentlich weiter fortgeschritten ist, allerdings infolge einer Überforderung der Beschaffungsbeamten wenig erfolgreich ist. Aus diesem Grund verteuere sich der Einkauf.

574 Burgi, NZBau 2015, 597 f.

575 Burgi, NZBau 2015, 597 f. Zudem wird von Burgi die Erhöhung der Rechtsunsicherheit vorgebracht, die sich infolge unklarer Regelungen ergeben könnte. Allerdings ist dieses Argument nach Auffassung der Verfasserin eher allgemeiner Natur, da es für jede unklare Regelung gilt. Hierbei handelt es sich nicht um eine den ökologischen oder sozialen Kriterien immanente Gefahr.

576 *Marx* in: Die Vergabe öffentlicher Aufträge im Lichte des europäischen Wirtschaftsrechts, S. 77, 80 f.; ders. in: Motzke/Pietzcker/Prieß, VOB Teil A, § 97 GWB, Rn. 36. Der Autor bezieht sich bezüglich der grundsätzlichen Entscheidung des Gesetzgebers auf die alte Fassung des § 97 Abs. 4 2. HS GWB. Er schließt aus der Norm sogar, dass vergabefremde Kriterien keine Rolle spielen. Seit § 97 Abs. 4: IdF d. Art. 1 Nr. 2 Buchst. b G v. 20.4.2009 I 790 mWv 24.4.2009 (§ 97 GWB in der Fassung vom

Auftraggebers mit privaten Wirtschaftsteilnehmern steigere die Versorgungseffizienz des öffentlichen Sektors.[577] Jede weitere an Vertragspartner der öffentlichen Hand gestellte Anforderung erhöhe die Tendenz zur Marktzersplitterung.[578] Am Ende dieser Entwicklung stünden Unternehmen, die ausschließlich für die öffentliche Hand tätig werden, was infolge mangelnden Wettbewerbs die Angebote verteuere.[579]

In diesen Zusammenhang lässt sich auch die Befürchtung einordnen, dass eine völlige Gestaltungsfreiheit des öffentlichen Auftraggebers den Binnenmarkt aushöhlen würde.[580] Eine weitere Literaturstimme sieht in dem Einsatz vergabefremder Kriterien eine Abkehr von dem Kernanliegen „best value for tax payers' money".[581] Der Einsatz „außerfiskalischer Lenkungszwecke" habe bereits das Steuerrecht „unübersichtlich und schnelllebig" gemacht.[582] Dies sei auch für das Vergaberecht zu befürchten.[583] Weiterhin sei eine derartige Beschaffungspraxis für Diskriminierungen anfällig („vom Hoflieferanten zum Lieferanten von Produkten aus heimischem Anbau"[584]) und überdies mittelstandsfeindlich, da bestimmte vergabefremde Kriterien, wie etwa die Frauen- oder Ausbildungsförderung, leichter von größeren Unternehmen darstellbar seien.[585]

20.4.2009) sind soziale, umweltbezogene oder innovative Aspekte ausdrücklich vorgesehen, sodass diese Kritik nicht mehr gelten kann.

577 *Marx* in: Die Vergabe öffentlicher Aufträge im Lichte des europäischen Wirtschaftsrechts, S. 77, 80 f.; ders., in: Motzke/Pietzcker/Prieß, Beck'scher VOB-Kommentar, 1. Auflage 2001, § 97 GWB, Rn. 36.

578 RegE VgRÄG BT-Drucks. 13/9340 S. 8; *Marx* in: Die Vergabe öffentlicher Aufträge im Lichte des europäischen Wirtschaftsrechts, S. 77, 80 f; ders., in: Motzke/Pietzcker/Prieß, Beck'scher VOB-Kommentar, 1. Auflage 2001, § 97 GWB, Rn. 36.

579 *Marx* in: Die Vergabe öffentlicher Aufträge im Lichte des europäischen Wirtschaftsrechts, S. 77, 80 f.; ders., in: Motzke/Pietzcker/Prieß, Beck'scher VOB-Kommentar, 1. Auflage 2001, § 97 GWB, Rn. 36. Grundsätzlich zur Verteuerung der Beschaffung als Vermutungsgrundlage, die Antwort auf eine parlamentarische Anfrage: „Die Aussage, daß die Mitberücksichtigung anderer gesellschaftspolitischer Ziele, den Einkauf prinzipiell verteuert, ist unmittelbar einsichtig: Wenn nicht die Ware oder die Leistung gekauft wird, deren Preis-Leistungs-Verhältnis die beste Relation aufweist, muß das Ergebnis Unwirtschaftlichkeit und damit Verteuerung der öffentlichen Aufträge sein." BT-Drucks. 13/10726, S. 23 vom 7.5.1998.

580 Hettne, EPPPL 2013, 31.

581 Semple, Reform of the EU Procurement Directives and WTO GPA: Forward Steps for Sustainability?, S. 4, in: https://papers.ssrn.com/sol3/Delivery.cfm/SSRN_ID2089357_code606015.pdf?abstractid=2089357&mirid=1, abgerufen am 08.12.2016.

582 Beuttenmüller, Vergabefremde Kriterien im öffentlichen Auftragswesen, S. 97; Heinzten, ZHR 165(2001), 62 f.

583 Beuttenmüller, Vergabefremde Kriterien im öffentlichen Auftragswesen, S. 97; Heinzten, ZHR 165(2001), 62 f.

584 Burgi, NZBau 2015, 597 f.

585 Pache, DVBl 2001, 1781, 1790; *Burgi* in: Das Recht der Europäischen Union, 40. Auflage 2009, B 13 Vergabefremde Kriterien, Rn. 7; ohne dies konkret zu benennen, aber

Schließlich ergab auch die Konsultation zum „Grünbuch über die Modernisierung der europäischen Politik im Bereich des öffentlichen Auftragswesens", dass viele der Betroffenen – insbesondere Unternehmen – dem Konzept, die öffentliche Beschaffung zur Unterstützung anderer politischer Ziele zu nutzen, eher ablehnend gegenüberstanden.[586] Andere Stakeholder, insbesondere Organisationen der Zivilgesellschaft, sprachen sich wiederum deutlich „für eine derartige strategische Beschaffung und für weitreichende Änderungen der Grundprinzipien der öffentlichen Vergabepolitik der Europäischen Union aus".[587]

2. *Positive Steuerungseffekte*

Zunächst ist es erwähnenswert, dass einige Mitgliedsstaaten[588], zu denen auch die Bundesrepublik Deutschland zählte, bereits seit den 1980er Jahren Umweltaspekte in die öffentliche Auftragsvergabe integriert haben.[589] Ferner besteht der Grundgedanke, Politikziele im Wege öffentlicher Auftragsvergabe zu verfolgen, schon seit Längerem. So sah der erste Versuch einer reichsrechtlichen Normierung von 1914 in § 19 Abs. 2 eine Regelung vor, mit dem Ziel, die Regionalförderung durch

---

anhand von Beispielen erläutert dies *Rittner* in: Die Vergabe öffentlicher Aufträge im Lichte des Europäischen Wirtschaftsrechts, S. 87, 90.

586 Vorschlag für eine Richtlinie des Europäischen Parlaments und des Rates über die öffentliche Auftragsvergabe, KOM(2011) 896 endg., S. 5.

587 Vorschlag für eine Richtlinie des Europäischen Parlaments und des Rates über die öffentliche Auftragsvergabe, KOM(2011) 896 endg., S. 5.

588 Ochoa/Erdmenger, Study contract to survey the state of play of green public procurement in the European Union, Final report, Freiburg, July 2003, S. 4, in: http://www2.medioambiente.gov.ar/ciplycs/documentos/archivos/Archivo_142.pdf, abgerufen am 08.12.2016.

589 Zu diesem Ergebnis kommt auch Burgi in NZBau 2001, 64, der es ebenso unverständlich findet, wie nach jahrzehntelanger „beinahe selbstverständliche[r] Instrumentalisierung der Auftragsvergabe für soziale, ökologische oder strukturpolitische Zwecke" ein Legitimationsdefizit entstehen konnte; Saphir, Umweltfreundliche Beschaffung: Schulungsskript 1, Grundlagen der umweltfreundlichen öffentlichen Beschaffung 2015, S. 16, in: https://www.umweltbundesamt.de/sites/default/files/medien/378/publikationen/umweltfreundliche_beschaffung_script_1.pdf, abgerufen am 08.12.2016. In den Vereinigten Staaten von Amerika setzte der Bund – ohne über eine anerkannte Gesetzgebungskompetenz zu verfügen – seine Aufträge bereits während des zweiten Weltkrieges ein, um die Gleichheit zwischen den Rassen zu fördern, Pietzcker ZHR 162(1998), 427, 464; ders. AöR 107 (1982), 61, 88 f.; Wissenschaftlicher Beirat beim BMWi, Gutachten Nr. 2/07 über das Öffentliche Beschaffungswesen, S. 10, in: https://www.bmwi.de/BMWi/Redaktion/PDF/Publikationen/gutachten-2-2007,property=pdf,bereich=bmwi,sprache=de,rwb=true.pdf, abgerufen am 08.12.2016: „Der Beirat ist sich bewusst, dass der öffentliche Einkauf schon immer als Instrument zur Durchsetzung politischer Ziele [...] eingesetzt wurde."

Auftragsvergaben zu Lasten Dritter auszuschließen.[590] Vor diesem Hintergrund sind die Reaktionen auf die im Zuge des Vergaberechtsänderungsgesetzes eingeführte Vorschrift des § 97 Abs. 4 GWB verwunderlich. Sie gar als „Büchse der Pandora“[591] zu bezeichnen, obwohl sie der bis zum Januar 1999[592] herrschenden Vergabepraxis einen rechtlichen Rahmen gibt, erscheint übertrieben.

Abgesehen von dem politischen Bedürfnis, wird der Reiz des Einsatzes vergabefremder Zwecke damit erklärt, „dass keine hoheitlichen Mittel mit den ihnen eigenen Schranken zum Einsatz kommen“ müssen.[593] Der Rückzug aus der Eigenerbringung der öffentlichen Hand sei Resultat der europarechtlich veranlassten Liberalisierung und Privatisierung.[594]

Was aber spricht für den Einsatz strategischer Kriterien in einem Vergabeverfahren[595]?

Dem Argument der mangelnden Effizienz können beispielsweise die Ergebnisse des RELIEF Projekts entgegengehalten werden. Hierbei handelt es sich um ein von 2001 bis 2003 durchgeführtes Forschungsprojekt, das das Entlastungspotential einer umweltfreundlicheren öffentlichen Beschaffung in der Europäischen Union untersuchte.[596] Das Europasekretariat des International Council for Local Environmental Initiatives (ICLEI)[597] übernahm die Koordination des Projekts – unterstützt durch das 5. Rahmenprogramm der Generaldirektion Forschung der Europäischen Kommission. Es ergab, dass ein Wechsel der öffentlichen Hand hin zum Einkauf „grüner Elektrizität“, die von neu errichteten Anlagen für erneuerbare Energien stammt, bereits 25% der Verpflichtungen des Kyoto-Protokolls erfüllen würde.[598] Erhebliches Einsparpotenzial besteht auch im Rahmen der Deckung

---

590 *Dreher* in: Immenga/Mestmäcker, Wettbewerbsrecht, 5. Auflage 2014, Vor. §§ 97 ff. GWB, Rn. 82.

591 So Heintzen in ZHR 165(2001), 62, 78.

592 Mit Inkrafttreten des Vergaberechtsänderungsgesetz (VgRÄG) vom 26.08.1998 (BGBl. I S. 2520).

593 Pietzcker ZHR 162(1998), 427, 464; Dreher/Haas/von Rintelen, Vergabefremde Kriterien und Beihilfenrecht, S. 1, die auf die Möglichkeit hinweisen, diese Ziele zu verfolgen, ohne im Haushaltsplan Mittel hierfür auszuweisen.

594 *Burgi* in: Das Recht der Europäischen Union, 40. Auflage 2009, B 13 Vergabefremde Kriterien, Rn. 5; Pache, DVBl 2001, 1781 zur europarechtlich veranlassten Liberalisierung.

595 Vgl. hierzu: Schäfer, Öffentliche Belange im Auftragswesen und Europarecht, S. 250 ff.

596 ICLEI, RELIEF – European research project on green procurementt, in: http://www.iclei-europe.org/products-activities/?cmd=view&aid=74, abgerufen am 08.12.2016.

597 ICLEI, RELIEF – European research project on green procurementt, in: http://www.iclei-europe.org/products-activities/?cmd=view&aid=74, abgerufen am 08.12.2016.

598 Clement/Erdmenger/Ochoa, Eco-Procurement: The Path to a Greener Marketplace, S. 1 in: http://archive.sustainable-procurement.org/fileadmin/files/Other_publications/RELIEF_results.pdf, abgerufen am 08.12.2016.

des europaweiten Beschaffungsbedarfs von jährlich über 2,8 Millionen Desktop Computern. Der Kauf energieeffizienterer Modelle hätte neben einer Reduzierung der Energiekosten zur Folge, dass sich die europäischen Emissionen von Treibhausgasen um über 830.000 Tonnen CO_2-Äquivalenten reduzieren würden.[599]

Die Resultate des RELIEF Projekts sind allerdings auch darauf zurückzuführen, dass das geänderte Nachfrageverhalten der öffentlichen Hand so deutliche Auswirkungen hat, weil es sich um Beschaffungsmärkte handelt, in denen sie über eine gewisse Marktmacht verfügen.[600] Andererseits könnten staatliche Stellen eben diese Stellung nutzen, um in einer Vorbildfunktion den Markt durch „leading by example" im Hinblick auf ökologische Produkte und Dienstleistungen, aber auch bei der Einhaltung sozialer Mindeststandards zu beeinflussen.[601] Als Beispiel wird etwa der Straßenbau angeführt, bei dem der Staat nahezu eine Monopolstellung hält, die er als „Wachstumstreiber" in umweltorientierten Märkten und zur Förderung innovativer Beschaffung nutzen kann.[602]

Die Befürworter einer Einbeziehung politischer Ziele in die öffentliche Beschaffungstätigkeit bringen vor, ein solches Einkaufsverhalten beruhe nicht auf einer wettbewerbsfeindlichen Haltung der öffentlichen Hand, sondern auf den politischen Überzeugungen und Wünschen der jeweiligen Mehrheit in der Demokratie.[603] Weiter wird hervorgehoben, dass die staatliche Nachfrage – wie bei der Innovationsförderung[604] – den politisch erstrebenswerten Markteintritt

---

599 Clement/Erdmenger/Ochoa, Eco-Procurement: The Path to a Greener Marketplace, S. 1 in: http://archive.sustainable-procurement.org/fileadmin/files/Other_publications/RELIEF_results.pdf, abgerufen am 08.12.2016.

600 Steiff, VergabeR 2009, 290, 293.

601 Steiff, VergabeR 2009, 290, 293; Wissenschaftlicher Beirat beim BMWi, Gutachten Nr. 2/07 über das Öffentliche Beschaffungswesen, S. 12, in: https://www.bmwi.de/BMWi/Redaktion/PDF/Publikationen/gutachten-2-2007,property=pdf,bereich=bmwi,sprache=de,rwb=true.pdf, abgerufen am 08.12.2016; Johnstone/Erdlenbruch, The Environmental Performance of Public Procurement, S. 12; Frenz, NZBau 2007, 17, 20; *Burgi* in: Das Recht der Europäischen Union, 40. Auflage 2009, B 13 Vergabefremde Kriterien, Rn. 6; ders. NZBau 2001, 64 f.; Neßler, DÖV 2000, 145, 148. Mohr in VergabeR 2009, 543, 549 bezweifelt dies allerdings und lehnt es ab, einen „einschlägigen Vorteil [...] pauschal in einer Vorbildfunktion öffentlicher Stellen" zu sehen.

602 McKinsey & Company, Potenziale der öffentlichen Beschaffung für ökologische Industriepolitik und Klimaschutz, S. 45, in: http://www.bmub.bund.de/fileadmin/Daten_BMU/Download_PDF/Produkte_und_Umwelt/mckinseystudie.pdf, abgerufen am 08.12.2016.

603 So *Burgi* in: Das Recht der Europäischen Union, 40. Auflage 2009, B 13 Vergabefremde Kriterien, Rn. 6; ders. NZBau 2001, 64 f.

604 Vgl. den Abschlussbericht der folgenden Studie: Wegweiser GmbH Berlin/TU Berlin/Orrick Hölters & Elsing, „Einkäufer Staat" als Innovationstreiber, in: https://www.vergabe24.de/fileadmin/dateien/Dokumente/Downloads/Studie_Staat_als_Innovationstreiber.pdf; abgerufen am 08.12.2016.

umweltfreundlicher Technologien deutlich erleichtern und so die Möglichkeit der Ausnutzung von Skalen- und Lerneffekten induzieren kann.[605]

Die Frage der wirtschaftspolitischen Effizienz des Einsatzes vergabefremder Kriterien in einem öffentlichen Beschaffungsprozess soll an dieser Stelle nicht weiter behandelt werden. Vielmehr wird unter Anerkennung des möglichen politisch-symbolischen Charakters öffentlicher Auftragsvergaben die Zulässigkeit entsprechender Vorgaben in einem Vergabeverfahren nach europäischem und nationalem Recht beurteilt.

Während die Verwendung vergabefremder Kriterien in der „voreuroparechtlichen Zeit" noch an Art. 3 Abs. 1 GG und dem Koppelungsverbot gemessen wurde[606], wird sie mittlerweile, vorbehaltlich der Einhaltung der vergaberechtlich gesteckten Grenzen, allgemein als zulässig anerkannt.[607]

3. *Anerkennung durch die neuen EU-Vergaberichtlinien*

Wenngleich die VKR Wegbereiter der Berücksichtigungsfähigkeit insbesondere umwelt- und sozialpolitischer Vorgaben in einem Vergabeverfahren war[608], wurde

---

605 Wissenschaftlicher Beirat beim BMWi, Gutachten Nr. 2/07 über das Öffentliche Beschaffungswesen, S. 12, in: https://www.bmwi.de/BMWi/Redaktion/PDF/Publikationen/gutachten-2-2007,property=pdf,bereich=bmwi,sprache=de,rwb=true.pdf, abgerufen am 08.12.2016; Steiff, VergabeR 2009, 290, 293; Johnstone/Erdlenbruch, The Environmental Performance of Public Procurement, S. 12; Lottermoser, Öffentliche Beschaffung unter dem Einfluss von Innovation und Umweltschutz in: Forum Vergabe e.V., 13. Badenweiler Gespräche, S. 155, 157, in: http://www.forum-vergabe.de/fileadmin/user_upload/Downloads/Badenweiler_Dokuband_ohne_Bilder_und_TN.pdf, abgerufen am 08.12.2016.

606 Pünder, VerwArch 2004, 38, 40ff. misst nur am Gleichheitssatz, entnimmt Art. 3 Abs. 1 GG aber kein Koppelungsverbot; Pietzcker, ZHR(162), 427, 466; ders. in AöR 1982, 61, 89ff.; Heintzen, ZHR(165) 2001, 62, 72.

607 Gröning, VergabeR 2014, 339; Rechten/Röbke, Basiswissen Vergaberecht, S. 37 dort Bezeichung als „hoffähig"; Kühling/Huerkamp, VergabeR 2010, 545; Steiff, VergabeR 2009, 290 f.; Dross/Dageförde/Acker, Rechtsgutachten Nationale Umsetzung der neuen EU-Beschaffungs-Richtlinien 41/08, S. 9; *Seidel/Mertens* in: Dauses, EU-Wirtschaftsrecht, 39. EL Februar 2016, H Wettbewerbsregeln, IV Öffentliches Auftragswesen, Rn. 280; Dreher/Haas/von Rintelen, Vergabefremde Kriterien und Beihilfenrecht, S. 1 bereits 2002 nach der Entscheidung des EuGH in der Rs. C-225/98 „Nord-Pas-de-Calais" (Urt. v. 26.09.2000, EU:C:2000:494). *Marx* in: Jestaedt/Kemper/Marx/Prieß, Das Recht der Auftragsvergabe, S. 14 sieht zumindest keine „EG-rechtlichen Hindernisse" bereits im Jahr 1999.

608 Insbesondere Erwägungsgrund 5, nach dem die Richtlinie klarstellt „wie die öffentlichen Auftraggeber zum Umweltschutz und zur Förderung einer nachhaltigen Entwicklung beitragen können, und garantiert ihnen gleichzeitig, dass sie für ihre Aufträge ein optimales Preis/Leistungsverhältnis erzielen können."; aber auch die Erwägungsgründe 1, 29, 44, 46 sowie die Artt. 23 Abs. 3 Buchst. b, Abs. 6, Art. 26,

die endgültige Anerkennung strategischer Ziele in den neuen EU-Vergaberichtlinien erst mit der „Europa 2020“ Strategie für ein intelligentes, nachhaltiges und integratives Wachstum[609] eingeleitet. Diese Kommissionsmitteilung skizziert „eine Vision der europäischen Marktwirtschaft des 21. Jahrhunderts“, in der drei sich gegenseitig verstärkende Prioritäten vorgeschlagen wurden: die Entwicklung einer auf Wissen und Innovation gestützten Wirtschaft, die Förderung einer ressourcenschonenden, ökologischeren und wettbewerbsfähigeren Wirtschaft sowie die Förderung einer Wirtschaft mit hoher Beschäftigung und ausgeprägtem sozialen und territorialen Zusammenhalt.[610] Für das öffentliche Auftragswesen konstatiert „Europa 2020“, dass eine effiziente Nutzung öffentlicher Mittel gewährleistet sein muss und die Beschaffungsmärkte EU-weit offen bleiben.[611]

Ausweislich des Richtlinienvorschlags über die öffentliche Auftragsvergabe soll die Neufassung öffentlichen Auftraggebern die entsprechenden Instrumente an die Hand geben, damit diese ihre Kaufkraft nutzen können, um umwelt- und klimafreundliche Waren und Dienstleistungen zu beschaffen, die Innovationen befördern, und gleichzeitig einen Beitrag zur Beschäftigung und zur Verbesserung der öffentlichen Gesundheit und der sozialen Rahmenbedingungen zu leisten.[612] Die VRL hebt erneut die Schlüsselrolle des Beschaffungswesens für die Verwirklichung der „Europa 2020“ Ziele hervor. Dort wird explizit gefordert, die öffentliche Auftragsvergabe, als eines der marktwirtschaftlichen Instrumente der Union zur Erzielung eines intelligenten, nachhaltigen und integrativen Wachstums, in stärkerem Maße zur Unterstützung gemeinsamer gesellschaftlicher Ziele zu nutzen – allerdings bei gleichzeitiger Gewährleistung eines möglichst effizienten Einsatzes öffentlicher Gelder.[613] Die Vorgabe für Vergabestellen, ihre Beschaffungstätigkeit strategisch optimal zu nutzen, um Innovationen voranzutreiben, findet sich explizit in den Erwägungsgründen.[614] Auch die

Art. 48 Abs. 2 Buchst. f; Art. 50 und Art. 53 Abs. 1 Buchst. a.; allerdings mit stärkerer Betonung ökologischer Aspekte.

609 KOM(2010) 2020 endg. vom 03.03.2010, Mitteilung der Kommission Europa 2020: Eine Strategie für intelligentes, nachhaltiges und integratives Wachstum.

610 KOM(2010) 2020 endg., S. 5.

611 KOM(2010) 2020 endg., S. 31.

612 Vorschlag für eine Richtlinie des Europäischen Parlaments und des Rates über die öffentliche Auftragsvergabe, KOM(2011) 896 endg., S. 11.

613 RL 2014/24/EU Erwägungsgrund 2 und erneut in Erwägungsgrund 95, der daran erinnert, wie bedeutsam es ist, das Potenzial der öffentlichen Auftragsvergabe in vollem Umfang für die Verwirklichung der Ziele der Strategie „Europa 2020“ für intelligentes, nachhaltiges und integratives Wachstum auszuschöpfen. Nach Summa avanciert damit die ökologische/und soziale Beschaffung zum Primärziel, während der möglichst wirtschaftliche Einkauf zum Sekundärziel wird, NZBau 2012, 729 und 735.

614 RL 2014/24/ Erwägungsgründe 47 f.

Einbeziehung ökologischer und sozialer Aspekte findet an zahlreichen Stellen Erwähnung.[615]

Spätestens seit Inkrafttreten der VRL kann nicht mehr bezweifelt werden, dass die vormals als „vergabefremd" stigmatisierten Aspekte per Beschaffungstätigkeit verfolgt werden können.[616] Mehr noch: der strategische Einsatz des öffentlichen Beschaffungswesens als Steuerungsinstrument zur Verwirklichung gemeinsamer gesellschaftspolitischer Vorgaben ist europapolitisch angestrebt. Dies brachte die Kommission in ihrer „Europa 2020" Strategie sowie ihrem Richtlinienvorschlag und auch der Europäische Gesetzgeber in der VRL wiederholt zum Ausdruck. Die Verknüpfung der Beschaffung mit innovativen, ökologischen und sozialen Zwecken zieht sich „leitmotivartig" durch die Novelle des europäischen Richtlinienrechts und ist deren übergeordnete Zielsetzung.[617] Die Frage nach dem „Ob" ist damit abschließend geklärt.

Die Öffnung des Vergaberechts für die vormals vergabefremden Zwecke ist begrüßenswert. Das Vergaberecht ist spätestens mit Inkrafttreten des Vergaberechtsänderungsgesetz national nicht mehr nur Teil des Haushaltsrechtes. Damit muss es nicht mehr vorrangig dem Grundsatz der sparsamen Haushaltsführung genügen, sondern der Wirtschaftlichkeit. Ohnehin ist eine „sparsame" oder nunmehr „wirtschaftliche" Auftragsvergabe nicht gleichzusetzen mit der Bezuschlagung des niedrigsten Angebotes. Dies entspricht auch dem Grundgedanken des in dieser Forschungsarbeit untersuchten LCC Instruments. Allein die Eignung des öffentlichen Auftragswesens als wirkungsvolles Steuerungsinstrument für die Förderung wünschenswerter, aber dennoch politischer Ziele, kann selbstverständlich nicht maßgeblich sein. Der wichtigste Einwand gegen eine Einbeziehung strategischer Zwecke – die Beeinträchtigung des Wettbewerbs – kann zumindest entkräftet werden. Der Wettbewerbsgrundsatz erfährt in der VRL zahlreiche Konkretisierungen und wird zur Lückenfüllung[618] herangezogen. Dieser allgemeine Grundsatz des Vergabeprimärrechts wurde zudem durch die Rechtsprechung der Unionsgerichte in der Vergangenheit deutlich konturiert.[619] Der derzeitige Rechtsrahmen lässt mithin einen „unkontrollierten" Einsatz des öffentlichen Auftragswesens zur

615 RL 2014/24/EU beispielhaft in den Erwägungsgründen: 47, 88 (Umweltmanagementmaßnahmen oder -regelungen), 92 (Zuschlagskriterien), 95 und 123.

616 So Burgi, NZBau 2015, 597, 599; ders. in ZHR 2014, 2, 8; ähnlich Ziekow, DÖV 2015, 897 f.; von verbesserter Verankerung spricht: Haak, NZBau 2015, 11, 16.

617 Gröning, VergabeR 2014, 339, 340 ist insoweit zuzustimmen. Siehe Neufassung der Sektorenrichtlinie 2014/25/EU, bspw. Erwägungsgründe 4, 57, 100 sowie Konzessionsrichtlinie 2014/23/EU, bspw. Erwägungsgrund 3. *Hattig/Hetmann* in: Hattig/Maibaum, Praxiskommentar Kartellvergaberecht, 2. Auflage 2014, Einleitung, Rn. 185 sprechen von der Stärkung der strategischen Aspekte als wesentlichem Ziel der Richtlinie.

618 Vgl. hierzu die Ausführungen in Kapitel 3 C, IV bzw. D, II, b) sowie für das nationale Recht unter E, II, 1.

619 Vgl. zu den Inhalten Kapitel 3, C. IV, 2 e).

Verwirklichung von Politikzielen überhaupt nicht zu. Vielmehr setzen die EU-Vergaberichtlinien und das Vergabeprimärrecht strategischen Zielen wirksame Schranken. Ob weiter eine Verteuerung der Beschaffung zu befürchten ist, entzieht sich der Beurteilung, weil dies nicht wissenschaftlich fundiert begründet wird. Allerdings ist die Betrachtung einer zunächst entstehenden Verteuerung auch zu kurz gegriffen, weil sich die späteren Auswirkungen nicht bereits bei der Erteilung des Zuschlages zeigen.

III. Lebenszykluskostenrechnung als strategischer Zweck

In diesen Kontext lässt sich die Lebenszykluskostenrechnung wie folgt einordnen. Das „konventionelle" LCC basiert auf einer rein finanziellen Bewertung der Anschaffungs-, Betriebs-, Wartungs-, sowie der EoL-Kosten, um einen Überblick all der Kosten zu geben, die im Zuge des Lebenszyklus eines Produktes direkt von dem öffentlichen Auftraggeber getragen werden müssen.[620] Wenngleich man diskutieren könnte, dass auch über das „konventionelle" LCC eine zumindest indirekte Berücksichtigung nachhaltiger Ziele erfolgt, so versteht diese Forschungsarbeit nachhaltige öffentliche Auftragsvergabe in einem engeren Sinne. In Anlehnung an die Definition des UNEP erfordert dies, dass der Beschaffungsbedarf auf eine Art und Weise gedeckt wird, die das beste Preis-Leistungsverhältnis auf Basis der gesamten Lebensdauer in Bezug auf die Generierung von Vorteilen, nicht nur für den öffentlichen Auftraggeber, sondern auch für die Gesellschaft und die Wirtschaft darstellt und gleichzeitig den Schaden für die Umwelt minimiert.[621] Seine nachhaltige Komponente erhält dieses Instrument, das sich nur an wirtschaftlichen Erwägungen orientiert, erst, wenn so genannte „externe Kosten" mit einbezogen werden.[622] Hierbei handelt es sich um Kosten, die nicht vom Verursacher, sondern von der Allgemeinheit getragen werden, wie beispielsweise Schadstoffemissionen (u.a. Ausstoß von Treibhausgasen) oder die bei der Gewinnung der notwendigen Rohstoffe, der Herstellung oder der Nutzung des Produktes verursachten Umweltkosten.[623] Die Einbeziehung externer Umweltkosten macht das LCC zu einer

---

620 Swarr/Hunkeler/Klöpffer/Pesonen/Ciroth/Brent/Pagan, Environmental Life Cycle Costing: A code of practice, S. 15.

621 In Anlehnung an die Definition des UNEP, What is Sustainable Public Procurement?, in: http://www.unep.org/resourceefficiency/Consumption/SustainableProcurement/WhatisSustainablePublicProcurement/tabid/101245/Default.aspx, abgerufen 08.12.2016.

622 Dragos/Neamtu, EPPPL 2013, 19 f.

623 KOM(2001) 274 endg., Ziffer 3.3; Möller/Statmann/Gröger, Umweltfreundliche Beschaffung: Schulungsskript 5 – Einführung in die Berechnung von Lebenszykluskosten und deren Nutzung im Beschaffungsprozess, S. 11, in: https://www.umweltbundesamt.de/sites/default/files/medien/378/publikationen/umweltfreundliche_beschaffung_script_5.pdf, abgerufen am 08.12.2016; Beispiele bei Schröder, NZBau 2014, 467, 472. Nicht überzeugend ist die Definition von Summa in NZBau

nachhaltigen, umweltrelevanten Methode. Das sog. ELCC ist die am besten adaptierte, nachhaltige Lebenszykluskostenberechnungsmethode.[624] Sie bezieht sich auf das wirtschaftliche Konzept nicht ausgeglichener Umweltauswirkungen des Produktionsprozesses und Verbrauchs, die Verbrauchernutzung und Unternehmenskosten außerhalb des Marktmechanismus beeinflussen.[625] Wie bereits ausgeführt, wurde im Bereich der öffentlichen Verkehrsdienste die Berücksichtigung externer Umweltkosten in der „Clean-Vehicles-Directive“ festgeschrieben.[626] Die Richtlinie gibt der Vergabestelle die Anwendung einer ELCC-Lebenszykluskostenanalyse vor, die eine detaillierte Methodik zur finanziellen Bewertung und Berechnung der CO_2-Emissionen sowie der Schadstoffemissionen festlegt.[627]

Für die Einbeziehung sozialpolitischer Erwägungen gelten die soeben gemachten Ausführungen umso mehr. Das societal-, also SLCC, bewertet alle mit dem Lebenszyklus verbundenen Kosten, die von irgendeinem Mitglied der Gesellschaft getragen werden müssen.[628] Diese Methode greift also noch weiter, indem sie alle Externalitäten in die Analyse mit einbezieht.[629]

Obschon diese Externalitäten im Rahmen der jeweiligen Lebenszykluskostenberechnung in geldwerter Form ausgedrückt werden, macht sie dies nicht schon zu einer rein finanziellen Komponente.[630] Eine ökologische, soziale, innovative oder

---

2012, 729, 735, nach der externe Kosten den in Geld umgerechneten negativen Wert der Umweltverschmutzung ausdrücken.

624 Dragos/Neamtu, EPPPL 2013, 19 f.

625 Dragos/Neamtu, EPPPL 2013, 19, 24.

626 Zu der Lebenszykluskostenberechnung anhand von Energieeffizienz- und Schadstoffkriterien am Beispiel der Beschaffung von Straßenfahrzeugen vgl. Schröder, NZBau 2014, 467 ff.

627 Saphir, Umweltfreundliche Beschaffung: Schulungsskript 1, Grundlagen der umweltfreundlichen öffentlichen Beschaffung 2015, S. 22, in: https://www.umweltbundesamt.de/sites/default/files/medien/378/publikationen/umweltfreundliche_beschaffung_script_1.pdf, abgerufen am 08.12.2016; Schmidt/Buchmüller/Falke/Schnutenhaus, Rechtsgutachten Umweltfreundliche öffentliche Beschaffung, S. 14 f., in: https://www.umweltbundesamt.de/sites/default/files/medien/378/publikationen/texte_54_2014_rechtsgutachten_umweltfreundliche_beschaffung.pdf, abgerufen am 09.12.2016; Dragos/Neamtu, EPPPL 2013, 19, 26 f.; Beschreibung bei Schröder, NZBau 2014, 467, 469 ff. Vgl. weiter die Berechnungshilfe des von der EU-Kommission geförderten „Clean Fleets“ Projekts in Fn. 297.

628 Hunkeler/Lichtenvort/Rebitzer, Environmental Life Cycle Costing, S. 8; Hochschorner/Noring, Int J Life Cycle Assess 2011, 897 f.

629 Bsp. ein zum Vergleich von Kraftfahrzeugen mit alternativen Kraftstoffen/Motoren durchgeführtes „societal LCC“ bei Ogden/Williams/Larson, Energy Policy 2004, 7–27.

630 Ähnlich *Burgi* in: Vergaberecht im Umbruch II, S. 58, 65 f., der sich allerdings unter Verweis auf u.a. Opitz, NZBau 2001, 12 f. darauf beruft, dass diese Aspekte im Gegensatz zu finanziellen Komponenten keine Wirkungen auf den Haushalt des öffentlichen Auftraggebers haben und gesamtwirtschaftliche Erwägungen, insbesondere Auswirkungen auf andere staatliche Haushalte, im konkreten Beschaffungsvorgang

sonstige gesellschaftspolitische Vorgabe ist und bleibt ein strategischer Zweck, auch wenn der Versuch unternommen wird, ihr einen monetären Wert zuzuschreiben. Diese Kriterien in einen Kosten-Wirksamkeitsansatz einzupreisen, macht sie nicht zu einer Verwaltungsaufgabe, zu deren Erfüllung etwas beschafft werden soll.[631] Vielmehr sollen politische Ziele, wie etwa die Verbesserung des Umweltschutzes oder die Beachtung sozialer Mindeststandards (ILO-Kernarbeitsnormen) verfolgt werden. Alternativ wäre einem öffentlichen Auftraggeber die Einbeziehung von Umweltbelastungen als leistungsbezogenes Kriterium in einer Bewertungsmatrix möglich[632] – vorbehaltlich der Einhaltung der Kriterien des EuGH, die er seit seiner „Beentjes" Entscheidung[633] im Jahr 1988 ständig fortentwickelte und die mit der VRL sämtlich Eingang in das europäische Vergaberecht erhielten. An diesen Voraussetzungen muss sich auch das ELCC messen lassen.[634] Hierzu führt Kapitel 4 in den Punkten C, 3 und 4 detailliert aus.

außer Acht zu bleiben haben. Ohne dies explizit zu erwähnen, bezieht er sich damit auf den so genannten „Grundsatz der Einzelwirtschaftlichkeit". Nach Auffassung der Verfasserin hat dieser allerdings mit den „Concordia Bus Finland" und „EVN und Wienstrom" Entscheidungen sowie dem Erlass der VKR seine Berechtigung verloren. Opitz selbst spricht im Jahr 2004 von einem „Paradigmenwechsel" in diesem Zusammenhang in VergabeR 2004, 421, 428; ders. in Dreher/Motzke, Beck'scher Vergaberechtskommentar, 2. Auflage 2013, § 97 GWB, Rn. 18, 38 zur Erweiterung des vergaberechtlichen Wirtschaftlichkeitsbegriffs durch die Rechtsprechung des EuGH. Über die Berücksichtigungsfähigkeit strategischer Aspekte sagt die obige Feststellung, dass es sich hierbei nicht um „rein" finanzielle Komponenten handelt, nichts aus. Siehe dazu sogleich.

631 In etwas anderem Zusammenhang: Burgi, ZHR 2014, 2, 7.

632 *Burgi* in: Vergaberecht im Umbruch II, S. 58, 65 f.

633 EuGH, Urt. v. 20.09.1988, Rs. C-31/87, EU:C:1998:508 – *Beentjes*.

634 Dragos/Neamtu, EPPPL 2013, 19, 26 f.; Jobse/Dimitri, LCC-calculations and the principles of public procurement, S. 3 f., in: https://underpinn.portals.mbs.ac.uk/Portals/70/docs/2.1%20-%20Jobse%20&%20Dimitri%20-%20LCC%20calculations%20v1%200.pdf, abgerufen am 08.12.2016.

Kapitel 3: Rechtlicher Rahmen Strategischer Auftragsvergabe als Basis für LCC

Die Untersuchung des rechtlichen Rahmens strategischer Auftragsvergabe als Basis für LCC dient vornehmlich der Beantwortung der ersten drei Teilfragen der Leitfrage dieser Forschungsarbeit. Zunächst wird die Frage behandelt, welche Voraussetzungen das Vergaberechtsregime an den Einsatz von LCC stellt und ob diese förderlich oder eher hinderlich sind. Dem widmen sich die Ausführungen unter den Punkten B, C und D. Die zweite Unterfrage steht hiermit in engem Zusammenhang. Sie lautet wie folgt: Muss sich der Einsatz eines LCC Modells an den Maßstäben der Grundsätze der Auftragsvergabe messen lassen? Infolge der notwendigen Unterscheidung zwischen europäischem und nationalen Recht behandeln dies die Punkte C.V und D.II. Schließlich wird die Frage, ob sich weitere primärrechtliche Grenzen aus Sicht des nationalen öffentlichen Auftraggebers für den Einsatz von LCC ergeben, in Punkt F untersucht.

A. Struktur der nachfolgenden Untersuchung

Das Kapitel dient damit der Gewinnung der zentralen Maßstäbe, an denen sich die Berücksichtigung von LCC messen lassen muss. Aus der Zielsetzung ergibt sich zugleich, dass nur die Ebene des Zuschlags behandelt wird. Diese Forschungsarbeit untersucht die aus Sicht des öffentlichen Auftraggebers bestehenden Gestaltungsmöglichkeiten hinsichtlich der Einbeziehung von LCC in ein Vergabeverfahren. Während der Lebenszyklusgedanke an vielen Stellen des Vergaberechtsregimes zum Ausdruck kommt[635], ist eine Einbeziehung des vorliegenden Untersuchungsgegenstandes der Lebenszykluskostenrechnung nur im Rahmen des Zuschlages vorgesehen. Auch die nachstehenden Ausführungen beschränken sich daher auf dieses „Einfallstor“ strategischer Beschaffung.

Der Eignungs- und Ausschlussebene kommt für die strategische Beschaffung insgesamt nur eine eingeschränkte Bedeutung zu.[636] Sie bietet keinen Ansatzpunkt

---

635 Bspw. Art. 2 Nr. 20; Art. 42 Abs. 1 UAbs. 2; Art. 67 Abs. 3 VRL sowie in § 31 Abs. 3 S. 2.

636 Die (zwingenden und fakultativen) Ausschlussgründe sanktionieren frühere Verstöße gegen umwelt- oder sozialrechtliche Vorgaben, wie die Nichtzahlung von Steuern und Beiträgen zur Sozialversicherung sowie die Nichteinhaltung der geltenden umwelt-, sozial- und arbeitsrechtlichen Verpflichtungen, die durch Rechtsvorschriften der Union, einzelstaatliche Rechtsvorschriften, aber auch durch für das Unternehmen verbindliche Tarifverträge festgelegt sind (Begründung Gesetz gegen Wettbewerbsbeschränkungen (GWB) – Teil 4 (Konsolidierte Fassung nach VergRModG), BMWi, in: https://www.bmwi.de/BMWi/Redaktion/

für die Einbeziehung einer Lebenszykluskostenrechnung, weil sowohl die Eignungsmerkmale als auch die Ausschlussgründe die Person des Bieters betreffen.[637] So ist es nicht einleuchtend, warum sich dieser zur Auftragsausführung besser eignen soll, wenn der Beschaffungsgegenstand einer Lebenszykluskostenrechnung unterliegt. LCC Anforderungen lassen sich weder unter den abschließenden Katalog[638] der Nachweise der technischen und beruflichen[639], noch unter die Anforderungen an die wirtschaftliche und finanzielle Leistungsfähigkeit[640] subsumieren.

Eine bedeutende Gelegenheit nachhaltigen Überlegungen Rechnung zu tragen, ergibt sich im Grunde in der Phase der Definition des Vertragsgegenstandes durch die Erarbeitung technischer Spezifikationen.[641] Hierbei handelt es sich um Vorgaben an die Merkmale für ein Produkt oder eine Dienstleistung, wie bspw. Qualitäts-, Umwelt- und Klimaleistungsstufen oder „Design für alle".[642] Bei öffentlichen Bauaufträgen sind dies die in den Auftragsunterlagen enthaltenen technischen Beschreibungen, in denen die erforderlichen Eigenschaften eines Werkstoffs, eines Produkts oder einer Lieferung definiert sind.[643] Nach der Auslegung des EuGH stellt

---

PDF/Gesetz/gesetz-gegen-wettbewerbsbeschraenkungen-gwb-teil4-konsolidierte-nicht-amtliche-fassung,property=pdf,bereich=bmwi2012,sprache=de,rwb=true.pdf, abgerufen am 13.12.2016, S. 96). Auch eine schwere berufliche Verfehlung, die geeignet ist, die Integrität des Bieters in Frage zu stellen, ist in diesem Zusammenhang relevant. Strategischen Zielen kommen jedoch vor allem im Rahmen der Eignungsprüfung über Umweltschutzmaßnahmen als Element der technischen Leistungsfähigkeit eine hervorgehobene Bedeutung zu (Burgi, Vergaberecht, § 16, Rn. 37). Einer abstrakten Berücksichtigungsfähigkeit eines Nachhaltigkeitskriteriums auf Ebene der Bietereignung erteilte der EuGH in „Max Havelaar" eine Absage (So auch: Siegel, EuZW 2012, 592, 600).

637 Zustimmung verdient: Burgi, Vergaberecht, § 16, Rn. 37.

638 Vgl. Art. 60 Abs. 4 VRL mit Verweis auf die Liste in Anhang XII Teil II. Insbesondere stellte der EuGH in „Max Havelaar" für das Merkmal der „Qualität" des Art. 48 Abs. 2 VRK klar, dass es sich nicht für eine Einbeziehung strategischer Ziele fruchtbar machen lässt, weil es im Kontext der Bewertung der technischen Qualität der konkreten, auftragsgegenständlichen Leistungen und Lieferungen zu verstehen ist, EuGH, Urt. v. 10.05.2012, Rs. C-368/10, EU:C:2012:284 – *Max Havelaar*, Rn. 107 f.

639 Die Befähigung zur Berufsausübung, die durch Einträge in ein Berufs- oder Handelsregister des Niederlassungsstaates nachgewiesen werden kann (Art. 58 Abs. 1 a) i.V.m. Abs. 2 VRL), kommt von vornherein nicht in Betracht.

640 Die von Art. 58 Abs. 1 b), Abs. 3 VRL geforderten Eignungsnachweise sollen sicherstellen, dass die Wirtschaftsteilnehmer über die erforderlichen wirtschaftlichen und finanziellen Kapazitäten für die Ausführung des Auftrages verfügen. Eine Argumentation, dass die Berücksichtigung von LCC die wirtschaftliche und finanzielle Leistungsfähigkeit in größerem Umfang sicherstelle, erscheint sehr konstruiert.

641 *Caranta* in: The Law of Green and Social Procurement in Europe, S. 28; Steiff, VergabeR 2009, 290, 294.

642 Anhang VII zur VRL, dort unter Ziffer 1. b).

643 Anhang VII zur VRL, dort unter Ziffer 1. a).

die Definition des Begriffs „technische Spezifikation“ im Sinne des Richtlinienrechts ausschließlich auf die Merkmale der Erzeugnisse selbst, ihre Produktionsprozesse und -methoden, ihre Verpackung oder ihre Verwendung und nicht auf die Bedingungen ab, unter denen der Lieferant sie vom Erzeuger erworben hat.[644] Technische Spezifikationen verweisen per definitionem auf Merkmale oder Eigenschaften von Bau-, Liefer-, oder Dienstleistungen.[645] Wenngleich sie nicht materieller Bestandteil des Beschaffungsgegenstandes selbst sein müssen, erscheint es dennoch konstruiert, eine Lebenszykluskostenrechnung als Merkmal oder Eigenschaft einer Bau-, Liefer-, oder Dienstleistung anzusehen. In Betracht käme vielmehr das Ergebnis eines LCC, also möglichst geringe Lebenszykluskosten bzw. ein „günstiges“ ELCC. Ohne die zusätzliche, nach der hier vertretenen Auffassung unzulässige Vorgabe der jeweiligen LCC-Methode in technischen Spezifikationen, besteht aber die erhebliche Gefahr einer Ungleichbehandlung und/oder einer Diskriminierung von Bietern. Mit Rücksicht auf die vorstehenden Überlegungen und des zu begrenzenden Umfanges dieser Forschungsarbeit, wird dies nicht weiter ausgeführt.

Fehlt der Zusammenhang einer Vorgabe zu Merkmalen des zu liefernden Produktes, seiner Herstellung, seiner Verpackung und seiner Gebrauchstauglichkeit, so liegt keine technische Spezifikation, sondern vielmehr eine Bedingung für die Auftragsausführung im Sinne des Art. 70 VKR vor.[646] Diese der „Beentjes“ Entscheidung entspringenden Bedingungen sind etwa wirtschaftliche, innovationsbezogene, umweltbezogene[647], soziale oder beschäftigungspolitische Belange.[648] Dem Bieter, der den Zuschlag erhalten hat, über Vertragsbedingungen eine

---

644 EuGH, Urt. v. 10.05.2012, Rs. C-368/10, EU:C:2012:284 – *Max Havelaar*, Rn. 76 für die VKR.

645 Lampert in Burgi/Motzke, Beck’scher Vergaberechtskommentar, 3. Auflage 2017, § 121 GWB, Rn. 40.

646 Für die Rechtslage zum Zeitpunkt der Geltung der VKR: EuGH, Urt. v. 10.05.2012, Rs. C-368/10, EU:C:2012:284 – *Max Havelaar*, Rn. 76; vgl. weiter die Schlussanträge GA Juliane Kokott v. 15.12.2011, Rs. C-368/10, EU:C:2011:840 – *Max Havelaar*, Rn. 77, 78, 81.

647 Als Beispiele ökologischer Ausführungsbedingungen nennt die VRL die Anlieferung, Verpackung und Entsorgung von Waren sowie die Abfallminimierung oder die Ressourceneffizienz im Falle von Bau- und Dienstleistungsaufträgen, vgl. Erwägungsgrund 97.

648 Ausweislich Erwägungsgrunds 98 kann hinter den Bedingungen für die Auftragsausführung auch die Absicht stehen, die Umsetzung von Maßnahmen zur Förderung der Gleichstellung von Frauen und Männern am Arbeitsplatz, die verstärkte Beteiligung der Frauen am Erwerbsleben und die Vereinbarkeit von Arbeit und Privatleben oder den Umwelt- oder Tierschutz zu begünstigen und im Kern die grundlegenden Übereinkommen der Internationalen Arbeitsorganisation (ILO) zu erfüllen und mehr benachteiligte Personen als nach nationalem Recht gefordert einzustellen.

Lebenszykluskostenrechnung vorzugeben, ist jedoch ebenso fernliegend. Die nachstehende Untersuchung widmet sich daher eingehend der Ebene des Zuschlages.

In Ansehung des zu begrenzenden Umfanges der Forschungsarbeit werden nur die Oberschwellenvergaben im Anwendungsbereich der allgemeinen Vergaberichtlinie 2014/24/EU behandelt. Außer Betracht bleiben die nationalen Vorgaben an öffentliche Auftragsvergaben unterhalb der Schwellenwerte des Art. 4 VRL auf den § 106 Abs. 2 Nr. 1 GWB verweist. Die Kommission veröffentlichte in der Delegierten Verordnung (EU) 2015/2170 vom 24.11.2015 die ab dem 01.01.2016 geltenden Schwellenwerte, die bei öffentlichen Bauaufträgen 5.225.000 EUR und bei öffentlichen Liefer- und Dienstleistungsaufträgen 135.000 EUR betragen.[649] Aus diesem Grund werden die VOB/A und die Unterschwellenvergabeordnung[650], die bislang nur als Diskussionsentwurf vorliegt, nicht behandelt. Auch Fragen des internationalen Vergaberechts, die sich aus dem GPA-Beschaffungsübereinkommen, dem sog. „Government Procurement Agreement“[651], ergeben, werden nicht untersucht.

Nachdem soeben die Frage nach dem „Ob“ einer Berücksichtigung strategischer Ziele geklärt wurde, wird nun entsprechend der leitenden Forschungsfrage, wie das Instrument des LCC einen effektiven Beitrag zur Umsetzung einer nachhaltigen öffentlichen Auftragsvergabe leisten kann, in Kapitel 3 zunächst das „Wo“ erörtert, um sodann in Kapitel 4 das „Wie“ zu klären. Hinsichtlich der Verortung im Vergabeverfahren, also dem „Wo“, wurde soeben aufgezeigt, dass LCC-Methoden auf Ebene des Zuschlages eingesetzt werden können. Nachfolgend werden die europäischen und nationalen Vorgaben an Zuschlagskriterien dargestellt. Sie dienen dem in Kapitel 4 untersuchten „Wie“ der Einbeziehung von LCC als Basis.

649 Delegierte Verordnung (EU) 2015/2170 der Kommission vom 24.11.2015 zur Änderung der Richtlinie 2014/24/EU des Europäischen Parlaments und des Rates im Hinblick auf die Schwellenwerte für Auftragsvergabeverfahren, ABl. L 307 v. 25.11.2015, S. 5–6.

650 BMWi, Entwurf für eine Verfahrensordnung für die Vergabe öffentlicher Liefer- und Dienstleistungsaufträge unterhalb der EU-Schwellenwerte (Unterschwellenvergabeordnung – UVgO), in: https://www.bmwi.de/BMWi/Redaktion/PDF/C-D/diskussionsenetwurf-zur-unterschwellenvergabeordnung-ugvo,property=pdf,bereich=bmwi2012,sprache=de,rwb=true.pdf, abgerufen am 08.12.2016.

651 Englischer Text des GPA: Beschluß des Rates vom 22.12.1994 über den Abschluß der Übereinkünfte im Rahmen der multilateralen Verhandlungen der Uruguay-Runde (1986–1994) im Namen der Europäischen Gemeinschaft in Bezug auf die in ihre Zuständigkeiten fallenden Bereiche, ABl.EG Nr. L 336 v. 23.12.1994 S. 1–308; Protokoll zur Änderung des Übereinkommens über das öffentliche Beschaffungswesen, ABl.EU L 68, 7.3.2014, S. 2–24. Deutsche Fassung: ABl. C 256 v. 3.9.1996 S. 2 ff.

B. Entwicklung der Anforderungen an strategische Zuschlagskriterien

Mit der „Beentjes“ Entscheidung[652] im Jahr 1988 wurde der Wandel von einer auf Haushaltsrecht beruhenden, an einzelwirtschaftlichen Erwägungen orientierten Beschaffung[653], hin zu einem wettbewerblich ausgerichteten Rechtsgebiet, das zur strategischen Umsetzung politischer Ziele eingesetzt wird, eingeleitet. Nur Schritt für Schritt öffnete sich das Vergaberecht für die strategischen Zwecke in Form von ökologischen und sozialen Anforderungen. Der EuGH suchte in seinen Entscheidungen einen rechtlichen Rahmen zu stecken, der die Vorteile und zugleich die Gefahren strategischer Beschaffung austariert. Über die VKR und die VRL fanden diese Voraussetzungen Eingang in das europäische Richtlinienrecht. Nachfolgend wird die Entwicklung des rechtlichen Rahmens der vormals vergabefremden Kriterien hin zu der heutigen strategischen öffentlichen Auftragsvergabe aufgezeigt.

I. „Beentjes“ als Ausgangspunkt strategischer Ziele

Das „Beentjes“ Urteil bildete den Ausgangspunkt der (europa-)rechtlichen Diskussion um die Einbeziehung der vormals vergabefremden Aspekte. Diese zentrale Entscheidung[654] fand zunächst nur vereinzelt Zustimmung[655] und wurde gar als Fehlurteil charakterisiert[656]. Die zahlreichen Kritiker[657] warfen dem EuGH unter anderem vor, es habe sich sybillinisch ausgedrückt[658].

Das Vorabentscheidungsverfahren in „Beentjes“ betraf die Vorgabe in einer Ausschreibung, nach der sich das beschäftigte Personal zu mindestens 70% aus

652 EuGH, Urt. v. 20.09.1988, Rs. C-31/87, EU:C:1998:508 – *Beentjes.*

653 Opitz, NZBau 2001, 12 ff.; ders. in: Dreher/Motzke, Beck'scher Vergaberechtskommentar, 2. Auflage 2013, § 97 Abs. 5 GWB, Rn. 38.

654 Haak, NZBau 2015, 11, 13 bezeichnet „Beentjes“ und „Nord-Pas-de-Calais“ als „Grundstein zur Hebelwirkung des öffentlichen Beschaffungsmarktes für arbeitsmarkt- und sozialpolitische Ziele“; *Dreher* in Immenga/Mestmäcker, Wettbewerbsrecht, 5. Auflage 2014, § 97 GWB, Rn. 248 bezeichnet das Urteil als „Leitentscheidung“.

655 Hailbronner/Weber, EWS 1997, 73 f. führen „Beentjes“ zumindest an, ohne es zugleich zu kritisieren; Hailbronner in WiVerw 1994, 173, 226 will die Auswirkungen des Urteils abwarten und fordert Maßstäbe zur Beurteilung der Zulässigkeit vergabefremder Kriterien.

656 *Dreher* in Immenga/Mestmäcker, Wettbewerbsrecht, 5. Auflage 2014, § 97 GWB, Rn. 249.

657 Pache/Rüger, EuZW 2002, 169, 171; Noch, Vergaberecht, 2. Auflage 2002, S. 183; Dreher, JZ 2001, 140 f.; Opitz, NZBau 2001, 12, 14; Martin-Ehlers, WuW 1999, 685, 690 ff.; Götz, EuR 1999, 621, 625 ff.; ders. Öffentliche Beschaffungsmärkte und Europarecht, S. 164 ff.; Karenfort/von Koppenfels/Siebert, BB 1999, 1825, 1830; Rittner, EuZW 1999, 677, 680; Fischer/Barth, NVwZ 2002, 1184, 1189 weisen auf die Kritik hin, vgl. die Nachweise in Fußnote 46.

658 Krohn, NZBau 2004, 92.

Langzeitarbeitslosen zusammensetzen muss.[659] Die Firma „Beentjes“ gab zwar das niedrigste Angebot ab, erhielt aber wegen ihrer geringeren Eignung nicht den Zuschlag.[660] Das vorlegende Gericht ersuchte den EuGH um die Klärung der Frage, ob es nach der Baukoordinierungsrichtlinie[661] zulässig war, einen Bieter auszuschließen, weil er nicht in der Lage ist, Langzeitarbeitslose zu beschäftigen, wenn bei der Ausschreibung selbst insoweit keine Eignungskriterien genannt sind.[662]

Einleitend stellte der EuGH klar, dass die Auswahl der Kriterien, auf die ein öffentlicher Auftraggeber für die Erteilung des Zuschlages abzustellen beabsichtige, ihm überlassen sei, wenn sie denn der Ermittlung des wirtschaftlich günstigsten Angebots dienen.[663] Überdies schaffe die BKR kein einheitliches und erschöpfendes Gemeinschaftsrecht.[664] Vorbehaltlich der Beachtung aller einschlägigen Vorschriften des Gemeinschaftsrechts sowie der Niederlassungs- und Dienstleistungsfreiheit, bliebe es den Mitgliedsstaaten also unbenommen, materiell-rechtliche oder verfahrensrechtliche Bestimmungen auf dem Gebiet der öffentlichen Bauaufträge aufrechtzuerhalten oder zu erlassen.[665]

Die Vorgabe der Beschäftigung von Langzeitarbeitslosen charakterisierte der EuGH als „besondere zusätzliche Bedingung“ und prüfte deren Zulässigkeit anhand der in „CEI und Bellini“ aufgestellten Kriterien, also der Beachtung aller Vorschriften des Gemeinschaftsrechts, insbesondere der sich aus dem Niederlassungsrecht und des freien Dienstleistungsverkehrs ergebenden Verbote.[666] Die Bedingung dürfe nicht unmittelbar oder mittelbar zu einer Diskriminierung der Bieter aus anderen Mitgliedstaaten führen.[667] Der EuGH deutete an, dies im konkreten Fall als kritisch anzusehen.[668] Darüber hinaus wurde gefordert, dass den Auftraggebern keine unbeschränkte Entscheidungsfreiheit bei der Erteilung des Zuschlages eingeräumt werde[669] und die in der BKR festgelegten Verfahrensvorschriften, insbesondere die Publizitätsvorschriften, eingehalten werden.[670]

---

659 Schlussanträge GA Marco Darmon v. 04.05.1988, Rs. C-31/87, EU:C:1998:283 – *Beentjes*, Rn 32.
660 EuGH, Urt. v. 20.09.1988, Rs. C-31/87, EU:C:1998:508 – *Beentjes*, Rn. 2, 3.
661 Richtlinie 71/305/EWG des Rates vom 26.07.1971 über die Koordinierung der Verfahren zur Vergabe öffentlicher Bauaufträge, ABl. L 185 v. 16.08.1971, S. 5; im Folgenden: BKR.
662 EuGH, Urt. v. 20.09.1988, Rs. C-31/87, EU:C:1998:508 – *Beentjes*, Rn. 14.
663 EuGH, Urt. v. 20.09.1988, Rs. C-31/87, EU:C:1998:508 – *Beentjes*, Rn. 19.
664 EuGH, Urt. v. 20.09.1988, Rs. C-31/87, EU:C:1998:508 – *Beentjes*, Rn. 20.
665 EuGH, Urt. v. 20.09.1988, Rs. C-31/87, EU:C:1998:508 – *Beentjes*, Rn. 20.
666 EuGH, Urt. v. 09.07.1987, Rs. C-27 bis 29/86, EU:C:1987:355 – *CEI und Bellini*, Rn. 15. Dort hinsichtlich der Zulässigkeit einer national festgelegten Obergrenze für Aufträge, die gleichzeitig vergeben werden dürfen.
667 EuGH, Urt. v. 20.09.1988, Rs. C-31/87, EU:C:1998:508 – *Beentjes*, Rn. 37.
668 EuGH, Urt. v. 20.09.1988, Rs. C-31/87, EU:C:1998:508 – *Beentjes*, Rn. 30.
669 EuGH, Urt. v. 20.09.1988, Rs. C-31/87, EU:C:1998:508 – *Beentjes*, Rn. 26.
670 EuGH, Urt. v. 20.09.1988, Rs. C-31/87, EU:C:1998:508 – *Beentjes*, Rn. 31.

Die Bezugnahme auf „CEI und Bellini" erfuhr Kritik. Der EuGH berief sich entgegen des durch die gewählte Formulierung geweckten Eindrucks, nicht auf eine gefestigte Rechtsprechung.[671] Zudem ging es dort um eine national vorgegebene Obergrenze für die Aufträge, die gleichzeitig ausgeführt werden dürfen[672], sodass die Anwendung der CEI-Kriterien auf die Beschäftigungsbedingung einen „qualitativen Sprung" darstelle[673]. Die aus diesem Urteil zu ziehenden Schlussfolgerungen waren auch in Ansehung der knappen Begründung umstritten.[674] Es herrschte Unklarheit darüber, wie die neu geschaffene „besondere zusätzliche Bedingung" einzuordnen war. Nach Auffassung des EuGH hatte das in Beentjes streitgegenständliche Kriterium nämlich mit Eignungs- oder Zuschlagskriterien nichts „zu tun"[675]. Weiter war unklar, ob die Vergaberichtlinien abschließend sind[676] und

---

671 Götz, EuR 1999, 621, 625; ders., Öffentliche Beschaffungsmärkte und Europarecht, S. 164 f.

672 Die im Rahmen der Beurteilung der Leistungsfähigkeit des Bieters zum Einsatz kommen sollte.

673 Götz, EuR 1999, 621, 625; ders. Öffentliche Beschaffungsmärkte und Europarecht, S. 165.

674 Götz, Öffentliche Beschaffungsmärkte und Europarecht, wörtlich auf S. 164: „Das Beentjes Urteil zeichnet sich durch eine geradezu verblüffende Knappheit in der Begründung aus [...]"

675 EuGH, Urt. v. 20.09.1988, Rs. C-31/87, EU:C:1998:508 – *Beentjes*, Rn. 27. Der EuGH führte insoweit vorher aus, dass die Eignungsprüfung nur anhand der wirtschaftlichen, finanziellen und technischen Leistungsfähigkeit eines Bieters erfolge und einen von der Erteilung des Zuschlags auf das wirtschaftlich günstigste Angebot zu unterscheidenden Vorgang darstelle. Die Auswahl der Zuschlagskriterien stehe dem öffentlichen Auftraggeber grundsätzlich frei, sofern sie der Ermittlung des wirtschaftlichsten Angebotes dienen. Die Beschäftigungsbedingung ließe sich aber, wie ausgeführt, in keinen dieser Vorgänge einordnen. Vgl. die Rn. 17–19.

676 Von einer abschließenden Regelung in der Richtlinie gehen aus: Fante, Die Instrumentalisierung des öffentlichen Beschaffungswesens zur Durchsetzung politischer Ziele, S. 210; Boesen, Vergaberecht: Kommentar zum 4. Teil des GWB, 1. Auflage 2000, § 97 GWB, Rn. 120; Karenfort/von Koppenfels/Siebert, BB 1999, 1825, 1830; Arrowsmith, CMLRev. 1999, 13, 44; Rittner, EuZW 1999, 677, 680; Martin-Ehlers, WuW 1999, 685, 692 der sich auf Rn. 10 des Beentjes Urteils beruft, nach dem das wirtschaftlichste Angebot zu ermitteln ist, was bei einem Einsatz vergabefremder Kriterien nie der Fall sei. Götz, EuR 1999, 621, 625; ders., Öffentliche Beschaffungsmärkte und Europarecht, ausführlich zum abschließenden Charakter der Richtlinien auf den S. 168 ff.; Pietzcker, ZHR 162(1998), 427, 466, der aber zugesteht, dass der EuGH in „Beentjes" offenbar das gegenteilige Verständnis zugrunde legte; Äußerst pointiert: *Marx* in: Die Vergabe öffentlicher Aufträge im Lichte des Europäischen Wirtschaftsrechts, S. 94; Meyer, Die Einbeziehung politischer Zielsetzungen bei der öffentlichen Beschaffung, S. 244 kann „einem grundsätzlichen Verbot recht nahe kommen"; Europäische Kommission, Grünbuch „Das öffentliche Auftragswesen in der Europäischen Union: Überlegungen für die Zukunft", vom 27.11.1996, S. 49 f.

damit infolge der Nichterwähnung vergabefremde Zwecke ausschließen oder nicht[677].

II. Koordinierungsrichtlinien

Der EuGH prüfte die Vereinbarkeit des streitigen Beschäftigungskriteriums nicht anhand der BKR. Die Koordinierungsrichtlinien bestanden aus der Dienstleistungs-[678], Bau- und der Lieferkoordinierungsrichtlinie[679]. Sie enthielten keine ausdrücklichen Vorgaben einer unionsrechtlich zulässigen Verankerung der vormals vergabefremden Ziele.[680]

Hinsichtlich der Zuschlagserteilung[681] ließen die Koordinierungsrichtlinien dem öffentlichen Auftraggeber die Wahl zwischen der Auftragsvergabe entweder ausschließlich anhand des Kriteriums des niedrigsten Preises oder der Bezuschlagung des wirtschaftlich günstigsten Angebotes, dessen Ermittlung anhand verschiedener auf den Auftrag bezogener Kriterien zu erfolgen hatte. Beispielhaft aufgezählt wurden in Art. 30 Abs. 1 b) BKR Preis, Ausführungsfrist, Betriebskosten,

---

677 Diemon-Wies/Graiche, NZBau 2009, 409, 411; Bungenberg, NVwZ 2003, 314 f.; Fischer/Barth, NVwZ 2002, 1184, 1188 f.; Benedict, NJW 2001, 947 f. der „Nord-Pas-de-Calais“ insofern als ausdrückliche Klarstellung empfand; Böhm/Danker, NVwZ 2000, 767 f.; Rust, EuZW 2000, 205 f.; dies. EuZW 1999, 453, 455; Ax, ZVgR 1997, 46, 48; *Dreher* in Immenga/Mestmäcker, Wettbewerbsrecht, 5. Auflage 2014, § 97 GWB, Rn. 248 zwar nicht zustimmend aber zu diesem Verständnis des EuGH.

678 Richtlinie 92/50/EWG des Rates vom 18.06.1992 über die Koordinierung der Verfahren zur Vergabe öffentlicher Dienstleistungsaufträge, ABl. L 209 v. 24.07.1992, S. 1, im Folgenden: DKR.

679 Richtlinie 93/36/EWG des Rates vom 14.06.1993 über die Koordinierung der Verfahren zur Vergabe öffentlicher Lieferaufträge, ABl. L 199 v. 09.08.1993 S. 1; im Folgenden: LKR.

680 Beuttenmüller, Vergabefremde Kriterien im öffentlichen Auftragswesen, S. 73 sowie insbesondere die dort geführte Diskussion um den abschließenden Charakter der Koordinierungsrichtlinien, deren Ergebnis auf den S. 136–138 zusammengefasst ist; Scharpenack, Sekundärzwecke im Vergaberecht, S. 173; allerdings enthielten die Koordinierungsrichtlinien in Artikel 23 RL 93/37/EWG, Artikel 28 RL 92/50 und Artikel 29 RL 93/38/EWG für den sozialen Bereich eine parallel ausgestaltete Vorgabe bzgl. Auskünfte über Arbeitsschutz und -bedingungen. Weiter enthielt die Baukoordinierungsrichtlinie (RL 93/37/EWG) in Artikel 9 ein besonderes Verfahren für die Gesamtplanung und den Bau von Sozialwohnungen. Vgl. zu früheren Bestrebungen im Rahmen der Novellierung der Koordinierungsrichtlinien die detaillierten Ausführungen von Benedict, Sekundärzwecke im Vergabeverfahren, S. 85–107.

681 Vgl. weiterhin zu den durch Zeitablauf obsolet gewordenen Präferenzregeln sowie des Ausschlusses ungewöhnlich niedriger Angebote die Ausführungen bei Scharpenack, Sekundärzwecke im Vergaberecht, S. 174 f. bzw. 178 f.

Rentabilität, technischer Wert, sowie darüberhinausgehend in Art. 26 Abs. 1 b) LKR und Art. 1 a) DKR die Lieferfrist, die Qualität, die Ästhetik, die Zweckmäßigkeit, der technische Wert, der Kundendienst sowie die technische Hilfe und schließlich noch in Art. 34 Abs. 1 a) SKR die Ausführungsdauer, Verpflichtungen hinsichtlich der Ersatzteile, die Versorgungssicherheit und der Preis.

Die Koordinierungsrichtlinien zählten damit weder ökologische noch soziale Kriterien ausdrücklich auf. Allerdings waren sie in dieser Hinsicht auch nicht abschließend. Hierauf ließ bereits der Wortlaut schließen. Auch die Europäische Kommission brachte in ihren Auslegungsmitteilungen zum Ausdruck, dass die Berücksichtigung von Umweltbelangen in die Festlegung spezifischer Zuschlagskriterien münden kann und Kriterien Berücksichtigung finden können, die „soziale Gegebenheiten beinhalten“[682] – so auch der EuGH wiederholt in den „Beentjes“ nachfolgenden Entscheidungen[683].

III. Die weitere Entwicklung der Judikatur des EuGH vor Inkrafttreten der VKR

Lange Zeit diente das „Beentjes“ Urteil Rechtsprechung und Literatur als einziger Anhaltspunkt für die Beurteilung der Zulässigkeit vergabefremder Kriterien. Erst zwölf Jahre später wurden die Gemeinschaftsgerichte erneut mit einer ähnlich gelagerten Rechtssache betraut.[684] In der Zwischenzeit wurde sogar angenommen,

---

682 Interpretierende Mitteilung der Kommission über das auf das öffentliche Auftragswesen anwendbare Gemeinschaftsrecht und die Möglichkeiten zur Berücksichtigung von Umweltbelangen bei der Vergabe öffentlicher Aufträge, KOM(2001) 274 endg., Amtsblatt C 333 v. 28.11.2001, S. 12, Ziffer 3.1; Interpretierende Mitteilung der Kommission über die Auslegung des gemeinschaftlichen Vergaberechts und die Möglichkeiten zur Berücksichtigung sozialer Belange bei der Vergabe öffentlicher Aufträge, KOM(2001) 566 endg., Amtsblatt C 333 v. 28.11.2001, S. 27, Ziff. 1.4. Sie macht dies allerdings davon abhängig, dass sie dem öffentlichen Auftraggeber einen wirtschaftlichen Vorteil boten.

683 In „Nord-Pas-de-Calais“ formulierte der EuGH dies noch zögerlich, indem er annahm, dass der öffentliche Auftraggeber „nicht in jedem Fall daran gehindert [sei], eine mit dem Kampf gegen die Arbeitslosigkeit zusammenhängende Bedingung als Kriterium zu verwenden“, dort Rn. 50. Demgegenüber stellte er in „Concordia Bus Finland“ ausdrücklich fest, dass die DKR keine abschließende Aufzählung der Kriterien enthalte, die zur Ermittlung des wirtschaftlichsten Angebotes in der Zuschlagserteilung berücksichtigt werden können. Insoweit heißt es nur, dass die Zuschlagskriterien, die festgelegt werden können, mit dem Auftragsgegenstand zusammenhängen müssen, vgl. dort Rn. 59. In „EVN und Wienstrom“ dann explizit zur Zulässigkeit von Umweltkriterien, Rn. 32 ff. Diese Urteile ergingen sämtlich zur Auslegung der Koordinierungsrichtlinien.

684 Der EuGH hatte 1992 zu einer Klausel zu entscheiden, die vorsah, dass bei der Auswahl der aufzufordernden Unternehmen im nicht offenen Verfahren auf die Ortsansässigkeit zu achten ist, EuGH, Urt. v. 03.06.1992, Rs. C-360/89,

es habe sich bei „Beentjes“ um eine Einzelfallentscheidung gehandelt,[685] die nicht mehr maßgeblich sein soll.[686] Generalanwalt Lenz formulierte im Zuge des Forums ’92 Öffentliches Auftragswesen verheißungsvoll, mit dem Urteil „Beentjes“ sei in Bezug auf die Verfolgung sozialer Ziele im Rahmen der öffentlichen Auftragsvergabe vielleicht noch nicht das letzte Wort gesprochen.[687] Er sollte Recht behalten. Die kontroverse Diskussion, um die Öffnung des Vergaberechts für strategische Kriterien, wurde mit dem „Nord-Pas-de-Calais“ Urteil[688] fortgeführt.

1. Nord-Pas-de-Calais

Die Rechtssache „Nord-Pas-de-Calais“ betraf ein gegen die Republik Frankreich eingeleitetes Vertragsverletzungsverfahren.[689] Die insgesamt 14 Ausschreibungen des „Plan Lycées“, der die Instandhaltung und Sanierung von Gymnasien in der Region Nord-Pas-de-Calais sowie dem Departement Nord betraf, enthielten eine Beschäftigungsbedingung, die mit einer lokalen Maßnahme zum Kampf gegen die Arbeitslosigkeit zusammenhing.[690] Die Kommission war der Auffassung, dass diese Vorgabe gegen Art. 30 BKR verstieß, weil die französische Behörde sie ausdrücklich zum Zuschlagskriterium gemacht habe und sie damit nicht mehr als „Beentjes’sche“ Ausführungsbedingung angesehen werden könne.[691]

a) Entscheidung des EuGH

Der EuGH rezipierte zunächst die in „Beentjes“ aufgestellten Voraussetzungen an die Zulässigkeit einer dem Kampf gegen die Arbeitslosigkeit gewidmeten

EU:C:1992:235 – *Kommission/Italien.* Weitere zwei Jahre später wurde der Gerichtshof mit der Frage nach Zulässigkeit eines Vergabekriteriums „mehrheitlich in öffentlicher Hand“ betraut, EuGH, Urt. v. 26.04.1994, Rs. C-272/91, EU:C:1994:167 – *Kommission/Italien.* In Anbetracht des zu begrenzenden Umfangs der vorliegenden Forschungsarbeit und in Ermangelung einer eigenständigen Bedeutung dieser Urteile, wird vorliegend hierzu nicht weiter ausgeführt. Diese Urteile wurden aber beispielsweise von Boesen, Vergaberecht: Kommentar zum 4. Teil des GWB, 1. Auflage 2000, § 97 GWB in Rn. 118 und von Meyer, Die Einbeziehung politischer Zielsetzungen bei der öffentlichen Beschaffung, S. 236 angeführt, um die Bedeutung des „Beentjes“ Urteils zu bewerten.

685 So Götz, EuR 1999, 621, 625; ders., Öffentliche Beschaffungsmärkte und Europarecht, S. 168.

686 Karenfort/von Koppenfels/Siebert, BB 1999, 1825, 1830.

687 Lenz, Forum ´92 Öffentliches Auftragswesen, S. 33, 50.

688 EuGH, Urt. v. 26.09.2000, Rs. C-225/98, EU:C:2000:494 – *Nord-Pas-de-Calais.*

689 Die Kommission prüfte über einen Zeitraum von drei Jahren die öffentlichen Bekanntmachungen im Rahmen des „Plan Lycées“.

690 EuGH, Urt. v. 26.09.2000, Rs. C-225/98, EU:C:2000:494 – *Nord-Pas-de-Calais*, Rn. 22.

691 EuGH, Urt. v. 26.09.2000, Rs. C-225/98, EU:C:2000:494 – *Nord-Pas-de-Calais*, Rn. 46.

Beschäftigungsbedingung unter besonderer Hervorhebung der Publizitätsvorschriften.[692] Zentrale Aussage dieser Entscheidung ist die Feststellung des Gerichtshofes, der Einwand der Kommission, „Beentjes" habe eine Ausführungsbedingung betroffen, gehe fehl. Während der Generalanwalt noch darauf hinwies, dass sich der Beschäftigungsaspekt zum Zeitpunkt des Erlasses der BKR sicherlich anders dargestellt habe, es allerdings dem Gesetzgeber vorbehalten sei, die Vorgabe der Richtlinie zu ändern[693], schloss der EuGH lapidar, es könne sich „eindeutig" nur um ein Zuschlagskriterium gehandelt haben, weil die Bedingung der Beschäftigung von Langzeitarbeitslosen, um die es in dieser Rechtssache ging, schließlich als Grund für den Ausschluss eines Bieters gedient habe[694]. Der diesbezügliche Vorwurf der Kommission wurde damit zurückgewiesen.[695]

b) Zusammenfassende Betrachtung

Die Entscheidung erfuhr harsche Kritik.[696] Es handele sich um ein „groteskes Fehlurteil"[697], das eine tragfähige Begründung vermissen lasse[698] und dessen fehlerhafte Verweisung den EuGH als Rechtsprechungsorgan diskreditiere[699]. Auf großes Unverständnis stieß die Feststellung, es habe sich bei der Beentjes'schen Beschäftigungsbedingung „eindeutig" um ein Zuschlagskriterium gehandelt, weil es zum Ausschluss eines Bieters geführt habe. Tatsächlich lässt sich dies nur schwer in Einklang bringen mit Randnummer 28 des „Beentjes" Urteils. Dort formulierte der EuGH 12 Jahre zuvor noch deutlich, eine derartige Beschäftigungsbedingung habe weder mit Eignungs- noch mit Zuschlagskriterien etwas zu tun und sie damit „expressis verbis" nicht als Zuschlagskriterium eingeordnet[700]. Gleich wie man

692 EuGH, Urt. v. 26.09.2000, Rs. C-225/98, EU:C:2000:494 – *Nord-Pas-de-Calais*, Rn. 50, 51.

693 Schlussanträge GA Siegbert Alber vom 14.03.2000, Rs. C-225/98, EU:C:2000:121 – *Nord-Pas-de-Calais*, Rn. 47.

694 EuGH, Urt. v. 26.09.2000, Rs. C-225/98, EU:C:2000:494 – *Nord-Pas-de-Calais*, Rn. 52.

695 EuGH, Urt. v. 26.09.2000, Rs. C-225/98, EU:C:2000:494 – *Nord-Pas-de-Calais*, Rn. 54.

696 Beispielhaft Bitterich, ZIP 2008, 1455, 1458.

697 So Dreher, JZ 2001, 140.

698 Seidel, EuZW 2000, 755, 762.

699 So Dreher, JZ 2001, 140 f., der die Verweisung auf Randnummer 14 des „Beentjes" Urteils kritisiert. Diese Stelle der Urteilsbegründung in der Rechtssache „Beentjes" fasst die Vorlagefrage dahin zusammen, ob die Richtlinie 71/305 dem Ausschluss eines Bieters, der nicht in der Lage ist, Langzeitarbeitslose zu beschäftigen, entgegensteht. Wie daher der Verweis als schlicht falsch beurteilt werden konnte, weil die in Bezug genommene Textstelle die Behauptung des EuGH nicht im Ansatz rechtfertigen könne (so: Dreher, JZ 2001, 140 f.), ist nach Ansicht der Verfasserin nicht nachvollziehbar. Schließlich behandelt Randnummer 14 des „Beentjes" Urteils den nach der Richtlinie zulässigen Ausschluss eines Bieters.

700 Zustimmung verdient insofern Dreher, JZ 2001, 140 f.; Schirma, NZBau 2002, 1, 4.

diese Entscheidung bewertet, ob nun als Fortentwicklung[701] oder Abkehr[702] von „Beentjes", jedenfalls nahm der EuGH jetzt an, dass ein vergabefremdes Beschäftigungskriterium nicht nur in Form zusätzlicher Bedingungen zulässig ist, sondern auch als Zuschlagskriterium.[703] Überdies wurden in „Nord-Pas-de-Calais" die Anforderungen an die Zulässigkeit einer Einbeziehung vergabefremder Kriterien bestätigt.

2. Concordia Bus Finland

Gegenstand des „Concordia Bus Finland" Urteils von 2002 war eine Ausschreibung für den Betrieb des innerstädtischen Busverkehrs der Stadt Helsinki. Kriterien der Beurteilung des wirtschaftlichsten Angebotes waren u.a. der Gesamtpreis des Betriebs des Fuhrparks sowie das Qualitäts- und Umweltkonzept des Verkehrsunternehmers.[704] Bieter, die den Einsatz von Bussen offerierten, die Stickoxidemissionen von unter 4 oder 2 g/kWh und zum anderen einen Lärmpegel von unter 77 dB aufwiesen, konnten höchstens 10 zusätzliche Punkte erhalten.[705] Auch im Rahmen der Bewertung des Qualitäts- und Umweltkonzepts des Verkehrsunternehmers waren zusätzliche Punkte für eine Gesamtheit von qualitativen Kriterien und für ein zertifiziertes Umweltkonzept angesetzt.[706] Die Concordia (seinerzeit Swebus) konnte keine Zusatzpunkte erzielen und wurde daher trotz Abgabe des günstigsten Angebots auf den zweiten Platz gesetzt.[707] Das mit dem Ausgangsrechtstreit befasste finnische Gericht legte dem EuGH unter anderem die Frage

---

701 Benedict, NJW 2001, 947 f.; Seidel, EuZW 2000, 755, 762; Mohr, VergabeR 2009, 543, 547.

702 Opitz, VergabeR 2004, 421, 424; Dreher, JZ 2001, 140 f.; Losch, EUR 2005, 231, 234. Ein Versuch der Erklärung der nachträglichen Zuordnung als Zuschlagskriterium infolge der Rechtsausführungen des Generalanwaltes Alber findet sich bei Losch, EuR 2005, 231, 235.

703 So auch: Benedict, NJW 2001, 947 f.; Steiff, VergabeR 2009, 290, 300 in Fn. 95: "(dort freilich schon mit der Behandlung als „Zuschlagskriterium")"; Mohr, VergabeR 2009, 543, 547; Opitz, VergabeR 2004, 421, 424; demgegenüber ordnet Müller-Wrede in VergabeR 2012, 416, 418 das Kriterium der Beschäftigungsförderung von Langzeitarbeitslosen als zusätzliche Bedingung, als „Zusatzkriterium" in der Zuschlagsphase ein.

704 Außerdem dessen Qualität ein Kriterium, EuGH, Urt. v. 17.09.2002, Rs. C-513/99, ECLI: EU:C:2002:495 – *Concordia Bus Finland,* Rn. 21.

705 EuGH, Urt. v. 17.09.2002, Rs. C-513/99, EU:C:2002:495 – *Concordia Bus Finland,* Rn. 23.

706 EuGH, Urt. v. 17.09.2002, Rs. C-513/99, EU:C:2002:495 – *Concordia Bus Finland,* Rn. 24.

707 EuGH, Urt. v. 17.09.2002, Rs. C-513/99, EU:C:2002:495 – *Concordia Bus Finland,* Rn. 26.

vor, ob in die Bewertung Zusatzpunkte für die Verringerung der Stickoxid- und Lärmemissionen einfließen dürfen.[708]

a) Entscheidung des EuGH

Einleitend stellte der EuGH fest, dass die DKR keine abschließende Aufzählung der Kriterien enthalte, die zur Ermittlung des wirtschaftlichsten Angebotes in der Zuschlagserteilung berücksichtigt werden können.[709] Die von Seiten des öffentlichen Auftraggebers festgelegten Zuschlagskriterien müssten nicht zwingend wirtschaftlicher Natur sein, nur weil das wirtschaftlich günstigste Angebot zu ermitteln ist. Es sei nicht auszuschließen, dass sich auch nicht rein wirtschaftliche Faktoren, wie das streitgegenständliche Umweltschutzkriterium, auf den Wert des Auftragsgegenstandes auswirken können.[710] Der EuGH berief sich auf die Querschnittsklausel des Art. 6 EGV, die eine Einbeziehung des Umweltschutzes bei der Festlegung und Durchführung von Gemeinschaftspolitiken und -maßnahmen vorgibt.[711] Bei der Auswahl der Zuschlagskriterien sei der öffentliche Auftraggeber

---

708 EuGH, Urt. v. 17.09.2002, Rs. C-513/99, EU:C:2002:495 – *Concordia Bus Finland,* Rn. 35.

709 EuGH, Urt. v. 17.09.2002, Rs. C-513/99, EU:C:2002:495 – *Concordia Bus Finland,* Rn. 54. Demgegenüber subsummierte der Generalanwalt die nach dem Ausgangssachverhalt vorgegeneben Anforderungen im Hinblick auf die Stickoxid- und Lärmemissionen unter die von diesem Artikel ausdrücklich vorgesehenen Zuschlagskriterien „Qualität", „technischer Wert" oder „bestimmte Ausstattungsanforderungen". Er folgerte a maiore ad minus, dass der öffentliche Auftraggeber, wenn ihm bereits das Recht zustehe, zu verlangen, dass die Busse mit Gas betrieben werden können, so müsse es erst Recht zulässig sein, Zusatzpunkte für die Unterschreitung bestimmter Schadstoff- und Lärmwerte vorzusehen, Schlussanträge GA Jean Mischo v. 13.12.2001, Rs. C-513/99, EU:C:2001:686 – *Concordia Bus Finland,* Rn. 77, 80.

710 EuGH, Urt. v. 17.09.2002, Rs. C-513/99, EU:C:2002:495 – *Concordia Bus Finland,* Rn. 55. Der EuGH berief sich dabei auf das ausdrücklich in Artikel 36 Abs. 1 Buchstabe a genannte Zuschlagskriterium „Ästhetik".

711 EuGH, Urt. v. 17.09.2002, Rs. C-513/99, EU:C:2002:495 – *Concordia Bus Finland,* Rn. 57. Daneben berief er sich auf die Zielrichtung der Dienstleistungskoordinierungsrichtlinie (RL 92/50/EWG), die den Abbau der Hemmnisse für den freien Dienst- und Warenverkehr anstrebt. Auch in den Schlussanträgen wurde auf Artikel 6 EGV verwiesen. Der Generalanwalt führte aus, dass „Beentjes" und „Nord-Pas-de-Calais" gemein sei, dass der Gerichtshof die Rechtmäßigkeit einer öffentlichen Auftragsvergabe annahm, in der ein Kriterium zur Anwendung kam, das dem Allgemeininteresse diente. Auch der Umweltschutz sei zweifelsfrei ein dem Allgemeininteresse dienendes Merkmal, wie sich aus Artikel 6 EGV ergebe. Schließlich sei es nur folgerichtig, dass sich öffentliche Auftraggeber entsprechend ihrer grundsätzlichen Verpflichtung auch bei der öffentlichen Auftragsvergabe von Allgemeininteressen leiten lassen. Schlussanträge GA Jean Mischo v. 13.12.2001, Rs. C-513/99, EU:C:2001:686 – *Concordia Bus Finland,* Rn. 91–93.

allerdings auf die Kriterien beschränkt, die der Ermittlung des wirtschaftlich günstigsten Angebotes dienen.[712]

Sodann etablierte der EuGH eine neue Anforderung. Weil sich ein Angebot notwendigerweise auf den Auftragsgegenstand beziehe, forderte er für die nach Art. 36 Abs. 1 a) DKR festzulegenden Zuschlagskriterien eine Verbindung mit dem Auftragsgegenstand.[713] Für die streitgegenständlichen Kriterien geringer Stickoxidemissionen sowie Lärmpegel der Busse bejahte der Gerichtshof den erforderlichen Zusammenhang mit der Erbringung von städtischen Busverkehrsdienstleistungen als Auftragsgegenstand ebenso wie die weiteren bereits aufgestellten Voraussetzungen in der Judikatur.[714] Der Generalanwalt hielt eine solche Verbindung nicht für erforderlich. Schließlich hätten die Bauarbeiten in „Beentjes" und „Nord-Pas-de-Calais" ebenso gut von nichtarbeitslosen Personen ausgeführt werden können.[715] Ein Bezug zum Auftragsgegenstand habe daher nicht bestanden.[716] Mit seinem Schluss, ein Umweltkriterium müsse ebenso wenig wie ein Beschäftigungskriterium „nicht, und schon gar nicht unmittelbar, im Zusammenhang mit dem Auftragsgegenstand stehen"[717], sollte er falsch liegen.

b) Zusammenfassende Betrachtung

Erstmals hatte der EuGH über die vergaberechtliche Zulässigkeit eines umweltpolitischen Aspekts zu entscheiden. Mit der Neuschaffung der Voraussetzung des Zusammenhangs mit dem Auftragsgegenstand[718] wurde die bisherige Rechtsprechungslinie[719] entsprechend der Forderung der Literatur

---

712 EuGH, Urt. v. 17.09.2002, Rs. C-513/99, EU:C:2002:495 – *Concordia Bus Finland,* Rn. 59 mit Verweis auf „Beentjes", Rn. 19; Evans Medical und Macfarlan Smith, Rn. 42 sowie „SIAC Construction", EuGH, Urt. v. 18.10.2001, Rs. C-19/00, ECLI: EU:C:2001:553, Rn. 36.

713 EuGH, Urt. v. 17.09.2002, Rs. C-513/99, EU:C:2002:495 – *Concordia Bus Finland,* Rn. 60.

714 EuGH, Urt. v. 17.09.2002, Rs. C-513/99, EU:C:2002:495 – *Concordia Bus Finland,* Rn. 63 mit Verweis auf „Beentjes" Rn. 29 und „Nord-Pas-de-Calais" Rn. 50; sowie Rn. 65 und Rn. 83–86.

715 Schlussanträge GA Jean Mischo v. 13.12.2001, Rs. C-513/99, EU:C:2001:686 – *Concordia Bus Finland,* Rn. 111.

716 Schlussanträge GA Jean Mischo v. 13.12.2001, Rs. C-513/99, EU:C:2001:686 – *Concordia Bus Finland,* Rn. 111.

717 Schlussanträge GA Jean Mischo v. 13.12.2001, Rs. C-513/99, EU:C:2001:686 – *Concordia Bus Finland,* Rn. 112.

718 So auch beispielhaft: Mohr, VergabeR 2009, 543, 547; Bultmann, ZfBR 2004, 134 f.; ders. in ZfBR 2001, 812, 818 ff.

719 So auch: Opitz, NZBau 2003, 252, 257; Steinberg, EuZW 2002, 628, 634. Der Begriff „Abweichung" wie ihn Bungenberg in NVwZ 2003, 314, 316 einsetzt, soll hier nicht verwendet werden, da die Rechtsprechung des EuGH – vor allen Dingen im Lichte der nachfolgenden Urteile – eher als Fortentwicklung denn wertungsmäßig als Abkehr verstanden werden soll. Die Überlegung von Bungenberg/Nowak, ZUR

eingeschränkt[720], ohne deren inhaltliche Anforderungen zu konkretisieren. Das Urteil enthält zudem eine bedeutende Klarstellung. Während sich der EuGH in „Nord-Pas-de-Calais" noch zögerlich äußerte, dass der öffentliche Auftraggeber „nicht in jedem Fall daran gehindert [sei], eine mit dem Kampf gegen die Arbeitslosigkeit zusammenhängende Bedingung als Kriterium zu verwenden",[721] stellte er in „Concordia Bus Finland" fest, dass die DKR keine abschließende Aufzählung der Zuschlagskriterien enthalte[722] – die zudem nicht zwingend wirtschaftlicher Natur sein müssen.

3. *EVN und Wienstrom*

In der Rechtssache „EVN und Wienstrom" ging es um eine Ausschreibung für die Belieferung der im Bundesland Kärnten gelegenen Verwaltungsdienststellen mit elektrischem Strom, genauer um das dort vorgegebene Zuschlagskriterium „Umweltgerechtigkeit der Leistungen gemäß den Ausschreibungsunterlagen".[723] Hierin war eine Verpflichtung vorgesehen, Strom zu liefern, der aus erneuerbaren Energieträgern gewonnen wurde oder zumindest „nicht wissentlich elektrische Energie zu liefern, die durch Kernspaltung erzeugt wurde".[724] Ein Verstoß hiergegen war mit einer Vertragsstrafe bewehrt und berechtigte den öffentlichen Auftraggeber im Falle des Verstoßes zur Vertragsauflösung.[725] Eine Garantie der Herkunft des gelieferten Stromes aus erneuerbaren Energien war nicht gefordert. Die Ausschreibungsunterlagen stellten jedoch klar, dass der öffentliche Auftraggeber „entschlossen" sei, mit Bietern zu kontrahieren, die den geschätzten jährlichen Gesamtbezug der Bundesdienststellen an elektrischer Energie aus erneuerbaren Energien liefern können.[726] Insoweit war zwingend der Nachweis zu führen, dass

---

2003, 10, 15, dass eine Auftragsbezogenheit sich nur auf Zuschlagskriterien im Sinne des Artikels 36 Abs. 1 lit. a RL 92/50/EWG beziehe, wurde durch die nachfolgende Rechtsprechung des EuGH nicht bestätigt, was in der Folge noch dargestellt wird. Nicht nachvollzogen werden kann die Entgegnung bei Scharpenack, Sekundärzwecke im Vergaberecht auf S. 201, der diese Überlegung so versteht, als bezöge sie sich auf den Unterschied einer Regelung in der DKR oder der SKR. Dies ergibt sich aus der Fußnote 89 bei Bungenberg/Nowak, ZUR 2003, 10, 15.

720 Scharpenack, Sekundärzwecke im Vergaberecht, S. 202; Steinberg, EuZW 2004, 76 f.; Egger nimmt in NZBau 2012, 601 f. an, dass der EuGH hiermit der herrschenden Meinung folgt.

721 EuGH, Urt. v. 26.09.2000, Rs. C-225/98, EU:C:2000:494 – *Nord-Pas-de-Calais*, Rn. 50.

722 EuGH, Urt. v. 17.09.2002, Rs. C-513/99, EU:C:2002:495 – *Concordia Bus Finland*, Rn. 54; vgl. weiter die Ausführungen in Fn. 709.

723 EuGH vom 04.12.2003, Rs. C-448/01, EU:C:2003:651 – *EVN und Wienstrom*, Rn. 15.

724 EuGH vom 04.12.2003, Rs. C-448/01, EU:C:2003:651 – *EVN und Wienstrom*, Rn. 16.

725 EuGH vom 04.12.2003, Rs. C-448/01, EU:C:2003:651 – *EVN und Wienstrom*, Rn. 16.

726 EuGH vom 04.12.2003, Rs. C-448/01, EU:C:2003:651 – *EVN und Wienstrom*, Rn. 17.

die Bieter in den vergangenen und/oder kommenden beiden Jahren mindestens den geschätzten Jahresenergiebedarf der Bundesdienststellen aus erneuerbaren Energieträgern erzeugt oder zugekauft haben oder dies in Zukunft tun werden und an Endverbraucher geliefert haben und/oder liefern werden[727].

Der Nettopreis pro Kilowattstunde stellte mit 55% das gewichtigere Zuschlagskriterium dar. Das Kriterium „Energie aus erneuerbaren Energieträgern" zählte 45%, wobei nur die Menge der lieferbaren Energie aus erneuerbaren Energieträgern, die über den geschätzten Jahresbedarf der Bundesdienststellen innerhalb Kärntens hinausgeht, berücksichtigt werden sollte.[728] Das mit dem Nachprüfungsantrag der unterlegenen Bietergemeinschaft „EVN AG und Wienstrom GmbH" befasste Bundesvergabeamt legte dem EuGH die Klärung der Frage vor, ob die Vorschriften des Gemeinschaftsrechts, insbesondere Artikel 26 LKR, dem Zuschlagskriterium „Energie aus erneuerbaren Energieträgern" entgegenstehen[729].

a) Entscheidung des EuGH

Einleitend begründete der EuGH die grundsätzliche Zulässigkeit der Berücksichtigung von Umweltschutzgesichtspunkten in der Zuschlagserteilung mit „Concordia Bus Finland".[730] Die deutliche Gewichtung des Zuschlagskriteriums „erneuerbare Energien" mit 45% hielt der EuGH für mit den europäischen Vergabevorschriften vereinbar[731]. Der öffentliche Auftraggeber sei nach ständiger Judikatur[732] sowohl in der Auswahl der Zuschlagskriterien, als auch bei deren Gewichtung frei, sofern diese eine Gesamtwürdigung der Kriterien ermöglicht, die der Ermittlung des wirtschaftlich günstigsten Angebots dient[733]. In Anbetracht des mit dem Kriterium verfolgten Ziels hielt der Gerichtshof die Gewichtung als solche für unschädlich, weil

727 EuGH vom 04.12.2003, Rs. C-448/01, EU:C:2003:651 – *EVN und Wienstrom*, Rn. 18.

728 EuGH vom 04.12.2003, Rs. C-448/01, EU:C:2003:651 – *EVN und Wienstrom*, Rn. 18.

729 EuGH vom 04.12.2003, Rs. C-448/01, EU:C:2003:651 – *EVN und Wienstrom*, Rn. 23–26.

730 EuGH vom 04.12.2003, Rs. C-448/01, EU:C:2003:651 – *EVN und Wienstrom*, Rn. 32 f. Außerdem erinnert er an die für den wortgleichen Artikel 36 Abs. 1 Buchstabe a gefundene Auslegung der Vorschrift, nach der nicht jedes Zuschlagskriterium notwendigerweise wirtschaftlicher Natur sein müsse. Wie auch der Generalanwalt: Schlussanträge GA Jean Mischo v. 27.02.2003, Rs. C-448/01, EU:C:2003:121– *EVN und Wienstrom*, Rn. 35 f.

731 EuGH vom 04.12.2003, Rs. C-448/01, EU:C:2003:651 – *EVN und Wienstrom*, Rn. 43. Wie schon zuvor der Schlussanträge GA Jean Mischo v. 27.02.2003, Rs. C-448/01, EU:C:2003:121 – *EVN und Wienstrom*, Rn. 79 f.

732 Der EuGH verweist auf „Beentjes", „SIAC Construction" (EuGH, Urt. v. 18.10.2001, Rs. C-19/00, EU:C:2001:553, Rn. 36 f.) und „Concordia Bus Finland". Der Generalanwalt schloss dies daraus, dass dem öffentlichen Auftraggeber auch die Auswahl der Zuschlagskriterien überlassen sei, wie in dem Urteil „Evans Medical" und „Macfarlan Smith" festgestellt, Schlussanträge GA Jean Mischo v. 27.02.2003, Rs. C-448/01, EU:C:2003:121 – *EVN und Wienstrom*, Rn. 79 f.

733 EuGH vom 04.12.2003, Rs. C-448/01, EU:C:2003:651 – *EVN und Wienstrom*, Rn. 39.

sich die damalige EG und ihre Mitgliedsstaaten dem Umweltschutz verpflichtet haben.[734] Außerdem sei die Steigerung des Anteils erneuerbarer Energiequellen an der Stromerzeugung im Elektrizitätsbinnenmarkt prioritäres Ziel der Gemeinschaft[735].

Die fehlende effektive Kontrollmöglichkeit der Richtigkeit der Bieterangaben stelle jedoch einen Verstoß gegen den den Richtlinien immanenten Gleichheitssatz dar, der es gebiete, dass die Zuschlagskriterien objektiv und einheitlich auf alle Bieter angewendet werden.[736] Es bestehe zudem eine gewisse Verpflichtung zur Transparenz, die eine Überprüfung sowohl seiner Beachtung, als auch der unparteiischen Durchführung eines Vergabeverfahrens ermöglichen solle.[737] Eine objektive und transparente Bewertung der verschiedenen Angebote sei nur gewährleistet, wenn die effektive Überprüfung, anhand der von den Bietern gelieferten Angaben und Unterlagen, Aufschluss gibt, ob ihre Angebote die Zuschlagskriterien erfüllen.[738] Ein öffentlicher Auftraggeber, der ein Zuschlagskriterium aufstellt und zugleich angibt, dass er die Richtigkeit der gemachten Angaben nicht kontrollieren werde, verstößt gegen den Gleichbehandlungsgrundsatz.[739] Gleiches galt für die fehlende Angabe eines Liefertermins für die Menge aus erneuerbaren Energieträgern.[740]

Unschädlich war es hingegen, ob sich das mit dem Zuschlagskriterium „erneuerbare Energie“ angestrebte Ziel des Umweltschutzes durch eine Vermehrung der

---

734 EuGH vom 04.12.2003, Rs. C-448/01, EU:C:2003:651 – *EVN und Wienstrom*, Rn. 41, 43.

735 EuGH vom 04.12.2003, Rs. C-448/01, EU:C:2003:651 – *EVN und Wienstrom*, Rn. 41.

736 EuGH vom 04.12.2003, Rs. C-448/01, EU:C:2003:651 – *EVN und Wienstrom*, Rn. 48. So auch fast wörtlich die Schlussanträge GA Jean Mischo v. 27.02.2003, Rs. C-448/01, EU:C:2003:121 – *EVN und Wienstrom*, Rn. 42 f.

737 EuGH vom 04.12.2003, Rs. C-448/01, EU:C:2003:651 – *EVN und Wienstrom*, Rn. 49.

738 EuGH vom 04.12.2003, Rs. C-448/01, EU:C:2003:651 – *EVN und Wienstrom*, Rn. 50.

739 EuGH vom 04.12.2003, Rs. C-448/01, EU:C:2003:651 – *EVN und Wienstrom*, Rn. 51 f. In diesem Punkt weicht das Urteil von den Schlussanträgen ab. Generalanwalt Mischo führt aus, dass die Herkunft des gelieferten Stroms gewiss nicht offensichtlich sei, da der Verbraucher dem aus der Steckdose kommenden Strom seine Gewinnung aus erneuerbaren oder konventionellen Energiequellen nicht ansehen könne. Obgleich sich die Herkunft des Stromes nach Einspeisung in ein Übertragungs- und Verteilernetz kaum noch feststellen ließe, zeige die geplante Einführung eines Systems von Herkunftszertifikaten für Strom aus erneuerbaren Energiequellen, dass es gleichwohl Mittel gebe festzustellen, ob der Strom aus erneuerbaren Energiequellen generiert wurde. Überdies könne von den Bietern verlangt werden, dass diese Nachweise bezüglich der Menge der von Ihnen gewonnenen oder erworbenen elektrischen Energie aus erneuerbaren Energieträgern vorlegen. Schlussanträge GA Jean Mischo v. 27.02.2003, Rs. C-448/01, EU:C:2003:121 – *EVN und Wienstrom*, Rn. 45 mit Hinweis auf diese bereits getroffene Feststellung in Preussen Elektra; Rn. 47, 48.

740 Vorausgesetzt, dass dies es den Bietern erschwert oder unmöglich gemacht hat, die genaue Bedeutung des in Rede stehenden Kriteriums zu erfassen und es demgemäß in der gleichen Weise auszulegen, EuGH vom 04.12.2003, Rs. C-448/01, EU:C:2003:651 – *EVN und Wienstrom*, Rn. 58.

Erzeugung des Stroms aus erneuerbaren Energien realisieren ließ.[741] Im Hinblick auf das in „Concordia Bus Finland" aufgestellte Erfordernis der Verbindung mit dem Auftragsgegenstand stellte der EuGH lediglich fest, dass ein Zuschlagskriterium, das nur die Menge an Strom aus erneuerbaren Energien in die Bewertung mit einbeziehe, die den geschätzten Auftragsumfang übersteigt, nicht als mit dem Auftragsgegenstand zusammenhängend angesehen werden kann.[742]

Letztlich bestehe die Gefahr einer ungerechtfertigten Diskriminierung in Form einer Bevorteilung der Bieter, die wegen ihrer größeren Erzeugungs- oder Lieferkapazitäten größere Mengen Strom liefern können als andere.[743] Wenngleich die Gewährleistung der Versorgungssicherheit grundsätzlich vorgegeben werden könne, rechtfertige dies kein Zuschlagskriterium, das an die Fähigkeit eines Bieters, über die in der Ausschreibung festgelegte Menge hinaus größtmögliche Menge Strom zu liefern, anknüpft.[744]

b) Zusammenfassende Betrachtung

Mit seiner Vorgabe einer effektiven Kontrollmöglichkeit des öffentlichen Auftraggebers formulierte der EuGH eine Einschränkung des weiten Ermessenspielraums des öffentlichen Auftraggebers im Hinblick auf die Auswahl und die Gewichtung von Zuschlagskriterien. Dem kann nur zugestimmt werden.[745] Andernfalls würden Wettbewerbsverzerrungen durch nicht objektiv überprüfbare Bieterangaben Tür und Tor geöffnet.[746] Der öffentliche Auftraggeber muss also die Angaben der Bieter überprüfen können, auch wenn sich dies, wie etwa bei herstellungsbezogenen Umweltmerkmalen, als schwierig erweisen kann.[747] Grundsätzlich sollten objektiv überprüfbare sowie hinreichend klar gefasste Zuschlagskriterien gewählt und entsprechende Angaben und Unterlagen von den Bietern verlangt werden, die eine

---

741 EuGH vom 04.12.2003, Rs. C-448/01, EU:C:2003:651 – *EVN und Wienstrom*, Rn. 53; Schlussanträge GA Jean Mischo v. 27.02.2003, Rs. C-448/01, EU:C:2003:121 – *EVN und Wienstrom*, Rn. 52.

742 EuGH vom 04.12.2003, Rs. C-448/01, EU:C:2003:651 – *EVN und Wienstrom*, Rn. 68.

743 EuGH vom 04.12.2003, Rs. C-448/01, EU:C:2003:651 – *EVN und Wienstrom*, Rn. 69. Wie zuvor Generalanwalt Jean Mischo in seinen Schlussanträgen vom 27.02.2003, Rs. C-448/01, ECLI: EU:C:2003:121 – EVN und Wienstrom, Rn. 68–70 konkret zur Möglichkeit einer Benachteiligung kleinerer Lieferanten.

744 EuGH vom 04.12.2003, Rs. C-448/01, EU:C:2003:651 – *EVN und Wienstrom*, Rn. 70.

745 Burgi in NZBau 2011, 577, 583 erhebt die „Kontrollierbarkeit inklusive der Sanktionierbarkeit" seit dem „EVN und Wienstrom" Urteil sogar zu einer eigenständigen Voraussetzung.

746 Krohn, NZBau 2004, 92, 95.

747 Krohn, NZBau 2004, 92, 95; Beckmann, NZBau 2004, 600, 603, die dem öffentlichen Auftraggeber die Überprüfung der Bieterangaben durch Zertifikate oder Gütesiegel erleichtern wollten, muss im Lichte der nachfolgend besprochenen „Max Havelaar" Entscheidung kritisch gesehen werden. Zumindest kann er sich dieser Aufgabe nicht dadurch entledigen.

Kontrolle ermöglichen.[748] Von selbst versteht sich, dass die tatsächliche Möglichkeit der Erreichung des mit einem vergabefremden Zuschlagskriterium verfolgten Ziels europarechtlich unerheblich sein muss.[749] Angesichts der „multikausalen und vielschichtigen wirtschaftlichen Prozesse" ließe sich dies kaum bestimmen und somit leicht in einem Nachprüfungsverfahren zu bestreiten.[750]

4. Grundaussagen Judikatur des EuGH vor Erlass der VKR

Wesentlich für die Entwicklung der heutigen strategischen Ziele waren zunächst die „Beentjes" Kriterien, die stichpunktartig auf das Folgende zusammengefasst werden können:

- Beachtung aller einschlägigen Vorschriften des Gemeinschaftsrechts, insbesondere des Diskriminierungsverbotes, sowie der Niederlassungs- und Dienstleistungsfreiheit,
- Keine unbeschränkte Entscheidungsfreiheit des öffentlichen Auftraggebers,
- Einhaltung der Verfahrensvorschriften, insbesondere der Publizitätsvorschriften.

Die weiteren bis zum Erlass der VKR ergangenen EuGH Urteile bestätigten diese Voraussetzungen, die seit „Nord-Pas-de-Calais" auch für Zuschlagskriterien Geltung beanspruchen und mit „Concordia Bus Finland" um das Kriterium des Zusammenhangs mit dem Auftragsgegenstand ergänzt wurden. Während der EuGH zunächst nur mit der nicht abschließenden Koordinierungswirkung der Vergaberichtlinien argumentierte, entwickelte er mit letzterem Urteil seine Rechtsprechungslinie fort, indem er das streitgegenständliche Umweltkriterium als immanenten und zulässigen Aspekt eines weiten Wirtschaftlichkeitsverständnisses einordnete.[751] Dies spiegelt sich im „EVN und Wienstrom" Urteil wider, in dem der EuGH die deutliche Gewichtung des Umweltkriteriums mit 45%, in Anbetracht des mit ihm verfolgten Zwecks[752], für vergaberechtlich zulässig hielt.

Die Absage an den streng einzelwirtschaftlichen Maßstab räumt dem öffentlichen Auftraggeber einerseits einen Ausgestaltungsspielraum ein, seine subjektiven

748 Hübner, VergabeR 2004, 36, 49.

749 Zu diesem Ergebnis kam auch Bultmann in ZfBR 2004, 134, 139.

750 Bultmann in ZfBR 2004, 134, 139.

751 Schneider, NVwZ 2009, 1057, 1059, so zunächst geschehen in „Beentjes" und „Nord-Pas-de-Calais". Der EuGH führte in „Concordia Bus Finland" an, dass es nicht auszuschließen sei, dass sich auch nicht rein wirtschaftliche Faktoren, wie das streitgegenständliche Umweltschutzkriterium, auf den Wert des Auftragsgegenstandes auswirken können. Er berief sich auf die Querschnittsklausel des Art. 6 EGV. Allerdings hob er in diesem Urteil auch hervor, dass die in der VKR aufgelisteten Zuschlagskriterien nicht abschließender Natur sind.

752 Die Stromerzeugung aus erneuerbaren Energiequellen als prioritäres Ziel der Gemeinschaft.

(Wert-)vorstellungen und Nutzenkalküle durchzusetzen[753], andererseits schränkt der erforderliche Auftragsbezug strategischer Kriterien seinen Spielraum ein. Eine Bezugnahme auf die allgemeine Unternehmenspolitik eines Bieters oder die Einbeziehung von Lieferkapazitäten, die über den konkreten Auftrag hinausgehen, scheidet damit aus. Weiteres Korrektiv ist eine effektive Kontrollmöglichkeit seitens des öffentlichen Auftraggebers für Zuschlagskriterien, was von Seiten des EuGH unter Heranziehung des Gleichheits- und Transparenzgrundsatzes besonders betont wurde. Unschädlich ist hingegen die tatsächliche Möglichkeit der Zielerreichung. Insgesamt vollzog der Gerichtshof eine schrittweise, dennoch kontrollierte, Öffnung des Vergaberechts für strategische Ziele, die den Verlauf des europäischen Gesetzgebungsverfahrens, der in die VKR mündete, beeinflusste.

IV. Zuschlagserteilung in der VKR

Die VKR trat mit ihrer Veröffentlichung im Amtsblatt am 30.04.2004 in Kraft.[754] In Ansehung des Umstandes, dass die erste von der Kommission vorgebrachte Fassung der VKR ökologischen und sozialen Zielen kaum Rechnung trug[755], was auch der im Mitentscheidungsverfahren durch den Rat angerufene Wirtschafts- und Sozialausschuss als „remarkable“ empfand, weil sie „doch für die Zukunft Europas eine entscheidende Rolle spielen“[756], wird in der Folge beleuchtet, auf welches Niveau der Berücksichtigung strategischer Ziele sich die Europäischen Gesetzgebungsorgane einigen konnten.

Bei der Ermittlung des Willens des Europäischen Gesetzgebers spielen die Erwägungsgründe einer Richtlinie eine zentrale Rolle.[757] Als primäres „policy

---

753 Schneider, NVwZ 2009, 1057, 1059; ders. DVBl 2003, 1186, 1190; Bungenberg/Nowak, ZUR 2003, 10. 14. Die Autoren weisen weiter darauf hin, dass dies dem öffentlichen Auftraggeber die Möglichkeit zur Internalisierung externer Umweltkosten gibt.

754 Vgl. den Wortlaut des Art. 83 VKR: „Die Richtlinie tritt am Tag ihrer Veröffentlichung im Amtsblatt der Europäischen Union in Kraft.“ Die VKR wurde im ABl. L 134 vom 30.04.2004 auf den S. 114–240 veröffentlicht.

755 Lediglich Art. 53 Abs. 1 b) der Entwurfsfassung wurde im Vergleich zu den Art. 30 Abs. 1 b) BKR, Art. 26 Abs. 1 b) LKR und Art. 36 Abs. 1 a) DKR um das Zuschlagskriterium „Umwelteigenschaften“ ergänzt. Ein Hinweis auf die Berücksichtigung sozialer Kriterien fand sich nur in den Regelungen zur Eignung der Bieter, die einen Ausschluss von dem Vergabeverfahren für den Fall vorsahen, dass dieser seiner Verpflichtung zur Zahlung von Sozialbeiträgen nicht nachkommt, vgl. Art. 46 Abs. 2 e) des Richtlinienvorschlages KOM(2000)275 endg. in der Fassung vom 30.01.2001. Die Vorgabe zusätzlicher Bedingungen zur Ausführung des Auftrages in Art. 23 Abs. 3 wurde in der ersten Fassung des Entwurfs lediglich davon abhängig gemacht, dass sie mit dem Gemeinschaftsrecht vereinbar sind.

756 Stellungnahme des Wirtschafts- und Sozialausschusses zu dem „Vorschlag für eine Richtlinie des Europäischen Parlaments und des Rates über die Koordinierung der Verfahren zur Vergabe öffentlicher Lieferaufträge, Dienstleistungsaufträge und Bauaufträge“, ABl. C 193 vom 10.7.2001, S. 7, dort Ziffer 2.5 und 2.6.

757 *Riesenhuber* in: Europäische Methodenlehre, Rn. 38. Selbstständige Rechte lassen sich aus den Erwägungsgründen allerdings nicht herleiten, Schlussanträge GA Christine Stix-Hackl v. 25.11.2003, Rs. C-222/02, ECLI: EU:C:2003:637 – *Paul u.a.*, Rn. 132.

statement" des Richtliniengebers können die Erwägungsgründe im Rahmen einer teleologischen Interpretation[758] sowie einer historischen Auslegung des Sekundärrechts herangezogen werden.[759] Aus diesem Grund greift auch diese Forschungsarbeit auf die Erwägungsgründe des vergaberechtlichen Sekundärrechts zurück.

In Erwägungsgrund 1 wurde klargestellt, dass sich die VKR hinsichtlich der den öffentlichen Auftraggebern eröffneten Möglichkeiten „auf Bedürfnisse der betroffenen Allgemeinheit, einschließlich im ökologischen und/oder sozialen Bereich einzugehen" auf die EuGH Rechtsprechung, insbesondere auf die Urteile zu den Zuschlagskriterien, gründet. Derartige Kriterien müssten im Zusammenhang mit dem Auftragsgegenstand stehen, dem öffentlichen Auftraggeber keine unbeschränkte Wahlfreiheit einräumen, ausdrücklich erwähnt werden und den Grundfreiheiten sowie den aus diesen abgeleiteten allgemeinen Grundsätzen des Gemeinschaftsrechts entsprechen. Dies sind die seit der „Beentjes" Entscheidung ständig fortentwickelten Voraussetzungen der Einbeziehung vormals vergabefremder Aspekte in ein Vergabeverfahren. Weiter postulierte die VKR unter Verweis auf die Querschnittsklausel des Art. 6 EGV, dass die Richtlinie den öffentlichen Auftraggebern aufzeige, wie sie zum Umweltschutz und zur Förderung einer nachhaltigen Entwicklung beitragen können und ihnen gleichzeitig garantiere, dass sie für ihre Aufträge ein optimales Preis/Leistungsverhältnis erzielen können.[760]

1. Zuschlagskriterien, Art. 53 VKR

Die Zuschlagskriterien sind das Schlachtfeld, auf dem nachhaltige Überlegungen für ihre Anerkennung gekämpft haben.[761] Die Aussagen des „Concordia Bus Finland" Urteils[762] wurden in Art. 53 Abs. 1 lit. a) VKR kodifiziert.[763] Nach dieser Vorschrift wendet der öffentliche Auftraggeber

---

758 *Köndgen* in: Europäische Methodenlehre, Rn. 51.

759 *Müller-Graff* in: Das soft law der europäischen Organisationen, S. 153; *Riesenhuber* in: Europäische Methodenlehre, Rn. 35; Fleischer, RabelsZ 2011, 700, 718, 719.

760 Erwägungsgrund 5 VKR.

761 *Caranta* in: The Law of Green and Social Procurement in Europe, S. 43.

762 Insoweit waren sich die europäischen Gesetzgebungsorgane einig. Lediglich im Hinblick auf die Begriffsfindung herrschte kein Konsens: Das EP wollte die Formulierung „verschiedene durch den Auftragsgegenstand gerechtfertigte Kriterien" durch „verschiedene mit dem Auftragsgegenstand verbundene Kriterien" ersetzen, was die Kommission hingegen für überflüssig bzw. unbeachtlich hielt; Stellungnahme der Kommission vom 14.08.2003 gemäß Artikel 251 Absatz 2 Unterabsatz 3 Buchstabe c EG-Vertrag zu den Abänderungen des Europäischen Parlaments an dem gemeinsamen Standpunkt des Rates betreffend den Vorschlag für eine Richtlinie des Europäischen Parlaments und des Rates über die Koordinierung der Verfahren zur Vergabe öffentlicher Bauaufträge, Lieferaufträge und Dienstleistungsaufträge, KOM(2003) 503 endg., S. 11.

763 Daraus schließt Scharpenack, Sekundärzwecke im Vergaberecht, S. 207, dass der Norm nur klarstellende Wirkung zukommt.

> „[...] unbeschadet der für die Vergütung von bestimmten Dienstleistungen geltenden einzelstaatlichen Rechts- und Verwaltungsvorschriften bei der Erteilung des Zuschlags folgende Kriterien an: a) entweder – wenn der Zuschlag auf das aus Sicht des öffentlichen Auftraggebers wirtschaftlich günstigste Angebot erfolgt – verschiedene mit dem Auftragsgegenstand zusammenhängende Kriterien, z.B. Qualität, Preis, technischer Wert, Ästhetik, Zweckmäßigkeit, **Umwelteigenschaften** [...]",[764]

Die grundsätzliche Zulässigkeit von Umweltkriterien im Rahmen des Zuschlages wurde damit sekundärrechtlich normiert. Obschon soziale Kriterien nicht beispielhaft mit aufgenommen wurden, konnten sie gleichwohl im Rahmen der Entscheidung über die Bezuschlagung eines Bieters eine Rolle spielen. Der Katalog der Zuschlagskriterien war nicht abschließend, was sich aus der ständigen Rechtsprechung des EuGH sowie einer Auslegung anhand des Wortlautes des Richtlinientexts ergibt, der mit der Wendung „z.B." eindeutig weitere Kriterien zuließ.[765]

---

764 Hervorhebung von der Verfasserin. Vgl. weiterhin den Wortlaut der englischen Fassung: "Without prejudice to national laws, regulations or administrative provisions concerning the remuneration of certain services, the criteria on which the contracting authorities shall base the award of public contracts shall be either: (a) when the award is made to the tender most economically advantageous from the point of view of the contracting authority, various criteria linked to the subject-matter of the public contract in question, for example, quality, price, technical merit, aesthetic and functional characteristics, environmental characteristics, running costs, cost effectiveness, after-sales service and technical assistance, delivery date and delivery period or period of completion,[...]" sowie den der französischen Fassung „Sans préjudice des dispositions législatives, réglementaires ou administratives nationales relatives à la rémunération de certains services, les critères sur lesquels les pouvoirs adjudicateurs se fondent pour attribuer les marchés publics sont: a) soit, lorsque l'attribution se fait à l'offre économiquement la plus avantageuse du point de vue du pouvoir adjudicateur, divers critères liés à l'objet du marché public en question: par exemple, la qualité, le prix, la valeur technique, le caractère esthétique et fonctionnel, les caractéristiques environnementales, le coût d'utilisation, la rentabilité, le service après-vente et l'assistance technique, la date de livraison et le délai de livraison ou d'exécution[...]".

765 EuGH, Urt. v. 10.05.2012, Rs. C-368/10, EU:C:2012:284 – *Max Havelaar*, Rn. 84; Erstmals ausdrücklich der EuGH, Urt. v. 17.09.2002, Rs. C-513/99, EU:C:2002:495 – *Concordia Bus Finland*, Rn. 54 noch für die DKR. Trotz der eindeutigen Judikatur des EuGH wurde der nicht abschließende Charakter der Zuschlagskriterien gleichwohl diskutiert, vgl. *Byok* in: Grabitz/Hilf, Das Recht der Europäischen Union, 40. Auflage 2009, B 14 Zuschlagskriterien, Rn. 6–11; *Seidel/Mertens* in: Dauses, EU-Wirtschaftsrecht, 39. EL Februar 2016, H Wettbewerbsregeln, IV Öffentliches Auftragswesen, Rn. 280, 281 die dies aus einer historischen und teleologisch-systematsischen Interpretation herleiten.

Weiter deutete hierauf Erwägungsgrund 1 der VKR hin, der die sozialen Ziele neben den ökologischen gleichrangig erwähnte.[766] Wie die Ausführungen unter Punkt C., IV dieses Kapitels zeigen, verloren die Grundsätze des Vergabeprimärrechts ihre Bedeutung für die Zulässigkeit strategischer Ziele infolge der schrittweise sekundärrechtlichen Normierung nicht vollständig.

2. *Europarechtliche Abkehr vom einzelwirtschaftlichen Maßstab*

In Abkehr von dem streng einzelwirtschaftlichen Maßstab[767] kam es nach der VKR nicht mehr darauf an, dass das Zuschlagskriterium dem öffentlichen Auftraggeber einen unmittelbaren wirtschaftlichen Vorteil vermittelt. Prominente Vertreterin dieses Ansatzes war die Europäische Kommission, die lange hieran festhielt.

Bei wirtschaftlich bewertbaren Zuschlagskriterien forderte sie neben der Beachtung des Diskriminierungsverbotes, dass sie einen wirtschaftlichen Vorteil für den öffentlichen Auftraggeber mit sich bringen, weil sich dieser nur von wirtschaftlichen Überlegungen leiten lassen dürfe.[768] Nicht ausreichend war es ihrer Ansicht

766 So auch: Steiff, VergabeR 2009, 290, 298; Frenz, NZBau 2007, 17, 20.

767 Allgemein zum Wirtschaftlichkeitsbegriff des Vergaberechts: Opitz, NZBau 2001, 12 ff.; ders. in: Dreher/Motzke, Beck'scher Vergaberechtskommentar, 2. Auflage 2013, § 97 Abs. 5 GWB, Rn. 38; *Dreher* in Immenga/Mestmäcker, Wettbewerbsrecht, 5. Auflage 2014, § 97 GWB, Rn. 360. Nach der Gegenansicht, dem als „wohlfahrtsökonomisch" bezeichneten Ansatz, sollten Umweltkriterien bereits dann zulässig sein, wenn weder ein wirtschaftlicher Bezug, noch ein wirtschaftlicher Vorteil für den Auftraggeber mittelbar oder unmittelbar feststellbar ist, Fischer/Barth, NVwZ 2002, 1184, 1188; Schneider, DVBl. 2003, 1186, 1190; Bezeichnung bei: Opitz, VergabeR 2004, 421, 428. Auch Generalanwalt Mischo vertrat in seinen Schlussanträgen v. 13.12.2001 (Rs. C-513/99, EU:C:2001:686) zu der Rechtssache „Concordia Bus Finland" in Rn. 102 diese Position. Nach richtigem Verständnis der „Concordia Bus Finland" Entscheidung lehnte der EuGH die beiden sich diametral gegenüberstehenden Ansichten ab; so auch: Bungenberg, NVwZ 2003, 314, 316; ders./Nowak, ZUR 2003, 10, 14; Steinberg in EuZW 2002, 628, 634. Anders: Opitz, NZBau 2003, 252, 257; Opitz in NZBau 2003, 252, 257 nahm zunächst an, dass mit „Concordia Bus Finland" der Maßstab der Einzelwirtschaftlichkeit gelten soll, vermischt diesen Punkt aber mit der Frage des geforderten Zusammenhangs mit dem Auftragsgegenstand, später ging ders. in VergabeR 2004, 421, 428 davon aus, dass das Urteil „Concordia Bus Finland" in diesem Punkt beide Verständnisse zulasse, spätestens aber mit Erlass des Artikel 53 Abs. 1 RL 2004/18/EG und „EVN und Wienstrom" eine Abkehr von dem Grundsatz der Einzelwirtschaftlichkeit im europäischen Vergaberecht erfolgt ist.

768 Interpretierende Mitteilung der Kommission über das auf das öffentliche Auftragswesen anwendbare Gemeinschaftsrecht und die Möglichkeiten zur Berücksichtigung von Umweltbelangen bei der Vergabe öffentlicher Aufträge, KOM(2001) 274 endg., Punkt II, 3.1, S. 20.

nach, dass sich der aus der Annahme des Angebotes erwachsende wirtschaftliche Vorteil nur für die Allgemeinheit wirtschaftlich vorteilhaft auswirke.[769] Folge dieses Ansatzes war schließlich, dass für die Verfolgung vergabefremder Ziele bei der Angebotswertung kein Raum mehr blieb.[770] Im Ergebnis sah die Europäische Kommission eine erhebliche Gefahr von Verstößen gegen den Wettbewerbsgrundsatz und das Diskriminierungsverbot.[771]

Der EuGH kam in seinem „Concordia Bus Finland" Urteil von September 2002 zu dem Ergebnis, dass Vergabekriterien nicht zwingend wirtschaftlicher Natur sein müssten, da nicht auszuschließen sei, dass „Faktoren, die nicht rein wirtschaftlich sind, sich auf den *Wert eines Angebots für diesen Auftraggeber auswirken* können".[772]

---

769 Grünbuch „Das öffentliche Auftragswesen in der Europäischen Union: Überlegungen für die Zukunft" v. 27.11.1996, Nr. 5.51; Mitteilung „Das öffentliche Auftragswesen in der Europäischen Union" v. 11. 03.1998, KOM (98) 143, Nr. 4.3.; Interpretierende Mitteilung der Kommission über das auf das öffentliche Auftragswesen anwendbare Gemeinschaftsrecht und die Möglichkeiten zur Berücksichtigung von Umweltbelangen bei der Vergabe öffentlicher Aufträge, KOM(2001) 274 endg., Punkt II, 3.1, S. 20; Schlussanträge GA Jean Mischo v. 13.12.2001, Rs. C-513/99, EU:C:2001:686 – *Concordia Bus Finland*, Rn. 100: „So betonen einige Beteiligte, das Umweltkriterium müsse wirtschaftlich relevant sein. [...] Die Kommission schließlich verlangt einen unmittelbaren wirtschaftlichen Vorteil für den Auftraggeber."

770 So auch: *Opitz* in: Dreher/Motzke, Beck'scher Vergaberechtskommentar, 2. Auflage 2013, § 97 Abs. 5 GWB, Rn. 38.

771 Vgl. die Begründung der Europäischen Kommission, KOM(2001) 274 endg., Punkt II, 3.1, S. 20: „Wie vom Europäischen Gerichtshof bestätigt wollen die europäischen Vergaberichtlinien sowohl das Risiko verhindern, dass nationale Anbieter oder Bewerber, wann immer auch der Vertrag durch die Vergabestellen vergeben werden [sic.], nationale Präferenzen eingeräumt werden, als auch die Möglichkeit ausschließen, dass durch den Staat finanzierte oder kontrollierte Körperschaften, regionale oder lokale Verwaltungen oder Einrichtungen öffentlichen Rechts sich aussuchen können, durch andere als wirtschaftliche Gesichtspunkte geleitet zu werden.".

772 EuGH, Urt. v. 17.09.2002, Rs. C-513/99, EU:C:2002:495 – *Concordia Bus Finland*, Rn. 55, Hervorhebung von der Verfasserin. Aus der Bezugnahme auf den „subjektiven Wert" für den öffentlichen Auftraggeber wurde zum Teil geschlossen, dass ihm ein mittelbarer wirtschaftlicher Vorteil erwachsen muss, Bultmann, ZfBR 2004, 134 f.; Beckmann, NZBau 2004, 600, 602; Heyne, ZUR 2011, 578, 581; Egger, NZBau 2002, 601 f. der einen „Effekt" für den öffentlichen Auftraggeber fordert. A.A: Steiff, VergabeR 2009, 290, 298; andere Stimmen in der Literatur sahen hierin die Möglichkeit zur pauschalierten Berücksichtigung externer Kosten über Umweltkriterien in der Wirtschaftlichkeitsberechnung, Krohn, NZBau 2004, 92, 95; Bungenberg, NVwZ 2003, 314, 316; ders./Nowak, ZUR 2003, 10, 14; Schneider, DVBl 2003, 1186, 1190; Fischer/Barth, NVwZ 2002, 1184, 1188. Wieder andere verstanden das Urteil dahingehend, dass nicht nur fiskalische sondern auch monetär nicht bewertbare Vorteile ideeller Natur im Rahmen der Wertung der Angebote berücksichtigt werden können – schließlich sei auch die „Ästhetik" eines Angebotes ausdrücklich als Vergabekriterium zulässig, Opitz, VergabeR 2004, 421, 428.

In „EVN und Wienstrom“ bestätigte er dies[773], ohne allerdings weiter auf Grad oder Natur des wirtschaftlichen Vorteils einzugehen[774]. In Überwindung des Widerstandes der EU Kommission, die auf dem Erfordernis eines „unmittelbaren wirtschaftlichen Vorteils“ bestand[775], wurde der Duktus des EuGH in die Neufassung des Art. 53 Abs. 1 Buchst. a) VKR aufgenommen, nach der „der Zuschlag auf das *aus Sicht des öffentlichen Auftraggebers wirtschaftlich günstigste Angebot* erfolgt“[776]. Für die Anlegung eines einzelwirtschaftlichen Maßstabes blieb infolge der Kodifikation der EuGH Rechtsprechung sowie der schrittweisen Anerkennung der damals noch vergabefremden Kriterien[777] endgültig kein Raum mehr[778].

---

773 EuGH vom 04.12.2003, Rs. C-448/01, EU:C:2003:651 – *EVN und Wienstrom*, Rn. 32.

774 Auch Opitz in VergabeR 2004, 421, 428 führt aus, dass das Kriterium zur Lieferung des Stroms aus erneuerbaren Energien zu einem Kriterium der Angebotswertung erhoben worden war, ohne dass dies von Seiten des EuGH beanstandet wurde.

775 Sowie eines „direkten Zusammenhang[s] mit dem Auftrag“ KOM(2002) 236, S. 54. Die EU Kommission war der Ansicht, dass ein streng einzelwirtschaftlicher Maßstab gelten soll. Demgegenüber sprach sich das EP für die Streichung des Passus „für den öffentlichen Auftraggeber“ aus. Hierzu nahm die Kommission wie folgt Stellung: „Die Streichung von „für den öffentlichen Auftraggeber“ würde die Berücksichtigung diffuser, häufig nicht messbarer Kriterien ermöglichen mit Bezug auf einen möglichen Nutzen für „die Gesellschaft“ im weitesten Sinne. Solche Zuschlagskriterien würden ihrer Funktion nicht mehr gerecht, nämlich die Beurteilung der inhärenten Qualität der Angebote zu ermöglichen, um dasjenige zu ermitteln, das für den Beschaffer das günstigste Preis-Leistungs-Verhältnis bietet. Damit würde die Zielsetzung der „Vergaberichtlinie“ umgestoßen und darüber hinaus ernsthaft die Gefahr der Ungleichbehandlung heraufbeschworen.“; Stellungnahme der Kommission vom 14.08.2003 gemäß Artikel 251 Absatz 2 Unterabsatz 3 Buchstabe c EG-Vertrag zu den Abänderungen des Europäischen Parlaments an dem gemeinsamen Standpunkt des Rates betreffend den Vorschlag für eine Richtlinie des Europäischen Parlaments und des Rates über die Koordinierung der Verfahren zur Vergabe öffentlicher Bauaufträge, Lieferaufträge und Dienstleistungsaufträge, KOM(2003) 503 endg., S. 11.

776 Hervorhebung von der Verfasserin.

777 Ähnlich: Bultmann, ZfBR 2004, 134, 138.

778 *Opitz* in: Dreher/Motzke, Beck'scher Vergaberechtskommentar, 2. Auflage 2013, § 97 Abs. 5 GWB, Rn. 39; *Dreher* in Immenga/Mestmäcker, Wettbewerbsrecht, 5. Auflage 2014, § 97 GWB, Rn. 360; Steiff, VergabeR 2009, 290, 298; Beckmann, NZBau 2004, 600, 602; etwas vorsichtiger formuliert dies Opitz in: VergabeR 2004, 421, 428. Angesichts des im Zuge der Erneuerung der Vergaberechtsrichtlinien geführten Disputes zwischen Europäischem Parlament und Kommission um den anzulegenden Wirtschaftlichkeitsbegriff, wurde in der Literatur teilweise übersehen, dass das Urteil „EVN und Wienstrom“ den Schlusspunkt der Diskussion um die Anlegung eines einzelwirtschaftlichen Maßstabes hätte bilden können. Vgl. Steinberg, EuZW 2004, 76; grundsätzlich zustimmend: Krohn, NZBau 2004, 92, 96.

Ein auch nur mittelbarer wirtschaftlicher Vorteil bzw. eine wirtschaftliche Messbarkeit war bereits mit den Entscheidungen „Concordia Bus Finland“ und „EVN und Wienstrom“ nicht (mehr) zu fordern.[779] Vielmehr waren auch makroökonomische, der Allgemeinheit einen wirtschaftlichen Vorteil vermittelnde Kriterien[780] im Rahmen des Zuschlages zuzulassen[781]. Die Urteilsgründe in beiden Rechtssachen kamen ohne die Darlegung eines aus den Umweltkriterien erwachsenden mittelbaren monetären Vorteils für die Stadt Helsinki oder für das Bundesland Kärnten als öffentliche Auftraggeber aus – kommt doch die Nutzung erneuerbarer Energien eher der Allgemeinheit und nicht unmittelbar dem Auftraggeber zu Gute.[782] Außerdem stützte der EuGH seine Feststellung in „Concordia Bus Finland“ auf die Ästhetik eines Angebotes[783], also ein nicht monetär messbares Vergabekriterium. In der Literatur wurde dies folgendermaßen ausgedrückt: „Ob die Leistung nach Ansicht des Auftraggebers ihren Preis wert ist, hängt nicht unbedingt von der ökonomischen Werthaltigkeit der Gegenleistung ab.“[784] Gleichwohl müssten auch vergabefremde Kriterien „eine objektive Bewertung der Angebote ermöglichen“,[785] also in gewisser Hinsicht objektivierbar sein[786].

---

779 So auch: Steiff, VergabeR 2009, 290, 298; Bultmann, ZfBR 2004, 134 f.; Schneider, DVBl 2003, 1186, 1190; Kaelble, VergabeR 2002, 604 f.

780 Die Zulassung auch makroökonomischer Kriterien als Zuschlagskriterien, wie z.B. Umwelt- oder soziale Kriterien, wird zum Teil als die Zugrundelegung eines „weiten Wirtschaftlichkeitsbegriffs“ bezeichnet (Bezeichnung von Steinberg, EuZW 2002, 628, 635. Steiff, VergabeR 2009, 290, 298, der die Rechtsprechung des EuGH so interpretiert, dass ausdrücklich auch nicht einzelwirtschaftliche Kriterien zulässig sein sollen. In diesem Sinne versteht auch Bultmann in ZfBR 2004, 134, 137; bzw. ders. in ZfBR 2002, 812, 819 das Urteil. Schneider in DVBl 2003, 1186, 1190 schließt auf ein neues „Wirtschaftlichkeitskonzept“ das „subjektiviert und um nichtmonetäre, gesamtwirtschaftliche Nutzendimensionen erweitert“ wurde. Fischer/Barth in NVwZ 2002, 1184, 1188 können den Richtlinien ebenfalls keine Anhaltspunkte dafür entnehmen, dass „nur die unmittelbar wirtschaftlich vorteilhaften Kriterien Berücksichtigung finden können“ und lehnen die Auffassung der Kommission daher in Erwartung auf das vorliegend besprochene Urteil ab; Schäfer, Öffentliche Belange im Auftragswesen und Europarecht, S. 276.)

781 Steinberg, EuZW 2004, 76; ders. bereits für die Concordia Entscheidung, EuZW 2002, 634635; *Opitz* in: Dreher/Motzke, Beck'scher Vergaberechtskommentar, 2. Auflage 2013, § 97 Abs. 5 GWB, Rn. 38.

782 *Opitz* in: Dreher/Motzke, Beck'scher Vergaberechtskommentar, 2. Auflage 2013, § 97 Abs. 5 GWB, Rn. 38.

783 EuGH, Urt. v. 17.09.2002, Rs. C-513/99, EU:C:2002:495 – *Concordia Bus Finland*, Rn. 55.

784 Beckmann, NZBau 2004, 600, 602. Auf die Wirtschaftlichkeit aus Sicht des Auftraggebers stellt Steinberg in NZBau 2005, 85, 90 ab.

785 Erwägungsgrund 46, RL 2004/18/EG.

786 So auch: *Dreher* in: Immenga/Mestmäcker, Wettbewerbsrecht, 5. Auflage 2014, § 97 GWB, Rn. 360.

3. *Zusammenhang mit dem Auftragsgegenstand*

Artikel 53 Abs. 1 lit. a) VKR forderte explizit für Zuschlagskriterien, dass sie mit dem Auftragsgegenstand zusammenhängen. Der Grad des zu fordernden Zusammenhangs ergab sich weder aus dem Wortlaut der VKR[787], noch aus der „Concordia Bus Finland“ Entscheidung, der diese Voraussetzung entspringt[788]. Die Literatur diskutierte also lebhaft alle Möglichkeiten[789], die von der völligen Negierung der Schaffung einer neuen Voraussetzung[790] bis hin zur Forderung eines engen Zusammenhangs[791] reichten. Gefordert wurde insoweit, dass sich das Kriterium konkret

---

787 Auch Erwägungsgrund 46 UAbs. 3 führt insoweit nur aus, dass die Festlegung dieser Kriterien insofern vom Auftragsgegenstand abhängt, als sie es ermöglichen müssen, das Leistungsniveau jedes einzelnen Angebots im Verhältnis zu dem in den technischen Spezifikationen beschriebenen Auftragsgegenstand zu bewerten sowie das Preis-Leistungs-Verhältnis jedes Angebots zu bestimmen.

788 EuGH, Urt. v. 17.09.2002, Rs. C-513/99, EU:C:2002:495 – *Concordia Bus Finland,* Rn. 60; so auch bezüglich der Aussagen des Urteiles in Bezug auf den Grad des Auftragsgegenstandszusammenhanges: Opitz, NZBau 2003, 252, 257; ders., VergabeR 2004, 421, 428; Rößner/Schalast, NJW 2003, 236, 2363.

789 Zu den argumentativen Schwächen, vgl. exemplarisch Bultmann, ZfBR 2002, 812, 819. Er empfand den Schluss des EuGH, dass Zuschlagskriterien sich ebenso wie das Angebot auf den Auftragsgegenstand beziehen müssen, erst dann als nachvollziehbar, wenn man das Urteil so verstehe, dass bei Fehlen des Zusammenhangs die Kriterien nicht zur Bewertung der Angebote und damit zur Entscheidung über den Zuschlag „taugen“ würden. Überdies hänge das Merkmal der Ästhetik, auf das der EuGH sich stützt, notwendigerweise mit dem Auftragsgegenstand zusammen – ganz im Gegensatz zu den übrigen Zuschlagskriterien wie etwa „Umweltschutz“, „Tariftreue“ oder „Frauenquote“. Diese Unterschiede bestünden im Übrigen auch zwischen den in Betracht kommenden vergabefremden Kriterien, wie beispielsweise Tariftreue, weil dieses Kriterium, anders als der Umweltschutz, nicht mit dem Auftragsgegenstand zusammenhängen müsse; Schneider in DVBl. 2003, 1186, 1191 empfand das Urteil als „offen für Interpretation“; Steinberg, EuZW 2004, 76 f.

790 Zum Teil wurde bezweifelt, dass der EuGH eine weitere Voraussetzung an die Einbeziehung vergabefremder Kriterien stellen wollte. Schließlich wären sonst „echte“ vergabefremde Kriterien, wie das Kriterium der Bekämpfung von Langzeitarbeitslosigkeit, generell unzulässig, weil sie in keinerlei unmittelbarem Zusammenhang mit dem Auftragsgegenstand stünden; Bungenberg, NVwZ 2003, 314, 316. Die Auftragsbezogenheit sei daher lediglich eine „Ordnungskategorie“ des Zuschlagskriteriums; Kaelble, VergabeR 2002, 593, 606. Im Folgejahr wurde diese Überlegung obsolet, da der EuGH seine neue Formel des Zusammenhangs mit dem Auftragsgegenstand in „EVN und Wienstrom“ bekräftigte; So auch: Krohn, NZBau 2004, 92, 94; Bultmann, ZfBR 2004, 134, 138.

791 Scharpenack, Sekundärzwecke im Vergaberecht, S. 202; Siegel, EuZW 2012, 592, 600, der davon ausging, dass Angebotsbezogenheit bisher eher eng ausgelegt wurde, ein Kriterium also, dass das Preis-Leistungs-Verhältnis betreffen und damit dem Leistungsgegenstand „ansehbar“ sein musste. Frenz, NZBau 2007, 17, 19; Steinberg, EuZW 2004, 76 f.; Hübner, VergabeR 2004, 36, 49; Bultmann in ZfBR 2002, 812, 819.

im endgültigen Produkt niederschlägt und nicht nur gelegentlich der Auftragsvergabe eingesetzt wurde.[792] Einem unbegrenzten Einsatz allein politisch motivierter Zuschlagskriterien könne nur ein Riegel vorgeschoben werden, indem die Entscheidungsfreiheit des öffentlichen Auftraggebers eingeschränkt werde.[793] Nach der gegenteiligen Auffassung sollte es erforderlich, aber auch ausreichend sein, dass sich das eingesetzte umwelt- oder sozialpolitische Kriterium auf Produktionsfaktoren bezieht, die bei der Auftragsausführung eingesetzt werden.[794] Die im Nachgang zu „Concordia Bus Finland" entstandene Ungewissheit hinsichtlich des zu fordernden Grades des Zusammenhangs zum Gegenstand des Auftrages konnte allerdings auch durch die Ergänzung der Formel um die Adjektive „eng"[795], „konkret"[796], „sachlich"[797] und „unmittelbar"[798] nicht ausgeräumt werden.

Im Ergebnis ist festzuhalten, dass der EuGH einem engen Verständnis des Zusammenhangs bereits in „EVN und Wienstrom", spätestens aber in der „Max Havelaar" Entscheidung eine Absage erteilte.[799] Dem streitigen Kriterium wurde der Zusammenhang abgesprochen, weil es sich nicht auf die Lieferung der Menge Strom des im Rahmen des ausgeschriebenen Auftrages zu erwartenden jährlichen Verbrauchs bezog, sondern auf darüberhinausgehende Mengen, die Lieferungen seitens der Bieter an andere Abnehmer als den öffentlichen Auftraggeber betrafen.[800] Auf eine fehlende „Sichtbarkeit" im Endprodukt kam es nicht an. Hätte sich das Bundesland Kärnten auf die einzukaufende Strommenge beschränkt, wäre die

---

792 Dies sei vornehmlich bei verhaltensbezogenen Kriterien, die die Modalitäten der Auftragsausführung betreffen, der Fall; vgl. Bultmann, ZfBR 2004, 134 f.; Benedict, Sekundärzwecke im Vergabeverfahren, S. 202; Siegel, EuZW 2012, 592, 600. Frenz, NZBau 2007, 17, 19; Steinberg, EuZW 2004, 76 f.; Hübner, VergabeR 2004, 36, 49; Bultmann in ZfBR 2002, 812, 819.

793 Bultmann, ZfBR 2004, 134 f., der mit seiner Argumentation an die Voraussetzung anknüpft, dass dem öffentlichen Auftraggeber keine unbeschränkte Entscheidungsfreiheit eingeräumt werden darf; ders. in ZfBR 2002, 812, 819.

794 Krohn, Öffentliche Auftragsvergabe und Umweltschutz, S. 313; Opitz, VergabeR 2004, 421, 429; Krohn bringt in NZBau 2004, 92, 95 die so genannten „non-product-related processes" und „production methods" an, die seiner Ansicht nach mit „Concordia Bus Finland" für zulässig erklärt wurden. Anders: Rößner/Schalast, NJW 2003, 2361, 2363.

795 Ein enger und unmittelbarer Zusammenhang wird von Hübner, VergabeR 2004, 36, 49 gefordert. Burgi, NZBau 2011, 577, 582.

796 So bei Losch, EuR 2005, 231, 235.

797 Bultmann, ZfBR 2004, 134, 139.

798 Frenz, NZBau 2007, 17, 19, wohl der Terminologie der Kommission folgend, so zumindest Steinberg, EuZW 2004, 76 f.

799 Weniger deutlich: Krohn, NZBau 2004, 92, 94. Bestätigt durch die spätere Bezugnahme des EuGH auf diese Feststellungen in „Max Havelaar", EuGH, Urt. v. 10.05.2012, Rs. C-368/10, EU:C:2012:284, Rn. 91.

800 *Ziekow* in: Ziekow/Völlink, Vergaberecht, 2. Auflage 2013, § 97 GWB, Rn. 118; EuGH vom 04.12.2003, Rs. C-448/01, EU:C:2003:651 – *EVN und Wienstrom*, Rn. 68.

Herkunft des Stroms aus erneuerbaren Energieträgern ein nach der VKR zulässiges Zuschlagskriterium gewesen.[801]

Folglich war es mit der VKR nicht vereinbar, das allgemeine Umwelt- und Sozialverhalten eines Bieters einzubeziehen[802], indem für die über den ausgeschriebenen Bedarf hinausgehende Produktionskapazitäten oder Herstellungsverfahren nicht vertragsgegenständlicher Güter die Einhaltung bestimmter umwelt- oder sozialpolitischer Ziele vorgeschrieben wird.[803] Das festgelegte Kriterium musste also für den konkret ausgeschriebenen Auftrag Relevanz aufweisen und keine von ihm losgelösten abstrakten Anforderungen festschreiben[804], um die Objektivität der Angebotswertung zu gewährleisten[805]. Forderungen nach allgemeinen Umweltmanagementpraktiken oder eine Teilnahme an Umweltauditsystemen (beispielsweise EMAS[806]) spielten damit im Rahmen der Zuschlagserteilung eine nur begrenzte Rolle, da die abzugebenden Verpflichtungen eher allgemeiner Natur (die Umweltinformation und Umweltpolitik betreffend) sind.[807] Zulässig waren Kriterien, die die Herstellungsverfahren der anzuschaffenden Produkte bzw. die Produktionsfaktoren, die bei der Auftragsausführung eingesetzt werden, betreffen[808] und zwar

---

801 Bitterich, ZIP 2008, 1455, 1460.

802 Schneider, NVwZ 2009, 1057, 1059; Varga, VergabeR 2009, 535, 539; Opitz, VergabeR 2004, 421, 429; Steinberg, EuZW 2004, 76 f.; *Ziekow* in: Ziekow/Völlink, Vergaberecht, 2. Auflage 2013, § 97 GWB, Rn. 119; anders: Krohn, NZBau 2004, 92, 95, der „spekuliert", dass der EuGH sich in „Concordia Bus Finland" sowie dem vorliegend besprochenen Urteil darauf beschränkt hat, den „Wirtschaftlichkeitsbegriff" auszulegen, sodass mit „Beentjes" und „Nord-Pas-de-Calais", bei denen gerade kein Zusammenhang mit dem Auftragsgegenstand bestanden habe, eine Berücksichtigung des allgemeinen Umweltverhaltens weiterhin nicht ausgeschlossen ist. Die Auslegung des Wirtschaftlichkeitsbegriffs wird von ihm wohl mit der Anforderung des Zusammenhangs mit dem Auftragsgegenstand gleichgesetzt; Steinberg, EuZW 2004, 76 f. versteht dies zugleich als Wahl eines Mittelweges zwischen engem und weitem Verständnis des Auftragsgegenstandsbezugs.

803 Schneider, NVwZ 2009, 1057, 1059; *Ziekow* in: Ziekow/Völlink, Vergaberecht, 2. Auflage 2013, § 97 GWB, Rn. 119, der als Beispiel eine umweltfreundliche Bauweise des Produktionsstandortes anführt.

804 Siegel, VergabeR 2013, 370, 376; Kühling/Huerkamp, VergabeR 2010, 545, 547; Steinberg, EuZW 2004, 76 f.

805 So Bultmann, ZfBR 2004, 134, 140.

806 BMUB, EMAS = Eco-Management and Audit Scheme, in: http://www.emas.de/home/, abgerufen am 08.12.2016.

807 Krohn, NZBau 2004, 92, 95; *Dreher* in: Immenga/Mestmäcker, Wettbewerbsrecht, 5. Auflage 2014, § 97 GWB, Rn. 253 zu der Rechtslage nach Erlass der VKR.

808 *Opitz* in: Dreher/Motzke, Beck'scher Vergaberechtskommentar, 2. Auflage 2013, § 97 Abs. 5 GWB, Rn. 40; ders. VergabeR 2004, 421, 429, der das folgende Beispiel anführt: „Sollen nach dem Willen des Auftraggebers bei der Auftragsausführung Langzeitarbeitslose, Behinderte und Frauen in Führungspositionen eingesetzt werden, darf die entsprechende Quote bei der Angebotswertung berücksichtigt werden."; Krohn, NZBau 2004, 92, 94; Leifer/Mißling, ZUR 2004, 266, 269.

unabhängig davon, ob sich diese Verfahren in den physischen Produkteigenschaften niederschlagen oder nicht[809]. Selbstverständlich konnte allein die Nennung des Kriteriums in der Ausschreibung zur Herstellung eines entsprechenden Auftragsbezugs nicht ausreichend sein.[810]

V. Rechtsprechung des EuGH nach Inkrafttreten der VKR

Im Anschluss an den Erlass der VKR versiegte das europäische Fallrecht zu strategischen Zwecken zunächst.

1. *Max Havelaar*

Erst das „Max Havelaar" Urteil von 2012 setzte diese Rechtsprechungslinie fort. Die Entscheidung betraf eine Bekanntmachung der Provinz Nord-Holland über die Vergabe eines öffentlichen Auftrags für die Lieferung und Bewirtschaftung von Kaffeeautomaten.[811] Ausweislich der Vergabebekanntmachung sollte das wirtschaftlich günstigste Angebot den Zuschlag erhalten.[812] Es wurde zudem auf ein Lastenheft verwiesen, nach dem die Bewertung der Angebote anhand der Qualitäts- und Umweltkriterien sowie des Preises erfolgte.[813] Hiernach sollten die Zutaten bei der Zubereitung von Getränken, wie Milch, Zucker und Kakao, dem MAX HAVELAAR- und dem EKO-Gütezeichen entsprechen, wobei es sich hierbei lediglich um einen Wunsch handeln sollte.[814] Insoweit war die Vergabe einer bestimmten Punktzahl vorgesehen. Innerhalb eines Monats nach der Ausschreibung wurde eine Informationsmitteilung veröffentlicht, die auch vergleichbare Gütezeichen

---

809 Krohn, NZBau 2004, 92, 94, so genannte „product-related processes and production methods" bzw. „non-product-related processes and production methods".

810 Opitz, VergabeR 2004, 421, 429; ders. in: Dreher/Motzke, Beck'scher Vergaberechtskommentar, 2. Auflage 2013, § 97 Abs. 5 GWB, Rn. 40, mit der Begründung, dass andernfalls das Transparenzerfordernis obsolet würde; a. A.: Steinberg, EuZW 2004, 76 f.; Frenz, WuW 2002, 352, 361.

811 EuGH, Urt. v. 10.05.2012, Rs. C-368/10, EU:C:2012:284 – *Max Havelaar*, Rn. 15.

812 EuGH, Urt. v. 10.05.2012, Rs. C-368/10, EU:C:2012:284 – *Max Havelaar*, Rn. 17.

813 EuGH, Urt. v. 10.05.2012, Rs. C-368/10, EU:C:2012:284 – *Max Havelaar*, Rn. 19. Ausgelassen wird an dieser Stelle, in Ermangelung einer Relevanz für das Forschungsthema, das mit „Eignungskriterien/Mindestanforderungen" überschriebene Unterkapitel, das hinsichtlich „Qualitätsanforderungen" vorsah, dass der Lieferant seinen Beitrag zur Verbesserung des Kaffeemarktes und zu einer umwelttechnisch, sozial und wirtschaftlich verantwortlichen Kaffeeproduktion angeben muss. Überdies enthielt der Abschnitt die Frage: „Auf welche Weise erfüllen Sie die Kriterien in Bezug auf nachhaltige Einkäufe und gesellschaftlich verantwortliches Verhalten?", Rn. 24–26. Gleiches gilt für die Vorgabe, dass der einzukaufende Kaffee und Tee mit dem MAX HAVELAAR- und dem EKO-Gütezeichen versehen war. Insoweit handelte es sich um eine technische Spezifikation/Ausführungsbedingung.

814 EuGH, Urt. v. 10.05.2012, Rs. C-368/10, EU:C:2012:284 – *Max Havelaar*, Rn. 27–30.

zuließ, sofern die Kriterien identisch oder zumindest vergleichbar waren.[815] Für die Zutaten sollte dies der Fall sein, wenn das Gütezeichen auf denselben Kriterien beruht.[816]

a) Entscheidung des EuGH

Einleitend erläuterte der EuGH sein Verständnis der Auftragsunterlagen. Nach Ansicht der Richter wurde verbindlich vorgeschrieben, dass die Zutaten mit den Gütezeichen EKO oder Max Havelaar versehen sind.[817] Hieran änderte die spätere Klarstellung in der Informationsmitteilung nichts, da interessierte Unternehmen auf die Angaben des Lastenhefts vertrauten und sie ihrer Entscheidung, ein Angebot einzureichen oder auf eine Teilnahme am Verfahren zu verzichten, zugrunde legten.[818]

Im Anschluss widmen sich die Urteilsgründe der Zulässigkeit der Vorgabe des „EKO" und „Max Havelaar" Gütezeichens für die Zutaten[819] als Zuschlagskriterium.[820] Die Anforderung der Auftragsgegenstandsbezogenheit erfährt an dieser Stelle eine bedeutende Konkretisierung. Aus der Fassung des Kriteriums ergebe sich, dass es sich ausschließlich auf die ihm Rahmen des Auftrages zu liefernden Zutaten bezog und keine Auswirkungen auf die allgemeine Einkaufspolitik der Bieter haben sollte.[821] Nicht erforderlich sei, dass sich ein Zuschlagskriterium auf eine „echte innere Eigenschaft eines Erzeugnisses, also ein Element, das materiell Bestandteil von ihm ist, bezieht".[822]

Obschon der erforderliche Auftragsbezug bestand, war die Rüge der Kommission dennoch begründet, weil die Grundsätze der Gleichheit, der Nichtdiskriminierung und der Transparenz[823] erfordern, dass die Anforderungen so genau zu fassen sind, das sie ein klares Bild vom Auftragsgegenstand vermitteln.[824] Auch ein Zuschlagskriterium müsse sich an den Grundsätzen der Klarheit und Objektivität

---

815 EuGH, Urt. v. 10.05.2012, Rs. C-368/10, EU:C:2012:284 – *Max Havelaar*, Rn. 31.
816 EuGH, Urt. v. 10.05.2012, Rs. C-368/10, EU:C:2012:284 – *Max Havelaar*, Rn. 31.
817 EuGH, Urt. v. 10.05.2012, Rs. C-368/10, EU:C:2012:284 – *Max Havelaar*, Rn. 57.
818 EuGH, Urt. v. 10.05.2012, Rs. C-368/10, EU:C:2012:284 – *Max Havelaar*, Rn. 96.
819 Nur insoweit sah das Lastenheft die Vergabe von Punkten vor.
820 Einleitend erinnert der EuGH daran, dass die VKR Zuschlagskriterien nicht abschließend aufzähle und sie nicht zwingend wirtschaftlicher Natur sein müssten, sondern auch auf qualitative sowie soziale Aspekte gestützt werden könnten. Dies zeige die Aufnahme von Umwelteigenschaften in Artikel 53 Abs. 1 a) VKR, Rn. 85.
821 EuGH, Urt. v. 10.05.2012, Rs. C-368/10, EU:C:2012:284 – *Max Havelaar*, Rn. 90.
822 EuGH, Urt. v. 10.05.2012, Rs. C-368/10, EU:C:2012:284 – *Max Havelaar*, Rn. 91.
823 Vgl. hierzu die Ausführungen unter C., IV., 2 dieses Kapitels.
824 EuGH, Urt. v. 10.05.2012, Rs. C-368/10, EU:C:2012:284 – *Max Havelaar*, Rn. 95. Der EuGH rekurriert hier auf die parallele Begründung zu den technischen Spezifikationen in Rn. 62. Diese Grundsätze hätten keine anderen Folgen, wenn es sich um Zuschlagskriterien handelt.

messen lassen.[825] Die detaillierten Umwelteigenschaften sind nach Ansicht des EuGH selbst dann ausdrücklich anzugeben, wenn die für ein konkretes Umweltzeichen festgelegten Eigenschaften verwendet werden.[826] Bieter müssen sich auf ein einheitliches amtliches Dokument stützen können, ohne „den Zufälligkeiten einer Informationssuche" ausgesetzt zu sein.[827] Wenngleich erwartet werden könne, dass sich interessierte Unternehmen gebührend informierten, entbinde dies den öffentlichen Auftraggeber nicht von der Verpflichtung, seine Anforderungen klar zu formulieren.[828] Die direkte Bezugnahme auf ein Gütezeichen wurde der Richtlinienvorgabe nicht gerecht.[829]

825 EuGH, Urt. v. 10.05.2012, Rs. C-368/10, EU:C:2012:284 – *Max Havelaar*, Rn. 93 f. Auch insoweit verweisen die Richter auf die maßgeblichen Vorschriften zu technischen Spezifikationen, die bezüglich der Verwendung von Gütezeichen präzise Vorgaben machen.

826 EuGH, Urt. v. 10.05.2012, Rs. C-368/10, EU:C:2012:284 – *Max Havelaar*, Rn. 67, Begründung zu technischen Spezifikationen.

827 EuGH, Urt. v. 10.05.2012, Rs. C-368/10, EU:C:2012:284 – *Max Havelaar*, Rn. 66 f. Begründung zu technischen Spezifikationen.

828 EuGH, Urt. v. 10.05.2012, Rs. C-368/10, EU:C:2012:284 – *Max Havelaar*, Rn. 66; anders GA Kokott: Sie war zwar ebenfalls der Auffassung, von einem informierten Bieter könne erwartet werden, dass er die verwendeten Gütezeichen kennt bzw. die diesen zugrundeliegenden Kriterien bei den Zertifizierungsstellen gegebenenfalls erfragt. Aus dieser Tatsache und unter Berücksichtigung des anderenfalls entstehenden Verwaltungsaufwands für öffentliche Auftraggeber schloss sie, dass die globale Bezugnahme in den Auftragsunterlagen auf das „EKO" Gütezeichen, für sich genommen, keine Verletzung von Artikel 23 Abs. 6 VKR darstelle, sondern vielmehr darin begründet liege, dass ein bestimmtes Umweltzeichen verbindlich vorgeschrieben wurde. Schlussanträge GA Juliane Kokott v. 15.12.2011, Rs. C-368/10, EU:C:2011:840 – *Max Havelaar*, Rn. 56–59.

829 EuGH, Urt. v. 10.05.2012, Rs. C-368/10, EU:C:2012:284 – *Max Havelaar*, Rn. 69, Begründung zu technischen Spezifikationen. In den Randnummern 63 bis 65 führt der EuGH zu einer extensiven Auslegung der Vorschrift aus. Obschon Artikel 23 Abs. 6 UAbs. 1 VKR es öffentlichen Auftraggebern erlaube, die detaillierten Spezifikationen oder ggf. Teile von Umweltgütezeichen zu verwenden, sei in Anbetracht des soeben beschriebenen Klarstellungserfordernisses eine extensive Auslegung der Vorschrift ausgeschlossen. Der Umfang dieser Vorschrift werde auch durch die Vermutung des Unterabsatzes 2 nicht erweitert: Hiernach besteht zwar für Waren oder Dienstleistungen, die mit einem Umweltgütezeichen ausgestattet sind, eine Vermutung, dass sie den in den Verdingungsunterlagen festlegten technischen Spezifikationen genügen. Die Heranziehung von Umweltgütezeichen werde allerdings nur nachrangig gestattet, da der maßgebliche Unterabsatz vorsieht, dass sie jedes andere geeignete Beweismittel, wie technische Unterlagen des Herstellers oder Prüfberichte anerkannter Stellen, ebenfalls akzeptieren müssen.

b) Zusammenfassende Betrachtung

Die Urteilsbegründung enthält eine bedeutende Konkretisierung des in „Concordia Bus Finland“ aufgestellten[830] Kriteriums des Zusammenhangs mit dem Auftragsgegenstand. Der EuGH formulierte unmissverständlich, es sei nicht erforderlich, „dass sich ein Zuschlagskriterium auf eine echte innere Eigenschaft eines Erzeugnisses, also ein Element, das materiell Bestandteil von ihm ist, bezieht“.[831] Es muss sich also nicht „sichtbar“ im zu liefernden Endprodukt niederschlagen[832], was die Generalanwältin Kokott mit folgendem Bild deutlich machte: Obschon Zucker streng genommen nicht unterschiedlich schmecke, je nachdem, ob er „fair“ oder „unfair“ gehandelt wurde, sprach sie dem streitgegenständlichen Zuschlagskriterium den Bezug zum Auftragsgegenstand nicht ab, weil ein Produkt, das zu unfairen Bedingungen auf den Markt kam, bei einem sozialverantwortungsbewussten Kunden gleichwohl „einen bitteren Nachgeschmack“ hinterlasse[833]. Auch die Unzulässigkeit einer Einflussnahme auf die allgemeine Einkaufspolitik der Bieter wurde bestätigt[834], wobei es sich lediglich um eine Klarstellung handelte, weil sich bereits aus „EVN und Wienstrom“ ergab, dass eine Einbeziehung des allgemeinen Umwelt- und Sozialverhaltens eines Bieters in Ermangelung eines Zusammenhangs mit dem Auftragsgegenstand EU-vergaberechtlich unzulässig ist.[835]

2. Rechtsprechungslinie zu vergabespezifischem Mindestlohn

Die Rechtsprechungslinie des EuGH zu Mindestlöhnen im Vergaberecht, bestehend aus der „Rüffert“[836] Entscheidung im Jahr 2008, über „Bundesdruckerei“[837] 2014 hin zu „RegioPost“[838] im Folgejahr, betrifft den vorliegenden Forschungsgegenstand nicht und wird daher nur der Vollständigkeit halber erwähnt. „Rüffert“ betraf eine

830 EuGH, Urt. v. 17.09.2002, Rs. C-513/99, EU:C:2002:495 – *Concordia Bus Finland,* Rn. 60: Die Richtlinie 92/50/EWG forderte dieses Zusammenhang für Zuschlagskriterien noch nicht. Der EuGH schloss in „Concordia Bus Finland“ aber vor dem Hintergrund, dass sich ein Angebot notwendigerweise auf den Auftragsgegenstand beziehe, dass auch für die nach Artikel 36 Abs. 1 Buchst. a der Richtlinie 92/50 festzulegenden Zuschlagskriterien eine Verbindung mit dem Auftragsgegenstand erforderlich ist.

831 EuGH, Urt. v. 10.05.2012, Rs. C-368/10, EU:C:2012:284 – *Max Havelaar*, Rn. 91.

832 Siegel, EuZW 2012, 592, 600; Wegener/Hahn, NZBau 2012, 684, 687.

833 Schlussanträge GA Juliane Kokott v. 15.12.2011, Rs. C-368/10, EU:C:2011:840 – *Max Havelaar*, Rn. 110. Unklar ist daher, wie Siegel sich in EuZW 2012 auf Seite 600 auf die Generalanwältin berufen kann, die ein enges Verständnis des Auftragsbezugs fordern würde.

834 EuGH, Urt. v. 10.05.2012, Rs. C-368/10, EU:C:2012:284 – *Max Havelaar*, Rn. 90.

835 So auch: Varga, VergabeR 2009, 535, 539; Opitz, VergabeR 2004, 421, 429.

836 EuGH, Urt. v. 3.12.2008, Rs. C-346/06, EU:C:2008:189 – *Rüffert.*

837 EuGH, Urt. v. 18.09.2014, Rs. C-549/13, EU:C:2014:2235 – *Bundesdruckerei.*

838 EuGH, Urt. v. 17.11.2015, Rs. C-115/14, EU:C:2015:760 – *RegioPost.*

Tarifvorgabe des niedersächsischen Vergabegesetzes[839], mindestens das am Ort der Ausführung tarifvertraglich vorgesehene Entgelt zu bezahlen[840]. Diese Vorgabe war nicht von der Entsenderichtlinie[841] gedeckt[842] und stellte einen nicht gerechtfertigten Verstoß gegen die Dienstleistungsfreiheit dar[843]. Demgegenüber ging der EuGH im Urteil „Bundesdruckerei" grundsätzlich von einer Rechtfertigungsmöglichkeit der Beeinträchtigung der Dienstleistungsfreiheit durch die Mindestentgeltvorgabe des TVgG-NRW aus.[844] Die Gefahr des „Sozialdumpings" sowie die Benachteiligung konkurrierender Unternehmen, wurde jedoch abgelehnt, weil keine Anhaltspunkte dafür bestanden, dass die auf dem privaten Markt tätigen Arbeitnehmer nicht desselben Lohnschutzes bedürfen, wie die im Rahmen öffentlicher Aufträge tätigen Arbeitnehmer.[845] „RegioPost" entwickelte dies für eine gesetzliche Mindestlohnvorgabe[846] weiter. Im Gegensatz zu einer nur tarifvertraglichen Regelung

839 Landesvergabegesetz (LVergabeG) vom 02.09.2002 Stand: letzte berücksichtigte Änderung: mehrfach geändert durch Gesetz vom 09.12.2005 (Nds. GVBl. S. 395).

840 Die Nichtbeachtung dieser Verpflichtung wurde mit einem Kündigungsrecht und einer Vertragsstrafe sanktioniert. Eine bei dem Bauvorhaben eingesetzte polnische Nachunternehmerin geriet in Verdacht, Arbeiter zu einem Lohn beschäftigt zu haben, der unter dem im Baugewerbe-Tarifvertrag vorgesehenen Lohn lag. Nach Beginn der Ermittlungen in diese Richtung, kündigten sowohl Objekt und Bauregie, als auch das Land Niedersachsen als Auftraggeberin, den sie verbindenden Vertrag. Die öffentliche Auftraggeberin verhängte zudem eine Vertragsstrafe, die sie gegen die noch ausstehende Werklohnforderung aufrechnete. Vgl. hierzu EuGH, Urt. v. 03.12.2008, Rs. C-346/06, EU:C:2008:189 – *Rüffert*, Rn. 11.

841 Richtlinie 96/71/EG des Europäischen Parlaments und des Rates vom 16.12.1996 über die Entsendung von Arbeitnehmern im Rahmen der Erbringung von Dienstleistungen, ABl. L 018 v. 21.01.1997, S. 1–6.

842 Der betreffende Tarifvertrag war nicht für allgemeinverbindlich erklärt worden und galt zudem nur für die Vergabe öffentlicher Aufträge, sodass er nicht von der Entsenderichtlinie gedeckt war, die insoweit einen nicht überschreitbaren Mindestansatz an Schutz enthielt.

843 EuGH, Urt. v. 03.12.2008, Rs. C- 346/06, EU:C:2008:189 – *Rüffert*, Rn. 39 f.

844 EuGH, Urt. v. 18.09.2014, Rs. C- 549/13, EU:C:2014:2235 – *Bundesdruckerei*, Rn. 31.

845 EuGH, Urt. v. 18.09.2014, Rs. C- 549/13, EU:C:2014:2235 – *Bundesdruckerei*, Rn. 32. Auch die pauschale Erstreckung der Mindestlohnverpflichtung auf Nachunternehmer, die in anderen Mitgliedsstaaten ansässig sind, sei unverhältnismäßig, weil sie keinen Bezug zu den dortigen Lebenskosten aufweise und ihnen den aus den bestehenden Unterschieden im Lohnniveau erwachsenden Wettbewerbsvorteil nehme. Nicht ersichtlich sei überdies, warum die Anwendung dieser Maßnahme auf die in anderen Mitgliedsstaaten ansässigen Nachunternehmer erforderlich sei, um eine erhebliche Gefährdung des Gleichgewichts des deutschen Systems der sozialen Sicherheit zu verhindern, sodass auch eine Rechtfertigung mit dem Ziel der Stabilität der Systeme der sozialen Sicherheit ausscheide; vgl. Rn. 34, 35.

846 Mindestentgelterklärung gemäß § 3 Abs. 1 des rheinland-pfälzischen Tariftreuegesetzes.

sei ein gesetzlicher Mindestlohn ein Lohnansatz i.S.d. Entsenderichtlinie, weshalb eine solche zwingende Bestimmung, die über das Mindestmaß an Schutz der Richtlinie hinausgeht, vergaberechtlich zulässig sei.[847] Die Vorgabe ließ sich durch das Ziel des Arbeitnehmerschutzes rechtfertigen, weil sie ein Mindestmaß an Schutz grundsätzlich allgemein und branchenunabhängig für die Vergabe aller öffentlichen Aufträge in dem betreffenden Bundesland vorschreibe.[848]

VI. Zwischenergebnis

Den ersten legislativen Schritt hin zur Öffnung des vergaberechtlichen Sekundärrechts vollzog der Europäische Gesetzgeber mit der VKR. So wurde die beispielhafte Aufzählung der Zuschlagskriterien in Art. 53 Abs. 1 a) VKR um die Umwelteigenschaften ergänzt. Auch forderte der Richtlinienartikel für qualitative Kriterien, dass diese mit dem Auftragsgegenstand zusammenhängen. Eine Konkretisierung, welchen Grades dieser Zusammenhang sein muss, fehlt. Diese Voraussetzung wurde jedoch durch die Rechtsprechung des EuGH ausgefüllt. In „Max Havelaar" wurde klargestellt, dass sich das Zuschlagskriterium nicht auf eine echte innere Eigenschaft eines Erzeugnisses, also ein Element, das materiell Bestandteil von ihm ist, beziehen muss,[849] also keine Sichtbarkeit im Endprodukt[850] erforderlich ist. Die Vorgabe einer effektiven Kontrollmöglichkeit aus „EVN und Wienstrom" fand keinen Eingang in den Normtext, was sicherlich darauf zurückzuführen ist, dass die Entscheidung erst wenige Monate vor Inkrafttreten der VKR erging. Allerdings ergab sich dies bereits aus dem Gleichheitssatz, der in Art. 2 VKR als Grundsatz für die Vergabe von Aufträgen normiert wurde. Zu der sekundärrechtlichen Normierung dieser Grundsätze führt Kapitel 3 unter Punkt C, IV, 1 aus. Weiter ist für den vorliegenden Zusammenhang von Bedeutung, dass bereits nach der VKR ein Zuschlagskriterium dem öffentlichen Auftraggeber keinen unmittelbaren wirtschaftlichen Vorteil (mehr) vermitteln musste.

---

847 EuGH, Urt. v. 17.11.2015, Rs. C-115/14, EU:C:2015:760 – *RegioPost*, Rn. 66, Rn. 63. Weiter war es unschädlich, dass das streitgegenständliche LTTG nur für öffentliche Aufträge galt, weil die Forderung der Allgemeinverbindlichkeit nur für Tarifverträge und Schiedssprüche gelte.

848 EuGH, Urt. v. 17.11.2015, Rs. C-115/14, EU:C:2015:760 – *RegioPost*, Rn. 73 f.

849 EuGH, Urt. v. 10.05.2012, Rs. C-368/10, EU:C:2012:284 – *Max Havelaar*, Rn. 91.

850 Siegel, EuZW 2012, 592, 600; Wegener/Hahn, NZBau 2012, 684, 687.

C. Strategische Zuschlagserteilung nach der VRL

I. Strategische Ziele im Wandel europapolitischer Wahrnehmung

Seit den Anfängen begleitete das europäische Vergaberecht die Frage, ob das öffentliche Beschaffungswesen den Einsatz anderer als auftrags- sowie bieterbezogener Kriterien zulässt.[851]

1. Politische Entwicklung von vergabefremden hin zu strategischen Zielen

Die Europäische Kommission vertrat zunächst eine eher ablehnende Position, die sie in restriktiven Auslegungsmitteilungen darlegte.[852] Solche Leitlinien sind methodisch als soft law der Europäischen Union einzuordnen.[853] Es wird heute nicht mehr vertreten, dass die Mitteilungen rechtlich gänzlich bedeutungslose Absichtserklärungen sind und die Europäische Kommission nicht an sie gebunden sei.[854] Rechtlich verbindlich sind Kommissionsmitteilungen allerdings auch nicht, sondern ihnen kommt vielmehr „in gewisser Weise auch rechtliche Bedeutung" zu.[855] Für Unions- und nationale Gerichte entfalten Kommissionsmitteilungen keine Bindungswirkung.[856] Es besteht zumindest aber eine Selbstbindung der Kommission an die in der jeweiligen Mitteilung vorgegebenen Leitlinien, sofern diese mit dem primären und sekundären Unionsrecht vereinbar sind[857]. Hervorzuheben sind hier insbesondere die 2001 vorgestellte „Interpretierende Mitteilung über das

851 *Dreher* in: Immenga/Mestmäcker, Wettbewerbsrecht, 5. Auflage 2014, § 97 GWB, Rn. 243, vgl. dort die weiteren Nachweise in Fn. 569.

852 Vgl. die Auslegungsmitteilungen KOM(2001)274 endg., ABl. C 333/07 sowie KOM(2001)566 endg., ABl. C 333.

853 *Kallmayer* in: Herausforderungen an Staat und Verfassung, S. 662; von Graevenitz, EuZW 2013, 169, 170 grenzt zu Stellungnahmen ohne rechtliche Wirkung ab, indem er auf das Ziel der Lenkungswirkung abstellt, insgesamt vertiefend zu der Begriffsbestimmung „soft law" *Müller-Graff* in: Das soft law der europäischen Organisationen, S. 139 ff; weiter zur Legitimität: *Knauff* in: Das soft law der europäischen Organisationen, S. 373 ff.

854 *Kallmayer* in: Herausforderungen an Staat und Verfassung, S. 666.

855 *Kallmayer* in: Herausforderungen an Staat und Verfassung, S. 666.

856 EuGH, Urt. v. 04.07.2000, Rs. C-387/97, EU:C:2000:356 – *Kommission/Griechenland*, Rn. 87, 89; EuGH, Urt. v. 07.03.2002, Rs. C-310/99, EU:C:2002:143 – *Italien/Kommission*, Rn. 52; von Graevenitz, EuZW 2013, 169, 171; *Soltész* in: Johlen/Oerder, MAH Verwaltungsrecht, 3. Auflage 2012, § 25 Grundlagen des Europarechts und des europäischen Verfahrensrechts, Rn. 11.

857 Brohm, Die „Mitteilungen" der Kommission im Europäischen Verwaltungs- und Wirtschaftsraum, S. 95; EuGH, Urt. v. 24.02.1987, Rs. C-310/85, EU:C:1987:96 – *Deufil/Kommission*, Rn. 22; EuG, Urt. v. 12.12.1996, Rs. T-380/94, EU: T:1996:195 – *AIUFASS und AKT/Kommission*, Rn. 57; EuG, Urt. v. 05.11.1997, T-149/95 (92),

auf das Öffentliche Auftragswesen anwendbare Gemeinschaftsrecht und die Möglichkeiten zur Berücksichtigung von Umweltbelangen bei der Vergabe öffentlicher Aufträge“[858] sowie die Parallelmitteilung zur Berücksichtigung sozialer Belange[859]. Die Kommission brachte in diesen Auslegungsmitteilungen den von ihr vertretenen Maßstab der Einzelwirtschaftlichkeit zum Ausdruck.[860] Neben der Beachtung des Diskriminierungsverbotes setzen die Vergaberichtlinien ihrer Ansicht nach voraus, dass Zuschlagskriterien einen wirtschaftlichen Vorteil für den öffentlichen Auftraggeber mit sich bringen müssen, weil sich dieser nur von wirtschaftlichen Überlegungen leiten lassen dürfe.[861]

Im Vergleich zu der EU Kommission war das Europäische Parlament einer Verknüpfung der öffentlichen Auftragsvergabe mit politischen Zielen gegenüber offen eingestellt.[862] Dies zeigte sich deutlich während des Mitentscheidungsverfahrens[863], das im Anschluss an die Vorschläge zur Neuregelung der Liefer-, Bau- und Dienstleistungsrichtlinie in einer Koordinierungsrichtlinie sowie zur Novellierung der Sektorenrichtlinie[864] durchgeführt wurde. In ihren Richtlinienvorschlägen äußerte sich die Kommission hinsichtlich der Berücksichtigung von Sozial- und Umweltkriterien nur zurückhaltend.[865] Die Politisierung der VKR ging auf die zahlreichen Änderungsvorschläge des Europäischen Parlaments zurück, das die Möglichkeiten

---

EU: T:1997:165 – *J. Richard Ducros/Kommission*, Rn. 61; *Pache* in: Pünder/Schellenberg, Vergaberecht, 2. Auflage 2015, § 55 BHO, Rn. 20; *Soltész* in: Johlen/Oerder, MAH Verwaltungsrecht, 3. Auflage 2012, § 25 Grundlagen des Europarechts und des europäischen Verfahrensrechts, Rn. 11.

858 Interpretierende Mitteilung der Kommission über das auf das Öffentliche Auftragswesen anwendbare Gemeinschaftsrecht und die Möglichkeiten zur Berücksichtigung von Umweltbelangen bei der Vergabe öffentlicher Aufträge vom 04.07.2001, KOM(2001)274 endg., ABl. C 333/07, S. 12.

859 Interpretierende Mitteilung der Kommission über die Auslegung des gemeinschaftlichen Vergaberechts und die Möglichkeiten zur Berücksichtigung sozialer Belange bei der Vergabe öffentlicher Aufträge vom 15.10.2001, KOM(2001)566 endg., ABl. C 333 v. 28.11.2001, S. 27–41.

860 Anders als *Dreher* in: Immenga/Mestmäcker, Wettbewerbsrecht, 5. Auflage 2014, § 97 GWB, Rn. 243 versteht die Verfasserin die Mitteilungen nicht als Öffnung für strategische Ziele.

861 KOM(2001)274 endg., Punkt II, 3.1, S. 20.

862 Opitz, NZBau 2003, 183, 194.

863 Das noch nach Art. 251 EGV durchgeführt wurde.

864 Vorschlag für eine Richtlinie des europäischen Parlaments und des Rats über die Koordinierung der Verfahren zur Vergabe öffentlicher Lieferaufträge, Dienstleistungsaufträge und Bauaufträge v. 10.05.2000, KOM(2000), 275 endg.; Vorschlag für eine Richtlinie des europäischen Parlaments und des Rats über die Koordinierung der Auftragsvergabe durch Auftraggeber im Bereich der Wasser-, Energie- und Verkehrsversorgung v. 10.05.2000, KOM(2000), 276 endg.

865 Rechten, NZBau 2004, 366, 369; anders: *Dreher* in: Immenga/Mestmäcker, Wettbewerbsrecht, 5. Auflage 2014, § 97 GWB, Rn. 243.

für öffentliche Auftraggeber erweitern wollte, etwa von Bietern Eignungsnachweise im Hinblick auf Maßnahmen für Umwelt- und Arbeitnehmerschutz zu fordern.[866]

Nur wenige Jahre später wurde die EU Kommission selbst zur Verfechterin einer Politisierung der öffentlichen Auftragsvergabe. In ihrer Mitteilung „Umweltorientiertes Öffentliches Beschaffungswesen“ vom 16.07.2008 schlug sie vor, dass 50% aller Ausschreibungsverfahren bis 2010 umweltorientiert sein sollten.[867] Über die Gründe, die die Kommission dazu veranlasst haben, ihre anfänglich sehr ablehnende Haltung aufzugeben, kann nur gemutmaßt werden. Sicherlich ist dies zumindest auch darauf zurückzuführen, dass sich das Vergaberecht zu Beginn nur schwer durchsetzen konnte. Die Befürchtung einer hohen Missbrauchsanfälligkeit liegt nahe. Schließlich erscheint die Verknüpfung eines Rechtsgebietes, das sich dem fairen Wettbewerb verschrieben hat, mit wettbewerbsfremden Zielen, wie ökologischen oder sozialen Aspekten, widersprüchlich. Dies gilt insbesondere vor dem Hintergrund, dass erst im Laufe der Zeit Fortschritte bei den Kontrollmechanismen verzeichnet werden. Nach dem Dafürhalten der Verfasserin ist die Öffnung hin zu einer Politisierung des öffentlichen Beschaffungswesens darauf zurückzuführen, dass das Rechtsgebiet „erwachsen“ wurde und seine Vorgaben nunmehr Beachtung finden.[868]

2. *Strategie Europa 2020*

Den endgültigen politischen Anstoß der Richtliniennovelle gab die Strategie Europa 2020. Diese Mitteilung der Kommission mit dem Titel „Europa 2020 – Eine Strategie für intelligentes, nachhaltiges und integratives Wachstum“ (im Folgenden: Strategie Europa 2020) vom 03.03.2010[869] skizziert eine Vision der europäischen sozialen Marktwirtschaft des 21. Jahrhunderts. Hiervon umfasst ist u.a. die Forderung nach einer uneingeschränkten Nutzung der öffentlichen Auftragsvergabe als nachfragebezogene politische Maßnahme zur Verbesserung sowohl der Rahmenbedingungen als auch des Umfeldes für Unternehmensinnovationen – insbesondere für KMU.[870] Der verstärkte Einsatz umweltfreundlicher öffentlicher

---

866 Opitz, NZBau 2003, 183, 194; vgl. etwa die Änderungsvorschläge des EP Nr. 92, 93, 95, 97 und 139: Stellungnahme und legislative Entschließung des EP v. 17.01.2002 – Az.: A5/2001/378.

867 Dort auf S. 9, KOM(2008) 400.

868 Spätestens mit Geltung der VKR 2014, vgl. das Editorial und die dortige Bezeichnung von Burgi, ZHR 178 (2014), 2 ff. Insgesamt zu der „EU als neue Stufe einer immer engeren Union der Völker Europas“, *Calliess* in: Calliess/Ruffert, EUV/AEUV, 4. Auflage 2011, Art. 1 EUV, Rn. 9–26.

869 Mitteilung der Kommission, Europa 2020 Eine Strategie für intelligentes, nachhaltiges und integratives Wachstum vom 3.3.2010, KOM(2010) 2020 endg.

870 Erwähnung in der Leitinitiative „Innovationsunion“ der Europa 2020 Strategie: „uneingeschränkte Nutzung nachfragebezogener politischer Maßnahmen, z.B. durch die öffentliche Auftragsvergabe“, S. 15 sowie in der Leitinitiative

Beschaffung soll den Übergang zu einer ressourceneffizienten Wirtschaft mit geringem CO_2-Ausstoß unterstützen.[871] Gleichwohl verlangt die Europa 2020 Strategie von der Politik zur Vergabe öffentlicher Aufträge, dass die öffentlichen Mittel effizient genutzt werden und die Beschaffungsmärkte EU-weit offen bleiben.[872]

Der erste Erwägungsgrund der VRL fasst dies dahingehend zusammen, dass dem öffentlichen Beschaffungswesen als eines der marktwirtschaftlichen Instrumente, die zur Erzielung eines intelligenten, nachhaltigen und integrativen Wachstums bei gleichzeitiger Gewährleistung eines möglichst effizienten Einsatzes öffentlicher Gelder genutzt werden sollen, eine Schlüsselrolle zukommt. Die Überarbeitung und Modernisierung der VKR diene vornehmlich der Steigerung der Effizienz öffentlicher Ausgaben, der Erleichterung der Teilnahme insbesondere von KMU am Vergabeverfahren und solle den Vergabestellen ermöglichen, die öffentliche Auftragsvergabe in stärkerem Maße zur Unterstützung gemeinsamer gesellschaftlicher Ziele zu nutzen.

Der umfassendere Einsatz strategischer Beschaffung ist damit eines der Hauptziele der Modernisierung des europäischen Vergaberechts. Wie erwähnt, erfuhren die vormals „vergabefremden Zwecke" eine deutliche Aufwertung in dem modernisierten vergaberechtlichen Sekundärrecht und sind dort nun stärker verankert.[873] Die Verknüpfung der Beschaffung mit innovativen, ökologischen und sozialen Zwecken zieht sich „leitmotivartig" durch die Novelle und ist deren übergeordnete Zielsetzung.[874] Art. 18 Abs. 2 VRL hebt umwelt-, sozial- und arbeitsrechtliche Verpflichtungen auf eine Ebene mit den allgemeinen Grundsätzen des Vergaberechts.[875]

„Industriepolitik im Zeitalter der Globalisierung": „das Umfeld für Unternehmen und insbesondere innovative KMU u.a. durch öffentliche Aufträge, die mit Innovationsanreizen verbunden sind, zu verbessern", S. 21. An dieser Stelle wird ein modernisiertes öffentliches Auftragswesen als Gestaltungsfeld zur Schaffung eines horizontalen Ansatzes für eine Industriepolitik vorgeschlagen, in dem verschiedene politische Instrumente miteinander verknüpft werden.

871 Erwähnung in der Leitinitiative „Ressourcenschonendes Europa" der Europa 2020 Strategie: „Entwicklung eines Rahmens für den Einsatz marktwirtschaftlicher Instrumente (z.B. Emissionshandel, Überarbeitung der Energiebesteuerung, staatliche Beihilfen, Unterstützung einer umweltfreundlichen öffentlicher Auftragsvergabe)", S. 18.

872 Als erste Schritte auf die Ziele von 2020 zur Überwindung der Krise, Europa 2020 Strategie, S. 31.

873 So Burgi, NZBau 2015, 597, 599; ders. in ZHR 2014, 2, 8; ähnlich Ziekow, DÖV 2015, 897 f.; von verbesserter Verankerung spricht: Haak, NZBau 2015, 11, 16.

874 Gröning, VergabeR 2014, 339 f. ist insoweit zuzustimmen. Siehe Neufassung der Sektorenrichtlinie 2014/25/EU, bspw. Erwägungsgründe 4, 57, 100 sowie Konzessionsrichtlinie 2014/23/EU bspw. Erwägungsgrund 3; *Hattig/Hetmann* in: Hattig/Maibaum, Praxiskommentar Kartellvergaberecht, 2. Auflage 2014, Einleitung, Rn. 185.

875 Diese sind nunmehr in Art. 18 Abs. 1 VRL normiert und wurden im Zuge der Neuregelung um den Verhältnismäßigkeitsgrundsatz ergänzt.

II. Zuschlagserteilung in der VRL

Die allgemeinen Grundsätze hinsichtlich der Auswahl der Teilnehmer und der Auftragsvergabe des Art. 56 Abs. 1 VRL sehen zunächst vor, dass die öffentlichen Auftraggeber entscheiden können, einen Auftrag nicht an den Bieter mit dem wirtschaftlich günstigsten Angebot zu vergeben, wenn sie festgestellt haben, dass das Angebot nicht den anwendbaren Verpflichtungen gemäß Artikel 18 Absatz 2 genügt.

1. Übergeordnetes Konzept: „wirtschaftlich günstigstes Angebot“

Der Zuschlag wird nunmehr auf der Grundlage des wirtschaftlichsten Angebotes erteilt, vgl. Art. 67 Abs. 1 VRL.[876] Entgegen des durch diese Formulierung geweckten Eindrucks wird das Preis- bzw. Kostenkriterium in der VRL nicht abgewertet. Das Gegenteil ist der Fall. In einem Versuch des EU-Gesetzgebers, die Zuschlagsbestimmungen der VRL so einfach und übersichtlich wie möglich zu gestalten, wählte er den Begriff des „wirtschaftlich günstigsten Angebotes“ als übergeordnetes Konzept. Alle Angebote, die den Zuschlag erhalten, würden letztlich danach ausgewählt, was der einzelne öffentliche Auftraggeber für die wirtschaftlich beste Lösung unter den Angeboten hält, so Erwägungsgrund 89. Um Unklarheiten zu vermeiden, wurde für das bislang in der VKR als „wirtschaftlich günstigstes Angebot“ bezeichnete Zuschlagskriterium ein anderer Begriff verwendet, nämlich der des „besten Preis-Leistungs-Verhältnisses“, der – sofern die VRL nicht eine sachlich klar unterschiedliche Lösung anbietet – im Einklang mit der Rechtsprechung im Zusammenhang mit der VKR ausgelegt werden soll.[877] Angesichts des sehr ausführlichen Normtextes der Art. 67 und 68 VRL sowie der elf umfassenden Erwägungsgründe[878] muss jedoch bezweifelt werden, ob der Europäische Gesetzgeber seinem Ziel gerecht wurde[879].

Die Bestimmung des wirtschaftlichsten Angebotes richtet sich nach Art. 67 Abs. 2 VRL, der zum besseren Verständnis in Zusammenhang mit Erwägungsgrund 90 gelesen werden sollte. Hiernach kann das wirtschaftlich günstigste Angebot als Oberbegriff auf der Grundlage des besten Preis-Leistungsverhältnisses oder

---

876 Dies unbeschadet der für den Preis bestimmter Lieferungen oder die Vergütung bestimmter Dienstleistungen geltenden nationalen Rechts- und Verwaltungsvorschriften.

877 Erwägungsgrund 89 VRL.

878 Erwägungsgründe 89 bis 99.

879 Sehr kritisch äußerte sich *Jasper* in: Tagungsband 16. Düsseldorfer Vergaberechtstag, S. 40 ff., in: https://broschueren.nordrheinwestfalendirekt.de/herunterladen/der/datei/16-du-sseldorfer-vergaberechtstag-online-version-pdf/von/16-duesseldorfer-vergaberechtstag/vom/mweimh/2167, abgerufen am 08.12.2016; weiter hierzu: *Hettich* in: Das neue Vergaberecht, S. 62.

auch allein auf der Grundlage entweder des Preises oder der Kostenwirksamkeit ermittelt werden.

a) Bestes Preis-Leistungsverhältnis

Das Zuschlagskriterium „bestes Preis-Leistungsverhältnis" entspricht der bisherigen Systematik des „wirtschaftlich günstigsten Angebotes" der VKR.[880] Es bezieht qualitative, umweltbezogene und/oder soziale Aspekte in die Bewertung mit ein. Auch hier findet sich der Hinweis auf eine Verbindung mit dem betreffenden Auftragsgegenstand. Die Preis- bzw. Kostenkomponente darf auch bei Bezuschlagung des Angebotes mit dem besten Preis-Leistungsverhältnis grundsätzlich nicht unberücksichtigt bleiben.[881] Ausweislich Erwägungsgrund 90 VRL soll der Zuschlag nicht losgelöst von dem Preis- oder Kostenelement erfolgen, sondern vielmehr stets eine entsprechende Komponente beinhalten. Nimmt das Kostenelement allerdings die Form von Festpreisen oder Festkosten an, so können öffentliche Auftraggeber einzig Qualitätskriterien vorgeben, auf deren Grundlage die Wirtschaftsteilnehmer miteinander konkurrieren.[882] Leider findet sich in der VRL kein Hinweis darauf, mit welcher Quote die Preis- und Kostenkomponente eingehen soll.[883]

b) Niedrigste Kosten

Soll die Ermittlung des wirtschaftlich günstigsten Angebotes hingegen anhand der Kosten erfolgen, so kann dies nach Art. 67 Abs. 2 UAbs. 1 VRL mittels eines Kosten-Wirksamkeits-Ansatzes geschehen. Den Einzelheiten dieser Modalität im Rahmen des Zuschlages widmen sich die Ausführungen in Kapitel 4 unter Punkt B. Die Richtlinie verweist auf die Lebenszykluskostenrechnung, der sich Art. 68 im Detail widmet und zu der nachfolgend in Kapitel 4 unter Punkt C gesondert ausgeführt wird. Weitere Beispiele in Betracht kommender Kostenwirksamkeitsansätze

---

880 Zu diesem Ergebnis kamen auch: *Hettich* in: Das neue Vergaberecht, S. 63.

881 Erwägungsgrund 90 VRL.

882 Art. 67 Abs. 2 UAbs. 2 VRL. Dieser Vorbehalt zugunsten des nationalen Preisrechts drückt aus, dass es nicht von dem harmonisierten Vergaberecht erfasst ist, Dörr/Hoffjan, Die Bedeutung der Verordnung PR Nr. 30/53 über die Preise bei öffentlichen Aufträgen, S. 5 in: https://www.bmwi.de/BMWi/Redaktion/PDF/Publikationen/Studien/die-bedeutung-der-verordnung-pr-nr-30-53-ueber-die-preise-bei-oeffentlichen-auftraegen,property=pdf,bereich=bmwi2012,sprache=de,rwb=true.pdf, abgerufen am 08.12.2016. Die nationale Verordnung PR Nr. 30/53 über die Preise bei öffentlichen Aufträgen (PreisVO) und das Vergaberecht stehen nebeneinander und sind nicht aufeinander abgestimmt, Höfler, NZBau 2015, 736, 742; Prieß/Simonis, NZBau 2015, 731 f. Die PreisVO wird in der Folge nicht behandelt. Eingehend hierzu: Roth, NZBau 2015, 209 ff.

883 Ob Art. 67 Abs. 2 VRL entnommen werden kann, dass der Angebotspreis von seinem Gewicht her nicht am Rande der Angebotswertung stehen darf, ist nach Auffassung der Verfasserin zweifelhaft, vgl. *Hettich* in: Das neue Vergaberecht, S. 63.

nennt die Richtlinie (leider) nicht. In der Literatur wurde die Vermutung geäußert, der EU-Gesetzgeber hätte die Methode der sog. Kosten-Nutzen-Analyse im Blick gehabt.[884] Es handelt sich hierbei um ein in der Betriebswirtschaft allgemein anerkanntes Instrument der Bewertung der Kostenwirksamkeit, das für die Bewertung von Projekten der öffentlichen Hand eingesetzt werden kann.[885]

c) Niedrigster Preis

Letztlich sieht Art. 67 Abs. 2 UAbs. 1 VRL die Bezuschlagung des Angebotes mit dem niedrigsten Preis vor. Obschon der EU-Gesetzgeber das Kostenelement besonders hervorhebt, erfährt der reine Preiswettbewerb eine Abwertung. Eine neu eingeführte Regelung in UAbs. 3 erlaubt es den Mitgliedsstaaten vorzusehen, dass die öffentlichen Auftraggeber nicht den Preis oder die Kosten allein als einziges Zuschlagskriterium verwenden dürfen.[886] Alternativ können sie deren Verwendung auf bestimmte Kategorien von öffentlichen Auftraggebern oder bestimmte Arten von Aufträgen beschränken. Erwägungsgrund 90 begründet die Neuregelung mit der Förderung einer stärkeren Ausrichtung der öffentlichen Auftragsvergabe auf die Qualität. Tatsächlich steuert der Unionsgesetzgeber einer Vergabepraxis entgegen, die vorschnell den Preis als einziges Zuschlagskriterium festlegt und sich damit häufig innovativere oder qualitativ bessere Lösungen abschneidet.[887]

Andererseits sollte die Bestimmung des wirtschaftlich günstigsten Angebotes anhand des Preises nur dann ausgeschlossen werden, wenn dies zweckmäßig ist.[888] Gerade für kleine Auftraggeber sowie standardmäßig erfolgende Beschaffungen ist es von großer Bedeutung, dass die Bezuschlagung des Angebotes mit dem niedrigsten Preis auch nach neuem Vergaberecht grundsätzlich möglich ist.[889] Für Verwirrung könnte insoweit Anhang V, Teil C Nr. 18 sorgen, der zu den in der Auftragsbekanntmachung aufzuführenden Angaben die Kriterien für das wirtschaftlich günstigste Angebot sowie deren Gewichtung zählt[890], wenn nicht das wirtschaftlich günstigste Angebot allein aufgrund des Preises ermittelt wird. Dies

884 *Hettich* in: Das neue Vergaberecht, S. 63.

885 *Hettich* in: Das neue Vergaberecht, S. 63.

886 Bzw. die Verwendung einzig des Preises oder der Kosten auf bestimmte Kategorien von öffentlichen Auftraggebern oder bestimmte Arten von Aufträgen zu beschränken, Art. 67 Abs. 2 UAbs. 3 VRL.

887 Dies bewertete ebenso: *Hettich* in: Das neue Vergaberecht, S. 64.

888 Vgl. insoweit den richtigen Hinweis in Erwägungsgrund 90; *Hettich* in: verweist in Das neue Vergaberecht, S. 64 darauf, dass etwa bei standardisierten Produkten oder genau definierten Leistungen der Preis das einzig geeignete Kriterium ist.

889 Burgi, Vergaberecht, § 17, Rn. 6; Stoye/Plantiko, VergabeR 2015, 309.

890 Falls sie nicht in den Spezifikationen beziehungsweise im Fall des wettbewerblichen Dialogs in der Beschreibung enthalten sind.

suggeriert, dass sofern die Bekanntmachung keine Zuschlagskriterien aufführt, das Angebot mit dem niedrigsten Preis den Zuschlag erhält.[891]

Zusammengefasst stehen dem öffentlichen Auftraggeber die nachfolgend aufgezählten Modalitäten zur Wahl:

- Niedrigster Preis als alleiniges Zuschlagskriterium, bzw. als Variante hierzu
- Kosten bzw. Kosten-Wirksamkeitsansatz (wie die Lebenszykluskostenrechnung), oder
- bestes Preis-Leistungsverhältnis unter Einbeziehung qualitativer, umweltbezogener und/oder sozialer Aspekte[892]
- sowie ausnahmsweise ausschließlich leistungsbezogene Kriterien bei Festpreisen/-kosten.

2. *Soziale und/oder ökologische Faktoren als qualitative Zuschlagskriterien*

Die VRL sieht zur Ermittlung des besten Preis-Leistungsverhältnisses eine umfassende Berücksichtigungsmöglichkeit umweltbezogener und/oder sozialer Kriterien vor, die jedoch mit dem Auftragsgegenstand des betreffenden öffentlichen Auftrages in Verbindung stehen müssen.[893] Neu ist insbesondere die verstärkte Erwähnung auch sozialer Kriterien in der, nicht abschließenden[894], beispielhaften Auflistung der in Betracht kommenden Zuschlagskriterien, wie die Zugänglichkeit, das „Design für Alle", soziale Eigenschaften und Handel sowie die damit verbundenen Bedingungen in Art. 67 Abs. 2 UAbs. 1 lit. a).[895] Zudem erfährt der Grundsatz der strikten Trennung von Eignungs- und Zuschlagskriterien in lit. b) eine Durchbrechung.[896] Die VRL gibt an dieser Stelle vor, dass auch die

891 Semple, New EU procurement directives and SPP: Opening the floodgates?, in: http://archive.sustainable-procurement.org/newsroom/special-features/new-eu-procurement-directives-and-spp-opening-the-floodgates/, abgerufen am 26.08.2016.

892 Gröning, VergabeR 2014, 339, 345.

893 Art. 67 Abs. 2 UAbs. 1 VRL.

894 Erwägungsgrund 92 VRL.

895 Darüber hinaus in lit. a) noch innovative Eigenschaften und Handel sowie die damit verbundenen Bedingungen; sowie sowie in lit. c) um Lieferbedingungen wie Liefertermin, Lieferverfahren.

896 Vgl. hierzu die eingehenden Ausführungen von Latzel, NZBau 2014, 673, 677 f., der hieraus schließt, dass abgestufte Eignungsgrade nach der Neuregelung nunmehr möglich sind, wenn auch nicht alle Eignungskriterien automatisch taugliche Zuschlagskriterien seien. Allerdings bedeute dies auch nicht, dass Bieter, die auf Fremdpersonal (bspw. Subunternehmer) verzichten, vorzugswürdig sind. Auch komme es nicht darauf an, wie das Rechtsverhältnis der Fachkräfte zum Auftragnehmer ausgestaltet ist (Vergütung, Frauenquote etc.), weil es sich um rein fachliche Merkmale handele und es am nach dem Wortlaut erforderlichen Einfluss auf das Niveau der Auftragsausführung fehlen wird; vgl. weiter: Neun/Otting, EuZW 2014,

„Organisation, Qualifikation und Erfahrung des mit der Ausführung des Auftrags betrauten Personals“ Zuschlagskriterium sein kann, wenn „die Qualität des eingesetzten Personals erheblichen Einfluss auf das Niveau der Auftragsausführung haben kann“.

3. Materielle Anforderungen

a) Verbindung mit dem Auftragsgegenstand

Eine erste Grenze der dem öffentlichen Auftraggeber in Abs. 2 eingeräumten Spielräume, stellt das Erfordernis der Verbindung mit dem Auftragsgegenstand dar. Die Richtlinie fordert nun, zumindest in ihrer deutschen Übersetzung, eine „Verbindung“ anstelle des „Zusammenhangs“[897], wie nach der VKR. Aus der Normierung in Art. 67 Abs. 3 VRL ergibt sich allerdings, dass der europäische Gesetzgeber damit keine inhaltliche Änderung festschreiben wollte. Nach diesem Richtlinienartikel ist erforderlich, dass sich ein Zuschlagskriterium in irgendeiner Hinsicht und in irgendeinem Lebenszyklus-Stadium auf die auftragsgegenständlichen Lieferungen, Bau- oder Dienstleistungen bezieht.

Eingeschlossen sind zunächst Kriterien, die lediglich mit dem *Produktions- oder Bereitstellungsprozess sowie des Handels damit* zusammenhängen.[898] Erwägungsgrund 97 führt als Exempel an, dass zur Herstellung der beschafften Waren keine giftigen Chemikalien verwendet wurden oder dass die erworbenen Dienstleistungen unter Zuhilfenahme energieeffizienter Maschinen bereitgestellt wurden. Überdies findet sich dort der Hinweis auf die „Max Havelaar“ Entscheidung des EuGH, nach der sich Zuschlagskriterien und Ausführungsbedingungen auch auf die Lieferung oder die Verwendung von fair gehandelten Waren während der Ausführung des zu vergebenden Auftrags beziehen können. In Bezug auf soziale Aspekte wird – unterer besonderer Hervorhebung des Auftragsgegenstandsbezugs – der Schutz der Gesundheit der am Produktionsprozess beteiligten Arbeitskräfte, die Förderung der sozialen Integration benachteiligter Personen oder Angehöriger

---

446, 451 bzw. mit eingehendem Problemaufriss: *Hettich* in: Das neue Vergaberecht, S. 67–69. Kritisch äußerte sich Summa in NZBau 2012, 729, 736 noch zum Richtlinienentwurf. Er befürchtete, dass die Unternehmen alsbald eine gewisse Qualität entwickeln würden; weiter Gröning, VergabeR 2014, 339, 347 f.

897 Vgl. den Wortlaut des Art. 53 Abs. 1 a) „[...] verschiedene mit dem Auftragsgegenstand zusammenhängende Kriterien [...]“. Demgegenüber hat sich der Wortlaut in der englischen und französichen Fassung nicht verändert. Im Englischen lautet der Ausschnitt des Art. 67 Abs. 2 UAbs. 1 VRL: „[...] linked to the subject-matter of the public contract [...]“ und der englische Text des Art. 53 Abs. 1 a): „[...]linked to the subject-matter of the public contract in question [...]. Im Französichen lautet der Ausschnitt des Art. 67 Abs. 2 UAbs. 1 VRL: „[...]liés à l'objet du marché public concerné [...]“ und der englische Text des Art. 53 Abs. 1 a): „[...] iés à l'objet du marché public en question [...].

898 Hervorhebung von der Verfasserin, Art. 67 Abs. 3 lit. a) VRL.

sozial schwacher Gruppen sowie die Schulung im Hinblick auf die für den betreffenden Auftrag benötigten Fähigkeiten genannt.[899] Schließlich könnten sich Kriterien bezüglich des Handels etwa darauf beziehen, dass die betreffende Ware aus dem fairen Handel stammt, was auch das Erfordernis einschließen kann, Erzeugern einen Mindestpreis und einen Preisaufschlag zu zahlen.[900] Weiter können die Aspekte mit einem *spezifischen Prozess in Bezug auf ein anderes Lebenszyklus-Stadium* zusammenhängen.[901] Auch hier finden sich damit Lebenszyklusgedanken.

Entsprechend der Klarstellung in der „Max Havelaar" Entscheidung, ist nicht erforderlich, dass sich derartige Faktoren auf die materiellen Eigenschaften des Auftragsgegenstandes auswirken, also Teil seiner stofflichen Beschaffenheit sind und seine materiellen Eigenschaften betreffen.[902] Dies regelt Art. 67 Abs. 3 VRL nun ausdrücklich. Dem öffentlichen Auftraggeber wird damit die sehr umfassende Freiheit eingeräumt, sämtliche Kriterien, die ihm für eine nachhaltige Entwicklung sinnvoll erscheinen, in die Auftragsvergabe einzubeziehen.[903]

Ausgeschlossen ist die Bezugnahme auf Kriterien und Bedingungen bezüglich der allgemeinen Unternehmenspolitik, da es sich dabei nicht um einen Faktor handelt, der den konkreten Prozess der Herstellung oder Bereitstellung der beauftragten Bauleistungen, Lieferungen oder Dienstleistungen charakterisiert.[904] Ausweislich Erwägungsgrunds 97 sollte es öffentlichen Auftraggebern daher nicht gestattet sein, von Bietern eine bestimmte Politik der sozialen oder ökologischen Verantwortung zu verlangen. Nicht möglich wäre also beispielsweise eine „Goldröcke" Vorgabe, nach der Frauen eine gewisse Quote in den Organen eines Unternehmens reserviert ist, wohingegen eine Frauenquote in Führungspositionen im Zuge der konkreten Auftragserfüllung möglich wäre.[905] Im Ergebnis sind also nur rein auf den ausgeschriebenen Auftrag vorgegebene Quoten oder exakt beschriebene Förderprogramme für auftragsausführende, benachteiligte Beschäftigte nach der VRL zulässige Zuschlagskriterien.[906]

---

899 Erwägungsgrund 99 VRL.

900 Erwägungsgrund 97 VRL.

901 Hervorhebung von der Verfasserin, Art. 67 Abs. 3 lit. b) VRL.

902 Vgl. die Konkretisierung in Erwägungsgrund 97 VRL.

903 *Hettich* in: Das neue Vergaberecht, S. 65 mit Verweis auf Erwägungsgrund 97.

904 Erwägungsgrund 97 VRL.

905 Ziekow, DÖV, 2015, 897, 902 f. Infolge der „Notwendigkeit der Gewichtung" im Rahmen des Zuschlages kann etwa über das Maß der Gewährleistung sozialer Anforderungen diesen ein besonderes Gewicht zukommen.

906 Latzel, NZBau 2014, 673, 679. Seiner Ansicht nach liegt der Auftragsgegenstandszusammenhang sozialer Zuschlagskriterien vor allem in ihrer Beschränkung auf die an der Auftragsausführung beteiligten Arbeitnehmer. Gleiches soll für Bedingungen für die Auftragsausführung gelten.

b) Bestimmtheit der Zuschlagskriterien

Obschon die VRL dem öffentlichen Auftraggeber in Art. 67 Abs. 2 UAbs. 1 VRL eine sehr weitreichende Berücksichtigungsmöglichkeit strategischer Ziele einräumt, entbindet ihn die Richtlinie nicht von der Einhaltung der allgemeinen Grundsätze des Vergaberechts.[907] Erwägungsgrund 90 fordert, dass Aufträge auf der Grundlage objektiver Kriterien vergeben werden, die die Einhaltung der Grundsätze der Transparenz, der Nichtdiskriminierung und der Gleichbehandlung gewährleisten. Art. 67 Abs. 4 VRL enthält eine dahingehende konkrete Ausgestaltung der allgemeinen Grundsätze des Vergaberechts, dass die Zuschlagskriterien dem öffentlichen Auftraggeber keine unbeschränkte Wahlfreiheit übertragen dürfen. Diese in der „Beentjes" Entscheidung[908] aufgestellte Voraussetzung findet damit rund 16 Jahre später Eingang in den Text der Vergaberichtlinien und bildet zugleich die Untergrenze der Einbeziehung strategischer Kriterien.[909] Mit der objektiven Prüfungsmöglichkeit der Bieterangaben entstammt auch die nächste Anforderung an die Bestimmtheit eines Zuschlagskriteriums der Judikatur des EuGH, nämlich der Rechtssache „EVN und Wienstrom"[910]. Die VRL setzt dies dahingehend um, dass Zuschlagskriterien die Möglichkeit eines wirksamen Wettbewerbs gewährleisten und mit Spezifikationen einhergehen müssen, die eine wirksame Überprüfung der von den Bietern übermittelten Informationen gestatten. Es muss bewertet werden können, wie gut die Angebote die Zuschlagskriterien erfüllen. Im Zweifelsfall nehmen die öffentlichen Auftraggeber eine wirksame Überprüfung der Richtigkeit der von den Bietern beigebrachten Informationen und Nachweise vor.

4. Formelle Anforderungen

Schließlich schreibt die VRL in formeller Hinsicht die Angabe der einzelnen Zuschlagskriterien sowie deren Gewichtung vor, die auch mittels einer Marge mit angemessener Bandbreite angegeben werden kann, es sei denn das wirtschaftlich günstigste Angebot wird auf Grundlage des Preises ermittelt.[911] Ausnahmsweise, wenn eine Gewichtung aus objektiven Gründen nicht möglich ist, kann der öffentliche Auftraggeber die Kriterien in absteigender Rangfolge angeben.[912]

---

907 Die Frage, ob ihnen ein eigenständiger normativer Gehalt zukommt, wird in Kapitel 3 C, IV bzw. D, II, b) behandelt.

908 EuGH, Urt. v. 20.09.1988, Rs. C-31/87, EU:C:1998:508 – *Beentjes*, Rn. 26.

909 Ziekow, DÖV, 2015, 897, 903.

910 EuGH vom 04.12.2003, Rs. C-448/01, EU:C:2003:651 – *EVN und Wienstrom*, Rn. 48; so auch fast wörtlich die Schlussanträge GA Jean Mischo v. 27.02.2003, Rs. C-448/01, EU:C:2003:121– *EVN und Wienstrom*, Rn. 42 f.

911 Vgl. Art. 67 Abs. 5 VRL i.V.m. Erwägungsgrund 90 bzgl. der Transparenz der Zuschlagskriterien selbst.

912 Art. 67 Abs. 5 UAbs. 3 VRL.

III. Bewertung der Neuregelungen

Die Regelung strategischer öffentlicher Auftragsvergabe in der VRL enthält keine wegweisenden Neuregelungen oder Klarstellungen, sondern setzt in weiten Teilen die Rechtsprechung des EuGH um.[913] Dem öffentlichen Auftraggeber wird ein weitreichender Gestaltungsspielraum zugestanden, der je nach Phase des Vergabeverfahrens unterschiedlich ausgeprägt ist.

1. Normierung der Zuschlagserteilung

Die Vorgabe von strategischen Zuschlagskriterien ist ein wirksames und daher für öffentliche Auftraggeber relevantes Mittel zur Verfolgung politischer Ziele.[914] Die Regelung des Zuschlages in Artikel 67 VRL ist bis auf die Begrifflichkeiten allerdings nicht neu. So entstammt etwa das handelsbezogene Zuschlagskriterium in Art. 67 Abs. 2 a) VRL der „Max Havelaar" Entscheidung. Weiter stellt der EU-Gesetzgeber klar, dass das Zuschlagskriterium des besten Preis-Leistungsverhältnisses neben der Einbeziehung qualitativer, umweltbezogener und/oder sozialer Aspekte stets eine Preis- oder Kostenkomponente beinhalten sollte.[915] Dem öffentlichen Auftraggeber steht es offen, den qualitativen Kriterien entweder den reinen Preis oder einen Kostenwirksamkeitsansatz wie die Lebenszykluskostenrechnung an die Seite zu stellen.[916] Leider findet sich in der VRL kein Hinweis darauf, mit welcher Quote dieses monetäre Element in die Bewertung des wirtschaftlich günstigsten Angebotes einfließen soll.[917] Es bleibt abzuwarten, wie der EuGH diese Richtlinienvorgabe bewerten wird. Hierzu wird in Kapitel 4 unter Punkt B, III, en Detail ausgeführt.

Die VRL definiert nunmehr eingehend, was unter der Verbindung mit dem Auftragsgegenstand zu verstehen ist.[918] Auch Art. 67 Abs. 3 VRL setzt in erster Linie die „Max Havelaar" Entscheidung um. Es ist also nicht gefordert, dass sich Zuschlagskriterien auf die materiellen Eigenschaften des Auftragsgegenstandes auswirken. Gleiches gilt für die Bezugnahme auf den Handel in lit. a) entstammt diesem bedeutendem Urteil. Die bislang nicht abschließend geklärte, praktisch aber bedeutsame Frage der Einbeziehungsmöglichkeit von Produktions- und Distributionsstufen, die zeitlich vor der Herstellung oder dem Erwerb des Produktes

---

913 So auch: Ziekow, DÖV 2015, 897, 903.
914 Ziekow, DÖV 2015, 897, 902.
915 So ausdrücklich Erwägungsgrund 90 und 92 VRL.
916 Erwägungsgrund 92 VRL.
917 Vgl. die Ausführungen bei *Hettich* in: Das neue Vergaberecht, S. 63, zu der Bedeutung für das nationale Recht, das die dem Haushaltsrecht entstammende Verpflichtung zur sparsamen und effektiven Verwendung der Mittel enthält.
918 Anders als noch die VKR, die in Art. 53 Abs. 1 a) ebenfalls vorgab, dass die Kriterien mit dem Auftragsgegenstand zusammenhängen müssen.

durch den Bieter liegen, wird in Art. 67 Abs. 3 lit. a) VRL geklärt.[919] Diese Kriterien sind ausdrücklich eingeschlossen.

Der Unionsgesetzgeber normiert ein denkbar weites Verständnis der Auftragsgegenstandsbezogenheit, das dem öffentlichen Auftraggeber eine umfassende Berücksichtigungsmöglichkeit strategischer Zuschlagskriterien eröffnet. Unter Heranziehung des Erwägungsgrunds 97 bewertete man die Neuregelung dahingehend, dass dem öffentlichen Auftraggeber letztlich die „unbegrenzte Freiheit" eingeräumt werde, „sämtliche ihm sinnvoll erscheinenden Faktoren zum Umweltschutz und zur Förderung einer nachhaltigen, auch sozialen Entwicklung in die Auftragsvergabe einzubeziehen."[920] Tatsächlich stellt die zu fordernde Verbindung mit dem Auftragsgegenstand die erste und wirkungsvollste Schranke strategischer Ziele dar.[921] Nach Auffassung der Verfasserin kann ihr nach der Neuregelung nicht die Eignung abgesprochen werden. Auch Art. 67 Abs. 3 VRL setzt die Rechtsprechungslinie des EuGH sowie die daraus zu erkennende Tendenz um.

Insgesamt lässt sich für die Neuregelung der Zuschlagskriterien in Art. 67 VRL resümieren, dass sie keine substanziellen Neuerungen enthält, sondern lediglich die Judikatur des EuGH mit in den Richtlinienartikel aufnimmt. Dies führt dazu, dass der Text aufgebläht und daher schwer verständlich wird. An der Sinnhaftigkeit des Verzichts auf abstrakte Rechtsbegriffe zu Gunsten einer umfänglichen Normierung der europäischen Leitentscheidungen muss gezweifelt werden. Der Bewertung, die „Regelungsflut" baue Akzeptanzhürden auf[922], kann nur zugestimmt werden.

2. Abgrenzungsfragen

Prinzipiell kommen gemäß dem Argumentum a maiore ad minus alle Merkmale in Betracht, die in der Leistungsbeschreibung oder als Ausführungsbedingung berücksichtigungsfähig sind, weil Zuschlagskriterien als „Nice-to-have" den Wettbewerb weniger beschränken als die „Must haves".[923] In Ansehung der Neuregelung stellt sich jedoch die Frage nach der Abgrenzung der verschiedenen Stufen der Berücksichtigung strategischer Kriterien. Die VRL ermöglicht die Vorgabe der gleichen strategischen Aspekte im Rahmen des Zuschlages oder als Bedingungen für die Auftragsausführung.[924] Dies ergibt sich aus der beispielhaften Aufzählung

---

919 Ziekow, DÖV 2015, 897, 902.

920 *Hettich* in: Das neue Vergaberecht, S. 65.

921 Vgl. insoweit die Ausführungen unter Kapitel 3, C., 3., a).

922 *Jasper* in: Tagungsband 16. Düsseldorfer Vergaberechtstag, S. 47, in: https://broschueren.nordrheinwestfalendirekt.de/herunterladen/der/datei/16-du-sseldorfer-vergaberechtstag-online-version-pdf/von/16-duesseldorfer-vergaberechtstag/vom/mweimh/2167, abgerufen am 08.12.2016.

923 Latzel, NZBau 2014, 673, 678; *Opitz* in: Dreher/Motzke, Beck'scher Vergaberechtskommentar, 2. Auflage 2013, § 97 Abs. 5, Rn. 41 für das Verhältnis zu den Ausführungsbedingungen.

924 Ziekow, DÖV 2015, 897, 902.

in den Erwägungsgründen[925] und entspricht der Rechtslage nach der „Max Havelaar“ Entscheidung.

Aufschluss über eine Abgrenzung dieser beiden Einfallstore strategischer Beschaffung gibt Erwägungsgrund 104. Hiernach sind Ausführungsbedingungen, anders als Zuschlagskriterien, die die Grundlage für eine vergleichende Bewertung der Qualität von Angeboten bilden, festgelegte, objektive Anforderungen, von denen die Bewertung von Angeboten unberührt bleibt. Ausführungsbedingungen sind folglich abwägungsfest. Dies ist maßgeblich für die Abgrenzung zu den Zuschlagskriterien. Ein strategischer, etwa sozialer, ökologischer oder innovativer Aspekt als Zuschlagskriterium würde nicht in Ja/Nein Form vorgegeben werden.[926] Die einzig im Rahmen der Entscheidung über den Zuschlag mögliche Abwägung – denn auch unterschiedliche Eignungsgrade gibt es grundsätzlich nach der VRL nicht[927] – erlaubt dem öffentlichen Auftraggeber eine gewichtige Wertung strategischer Ziele und eröffnet ihm einen weitreichenden Spielraum, der Zuschlagskriterien zu einem so bedeutenden Instrument der Verwirklichung politischer Ziele macht. In der Literatur wurden die Zuschlagskriterien auch als Sammelbecken abwägbarer Vergabekriterien bezeichnet.[928] Insbesondere wenn das Maß der Gewährleistung ökologischer oder sozialer Anforderungen beurteilt werden soll, ist dies von Vorteil.[929] Will der öffentliche Auftraggeber hingegen sicherstellen, dass sein strategisches Kriterium in jedem Fall eingehalten wird, so bietet sich eine Fassung als Ausführungsbedingung an.[930]

Die Abgrenzung zu technischen Spezifikationen lässt sich aus Erwägungsgrund 99 herleiten. Hiernach können öffentliche Auftraggeber solche sozialen Anforderungen vorsehen, die die betreffende Ware oder die betreffende Dienstleistung unmittelbar charakterisieren.

IV. Grenzen aus den Grundsätzen der Auftragsvergabe

Des Weiteren werden die sich aus den Grundsätzen der Auftragsvergabe ergebenden Grenzen einer Berücksichtigung strategischer Ziele untersucht.

---

925 Vgl. etwa Erwägungsgrund 97.

926 Ziekow, DÖV 2015, 897, 902.

927 Vgl. Art. 67 Abs. 2 VRL, der nun erstmals die Organisation und Erfahrung des mit der Auftragsausführung betrauten Personals als allgemeines Zuschlagskriterium vorsieht.

928 Latzel, NZBau 2014, 673, 678.

929 Ziekow, DÖV 2015, 897, 903. Er führt beispielsweise das soziale Kriterium „Frauen in Führungspositionen bei Tätigkeiten mit Auftragsbezug“ an, bei dem eine höhere Zahl von Frauen in den betreffenden Positionen ins Gewicht fallen kann.

930 Ziekow, DÖV 2015, 897, 903, für soziale Aspekte.

1. Sekundärrechtliche Normierung allgemeiner Vergaberechtsgrundsätze

Zum Zeitpunkt der Geltung der Koordinierungsrichtlinien ergaben sich die damaligen Vergabegrundsätze ausschließlich aus dem Primärrecht.

a) Art. 2 VKR

Erstmals wurden die heutigen „Grundsätze der Auftragsvergabe" in der VKR und dort auch nur zum Teil normiert. Erwägungsgrund 2 der VKR betont deren Bedeutung. Hiernach ist die Vergabe von Aufträgen an die Einhaltung der im Vertrag niedergelegten Grundsätze gebunden, „insbesondere des Grundsatzes des freien Warenverkehrs, des Grundsatzes der Niederlassungsfreiheit und des Grundsatzes der Dienstleistungsfreiheit sowie der davon abgeleiteten Grundsätze wie z.B. des Grundsatzes der Gleichbehandlung, des Grundsatzes der Nichtdiskriminierung, des Grundsatzes der gegenseitigen Anerkennung, des Grundsatzes der Verhältnismäßigkeit und des Grundsatzes der Transparenz." Für den Oberschwellenbereich sah Art. 2 VKR unter der Überschrift „Grundsätze für die Vergabe von Aufträgen" vor, dass die öffentlichen Auftraggeber alle Wirtschaftsteilnehmer gleich und nichtdiskriminierend behandeln und sie in transparenter Weise vorgehen.

Der Anwendungsbereich wurde durch die VKR selbst festgelegt, sodass der Artikel nur für Auftragsvergaben Geltung beanspruchte, die oberhalb des Schwellenwertes des Artikels 7 VKR lagen und nicht unter die in Abschnitt 3 der VKR geregelten Ausnahmen fielen.[931] Die Regelung des Art. 2 VKR ging über die sich aus dem Primärrecht ergebenden Vergabegrundsätze hinaus, indem sie auch Diskriminierungen zwischen Wirtschaftsteilnehmern verbot, die aus dem gleichen Mitgliedsstaat stammten.[932] Eine Binnenmarktrelevanz ist oberhalb der Schwellenwerte gegeben.[933]

---

931 Bspw. Huerkamp, Gleichbehandlung und Transparenz als gemeinschaftsrechtliche Prinzipien der staatlichen Auftragsvergabe, S. 14, für den Gleichbehandlungsgrundsatz.

932 Umkehrschluss aus den Ausführungen von *Seidel/Mertens* in: Dauses, EU-Wirtschaftsrecht, 39. EL Februar 2016, IV Öffentliches Auftragswesen, 9. Vergabegrundsätze, Rn. 208; für den Gleichbehandlungsgrundsatz Egger, Europäisches Vergaberecht, 1. Auflage 2008, 2. Teil: Sekundärrechtliche Vorgaben, § 2 Das Vergabeverfahren, Rn. 837; Schlussanträge GA Philippe Léger, Schlussanträge v. 15.06.2000, Rs. C-94/99, EU:C:2000:330 – *ARGE*, Rn. 95 f., der dies damit begründet, dass die Richtlinienvorschriften keine Bedingung hinsichtlich der Staatsangehörigkeit enthält. Es ist also nicht von einem vollkommenen Gleichklang von Primär- und Sekundärrecht auszugehen, sodass Burgi, NZBau 2008, 29, 31, in diesem Punkt nicht zugestimmt werden kann.

933 *Bungenberg* in: Müller-Graff, Enzyklopädie Europarecht, Band 4: Europäisches Wirtschaftsordnungsrecht, 1. Auflage 2015, § 16, Rn. 18.

b) Art. 18 Abs. 1 VRL

Die Vorschrift des Art. 18 Abs. 1 VRL normiert die Grundsätze der Auftragsvergabe und ergänzt die Vorgängerregelung des Art. 2 VKR sowohl um den Grundsatz der Verhältnismäßigkeit als auch um den Wettbewerbsgrundsatz.[934] Letzteren umschreiben die Sätze 2 und 3 der Norm recht ausführlich damit, dass das Vergabeverfahren nicht mit der Absicht konzipiert werden darf, es vom Anwendungsbereich dieser Richtlinie auszunehmen oder den Wettbewerb künstlich einzuschränken. Eine künstliche Einschränkung des Wettbewerbs gilt als gegeben, wenn bestimmte Wirtschaftsteilnehmer auf unzulässige Weise bevorzugt oder benachteiligt werden.

Unverändert setzt ein Rückgriff auch auf Art. 18 Abs. 1 VRL voraus, dass die betreffende Auftragsvergabe der VRL unterfällt, weil ihr Auftragswert oberhalb der sich aus Art. 4 VRL ergebenden Schwellenwerte liegt und nicht unter die in Abschnitt 3 der VRL geregelten Ausnahmen fällt. Vergleiche hierzu die Eingangs gemachten Ausführungen.

c) Methodische Ableitungen

Ein Rückgriff auf die Grundsätze der Auftragsvergabe setzt trotz deren sekundärrechtlicher Normierung voraus, dass die VRL keine hierauf bezogene konkrete Regelung vorsieht. So ist in der allgemeinen Rechtslehre anerkannt, dass die Konkurrenz eines Rechtsprinzips mit einer konkreteren Norm (Regel) zugunsten der Regel aufgelöst wird, das Prinzip also eingeschränkt wird.[935] Ein Rechtsprinzip ist nicht so genau formuliert, dass eine Subsumption darunter möglich wäre, jedoch lässt sich durch seine Heranziehung ein Fall entscheiden, wenn allein auf das Prinzip abgestellt wird.[936] Solche Rechtsprinzipien oder auch „Optimierungsgebote“[937] haben eine „regulative“ Funktion[938]. Hierzu zählen Rechtsnormen, die darauf

---

934 Der Grundsatz der gegenseitigen Anerkennung findet sich hingegen nicht im Richtlinientext. Allerdings handelt es sich hierbei weder um einen originär vergaberechtlichen Grundsatz des Primärrechts, noch besitzt er Relevanz für das Vergaberecht.

935 Röhl/Röhl, Allgemeine Rechtslehre, S. 288; Burgi, NZBau 2008, 29, 31 f; Zippelius, Juristische Methodenlehre, § 10, III c); Larenz/Canaris, Methodenlehre der Rechtswissenschaft, S. 88, 89, die unterscheiden, ob sich die Rechtsfolgen der konkreteren und der allgemeineren Norm gegenseitig ausschließen oder ergänzen.

936 Röhl/Röhl, Allgemeine Rechtslehre, S. 288; siehe ausführlich zu der Einordnung von Rechtsprinzipien und der vertretenen Theorien: Rüthers/Fischer/Birk, Rechtstheorie, Rn. 756 ff. Nach Beaucamp/Treder, Methoden und Technik der Rechtsanwendung, Rn. 197 gelten diese Prinzipien nicht absolut.

937 Burgi, NZBau 2008, 29, 31; Beaucamp/Treder, Methoden und Technik der Rechtsanwendung, Rn. 197; vgl. hierzu auch Rüthers/Fischer/Birk, Rechtstheorie, Rn. 758, die die Herkunft des Begriffs Robert Alexy bzw. seinem Werk Theorie der Grundrechte, 3. Auflage, S. 75 ff. zuweisen.

938 Zippelius, Juristische Methodenlehre, § 10, III c).

abzielen, dass ein bestimmtes Rechtsgut in Abhängigkeit von den rechtlichen und tatsächlichen Gegebenheiten in größtmöglichem Umfang realisiert wird.[939] Demgegenüber formuliert eine konkrete Norm als „Regel" im Sinne der allgemeinen Rechtslehre einen Tatbestand und eine Rechtsfolge, sodass ein Sachverhalt durch eine Subsumption unter diesen Tatbestand gelöst werden kann.[940]

Das Rangverhältnis zwischen Prinzip und Regel lässt sich stichhaltig damit begründen, dass man jede konkrete Vorschrift aushebeln könnte, indem man sie auf ein Prinzip zurückführt.[941] Im Ergebnis würde also die Ratio der Vorschrift bedeutsamer sein als deren konkrete Ausgestaltung.[942] Der Regel würde damit ihr Anwendungsbereich und ihre Berechtigung genommen.

Die Grundsätze der Auftragsvergabe zielen sämtlich darauf ab, dass die Rechtsgüter Transparenz, Gleichbehandlung, Nichtdiskriminierung, Verhältnismäßigkeit und Wettbewerb in größtmöglichem Umfang in einem Vergabeverfahren realisiert werden. Sie formulieren Handlungsanweisungen für den öffentlichen Auftraggeber, ohne dass der Rechtsanwender unter die Grundsätze subsumieren könnte, um so zu einer Rechtsfolge zu gelangen. Sie stellen nach der hier vertretenen Auffassung also Rechtsprinzipien des Vergaberechts dar.

Dies unterstellt, kann in Ansehung der Regelungsdichte der VRL, insbesondere auch im Hinblick auf die Normierung der Voraussetzungen einer strategischen öffentlichen Auftragsvergabe, nicht ohne Weiteres auf die Grundsätze der Auftragsvergabe zurückgegriffen werden. Vielmehr muss im Einzelfall untersucht werden, ob die in Rede stehende Rechtsfolge bereits von einer in der VRL normierten Regel abgedeckt wird oder ob eine lückenhafte Regel unter Heranziehung der allgemeinen Grundsätze des Vergaberechts ausgelegt werden muss.[943]

d) Auslegungsfunktion der Grundsätze der Auftragsvergabe

Sieht die VRL eine solche Regel vor, die die in Frage stehende Rechtsfolge abdeckt, so kommt den Grundsätzen der Auftragsvergabe nur eine Auslegungsfunktion zu. Auch konkret gefasste Regeln enthalten oftmals Spielräume entweder auf Tatbestandsseite in Form unbestimmter Rechtsbegriffe, oder auf Rechtsfolgenseite durch die Einräumung von Verwaltungsermessen.[944] Bei Ausfüllung dieser Spielräume ist der Rechtsanwender nicht frei, sondern er muss sich an höherrangigem Recht sowie an von Seiten des Gesetzgebers vorgegebenen Grundlagen orientieren, die im Fall des Vergaberechts aus den Grundsätzen der Auftragsvergabe

---

939 Beaucamp/Treder, Methoden und Technik der Rechtsanwendung, Rn. 197.
940 Beispielhaft für viele: Röhl/Röhl, Allgemeine Rechtslehre, S. 288.
941 Röhl/Röhl, Allgemeine Rechtslehre, S. 289.
942 Röhl/Röhl, Allgemeine Rechtslehre, S. 289.
943 Für die Rechtslage zum Zeitpunkt der Geltung der VRK: Burgi, NZBau 2008, 29, 32.
944 Burgi, NZBau 2008, 29, 32; Burgi, Vergaberecht, § 6 Rn. 15.

bestehen.[945] Den Vergabegrundsätzen kommt hier eine entscheidende Bedeutung über die Zielvorgabe der Gewährung von Wettbewerb, Transparenz und Gleichbehandlung zu.[946]

Insbesondere die den vorliegenden Untersuchungsgegenstand der Lebenszykluskostenrechnung normierende „Regel" des Art. 68 VRL rekurriert an zahlreichen Stellen auf die Grundsätze des Vergaberechts und gibt gleichzeitig eine Rechtsfolge bei Vorliegen des „Tatbestandes" vor. Inwieweit eine Heranziehung der Grundsätze der Auftragsvergabe gleichwohl möglich und notwendig ist, wird in Kapitel 4 unter Punkt C, III im Detail behandelt. Die vorstehenden methodischen Ableitungen dienen diesen Ausführungen als Prüfstein. Im nationalen Recht ist zudem umstritten, ob den Vergabegrundsätzen über die Auslegungsfunktion hinaus ein eigenständiger normativer Gehalt zukommt. Dem widmen sich die Ausführungen dieses Kapitels unter E, II, 1.

2. Inhaltliche Konkretisierung

Nachfolgend werden die allgemeinen Grundsätze der Auftragsvergabe[947] dargestellt, wie sie durch die Rechtsprechung des EuGH konkretisiert wurden. Dabei wird besonderes Augenmerk auf eben diese allgemeinen Vergabegrundsätze gelegt, die für eine Einbeziehung strategischer Ziele von hervorgehobener Bedeutung sind. Hierzu zählen insbesondere das Diskriminierungsverbot, der Transparenz- und Gleichbehandlungsgrundsatz, aber auch der Wettbewerbs- sowie der Verhältnismäßigkeitsgrundsatz.[948]

---

945 Burgi, NZBau 2008, 29, 32; Burgi, Vergaberecht, § 6 Rn. 15; grundsätzlich Schäfers, JuS 2015, 875, 878; Zippelius, Juristische Methodenlehre, § 10, III c).

946 Für das nationale Recht: *Dreher* in: Immenga/Mestmäcker, Wettbewerbsrecht, 5. Auflage, § 97 GWB, Rn. 3; Burgi, NZBau 2008, 29, 32; Burgi, Vergaberecht, § 6 Rn. 15. Zu der Bedeutung als „Ermessensdirektiven" *Fehling* in: Pünder/Schellenberg, Vergaberecht, 2. Auflage 2015, § 97 GWB, Rn. 45.

947 In Ansehung deren Herkunft aus dem Vergabeprimärrecht werden sie auch als Grundsätze des Vergabeprimärrechts bezeichnet. Vorliegend wird in Übereinstimmung mit der Formulierung in der VRL der Begriff der Grundsätze der Auftragsvergabe verwendet, ungeachtet dessen ob der Anwendungsbereich der Richtlinie eröffnet ist.

948 Nicht näher behandelt wird daher der Grundsatz der gegenseitigen Anerkennung. Nach dem Grundsatz der gegenseitigen Anerkennung (etabliert in: EuGH, Urt. v. 07.05.1991, Rs. C-340/89, EU:C:1991:193 – *Vlassopoulou/Ministerium für Justiz, Bundes- u. Europaangelegenheiten Baden-Württemberg*, Rn. 14 ff.) muss ein Mitgliedstaat die von einem ausländischen Bieter vorzulegenden Diplome, Prüfungszeugnisse, Bescheinigungen sowie sonstigen Befähigungsnachweise, die eine entsprechendes Gewährleistungsniveau aufweisen, akzeptieren, wenn sie im Bezug auf die von ihm festgelegten Erfordernisse als gleichwertig anerkannt werden können (Mitteilung der Kommission zu Auslegungsfragen, in Bezug auf das Gemeinschaftsrecht, das für die Vergabe öffentlicher Aufträge gilt, die nicht oder nur teilweise unter die Vergaberichtlinien fallen, ABl. C 179 v. 01.08.2006, S. 2–7. Näher hierzu: Frenz,

Die Judikatur des EuGH zu den vormals vergabefremden Kriterien machte die Zulässigkeit strategischer Kriterien wiederholt von der Beachtung der „wesentlichen Grundsätze des Gemeinschaftsrechts"[949], also des Primärrechts abhängig[950]. Die Inhalte des Vergabeprimärrechts werden hierbei nicht streng voneinander abgegrenzt und die Begründung ist selten dogmatisch[951], was allerdings daraus resultiert, dass die Grundfreiheiten ihrem Regelungsbereich entsprechende Diskriminierungsverbote enthalten und insofern Lex specialis zu dem in Art. 18 AEUV enthaltenen allgemeinen Verbot der Diskriminierung aus Gründen der Staatsangehörigkeit sind[952]. Die Grundsätze der Auftragsvergabe leiten sich aus den

---

Handbuch Europarecht, Band 3: Beihilfe- und Vergaberecht 2007, Rn. 1858). Die Berücksichtigung sämtlicher vorgelegter Diplome, Prüfungszeugnisse und sonstigen Befähigungsnachweise sowie die einschlägige Erfahrung des Betroffenen durch die mitgliedsstaatlichen Behörden hat dabei in der Weise zu erfolgen, dass sie die durch diese Nachweise belegten Fachkenntnisse und diese Erfahrung mit den nach nationalem Recht vorgeschriebenen Kenntnissen und Fähigkeiten vergleichen. Die gegenseitige Anerkennung muss es den innerstaatlichen Behörden ermöglichen, objektiv festzustellen, ob ein ausländisches Diplom seinem Inhaber die gleichen oder zumindest gleichwertige Kenntnisse und Fähigkeiten wie das innerstaatliche Diplom bescheinigt; EuG, Urt. v. 20.05.2010, Rs. T-258/06, EU: T:2010:214 – *Kommission/Deutschland*, Rn. 119 f.

949 Beispielhaft: EuGH, Urt. v. 20.09.1988, Rs. C-31/87, EU:C:1998:508 – *Beentjes*, Rn. 29; EuGH, Urt. v. 26.09.2000, Rs. C-225/98, EU:C:2000:494 – *Nord-Pas-de-Calais*, Rn. 50; EuGH, Urt. v. 17.09.2002, Rs. C-513/99, EU:C:2002:495 – *Concordia Bus Finland*, Rn. 62 f.; EuGH vom 04.12.2003, Rs. C-448/01, EU:C:2003:651 – *EVN und Wienstrom*, Rn. 38.

950 Dies ist darauf zurückzuführen, dass das Richtlinienrecht zur diesem Zeitpunkt noch keine konkrete Norm vorsah.

951 Beispielhaft kann hier „Max Havelaar" heranzogen werden. Hiernach erfordern die Grundsätze der Gleichheit, der Nichtdiskriminierung und der Transparenz, dass die Zuschlagskriterien objektiv sind. Dies gewährleiste, dass der Vergleich und die Bewertung der Angebote in objektiver Weise erfolgen und somit unter Bedingungen eines wirksamen Wettbewerbs. Bei Kriterien, die dem öffentlichen Auftraggeber eine unbeschränkte Entscheidungsfreiheit einräumen, sei dies nicht der Fall Dieselben Grundsätze verpflichten den öffentlichen Auftraggeber dazu, in allen Stadien eines Vergabeverfahrens sowohl den Grundsatz der Gleichbehandlung potenzieller Bieter als auch den Grundsatz der Transparenz der Zuschlagskriterien zu wahren. Diese sind so zu formulieren, dass alle gebührend informierten und mit der üblichen Sorgfalt handelnden Bieter deren genaue Bedeutung verstehen und sie somit in gleicher Weise auslegen können. EuGH, Urt. v. 10.05.2012, Rs. C-368/10, EU:C:2012:284 – *Max Havelaar*, Rn. 88 mit Verweis auf u.a. „EVN und Wienstrom", EuGH vom 04.12.2003, Rs. C-448/01, EU:C:2003:651, Rn. 56 bis 58 zu den entsprechenden Vorschriften der Richtlinien, die der Richtlinie 2004/18 vorausgegangen sind.

952 *Bahns/Brinkmann/Gläser/Sedlaczek* in: von der Groeben/Schwarze/Hatje, Europäisches Unionsrecht, 7. Auflage 2015, Vorbemerkung zu den Artikeln 110 bis 113

Grundfreiheiten ab.[953] Gleichwohl streben die nachfolgenden Ausführungen an, die jeweiligen Inhalte voneinander abzugrenzen.

a) Diskriminierungsverbot

Das Diskriminierungsverbot steht bei der Frage nach der vergaberechtlichen Zulässigkeit strategischer Kriterien im Vordergrund. Es umfasst die heute eher seltenen unmittelbaren Diskriminierungen, die direkt an die Staatsangehörigkeit oder die Ansässigkeit anknüpfen[954] sowie die im Vordergrund stehenden mittelbaren (versteckten) Diskriminierungen, „die durch die Anwendung anderer Unterscheidungsmerkmale tatsächlich zu dem gleichen Ergebnis führen"[955]. Eine versteckte, oder auch mittelbare, materielle Diskriminierung[956] liegt dann vor, wenn zwar keine ausdrückliche Ungleichbehandlung erfolgt, aber eine unterschiedslos anwendbare

---

AEUV, Rn. 16; *Dörr* in: Dreher/Motzke, Beck'scher Vergaberechtskommentar, 2. Auflage 2013, Einleitung: Vergaberecht in Deutschland – Das Recht der öffentlichen Auftragsvergabe im Stufenbau der Rechtsordnung, Rn. 153; *Bungenberg* in: Loewenheim/Meessen/Riesenkampff, Kartellrecht 2. Auflage 2009, Vor §§ 97 ff. – Einführung, Rn. 50, die nachfolgende Auflage 3 von 2016 kommentiert die §§ 97 ff. GWB nicht mehr; *Hailbronner* in: Grabitz/Hilf, Das Recht der Europäischen Union, 40. Auflage 2009, B 2. Marktfreiheiten und Vergaberichtlinien, Rn. 33; Ehlers, Europäische Grundrechte und Grundfreiheiten, 4. Auflage 2014, § 7 I 2, Rn. 22; Beuttenmüller, Vergabefremde Kriterien im öffentlichen Auftragswesen, S. 146.

953 *Antweiler* in: Dreher/Motzke, Beck'scher Vergaberechtskommentar, 2. Auflage 2013, § 6 VOB/A, Rn. 9, sowie § 97 GWB, Rn. 13; EuGH, Urt. v. 13.10.2005, C-458/03, EU:C:2005:605 – *Parking Brixen*, Rn. 58; *Dörr* in: Dreher/Motzke, Beck'scher Vergaberechtskommentar, 2. Auflage 2013, Einleitung: Vergaberecht in Deutschland – Das Recht der öffentlichen Auftragsvergabe im Stufenbau der Rechtsordnung, Rn. 150; *Seidel/Mertens* in: Dauses, EU-Wirtschaftsrecht, 39. EL, Februar 2016, IV. Öffentliches Auftragswesen, 9. Vergabegrundsätze, Rn. 208; vgl. ausführlich zu der dogmatischen Herleitung des Vergabeprimärrechts Burgi, VergabeR 2016, 261; Frenz, Handbuch Europarecht, Band 3: Beihilfe- und Vergaberecht 2007, Rn. 1835.

954 Schneider, NVwZ 2009, 1057 f.; *Antweiler* in: Dreher/Motzke, Beck'scher Vergaberechtskommentar, 2. Auflage 2013, § 6 VOB/A, Rn. 9; *Epiney* in: Calliess/Ruffert, EUV/AEUV, 4. Auflage 2011, Art. 18, Rn. 12–14.

955 Beispielhaft: EuGH, Urt. v. 12.02.1974, Rs. C-152/73, EU:C:1974:13 – *Sotgiu/Deutsche Bundespost*, Rn. 11; EuGH, Urt. v. 12.07.1997, Rs. C-266/95, EU:C:1997:292 – *Merino García/Bundesanstalt für Arbeit*, Rn. 33; EuGH, Urt. v.07.05.1998, Rs. C-150/96, EU:C:1998:205 – *Clean Car Autoservice/Landeshauptmann von Wien*, Rn. 27. Im Folgenden wird allerdings nicht zwischen unmittelbaren und mittelbaren Diskriminierungen unterschieden, da beide einen Eingriff in die betreffende Grundfreiheit darstellen und sich ein Unterschied nur im Hinblick auf die Rechtfertigung ergibt.

956 Zur Synonymen Verwendung der Begrifflichkeiten: Ehlers, Europäische Grundrechte und Grundfreiheiten, 4. Auflage 2014, § 7 I 2, Rn. 26.

Regelung Personen bzw. Produkte aus dem Ausland faktisch benachteiligt[957]. Verallgemeinernd ausgedrückt, dürfen die Voraussetzungen für die Beteiligung an einer Ausschreibung nicht so festgelegt sein, dass sie in der Praxis nur von inländischen Bietern erfüllt werden können oder dies Bietern aus anderen Mitgliedsstaaten nur mit größeren Schwierigkeiten möglich ist.[958]

Das Gebot der Nichtdiskriminierung bindet den öffentlichen Auftraggeber bereits bei der Festlegung des Leistungsverzeichnisses. Eine Vorgabe, nach der das ausgeschriebene Produkt oder Nachweise inländisch sein müssen, oder einem nationalen Standard entsprechen müssen, ohne den Gleichwertigkeitszusatz mit aufzunehmen, diskriminiert regelmäßig ausländische, am Auftrag interessierte Wirtschaftsteilnehmer mittelbar.[959] Dies entschied der EuGH in seinen Leitentscheidungen „Dundalk", bei dem Leitungsrohre zur Ausführung kommen sollten, deren Lieferung ausschließlich irischen Herstellern vorbehalten war[960], und in „Storebælt" zu einer Bedingung in einer Ausschreibung, die eine möglichst weitgehende Verwendung von dänischen Baustoffen, Verbrauchsgütern, Arbeitskräften und Geräten vorsah[961]. Beide Vorgaben scheiterten am Gebot der Nichtdiskriminierung.

Zuschlagskriterien, die über den Lieferumfang hinaus Anforderungen festlegen, können ebenfalls eine nicht gerechtfertigte Diskriminierung darstellen, wenn sie den Bietern einen Vorteil verschaffen, die wegen ihrer größeren Erzeugungs- oder Lieferkapazitäten in der Lage sind, größere Mengen des ausgeschriebenen Produktes zu liefern als andere Bieter, deren Angebot die mit dem Auftrag zusammenhängenden Voraussetzungen möglicherweise uneingeschränkt erfüllt.[962]

Das Diskriminierungsverbot steht auch einer nationalen Regelung entgegen, die in bestimmten Teilen des Staatsgebiets ansässigen Betrieben oder regionalen Subunternehmern einen prozentualen Anteil an öffentlichen Lieferaufträgen vorbehält.[963] Ebenso diskriminierend war eine Vorgabe, nach der das betreffende

957 *Burgi* in: Grabitz/Hilf, Das Recht der Europäischen Union, 40. Auflage 2009, B 13 Vergabefremde Kriterien, Rn. 13 mit Verweis auf die Rechtsprechung in Fn. 21.

958 EuGH, Urt. v. 06.11.2003, Rs. C-243/01, EU:C:2003:597 – *Gambelli u.a.*, Rn. 71; EuGH, Urt. v. 27.10.2005, ECLI: EU:C:2005:644 – *Contse u.a.*, Rn. 60.

959 *Dörr* in: Dreher/Motzke, Beck'scher Vergaberechtskommentar, 2. Auflage 2013, Einleitung: Vergaberecht in Deutschland – Das Recht der öffentlichen Auftragsvergabe im Stufenbau der Rechtsordnung, Rn. 157.

960 EuGH, Urt. v. 02.09.1988, Rs. C-45/87, EU:C:1988:435 – *Dundalk*, Rn 20,27.

961 EuGH, Urt. v. 22.06.1993, Rs. C-243/89, EU:C:1993:257 – *Storebælt*, Rn. 45.

962 EuGH vom 04.12.2003, Rs. C-448/01, EU:C:2003:651 – *EVN und Wienstrom*, Rn. 69.

963 EuGH, Urt. v. 20.03.1990, Rs. C-21/88, EU:C:1990:121 – *Du Pont de Nemours Italiana/USL di Carrara*, Rn. 10–18, zu einer von Seiten des italienischen Staates vorgesehene Verpflichtung, mindestens 30% ihres Bedarfs bei im strukturschwachen Mezzogiorno ansässigen Industrie-, Landwirtschafts- und Handwerksbetrieben zu beziehen, in denen die fraglichen Erzeugnisse hergestellt wurden bzw. der entsprechend dieser nationalen Regelung vorgegebenen Aufteilung des „besonderen

Unternehmen unmittelbar oder mittelbar ganz in staatlichem oder öffentlichen Besitz stehen muss.[964]

Es kann festgehalten werden, dass die Erfüllung der Vorgaben strategischer Kriterien inländischen Bietern nicht leichter gemacht werden darf, als den aus anderen Mitgliedstaaten stammenden Bietern.[965] Im Einzelnen bedeutet dies, dass das Diskriminierungsverbot einer Bevorzugung nationaler oder aus bestimmten Regionen stammender Bieter bzw. Unternehmen entgegenstehen würde. Eine Förderung regionaler Produkte als „neues Bio" über die strategische Beschaffung scheitert also an dem Vergabeprimärrecht. Anforderungen, die über das Auftragsvolumen hinausgehen, können ebenfalls diskriminierend sein. Die Einbeziehung des allgemeinen Umwelt- und Sozialverhaltens eines am Auftrag interessierten Wirtschaftsteilnehmers ist somit auch aus diesem Grund nicht möglich.[966]

b) Transparenzgrundsatz

Bereits in „Beentjes" stellte der EuGH fest, dass den öffentlichen Auftraggebern keine unbeschränkte Entscheidungsfreiheit bei der Erteilung des Zuschlages zuteilwerden dürfe[967] und die in der Richtlinie festgelegten Verfahrensvorschriften, insbesondere die Publizitätsvorschriften, eingehalten werden müssen.[968] Eine besondere zusätzliche Bedingung, wie die Beschäftigung von Langzeitarbeitslosen, müsse in der Bekanntmachung erwähnt werden, damit die Unternehmer in der Lage sind, von ihrem Bestehen Kenntnis zu nehmen.[969] In der dargestellten, „Beentjes" nachfolgenden, Rechtsprechung wurden die Publizitätsvorschriften ebenfalls betont, deren Voraussetzungen durch die ausdrückliche Nennung im Leistungsverzeichnis oder in der Bekanntmachung des Auftrags genüge getan sein soll.[970]

Leistungsverzeichnisses" in zwei Lose; nachfolgend: EuGH, Urt. v. 03.06.1992, Rs. C-360/89, EU:C:1992:235 – *Kommission/Italien*, Rn. 7–15.

964 EuGH, Urt. v. 05.12.1989, Rs. C-3/88, EU:C:1989:606 – *Kommission/Italien*, Rn. 30.

965 EuGH, Urt. v. 06.11.2003, Rs. C-243/01, EU:C:2003:597 – *Gambelli u.a.*, Rn. 71; EuGH, Urt. v. 27.10.2005, ECLI: EU:C:2005:644 – *Contse u.a.*, Rn. 60.

966 Obschon dies, wie oben unter Punkt C, II, 3, a) dargestellt, am mangelnden Zusammenhang mit dem Auftragsgegenstand scheitern würde.

967 EuGH, Urt. v. 20.09.1988, Rs. C-31/87, EU:C:1998:508 – *Beentjes*, Rn. 26.

968 EuGH, Urt. v. 20.09.1988, Rs. C-31/87, EU:C:1998:508 – *Beentjes*, Rn. 31.

969 EuGH, Urt. v. 20.09.1988, Rs. C-31/87, EU:C:1998:508 – *Beentjes*, Rn. 36; EuGH, Urt. v. 26.09.2000, Rs. C-225/98, EU:C:2000:494 – *Nord-Pas-de-Calais*, Rn. 51.

970 EuGH, Urt. v. 17.09.2002, Rs. C-513/99, EU:C:2002:495 – *Concordia Bus Finland*, Rn. 64: "[...] sofern diese Kriterien mit dem Gegenstand des Auftrags zusammenhängen, dem Auftraggeber keine unbeschränkte Entscheidungsfreiheit einräumen, ausdrücklich im Leistungsverzeichnis *oder* in der Bekanntmachung des Auftrags genannt sind und bei ihnen alle wesentlichen Grundsätze des Gemeinschaftsrechts, insbesondere das Diskriminierungsverbot, beachtet werden.". Weiter der EuGH vom 04.12.2003, Rs. C-448/01, EU:C:2003:651 – *EVN und Wienstrom*, Rn. 34.

Zwingend ist die Aufnahme in die Leistungsbeschreibung jedoch nicht. In „Concordia Bus Finland" ließ der EuGH öffentlichen Auftraggebern die Wahl.[971]

Der Transparenzgrundsatz des europäischen Vergaberechts statuiert umfassende Publizitätspflichten.[972] Dogmatisch leitet er sich aus dem Verbot der Diskriminierung aus Gründen der Staatsangehörigkeit sowie dem Gleichbehandlungsgrundsatz ab.[973] Der Auftraggeber muss zugunsten potenzieller Bieter einen angemessenen Grad an Öffentlichkeit sicherstellen, die interessierten Wirtschaftsteilnehmern ermöglicht, von der Ausschreibung und deren Anforderungen Kenntnis zu nehmen, so dass dieses Unternehmen gegebenenfalls sein Interesse am Erhalt des Auftrags hätte bekunden können.[974] Der Wettbewerb muss eröffnet sein und die Nachprüfung ermöglicht werden, ob die Vergabeverfahren unparteiisch durchgeführt wurden.[975] Die Justiziabilität einer Entscheidung setzt nach der unionsgerichtlichen Rechtsprechung voraus, dass sie nachvollziehbar ist.[976] Vergabeprimärrechtlich ist keine förmliche Ausschreibung notwendig, dennoch muss die Bekanntmachung hinreichend zugänglich sein.[977] Sie muss nicht zwingend schriftlich erfolgen, sodass auch andere Wege der angemessenen Bekanntmachung möglich sind.[978] Insoweit kann selbst eine Veröffentlichung auf der eigenen Homepage ausreichend sein, wobei sich unzweifelhaft speziell für Vergabebekanntmachungen

---

971 EuGH, Urt. v. 17.09.2002, Rs. C-513/99, EU:C:2002:495 – *Concordia Bus Finland*, Rn. 64.

972 *Ziekow* in: Ziekow/Völlink, Vergaberecht, 2. Auflage 2013, § 97 GWB, Rn. 38.

973 *Ziekow* in: Ziekow/Völlink, Vergaberecht, 2. Auflage 2013, § 97 GWB, Rn. 38, mit Verweis u.a. auf EuGH, Urt. v. 29.03.2012, Rs. C-599/10, EU:C:2012:191 – *SAG ELV Slovensko u.a.*, Rn. 25; insgesamt hierzu Höfler, NZBau 2010, 73 ff.

974 EuG, Urt. v. 20.05.2010, Rs. T-258/06, EU: T:2010:214 – *Kommission/Deutschland*, Rn. 78; EuGH, Urt. v. 21.07.2005, Rs. C-231/03, EU:C:2005:487 – *Coname*, Rn. 21; *Frenz* in: Willenbruch/Wieddekind: Kompaktkommentar Vergaberecht, 4. Auflage 2017, § 97 GWB, Rn. 23.

975 EuGH, Urt. v. 08.12.2000, Rs. C-324/98, EU:C:2000:669 – *Telaustria und Telefonadress*, Rn. 61 f. mit Verweis auf: EuGH, Urt. v. 18.11.1999, Rs. C-275/98, EU:C:1999:567 – *Unitron Scandinavia und 3-S.* Erneut aufgegriffen in: EuGH, Urt. v. 13.10.2005, C-458/03, EU:C:2005:605 – *Parking Brixen*, Rn. 49; EuGH, Urt. v. 06.04.2006, Rs. C-410/04, EU:C:2006:237 – *ANAV/Bari*, Rn. 21.

976 Mäsch, Praxiskommentar zum deutschen und europäischen Kartellrecht, 1. Auflage 2009, § 97 GWB, Rn. 5 mit Verweis auf: EuGH, Urt. v. 18.10.2001, Rs. C-19/00, EU:C:2001:553 – *SIAC Construction*, Rn. 41.

977 *Dörr* in: Dreher/Motzke, Beck'scher Vergaberechtskommentar, 2. Auflage 2013, Einleitung: Vergaberecht in Deutschland – Das Recht der öffentlichen Auftragsvergabe im Stufenbau der Rechtsordnung, Rn. 159.

978 EuG, Urt. v. 20.05.2010, Rs. T-258/06, EU: T:2010:214 – *Kommission/Deutschland*, Rn. 98.

geschaffene Portale besonders eignen, da sie für interessierte Wirtschaftsteilnehmer leicht erkennbar sind und bessere Suchoptionen bieten.[979]

Der Transparenzgrundsatz enthält die Verpflichtung, dass der öffentliche Auftraggeber in der Bekanntmachung alle relevanten Zuschlagskriterien angibt[980] und sich während des gesamten Verfahrens an dieselbe Auslegung der Zuschlagskriterien halten muss[981]. Einmal bekannt gemachte Zuschlagskriterien darf er während des Vergabeverfahrens nicht mehr ändern.[982] Ein Rückgriff auf Anforderungen, die keinen Ausdruck in der Ausschreibung gefunden haben, ist der ausschreibenden Stelle ebenso verwehrt.[983] Anders als dies die VRL vorsieht[984], verpflichtet das Vergabeprimärrecht den Auftraggeber nicht dazu, die relative Gewichtung veröffentlichter Zuschlagskriterien vorab bekannt zu machen.[985] Eine nachträgliche Änderung würde allerdings gegen den Gleichbehandlungsgrundsatz und die daraus folgende Transparenzpflicht verstoßen.[986]

Weiter sind die Zuschlagskriterien in den Verdingungsunterlagen oder in der Bekanntmachung so zu fassen, dass alle durchschnittlich fachkundigen Bieter sie bei Anwendung der üblichen Sorgfalt in gleicher Weise auslegen können.[987] Dies konkretisierte der EuGH in „Max Havelaar“ noch dahingehend, dass alle Bedingungen und Modalitäten des Vergabeverfahrens klar, präzise und eindeutig in der Vergabebekanntmachung oder dem Lastenheft formuliert werden müssen, so dass zum einen alle *gebührend informierten und mit der üblichen Sorgfalt handelnden Bieter* die genaue Bedeutung dieser Bedingungen und Modalitäten verstehen und sie in gleicher Weise auslegen können und zum anderen der Auftraggeber

---

979 *Bungenberg* in: Müller-Graff, Enzyklopädie Europarecht, Band 4: Europäisches Wirtschaftsordnungsrecht, 1. Auflage 2015, § 16, Rn. 91; vgl. insoweit vertiefend die Mitteilung der Kommission zu Auslegungsfragen, in Bezug auf das Gemeinschaftsrecht, das für die Vergabe öffentlicher Aufträge gilt, die nicht oder nur teilweise unter die Vergaberichtlinien fallen, ABl. C 179/2, S. 2–7.

980 *Ziekow* in: Ziekow/Völlink, Vergaberecht, 2. Auflage 2013, § 97 GWB, Rn. 38.

981 EuGH, Urt. v. 18.11.2010, Rs. C-226/09, EU:C:2010:697 – *Kommission/Irland*, Rn. 59; EuGH vom 04.12.2003, Rs. C-448/01, EU:C:2003:651 – *EVN und Wienstrom*, Rn. 92; EuGH, Urt. v. 18.10.2001, Rs. C-19/00, EU:C:2001:553 – *SIAC Construction*, Rn. 43.

982 EuGH, Urt. v. 18.11.2010, Rs. C-226/09, EU:C:2010:697 – *Kommission/Irland*, Rn. 60; EuGH vom 04.12.2003, Rs. C-448/01, EU:C:2003:651 – *EVN und Wienstrom*, Rn. 48 hinsichtlich Zuschlagskriterien; vgl. in Bezug auf die Eignung: *Ziekow* in: Ziekow/Völlink, Vergaberecht, 2. Auflage 2013, § 97 GWB, Rn. 38.

983 *Ziekow* in: Ziekow/Völlink, Vergaberecht, 2. Auflage 2013, § 97 GWB, Rn. 38, mit Verweis auf: EuGH, Urt. v. 17.09.2002, Rs. C-513/99, EU:C:2002:495 – *Concordia Bus Finland*, Rn. 62. Siehe weiter die Nachweise dort.

984 Vgl. Art. 67 Abs. 5 VRL; vormals: Art. 53 Abs. 2 VKR.

985 EuGH, Urt. v. 18.11.2010, Rs. C-226/09, EU:C:2010:697 – *Kommission/Irland*, Rn. 43, für die VKR.

986 EuGH, Urt. v. 18.11.2010, Rs. C-226/09, EU:C:2010:697 – *Kommission/Irland*, Rn. 62, für die VKR.

987 EuGH, Urt. v. 18.10.2001, Rs. C-19/00, EU:C:2001:553 – *SIAC Construction*, Rn. 42.

tatsächlich überprüfen kann, ob die Angebote der Bieter die für den betreffenden Auftrag geltenden Kriterien erfüllen.[988] Damit wurde noch einmal deutlich, dass sich alle Vorgaben bereits aus der Ausschreibung ergeben müssen und diese weder einer Interpretation des interessierten Wirtschaftsteilnehmers zugänglich sein dürfen, noch Letzteren zu einer Recherche der geforderten Merkmale veranlassen.

Was die konkrete Ausgestaltung der Verpflichtung zur Transparenz und auch des Gleichbehandlungsgrundsatzes, zu dem sogleich ausgeführt wird, betrifft, räumt der EuGH den Mitgliedstaaten ein „gewisses Ermessen" ein, um zur Einhaltung dieser Grundsätze bestimmte Maßnahmen zu erlassen, die öffentliche Auftraggeber bei jedem Verfahren zur Vergabe eines Auftrags zu beachten haben.[989] Die Mitgliedsstaaten seien nämlich am Besten in der Lage, im Licht ihrer spezifischen historischen, rechtlichen, wirtschaftlichen oder sozialen Erwägungen zu bestimmen, durch welche Situationen Verhaltensweisen begünstigt werden, die zu Missständen bei der Beachtung dieser Grundsätze führen könnten.[990] Im Oberschwellenbereich gibt die VRL hingegen die Inhalte der Bekanntmachung vor.[991]

c) Grundsatz der Gleichbehandlung der Bieter

Die Beachtung des Gleichbehandlungsgrundsatzes entspricht dem Wesen der europäischen Vergaberichtlinien.[992] Diese grundlegende Feststellung entstammt der „Storebaelt"-Entscheidung, die noch zur Geltung der Koordinierungsrichtlinien erging. In einem weiteren frühen Urteil beschreibt der EuGH den Regelungsgehalt dahingehend, dass vergleichbare Sachverhalte nicht unterschiedlich behandelt werden dürfen, es sei denn, eine Differenzierung sei objektiv gerechtfertigt.[993]

---

988 EuGH, Urt. v. 10.05.2012, Rs. C-368/10, EU:C:2012:284 – *Max Havelaar*, Rn. 109, mit Verweis auf: EuGH, Urt. v. 29.04.2004, Rs. C-496/99 P, EU:C:2004:236 – *Kommission/CAS Succhi di Frutta.*

989 EuGH, Urt. v. 23.12.2009, Rs. C-376/08, EU:C:2009:808 – *Serrantoni und Consorzio stabile edili*, Rn. 31 mit Verweis auf EuGH, Urt. v. 16.12.2008, Rs. C-213/07, ECLI: EU:C:2008:731 – *Michaniki*, Rn. 44; vgl. zu der nationalen Ausgestaltung, die insbesondere umfangreiche Dokumentationspflichten umfasst: Weyand, ibr-online-Kommentar Vergaberecht, Stand 14.09.2015, § 97 GWB Rdn. 192 ff.; Mäsch, Praxiskommentar zum deutschen und europäischen Kartellrecht, 1. Auflage 2009, § 97 GWB, Rn. 6; *Braun/Markpert* in: von Wietersheim, Veris-VOB/A-Online-Kommentar, Datenbank Veris, Zugriff am 16.02.2016, § 3 EG VOB/A, Rn. 60–66; *Frenz* in: Willenbruch/Wieddekind: Kompaktkommentar Vergaberecht, 4. Auflage 2017, § 97 GWB, Rn. 15–18; Braun, VergabeR 2006, 657, 662; ders. VergabeR 2011, 96, 102.

990 EuGH, Urt. v. 23.12.2009, Rs. C-376/08, EU:C:2009:808 – *Serrantoni und Consorzio stabile edili*, Rn. 32.

991 *Bungenberg* in: Müller-Graff, Enzyklopädie Europarecht, Band 4: Europäisches Wirtschaftsordnungsrecht, 1. Auflage 2015, § 16, Rn. 92.

992 EuGH, Urt. v. 22.06.1993, Rs. C-243/89, EU:C:1993:257 – *Storebælt*, Rn. 33.

993 EuGH, Urt. v. 08.10.1980, Rs. C-810/79, EU:C:1980:228 – *Überschär*, Rn. 16.

Der Grundsatz der Gleichbehandlung bezieht sich auf alle Phasen eines Vergabeverfahrens und erfordert, dass alle Bieter – auch potenzielle – die gleiche Aussicht auf die Erteilung des Zuschlages haben.[994] Hervorzuheben ist, dass er nicht nur auf grenzüberschreitende Vergaben Anwendung findet, sondern auch für rein nationale Auftragsvergaben Geltung beansprucht.[995] Anknüpfungspunkt ist im Gegensatz zu den von den Grundfreiheiten umfassten Diskriminierungsverboten aufgrund der Staatsangehörigkeit nicht die Herkunft der Bieter, sodass es sich um einen umfassenden Ansatz handelt.[996]

In der praktischen Rechtsanwendung sowie rechtsdogmatisch ist das Gleichbehandlungsgebot untrennbar mit den übrigen Grundsätzen des Vergabeprimärrechts verwoben, was seine Anwendung zu einer Frage des Einzelfalls macht.[997] Die „ANAV/Bari“ Entscheidung macht dies besonders deutlich. Hier stellte der EuGH fest, dass der Grundsatz der Gleichbehandlung und das Verbot der Diskriminierung aus Gründen der Staatsangehörigkeit insbesondere eine Verpflichtung zur Transparenz einschließen, damit deren Beachtung festgestellt werden kann.[998] Ohne die Gewährleistung eines angemessenen Grades an Öffentlichkeit zugunsten potenzieller Bieter wäre schließlich die Öffnung des betreffenden Auftrags für den

---

994 Mäsch, Praxiskommentar zum deutschen und europäischen Kartellrecht, 1. Auflage 2009, § 97 GWB, Rn. 7; *Frenz* in: Willenbruch/Wieddekind: Kompaktkommentar Vergaberecht, 4. Auflage 2017, § 97 GWB, Rn. 42–47; *Dörr* in: Dreher/Motzke, Beck'scher Vergaberechtskommentar, 2. Auflage 2013, § 97 GWB, Rn. 10.

995 EuGH, Urt. v. 25.04.1996, Rs. C-87/94, EU:C:1996:161 – *Wallonische Busse*, Rn. 31 ff.; *Dreher* in: Immenga/Mestmäcker, 5. Auflage 2014, § 97 GWB, Rn. 71. Das nationale Recht normiert den Gleichbehandlungsgrundsatz in § 97 Abs. 2 GWB. Ob er darüber hinaus auch unabhängig hiervon, aufgrund höherrangigen Rechts infolge einer unmittelbaren Grundrechtsbindung, in dem Bereich fiskalischen Handelns gilt, ist bis heute strittig, vgl. hierzu *Dreher* in: Immenga/Mestmäcker, 5. Auflage 2014, § 97 GWB, Rn. 72 bzw. Vorbem. vor § 97 ff. GWB, Rn. 150 mwN.; im Detail die Promotion von Pollmann, Der verfassungsrechtliche Gleichbehandlungsgrundsatz im öffentlichen Vergaberecht.

996 *Dörr* in: Dreher/Motzke, Beck'scher Vergaberechtskommentar, 2. Auflage 2013, § 97 GWB, Rn. 10; ders. in: Dreher/Motzke, Beck'scher Vergaberechtskommentar, 2. Auflage 2013, Einleitung: Vergaberecht in Deutschland – Das Recht der öffentlichen Auftragsvergabe im Stufenbau der Rechtsordnung, Rn. 158; Frenz, Handbuch Europarecht, Band 3: Beihilfe- und Vergaberecht 2007, Rn. 1800.

997 *Dörr* in: Dreher/Motzke, Beck'scher Vergaberechtskommentar, 2. Auflage 2013, § 97 GWB, Rn. 1; Mäsch, Praxiskommentar zum deutschen und europäischen Kartellrecht, 1. Auflage 2009, § 97 GWB, Rn. 8. Dies betrifft insbesondere das nationale Wettbewerbsgebot in § 97 Abs. 1 GWB sowie das Transparenzgebot. Eine Auflistung verschiedener Fallgruppen gleichbehandlungswidriger Vergabepraktiken findet sich bei: *Dreher* in: Immenga/Mestmäcker, § 97 GWB, 5. Auflage 2014, Rn. 78–118.

998 EuGH, Urt. v. 06.04.2006, Rs. C-410/04, EU:C:2006:237 – *ANAV/Bari*, Rn. 21. Bereits zuvor für das Diskriminierungsverbot: EuGH, Urt. v. 08.12.2000, Rs. C-324/98, EU:C:2000:669 – *Telaustria und Telefonadress*, Rn. 60, 61.

Wettbewerb sowie die Nachprüfung, ob die Vergabeverfahren unparteiisch durchgeführt worden sind, nicht möglich.[999] Intransparente Ausschreibungen werden daher regelmäßig auch gegen das Gebot der Gleichbehandlung verstoßen.[1000] Der EuGH grenzt diese Grundsätze in seiner Rechtsprechung nicht streng voneinander ab.

Unschädlich ist es, wenn nur wenige interessierte Wirtschaftsteilnehmer den Vergabekriterien genügen können. So scheiterten die in „Concordia Bus Finland“ streitigen ökologischen Zuschlagskriterien in Bezug auf die Höhe der Stickoxidemissionen sowie den Lärmpegel der zu liefernden Busse nicht am Gleichbehandlungsgrundsatz, obschon sie nur von einer kleinen Zahl von Unternehmen erfüllt werden konnten, zu denen zudem ein zu dem öffentlichen Auftraggeber gehörendes Unternehmen gehörte.[1001] Nach ständiger Rechtsprechung des EuGH verbieten sich zudem sachwidrige Gleichbehandlungen,[1002] d.h. unterschiedliche Vorschriften dürfen nicht auf gleichartige Situationen angewandt werden oder dieselbe Vorschrift auf unterschiedliche Situationen.[1003] Angebote, die nicht den Verdingungsunterlagen entsprechen, können daher keine Berücksichtigung finden, da in diesem Fall keine Vergleichbarkeit gewährleistet ist.[1004] Gleiches gilt für eine nachträgliche Änderung des ursprünglichen Angebotes eines einzelnen Bieters, weil ihn dies gegenüber seinen Konkurrenten benachteiligen würde.[1005]

Nach Auffassung der Europäischen Kommission bedeutet der Gleichbehandlungsgrundsatz vor allem, dass die „Spielregeln“ allen potentiellen Bietern bekannt sind und auf alle in gleicher Art und Weise angewendet werden.[1006] Wie soeben dargestellt, formulierte der EuGH dies in „Max Havelaar“ dahingehend, dass sowohl der Grundsatz der Gleichbehandlung als auch die daraus folgende Verpflichtung zur Transparenz gebieten, dass der Gegenstand öffentlicher Aufträge, sowie die Kriterien für ihre Vergabe, vom Beginn des Verfahrens über die Vergabe dieser Aufträge an klar bestimmt sind.[1007]

---

999 EuGH, Urt. v. 06.04.2006, Rs. C-410/04, EU:C:2006:237 – *ANAV/Bari*, Rn. 21.

1000 So auch: Dreher in: Immenga/Mestmäcker, Wettbewerbsrecht, 5. Auflage, § 97 GWB, Rn. 73.

1001 EuGH, Urt. v. 17.09.2002, Rs. C-513/99, EU:C:2002:495 – *Concordia Bus Finland*, Rn. 85.

1002 *Dörr* in: Dreher/Motzke, Beck'scher Vergaberechtskommentar, 2. Auflage 2013, § 97 GWB, Rn. 11.

1003 EuGH, Urt. v. 14.02.1995, Rs. C-279/93, EU:C:1995:31 – *Finanzamt Köln-Altstadt/Schumacker*, Rn. 30; EuGH, Urt. v. 14.09.1999, Rs. C-391/97, EU:C:1999:409 – *Gschwind*, Rn. 21; EuGH, Urt. v. 22.03.2007, Rs. C-383/05, EU:C:2007:181 – *Talotta*, Rn. 18; EuGH, Urt. v. 18.12.2007, Rs. C-341/05, EU:C:2007:809 – *Laval un Partneri*, Rn. 115.

1004 EuGH, Urt. v. 22.06.1993, Rs. C-243/89, EU:C:1993:257 – *Storebælt*, Rn. 35.

1005 EuGH, Urt. v. 25.04.1996, Rs. C-87/94, EU:C:1996:161 – *Wallonische Busse*, Rn. 56

1006 Bzgl. Konzessionen: Mitteilung der Kommission zu Auslegungsfragen im Bereich Konzessionen im Gemeinschaftsrecht, Amtsblatt C 121 v. 29.04.2000 S. 2–13.

1007 EuGH, Urt. v. 10.05.2012, Rs. C-368/10, EU:C:2012:284 – *Max Havelaar*, Rn. 56.

d) *Verhältnismäßigkeitsgrundsatz*

Ein weiterer allgemeiner Grundsatz der Auftragsvergabe ist der Verhältnismäßigkeitsgrundsatz, nach dem die von den Mitgliedsstaaten eingesetzten Maßnahmen zur Erreichung des angestrebten Ziels erforderlich sein müssen und nicht über das dazu Erforderliche hinausgehen dürfen.[1008] Dies formulierte der EuGH in „Parking Brixen" dahingehend, dass die Modalitäten der Ausschreibung den Besonderheiten des betreffenden Vergabegegenstandes[1009] angemessen sein müssen.[1010] Der öffentliche Auftraggeber ist gehalten, bei der Bieterauswahl keine fachlichen, finanziellen oder technischen Anforderungen zu verlangen, die im Hinblick auf den Gegenstand des Auftrags unverhältnismäßig oder exzessiv sind.[1011] Eine weitere Ausprägung dieses Leitgedankens etablierte der EuGH in „Coname". Ohne sich auf die Begrifflichkeiten „verhältnismäßig" oder „angemessen" festzulegen, formulierte das Unionsgericht, dass bei einer nur sehr geringfügigen wirtschaftlichen Bedeutung des zu vergebenden Auftrags, infolge derer vernünftigerweise angenommen werden kann, dass ein in einem anderen Mitgliedsstaat niedergelassenes Unternehmen kein Interesse an dem zu vergebenden Auftrag hat, die Auswirkungen auf die betreffenden Grundfreiheiten zu zufällig und mittelbar sein können, als dass auf eine Verletzung dieser Freiheiten geschlossen werden könnte.[1012]

Ob diese Entscheidung allerdings den Schluss auf eine „De-minimis" Schwelle, wie an mancher Stelle zumindest gefordert, zulässt, ist fraglich.[1013] Hinsichtlich

1008 EuGH, Urt. v. 18.11.1987, Rs. C-137/85, EU:C:1987:493 – *Maizena/BALM*, Rn. 15, der damals bereits auf die insoweit „ständige Rechtsprechung" verweist; vgl. weiterhin beispielhaft: EuGH, Urt. v. 14.12.2004, Rs. C-210/03, EU:C:2004:802 – *Swedish Match*, Rn. 47 EuGH, Urt. v. 13.10.2005, C-458/03, EU:C:2005:605 – *Parking Brixen*, Rn. 50; EuGH, Urt. v. 23.12.2009, Rs. C-376/08, EU:C:2009:808 – *Serrantoni und Consorzio stabile edili*, Rn. 33.

1009 Im Fall handelte es sich um eine öffentliche Dienstleistungskonzession.

1010 EuGH, Urt. v. 13.10.2005, C-458/03, EU:C:2005:605 – *Parking Brixen*, Rn. 50.

1011 Mitteilung der Kommission zu Auslegungsfragen im Bereich Konzessionen im Gemeinschaftsrecht, Amtsblatt C 121 v. 29.04.2000 S. 2–13; Frenz, Handbuch Europarecht, Band 3: Beihilfe- und Vergaberecht 2007, Rn. 1847; ders. in: Willenbruch/Wieddekind: Kompaktkommentar Vergaberecht, 4. Auflage 2017, § 97 GWB, Rn. 33, als Bsp. verbieten sich seiner Ansicht nach „übertrieben hohe fachliche Anforderungen an die Angestellten des Bieters, wenn es sich bei dem Vergabegegenstand um einfachste Tätigkeiten – wie etwa die Raumpflege – handelt, die ohne besondere fachliche Qualifikationen ausgeführt werden können." *Dörr* in: Dreher/Motzke, Beck'scher Vergaberechtskommentar, 2. Auflage 2013, § 97 GWB, Rn. 4; ders., in: Dreher/Motzke, Beck'scher Vergaberechtskommentar, 2. Auflage 2013, Einleitung: Vergaberecht in Deutschland – Das Recht der öffentlichen Auftragsvergabe im Stufenbau der Rechtsordnung, Rn. 164.

1012 EuGH, Urt. v. 21.07.2005, Rs. C-231/03, EU:C:2005:487 – *Coname*, Rn. 20.

1013 So: Dreher, NZBau 2002, 419(428, 429); ähnlich: Frenz, Handbuch Europarecht, Band 3: Beihilfe- und Vergaberecht 2007, Rn. 1851.

des Zuschlags lässt sich der Judikatur des EuGH entnehmen, dass der öffentliche Auftraggeber zwar bei der Auswahl der Zuschlagskriterien und deren Gewichtung frei ist, aber dieser eine Gesamtwürdigung der Kriterien ermöglichen muss, die der Ermittlung des wirtschaftlich günstigsten Angebotes dienen.[1014] Wertungskriterien, die zusätzliche Punkte entsprechend der Produktionskapazität vorsehen, „können daher nicht als mit dem Zweck des Auftrags zusammenhängend und noch weniger als zur Erreichung dieses Zweckes geeignet angesehen werden".[1015] Es ist folglich unverhältnismäßig, an über den Auftragsgegenstand bzw. dessen Volumen hinausgehende Produktions-, Erzeugungs- oder Lieferkapazitäten eines Bieters anzuknüpfen.

e) Wettbewerbsgrundsatz

Der Wettbewerbsgrundsatz ist den Vergaberichtlinien, die die Entwicklung eines echten Wettbewerbs auf den Gebieten fördern sollen, die in ihren Anwendungsbereich fallen, immanent.[1016] Dies wurde erstmals in Erwägungsgrund 2 der VKR deutlich, nach dem die Koordinierung der einzelstaatlichen Verfahren für die Vergabe öffentlicher Aufträge ab Überschreitung eines bestimmten Wertes mit der Öffnung des öffentlichen Beschaffungswesens für den Wettbewerb begründet wird. Der Wettbewerbsgrundsatz wird daher teilweise nicht als eigenes primärrechtliches Prinzip mit eigenständiger Bedeutung verstanden, sondern als das „integrierende Ziel" des Vergaberechts, das wiederum durch die jeweiligen Grundsätze und Regelungen verwirklicht wird.[1017]

Zur Einhaltung des Wettbewerbsgrundsatzes ist der Bieterwettbewerb vor Beeinträchtigungen zu schützen, was sowohl den Bieter als auch die öffentlichen Auftraggeber schützen soll und zum Ziel hat, eine breite Beteiligung an der

---

1014 EuGH, Urt. v. 27.10.2005, Rs. C-234/03, EU:C:2005:644 – *Contse u.a.*, Rn. 68 mit Verweis auf „EVN und Wienstrom".

1015 EuGH, Urt. v. 27.10.2005, Rs. C-234/03, EU:C:2005:644 – *Contse u.a.*, Rn. 70 mit Verweis auf „EVN und Wienstrom". Diese Feststellung ist jedoch nach Auffassung der Verfasserin zu trennen von der Frage des Zusammenhangs mit dem Auftragsgegenstand. Hier wird der Verhältnismäßigkeitsgrundsatz nicht so verstanden, dass er „sachfremde" Erwägungen in Form von Sekundär- oder vergabefremden Zwecken ausschließt (so etwa *Dörr* in: Dreher/Motzke, Beck'scher Vergaberechtskommentar, 2. Auflage 2013, Einleitung: Vergaberecht in Deutschland – Das Recht der öffentlichen Auftragsvergabe im Stufenbau der Rechtsordnung, Rn. 164). Vielmehr wird das Erfordernis des Auftragsgegenstandszusammenhangs als eigenständige, neben dem Verhältnismäßigkeitsgrundsatz stehende, Voraussetzung verstanden.

1016 EuGH, Urt. v. 17.09.2002, Rs. C-513/99, EU:C:2002:495 – *Concordia Bus Finland*, Rn. 81.

1017 *Maibaum* in: Hattig/Maibaum, Praxiskommentar Kartellvergaberecht, 2. Auflage 2014, § 97 GWB, Rn. 60; Egger, Europäisches Vergaberecht, 2008, 2. Teil: Sekundärrechtliche Vorgaben, § 2 Das Vergabeverfahren, Rn. 833.

Versorgung der öffentlichen Institutionen zu erreichen.[1018] Nach einem möglichst wirksamen Bieterwettbewerb soll aus vielen Angeboten das Unternehmen bezuschlagt werden, das seine Wirtschaftlichkeit und Leistungsfähigkeit unter Beweis gestellt hat.[1019] Wesentliches Kennzeichen ist die Gewährleistung eines „Geheimwettbewerbs“ sowie das Verbot von Absprachen mit dem Ziel, einen wirksamen Wettbewerb durch Ausgleichszahlungen, Preisabsprachen etc. auszuschalten.[1020] Schließlich umfasst der Grundsatz auch den Schutz des Wettbewerbs als Institution, also seine Organisation in dem Sinne, dass die Öffnung der Beschaffungsmärkte durch den Abbau von Zugangs- und Ausübungsschranken sichergestellt werden soll.[1021]

V. Schlussbetrachtung VRL

Wie eingangs erwähnt, erfährt das europäische Vergaberecht keine wesentliche Neuregelung mit der VRL. Vielmehr wird in weiten Teilen die für die strategische Auftragsvergabe bedeutende Rechtsprechung des EuGH umgesetzt. Begrüßenswert ist die Normierung der Verbindung mit dem Auftragsgegenstand. Die VRL legt ein denkbar weites Verständnis zugrunde und räumt dem öffentlichen Auftraggeber weitreichende Gestaltungsspielräume ein.

D. Nationales Umsetzungsrecht

In Ansehung des Forschungsgegenstandes beschränken sich die nachfolgenden Ausführungen auf das nach Inkrafttreten des Vergaberechtsmodernisierungsgesetzes[1022] (im Folgenden: VergRModG) am 18.04.2016 geltende nationale

---

1018 *Hailbronner* in: Byok/Jaeger, Kommentar zum Vergaberecht, 3. Auflage 2011, § 97 GWB, Rn. 14; *Bungenberg* in: Müller-Graff, Enzyklopädie Europarecht, Band 4: Europäisches Wirtschaftsordnungsrecht, 1. Auflage 2015, § 16, Rn. 97; Egger, Europäisches Vergaberecht, 1. Auflage 2008, 2. Teil: Sekundärrechtliche Vorgaben, § 2 Das Vergabeverfahren, Rn. 834, differenziert zwischen dem fairen Wettbewerb, der v.a. öffentliche Auftraggeber schützen soll sowie dem lauteren Wettbewerb, der hingegen das Verhältnis der Unternehmer zueinander betrifft.

1019 *Bungenberg* in: Müller-Graff, Enzyklopädie Europarecht, Band 4: Europäisches Wirtschaftsordnungsrecht, 1. Auflage 2015, § 16, Rn. 97.

1020 *Dörr* in: Dreher/Motzke, Beck'scher Vergaberechtskommentar, 2. Auflage 2013, § 97 Abs. 1 GWB, Rn. 6; *Hailbronner* in: Byok/Jaeger, Kommentar zum Vergaberecht, 3. Auflage 2011, § 97 GWB, Rn. 14; *Bungenberg* in: Müller-Graff, Enzyklopädie Europarecht, Band 4: Europäisches Wirtschaftsordnungsrecht, 1. Auflage 2015, § 16, Rn. 97.

1021 Egger, Europäisches Vergaberecht, 1. Auflage 2008, 2. Teil: Sekundärrechtliche Vorgaben, § 2 Das Vergabeverfahren, Rn. 834.

1022 Gesetz zur Modernisierung des Vergaberechts (Vergaberechtsmodernisierungsgesetz – VergRModG) vom 17.02.2016, BGBl. 2016 Teil I Nr. 8, S. 203.

Umsetzungsrecht. Bereits aus normenhierarchischen Gründen kann die Vorgängerregelung kein Maßstab für die Einbeziehung strategischer Ziele, vor allem LCC sein. Demgegenüber war die Darstellung des historischen europäischen Rechts notwendig, weil es die ständige Fortentwicklung dieses Bereichs des Vergaberechts aufzeigt und auch nach Geltung der VRL als historische Auslegungsgrundlage herangezogen werden kann. Überdies erfordert die Themenstellung dieser Arbeit eine Analyse nur der Zuschlagsvorschriften sowie die in diesem Zusammenhang geregelten Besonderheiten. Auf eine umfassende Analyse der übrigen Vorschriften des GWB wird daher verzichtet.

I. Vergaberechtsmodernisierungsgesetz

Die Umsetzung der neuen EU-Vergaberichtlinien erfolgte weitgehend „eins zu eins" in das deutsche Recht.[1023]

1. Strategische Vergabezwecke als Grundsätze der Vergabe

Ein Novum ist die Regelung des § 97 Abs. 1 S. 2 GWB, nach der die Grundsätze der Wirtschaftlichkeit und der Verhältnismäßigkeit gewahrt werden. Letzterer fand über Art. 18 Abs. 1 VRL Eingang in das nationale Vergaberecht und diente nach Auffassung des Umsetzungsgesetzgebers der reinen Klarstellung, die mit Blick auf die Anforderungen an das Vergabeverfahren das umfassende Leistungsbestimmungsrecht des öffentlichen Auftraggebers unangetastet lässt.[1024] Demgegenüber dient die Vorgabe der Beachtung des Grundsatzes der Wirtschaftlichkeit nicht explizit der Umsetzung der VRL. Vielmehr wird die Wirtschaftlichkeit, die bislang im Zusammenhang mit verschiedenen Aspekten bei der Zuschlagserteilung berücksichtigt wurde[1025], als allgemeiner Grundsatz des Vergabeverfahrens hervorgehoben und „vor die Klammer" gezogen.[1026] Das reformierte Vergaberecht erfuhr insofern eine Neuordnung, als dass dem Kartellvergaberecht des 4. Teils des GWB in Kapitel 1 ein allgemeiner Teil vorangestellt wurde.[1027] Der ursprüngliche

---

1023 So die Leitlinie ausweislich des Beschlusses des Bundeskabinetts vom 07.01.2015, BMWi, Eckpunkte zur Reform des Vergaberechts, S. 2, in: https://www.bmwi.de/BMWi/Redaktion/PDF/E/eckpunkte-zur-reform-des-vergaberechts,property=pdf,bereich=bmwi2012,sprache=de,rwb=true.pdf, abgerufen am 08.12.2016; nach der Umsetzung bewertete dies Krönke in NVwZ 2016, 568 auf diese Weise.

1024 Begründung des Gesetzentwurfs der Bundesregierung zur Modernisierung des Vergaberechts, BT-Drs. 18/6281, S. 68.

1025 Vgl. § 97 Absatz 5 und § 101 Absatz 6 GWB („wirtschaftlichstes Angebot") und § 115 Absatz 2 Satz 1, § 118 Absatz 2 Satz 1, § 121 Absatz 1 Satz 2 GWB („wirtschaftliche Erfüllung der Aufgaben des Auftraggebers").

1026 Begründung des Gesetzentwurfs der Bundesregierung zur Modernisierung des Vergaberechts, BT-Drs. 18/6281, S. 67 f.

1027 Krönke, NVwZ 2016, 568 f.

Grundsatz der sparsamen und wirtschaftlichen Verwendung öffentlicher Mittel wird damit auf das gesamte Vergabeverfahren ausgeweitet.[1028] Dessen stärkere Betonung dient als angemessenes Gegengewicht der weitreichenden Möglichkeiten des öffentlichen Auftraggebers, strategische Ziele zu verfolgen.

So wurden die Grundsätze der Vergabe auch im nationalen Recht um die strategischen Vergabezwecke ergänzt. Die Fassung des Art. 18 Abs. 2 VRL fand nahezu wortgleich Eingang in § 97 Abs. 3 GWB, der nunmehr vorsieht, dass bei der Vergabe Aspekte der Qualität und der Innovation sowie soziale und umweltbezogene Aspekte nach Maßgabe dieses Teils berücksichtigt werden. Damit betont der Umsetzungsgesetzgeber, dass es sich bei diesen Kriterien nach der Richtliniennovelle endgültig nicht mehr um „vergabefremde" Ziele handelt.[1029] Vielmehr wurde dies im nationalen Recht „gleichsam assimiliert".[1030] Ausweislich der Formulierung „nach Maßgabe dieses Teils" beurteilt sich die Zulässigkeit strategischer Aspekte nach den Vorgaben, die der Besondere Teil für die jeweils betroffene Verfahrensphase macht und deutet damit auf die systematische Neuordnung des reformierten Vergaberechts hin.[1031]

2. *Zuschlag im GWB*

Unverändert erfolgt nach § 127 Abs. 1 S. 1 GWB die Zuschlagserteilung auf das wirtschaftlichste Angebot, das sich nach Satz 2 der Vorschrift nach dem besten Preis-Leistungsverhältnis bestimmt. Zu dessen Ermittlung können neben dem Preis oder den Kosten auch qualitative, umweltbezogene oder soziale Aspekte berücksichtigt werden, vgl. § 127 Abs. 3 GWB. Im Gegensatz zu der Vorgängerregelung[1032] stellt das „wirtschaftlichste Angebot" nunmehr einen Oberbegriff dar, der durch das Konzept des besten Preis-Leistungs-Verhältnisses ausgefüllt wird. Gemäß der Gesetzesbegründung bestimmt sich dies, indem der Angebotspreis oder die (unter Einbeziehung weiterer Faktoren, wie z.B. dem finanziellen Aufwand für Betrieb und Wartung der Leistung, errechneten) Kosten ins Verhältnis gesetzt werden zur Leistung, die im Rahmen des öffentlichen Auftrages erbracht werden soll.[1033] Das beste Preis-Leistungsverhältnis entspricht damit der Systematik des bisherigen „wirtschaftlich günstigsten Angebotes" des § 97 Abs. 5 GWB a.F.

De lege lata ist die Vergabe allein anhand eines finanziellen Zuschlagskriteriums „Preis oder Kosten" als auch die ausschließliche Verwendung leistungsbezogener

---

1028 Krönke, NVwZ 2016, 568 f.

1029 So der Parl. Staatssekretär Uwe Beckmeyer, Auszug Plenarprotokoll 940. Sitzung Bundesrat, 18.12.2015, S. 515.

1030 Wörtlich Burgi, NZBau 2015, 597, 599.

1031 Burgi, NZBau 2015, 597, 599.

1032 Vgl. die Vorgängerregelung in § 97 Abs. 5 GWB: „Der Zuschlag wird auf das wirtschaftlichste Angebot erteilt."

1033 Ausweislich der Begründung des Gesetzes gegen Wettbewerbsbeschränkungen (GWB) – Teil 4 (Konsolidierte Fassung nach VergRModG), S. 103.

Zuschlagskriterien (ohne Preis-/ Kostenelement) sowie eine Kombination finanzieller oder leistungsbezogener Elemente möglich.[1034]

Hierbei ist zu erläutern, dass der Einsatz ausschließlich leistungsbezogener Kriterien aus § 127 Abs. 2 GWB resultiert, der Art. 67 Abs. 2 UAbs. 2 VRL umsetzt. Nach dieser Vorschrift sind verbindliche Vorschriften zur Preisgestaltung bei der Ermittlung des wirtschaftlichsten Angebots zu beachten, was ausweislich der Gesetzesbegründung erfolgt, indem nur andere Zuschlagskriterien als das des Preises bewertet werden.[1035] Beispielhaft führt sie die Honorarvorgaben der HOAI auf.[1036] An anderer Stelle wird auf die Buchpreisbindung Bezug genommen.[1037] Im Übrigen sind Preis und die Kosten auch im Rahmen der Ermittlung des besten Preis-Leistungsverhältnisses unter Einbeziehung qualitativer, umweltbezogener und/oder sozialer Aspekte heranzuziehen.[1038] Die nicht preisbezogenen, qualitativen Kriterien erfahren bereits dadurch eine Aufwertung, dass das GWB sie nun beispielhaft aufzählt. Erstmals wird auf gesetzlicher Ebene klargestellt, dass im Rahmen des Zuschlages auch zusätzliche Kriterien wie etwa qualitative, umweltbezogene, innovative oder soziale Aspekte Berücksichtigung finden können.[1039] Gänzlich neu ist die Bezugnahme auf soziale Kriterien.[1040] Die leistungsbezogenen Kriterien werden in § 58 Abs. 2 S. 2 Nr. 1 VgV konkretisiert.

a) „Nur-Preis" bzw. „Nur-Kosten" Vergabe

Obschon das GWB damit die Angebotswertung anhand des besten Preis-Leistungsverhältnisses stärker betont, kann daraus nicht geschlossen werden, dass die Bezuschlagung des preislich günstigsten Angebotes ausgeschlossen werden sollte.[1041]

1034 Burgi, Vergaberecht, § 17, Rn. 5.

1035 Begründung des Gesetzes gegen Wettbewerbsbeschränkungen (GWB) – Teil 4 (Konsolidierte Fassung nach VergRModG), S. 104.

1036 Begründung des Gesetzes gegen Wettbewerbsbeschränkungen (GWB) – Teil 4 (Konsolidierte Fassung nach VergRModG), S. 104.

1037 Burgi, Vergaberecht, § 17, Rn. 5.

1038 Begründung Gesetz gegen Wettbewerbsbeschränkungen (GWB) – Teil 4 (Konsolidierte Fassung nach VergRModG), BMWi, in: https://www.bmwi.de/BMWi/Redaktion/PDF/Gesetz/gesetz-gegen-wettbewerbsbeschraenkungen-gwb-teil4-konsolidierte-nicht-amtliche-fassung,property=pdf,bereich=bmwi2012,sprache=de,rwb=true.pdf, abgerufen am 13.12.2016, S. 103: „Preis oder Kosten müssen bei der Angebotsbewertung zwingend berücksichtigt werden."

1039 Begründung Gesetz gegen Wettbewerbsbeschränkungen (GWB) – Teil 4 (Konsolidierte Fassung nach VergRModG), BMWi, in: https://www.bmwi.de/BMWi/Redaktion/PDF/Gesetz/gesetz-gegen-wettbewerbsbeschraenkungen-gwb-teil4-konsolidierte-nicht-amtliche-fassung,property=pdf,bereich=bmwi2012,sprache=de,rwb=true.pdf, abgerufen am 13.12.2016, S. 103: „Preis oder Kosten müssen bei der Angebotsbewertung zwingend berücksichtigt werden."

1040 Burgi, NZBau 2015, 597, 601.

1041 Otting, VergabeR 2016, 316, 324.

Die insbesondere für kleine Auftraggeber sowie standardmäßig erfolgende Beschaffungen so bedeutsame „Nur-Preis" bzw. „Nur-Kosten" Vergabe ist auch nach neuem Vergaberecht grundsätzlich möglich.[1042] Der Umsetzungsgesetzgeber machte von der Ermächtigung des Art. 67 Abs. 2 UAbs. 3 VRL keinen Gebrauch.[1043] Diese Vorschrift lässt den Mitgliedsstaaten die Wahl, den reinen Preiswettbewerb – auch auf bestimmte Kategorien – zu beschränken, wenn dies in der betreffenden Norm ausdrücklich vorgegeben wird. An einer solchen Bestimmung fehlt es sowohl im GWB, als auch in der VgV, die die Zuschlagsvorschriften ergänzt und konkretisiert. Das nationale Recht billigt, wie bisher schon, die Entscheidung des öffentlichen Auftraggebers für einen reinen Preiswettbewerb.[1044] In die Systematik der neuen Zuschlagsvorschrift fügt sich die „Nur-Preis" oder „Nur-Kosten" Vergabe insofern ein, als dass sie eine mögliche Option zur Ermittlung des wirtschaftlichsten Angebotes darstellt. Die Gesetzesbegründung bringt dies wie folgt zum Ausdruck: „[...] auf der Grundlage des besten Preis-Leistungs-Verhältnisses [ist es] auch künftig zulässig, den Zuschlag allein auf das preislich günstigste Angebot zu erteilen", der öffentliche Auftraggeber werde jedoch seine Vergabeentscheidung insbesondere bei der Beschaffung von nicht-marktüblichen, nicht standardisierten Leistungen auf weitere Zuschlagskriterien stützen.[1045] Obschon letztere gewagte Prognose an anderer Stelle kritisch bewertet wird,[1046] begrüßt man die Entscheidung des nationalen Gesetzgebers in der Literatur.[1047] So führe etwa der reine Preiswettbewerb dann nicht zu einer „minderwertigen" Beschaffung, wenn auf Ebene der

1042 Burgi, Vergaberecht, § 17, Rn. 6; Stoye/Plantiko, VergabeR 2015, 309.

1043 So auch: Otting, VergabeR 2016, 316, 324.

1044 Stoye/Plantiko, VergabeR 2015, 309 f., für die Rechtslage zur Geltung der VKR blieb lediglich die rechtstheoretische Frage, ob sich dies aus einer richtlinienkonformen Auslegung ergibt oder ob das Ergebnis Folge der unmittelbaren Anwendung des Art. 53 Abs. 1 VKR war. Dies ergab sich aus dem OLG Frankfurt a. M., B. v. 5.06.2012 – Az.: 11 Verg 4/12, NZBau 2012, 719 im Anschluss an die Sintesi Entscheidung des EuGH, Urt. v. 07.10.2004, C-247/02, EU:C:2004:593 – *Sintesi*; a.A *Ziekow* in: Ziekow/Völlink, Vergaberecht, 2. Auflage 2013, § 97 GWB, Rn. 107.

1045 Begründung Gesetz gegen Wettbewerbsbeschränkungen (GWB) – Teil 4 (Konsolidierte Fassung nach VergRModG), BMWi, in: https://www.bmwi.de/BMWi/Redaktion/PDF/Gesetz/gesetz-gegen-wettbewerbsbeschraenkungen-gwb-teil4-konsolidierte-nicht-amtliche-fassung,property=pdf,bereich=bmwi2012,sprache=de,rwb=true.pdf, abgerufen am 13.12.2016, S. 103.

1046 Burgi, Vergaberecht, § 17, Rn. 6 wörtlich: „Somit wird es auch weiterhin in erheblichem Umfang Auftragsvergaben geben, bei denen der Preis bzw. die Kosten das einzige Zuschlagskriterium bilden.".

1047 Burgi, Vergaberecht, § 17, Rn. 6; Otting, VergabeR 2016, 316, 325; insgesamt zu der Frage, wann der reine Preiswettbewerb sinnvoll ist, Stoye/Plantiko, VergabeR 2015, 309 ff.

Leistungsbeschreibung sämtliche relevanten Nachhaltigkeits- und Qualitätsaspekte durch Mindestanforderungen hinreichend konkret vorgegeben würden.[1048]

b) *Materielle Vorgaben an Zuschlagskriterien*

Neu eingeführt wurden auch die detaillierten Vorgaben zur Gestaltung der Zuschlagskriterien in den Absätzen 2 bis 5, die bisher zumindest teilweise nur auf untergesetzlicher Ebene geregelt waren.[1049] Hierzu zählt in materieller Hinsicht eine Verbindung mit dem Auftragsgegenstand nach Abs. 3 der Vorschrift. Eine solche Verbindung ist künftig auch dann anzunehmen, wenn sich ein Zuschlagskriterium auf Prozesse im Zusammenhang mit der Herstellung, Bereitstellung oder Entsorgung der Leistung, auf den Handel mit der Leistung oder auf ein anderes Stadium im Lebenszyklus der Leistung bezieht, auch wenn sich diese Faktoren nicht auf die materiellen Eigenschaften des Auftragsgegenstandes auswirken. Auch diesen Aspekt, der teilweise noch als problematisch empfunden wurde, setzte der deutsche Gesetzgeber „eins zu eins" um, sodass auf die Ausführungen in Kapitel 3 unter Punkt C, 3, a) verwiesen werden kann. Fest steht, dass dieses durch den EuGH spätestens in „Max Havelaar" etablierte weite Verständnis der Auftragsgegenstandsbezogenheit den öffentlichen Auftraggebern weitreichende Berücksichtigungsmöglichkeiten für die Verfolgung strategischer Ziele eröffnet.

Darüber hinaus fordert das GWB eine wirksame Überprüfungsmöglichkeit, ob und inwieweit die Angebote die Zuschlagskriterien erfüllen (Abs. 4 S. 1) sowie in formeller Hinsicht die Angabe der Zuschlagskriterien und deren Gewichtung in der Auftragsbekanntmachung oder den Vergabeunterlagen (Abs. 5).

c) *Einhaltung Verhältnismäßigkeitsgrundsatz*

Schließlich wird im Schrifttum die Einhaltung des Verhältnismäßigkeitsgrundsatzes als weitere Voraussetzung der Statthaftigkeit der Zuschlagskriterien verlangt. Tatsächlich wird der dem öffentlichen Auftraggeber bei der Festlegung von Zuschlagskriterien zustehende weite Ermessensspielraum auch durch die Grundsätze der Auftragsvergabe begrenzt.[1050] Es ist unstrittig, dass diese Prinzipien

---

1048 So: Otting, VergabeR 2016, 316, 325; Stoye/Plantiko, VergabeR 2015, 309 ff.; Burgi, Vergaberecht, § 17, Rn. 6.

1049 Begründung Gesetz gegen Wettbewerbsbeschränkungen (GWB) – Teil 4 (Konsolidierte Fassung nach VergRModG), BMWi, in: https://www.bmwi.de/BMWi/Redaktion/PDF/Gesetz/gesetz-gegen-wettbewerbsbeschraenkungen-gwb-teil4-konsolidierte-nicht-amtliche-fassung,property=pdf,bereich=bmwi2012,sprache=de,rwb=true.pdf, abgerufen am 13.12.2016, dort S. 103 mit Verweis auf § 16 Absatz 6 VOB/A EG, § 19 Absatz 9, § 21 Absatz 1 VOL/A EG sowie § 11 Absatz 5 VOF.

1050 Vgl. die Begründung Gesetz gegen Wettbewerbsbeschränkungen (GWB) – Teil 4 (Konsolidierte Fassung nach VergRModG), BMWi, in: https://www.bmwi.de/

auslegungsunterstützend herangezogen werden können, wenn eine konkrete Norm Spielräume auf Tatbestands- oder wie hier auf Rechtsfolgenseite durch die Einräumung von Ermessen einräumt.

Im Hinblick auf die Verwendung von Quotenvorgaben kann der in § 97 Abs. 1 S. 2 GWB normierte Verhältnismäßigkeitsgrundsatz von Bedeutung sein.[1051] Dieser Grundsatz der Auftragsvergabe kann auslegungsergänzend herangezogen werden, um die angemessene quotenmäßige Berücksichtigung des Preis-/ Kostenelementes zu bewerten. Schließlich muss der Preis oder die Kosten zwingend bei der Angebotswertung berücksichtigt werden. Eine Antwort auf die Frage, in welchem Maße das Preis- bzw. Kostenelement in die Leistungsbewertung einfließen muss, findet sich jedoch weder in der VRL, noch im nationalen Umsetzungsrecht. Dem öffentlichen Auftraggeber steht insoweit ein Ermessen zu, bei dessen Ausübung er nicht frei ist, vielmehr muss er sich an höherrangigem Recht sowie von Seiten des Gesetzgebers vorgegebenen Grundlagen orientieren, die im Fall des Vergaberechts aus den Grundsätzen der Auftragsvergabe bestehen.[1052]

Insgesamt besteht an der Europarechtskonformität der untersuchten Vorschriften des GWB kein Zweifel, da deren Regelungsgehalte mit der Zielsetzung der VRL und den Erwägungsgründen vereinbar sind und überdies eine kohärente Regelung der strategischen Beschaffung vorsehen.[1053]

d) Nationale Aufgabe des strengen Grundsatzes der Einzelwirtschaftlichkeit

Seit der Vergaberechtsmodernisierung lässt sich auch die nationale Abkehr von dem streng einzelwirtschaftlichen Grundsatz nicht mehr leugnen. Mit der Neuregelung des § 97 Abs. 3 GWB erfährt die Verfolgung strategischer Ziele mittels

---

BMWi/Redaktion/PDF/Gesetz/gesetz-gegen-wettbewerbsbeschraenkungen-gwb-teil4-konsolidierte-nicht-amtliche-fassung,property=pdf,bereich=bmwi2012,sprache=de,rwb=true.pdf; abgerufen am 13.12.2016, S. 104.

1051 Burgi, NZBau 2015, 597, 601 mit Verweis auf die Erläuterungen zu der Vergaberichtlinie der EU Kommission: „Reform der öffentlichen Auftragsvergabe", Übersicht Nr. 8 „Soziale Aspekte der neuen Regeln" für das Beispiel, dass ein Angebot besser bewertet werden soll, das den Einsatz der meisten benachteiligten Arbeitnehmer (Langzeitarbeitslose) in Aussicht stellt, forum vergabe, in: http://www.forum-vergabe.de/fileadmin/user_upload/Rechtsvorschriften/Annahme_Modernisierung/Erlaeuterungen_Klassische_Auftraggeber.pdf?PHPSESSID=84e47010c3615e4e88c90da5f080532a, abgerufen am 13.12.2016.

1052 Burgi, NZBau 2008, 29, 32; Burgi, Vergaberecht, § 6 Rn. 15.

1053 Burgi, NZBau 2015, 597, 599 ff., der zudem fordert, die Vorgaben der Leistungsbeschreibung in der VgV noch um die „fehlenden Elemente betreffend die Energieeffizienz" zu ergänzen. Diese Vorgaben ergeben sich allerdings nicht aus der VRL, sodass hierzu keine weiteren Ausführungen gemacht werden.

öffentlicher Auftragsvergabe eine deutliche Aufwertung.[1054] Nach dieser Vorschrift werden bei der Vergabe Aspekte der Qualität und der Innovation sowie soziale und umweltbezogene Aspekte berücksichtigt. Zuvor wurde in der Literatur vertreten, die Rechtslage in Deutschland bliebe von dieser europäischen Entwicklung unberührt, da § 97 Abs. 5 GWB a.F. in Ausnutzung des Umsetzungsspielraumes striktere Vorgaben mache als die Richtlinienvorgabe.[1055] Auch der Vergabesenat des OLG Naumburg nahm an, dass die vergaberechtliche Wirtschaftlichkeitsprüfung einen einzelwirtschaftlichen Maßstab hat, es also stets um die Wirtschaftlichkeit des konkreten Beschaffungsvorganges für den Auftraggeber und nicht um gesamtwirtschaftliche Erwägungen gehe.[1056] Bereits vor der Umsetzung der VRL blieben kaum noch Anhaltspunkte für eine solche Interpretation.[1057] Die Aufwertung strategischer Ziele in § 97 Abs. 3 GWB spricht jedoch unmissverständlich dafür, dass umwelt-, sozialbezogene sowie weitere strategische Zuschlagskriterien nicht zwingend einen einzelwirtschaftlichen Bezug aufweisen müssen. Fortan kann das öffentliche Beschaffungswesen – vorbehaltlich der normierten Grenzen – zur Durchsetzung insbesondere sozialer und umweltpolitischer Zielsetzungen instrumentalisiert werden, auch unter Inkaufnahme der Beeinträchtigung seiner ursprünglichen Zielstellung, der Einzelwirtschaftlichkeit.[1058] Lehnte man dies weiterhin kategorisch ab, so ignorierte man, dass es sich hierbei um das Ergebnis eines

---

1054 *Zeise/Wiedemann* in: Kulartz/Kus/Portz/Prieß, Kommentar zum GWB-Vergaberecht, 4. Auflage 2016, § 97 GWB, Rn. 79.

1055 *Burgi* in: Das Recht der Europäischen Union, 40. Auflage 2009, B 13 Vergabefremde Kriterien, Rn. 45; Opitz, NZBau 2001, 12; ders. in: Dreher/Motzke, Beck'scher Vergaberechtskommentar, 2. Auflage 2013, § 97 Abs. 5 GWB, Rn. 38, nimmt jedoch an, dass dies nicht mehr uneingeschränkt gelte, weitere Nachweise in Fn. 134; Weyand, Vergaberecht, 9. Aktualisierung 2012, Stand: 26.11.2012, § 97 GWB, Rn. 988, der zudem weiter unterscheidet zwischen einer Vergabe nach dem Minimalprinzip (die Gegenleistung in Form von Entgelt für eine genau definierte Leistung ist möglichst gering) bzw. dem Maximalprinzip (fixe finanzielle Mittel mit denen eine möglichst hochwertige Leistung erworben wird). Zur Rechtslage vor Erlass der VKR: Benedict, NZBau 2001, 947 ff.

1056 OLG Naumburg, B. v. 05.12.2008 – Az.: 1 Verg 9/08, IBRRS 68486.

1057 So auch: *Opitz* in: Dreher/Motzke, Beck'scher Vergaberechtskommentar, 2. Auflage 2013, § 97 Abs. 5 GWB, Rn. 38, obschon der Autor zunächst anderer Auffassung war, vgl. Opitz, NZBau 2001, 12 ff.; *Dreher* in: Immenga/Mestmäcker, Wettbewerbsrecht, 5. Auflage 2014, § 97, Rn. 360: „Allerdings müssen die Wirkungen für Dritte nach den EU-Vergaberichtlinien ausdrücklich objektivierbar – d. h. nachweisbar und quantifizierbar – sein, um eine objektive Wertung zu ermöglichen." Die mögliche Einbeziehung externer Effekte baute nach Ansicht des Autors eine weitere Sollbruchstelle in den Wirtschaftlichkeitsbezug ein.

1058 *Zeise/Wiedemann* in: Kulartz/Kus/Portz/Prieß, Kommentar zum GWB-Vergaberecht, 4. Auflage 2016, § 97 GWB, Rn. 92.

demokratischen Willensbildungsprozess handelt.[1059] Gleichwohl finden sich namhafte Autoren, die auch nach der Vergaberechtsmodernisierung noch annehmen, dass „gesamtwirtschaftliche Erwägungen, insbesondere die Auswirkungen auf andere staatliche Haushalte im konkreten Beschaffungsvorgang" außer Betracht bleiben.[1060] Dies ist abzulehnen. In jedem Fall muss dem öffentlichen Auftraggeber zugestanden werden, in seine Prüfung der Wirtschaftlichkeit der Angebote auch externe Effekte für die Allgemeinheit einzubeziehen.[1061]

II. Grenzen strategischer Beschaffung aus den Grundsätzen der Auftragsvergabe im nationalen Recht

Wie aufgezeigt, haben die unionsrechtlichen Grundsätze der Auftragsvergabe ihren Ursprung in den Grundfreiheiten. In Ermangelung einer Regelung in den Vergaberichtlinien ergaben sie sich zunächst nur aus dem Primärrecht. Die Grundsätze des Wettbewerbs, der Transparenz und der Gleichbehandlung wurden auch national bereits als Leitsätze angesehen, bevor sie im Zuge des Vergaberechtsänderungsgesetzes[1062] in § 106 Abs. 1 und 2 GWB a.F. normiert wurden.[1063] Ausweislich der Entwurfsbegründung der Bundesregierung kommt einem „transparenten, diskriminierungsfreien Vergabeverfahren eine hohe Bedeutung zu".[1064] Vergaben haben grundsätzlich im Wettbewerb zu erfolgen.[1065] Weiter gehöre die Gleichbehandlung zu den elementaren Prinzipien des Gemeinschaftsrechts und des nationalen Verfassungsrechts.[1066] Eine spezielle Ausformung sei das Verbot der Diskriminierung

---

1059 *Zeise/Wiedemann* in: Kulartz/Kus/Portz/Prieß, Kommentar zum GWB-Vergaberecht, 4. Auflage 2016, § 97 GWB, Rn. 92.

1060 *Burgi* in: Vergaberecht im Umbruch II, S. 57,66.

1061 Eine ähnliche Überlegung zu den Vergaberichtlinien findet sich bei: Egger, Europäisches Vergaberecht, 1. Auflage 2008, § 2 Das Vergabeverfahren, Rn. 1239.

1062 Gesetz zur Änderung der Rechtsgrundlagen für die Vergabe öffentlicher Aufträge (Vergaberechtsänderungsgesetz – VgRÄG) vom 26.08.1998, BGBl. I Nr. 59/1998, S. 2512.

1063 *Weiner* in: Gabriel/Krohn/Neun, Handbuch des Vergaberechts, 1. Auflage 2014, § 1 Grundsätze des Vergaberechts, Rn. 4; a.A. *Dreher* in: Immenga/Mestmäcker, Wettbewerbsrecht, 5. Auflage, § 97 GWB, Rn. 7 für den Transparenzgrundsatz, der nach Ansicht des Autors vor Schaffung des Kartellvergaberechts kein allgemeiner Vergabegrundsatz war.

1064 Deutscher Bundestag, Entwurf eines Gesetzes zur Änderung der Rechtsgrundlagen für die Vergabe öffentlicher Aufträge (Vergaberechtsänderungsgesetz – VgRÄG) vom 03.12.1997, BT-Drs. 13/9340, zu § 106 GWB, S. 13 f.

1065 Deutscher Bundestag, Entwurf eines Gesetzes zur Änderung der Rechtsgrundlagen für die Vergabe öffentlicher Aufträge (Vergaberechtsänderungsgesetz – VgRÄG) vom 03.12.1997, BT-Drs. 13/9340, zu § 106 GWB, S. 14.

1066 Deutscher Bundestag, Entwurf eines Gesetzes zur Änderung der Rechtsgrundlagen für die Vergabe öffentlicher Aufträge (Vergaberechtsänderungsgesetz – VgRÄG) vom 03.12.1997, BT-Drs. 13/9340, zu § 106 GWB, S. 14.

nach Herkunft oder Staatsangehörigkeit.[1067] Wie diese Begründung schließen lässt, erfolgte eine parallele Entwicklung der Grundsätze der Auftragsvergabe. Über die europäische Vorgabe des Art. 18 Abs. 1 VRL hinaus, normiert § 97 Abs. 4 GWB weiter das Gebot der Berücksichtigung mittelständischer Interessen.[1068] Diesem Grundsatz kommt insofern eine Sonderstellung zu, als dass er spezifisch für das deutsche Vergaberecht ist.[1069]

1. *Verhältnis der Grundsätze der Auftragsvergabe zu den übrigen Regeln des GWB*

Für das Verhältnis der in § 97 GWB normierten Grundsätze der Auftragsvergabe zu der großen Anzahl der Regeln des GWB gilt wie auf europäischer Ebene auch, dass jene Regeln infolge ihrer Konkretheit vorgehen,[1070] sodass auf die obigen Ausführungen verwiesen wird.

a) Vergabegrundsätze als Auslegungsdirektiven

Die Vergabegrundsätze können zunächst in ihrer Auslegungsfunktion herangezogen werden, wenn das GWB eine Regel enthält, die die in Frage stehende Rechtsfolge abdeckt. Oftmals enthalten auch konkret gefasste Regeln Spielräume entweder auf Tatbestandsseite in Form unbestimmter Rechtsbegriffe, oder auf Rechtsfolgenseite durch die Einräumung von Verwaltungsermessen.[1071] Der Rechtsanwender ist bei Ausfüllung dieser Spielräume nicht frei, sondern muss sich von höherrangigem Recht sowie von Seiten des Gesetzgebers vorgegebenen Grundlagen orientieren, die im Fall des Vergaberechts aus den Grundsätzen der Auftragsvergabe bestehen.[1072] Im Rahmen der Auslegung der gesetzlichen und untergesetzlichen Vergaberegeln mit unbestimmten Rechtsbegriffen oder Ermessen zugunsten des öffentlichen Auftraggebers kommt den Vergabegrundsätzen eine entscheidende Bedeutung über die Zielvorgabe der Gewährung von Wettbewerb, Transparenz und Gleichbehandlung zu.[1073] Der Normunterworfene wendet

---

1067 Deutscher Bundestag, Entwurf eines Gesetzes zur Änderung der Rechtsgrundlagen für die Vergabe öffentlicher Aufträge (Vergaberechtsänderungsgesetz – VgRÄG) vom 03.12.1997, BT-Drs. 13/9340, zu § 106 GWB, S. 14. Nach der Begründung trägt das nationale Recht dem auf Ebene der Verdingungsordnungen (VOL/A, VOB/A, VOF/A) Rechnung.

1068 Neu eingeführt mit dem Gesetz zur Modernisierung des Vergaberechts vom 20.04.2009, BGBl. I Nr. 20/2209, S. 790.

1069 *Weiner* in: Gabriel/Krohn/Neun, Handbuch des Vergaberechts, 1. Auflage 2014, § 1 Grundsätze des Vergaberechts, Rn. 4.

1070 Burgi, Vergaberecht, § 6 Rn. 15.

1071 Burgi, NZBau 2008, 29, 32; Burgi, Vergaberecht, § 6 Rn. 15.

1072 Burgi, NZBau 2008, 29, 32; Burgi, Vergaberecht, § 6 Rn. 15.

1073 *Dreher* in: Immenga/Mestmäcker, Wettbewerbsrecht, 5. Auflage, § 97 GWB, Rn. 3; Burgi, NZBau 2008, 29, 32; Burgi, Vergaberecht, § 6 Rn. 15; zu der Bedeutung

die Vergabegrundsätze also nicht unmittelbar an, sondern über die jeweils auszulegende Vergaberegel.[1074] Es bedarf zwingend eines auslegungsfähigen Gegenstandes.[1075] Diese Wirkung als Auslegungsdirektive ist unumstritten.[1076]

b) Eigenständige, normative Grundsätze?

Demgegenüber wird diskutiert, ob den Grundsätzen der Auftragsvergabe darüber hinaus ein unmittelbarer Regelungsgehalt entnommen werden kann. Zum Teil wird angenommen, dass den Vergabegrundsätzen durch ihre Aufwertung zu zentralen kartellrechtlichen Maßstäben gegenüber gleichgerichteten Ausprägungen der Grundsätze eine eigenständige Funktion zukommt, sodass deren Rang gegenüber Eingriffen auf untergesetzlicher Ebene gesichert ist.[1077] Die in § 97 Abs. 1 und 2 GWB enthaltenen Prinzipien beanspruchen nach dieser Auffassung für das Vergabeverfahren unmittelbare Geltung.[1078] Sie gelten daher für alle Rechtsfragen, auf die die materiellen Vergabegrundsätze Anwendung finden können und für die eine

---

als „Ermessensdirektiven" *Fehling* in: Pünder/Schellenberg, Vergaberecht, 2. Auflage 2015, § 97 GWB, Rn. 45.

1074 Burgi, NZBau 2008, 29, 32. Vgl. auch das an dieser Stelle gemachte Beispiel.

1075 Burgi, NZBau 2008, 29,32.

1076 *Müller-Wrede* in: ders., GWB Vergaberecht, 2. Auflage 2014, § 97 GWB, Rn. 4; *Dreher* in: Immenga/Mestmäcker, Wettbewerbsrecht, 5. Auflage, § 97 GWB, Rn. 3; *Weiner* in: Gabriel/Krohn/Neun, Handbuch des Vergaberechts, 1. Auflage 2014, § 1 Grundsätze des Vergaberechts, Rn. 5; *Fehling* in: Pünder/Schellenberg, Vergaberecht, 2. Auflage 2015, § 97 GWB, Rn. 2; *Dörr* in: Dreher/Motzke, Beck'scher Vergaberechtskommentar, 2. Auflage 2013, § 97 GWB, Rn. 7; Burgi, NZBau 2008, 29, 32; Burgi, Vergaberecht, § 6 Rn. 15; *Diehr* in: Reidt/Stickler/Glahs, Vergaberecht Kommentar, 3. Auflage 2011, § 97 Rn. 9 mit Verweis auf BGH, B. v. 1.2.2005 – X ZB 27/04, NZBau 2005, 290 sowie BGH, B. v. 26.09. 2006 – Az.: X ZB 14/06, NZBau 2006, 800; *Bungenberg* in: Loewenheim/Meessen/Riesenkampff, Kartellrecht 2. Auflage 2009, § 97 GWB, Rn. 1, die nachfolgende Auflage 3 von 2016 kommentiert die §§ 97 ff. GWB nicht mehr; *Otting* in: Bechtold/Otting, GWB Kommentar, 6. Auflage 2010, § 97, Rn 3, die nachfolgenden Auflagen (Zusammenarbeit mit Bosch anstelle von Otting) kommentieren die §§ 97 ff. GWB nicht mehr.

1077 Dreher in Immenga/Mestmäcker, GWB, 5. Auflage 2014, § 97 Rn. 3; zustimmend: *Dörr* in: Dreher/Motzke, Beck'scher Vergaberechtskommentar, 2. Auflage 2013, § 97 GWB, Rn. 7; *Fehling* in: Pünder/Schellenberg, Vergaberecht, 2. Auflage 2015, § 97 GWB, Rn. 2 und 44 auch konkret für Zuschlagskriterien; *Otting* in: Bechtold/Otting, GWB Kommentar, 6. Auflage 2010, § 97, Rn 2, nachdem die Anforderungen des § 97 „mehr als bloße Programmsätze" seien, was sich insbesondere aus Abs. 7 ergebe, der deutlich mache, dass es sich um einklagbare Rechte handele; als weiteren Befürworter dieser Ansicht nennt *Weiner* in: Gabriel/Krohn/Neun, Handbuch des Vergaberechts, 1. Auflage 2014, § 1 Grundsätze des Vergaberechts, Rn. 5, in Fn. 15.

1078 *Fehling* in: Pünder/Schellenberg, Vergaberecht, 2. Auflage 2015, § 97 GWB, Rn. 2 und 44.

konkrete oder untergesetzliche Regelung fehlt.[1079] Eine Verletzung der materiellen Vergaberechtsgrundsätze könnten Bewerber oder Bieter selbstständig geltend machen.[1080] Gleichwohl wird die eigenständige Bedeutung der Vergabegrundsätze angesichts der unionsrechtlich geprägten hohen Normierungsdichte auch von Vertretern dieser Ansicht als relativ gering eingeschätzt.[1081]

Andere sprechen lediglich dem Gleichbehandlungsgrundsatz des § 97 Abs. 2 GWB eine unmittelbare Wirkung zu, weil die Vorschrift als konkrete Ge- und Verbotsnorm ausgestaltet sei, weshalb es keiner weiteren Umsetzung durch konkrete Vergaberegeln bedürfe.[1082]

Nach der ablehnenden Ansicht fehle es bereits an einem hinreichend bestimmten Tatbestand, weil es sich um Prinzipien im Sinne der Methodenlehre handele, also um Normen, die lediglich Zielvorgaben machen, welche erst über die Anwendung einer Regel, in der anknüpfend an einen Tatbestand eine Rechtsfolge vorgesehen ist, zum Tragen kommen.[1083] Etwas anderes ergebe sich auch nicht aus dem Europarecht, da der EuGH in seiner „Pressetext" Entscheidung klargestellt habe, dass der den Vergaberichtlinien immanente Wettbewerbsgrundsatz keinen regelnden Charakter habe, weshalb sich ihm insbesondere keine Ge- oder Verbote entnehmen ließen.[1084] Tatsächlich entschied der EuGH, dass das damalige Gemeinschaftsrecht nicht den Abschluss von öffentlichen Dienstleistungsaufträgen auf unbestimmte Dauer verbiete, obschon das Gericht wettbewerbliche Bedenken gegenüber einer solchen Praxis hatte.[1085]

Aus diesem Grund möchte man an anderer Stelle jedenfalls dem Wettbewerbsgrundsatz einen unmittelbaren Regelungsgehalt absprechen. Das Ziel eines wettbewerblichen Beschaffungswesens sei, anders als der Gleichbehandlungs- und der Transparenzgrundsatz, „nicht geeignet, normative Grundsätze zu formulieren, die lückenfüllend herangezogen werden können".[1086] Das „Pressetext" Urteil

---

1079 *Weiner* in: Gabriel/Krohn/Neun, Handbuch des Vergaberechts, 1. Auflage 2014, § 1 Grundsätze des Vergaberechts, Rn. 5. Der Autor verweist darauf, dass dementsprechend aus den einzelnen Vergabegrundsätzen weit über die einzelnen Regelungen hinausgehende Rechtsplichten durch die Vergabejudikatur entwickelt wurden. *Dreher* in: Immenga/Mestmäcker, GWB, 5. Auflage 2014, § 97 Rn. 3.

1080 *Dreher* in: Immenga/Mestmäcker, GWB, 5. Auflage 2014, § 97 Rn. 4.

1081 *Fehling* in: Pünder/Schellenberg, Vergaberecht, 2. Auflage 2015, § 97 GWB, Rn. 45; *Dreher* in Immenga/Mestmäcker, GWB, 5. Auflage 2014, § 97 Rn. 4.

1082 *Müller-Wrede* in: ders., GWB Vergaberecht, 2. Auflage 2014, § 97 GWB, Rn. 4; *Dieckmann* in: Dieckmann/Scharf/Wagner-Cardenal, VOL/A, 1. Auflage 2013, § 2 EG-VOL/A, Rn. 25.

1083 Burgi, NZBau 2008, 29 ff; *Diehr* in: Reidt/Stickler/Glahs, Vergaberecht Kommentar, 3. Auflage 2011, § 97 Rn. 11 verweisen auf diese Fundstelle.

1084 *Diehr* in: Reidt/Stickler/Glahs, Vergaberecht Kommentar, 3. Auflage 2011, § 97 Rn. 12 mit Verweis auf „Pressetext".

1085 EuGH, Urt. v. 19.06.2008, Rs. C-454/06, EU:C:2008:351 – *Pressetext*, Rn. 73 f.

1086 So: *Ziekow* in: Ziekow/Völlink, Vergaberecht, 2. Auflage 2013, § 97 GWB, Rn. 5; zustimmend: *Müller* in: Kulartz/Kus/Portz/Prieß, Kommentar zum GWB

sei dahingehend zu verstehen, dass sich der Wettbewerbsgrundsatz in den Vergabevorschriften konkretisiere, weshalb er keinen eigenständigen, limitierenden Gehalt entfalten könne.[1087] Für den Transparenzgrundsatz, der eine Ausformung des Gleichbehandlungsgrundsatzes sei, gelte methodisch nichts anderes.[1088]

Schließlich wird ausgehend von der Prämisse, dass den Grundsätzen der Auftragsvergabe grundsätzlich kein unmittelbarer Regelungsgehalt zukommt, eine Ausnahme zugelassen, wenn sich ohne sie ein vom europäischen Recht geforderter Rechtszustand nicht herbeiführen ließe.[1089] Sind sie zur Herstellung von Europarechtskonformität notwendig, müssen sie gar als unmittelbar anwendbare Rechtsquelle herangezogen werden.[1090] In dieser Ausnahmesituation sei es angezeigt, dass sie eine Art „Reservefunktion" – gleichsam als letzter Mann – übernehmen.[1091] Die normative Grundlage werde durch die betroffene vergaberechtliche Vorschrift bzw. des Primärrechts bereitgestellt.[1092] Ein eigenständiger Regelungsgehalt der Grundsätze der Auftragsvergabe sei insbesondere auch aus verfassungsrechtlichen Gründen abzulehnen. Angeführt wird der in Art. 20 Abs. 3 GG garantierte Grundsatz der Gesetzmäßigkeit der Verwaltung, der Bieter davor schützt, sich immer neuen Anforderungen oder Ausschlusstatbeständen ausgesetzt zu sehen, weshalb deren Definition dem Gesetzgeber obliege.[1093] Den Anforderungen an Vorschriften, die Grundrechtsbeschränkungen legitimieren, werde der bloße Verweis auf § 97 Abs. 1 und 2 GWB nicht gerecht.[1094] Bedeutsamer sei hingegen die kommunale Selbstverwaltung nach Art. 28 Abs. 2 GG, weil sich aus Sicht der kommunalen Auftraggeber die vergaberechtlichen Pflichten als Beschränkung dieser Verfassungsgarantie darstelle, die zwar materiell betrachtet rechtfertigungsfähig sei, jedoch in formeller Hinsicht eine gesetzliche Grundlage erfordere.[1095]

Vergaberecht, 4. Auflage 2016, § 97 GWB, R. 24. *Weiner* in: Gabriel/Krohn/Neun, Handbuch des Vergaberechts, 1. Auflage 2014, § 1 Grundsätze des Vergaberechts, Rn. 5, in Fn. 15 nehmen an, dass der Autor in: VergabeR 2006, 702(708) nur dem Wettbewerbsgrundsatz einen unmittelbaren Regelungsgehalt zuspricht. Dies ist jedoch wie aufgezeigt nicht der Fall.

1087 *Ziekow* in: Ziekow/Völlink, Vergaberecht, 2. Auflage 2013, § 97 GWB, Rn. 7.

1088 *Ziekow* in: Ziekow/Völlink, Vergaberecht, 2. Auflage 2013, § 97 GWB, Rn. 7, 38 ff.

1089 Burgi, Vergaberecht, § 6 Rn. 16; ders. NZBau 2008, 29, 32.

1090 Burgi, Vergaberecht, § 6 Rn. 16; ders. NZBau 2008, 29, 32.

1091 Burgi, Vergaberecht, § 6 Rn. 16; ders. NZBau 2008, 29, 32.

1092 Burgi, NZBau 2008, 29, 32. Der Autor führt als Beispiel die „Projektantenproblematik" an. Vgl hierzu: *Zeise* in: Kulartz/Kus/Portz/Prieß, Kommentar zum GWB Vergaberecht, 4. Auflage 2016, § 97 GWB, Rn. 72.

1093 Burgi, NZBau 2008, 29, 32, bezogen auf das Vergaberecht. Vgl. im Detail zu dem Grundsatz der Gesetzmäßigkeit der Verwaltung *Grzeszick* in: Maunz/Dürig, Grundgesetzkommentar, 78. EL Juni 2017, Art. 20 GG, Rn. 95.

1094 Burgi, NZBau 2008, 29, 32.

1095 Burgi, NZBau 2008, 29, 32; Weiter zur Selbstverwaltungsgarantie ders., DVBl 2003, 949, 956. Allgemein zur in Art. 28 Abs. 2 GG garantierten kommunalen

c) Stellungnahme

Eine differenzierende Betrachtungsweise ist vorzugswürdig. Wie unter Punkt C, IV, 1, c) dieses Kapitels dargestellt, sind die Grundsätze der Auftragsvergabe als Rechtsprinzipien im Sinne der allgemeinen Rechtslehre zu verstehen. Kennzeichen eines Rechtsprinzips ist, dass es nicht so genau formuliert ist, dass es einen Tatbestand und eine Rechtsfolge enthält.[1096] Sie lassen eine bestimmte Zielrichtung erkennen und enthalten keine Festsetzungen, sondern „Optimierungsgebote".[1097] Dies trifft insbesondere für die in § 97 Abs. 1 GWB normierten Grundsätze der Auftragsvergabe zu. Obschon sie im Vergleich zu der Vorgängerfassung[1098] nicht mehr unter den Regelungsvorbehalt des Gesetzgebers gestellt wird („nach Maßgabe der folgenden Vorschriften")[1099] sind sie noch immer als Leitlinien ausgestaltet. Nach diesem Absatz werden öffentliche Aufträge im Wettbewerb und im Wege transparenter Verfahren unter Beachtung der Grundsätze der Wirtschaftlichkeit und der Verhältnismäßigkeit vergeben. Diese Ziele sind so abstrakt, dass die vergaberechtliche Judikatur alle möglichen Pflichten begründen könnte, ohne einen normativen Anhaltspunkt zu haben.[1100] Die Verwaltung bedarf für ihr Handeln, insbesondere bei Eingriffen in Freiheit und Eigentum der Bürger, aber einer parlamentsgesetzlichen Grundlage („Vorbehalt des Gesetzes")[1101].[1102] Die bloße Existenz eines Parlamentsgesetzes reicht insofern nicht aus, vielmehr muss es auch hinreichend bestimmt sein, weil der Gesetzgeber seiner Regelungsverantwortung mit dem Beschluss eines inhaltlich zu vage gefassten Gesetzes, das die sachliche Entscheidung letztlich bei dem Gesetzesanwender belässt, nicht gerecht werden kann.[1103] Dies trifft auf die Vorgaben des § 97 Abs. 1 GWB zu, weil sie keinen Tatbestand,

---

Selbstverwaltung, vgl. *Hellermann* in: Epping/Hillgruber, Beck'scher Online-Kommentar Grundgesetz, 34. Edition, Stand: 15.08.2017, Art. 28 GG, Rn. 20–58.1.

1096 Beispielhaft für viele: Röhl/Röhl, Allgemeine Rechtslehre, S. 288. Weiter *Müller-Wrede* in: ders., GWB Vergaberecht, 2. Auflage 2014, § 97 GWB, Rn. 4.

1097 Burgi, NZBau 2008, 29, 32.

1098 In der Fassung vom 26.06.2013.

1099 *Müller-Wrede* in: ders., GWB Vergaberecht, 2. Auflage 2014, § 97 GWB, Rn. 4; *Dieckmann* in: Dieckmann/Scharf/Wagner-Cardenal, VOL/A, 1. Auflage 2013, § 2 EG-VOL/A, Rn. 25.

1100 Zustimmung verdient: Burgi, NZBau 2008, 29, 32.

1101 Er wird zwar regelmäßig mit dem Grundsatz der Gesetzmäßigkeit verbunden (so *Grzeszick* in: Maunz/Dürig, Grundgesetzkommentar, 78. EL Juni 2017, Art. 20 GG, Rn. 95), jedoch kann er nicht direkt aus Art. 20 Abs. 3 GG hergeleitet werden, weil dieser Artikel ein Parlamentsgesetz bereits voraussetzt, vgl. *Huster/Rux* in: Epping/Hillgruber, Beck'scher Online-Kommentar Grundgesetz, 34. Edition, Stand: 15.08.2017, Art. 20 GG, Rn. 173.1.

1102 *Grzeszick* in: Maunz/Dürig, Grundgesetzkommentar, 78. EL Juni 2017, Art. 20 GG, Rn. 95; *Huster/Rux* in: Epping/Hillgruber, Beck'scher Online-Kommentar Grundgesetz, 34. Edition, Stand: 15.08.2017, Art. 20 GG, Rn. 172.

1103 *Huster/Rux* in: Epping/Hillgruber, Beck'scher Online-Kommentar Grundgesetz, 34. Edition, Stand: 15.08.2017, Art. 20 GG, Rn. 179.

sondern lediglich Zielvorgaben enthalten. Ein Rückgriff ist jedoch aus normenhierarchischen Gründen geboten, wenn sich andernfalls ein europarechtskonformer Zustand nicht herstellen ließe. Dies setzt allerdings eine Lücke der konkreten Norm voraus. Für die Lebenszykluskostenrechnung sind dies im deutschen Vergaberecht § 59 VgV bzw. § 16d EU Abs. 2 Nrn. 5–7 VOB/A. Hierzu führt Kapitel 4 in Punkt C, III, 2, a) im Detail aus.

Demgegenüber kommt den Regelungen des § 97 Abs. 2 und 4 GWB ein eigenständiger normativer Regelungsgehalt zu. Der Gleichbehandlungsgrundsatz ist als konkrete Ge- und Verbotsnorm ausgestaltet, sodass es keines weiteren normativen Anhaltspunktes bedarf.[1104] Im Gesetzestext des § 97 Abs. 2 GWB heißt es wörtlich: „Die Teilnehmer an einem Vergabeverfahren sind gleich zu behandeln, es sei denn, eine Ungleichbehandlung ist aufgrund dieses Gesetzes ausdrücklich geboten oder gestattet." Noch mehr trifft dies auf das Gebot der Berücksichtigung mittelständischer Interessen zu, weil das Gesetz in den Sätzen 2–4 des Absatzes 4 konkrete Tatbestände normiert, auf welche Weise den mittelständischen Interessen Rechnung getragen werden soll.

Wegen der vorstehenden Gründe ist eine Differenzierung geboten. Dem Wettbewerbs-, Transparenz- und Verhältnismäßigkeitsgrundsatz kommt nur eine Auslegungsfunktion zu, es sei denn, deren Heranziehung ist erforderlich, um einen vom Europarecht geforderten Rechtszustand herbeizuführen. Demgegenüber haben der Gleichbehandlungsgrundsatz und das Gebot der Berücksichtigung mittelständischer Interessen einen eigenständigen normativen Regelungsgehalt.

2. Grundsätze des Vergabeverfahrens in § 97 Abs. 1 und 2 GWB

Die zentralen Grundsätze des Vergabeverfahrens werden in den Absätzen 1 und 2 des § 97 GWB genannt. Hiervon umfasst sind der Gleichbehandlungs-, Wettbewerbs-, Transparenz- und der Verhältnismäßigkeitsgrundsatz. Neben ihrer nationalen Verankerung haben sie jedoch vor allen Dingen eine europäische Wurzel[1105], weil das nationale Vergaberecht der Umsetzung der europarechtlichen Vorgaben der Vergaberichtlinien dient, weshalb sie auch aus dieser Warte zu betrachten sind. Insoweit besteht ein vollständiger Gleichlauf zwischen EU-Primärrecht, der sekundärrechtlichen Regelung des Art. 18 Abs. 1 VRL sowie dem Umsetzungsrecht in § 97 Abs. 1 und 2 GWB,[1106] weshalb zur Vermeidung einer Redundanz auf die Ausführungen dieses Kapitels unter Punkt C, IV, 2 verwiesen wird. Auf eine

---

1104 Zustimmung verdienen: *Müller-Wrede* in: ders., GWB Vergaberecht, 2. Auflage 2014, § 97 GWB, Rn. 4; *Dieckmann* in: Dieckmann/Scharf/Wagner-Cardenal, VOL/A, 1. Auflage 2013, § 2 EG-VOL/A, Rn. 25.

1105 Dies gilt vor allen Dingen für den Verhältnismäßigkeitsgrundsatz, der über den Umweg des europäischen Vergaberechts in das GWB einzog, obschon der national seit jeher als Ausprägung des Rechtsstaatsprinzips anerkannt war, vgl. Burgi, Vergaberecht, § 6 Rn. 24.

1106 Burgi, Vergaberecht, § 6 Rn. 17.

allgemeine Darstellung der wichtigsten Ausprägungen dieser Grundsätze im Kartellvergaberecht wird in Ermangelung der Relevanz für den Forschungsgegenstand verzichtet. Der Bezugnahme auf die Grundsätze der Auftragsvergabe in § 127 GWB und insbesondere § 59 VgV zur Lebenszykluskostenrechnung widmet sich speziell Kapitel 4 Punkt III, 2, a).

3. Gebot der Berücksichtigung mittelständischer Interessen

Das Gebot der Berücksichtigung mittelständischer Interessen ist in § 97 Abs. 4 GWB normiert. Eine Definition des Begriffs „mittelständischer Interessen" sieht das GWB nicht vor. Das Bundesverfassungsgericht hielt eine zureichend genaue Begriffsbestimmung schon früh für „schwierig"[1107] und auch der Bundesgerichtshof ließ explizit offen, wie das vergaberechtliche Begriffsverständnis mittelständischer Unternehmen ist[1108]. Nach Auffassung der Europäischen Kommission kennzeichnet kleine und mittlere Unternehmen, dass sie weniger als 250 Personen beschäftigen und sie entweder einen Jahresumsatz von höchstens 50 Mio. EUR erzielen oder deren Jahresbilanzsumme sich auf höchstens 43 Mio. EUR beläuft.[1109] Diese in einer Empfehlung angegebenen Kriterien der Kommission bieten für das nationale Recht zumindest einen Anhaltspunkt[1110], jedoch besteht weitgehend Einigkeit darüber, dass eine Einordnung der Unternehmen im Einzelfall anhand der konkreten Marktverhältnisse maßgeblich ist[1111].

Nach § 97 Abs. 4 GWB sind mittelständische Interessen bei der Vergabe öffentlicher Aufträge vornehmlich zu berücksichtigen, indem Leistungen in der Menge aufgeteilt (Teillose) und getrennt nach Art oder Fachgebiet (Fachlose) vergeben werden, sofern nicht eine Gesamtvergabe aus wirtschaftlichen oder technischen Gründen erforderlich ist. Damit geht das nationale Recht über die in der Richtlinienvorgabe des Art. 46 VRL geforderte bloße Begründungspflicht zur Losaufteilung hinaus, was Absatz 4 der Vorschrift dem Umsetzungsgesetzgeber aber offen ließ.[1112]

1107 BVerfG, B. v.11. 04. 1967 – 1 BvL 25/64 –, BVerfGE 21, 292–306, Rn. 28.

1108 BGH, B. v. 08.02. 2011 – X ZB 4/10 –, BGHZ 188, 200–233, Rn. 51.

1109 Art. 2 Abs. 1 Empfehlung der Kommission vom 6. Mai 2003 betreffend die Definition der Kleinstunternehmen sowie der kleinen und mittleren Unternehmen, Abl. L 124 vom 20.05.2003 S. 36 – 41.

1110 OLG Karlsruhe, B. v. 06.04.2011 – 15 Verg 3/11, Rn. 54, juris.

1111 *Antweiler* in: Dreher/Motzke, Beck'scher Vergaberechtskommentar, 3. Auflage 2017, § 97 Abs. 4 GWB, Rn. 43; Manz/Schönwälder, NZBau 2012, 465, Fn. 2; OLG Karlsruhe, B. v. 06.04.2011 – 15 Verg 3/11, Rn. 69, juris; Schleswig-Holsteinisches Oberlandesgericht, B. v. 25.01.2013 – 1 Verg 6/12, Rn. 32, 34, juris.

1112 Begründung Gesetz gegen Wettbewerbsbeschränkungen (GWB) – Teil 4 (Konsolidierte Fassung nach VergRModG), BMWi, in: https://www.bmwi.de/BMWi/Redaktion/PDF/Gesetz/gesetz-gegen-wettbewerbsbeschraenkungen-gwb-teil4-konsolidierte-nicht-amtliche-fassung,property=pdf,bereich=bmwi2012,sprache=de,rwb=true.pdf, abgerufen am 13.12.2016, S. 53.

Die Vorschrift stellt klar, dass strengere Anforderungen an die Losaufteilung – wie sie im GWB vorgesehen werden – zulässig sind.[1113] Von einer Verselbstständigung dieses Gebotes gegenüber der Regelung der Losvergabe in den Sätzen 2 und 3 ist nach dem Dafürhalten der Verfasserin nicht auszugehen.[1114] Neben dem Wortlaut der Vorschrift lässt sich die Gesetzesbegründung des GWB anführen, nach der die Interessen mittelständischer Unternehmen vornehmlich zu berücksichtigen sind, *indem* öffentliche Aufträge in Losen vergeben werden müssen.[1115] Das GWB gibt damit die Art und Weise der Berücksichtigung mittelständischer Interessen vor. Insbesondere wäre es dem Gesetzgeber möglich gewesen, diese bereits zu der Vorgängerfassung geführte Diskussion durch eine Klarstellung zu beenden. Nimmt man hingegen an, die Losvergabe sei nicht die einzige Form der Berücksichtigung mittelständischer Interessen nach § 97 Abs. 4 GWB, so käme ein unmittelbarer Rückgriff auf diesen Grundsatz nicht in Betracht, weil sich Satz 1 der Norm lediglich eine Zielvorgabe entnehmen lässt.

III. Regelungen der VgV, VOB/A

Das Kartellvergaberecht des 4. Teils des GWB wird durch mehrere Rechtsverordnungen ergänzt, die in einer Mantelverordnung zusammenfasst worden sind.[1116] Die VergRModVO greift die allgemeinen Regelungen des Gesetzes auf und ergänzt

1113 Begründung Gesetz gegen Wettbewerbsbeschränkungen (GWB) – Teil 4 (Konsolidierte Fassung nach VergRModG), BMWi, in: https://www.bmwi.de/BMWi/Redaktion/PDF/Gesetz/gesetz-gegen-wettbewerbsbeschraenkungen-gwb-teil4-konsolidierte-nicht-amtliche-fassung,property=pdf,bereich=bmwi2012,sprache=de,rwb=true.pdf, abgerufen am 13.12.2016, S. 53. Vgl. der Wortlaut: „Die Mitgliedstaaten können Absatz 1 Unterabsatz 2 umsetzen, indem sie die Vergabe von Aufträgen in Form von getrennten Losen unter Bedingungen vorschreiben, die gemäß ihren nationalen Rechtsvorschriften und unter Beachtung des Unionsrechts zu bestimmen sind. In diesem Fall finden Absatz 2 Unterabsatz 1 und – gegebenenfalls – Absatz 3 Anwendung."

1114 Implizit: *Frenz* in: Willenbruch/Wieddekind: Kompaktkommentar Vergaberecht, 3. Auflage 2014, § 97 GWB, Rn. 40–42; ders. GewArch 2011, 97–99; Kus, NZBau 2009, 21 f.; a.A: *Dieckmann* in: Dieckmann/Scharf/Wagner-Cardenal, VOL/A, 1. Auflage 2013, § 2 EG VOL/A, Rn. 36 f.; *Ziekow* in: Ziekow/Völlink, Vergaberecht, 2. Auflage 2013, § 97 GWB, Rn. 50. *Fehling* in: Pünder/Schellenberg, Vergaberecht, 2. Auflage 2015, § 97 GWB, Rn. 103.

1115 Hervorhebung von der Verfasserin, Begründung Gesetz gegen Wettbewerbsbeschränkungen (GWB) – Teil 4 (Konsolidierte Fassung nach VergRModG), BMWi, in: https://www.bmwi.de/BMWi/Redaktion/PDF/Gesetz/gesetz-gegen-wettbewerbsbeschraenkungen-gwb-teil4-konsolidierte-nicht-amtliche-fassung,property=pdf,bereich=bmwi2012,sprache=de,rwb=true.pdf, abgerufen am 13.12.2016, S. 53.

1116 Verordnung zur Modernisierung des Vergaberechts (Vergaberechtsmodernisierungsverordnung – VergRModVO) vom 12.04.2016, BGBl. 2016 Teil I Nr. 16.

dieses in zahlreichen Detailfragen. So wird das Verfahren der öffentlichen Auftragsvergabe auf zweiter Stufe in der VgV weiter ausgestaltet.[1117]

Auf Ebene des Zuschlags bestand Raum für eine Konkretisierung in der VgV, insbesondere mit Blick auf den für diese Forschungsarbeit zentralen Lebenszykluskostenansatz.[1118] Soweit § 127 GWB eine unzureichende Regelung trifft, ergänzen ihn § 58 VgV und § 16d EU Abs. 2 VOB/A,[1119] was besonders die nicht abschließende Aufzählung leistungsbezogener Kriterien betrifft.[1120] Hervorzuheben sind hier zum einen das Kriterium der „Qualität", wegen seiner Bedeutung für die Verfolgung ökologischer und sozialer Zwecke, zum anderen das in § 58 Abs. 2 Nr. 2 aufgenommene qualitative Kriterium der Organisation, Qualifikation und Erfahrung des mit der Ausführung des Auftrags betrauten Personals, was zu einer Durchbrechung der Trennung von Eignungs- und Zuschlagskriterien führt. Hiermit setzt die VgV die Richtlinienvorgabe des Art. 67 Abs. 2 UAbs. 1 lit. b) VRL „eins zu eins" um, sodass hinsichtlich der Implikationen auf die Ausführungen dieses Kapitels unter Punkt C, II, 2 verwiesen wird. Ein Novum ist die Normierung der Lebenszyklusrechnung in § 59 VgV sowie in § 16d EU Abs. 2 Nrn. 5–7 VOB/A, zu der das Kapitel 4 unter Punkt C, II ausgeführt wird.

IV. Landesvergabegesetze

Schließlich ist auf die kompetenziellen Konsequenzen der nationalen Vergaberechtsmodernisierung hinzuweisen. In weit größerem Umfang als bisher machte der Bund von seiner konkurrierenden Gesetzgebungskompetenz für „das Recht der Wirtschaft" des Art. 74 Abs. 1 Nr. 11 Gebrauch, was den Landesgesetzgeber im Vergaberecht sperrt, sofern der Bund die strategische Beschaffung geregelt hat.[1121]

1117 Art. 1 VergRModVO; insgesamt zu den Regelungsstrukturen des deutschen Vergaberechts nach der Reform: Krönke, NVwZ 2016, 568 ff.

1118 So auch: Burgi, NZBau 2015, 597, 602.

1119 Otting, VergabeR 2016, 316, 325.

1120 Vgl. § 58 Abs. 2 Nr. 1: die Qualität, einschließlich des technischen Werts, Ästhetik, Zweckmäßigkeit, Zugänglichkeit der Leistung insbesondere für Menschen mit Behinderungen, ihrer Übereinstimmung mit Anforderungen des „Designs für Alle", soziale, umweltbezogene und innovative Eigenschaften sowie Vertriebs- und Handelsbedingungen; Nr. 2 die Organisation, Qualifikation und Erfahrung des mit der Ausführung des Auftrags betrauten Personals, wenn die Qualität des eingesetzten Personals erheblichen Einfluss auf das Niveau der Auftragsausführung haben kann, oder Nr. 3. die Verfügbarkeit von Kundendienst und technischer Hilfe sowie Lieferbedingungen wie Liefertermin, Lieferverfahren sowie Liefer- oder Ausführungsfristen. In § 16d VOB/A-EU wurde dies nahezu inhaltsgleich übernommen, weshalb hier keine weiteren Ausführungen gemacht werden.

1121 Burgi, NZBau 2015, 597, 599; ders. in: Tagungsband 16. Düsseldorfer Vergaberechtstag, S. 57, in: https://broschueren.nordrheinwestfalendirekt.de/herunterladen/der/datei/16-du-sseldorfer-vergaberechtstag-online-version-pdf/von/16-duesseldorfer-vergaberechtstag/vom/mweimh/2167, abgerufen am 08.12.2016.

Während das GWB in § 129 GWB vorsieht, dass das Bundes- oder Landesrecht zwingende Ausführungsbedingungen gesetzlich vorschreiben kann, wenn aus übergeordneten politischen Erwägungen heraus ein solches Bedürfnis entsteht, fehlt eine entsprechende vergleichbare Vorschrift für den Zuschlag, woraus sich ergibt, dass der Bund insoweit eine abschließende Regelung getroffen hat.[1122] Eine landesvergaberechtliche Verpflichtung zur Berücksichtigung strategischer Ziele im Rahmen des Zuschlages scheidet damit aus.

V. Schlussbetrachtung nationales Recht

Infolge der weitgehenden „eins zu eins" Umsetzung der VRL in das deutsche Recht gelten die obigen Ausführungen entsprechend. Das Kartellvergaberecht erfuhr im Zuge der Reform eine dahingehende Neuordnung, als dass dem 4. Teil des GWB ein allgemeiner Teil vorangestellt wurde. Die bislang im Zusammenhang mit verschiedenen Aspekten bei der Zuschlagserteilung zu berücksichtigende Wirtschaftlichkeit wurde als allgemeiner Grundsatz des Vergabeverfahrens hervorgehoben und „vor die Klammer" gezogen.

E. Rechtsbindungen strategischer Auftragsvergabe durch das Primärrecht

Schließlich ergeben sich aus dem Primärrecht Rechtsbindungen des öffentlichen Auftraggebers. Neben der kompetenziellen Funktion[1123] kommt dem Primärrecht eine erhebliche eigenständige Bedeutung zu.[1124] Dies verdeutlicht die dargestellte Judikatur zu strategischen Zwecken. Deren Zulässigkeit wurde eindeutig und wiederholt von der Vereinbarkeit mit dem Primärrecht abhängig gemacht.[1125] In der Vergangenheit hat der EuGH primäres und sekundäres Unionsrecht parallel angewendet und wechselseitig zur Auslegung herangezogen.[1126] Es gilt daher

---

1122 Burgi, NZBau 2015, 597, 602.

1123 Laut Burgi sind die Grundfreiheiten die wichtigste kompetenzielle Grundlage des europäischen Vergaberechts, VergabeR 2016, 361 f.; Egger, Europäisches Vergaberecht, 1. Auflage 2008, 1. Teil: Grundlegung, § 2 Rechtliche Rahmenbedingungen, Rn. 105.

1124 *Bungenberg* in: Müller-Graff, Enzyklopädie Europarecht, Band 4: Europäisches Wirtschaftsordnungsrecht, 1. Auflage 2015, § 16, Rn. 12.

1125 Zu diesem Ergebnis kam auch: *Bungenberg* in Loewenheim/Meessen/Riesenkampff, Kartellrecht 2. Auflage 2009, Vor §§ 97 ff. – Einführung, Rn. 49, die nachfolgende Auflage 3 von 2016 kommentiert die §§ 97 ff. GWB nicht mehr.

1126 *Bungenberg* in: Müller-Graff, Enzyklopädie Europarecht, Band 4: Europäisches Wirtschaftsordnungsrecht, 1. Auflage 2015, § 16, Rn. 12. Er verweist auf „Dundalk", EuGH, Urt. v. 02.09.1988, Rs. C-45/87, EU:C:1988:435, allerdings ist dort der Rückgriff auf das Primärrecht tatsächlich erforderlich gewesen, weil der betreffende öffentliche Bauauftrag nicht vom Anwendungsbereich der Baukoordinierungsrichtlinie 71/305/EWG erfasst war. Andere Urteile zeigen dies deutlicher. So

auch insoweit die zentralen Maßstäbe zu gewinnen, an denen sich die Vorgabe eines Lebenszyklusansatzes messen lassen muss. Wie bereits aufgezeigt, sind die für eine strategische Beschaffung bedeutsamen Grundsätze der Auftragsvergabe nunmehr sämtlich in Art. 18 Abs. 1 VRL und § 97 Abs. 1 und 2 GWB normiert. Im Anwendungsbereich der Richtlinie bedarf es insoweit keines Rückgriffes auf das Primärrecht. Demgegenüber kommt es für die Unterschwellenvergaben auf die nachstehenden Ausführungen an. Gleiches gilt für eine Heranziehung der Grundfreiheiten.

I. Sachlicher Anwendungsbereich

Der Anwendungsbereich des Vergabeprimärrechts ist durch eine Binnenmarktrelevanz der fraglichen Beschaffung sachlich begrenzt.[1127] Hierzu ist nach ständiger Judikatur des EuGH ein eindeutiges grenzüberschreitendes Interesse an dem betreffenden Auftrag erforderlich.[1128] Die Bewertung erfolgt stets anhand des Einzelfalles.[1129] Einzubeziehen sind objektive Kriterien, wie der geschätzte Wert in Verbindung mit seinen technischen Merkmalen, oder dem für die Durchführung der Arbeiten vorgesehenen Ort, der für ausländische Wirtschaftsteilnehmer interessant sein könnte.[1130] Eine nur sehr geringfügige wirtschaftliche Bedeutung

---

beurteilte der EuGH die Zulässigkeit der streitgegenständlichen Mindestlohnvorgabe in „Rüffert" anhand der Entsenderichtlinie, ausgelegt im Lichte der Dienstleistungsfreiheit.

1127 *Dörr* in: Dreher/Motzke, Beck'scher Vergaberechtskommentar, 2. Auflage 2013, Einleitung: Vergaberecht in Deutschland – Das Recht der öffentlichen Auftragsvergabe im Stufenbau der Rechtsordnung, Rn. 147; *Bungenberg* in: Müller-Graff, Enzyklopädie Europarecht, Band 4: Europäisches Wirtschaftsordnungsrecht, 1. Auflage 2015, § 16, Rn. 18.

1128 Vormals sollte insoweit ein potenzielles Interesse ausreichend sein: EuGH, Urt. v. 21.07.2005, Rs. C-231/03, EU:C:2005:487 – *Coname*, Rn. 17; EuGH, Urt. v. 13.10.2005, C-458/03, EU:C:2005:605 – *Parking Brixen*, Rn. 55. Den Wendepunkt brachte „An Post". In dieser Entscheidung forderte der EuGH den Nachweis eines eindeutigen Interesses und dass das betreffende Unternehmen nicht in der Lage war, sein Interesse an dem Auftrag zu bekunden, weil es vor dessen Vergabe keinen Zugang zu angemessenen Informationen hatte, EuGH, Urt. v. 13.11.2007, Rs. C-507/03, EU:C:2007:676 – *An Post*, Rn. 32. Nunmehr EuGH, Urt. v. 19.12.2012, Rs. C-159/11, EU:C:2012:817 – *Lecce*, Rn. 23; EuGH, Urt. v. 15.05.2008, Rs. C-147/06, EU:C:2008:277 – *SECAP und Santorso*, Rn. 21 sowie weiteren dort aufgeführten Nachweise; weiter hierzu: Kühling/Huerkamp, NVwZ 2009, 557 f.

1129 *Bungenberg* in: Müller-Graff, Enzyklopädie Europarecht, Band 4: Europäisches Wirtschaftsordnungsrecht, 1. Auflage 2015, § 16, Rn. 18; *Dörr* in: Dreher/Motzke, Beck'scher Vergaberechtskommentar, 2. Auflage 2013, Einleitung: Vergaberecht in Deutschland – Das Recht der öffentlichen Auftragsvergabe im Stufenbau der Rechtsordnung, Rn. 147.

1130 EuGH, Urt. v. 15.05.2008, Rs. C-147/06, EU:C:2008:277 – *SECAP und Santorso*, Rn. 17; Burgi, VergabeR 2016, 261, 263.

kann den Binnenmarktbezug entfallen lassen, wenn vernünftigerweise angenommen werden kann, dass ein Unternehmen aus einem anderen Mitgliedsstaat kein Interesse an dem betreffenden Auftrag hätte und die Auswirkungen auf die einschlägigen Grundfreiheiten daher zu zufällig und mittelbar wären, als dass auf eine Verletzung dieser Freiheiten geschlossen werden könnte.[1131] Nicht erforderlich ist hingegen, dass der Anwendungsbereich der VKR infolge der Überschreitung der Schwellenwerte eröffnet ist, weil sich die Grundsätze des Vergabeprimärrechts aus den im Vertrag festgelegten Grundsätzen des freien Warenverkehrs, der Niederlassungsfreiheit und der Dienstleistungsfreiheit ableiten.[1132]

II. Systematisches Verhältnis von Vergabeprimär- und Sekundärrecht

Des Weiteren ist das Verhältnis der verschiedenen Rechtsquellen zu bewerten, an denen sich die Berücksichtigung strategischer Aspekte messen lassen muss.

Der normenhierarchische Vorrang des Primärrechts gebietet eine primärrechtskonforme Auslegung, soweit dies nach Maßgabe der allgemeinen Auslegungsregeln möglich ist.[1133] Das Primärrecht dient als Auslegungsmaßstab insbesondere für die Bestimmungen der Vergaberichtlinien, in denen Tatbestandsmerkmale an primärrechtliche Vorgaben anknüpfen.[1134] Dies wird im Gegensatz zu der Maßstabs- bzw. Ergänzungsfunktion des Primärrechts wenig diskutiert.[1135]

1. *Maßstabsfunktion des Primärrechts*

Hierzu vertritt eine Ansicht, dass die Rechtsakte des Art. 288 AEUV als sekundäres Unionsrecht dem Vertrag im Range nachgehen.[1136] Dies schließt sie aus der

1131 EuGH, Urt. v. 21.07.2005, Rs. C-231/03, EU:C:2005:487 – *Coname*, Rn. 20.

1132 *Dörr* in: Dreher/Motzke, Beck'scher Vergaberechtskommentar, 2. Auflage 2013, Einleitung: Vergaberecht in Deutschland – Das Recht der öffentlichen Auftragsvergabe im Stufenbau der Rechtsordnung, Rn. 153; *Seidel/Mertens* in: Dauses, EU-Wirtschaftsrecht, 39. EL Februar 2016, IV Öffentliches Auftragswesen, 9. Vergabegrundsätze, Rn. 208.

1133 *Gärditz* in: Rengeling/Middeke/Gellermann, Handbuch des Rechtsschutzes in der Europäischen Union, 3. Aufl. 2014, § 34 Europäisches Unionsrecht als Gegenstand des nationalen Rechtsschutzes, Rn. 59.

1134 Egger, Europäisches Vergaberecht, 1. Auflage 2008, 1. Teil: Grundlegung, § 2 Rechtliche Rahmenbedingungen, Rn. 105 nennt als Beispiel die Verpflichtung, Rahmenvereinbarungen nicht zur Beeinträchtigung des Wettbewerbs zu missbrauchen.

1135 *Dörr* in: Dreher/Motzke, Beck´scher Vergaberechtskommentar, 2. Auflage 2013, Einleitung: Vergaberecht in Deutschland – Das Recht der öffentlichen Auftragsvergabe im Stufenbau der Rechtsordnung, Rn. 144.

1136 *Geismann* in: von der Groeben/Schwarze/Hatje, Europäisches Unionsrecht, 7. Auflage 2015, Art. 288 AEUV, Rn. 25.

Verbandskompetenz der Union, die ihr nur ein Handeln innerhalb der Grenzen der Verträge erlaubt, sowie der Organkompetenz.[1137] Ausfluss des Vorrangs, insbesondere auch bei Grundfreiheiten und dem Wettbewerbsrecht, sei das Gebot der primärrechtskonformen Auslegung des Sekundärrechts, das auch die allgemeinen Rechtsgrundsätze umfasse.[1138] Für diese Ansicht lässt sich Art. 1 Abs. 3 AEUV ins Feld führen, nach dem Grundlage der Union die Verträge sind.[1139] So werden die Grundfreiheiten aufgrund des Vorrangs des Primärrechts auch im Sekundärrecht für bedeutsam gehalten.[1140]

Die Gegenansicht leitet aus der Normenhierarchie lediglich ab, dass die Vergaberichtlinien nicht gegen das Primärrecht verstoßen dürfen.[1141] Obschon der Europäische Gesetzgeber an die Vorgaben der Verträge gebunden sei, ermächtigten ihn eben diese zur Ausgestaltung des Binnenmarktes, was mit gewissen Arrondierungen und Verkürzungen im Gewährleistungsbereich der Grundfreiheiten einher gehen könne.[1142] Folge dieser Ausgestaltungsbefugnis der Rechtssetzungsorgane der Union sei, dass dem Sekundärrecht ein Anwendungsvorrang bzw. eine Sperrwirkung gegenüber den Grundfreiheiten zukomme, wenn es mit den Grundlagen des Binnenmarktes vereinbar ist.[1143] Dem Primärrecht kommt

---

1137 Die den Unionsorganen lediglich ein Handeln nach den ihnen im Vertrag zugewiesenen Befugnissen erlaubt.

1138 *Ruffert* in: Calliess/Ruffert, EUV/AEUV, 4. Auflage 2011, Art. 288 AEUV, Rn. 9; Schiff, EuZW 2015, 899, 902; Siegel, EWS 2008, 66 f.

1139 Schiff, EuZW 2015, 899, 902.

1140 *Bungenberg* in: Loewenheim/Meessen/Riesenkampff, Kartellrecht 2. Auflage 2009, Vor §§ 97 ff. – Einführung, Rn. 49, Rn. 71 ff, die nachfolgende Auflage 3 von 2016 kommentiert die §§ 97 ff. GWB nicht mehr. Der zudem auf die Rechtsprechung des EuGH verweist, nach der er die Richtlinien und die Grundfreiheiten auch parallel angewendet hat, EuGH, Urt. v. 02.09.1988, Rs. C-45/87, EU:C:1988:435 – *Dundalk*.

1141 So deutlich Ehlers, Europäische Grundrecht und Grundfreiheiten, 4. Auflage 2014, § 7, Rn. 9; *Bungenberg* in: Müller-Graff, Enzyklopädie Europarecht, Band 4: Europäisches Wirtschaftsordnungsrecht, 1. Auflage 2015, § 16 Rn. 12; *Dörr* in: Dreher/Motzke, Beck'scher Vergaberechtskommentar, 2. Auflage 2013, Einleitung: Vergaberecht in Deutschland – Das Recht der öffentlichen Auftragsvergabe im Stufenbau der Rechtsordnung, Rn. 144.

1142 *Dörr* in: Dreher/Motzke, Beck'scher Vergaberechtskommentar, 2. Auflage 2013, Einleitung: Vergaberecht in Deutschland – Das Recht der öffentlichen Auftragsvergabe im Stufenbau der Rechtsordnung, Rn. 144.

1143 Beispielhaft: Schlussanträge GA Verica Trstenjak v. 11.02.2010, Rs. C-160/08, EU:C:2010:67 – *Kommission/Deutschland*, Rn. 99 ff.; *Bungenberg* in: Müller-Graff, Enzyklopädie Europarecht, Band 4: Europäisches Wirtschaftsordnungsrecht, 1. Auflage 2015, § 16 Rn. 12; *Dörr* in: Dreher/Motzke, Beck'scher Vergaberechtskommentar, 2. Auflage 2013, Einleitung: Vergaberecht in Deutschland – Das Recht der öffentlichen Auftragsvergabe im Stufenbau der Rechtsordnung, Rn. 144 mit weiteren Nachweisen in Fn. 393. Weiter: *Reese/Holtorf* in: Dieners/Reese, Handbuch des Pharmarechts, 1. Auflage 2010, § 11, Rn. 33. Ehler, Europäische Grundrechte u. Grundfreiheiten, 4. Aufl. 2014, § 7 Rn. 8, der sich auf die „lex specialis" Regel beruft

nach dieser Auffassung nur in engen Grenzen eine Maßstabsfunktion[1144] für die Bestimmungen der Vergaberichtlinien zu, was Auftragsvergaben außerhalb des Anwendungsbereichs der Vergaberichtlinien, wie etwa die Unterschwellenvergabe[1145] oder Dienstleistungskonzessionen[1146], betrifft[1147]. Darüber hinaus hat es eine Ergänzungsfunktion in dem Sinne, dass es auch dort als Maßstab heranzuziehen ist, wo das vergaberechtliche Sekundärrecht Lücken aufweist oder Umsetzungsspielräume eröffnet.[1148] Die primärrechtlichen Vorschriften kommen also auch im Anwendungsbereich der Richtlinien zum Tragen, wobei zu beachten ist, dass abschließende Regeln in jedem Fall vorrangig anzuwenden sind.[1149]

Die letztgenannte Ansicht entspricht der ständigen Judikatur des EuGH[1150] und ist daher auch für diese Forschungsarbeit vorzugswürdig. Zuletzt erinnerte der EuGH in „RegioPost" daran, dass eine nationale Maßnahme, wenn sie in einen Bereich fällt, der auf Unionsebene erschöpfend harmonisiert wurde, anhand der Bestimmungen dieser Harmonisierungsmaßnahme und nicht anhand des Primärrechts der Union zu beurteilen ist.[1151]

Schlussanträge GA Maciej Szpunar v. 16.07.2015, Rs. C-340/14, EU:C:2015:505 – *Trijber*, Rn. 53 beruft sich auf Centrosteel und bringt vor, Richtlinien könnten einen weiteren Anwendungsbereich haben als die Grundfreiheit(en) selbst; a.A. Siegel, EWS 2008, 66 f. ist der Ansicht, dass es zu weit ginge, von einer Sperrwirkung der Vergaberichtlinien gegenüber den Grundfreiheiten zu sprechen.

1144 Egger, Europäisches Vergaberecht, 1. Auflage 2008, 1. Teil: Grundlegung, § 2 Rechtliche Rahmenbedingungen, Rn. 106 den Begriff „Ergänzungsfunktion".

1145 Art. 7, 8, 56 VKR.

1146 Art. 17 VKR.

1147 *Dörr* in: Dreher/Motzke, Beck'scher Vergaberechtskommentar, 2. Auflage 2013, Einleitung: Vergaberecht in Deutschland – Das Recht der öffentlichen Auftragsvergabe im Stufenbau der Rechtsordnung, Rn. 145; Siegel, LKRZ 2011, 121 f.; Prieß, Handbuch des Europäischen Vergaberechts, 3. Auflage 2005, S. 22.

1148 Egger, Europäisches Vergaberecht, 1. Auflage 2008, 1. Teil: Grundlegung, § 2 Rechtliche Rahmenbedingungen, Rn. 106; *Dörr* in: Dreher/Motzke, Beck'scher Vergaberechtskommentar, 2. Auflage 2013, Einleitung: Vergaberecht in Deutschland – Das Recht der öffentlichen Auftragsvergabe im Stufenbau der Rechtsordnung, Rn. 144; Ehlers, Europäische Grundrecht und Grundfreiheiten, 4. Auflage 2014, § 7, Rn. 9.

1149 Egger, Europäisches Vergaberecht, 1. Auflage 2008, 1. Teil: Grundlegung, § 2 Rechtliche Rahmenbedingungen, Rn. 106, insbesondere die Nachweise in Fn. 12.

1150 So GA Verica Trstenjak wörtlich in ihren Schlussanträgen v. 11.02.2010, Rs. C-160/08, EU:C:2010:67 – *Kommission/Deutschland*, Rn. 99 ff. mit Verweis auf: EuGH, Urt. v. 11.12.2003, Rs. C-322/01, EU:C:2003:664 – *Deutscher Apothekerverband*, Rn. 64. Aber auch jüngst der EuGH noch einmal in RegioPost EuGH, Urt. v. 17.11.2015, Rs. C-115/14, EU:C:2015:760 – *RegioPost*, Rn. 57; mit Verweis auf: u.a. EuGH, Urt. v. 13.12.2001, Rs. C-324/99, ECLI: EU:C:2001:682 – *DaimlerChrysler*, Rn. 32; EuGH, Urt. v. 18.01.2007, Rs. C-313/05, EU:C:2007:33 – *Brzeziński*, Rn. 44; EuGH, Urt. v. 10.04.2014, Rs. C-115/13, EU:C:2014:253 – *Kommission/Ungarn*, Rn. 38.

1151 EuGH, Urt. v. 17.11.2015, Rs. C-115/14, EU:C:2015:760 – *RegioPost*, Rn. 57.

2. Abschließende Harmonisierung des relevanten Sekundärrechts

Für diese Untersuchung kommt es folglich auf eine Bewertung des Harmonisierungsgrades der hier maßgeblichen sekundärrechtlichen Vorschriften an. Die europäische Rechtsangleichung unterscheidet bezogen auf die Intensität zwischen einer vollständigen und der nur teilweisen Harmonisierung, wobei bei letzterer noch weiter unterschieden wird zwischen der optionellen und der Mindestharmonisierung.[1152] Die Harmonisierungsintensität einer Rechtsangleichungsmaßnahme ist nach der jeweiligen Ermächtigungsgrundlage, dem System der Richtlinie[1153], sowie dem Gesamterscheinungsbild zu beurteilen.[1154] Der Mindestnormcharakter der Vergaberichtlinien ist nach der Rechtsprechung des EuGH für die jeweilige Vorschrift zu bestimmen,[1155] sodass sich pauschale Annahmen verbieten.

Die vormals „vergabefremden Zwecke" erfuhren eine deutliche Aufwertung in dem modernisierten vergaberechtlichen Sekundärrecht und sind dort nun stärker verankert.[1156] Die Verknüpfung der Beschaffung mit innovativen, ökologischen und sozialen Zwecken zieht sich „leitmotivartig" durch die Novelle der Vergaberichtlinie.[1157] Art. 18 Abs. 2 VRL hebt umwelt-, sozial- und arbeitsrechtliche Verpflichtungen auf eine Ebene mit den allgemeinen Grundsätzen des Vergaberechts.[1158]

1152 *Tietje* in: Grabitz/Hilf/Nettesheim, Das Recht der Europäischen Union, 58. EL 2016, Art. 114 AEUV, Rn. 38;

1153 EuGH, Urt. v. 05.04.1979, Rs. C-148/78, EU:C:1979:110 – *Ratti*, Rn. 27; EuGH, Urt. v. 14.10.1987, Rs. C-278/85, EU:C:1987:439 – *Kommission/Dänemark*, Rn. 12.

1154 *Tietje* in: Grabitz/Hilf/Nettesheim, Das Recht der Europäischen Union, 58. EL 2016, Art. 114 AEUV, Rn. 39.

1155 *Dreher/Hoffmann/Kling* in: Enzyklopädie Europarecht, Band 4: Europäisches Wirtschaftsordnungsrecht, 1. Auflage 2015, § 17, Rn. 27 mit Verweis auf EuGH, Urt. v. 20.09.1988, Rs. C-31/87, EU:C:1998:508 – *Beentjes*, Rn. 15 f. Mit dem Erlass der VKR strebte der europäische Gesetzgeber keine vollständige Harmonisierung des Vergabeverfahrens und der Vergabepraxis an, vgl. *Hailbronner* in: Grabitz/Hilf, Das Recht der Europäischen Union, 40. Auflage 2009, B 2 Marktfreiheiten und Vergaberichtlinien, Rn. 35, der dies zutreffend damit begründet, dass das öffentliche Auftragswesen nicht in die ausschließliche Regelungszuständigkeit der damaligen Gemeinschaft fiel und somit Koordinierungsregelungen nur insoweit gerechtfertigt waren, als dass sie zur Liberalisierung der Beschaffungsmärkte des Binnenmarktes erforderlich waren. Das Subsidiaritätsprinzip ergab sich zu diesem Zeitpunkt aus Art. 5 EGV; die Vorgängerregelung fand sich in Art. 3b EGV.

1156 So Burgi, NZBau 2015, 597, 599; ders. in ZHR 2014, 2, 8; ähnlich Ziekow, DÖV 2015, 897 f.; von verbesserter Verankerung spricht: Haak, NZBau 2015, 11, 16.

1157 Gröning, VergabeR 2014, 339 f. ist insoweit zuzustimmen. Siehe Neufassung der Sektorenrichtlinie 2014/25/EU, bspw. Erwägungsgründe 4, 57, 100 sowie Konzessionsrichtlinie 2014/23/EU, bspw. Erwägungsgrund 3. *Hattig/Hetmann* in: Hattig/Maibaum, Praxiskommentar Kartellvergaberecht, 2. Auflage 2014, Einleitung, Rn. 185.

1158 Diese sind nunmehr in Art. 18 Abs. 1 VRL normiert und wurden im Zuge der Neuregelung um den Verhältnismäßigkeitsgrundsatz ergänzt.

Für die vorliegende Untersuchung kommt es darauf an, ob infolge der deutlichen Konturierung der Anforderungen an die Einbeziehung strategischer Aspekte von einer abschließenden Harmonisierung der betreffenden Vorschriften auszugehen ist, was einen Rückgriff auf das Vergabeprimärrecht ausschließen würde.

Zu der hier behandelten Maßstabsfunktion bzw. dem Rangverhältnis zu dem Richtlinienrecht führte, wie eingangs erwähnt, das „RegioPost" Urteil aus.[1159] Der EuGH schloss aus Artikel 26 VKR, nach dessen Wortlaut zusätzliche Ausführungsbedingungen vorgeschrieben werden können, „sofern diese mit dem Gemeinschaftsrecht vereinbar sind", dass die VKR diesen Bereich nicht erschöpfend regelt.[1160] Demgemäß wurde die im Ausgangsverfahren streitige nationale Regelung anhand des Primärrechts der Union gemessen. Obschon Art. 67 Abs. 2 UAbs. 1 VRL die Zuschlagskriterien nicht ausdrücklich von deren Vereinbarkeit mit dem Gemeinschaftsrecht abhängig macht, enthält der Artikel keine abschließende Harmonisierung.[1161] Dies ergibt sich aus der Formulierung, nach der zu qualitativen Kriterien „u.a. Folgendes" gehört.[1162] Diese nur beispielhafte Auflistung der Kriterien zur Ermittlung des besten Preis-Leistungsverhältnisses[1163] schließt eine abschließende Harmonisierung aus.[1164] Weiter wird den Mitgliedsstaaten in

---

1159 In „Rüffert" prüfte der EuGH die Mindestlohnvorgabe lediglich an der Entsenderichtlinie, ausgelegt im Lichte der Dienstleistungsfreiheit. Demgegenüber war im „Bundesdruckerei" Urteil die streitgegenständliche Maßnahme nicht von der Entsenderichtlinie gedeckt. In beiden Entscheidungen kam es also auf das Verhältnis von Sekundär- und Primärrecht nicht an.

1160 EuGH, Urt. v. 17.11.2015, Rs. C-115/14, EU:C:2015:760 – *RegioPost*, Rn. 58 f.

1161 Zu diesem Ergebnis kam für die Vorgängerfassung Art. 53 Abs. 1 a) VKR ebenfalls: Egger, Europäisches Vergaberecht, 1. Auflage 2008, 1. Teil: Grundlegung, § 2 Rechtliche Rahmenbedingungen, Rn. 106, ohne sich allerdings auf die Frage nach der Wendung der Vereinbarkeit mit dem Gemeinschaftsrecht zu beziehen.

1162 So auch: Jaeger, NZBau 2014, 259, 266.

1163 Zur Fassung des Art. 53 Abs. 1 a) VKR: EuGH, Urt. v. 10.05.2012, Rs. C-368/10, EU:C:2012:284 – *Max Havelaar*, Rn. 84; Erstmals ausdrücklich der EuGH, Urt. v. 17.09.2002, Rs. C-513/99, EU:C:2002:495 – *Concordia Bus Finland*, Rn. 54 noch für die DKR. Trotz der eindeutigen Judikatur des EuGH wurde der nicht abschließende Charakter der Zuschlagskriterien gleichwohl diskutiert, vgl. *Byok* in: Grabitz/Hilf, Das Recht der Europäischen Union, 40. Auflage 2009, B 14 Zuschlagskriterien, Rn. 6–11; *Seidel/Mertens* in: Dauses, EU-Wirtschaftsrecht, 39. EL Februar 2016, H Wettbewerbsregeln, IV Öffentliches Auftragswesen, Rn. 280 f., die dies aus einer historischen und teleologisch-systematischen Interpretation herleiten.

1164 *Micklitz* in: Heermann/Schlingloff, Münchener Kommentar zum Lauterkeitsrecht, 2. Auflage 2014, UGP-Richtlinie Art. 6 Irreführende Handlungen, Rn. 3, der die nicht abschließende Auflistung der Irreführungsmerkmale als Indiz der Mindestharmonisierung wertet; ebenso *Pfeiffer* in: Grabitz/Hilf, Das Recht der Europäischen Union, 40. Auflage 2009, A 5 Richtlinie 93/13/EWG des Rates über mißbräuchliche Klauseln in Verbraucherverträgen (Art. 1 – Art. 11), Rn. 27 in Bezug auf den beispielhaften Klauselkatalog der Richtlinie.

UAbs. 3 die Möglichkeit eingeräumt, vorzusehen, dass die öffentlichen Auftraggeber nicht den Preis oder die Kosten als einziges Zuschlagskriterium verwenden dürfen. Sie können alternativ deren Verwendung auf bestimmte Kategorien von öffentlichen Auftraggebern oder bestimmte Arten von Aufträgen beschränken. Die VRL räumt den Mitgliedsstaaten einen Umsetzungsspielraum ein, sodass auch insoweit eine Mindestharmonisierung vorliegt. Ein Rückgriff auf das Vergabeprimärrecht ist also im Rahmen des Art. 67 Abs. 2 UAbs. 3 VRL grundsätzlich möglich. Demgegenüber lassen die übrigen Regelungen des Art. 67 VRL auf eine erschöpfende Harmonisierung schließen. Die Bewertung der Normierung der Lebenszykluskostenrechnung in Art. 68 VRL erfolgt im Zusammenhang mit der Darstellung der Norm in Kapitel 4 unter Punkt C, III, 2, a).

III. Grundfreiheiten

Die Grundfreiheiten des Vertrags über die Arbeitsweise der Europäischen Union[1165] sind die bedeutendste primärrechtliche Rechtsgrundlage des Vergaberechts[1166] und zugleich Quelle der primärrechtskonformen Auslegung[1167]. Darüber hinaus kommt ihnen in den soeben beschriebenen Grenzen eine Maßstabsfunktion zu. Das öffentliche Auftragswesen steht in einem engen Zusammenhang mit den Grundfreiheiten des AEUV[1168], insbesondere der Warenverkehrs- und der Dienstleistungsfreiheit nach Art. 34 respektive Art. 56 AEUV.[1169] Dies liegt darin begründet, dass dieses Rechtsgebiet den grenzüberschreitenden öffentlichen Einkauf von Waren und (Bau-)leistungen regelt.[1170]

1165 Konsolidierte Fassung des Vertrags über die Arbeitsweise der Europäischen Union, ABl. C 326 vom 26.10.2012, S. 47–390.

1166 Burgi, Vergaberecht, § 3 Rn. 21.

1167 *Gärditz* in: Rengeling/Middeke/Gellermann, Handbuch des Rechtsschutzes in der Europäischen Union, 3. Aufl. 2014, § 34 Europäisches Unionsrecht als Gegenstand des nationalen Rechtsschutzes, Rn. 59.

1168 EuGH, Urt. v. 10.05.2012, Rs. C-368/10, EU:C:2012:284 – *Max Havelaar*, Rn. 87; *Dreher* in: Immenga/Mestmäcker, Wettbewerbsrecht, 5. Auflage, Vorbem. Vor §§ 97 ff GWB, Rn. 6.

1169 *Burgi* in: Grabitz/Hilf, Das Recht der Europäischen Union, 40. Auflage 2009, B Vergabefremde Kriterien, Rn. 49; vor dem Hintergrund, dass die Kapitalverkehrsfreiheit des Art. 63 AEUV für das Vergaberecht keine Rolle spielt; so auch: Fante, Die Instrumentalisierung des öffentlichen Beschaffungswesens zur Durchsetzung politischer Ziele, S. 109, wird diese bei nachstehenden Ausführungen ausgeklammert.

1170 So auch: Wollenschläger, NVwZ 2007, 388, 390.

1. Eigenständige Bedeutung der Grundfreiheiten

Den Grundfreiheiten kommt auch neben den Grundsätzen des Vergabeprimärrechts eine eigenständige Bedeutung zu.[1171] Obschon sich letztere aus den Grundfreiheiten ableiten[1172], enthalten sie dennoch konkrete Pflichten, die auf das Sekundärrecht zugeschnitten sind, indem sie deren Vorgaben wie etwa Kriterien, Verfahren oder den Rechtsschutz betreffen.[1173] Insbesondere der Rechtsprechung des EuGH zu vergabespezifischen Mindestlohnvorgaben lässt sich aber entnehmen, dass die Zulässigkeit einer Maßnahme an den Grundfreiheiten – speziell der in Art. 56 AEUV garantierten Dienstleistungsfreiheit – gemessen werden kann und muss, wenn deren Anwendungsbereich eröffnet ist.

Den Grundfreiheiten werden in erster Linie Diskriminierungsverbote entnommen, die das allgemeine Diskriminierungsverbot bereichsspezifisch konkretisieren.[1174] Daneben werden auch unterschiedslos geltende, nichtdiskriminierende nationalstaatliche Maßnahmen erfasst, die Beschränkungen der Grundfreiheiten darstellen.[1175] Hierbei handelt es sich um sog. „Maßnahmen gleicher Wirkung", die in der Dassonville-Formel[1176] für die Warenverkehrsfreiheit gefasst und in

---

1171 An dieser Stelle sei angemerkt, dass den EU-Grundrechten keine praktische Bedeutung für den Forschungsgegenstand zukommen, sodass auf eine Darstellung verzichtet wird. Burgi, Vergaberecht, § 3 Rn. 37, spricht ihnen generell eine praktische Bedeutung ab.

1172 Letztere Frage stellt sich, weil die allgemeinen Vergaberechtsgrundsätze aus den Grundfreiheiten erwachsen, Antweiler in: Dreher/Motzke, Beck'scher Vergaberechtskommentar, 2. Auflage 2013, § 6 VOB/A, Rn. 9, sowie § 97 GWB, Rn. 13; EuGH, Urt. v. 13.10.2005, C-458/03, EU:C:2005:605 – *Parking Brixen*, Rn. 58; *Dörr* in: Dreher/Motzke, Beck'scher Vergaberechtskommentar, 2. Auflage 2013, Einleitung: Vergaberecht in Deutschland – Das Recht der öffentlichen Auftragsvergabe im Stufenbau der Rechtsordnung, Rn. 150; *Seidel/Mertens* in: Dauses, EU-Wirtschaftsrecht, 39. EL Februar 2016, IV Öffentliches Auftragswesen, 9. Vergabegrundsätze, Rn. 208; Frenz, Handbuch Europarecht, Band 3: Beihilfe- und Vergaberecht 2007, Rn. 1835.

1173 Burgi, VergabeR 2016, 261, 263.

1174 Ehlers, Europäische Grundrechte und Grundfreiheiten, 4. Auflage 2014, § 7 I 2, Rn. 22.

1175 Grundlegend hierzu: EuGH, Urt. v. 11.07.1974, Rs. C-87/74, EU:C:1974:82 – *Dassonville*, Rn. 7 und 9; EuGH, Urt. v. 25.07.1991, Rs. C-76/90, EU:C:1991:331 – *Säger/Dennemeyer*, Rn. 12; Fischer/Keller/Ott/Quarch, EU-Recht in der Praxis, 1. Auflage 2012, Kapitel 5, Die Grundfreiheiten im Binnenmarkt, Rn. 294; ebenso: Frenz, Handbuch Europarecht, Band 1: Europäische Grundfreiheiten, 2. Auflage 2012, Rn. 888 ff.; Beuttenmüller, Vergabefremde Kriterien im öffentlichen Auftragswesen, S. 147; *Frenz* in: Willenbruch/Wieddekind: Kompaktkommentar Vergaberecht, 3. Auflage 2014, 21. Los EU-Primär- und Sekundärrecht, Rn. 15, 18, 21.

1176 EuGH, Urt. v. 11.07.1974, Rs. C-87/74, EU:C:1974:82 – *Dassonville*, Rn. 5, „Jede Handelsregelung der Mitgliedstaaten, die geeignet ist, den innergemeinschaftlichen Handel unmittelbar oder mittelbar, tatsächlich oder potentiell zu behindern, ist als Maßnahme mit gleicher Wirkung wie eine mengenmäßige Beschränkung anzusehen."

„Keck"[1177] eingegrenzt wurden. Letztere Eingrenzung des Schutzbereichs der Warenverkehrsfreiheit betraf lediglich vertriebsbezogene Maßnahmen, sodass sie für das Vergaberecht keine Rolle spielt, weil die sich hieraus ergebenden potenziellen Einschränkungen einen Produktbezug aufweisen.[1178] Mittlerweile ist anerkannt, dass alle Grundfreiheiten ein Beschränkungsverbot enthalten.[1179]

2. Warenverkehrsfreiheit

Die in Art. 34 AEUV garantierte Warenverkehrsfreiheit bezieht sich vornehmlich auf die grenzüberschreitende Mobilität von Produkten, also von körperlichen oder sonstigen handelbaren Gegenständen.[1180] Die ausschließliche Bezugnahme auf eine nationale technische Norm für zu verwendende Baumaterialien oder Warenlieferungen begründet einen Verstoß gegen diese Grundfreiheit, weil ein solches Vorgehen den Auftrag von vornherein den Bietern vorhält, die beabsichtigen, die ausgeschriebenen nationalen Materialien zu verwenden.[1181] Dies entschied der EuGH in seiner Leitentscheidung „Dundalk".[1182] Ähnlich gelagert war

1177 EuGH, Urt. v. 24.11.1993, Rs. C-267/91, EU:C:1993:905 – *Keck und Mithouard*, Rn. 16, „Demgegenüber ist entgegen der bisherigen Rechtsprechung die Anwendung nationaler Bestimmungen, die bestimmte Verkaufsmodalitäten beschränken oder verbieten, auf Erzeugnisse aus anderen Mitgliedstaaten nicht geeignet, den Handel zwischen den Mitgliedstaaten im Sinne des Urteils Dassonville, v. 11.07.1974 (Rs. C-87/74, EU:C:1974:82) unmittelbar oder mittelbar, tatsächlich oder potentiell zu behindern, sofern diese Bestimmungen für alle betroffenen Wirtschaftsteilnehmer gelten, die ihre Tätigkeit im Inland ausüben, und sofern sie den Absatz der inländischen Erzeugnisse und der Erzeugnisse aus anderen Mitgliedstaaten rechtlich wie tatsächlich in der gleichen Weise berühren."

1178 *Frenz* in: Willenbruch/Wieddekind: Kompaktkommentar Vergaberecht, 3. Auflage 2014, 21. Los EU-Primär- und Sekundärrecht, Rn. 15; Frenz, Handbuch Europarecht, Band 1: Europäische Grundfreiheiten, 2. Auflage 2012, Rn. 962 hinsichtlich des Produktbezuges.

1179 Zuletzt für die Kapitalverkehrsfreiheit (Art. 63 AEUV), EuGH, Urt. v. 08.07.2010, Rs. C-171/08, EU:C:2010:412 –*Goldene Aktien*, Rn. 50/67; zu der Entwicklung der schrittweisen Anerkennung der Beschränkungsverbote vgl. Ehlers, Europäische Grundrechte und Grundfreiheiten, 4. Auflage 2014, § 7 I 2, Rn. 28.

1180 Ehlers, Europäische Grundrechte und Grundfreiheiten, 4. Auflage 2014, § 7 I 2, Rn. 3; Kilian, Europäisches Wirtschaftsrecht, Rn. 236, eingehend Rn. 239 ff.

1181 EuGH, Urt. v. 02.09.1988, Rs. C-45/87, EU:C:1988:435 – *Dundalk*, Rn 22.

1182 EuGH, Urt. v. 02.09.1988, Rs. C-45/87, EU:C:1988:435 – *Dundalk*, Rn 20, 27. Die Ausschreibung des Ausgangsrechtsstreits sah eine Klausel vor, nach der für die zu liefernden Rohre eine gemäß dem „Irish Standard Mark licensing Scheme" des irischen Instituts für industrielle Forschung und Normung erteilte Bescheinigung über die Übereinstimmung mit der irischen Norm 188:1975 vorliegen musste.

das bereits erwähnte „Storebaelt"-Urteil und der Schluss des EuGH, dass die Vorgabe der möglichst weitgehenden Verwendung dänischer Baustoffe, Verbrauchsgüter, Arbeitskräfte und Geräte in einer öffentlichen Ausschreibung einen nicht zu rechtfertigenden Eingriff in die Warenverkehrsfreiheit darstellt.[1183] Schließlich sei hier noch auf das Grundsatzurteil „UNIX" verwiesen, in dessen Ausgangsrechtsstreit eine niederländische Vergabestelle in einem Lastenheft auf eine mit einem bestimmten Warenzeichen festgelegte technische Spezifikation (EDV Betriebssystem UNIX) Bezug nahm, ohne den Zusatz „oder gleichwertiger Art" vorzusehen.[1184] Obschon diese Vorgabe von niederländischen Computerherstellern im Vergleich zu denen aus dem Ausland nicht einfacher zu erfüllen war, weil diese das vorgegebene Betriebssystem nicht häufiger verwendeten, war ein Verstoß gegen die Warenverkehrsfreiheit darin begründet, dass solche Importeure, die einen gleichwertigen Standard anbieten konnten, ausgeschlossen wurden, weil andernfalls der Markt Lieferanten vorbehalten bliebe, die beabsichtigen, das speziell genannte Betriebssystem anzuwenden.[1185] Es handelte sich bei dieser Vorgabe um eine unterschiedslos geltende, nicht diskriminierende einzelstaatliche Maßnahme, die gleichwohl geeignet war, den freien Warenverkehr zu unterbinden, zu behindern oder weniger attraktiv zu machen.[1186] Durch den Zusatz „oder gleichwertig" lässt sich in diesen Konstellationen ein Verstoß gegen die Warenverkehrsfreiheit vermeiden.

3. *Dienstleistungsfreiheit*

Auch die Dienstleistungsfreiheit des Art. 56 AEUV ist für das Vergaberecht von Bedeutung. Diese Grundfreiheit bezieht sich auf entgeltlich erbrachte Leistungen im grenzüberschreitenden Verkehr[1187] und spielt vornehmlich in der Bewertung der vergaberechtlichen Zulässigkeit von Tariftreueerklärungen und vergaberechtlichen Mindestlohnvorgaben eine Rolle.[1188] Etwas anders gelagert war der Fall „Nord-Pas-de-Calais", in dem der EuGH eine Beschränkung der Dienstleistungsfreiheit in der Forderung des Nachweises der Eintragung des Planers in das nationale Architektenverzeichnis sah, weil dies zwangsläufig die Dienstleistungen nationaler Architekten begünstige.[1189] Der Anwendungsvorrang des Sekundärrechts gebietet es jedoch, dass ein Rückgriff auf die Dienstleistungsfreiheit erst

1183 EuGH, Urt. v. 22.06.1993, Rs. C-243/89, EU:C:1993:257 – *Storebælt*, Rn. 45.

1184 EuGH, Urt. v. 22.06.1993, Rs. C-359/93, EU:C:1995:14 – *Kommission/Niederlande.*

1185 EuGH, Urt. v. 22.06.1993, Rs. C-359/93, EU:C:1995:14 – *Kommission/Niederlande.*

1186 Fischer/Keller/Ott/Quarch, EU-Recht in der Praxis, 1. Auflage 2012, Kapitel 5, Die Grundfreiheiten im Binnenmarkt, Rn. 294 zum Inhalt des Beschränkungsverbots.

1187 Ehlers, Europäische Grundrechte und Grundfreiheiten, 4. Auflage 2014, § 7 I 2, Rn. 5; Kilian, Europäisches Wirtschaftsrecht, Rn. 296.

1188 Vgl. „Rüffert", EuGH, Urt. v. 03.12.2008, Rs. C-346/06, EU:C:2008:189; EuGH, Urt. v. 18.09.2014, Rs. C- 549/13, EU:C:2014:2235 – *Bundesdruckerei*; sowie jüngst EuGH, Urt. v. 17.11.2015, Rs. C-115/14, EU:C:2015:760 – *RegioPost.*

1189 EuGH, Urt. v. 26.09.2000, Rs. C-225/98, EU:C:2000:494 – *Nord-Pas-de-Calais*, Rn. 87.

dann erfolgt, wenn das einschlägige Sekundärrecht den jeweiligen Bereich nicht abschließend harmonisiert. Auf dem Gebiet des Arbeitsschutzes ist dies insbesondere die Entsenderichtlinie.

4. Weitere Grundfreiheiten

Die in Art. 49 AEUV enthaltene Niederlassungsfreiheit ist vor allen Dingen bei Vorgaben verletzt, die die Ortsansässigkeit betreffen. Diese zu den Personenverkehrsfreiheiten zählende Grundfreiheit gewährt die Aufnahme und Ausübung einer wirtschaftlichen Erwerbstätigkeit in einem anderen Mitgliedsstaat, die dauerhaft angelegt ist und selbstständig auf Grundlage einer festen Einrichtung erfolgt, sowie die Gründung und Leitung von Unternehmen.[1190] So erklärte der EuGH etwa italienische Gesetze und Gesetzesdekrete, nach denen Verträge mit dem italienischen Staat über die Einrichtung von Datenverarbeitungssystemen nur mit Unternehmen geschlossen werden dürften, die unmittelbar oder mittelbar ganz oder mehrheitlich in staatlichem oder öffentlichem Besitz stünden, für sowohl mit der Niederlassungs- als auch mit der Dienstleistungsfreiheit für unvereinbar.[1191] Gleiches galt für eine nationale Bestimmung, nach der die Teilnahme an einer öffentlichen Ausschreibung Einrichtungen, Gesellschaften, Konsortien und Zusammenschlüssen vorbehalten war, deren Gesellschaftskapital sich einzeln oder insgesamt mehrheitlich in öffentlicher Hand befindet.[1192] Gesellschaften anderer Mitgliedstaaten wurden somit faktisch von der Teilnahme an dem streitigen Vergabeverfahren ausgeschlossen, was ebenfalls einen nicht zu rechtfertigenden Verstoß gegen die Niederlassungs- und Dienstleistungsfreiheit darstellte.[1193]

Im öffentlichen Beschaffungswesen spielt die in Art. 45 AEUV garantierte Arbeitnehmerfreizügigkeit im Vergleich zu den anderen Grundfreiheiten eine nur untergeordnete Rolle, was auf ihren Gewährleistungsinhalt zurückzuführen ist. Etwas simplifiziert umfasst sie das Recht der Unionsbürger auf Zugang zu einer unselbstständigen Beschäftigung in einem anderen Mitgliedsstaat.[1194] Allerdings ist das Ergebnis eines erfolgreich durchgeführten Vergabeverfahrens die Vergabe des Auftrags an ein Unternehmen, da Arbeitnehmer als abhängig Beschäftigte hieran

---

1190 Frenz, Handbuch Europarecht, Band 3: Beihilfe- und Vergaberecht 2007, Rn. 1749; Thombansen: EU-Dienstleistungsrichtlinie, Niederlassungsfreiheit – Definition, 2; Ehlers, Europäische Grundrechte und Grundfreiheiten, 4. Auflage 2014, § 7 I 2, Rn. 4; Kilian, Europäisches Wirtschaftsrecht, Rn. 273.

1191 EuGH, Urt. v. 05.12.1989, Rs. C-3/88, EU:C:1989:606 – *Kommission/Italien*, Rn. 30.

1192 EuGH, Urt. v. 26.04.1994, Rs. C-272/91, EU:C:1994:167 – *Kommission/Italien.*

1193 EuGH, Urt. v. 26.04.1994, Rs. C-272/91, EU:C:1994:167 – *Kommission/Italien*, Rn. 3–13.

1194 Frenz, Handbuch Europarecht, Band 3: Beihilfe- und Vergaberecht 2007, Rn. 1710; Ehlers, Europäische Grundrechte und Grundfreiheiten, 4. Auflage 2014, § 7 I 2, Rn. 4; vertiefend hierzu: Kilian, Europäisches Wirtschaftsrecht, Rn. 283 f.

in der Regel nicht teilnehmen.[1195] Wie das soeben dargestellte Fallrecht des EuGH zeigt, kann aber gleichsam die Dienstleistungsfreiheit verletzt sein. Außerdem kann die ebenfalls zu den Personenverkehrsfreiheiten zählende Freizügigkeit der Arbeitnehmer durchaus verletzt sein, wenn etwa in der Ausschreibung vorgesehen wird, dass nur inländische Arbeitskräfte zum Einsatz kommen sollen.[1196] Dies sah die in „Storebælt" streitige Ausschreibungsbedingung vor, die nicht nur die möglichst weitgehende Verwendung von dänischen Baustoffen, Verbrauchsgütern und Geräten vorsah, sondern gleichzeitig die einheimische Arbeitskraft bevorteilte.[1197]

5. Rechtfertigung

Eingriffe in den Schutzbereich der Grundfreiheiten des AEUV können aufgrund geschriebener und ungeschriebener Rechtfertigungsgründe gerechtfertigt sein.[1198] Die Unterscheidung ist insofern von Bedeutung, als dass die geschriebenen Rechtfertigungsgründe, die bei der jeweils beeinträchtigten Grundfreiheit angesiedelt sind und insofern spezifisch „Beschränkungen" zulassen, zur Rechtfertigung aller Beeinträchtigungen herangezogen werden können, während sich mit den ungeschriebenen Rechtfertigungsgründen nur Beschränkungen und versteckte, mittelbare Diskriminierungen rechtfertigen lassen.[1199]

Wie aufgezeigt kommt der Warenverkehrs- und Dienstleistungsfreiheit für das Vergaberecht besondere Bedeutung zu, sodass sich die nachstehenden Ausführungen auf die Darstellung dieser geschriebenen Rechtfertigungsgründe beschränken. Art. 36 AEUV schreibt vor, dass die Warenverkehrsfreiheit[1200] Einfuhr-, Ausfuhr- und Durchfuhrverboten oder -beschränkungen nicht entgegensteht, die aus Gründen der öffentlichen Sittlichkeit, Ordnung und Sicherheit, zum Schutze der Gesundheit und des Lebens von Menschen, Tieren oder Pflanzen, des

---

1195 *Frenz* in: Willenbruch/Wieddekind: Kompaktkommentar Vergaberecht, 3. Auflage 2014, 21. Los EU-Primär- und Sekundärrecht, Rn. 16; *Burgi* in: Grabitz/Hilf, Das Recht der Europäischen Union, 40. Auflage 2009, B 13 Vergabefremde Kriterien, Rn. 49; Frenz, Handbuch Europarecht, Band 3: Beihilfe- und Vergaberecht 2007, Rn. 1710; Auch *Dreher* in: Immenga/Mestmäcker, Wettbewerbsrecht, 5. Auflage, Vorbem. Vor §§ 97 ff GWB, Rn. 41 führt nur die übrigen Grundfreiheit an und lässt die Arbeitnehmerfreizügigkeit gänzlich unerwähnt.

1196 *Burgi* in: Grabitz/Hilf, Das Recht der Europäischen Union, 40. Auflage 2009, B 13 Vergabefremde Kriterien, Rn. 49.

1197 EuGH, Urt. v. 22.06.1993, Rs. C-243/89, EU:C:1993:257 – *Storebælt*, Rn. 45.

1198 Frenz, Europarecht, 2. Auflage 2016, Rn. 246; Fischer/Keller/Ott/Quarch, EU-Recht in der Praxis, 1. Auflage 2012, Kapitel 5. Die Grundfreiheiten im Binnenmarkt, Rn. 295.

1199 Frenz, Europarecht, 2. Auflage 2016, Rn. 246; Ehlers, Europäische Grundrechte und Grundfreiheiten, 4. Auflage 2014, § 7 I 2, Rn. 113 mit einer Übersicht.

1200 Von der auch das Verbot mengenmäßiger Ausfuhrbeschränkungen nach Art. 35 AEUV erfasst ist.

nationalen Kulturguts von künstlerischem, geschichtlichem oder archäologischem Wert oder des gewerblichen und kommerziellen Eigentums gerechtfertigt sind. Für die Dienstleistungsfreiheit verweist der AEUV diesbezüglich in Art. 62 auf den bei der Niederlassungsfreiheit angesiedelten geschriebenen Rechtfertigungsgrund des Art. 52 AEUV, nach dem Beeinträchtigungen aus Gründen der öffentlichen Ordnung, Sicherheit oder Gesundheit gerechtfertigt sein können.

Neben diesen geschriebenen Rechtfertigungsgründen etablierte der EuGH mit seiner „Cassis-de-Dijon“ Entscheidung für die Warenverkehrsfreiheit ungeschriebene Rechtfertigungsgründe, die mittlerweile für alle Grundfreiheiten Geltung beanspruchen.[1201] Seit „Cassis-de-Dijon“ geht der EuGH in ständiger Rechtsprechung davon aus, dass versteckte Diskriminierungen und Beschränkungen der Grundfreiheiten hingenommen werden müssen[1202], soweit sie notwendig sind, um zwingenden Erfordernissen des Allgemeininteresses gerecht zu werden, insbesondere den Erfordernissen einer wirksamen steuerlichen Kontrolle, des Schutzes der öffentlichen Gesundheit, der Lauterkeit des Handelsverkehrs und des Verbraucherschutzes.[1203] In zeitlich nachfolgenden Entscheidungen ergänzte der EuGH die zwingenden Erfordernisse um den Umweltschutz,[1204] die Medienvielfalt[1205] sowie die Verhinderung einer (erheblichen) Gefährdung des finanziellen Gleichgewichts des Systems der sozialen Sicherheit[1206]. Der in den Ausführungen zur Dienstleistungsfreiheit besprochene Schutz der Arbeitnehmer ist ebenfalls ein zwingendes Erfordernis des Allgemeininteresses und damit ein ungeschriebener Rechtfertigungsgrund.[1207]

Die Prüfung der Verletzung einer Grundfreiheit endet nicht mit der Einschlägigkeit eines Rechtfertigungsgrundes. Während Art. 36 Abs. 2 AEUV für die

---

1201 Frenz, Europarecht, 2. Auflage 2016, Rn. 248; Ehlers, Europäische Grundrechte und Grundfreiheiten, 4. Auflage 2014, § 7 I 2, Rn. 71.

1202 Vgl. die Ausführungen bei: Frenz, Europarecht, 2. Auflage 2016, Rn. 248; Ehlers, Europäische Grundrechte und Grundfreiheiten, 4. Auflage 2014, § 7 I 2, Rn. 71 hinsichtlich des Streits der Einordnung als Bereichsausnahme oder Rechtfertigungsgrund.

1203 EuGH, Urt. v. 20.02.1979, Rs. C-120/78, EU:C:1979:42 – *Cassis-de-Dijon*, Rn. 8.

1204 EuGH, Urt. v. 07.02. 1985, Rs. C-240/83, ECLI: EU:C:1985:59 – *ADBHU*, Rn. 15.

1205 EuGH, Urt. v. 26.06.1997, Rs. C-368/95, EU:C:1997:325 – *Vereinigte Familiapress Zeitungsverlags- und Vertriebs GmbH/Bauer Verlag*, Rn. 18. Der EuGH stellte klar, dass die Medienvielfalt ein zwingendes Erfordernis darstellen kann, weil sie zur Wahrung des Rechts auf freie Meinungsäußerung beitragen kann, das durch Art. 10 EMRK geschützt ist und zu den von der Gemeinschaftsrechtsordnung geschützten Grundrechten gehört.

1206 EuGH, Urt. v. 28.04.1998, Rs. C-120/95, EU:C:1998:167 – *Decker/Caisse de maladie des employés privés*, Rn. 39.

1207 EuGH, Urt. v. 17.12.1981, Rs. C-279/80, EU:C:1981:314 – *WEBB*, Rn. 19; vgl. insgesamt hierzu die Auflistung in EuGH, Urt. v. 25.07.1991, Rs. C-288/89, EU:C:1991:323 – *Gouda*, Rn. 14.

Verletzung der Warenverkehrsfreiheit die Beachtung des Diskriminierungsverbots vorschreibt, sieht der Vertrag für die Dienstleistungsfreiheit keine weitere Rechtfertigungsschranke vor. Für unterschiedslose Maßnahmen müssen die in „Gebhard“ aufgestellten „Schranken-Schranken“ erfüllt sein.[1208] Die zu rechtfertigende Maßnahme muss hiernach in nichtdiskriminierender Weise angewandt werden, aus zwingenden Gründen des Allgemeininteresses gerechtfertigt, sowie insbesondere verhältnismäßig sein[1209], wobei ein strikter Prüfungsmaßstab angelegt wird[1210]. Ein Verstoß gegen die Unionsgrundrechte würde eine Rechtfertigung ebenso ausschließen.[1211] Der Vollständigkeit halber sei angemerkt, dass sich die Rechtfertigungsprüfung nicht auf die aus den Grundfreiheiten abgeleiteten Grundsätze des Vergabeprimärrechts erstreckt.[1212]

Infolge der Rechtfertigungsmöglichkeit einer Verletzung der Grundfreiheiten stellt das Erfordernis der Auftragsgegenstandsverbindung ein stärkeres Korrektiv der Öffnung des europäischen Vergaberechts für strategische Kriterien dar.[1213]

1208 Der EuGH bezog sich in EuGH, Urt. v. 30.11.1995, Rs. C-55/94, EU:C:1995:411 – *Gebhard/Consiglio dell'Ordine degli Avvocati e Procuratori di Milano*, Rn. 37, auf „nationale Maßnahmen, die die Ausübung der durch den Vertrag garantierten grundlegenden Freiheiten behindern oder weniger attraktiv machen können“ und somit auf versteckte Diskriminierungen und Beschränkungen. Zu diesem Ergebnis kamen auch: Frenz, Handbuch Europarecht, Band 1: Europäische Grundfreiheiten, 2. Auflage 2012, Rn. 2051; ders. in: Europarecht, 2. Auflage 2016, Rn. 245; *Haratsch* in: Badura/Isensee, HStR 2012, Band X, 3. Auflage 2012, § 210 Grundfreiheiten des europäischen Marktes, Rn. 26.

1209 EuGH, Urt. v. 30.11.1995, Rs. C-55/94, EU:C:1995:411 – Gebhard/Consiglio dell'Ordine degli Avvocati e Procuratori di Milano, Rn. 37.

1210 Sie müssen geeignet sein, die Verwirklichung des mit ihnen verfolgten Zieles zu gewährleisten, und sie dürfen nicht über das hinausgehen, was zur Erreichung dieses Zieles erforderlich ist, Fischer/Keller/Ott/Quarch, EU-Recht in der Praxis, 1. Auflage 2012, Kapitel 5. Die Grundfreiheiten im Binnenmarkt, Rn. 296.

1211 Frenz, Europarecht, 2. Auflage 2016, Rn. 254; Frenz, Handbuch Europarecht, Band 1: Europäische Grundfreiheiten, 2. Auflage 2012, Rn. 1250 bzgl. der Warenverkehrsfreiheit; *Haratsch* in: Badura/Isensee, HStR 2012, Band X, 3. Auflage 2012, § 210 Grundfreiheiten des europäischen Marktes, Rn. 29.

1212 Burgi, VergabeR 2016, 261, 263.

1213 *Frenz* in: Willenbruch/Wieddekind: Kompaktkommentar Vergaberecht, 3. Auflage 2014, § 97 GWB, Rn. 111, der auf die unionsrechtlich verankerten Rechtfertigungsgründe der Förderung der Gleichstellung von Frauen und den Arbeitsnehmerschutz verweist; ders., NZS 2011, 321, 323; *Opitz* in: Dreher/Motzke, § 97 Abs. 5 GWB, Rn. 40; Bultmann, ZfBR 2004, 134, ordnet dies ein als das vormalige Erfordernis, dem Auftraggeber keine unbeschränkte Entscheidungsfreiheit einzuräumen.

IV. Weitere primärrechtliche Grenzen

Darüber hinaus ergeben sich weitere primärrechtliche Grenzen aus den Wettbewerbsvorschriften der Art. 101 ff. AEUV.[1214]

1. Kartellrecht, Art. 101 AEUV

In seiner Eigenschaft als Nachfrager von Waren, Dienst- und Bauleistungen auf den privaten Märkten kann der öffentliche Auftraggeber den Vorschriften des Kartellrechts unterliegen.[1215] Als „Unternehmen" im Sinne des Kartellrechts unterliegt er dem Kartellverbot des Art. 101 AEUV sowie dem Verbot des Missbrauchs marktbeherrschender Stellung nach Art. 102 AEUV, wenn der öffentliche Auftraggeber am Wirtschaftsverkehr teilnimmt, also einer auch nicht auf Gewinn ausgerichteten Tätigkeit nachgeht, die auf den Austausch von Wirtschaftsgütern gerichtet ist.[1216] Bedient sich also „der Staat" als Nachfrager am Markt Mitteln des Wettbewerbs, so hat er die diesen ermöglichenden Regelungen zu beachten.[1217] Dies regelt überdies Art. 106 Abs. 1 AEUV, der den Mitgliedsstaaten, sofern sie in Form eines Unternehmens als Nachfrager handeln[1218], aufgibt, keine den Verträgen und insbesondere dem allgemeinen Diskriminierungsverbot des Art. 18 AEUV sowie den Wettbewerbsvorschriften der Art. 101 bis 109 AEUV widersprechenden Maßnahmen zu treffen oder beizubehalten. Unternehmerisches staatliches Tätigwerden muss sich daher bereits nach dem Vertrag an dessen wettbewerblichen Vorgaben messen lassen. Allerdings ist in Ansehung der „FENIN" Rechtsprechung des EuGH[1219] die

1214 Scharpenack, Sekundärzwecke im Vergaberecht, S. 168.

1215 Prieß, Handbuch des europäischen Vergaberechts, 3. Auflage 2005, S. 24; *Alexander* in: Pünder/Schellenberg, Vergaberecht, 2. Auflage 2015, § 126 GWB, Rn. 106; *Stehmann* in: Grabitz/Hilf, Das Recht der Europäischen Union, 40. Auflage 2009, E 28 Öffentliches Auftragswesen, Rn. 38; *Bungenberg* in: Loewenheim/Meessen/Riesenkampff, Kartellrecht 2. Auflage 2009, Vor. §§ 97 ff. GWB, Rn. 63, die nachfolgende Auflage 3 von 2016 kommentiert die §§ 97 ff. GWB nicht mehr.

1216 EuGH, Urt. v.18.06.1975, Rs. C-94/74, EU:C:1975:81 – *IGAV/Ente nazionale per la Cellulosa*, Rn. 33/35; *Stehmann* in: Grabitz/Hilf, Das Recht der Europäischen Union, 40. Auflage 2009, E 28 Öffentliches Auftragswesen, Rn. 38; *Bungenberg* in: Loewenheim/Meessen/Riesenkampff, Kartellrecht 2. Auflage 2009, Vor. §§ 97 ff. GWB, Rn. 63, die nachfolgende Auflage 3 von 2016 kommentiert die §§ 97 ff. GWB nicht mehr; *Alexander* in: Pünder/Schellenberg, Vergaberecht, 2. Auflage 2015, § 126 GWB, Rn. 106, bezogen auf die rein nationale Rechtslage mit Verweis auf: BGH, B. v. 22. 03.1976 – GSZ 2/75, BGHZ 67, 81–92, NJW 1976, 1941, 1942, vgl. die dortigen weiteren Nachweise zur Rechtsprechung des Kartellsenats des BGH.

1217 *Alexander* in: Pünder/Schellenberg, Vergaberecht, 2. Auflage 2015, § 126 GWB, Rn. 106.

1218 Öffentliche Unternehmen bzw. solche, die mit besonderen oder ausschließlichen Rechten ausgestattet wurden.

1219 EuGH, Urt. v. 06.10.2005, Rs. C-204/03, EU:C:2005:588 – *FENIN/Kommission*, vorausgehend: EuG, Urt. v. 04.03.2003, Rs. T-319/99, EU: T:2003:50 – *FENIN*, Rn. 37: „Kauft

Bündelung der öffentlichen Einkaufsmacht nicht mehr angreifbar, wobei unabhängig von dieser Rechtsprechung Einkaufskooperationen von Art. 101 AEUV erfasst sind, wenn sie die unternehmerische Freiheit beschränken.[1220] Darüber hinaus setzt das Europäische Wettbewerbsrecht auf Bieterseite sog. Submissions- bzw. Bieterkartellen Grenzen.[1221]

Demgegenüber hat das Missbrauchsverbot des Art. 102 AEUV grundsätzlich hervorgehobene Relevanz, weil es den Staat als Einkäufer daran hindert, seine Stellung dahingehend zu nutzen, dass einzelne Bieter willkürlich bevorzugt oder andere sachwidrig benachteiligt werden.[1222] Hinsichtlich der Einbeziehung strategischer Ziele in ein Vergabeverfahren ergeben sich jedoch keine kartellrechtlichen Besonderheiten, sodass hier schwerpunktmäßig die streitige Frage behandelt wird, ob es sich hierbei gegebenenfalls um eine Beihilfe im Sinne des Art. 107 AEUV handelnkann.

2. *Einsatz strategischer Ziele im Vergabeverfahren als unzulässige Beihilfe?*

Bevor die in der Überschrift aufgeworfene Frage beantwortet werden kann, bedarf es zunächst des Hinweises, dass sich auch die Vergabe eines öffentlichen Auftrages an dem Beihilfetatbestand messen lassen muss.[1223] Dies wurde in der Unionsgerichtsbarkeit mehrfach klargestellt.[1224] Die Beihilfevorschriften dienen

---

eine Einrichtung ein Erzeugnis – auch in großen Mengen – nicht ein, um Güter oder Dienstleistungen im Rahmen einer wirtschaftlichen Tätigkeit anzubieten, sondern um es im Rahmen einer anderen, z. B. einer rein sozialen, Tätigkeit zu verwenden, so wird sie demnach nicht schon allein deshalb als Unternehmen tätig, weil sie als Käufer auf einem Markt agiert."

1220 *Bungenberg* in: Müller-Graff, Enzyklopädie Europarecht, Band 4: Europäisches Wirtschaftsordnungsrecht, 1. Auflage 2015, § 16, Rn. 66.

1221 Siehe hierzu im Detail: Burgi, Vergaberecht, § 3 Rn. 32.

1222 *Bungenberg* in: Müller-Graff, Enzyklopädie Europarecht, Band 4: Europäisches Wirtschaftsordnungsrecht, 1. Auflage 2015, § 16, Rn. 67.

1223 Behandelt wird hier ausschließlich die Konstellation einer Beihilfenproblematik der Auftragsvergabe selbst, weil der vom Auftraggeber zu zahlende Preis marktunüblich überhöht ist. Daneben gibt es die Konstellation, dass ein Bieter, der eine Beihilfe erhalten hat, besonders günstige Angebote abgeben kann. Hierzu ausführlich: Burgi, Vergaberecht, § 3 Rn. 33 bzw. § 17 Rn. 16. In Ansehung des Forschungsgegenstandes wird dies nicht behandelt.

1224 EuGH, Urt. v. 20.03.1990, Rs. C-21/88, EU:C:1990:121 – *Du Pont de Nemours Italiana/USL di Carrara,* Rn. 20; EuGH, Urt. v. 11.07.1991, Rs. C-351/88, EU:C:1991:304 – *Laboratori Bruneau/USL RM/24 di Monterotondo,* Rn. 7; EuG, Urt. v. 28.01.1990, Rs. T-14/96, EU: T:1999:12 – *BAI/Kommission,* Rn. 82; anders bewertet dies Benedict, Sekundärzwecke im Vergabeverfahren, S. 246 f., vgl. zu den Anfängen der Diskussion um das Verhältnis des Vergabe- zu dem Beihilfenrecht: Prieß, Handbuch des europäischen Vergaberechts, 3. Auflage 2005, S. 25; Martin-Ehlers, WuW 1999, 685, 688 f.; Lipka, Beihilferechtliche Anforderungen an Vergabeverfahren, S. 21 ff.

nach ständiger Rechtsprechung des EuGH nicht dazu, den Grundfreiheiten ihre Wirkung zu nehmen.[1225] Im Übrigen gehen die jeweiligen Urteilsgründe stillschweigend davon aus, dass die Vergabe eines öffentlichen Auftrages auch dem Beihilferecht unterliegt.[1226] Die Art. 107–109 AEUV sind unmittelbar anwendbar.[1227]

Den Ausgangspunkt der Diskussion um die beihilferechtliche Dimension der Auftragsvergaben unter Anknüpfung der vormals vergabefremden Zwecke bildet die „BAI" Entscheidung des EuG bzw. der darin enthaltene Hinweis, dass die kulturellen und sozialen Ziele, die die spanischen Behörden im Ausgangsrechtsstreit möglicherweise verfolgten, bei der Qualifizierung einer Vereinbarung als Beihilfe keine Rolle spielen, da nach ständiger Rechtsprechung die Beihilfevorschrift des Vertrages nicht nach den Gründen und Zielen der staatlichen Maßnahmen differenziere, sondern diese nach ihren Wirkungen bestimme.[1228] Im Übrigen lässt die unionsgerichtliche Rechtsprechung keine zwingenden Rückschlüsse darauf zu, ob die strategische Beschaffung als Beihilfe anzusehen ist.[1229] Vielmehr scheiterte die streitige Regelung nach Auffassung des EuGH bereits an der Vereinbarkeit mit den Grundfreiheiten, sodass dahin gestellt bleiben konnte, ob es sich um eine Beihilfe handelte.[1230]

Aus dem „BAI" Urteil wurde zum Teil geschlossen, dass die Vergabe eines öffentlichen Auftrages an sich „farblos" ist und es im jeweiligen Einzelfall darauf ankommt, ob dem jeweiligen Wirtschaftsteilnehmer ein nicht marktgerechter Vorteil verschafft werden soll.[1231] An anderer Stelle bewertete man die Folgen der „BAI" Entscheidung jedoch dahingehend, dass das deutsche Vergaberecht auf einem beihilferechtlichen Pulverfass sitze, weil die Anwendung der damals noch vergabefremden Kriterien stets auf dem Prüfstand des europäischen Beihilfenrechts stehe.[1232] Einigkeit herrscht also insoweit, als dass jedenfalls eine „Begünstigung"

1225 EuGH, Urt. v. 20.03.1990, Rs. C-21/88, EU:C:1990:121 – *Du Pont de Nemours Italiana/USL di Carrara*, Rn. 20; EuGH, Urt. v. 11.07.1991, Rs. C-351/88, EU:C:1991:304 – *Laboratori Bruneau/USL RM/24 di Monterotondo*, Rn. 7; siehe dort weitere Nachweise.

1226 In den nachfolgenden Urteilen lässt die Unionsgerichtsbarkeit dies gänzlich unkommentiert: EuGH, Urt. v. 20.03.1990, Rs. C-21/88, EU:C:1990:121 – *Du Pont de Nemours Italiana/USL di Carrara*, Rn. 20; EuGH, Urt. v. 11.07.1991, Rs. C-351/88, EU:C:1991:304 – *Laboratori Bruneau/USL RM/24 di Monterotondo*, Rn. 7; sowie in EuG, Urt. v. 28.01.1990, Rs. T-14/96, EU: T:1999:12 – *BAI/Kommission*, Rn. 82.

1227 Prieß/Simonis, NZBau 2015, 731, 734; Egger, Europäisches Vergaberecht, 1. Auflage 2008, 3. Teil: Rechtsschutz für europäisches Vergaberecht, § 2 Rechtschutz in den Mitgliedsstaaten, Rn. 1400.

1228 EuG, Urt. v. 28.01.1990, Rs. T-14/96, EU: T:1999:12 – *BAI/Kommission*, Rn. 82.

1229 Frenz, Handbuch Europarecht, Band 3: Beihilfe- und Vergaberecht 2007, Rn. 1776.

1230 EuGH, Urt. v. 20.03.1990, Rs. C-21/88, EU:C:1990:121 – *Du Pont de Nemours Italiana/USL di Carrara*, Rn. 21.

1231 Eilmannsberger, WuW 2004, 384 f.

1232 Bartosch, EuZW 2001, 229, 232.

als zentrales Kriterium der Beihilfevorschrift des Art. 107 Abs. 1 AEUV vorliegen muss. Hiernach sind „[...] staatliche oder aus staatlichen Mitteln gewährte Beihilfen gleich welcher Art, die durch die Begünstigung bestimmter Unternehmen oder Produktionszweige den Wettbewerb verfälschen oder zu verfälschen drohen, mit dem Binnenmarkt unvereinbar, soweit sie den Handel zwischen Mitgliedstaaten beeinträchtigen."

Eine Begünstigung als wesentliches Tatbestandsmerkmal einer Beihilfe erfasst zunächst einmal jede Gewährung eines wirtschaftlichen Vorteils, also neben rein finanziellen Zuwendungen und Naturalleistungen jede andere Maßnahme, die die von einem Unternehmen normalerweise zu tragenden Lasten verringert.[1233] Steht der Vorteilsgewährung keine angemessene Gegenleistung als Kompensation gegenüber, so liegt eine Begünstigung im Sinne des Beihilfenrechts vor.[1234] Dies wird für staatliche Investitionen wie Kapitalzufuhren, die Gewährung von Darlehen oder Bürgschaften von der Kommission und der Unionsgerichtsbarkeit anhand des sog. „market economy investor tests" beurteilt, indem geprüft wird, ob die Gewährung des wirtschaftlichen Vorteils unter Bedingungen erfolgte, die für einen hypothetischen Vergleichsinvestor unter marktwirtschaftlichen Bedingungen akzeptabel wären.[1235] Anders formuliert, kommt es darauf an, ob ein marktwirtschaftlich orientiertes Unternehmen in gleicher Weise wie der öffentliche Auftraggeber gehandelt hätte.[1236]

a) *Berücksichtigung strategischer Ziele als Begünstigung i.S.d. Beihilfenrechts*

Dies ist zugleich der Anknüpfungspunkt für die Vertreter der Ansicht, nach der die Verknüpfung der Vergabe eines öffentlichen Auftrages mit strategischen Zwecken, also anderen als rein wettbewerblichen Gesichtspunkten, eine beihilferechtlich relevante Begünstigung darstellt.[1237] Die Beihilfegewährung liege darin

---

1233 *Dörr* in: Dreher/Motzke, Beck'scher Vergaberechtskommentar, 2. Auflage 2013, Einleitung: Vergaberecht in Deutschland – Das Recht der öffentlichen Auftragsvergabe im Stufenbau der Rechtsordnung, Rn. 171; Dippel/Zeiss, NZBau 2002, 376 f.

1234 *Koenig/Paul/Kühling* in: Streinz, EUV/AEUV, 2. Auflage 2012, Art. 107 AEUV, Rn. 32; Koenig/Kühling, NJW 2000, 1065 f.; *Opitz* in: Dreher/Motzke, Beck'scher Vergaberechtskommentar, 2. Auflage 2013, § 97 Abs. 5 GWB, Rn. 44; Dippel/Zeiss, NZBau 2002, 376 f.

1235 *Koenig/Paul/Kühling* in: Streinz, EUV/AEUV, 2. Auflage 2012, Art. 107 AEUV, Rn. 32; Koenig/Kühling, NJW 2000, 1065, 1067; Dippel/Zeiss, NZBau 2002, 376 f.; Lipka, Beihilferechtliche Anforderungen an Vergabeverfahren, S. 144.

1236 Bartosch, EuZW 2001, 229; *Dörr* in: Dreher/Motzke, Beck'scher Vergaberechtskommentar, 2. Auflage 2013, Einleitung: Vergaberecht in Deutschland – Das Recht der öffentlichen Auftragsvergabe im Stufenbau der Rechtsordnung, Rn. 172.

1237 Knipper, WuW 1999, 677, 684; Dippel/Zeiss, NZBau 2002, 376 f.; Lipka, Beihilferechtliche Anforderungen an Vergabeverfahren, S. 144; Benedict, Sekundärzwecke im Vergabeverfahren, S. 246.

begründet, dass der öffentliche Auftraggeber wegen der Vorgabe zusätzlicher Kriterien einen Preis bezahle, der über dem liege, was ein privater Investor bei Nachfrage der gleichen Leistung entrichtet hätte.[1238] Ein marktwirtschaftlich handelnder Wirtschaftsteilnehmer wäre schließlich nicht bereit, für die Förderung politischer Zielsetzungen einen überhöhten Preis zu bezahlen.[1239] Die Begünstigung liegt in der marktunangemessenen Bezahlung.[1240] Kernpunkt dieser Auffassung ist ein Verständnis der „BAI" Entscheidung, nach dem die Verwirklichung der dort erwähnten kulturellen oder sozialen sowie weiteren politischen oder ökologischen Ziele bei der Beurteilung einer Maßnahme als Beihilfe nicht berücksichtigungsfähig sind.[1241]

b) Differenzierende Betrachtung

Eine differenziertere Ausprägung dieser Ansicht versteht den „market economy investor test" als nur eine mögliche Methode zur Ermittlung der gleichwertigen Gegenleistung, die jedoch durch die Durchführung einer bedingungsfreien und nicht diskriminierenden Ausschreibung ersetzt werden kann.[1242] Vergleichsmaßstab sind dann ausschließlich die Angebote der weiteren Bieter und nicht der Preis, den ein privater Investor bereit wäre zu zahlen.[1243] Zumindest entgegnet man

---

1238 Bartosch, WuW 2001, 673, 685; *Dörr* in: Dreher/Motzke, Beck'scher Vergaberechtskommentar, 2. Auflage 2013, Einleitung: Vergaberecht in Deutschland – Das Recht der öffentlichen Auftragsvergabe im Stufenbau der Rechtsordnung, Rn. 172, der dies allerdings davon abhängig macht, ob die vergabefremden Kriterien nach einschlägigem Vergaberecht unzulässig sind; Lübbig, EuZW 1999, 665, 672; *Koenig/Paul/Kühling* in: Streinz, EUV/AEUV, 2. Auflage 2012, Art. 107 AEUV, Rn. 33, weisen weiter darauf hin, dass sich die Bestimmung der angemessenen Kompensation als schwierig erweisen kann, wenn es an privaten Investoren auf den relevanten Märkten fehlt. Vgl. diesbezüglich: Siehe z. B. KomE v. 18. 2. 1998, Beihilfe N 461/97, Case di Cura Riunite, ABl. 1998 C 147/3 (nicht mit Begründung veröffentlicht); dazu XXVIII. Wettbewerbsbericht der Kommission 1999, Ziff. 197, in: http://ec.europa.eu/competition/publications/annual_report/1998/de.pdf, abgerufen am 13.12.2016.

1239 Prieß, Handbuch des europäischen Vergaberechts, 3. Auflage 2005, S. 28; Lipka, Beihilferechtliche Anforderungen an Vergabeverfahren, S. 144: „in aller Regel".

1240 Bartosch, EuZW 2001, 229, 231; ders., WuW 2001, 673, 685; Knipper, WuW 1999, 677, 684; Lipka, Beihilferechtliche Anforderungen an Vergabeverfahren, S. 144; Benedict, Sekundärzwecke im Vergabeverfahren, S. 246.

1241 Bartosch, EuZW 2001, 229, 231; ders., WuW 2001, 673,685.

1242 Dreher/Haas/von Rintelen, Vergabefremde Regelungen und Beihilfenrecht, S. 23–25; Dippel/Zeiss, NZBau 2002, 376 f., mit der Begründung, dass die Ausschreibung dem „market economy investor test" nur dann gerecht werden kann, wenn in der Wertungsstufe rein wirtschaftliche Erwägungen eine Rolle spielen.

1243 Auch Bartosch, EuZW 2001, 229, bezieht sich darauf, dass der öffentliche Auftraggeber einen beihilferechtlich zu hohen Preis zahle, wenn er das Unternehmen bezuschlagt, das die vorgegebenen Ziele verwirklicht, aber deshalb preislich über den Angeboten der anderen Bieter liegt.

damit dem berechtigten Einwand, dass die Heranziehung des „market economy investor tests“ nicht sachgerecht ist, weil sich der Nachfragemarkt der öffentlichen Hand mit dem des privaten Nachfragers allein deshalb nicht vergleichen lasse, weil der öffentliche Auftraggeber, anders als das private Unternehmen, zahlreichen rechtlichen Normierungen, wie dem Vergaberecht, aber auch den Grundfreiheiten und dem übrigen Primärrecht unterworfen sei.[1244] Eine Beihilfe läge also immer dann vor, wenn das erfolgreiche Angebot teurer ist, als das eines Bieters, der die vorgegebenen Kriterien nicht erfüllt.[1245] Die Höhe des Beihilfebetrages ergibt sich dann aus der Differenz zwischen dem tatsächlich gezahlten, beihilferechtlich überhöhten, Preis und dem Angebot des Bieters, das, ohne die strategischen Ziele zu verwirklichen, das wirtschaftlich oder preislich günstigste wäre.[1246]

Schließt man sich dem Vorstehenden an, so wird in der Bezuschlagung des Angebotes, das die strategischen Vorgaben berücksichtigt, regelmäßig eine Beihilfe liegen, weil zu erwarten steht, dass der Bieter diese weiteren Vorgaben bei seiner Preisfindung berücksichtigen wird.[1247] Für den öffentlichen Auftraggeber hat dies zur Konsequenz, dass er seiner Notifizierungs- und Stillhalteverpflichtung nach Art. 108 Abs. 3 AEUV nachkommen müsste. Dies bedeutet konkret, dass bereits die Absicht der Erteilung des Zuschlages der Kommission mitgeteilt werden müsste und vor deren Entscheidung über die Vereinbarkeit der Auftragsvergabe mit dem Binnenmarkt ein Zuschlag nicht erfolgen dürfte.[1248] Es bedarf an dieser Stelle keines weiteren Hinweises, dass dieses Vorgehen der Entwicklung von vergabefremden bzw. Sekundärzwecken hin zu der heutigen strategischen Beschaffung entgegengestanden hätte.[1249] Diese Auffassung hat sich nach Ansicht der Verfasserin also nicht durchsetzen können.

c) Marktkonstituierende Wirkung der Ausschreibung

Zum Teil wird der „market economy investor test“ für das öffentliche Auftragswesen dahingehend abgewandelt, dass es bei entgeltlichen Verträgen über die Lieferung von Waren oder die Erbringung von Dienstleistungen darauf ankommt, ob

---

1244 Jennert, NZBau 2003, 417, 419; Dreher/Haas/von Rintelen, Vergabefremde Regelungen und Beihilfenrecht, S. 23.

1245 Dreher/Haas/von Rintelen, Vergabefremde Regelungen und Beihilfenrecht, S. 26; Dippel/Zeiss, NZBau 2002, 376 f.

1246 Dreher/Haas/von Rintelen, Vergabefremde Regelungen und Beihilfenrecht, S. 26; Dippel/Zeiss, NZBau 2002, 376 f.

1247 So auch: Bartosch, WuW 2001, 673, 685.

1248 Scharpenack, Sekundärzwecke im Vergaberecht, S. 171; Prieß, Handbuch des europäischen Vergaberechts, 3. Auflage 2005, S. 28; zur Notifizierungs- und Stillhalteverpflichtung allgemein: *Koenig/Paul/Kühling* in: Streinz, EUV/AEUV, 2. Auflage 2012, Art. 107 AEUV, Rn. 33.

1249 So auch bereits 2005: Prieß, Handbuch des europäischen Vergaberechts, 3. Auflage 2005, S. 28.

der Vertrag die Züge eines *normalen Handelsgeschäfts* aufweist, also zum handelsüblichen Marktpreis geliefert werde, was sich allgemein danach bestimme, zu welchem Preis ein privater Anbieter die betreffenden Leistungen anbieten würde.[1250] Richtigerweise ist aber anzunehmen, dass der öffentliche Auftraggeber mit der Durchführung eines ordnungsgemäßen Beschaffungsverfahrens den Markt für die konkret ausgeschriebene Leistung schafft und der sich daraus ergebende Preis per Definition der Marktpreis ist („marktkonstituierende Wirkung“).[1251] Die strategischen Ziele, die nunmehr unstreitig in ein Vergabeverfahren integriert werden können, werden Teil der vom öffentlichen Auftraggeber geforderten Leistung, sodass deren Erfüllung zu den Bedingungen gehört, unter denen der Wettbewerb um die geforderte Leistung stattfindet.[1252] Vergleichsmaßstab sind folglich die Angebote, die im Rahmen der Ausschreibung einschließlich der geforderten strategischen Ziele abgegeben werden und damit weder eine Beschaffung ohne weitere Vorgaben, noch die Preise und Märkte außerhalb des konkreten Vergabeverfahrens.[1253] Die Bezuschlagung des Angebotes, das sich in einem ordnungsgemäß durchgeführten Vergabeverfahren als das wirtschaftlich günstigste erwiesen hat, könne keine marktunangemessene Gegenleistung darstellen, sodass eine Begünstigung des erfolgreichen Bieters von vornherein ausscheide.[1254] Dies gilt nach dieser Auffassung auch dann, wenn sich wegen der Verfolgung weiterer, strategischer

1250 Fischer, VergabeR 2004, 1 f.; wohl abgeleitet aus der Feststellung des EuG in „BAI“ (Urt. v. 28.01.1990, Rs. T-14/96, EU: T:1999:12 – *BAI/Kommission*) in Rn. 80, nach der die streitgegenständliche Vereinbarung „kein normales Handelsgeschäft“ darstellte; ähnlich Prieß, Handbuch des europäischen Vergaberechts, 3. Auflage 2005, S. 29, der zumindest mit der privaten Leistung inklusive der Berücksichtigung strategischer Ziele vergleichen will.

1251 Krohn, Öffentliche Auftragsvergabe und Umweltschutz, S. 171, 180; Heidenhain, European State Aid Law, 1. Auflage 2010, § 46 State Aid and Public Procurement, Rn. 14; Fischer, VergabeR 2004, 1, 4, der infolge des Umstandes, dass sich die Preisbildung auch nur auf diesem speziellen Markt vollzieht, nur die von den Bietern abgegebenen Angebote zur Ermittlung des Marktpreises heranziehen will und Preise und Märkte außerhalb des Vergabeverfahrens außer Acht lassen will.

1252 Fischer, VergabeR 2004, 1, 6; Eilmannsberger, WuW 2004, 384, 388; Krohn, Öffentliche Auftragsvergabe und Umweltschutz, S. 171, 180; dies ablehnend: Lipka, Beihilferechtliche Anforderungen an Vergabeverfahren, S. 160.

1253 Pünder, NZBau 2003, 530, 532; Heidenhain, European State Aid Law, 1. Auflage 2010, § 46 State Aid and Public Procurement, Rn. 14; Fischer, VergabeR 2004, 1, 4; So auch: *Cremer* in: Calliess/Ruffert, EUV/AEUV, 4. Auflage 2011, Art. 107 AEUV, Rn. 24, der es ebenfalls nicht darauf ankommen lassen will, dass die konkrete Leistung ohne die weiteren Ziele am Markt günstiger angeboten wird.

1254 *Cremer* in: Calliess/Ruffert, EUV/AEUV, 4. Auflage 2011, Art. 107 AEUV, Rn. 24; Fischer, VergabeR 2004, 1, 6; Frenz, Handbuch Europarecht, Band 3: Beihilfe- und Vergaberecht 2007, Rn. 1779 argumentiert damit, dass der Bieter schließlich auch einen höheren Aufwand habe, für den mit der höheren Bezahlung aufgekommen wird.

Ziele Mehrkosten ergeben sollten, also das bezuschlagte Angebot preislich über den Angeboten liegt, die diese Zusatzkriterien nicht erfüllen.[1255] Im Hinblick auf die konkret geforderte Leistung zahle der öffentliche Auftraggeber nämlich gerade kein überhöhtes Entgelt, weil die zusätzlichen Kriterien von dieser mit umfasst sind.[1256] Der „market economy investor test" sei schließlich kein Selbstzweck, sondern diene vielmehr der Beurteilung, ob hinsichtlich der konkreten Leistung eine Überkompensation vorliege.[1257] Eine Beihilfe liege erst dann vor, wenn die ausgeschriebene Leistung einschließlich der strategischen Vorgaben am Markt zu einem günstigeren Preis angeboten werde[1258], oder aber, wenn dem erfolgreichen Bieter durch die Einhaltung der vormals beschaffungsfremden Vorgaben überhaupt keine Mehrkosten entstanden sind, er aber gleichwohl ein teureres Angebot abgegeben hat als Bieter, die diese Vorgaben nicht berücksichtigt haben.[1259]

d) Strategische Beschaffung keine pauschale Beihilfegewährung

Die besseren Gründe sprechen für die letztgenannte Ansicht, die im Kern dem „market economy investor test" einen anderen Markt zugrunde legt. In den Vergleich sind auch Unternehmen mit einzubeziehen, die nicht nur auf ein kurzfristiges „return on investment" aus sind, sondern auch aus Imagegründen langfristige Rentabilitätsaussichten berücksichtigen sowie eine globale oder sektorale Strukturpolitik verfolgen.[1260] Unternehmen wie beispielsweise Henkel, SAP, Siemens oder Umicore führen regelmäßig internationale Nachhhaltigkeits-Rankings an.[1261] Das

---

Grundsätzlich hat eine Ausschreibung im Einklang mit dem geltenden Vergaberecht doch unstreitig zur Folge, dass gerade keine Beihilfe gewährt wird, vgl. stellvertretend hierzu: Fischer, VergabeR 2004, 1 f.

1255 Fischer, VergabeR 2004, 1, 6.

1256 *Cremer* in: Calliess/Ruffert, EUV/AEUV, 4. Auflage 2011, Art. 107 AEUV, Rn. 24; Fischer, VergabeR 2004, 1, 6; Krohn, Öffentliche Auftragsvergabe und Umweltschutz, S. 171, 180.

1257 Eilmannsberger, WuW 2004, 384, 388.

1258 Frenz, Handbuch Europarecht, Band 3: Beihilfe- und Vergaberecht 2007, Rn. 1776; *Cremer* in: Calliess/Ruffert, EUV/AEUV, 4. Auflage 2011, Art. 107 AEUV, Rn. 24.

1259 Pünder, NZBau 2003, 530, 532.

1260 EuGH, Urt. v. 21.03.1991, Rs. C-303/88, EU:C:1991:136 – *Kommission/Italien*, Rn. 22; EuGH, Urt. v. 21.03.1991, Rs. C-305/89, EU:C:1991:142 – *Kommission/Italien*, Rn. 20; EuGH, Urt. v. 14.09.1994, Rs. C-42/93, EU:C:1994:326 – *Spanien/Kommission*, Rn. 14; Pünder, NZBau 2003, 530, 532; ein Beispiel ist das eingangs erwähnte Unternehmen „Nespresso", das sich mit der Einhaltung des Nestlé-Labels „ecolaboration AAA Sustainable Quality Programm" aus Imagegründen rühmt; a.A: Dreher/Haas/von Rintelen, Vergabefremde Regelungen und Beihilfenrecht, S. 26–30 lehnen dies ab, weil keine Vergleichbarkeit mit der Situation des Privaten vorliege.

1261 Nachhaltigkeit – Nachhaltige Unternehmen sind erfolgreicher, Wirtschafts Woche vom 04.07.2016, in: http://www.wiwo.de/erfolg/management/nachhaltigkeit-nachhaltige-unternehmen-sind-erfolgreicher/13826034.html, abgerufen am 16.08.2017.

deutsche Unternehmen BMW, war im Jahr 2016 sogar das weltweit nachhaltigste Unternehmen – zumindest nach dem „Global 100 Most Sustainable Corporations in the World" Ranking des kanadischen Wirtschafts- und Gesellschaftsmagazins „Corporate Knights Inc.", das auf Basis der Corporate-Sustainability-Performance Nachhaltigkeits-Rankings, Forschungsberichte und Finanzproduktbewertungen erstellt.[1262] Künftig wird Unternehmen durch die neuen Vorgaben im HGB für die Berichterstattung infolge der Umsetzung[1263] der Corporate Social Responsibility – „CSR" Richtlinie[1264], ein Anreiz geschaffen, „nichtfinanziellen Belangen und damit verbundenen Risiken, Konzepten und Prozessen stärkeres Gewicht in der Unternehmensführung beizumessen"[1265]. Ab dem Geschäftsjahr 2017 müssen große kapitalmarktorientierte Kapitalgesellschaften mit mehr als 500 Mitarbeitern, eine „nichtfinanzielle Erklärung" abgeben, die sich zwingend mindestens auf die Aspekte Umweltbelange, Arbeitnehmerbelange, Sozialbelange, die Achtung der Menschenrechte sowie die Bekämpfung von Korruption und Bestechung beziehen muss.[1266] Mit den neuen Berichtsanforderungen können KMU „entlang der Lieferkette" mittelbar betroffen sein.[1267] Diese Berichtspflicht wird als Instrument zur Verhaltenssteuerung dazu eingesetzt, das Bewusstsein für nachhaltiges Wirtschaften fördern.[1268] Die vorgenannten Beispiele und politischen Entwicklungen zeigen, dass derzeit ein Umdenken in der Gesellschaft und auch in unternehmerischen Entscheidungen stattfindet. Auch private „Investoren" nehmen für die Verfolgung nachhaltiger Ziele ggf. Mehrkosten in Kauf und können daher sinnvoll in einen Vergleich des „market economy investor tests" einbezogen werden, dem ein „nachhaltiger Markt" zugrunde gelegt wird.

1262 Global 100 Most Sustainable Corporations in the World 2016, http://www.corporateknights.com/magazines/2016-global-100-issue/2016-global-100-results-14533333/; abgerufen am: 16.08.2017.

1263 Das Gesetz zur Stärkung der nichtfinanziellen Berichterstattung der Unternehmen in ihren Lage- und Konzernlageberichten (CSR-Richtlinie-Umsetzungsgesetz) wurde am 18.4.2017 im Bundesgesetzblatt (BGBl. Teil I Nr. 20 vom 18.4.2017, S. 802 ff.) verkündet. Das Gesetz trat damit am 19.04.2017 in Kraft.

1264 Richtlinie 2014/95/EU des Europäischen Parlaments und des Rates vom 22. Oktober 2014 zur Änderung der Richtlinie 2013/34/EU im Hinblick auf die Angabe nichtfinanzieller und die Diversität betreffender Informationen durch bestimmte große Unternehmen und Gruppen Text von Bedeutung für den EWR, OJ L 330, 15.11.2014, S. 1–9.

1265 Entwurf eines Gesetzes zur Stärkung der nichtfinanziellen Berichterstattung der Unternehmen in ihren Lage- und Konzernlageberichten (CSR-Richtlinie-Umsetzungsgesetz), Drs.: 18/9982, S. 26.

1266 Vgl. § 289 c Abs. 2 HGB.

1267 Meeh-Bunse/Hermeling/Schomaker, DStR 2017, 1127, 1128; Wulf/Niemöller, IRZ 2016, 245.

1268 Kajüter, IRZ 2017, 137, 138.

Insbesondere mit Blick auf das LCC, das möglicherweise zu einer Verteuerung der Beschaffung führen kann, weil der Anschaffungspreis höher angesiedelt sein kann, ist bedeutsam, dass auch die Aussichten einer längerfristigen Rentabilität des Finanzengagements im Rahmen eines „market economy investor tests" Berücksichtigung finden können.[1269] Überdies wurde aufgezeigt, dass der einzelwirtschaftliche Maßstab vom EuGH abgelehnt wurde, sodass es nicht darauf ankommt, ob die langfristigen Vorteile dem öffentlichen Auftraggeber zu Gute kommen, der eine Verteuerung der Beschaffung in Kauf nimmt.[1270]

Des Weiteren lässt sich die unionsgerichtliche Judikatur zu „Dienstleistungen von allgemeinem wirtschaftlichen Interesse" („DAWI") ins Feld führen.[1271] Wie der EuGH mehrfach bestätigte, kann es beihilferechtlich unbedenklich sein, wenn der Staat die Marktkräfte zur Erreichung von Gemeinwohlzielen einsetzt, um Leistungen, die ein Privater nicht nachfragen würde, am Markt einzukaufen.[1272] Vor dem Hintergrund, dass es im Rahmen der Bestimmung der Kompensationswirkung auf ein Synallagma im rechtlichen Sinne nicht ankommt, sondern ein wirtschaftlicher Zusammenhang genügt, stelle auch die Erfüllung strategischer Zwecke als gemeinwirtschaftliche Pflichten eine Gegenleistung dar, die eine Begünstigung entfallen lässt.[1273]

Überdies argumentiert die Gegenansicht mit einem Zirkelschluss.[1274] Ein Vergleich im Rahmen eines „market economy investor tests" mit der Höhe der Angebote, die die vormals beschaffungsfremden Ziele nicht berücksichtigen, impliziert zugleich, dass der öffentliche Auftraggeber für deren Verfolgung nichts bezahlen darf und es sich hierbei um eine Beihilfe handelt.[1275]

Letztlich sprechen auch normenhierarchische Gründe gegen die pauschale Annahme einer Beihilfegewährung durch strategische Beschaffung. Der EuGH gelangte in seiner Rechtsprechung durch eine Auslegung der Vergaberichtlinien, mithin des Sekundärrechts, zu einer grundsätzlichen Zulässigkeit strategischer

---

1269 *Koenig/Paul/Kühling* in: Streinz, EUV/AEUV, 2. Auflage 2012, Art. 107 AEUV, Rn. 33, sog. „Long-term-investor"-Test.

1270 Pünder, NZBau 2003, 530, 532; Dreher/Haas/von Rintelen, Vergabefremde Regelungen und Beihilfenrecht, S. 28, legen den einzelwirtschaftlichen Maßstab an.

1271 Pünder, NZBau 2003, 530, 532; Krohn, Öffentliche Auftragsvergabe und Umweltschutz, S. 173–175; *Cremer* in: Calliess/Ruffert, EUV/AEUV, 4. Auflage 2011, Art. 107 AEUV, Rn. 24.

1272 *Koenig/Paul/Kühling* in: Streinz, EUV/AEUV, 2. Auflage 2012, Rn. 34, mit Verweis insbesondere auf die „Ferring" und „Altmark" Entscheidungen des EuGH; Eilmannsberger, WuW 2004, 384, 388; Krohn, Öffentliche Auftragsvergabe und Umweltschutz, S. 173–175.

1273 Koenig/Kühling, NJW 2000, 1065 f.; Jennert, NZBau 2003, 417 f.

1274 So auch: Eilmannsberger, WuW 2004, 384, 388; Jennert, NZBau 2003, 417, 419; Prieß, Handbuch des europäischen Vergaberechts, 3. Auflage 2005, S. 29.

1275 Prieß, Handbuch des europäischen Vergaberechts, 3. Auflage 2005, S. 29; Eilmannsberger, WuW 2004, 384, 388, Jennert, NZBau 2003, 417, 419.

Ziele in einem Vergabeverfahren. Der Grundsatz der primärrechtskonformen Auslegung verbietet eine Auslegung des vergaberechtlichen Sekundärrechts, aus der sich ein Konflikt mit dem Beihilferecht ergeben würde, weil dieses Teil des AEUV ist.[1276] Die unionsgerichtliche Judikatur lässt die Beihilfevorschriften allerdings gänzlich unerwähnt.[1277]

V. Exkurs: Rechtsbindungen strategischer Auftragsvergabe durch nationales Verfassungsrecht?

Die vollziehende Gewalt ist nach Art. 1 Abs. 3 GG an die Grundrechte als unmittelbar geltendes Recht gebunden. Zu den Bindungsadressaten zählen lückenlos alle Formen der unmittelbaren und mittelbaren Verwaltung des Bundes und der Länder, die Selbstverwaltungskörperschaften (etwa Kreise und Gemeinden), öffentlich-rechtliche Körperschaften und Anstalten sowie privatrechtliche Einrichtungen (Juristische Personen des Privatrechts), die öffentlichen Aufgaben der Verwaltung dienen, wenn sie im Alleineigentum des Staates stehen (sog. Eigengesellschaften).[1278] Mit seiner „Fraport“ Entscheidung hat das Bundesverfassungsgericht explizit klargestellt, dass von der öffentlichen Hand beherrschte gemischtwirtschaftliche Unternehmen in Privatrechtsform, ebenso wie im Alleineigentum des Staates stehende öffentliche Unternehmen, einer unmittelbaren Grundrechtsbindung unterliegen.[1279]

Für den vorliegenden Forschungsgegenstand ist von Bedeutung, dass der Staat durch die Verknüpfung der öffentlichen Auftragsvergabe mit strategischen Zielen in den Bereich der privatunternehmerischen Organisations- und Personalautonomie eingreift.[1280] Insbesondere in Gebieten, in denen der Staat eine gewisse Alleinstellung einnimmt, wie etwa bei Tiefbauaufträgen, kommt eine Verletzung der Berufsfreiheit des Art. 12 Abs. 1 S. 1 GG, in Betracht.[1281] Allerdings ist die

---

1276 So auch: Eilmannsberger, WuW 2004, 384,390.

1277 So auch: Eilmannsberger, WuW 2004, 384,390.

1278 *Hillgruber* in: Epping/Hillgruber, Beck'scher Online-Kommentar Grundgesetz, 34. Edition, Stand: 15.08.2017, Art. 1 GG, Rn. 65–67; *Herdegen* in: Maunz/Dürig, Grundgesetzkommentar, 78. EL Juni 2017, Art. 1 GG, Rn. 94–96. Zu fiskalischen Hilfsgeschäften vgl. vertiefend insbesondere Rn. 95 sowie Burgi, Vergaberecht, § 4 Rn. 5.

1279 BVerfG, Urt. v. 22.02.2011 – Az.: 1 BvR 699/06, BVerfGE 128, 226, vgl. Leitsatz 1; sowie der Hinweis bei Burgi, Vergaberecht, § 4 Rn. 4, nach dem sich dies vorher aus dem Umkehrschluss ergab, dass das BVerfG die Grundrechtsfähigkeit dieser Unternehmen zuvor wiederholt ablehnte, vgl. auch BVerfG, B. v 14.03.2006 – Az.: 1 BvR 2087/03, BVerfGE 115, 167, 227 ff.

1280 *Seidel/Mertens* in: Dauses, EU-Wirtschaftsrecht, 40. EL Juni 2016, IV Öffentliches Auftragswesen, 10 Eignungs- und Zuschlagskriterien, Rn. 298; vertiefend: Burgi, NZBau 2001, 64 ff.

1281 *Seidel/Mertens* in: Dauses, EU-Wirtschaftsrecht, 40. EL Juni 2016, IV Öffentliches Auftragswesen, 10 Eignungs- und Zuschlagskriterien, Rn. 298, verweisen weiter

öffentliche Auftragsvergabe nur in Ausnahmefällen grundrechtsrelevant.[1282] So hat das Bundesverfassungsgericht bereits entschieden, dass die Vergabe eines öffentlichen Auftrags an einen Mitbewerber grundsätzlich nicht den Schutzbereich der Berufsfreiheit des Art. 12 Abs. 1 GG eines erfolglosen Bewerbers berührt.[1283] Das Grundrecht umfasse keinen Anspruch auf „Erfolg im Wettbewerb und auf Sicherung künftiger Erwerbsmöglichkeiten".[1284] Der öffentliche Auftraggeber beeinflusse den Wettbewerb nicht von außen, sondern werde vielmehr selbst als Nachfrager wettbewerblich tätig und eröffne so einen Vergabewettbewerb zwischen interessierten Wirtschaftsteilnehmern.[1285] Die Nichtberücksichtigung eines Wirtschaftsteilnehmers bei einer Auftragsvergabe kann gleichwohl an der Berufsfreiheit zu messen sein, wenn sie nach *Ziel und Wirkungen Ersatz für eine staatliche Maßnahme* ist, die als Grundrechtseingriff zu qualifizieren wäre.[1286] Allein der Umstand, dass für den betreffenden Wirtschaftsteilnehmer nur der Staat als Auftraggeber in Betracht kommt, mache die Vergabeentscheidung jedoch nicht zum funktionalen Äquivalent eines Eingriffs.[1287]

Ähnliches gilt für eine Verletzung des Art. 3 Abs. 1 GG. Ein Verstoß gegen das Willkürverbot des Art. 3 Abs. 1 GG liegt nicht bereits dann vor, wenn die „Rechtsanwendung oder Verfahren unter keinem denkbaren Aspekt mehr rechtlich vertretbar sind und sich daher der Schluss aufdrängt, dass die Entscheidung auf sachfremden und damit willkürlichen Erwägungen beruht".[1288] Überschritten ist die Grenze zur Willkür erst dann, wenn die Auslegung und die Anwendung einfachen Rechts unter keinem denkbaren Gesichtspunkt mehr verständlich ist, es sich also um eine *krasse Fehlentscheidung* handelt.[1289]

Auch Tariftreueregelungen sind nach Ansicht des BVerfG sowohl mit der in Art. 9 Abs. 3 GG negativen Koalitionsfreiheit sowie Grundrecht der Berufsfreiheit aus Art. 12 Abs. 1 GG vereinbar und daher verfassungsgemäß.[1290]

---

auf mögliche Verletzungen der des Art. 20 und Art. 28 Abs. 1 GG; grundsätzlich zu Eingriffen in die Berufsfreiheit: Burgi, Vergaberecht, § 4 Rn. 6.

1282 Zustimmung verdient: Byok, NJW 2009, 644 f.

1283 BVerfG, Nichtannahmebeschluss v. 23.04.2009 – 1 BvR 3424/08, juris, Rn. 9.

1284 BVerfG, Beschluss vom 13.06.2006 – 1 BvR 1160/03, BVerfGE 116, 135–163, Rn. 60.

1285 BVerfG, Beschluss vom 13.06.2006 – 1 BvR 1160/03, BVerfGE 116, 135–163, Rn. 61.

1286 Hervorhebung von der Verfasserin, BVerfG, Beschluss vom 13.06.2006 – 1 BvR 1160/03, BVerfGE 116, 135–163, Rn. 63, mit Verweis auf BVerfG, B. v. 26.06. 2002 – 1 BvR 558/91, 1 BvR 1428/91, BVerfGE 105, 252, 273; BVerfG, B. v. 26.06.2002 – 1 BvR 670/91, BVerfGE 105, 279, 303.

1287 BVerfG, B. v. 13.06.2006 – 1 BvR 1160/03, BVerfGE 116, 135–163, Rn. 63.

1288 BVerfG, B. v. 07.04.1992 – 1 BvR 1772/91, NJW 1992, 1675 mit Verweis auf: BVerfG, B. v. 13.11.1990 – 1 BvR 275/90, BVerfGE 83, 82, 84.

1289 BVerfG, B. v. 26.05.1993 – 1 BvR 208/93, NJW 1993, 2035, 2037.

1290 BVerfG, B. v. 11.07. 2006 – 1 BvL 4/00, BVerfGE 116, 202–228.

Kapitel 4: Gestaltungsmöglichkeiten von LCC-Vorgaben

Nachfolgend werden die Gestaltungsmöglichkeiten des öffentlichen Auftraggebers untersucht, die ihm im Hinblick auf die Einbeziehung von LCC-Vorgaben in einem Vergabeverfahren zustehen.

A. LCC in der Vergabepraxis

Über die Häufigkeit der Verwendung von LCC als Instrument nachhaltiger öffentlicher Auftragsvergabe besteht Uneinigkeit.[1291] Während manche davon ausgehen, dass LCC bereits derzeit häufig zur Anwendung kommt[1292], nehmen wieder andere an, dass dies aufgrund bestimmter Hindernisse nicht der Fall ist[1293].

I. Hindernisse der erfolgreichen Verwendung von LCC[1294]

Die anfänglich höheren Investitionskosten stellen sicherlich das Haupthemmnis der Ausschöpfung des vollen Potentials von LCC dar. Ein höherer Anschaffungspreis kann sich zwar bei bestimmten Produkten rasch amortisieren. So bedarf eine teure Energiesparlampe, je nach Ausführung, 60–85 % weniger Elektroleistung als eine Standardglühlampe.[1295] Gleichwohl wird ein Paradigmenwechsel von der Betrachtung des reinen Anschaffungspreises hin zu einer Berücksichtigung aller während des Lebenszyklus entstehenden Kosten kritisch gesehen, weil es das gute alte Prinzip des „best value for money" stören kann, indem es diskriminatorischen Praktiken Vorschub leistet.[1296] Insbesondere in Mitgliedsstaaten, in denen ökologische oder soziale Aspekte im Vergleich zu den Anschaffungskosten einen

1291 *Dragos/Neamtu* in: Sustainable Public Procurement under EU Law, S. 117.

1292 Dragos/Neamtu, EPPPL 2013, 19 f.

1293 Swarr/Hunkeler/Klöpffer/Pesonen/Ciroth/Brent/Pagan, Environmental Life Cycle Costing: A code of Practice, S. 85.

1294 Die nachstehenden Ausführungen erheben keinen Anspruch auf Vollständigkeit. Eine Übersicht verschiedener Problemfelder findet sich bei Perera/Morton/Perfrement, Life Cycle Costing in Sustainable Public Procurement: A white paper from IISD, in: https://www.iisd.org/pdf/2009/life_cycle_costing.pdf, abgerufen am 08.12.2016.

1295 BMUB, Häufige Fragen zum Thema Licht, in: http://www.umweltbundesamt.de/themen/klima-energie/energiesparen/licht/haeufige-fragen-thema-licht; abgerufen am 08.12.2016. Eine LED kann sich bereits nach zwei Jahren rechnen. Bei Energiesparlampen soll dies nach elf Monaten der Fall sein, Bayerisches Landesamt für Umwelt, Energiesparlampe und LED: energieeffiziente Beleuchtung, S. 5.

1296 *Dragos/Neamtu* in: Sustainable Public Procurement under EU Law, S. 133.

niedrigeren Rang bei öffentlichen Auftraggebern haben, ergeben sich wettbewerbliche Bedenken, weil der Einsatz von LCC den Bietern die Möglichkeit gibt, auf einer anderen Grundlage als den Kosten zu konkurrieren.[1297]

Erschwert wird die Anwendung von LCC auch dadurch, dass kaum repräsentative Daten bestehen, da die Kostenmodelle und die entsprechenden Kostendaten als zu wirtschaftlich sensibel empfunden werden, um sie zu veröffentlichen.[1298] Zusätzlich sehen sich die beschaffenden Stellen einem hohen Grad an Unsicherheiten ausgesetzt, bspw. bedingt durch eine Fluktuation von Rohstoff- und Elektrizitätspreisen.[1299] Eine Rolle spielt auch, dass der öffentliche Auftraggeber, der das höhere Kapital anfangs einsetzt, häufig gar nicht die Stelle ist, für die die Vorteile der nachhaltigen Auftragsvergabe spürbar sind, da diese erst im Zuge der Nutzung bzw. am Nutzungsende bei den Entsorgungskosten entstehen.[1300] In der Literatur wird auch in diesem Punkt eine Reform der öffentlichen Aufgabenverwaltung angeregt.

Vor dem Hintergrund, dass es sich um eine interdisziplinäre Forschung handelt,[1301] die zudem durch eine uneinheitliche Verwendung von Begrifflichkeiten gekennzeichnet ist, verwundert es nicht, dass den vergebenden Stellen die erforderliche Fachkunde fehlt. Wie bereits erwähnt, bemängelten öffentliche Auftraggeber, dass zu wenig gezielte Schulungen und Fallstudien zu bestimmten LCC-Ansätzen angeboten werden.[1302] In Schweden – eines der „Green 7“ Länder – versuchte man den Hindernissen des Einsatzes von LCC durch mehrere Experteninterviews auf den Grund zu gehen.[1303] Öffentliche Auftraggeber sahen hiernach von LCC-Vorgaben ab, weil es die Beschaffung verteuere und verkompliziere, zu zeitaufwändig sei, die Vorteile der Methode nur schwerlich nachvollziehbar seien und das Projekt zu klein oder das Produkt bereits bekannt sei und deshalb nicht bewertet werden müsse.[1304] Obschon die Studie bereits 5–10 Jahre zurückliegt, sind die Ergebnisse

---

1297 *Dragos/Neamtu* in: Sustainable Public Procurement under EU Law, S. 133. Die Autoren verweisen auf die entsprechende Praxis in Rumänien, Bulgarien und sogar Spanien, vgl. hierzu: *Neamtu/Dragos* in: Integrity and efficiency in sustainable public contracts, S. 69–106.

1298 Mitteilung der Kommission „Umweltorientiertes Öffentliches Beschaffungswesen“, KOM(2008), 400 endg.

1299 *Dragos/Neamtu* in: Sustainable Public Procurement under EU Law, S. 134.

1300 Perera/Morton/Perfrement, Life Cycle Costing in Sustainable Public Procurement: A white paper from IISD, S. 5, in: https://www.iisd.org/pdf/2009/life_cycle_costing.pdf, abgerufen am 08.12.2016.

1301 *Dragos/Neamtu* in: Sustainable Public Procurement under EU Law, S. 133: „ […] the science behind LCC is far from perfect“

1302 Perera/Morton/Perfrement, Life Cycle Costing in Sustainable Public Procurement: A white paper from IISD, S. 7, in: https://www.iisd.org/pdf/2009/life_cycle_costing.pdf, abgerufen am 08.12.2016.

1303 Hochschorner/Noring, Int J Life Cycle Assess 2011, 897 ff., die Interviews wurden in 2005/2006 sowie in 2010 durchgeführt und wenn notwendig aktualisiert.

1304 Hochschorner/Noring, Int J Life Cycle Assess 2011, 897, 900.

deshalb bemerkenswert, weil es sich bei Schweden um einen Mitgliedsstaat handelt, der als Vorreiter für eine ökologisch orientierte öffentliche Beschaffung gilt und zudem über ein anderes administratives Kapital verfügt als etwa Rumänien. Zudem wurden den vergebenden Stellen von der schwedischen „National Agency for Public Procurement" bereits mehrere produktspezifische LCC-Rechentools zur Verfügung gestellt.[1305] Eine große Herausforderung besteht auch darin, dass der öffentliche Sektor mehrjährige Haushaltspläne und eine Budgetplanung, die eine temporäre Flexibilität in Form von Überträgen oder eine Beleihung der Zukunft erlaubt, nur sehr zögerlich akzeptiert.[1306] LCC-Methoden erfassen und prognostizieren aber gerade künftige Kosten unter Anwendung von Diskontierungssätzen, sodass schließlich buchhalterische Formalitäten dem Siegeszug von LCC entgegenstehen könnten.[1307]

Die Anwendung von LCC wird auch dadurch erschwert, dass keine „one-fits-all" Methode existiert. Wie in Kapitel 2 unter Punkt C, III dargestellt, scheitert dies aus einer Vielzahl von Gründen. Hierzu zählen die fehlende Existenz eines generischen Datenformates für ein sachbilanzbasiertes LCC, die starke Abhängigkeit von festgelegtem Ziel und Untersuchungsrahmen, die Volatilität von Kosteninformationen sowie der Verschiedenartigkeit der Beschaffungsgegenstände – insbesondere mit Blick auf die Entstehung von Kosten während der Nutzungs- oder EoL-Phase sowie die daraus resultierende Zweckmäßigkeit von LCC, was mit dem Detaillierungsgrad eines LCC korreliert. Demgegenüber ist eine Einteilung in bestimmte Kategorien sinnvoll, weil eine reine Einzelfallbetrachtung für den öffentlichen Auftraggeber nicht praktikabel ist.

II. Möglichkeiten der erleichterten Anwendung von LCC

Es liegt auf der Hand, dass den vorstehenden Hemmnissen begegnet werden kann, indem den öffentlichen Auftraggebern eine Orientierungshilfe an die Hand gegeben wird. Durch die Bereitstellung von Tools, die LCC effiziente Bezugsgrößen vorschreiben oder Kernspezifikationen angeben, kann ein Qualifikationsdefizit auf Seiten des öffentlichen Auftraggebers gegebenenfalls ausgeglichen werden. Vorbild ist sicher die bereits erwähnte schwedische „National Agency for Public Procurement", die diverse produktspezifische LCC-Tools online verfügbar macht. So wird etwa für die Beschaffung von Beleuchtungssystemen ein Excel Tool zur Berechnung der Lebenszykluskosten bereitgestellt.[1308] Weitere Beispiele

---

1305 Online abrufbar unter: SEMCo, LCC Instrumente des Schwedischen Rates für Umweltmanagement (SEMCo), in: http://www.upphandlingsmyndigheten.se/en/subject-areas/lcc-tools/, abgerufen am 08.12.2016.

1306 *Dragos/Neamtu* in: Sustainable Public Procurement under EU Law, S. 134.

1307 *Dragos/Neamtu* in: Sustainable Public Procurement under EU Law, S. 134.

1308 SEMCo, in: http://www.upphandlingsmyndigheten.se/en/sustainable-public-procurement/sustainable-procurement-criteria/building-and-property/outdoor-lighting/lighting-design/the-lighting-systems-life-cycle-cost-lcc/, abgerufen am 29.09.2016.

sind professionelle Kühl- und Gefriergeräte[1309] oder Warenautomaten[1310]. Auch das SMART-SPP Projekt hat ein Tool für öffentliche Auftraggeber getestet und entwickelt, um diesen die Bewertung von Lebenszykluskosten und CO_2-Emissionen sowie den Vergleich von Angeboten zu ermöglichen.[1311]

Der Erfolg von LCC wird maßgeblich von der Entwicklung gemeinsamer Methoden für bestimmte Produkte bzw. Dienstleistungen auf EU- oder nationaler Ebene abhängen. Die Europäische Kommission gab nach Inkrafttreten der VRL eine Studie zur Entwicklung eines „life cycle costing calculation tool" zur Erleichterung der Anwendung von LCC für öffentliche Auftraggeber in Auftrag, das den Anforderungen des Art. 68 VRL entspricht und sich auf bestimmte Produktkategorien, wie Büro- und IT-Equipment, Innenbeleuchtung, Haushaltsgeräte[1312], Warenautomaten und medizinische elektrische Geräte, fokussiert.[1313] Die Studie wurde von dem strategischen Beratungsunternehmen Studio Fieschi[1314] und der Scuola Superiore Sant'Anna, einer Hochschule in Pisa, durchgeführt. Deren Ergebnisse bestehen aus einem LCC-Tool[1315], einem Benutzerhandbuch[1316] und technischen Spezifikationen[1317], die genauer zum Hintergrund des vorgeschlagenen Tools ausführen. Allerdings handelt es sich hierbei um eine Studie und nicht um ein offiziell

---

1309 SEMCo, Life cycle cost calculation – professional refrigerators and freezers, in: http://www.upphandlingsmyndigheten.se/en/sustainable-public-procurement/sustainable-procurement-criteria/building-and-property/professional-kitchen/professional-refrigerators-and-freezers/life-cycle-cost-calculation---professional-refrigerators-and-freezers, abgerufen am 08.12.2016.

1310 SEMCo, Life cycle costs for vending machines, in: http://www.upphandlingsmyndigheten.se/en/sustainable-public-procurement/sustainable-procurement-criteria/food/vending-incl.-coffee-vending-machines/vending-machines-only/life-cycle-costs, abgerufen am 08.12.2016.

1311 The SMART SPP consortium, Guidance and tools developed through SMART SPP, in: http://www.smart-spp.eu/guidance, abgerufen am 08.12.2016.

1312 Aus dem Englischen „White Goods".

1313 Europäische Kommission, in: http://ec.europa.eu/environment/gpp/lcc.htm, abgerufen am 13.12.2016.

1314 Studio Fieschi & soci Srl bietet qualifizierte Unterstützung für Unternehmen und Organisationen, die sich entschieden haben, Nachhaltigkeit in der gesamten Wertschöpfungskette ihrer Produkte und Dienstleistungen zu berücksichtigen, vgl. deren Internetauftritt: http://www.studiofieschi.it/en/about-us, abgerufen am 10.12.2016.

1315 Europäische Kommission, in: http://ec.europa.eu/environment/gpp/index_en.htm, abgerufen am 23.11.2016.

1316 Studio Fieschi & soci Srl/Scuola Superiore Sant'Anna, LCC calculation tool User's Guide, in: http://ec.europa.eu/environment/gpp/pdf/LCC_tool_user_guide_final.pdf, abgerufen am 08.12.2016.

1317 Studio Fieschi & soci Srl/Scuola Superiore Sant'Anna, LCC calculation tool Technical Specifications, in: http://ec.europa.eu/environment/gpp/pdf/LCC_tool_technical_specifications.pdf, abgerufen am 08.12.2016.

von der Europäischen Kommission anerkanntes LCC-Modell. Hinsichtlich der Einzelheiten wird auf die Ausführungen in Kapitel 2 unter Punkt C, IV, 3 verwiesen.

Weiter wird zur Vermeidung ausufernder Kosten vorgeschlagen, die Verfahrens- und Vertragsgestaltung vorausschauend zu gestalten, indem alle Leistungen, die über den gesamten Projektlebenszyklus (etwa für kommunale Bauprojekte: Planung, Bau, Betrieb und ggf. Verwertung) entstehen, im Paket vergeben und gegebenenfalls mit einer funktionalen Ausschreibung kombiniert werden.[1318] So sei es öffentlichen Auftraggebern möglich, ihre Planungssicherheit zu erhöhen und Kostenrisiken zu minimieren – ggf. durch eine Aufhebung der Ausschreibung, wenn alle Projektentwürfe das Budget überschreiten.[1319] Der „Lebenszyklusansatz", wie er in diesem Zusammenhang verwendet wird, unterscheidet sich allerdings maßgeblich von der vorliegenden Untersuchung von LCC als Lebenszykluskostenrechnung. Er stellt vielmehr ein Aliud im Sinne einer Alternative zu einer Lebenszykluskostenrechnung dar. Wie die nachstehenden Ausführungen zeigen werden, ist überdies von einer funktionellen Ausschreibung abzusehen, wenn LCC als alleiniges Zuschlagskriterium vorgesehen ist.

B. LCC als Zuschlagskriterium

Die Neuregelung des Zuschlages in Art. 67 VRL unterscheidet sich in rechtlicher Hinsicht nicht von der bisherigen Systematik der VKR. Lediglich die Begriffe wurden ausgetauscht. Das wirtschaftlichste Angebot bildet fortan den Oberbegriff. Dieses wird entweder mit Hilfe des Preises bzw. der Kosten bestimmt, oder anhand des besten Preis-Leistungsverhältnisses ermittelt, was wiederum auf der Grundlage von Kriterien – unter Einbeziehung qualitativer, umweltbezogener und/oder sozialer Aspekte bewertet wird. Die Ermittlung des wirtschaftlich günstigsten Angebotes anhand der Kosten erfolgt mittels eines Kosten-Wirksamkeitsansatzes. Die Richtlinie führt beispielhaft die in Art. 68 normierte Lebenszykluskostenrechnung an. Es steht dem öffentlichen Auftraggeber frei, andere Kostenwirksamkeitsansätze einzusetzen. Die VRL schweigt hierzu, jedoch wurde die Vermutung geäußert, der EU-Gesetzgeber hätte die Methode der sog. Kosten-Nutzen-Analyse im Blick gehabt.[1320] Es handelt sich hierbei um ein in der Betriebswirtschaft allgemein anerkanntes Instrument der Bewertung der Kostenwirksamkeit, das für die Bewertung von Projekten der öffentlichen Hand eingesetzt wird.[1321]

1318 Jasper/Soudry, Kommunalwirtschaft/Sonderausgabe 2010, 84, 85.
1319 Jasper/Soudry, Kommunalwirtschaft/Sonderausgabe 2010, 84.
1320 *Hettich* in: Das neue Vergaberecht, S. 63.
1321 *Hettich* in: Das neue Vergaberecht, S. 63.

I. Kostenwirksamkeit nach Art. 67 Abs. 2 UAbs. 1 VRL

Die Ermittlung des wirtschaftlichsten Angebotes erfolgt nach Art. 67 Abs. 2 UAbs. 1 VRL u.a. anhand einer Bewertung „[...] der Kosten, mittels eines Kosten-Wirksamkeits-Ansatzes, wie der Lebenszykluskostenrechnung gemäß Artikel 68 [...]". Dies bedeutet allerdings nicht, dass LCC fortan nur noch zum Einsatz kommen kann, wenn das kostengünstigste Angebot bezuschlagt werden soll.

Zur Begründung empfiehlt es sich, die bisherige Rechtslage heranzuziehen. Nach Art. 53 VKR erfolgte der Zuschlag entweder auf das Angebot mit dem niedrigsten Preis oder nach dem Kriterium des wirtschaftlichsten Angebotes. Wegen der Diskrepanz der in einem LCC berücksichtigten Kosten im Vergleich zu dem reinen Anschaffungspreis war allgemein anerkannt, dass LCC sich nicht unter den Begriff des „niedrigsten Preises" des Art. 53 Abs. 1 b) VKR subsumieren lässt und nur als mögliches Kriterium in Betracht kommt, wenn der Zuschlag auf das wirtschaftlich günstigste Angebot erfolgt.[1322] Das LCC-Instrument konnte im Rahmen des Zuschlages bislang also nicht bei der reinen Preisvergabe, sondern nur als ein Kriterium, das der Ermittlung des wirtschaftlichsten Angebotes dient, zum Einsatz kommen.[1323] Zunächst lässt sich hieraus resümieren, dass

---

1322 Beispielhaft: Burgi/Brandmeier, EPPPL 2014, 12, 18; Dragos/Neamtu, EPPPL 2013, 19, 22; Weyand, ibr-online-Kommentar Vergaberecht, Stand 14.09.2015, § 97 GWB, Rn. 1256: „Als „Preis" können nach allgemeinem Verständnis nur die Beträge gelten, wie sie im Angebot eines Bieters enthalten sind." Zu der möglichen Einbeziehung von Wartungs- und Betriebskosten, ders. in: ibr-online-Kommentar Vergaberecht, Stand 14.09.2015, § 97 GWB, Rn. 1261.

1323 Barth/Erdmenger/Günther, Umweltfreundliche öffentliche Beschaffung, S. 215; *Mutschler-Siebert/Kern* in: Gabriel/Krohn/Neun, Handbuch des Vergaberechts, 1. Auflage 2014, § 30 Die Angebotswertung, Rn. 54–56; *Wiedemann* in: Kulartz/Marx/Portz/Prieß, Kommentar zur VOL/A, 3. Auflage 2014, § 16, Rn. 292; Interpretierende Mitteilung der Kommission über das auf das öffentliche Auftragswesen anwendbare Gemeinschaftsrecht und die Möglichkeiten zur Berücksichtigung von Umweltbelangen bei der Vergabe öffentlicher Aufträge, KOM(2001) 274 endg., Amtsblatt C 333 v. 28.11.2001, S. 12, Ziffer 3.2. Burgi/Brandmeier berufen sich in EPPPL 2014, 12, 18 darauf, dass LCC bislang nur als Zuschlagskriterium zulässig war, wenn es Faktoren wie Wartungskosten, Lebensdauer oder Entsorgungskosten einbezog. Sie berufen sich auf Arrowsmith, The Law of Public and Utilities Procurement, 2nd ed. 2005, S. 501. Es sollten also nicht alle Stadien des Lebenszyklus (von der Akquisition des Rohmaterials bis zur finalen Entsorgung) einbezogen werden können. In der aktuellen Ausgabe des Werks führt die Autorin jedoch aus, dass die Rechtsprechung zur VKR klargestellt habe, dass bestimmte Kosten, wie etwa Umweltkosten der Produktion von Lieferungen, auch nach der Vorgängerrichtlinie schon einbezogen werden konnten, vgl. dies., The Law of Public and Utilities Procurement, 3nd ed., London 2014, S. 785, 796.

der Kosten-Wirksamkeitsansatz kein neues Kriterium ist.[1324] Überdies erfolgt die Zuschlagserteilung im Grundsatz wie bisher, sodass keine Gründe dagegen sprechen, die mittels LCC bestimmte Kostenwirksamkeit neben qualitativen Kriterien zur Ermittlung des besten Preis-Leistungsverhältnisses heranzuziehen.

Neu ist die signifikante Aufwertung von LCC, indem es über das Kostenkriterium eine weitere, eigene Option für die Zuschlagserteilung darstellt.[1325] Die VRL stellt in Art. 67 Abs. 2 neben dem besten Preis-Leistungsverhältnis, das dem des bisherigen „wirtschaftlich günstigsten Angebotes" entspricht, nicht mehr nur auf den „niedrigsten Preis", sondern auch auf die „niedrigsten Kosten" ab. Hieraus ergeben sich einige Implikationen. Für den öffentlichen Auftraggeber bedeutet dies, dass er sich die Vereinfachung der Bewertung zum Vorteil machen kann, ohne qualitätsbezogene Aspekte zumindest zum Teil preisgeben zu müssen.[1326] Andererseits ist damit das Verhältnis zwischen finanziellen und qualitativen Aspekten in dem Sinne einer relativen Gewichtung in der Zuschlagsentscheidung nicht mehr frei bestimmbar, sondern durch das mathematische Verhältnis bestimmt.[1327] Damit gehen allerdings auch die grundlegenden Charakteristika qualitativer Kriterien, insbesondere im Gegensatz zu dem Anschaffungspreis, verloren.[1328] Überdies können Externalitäten, denen kein monetärer Wert beigemessen werden kann, über das reine „niedrigste Kosten" Kriterium nicht in die Zuschlagsentscheidung einfließen. Nach der VRL kann die mittels dem LCC-Instrument oder auf andere Weise bestimmte Kostenwirksamkeit aber entweder einziges Zuschlagskriterium („niedrigste Kosten") sein, oder wie bislang neben qualitativen Kriterien der Ermittlung des besten Preis-Leistungsverhältnisses dienen.[1329] Beide Möglichkeiten werden nachfolgend bewertet. Zu den materiellen und formellen Voraussetzungen der Einbeziehung von LCC führt nachfolgend Punkt C, I, 2 aus.

II. Kostenwirksamkeit im nationalen Umsetzungsrecht

Der nationale Gesetzgeber hat auf die Umsetzung des Begriffs der „Kostenwirksamkeit" verzichtet.[1330] Im Übrigen entsprechen die deutschen Zuschlagsvorschriften

1324 *Jasper* in: Tagungsband 16. Düsseldorfer Vergaberechtstag, S. 46, in: https://broschueren.nordrheinwestfalendirekt.de/herunterladen/der/datei/16-du-sseldorfer-vergaberechtstag-online-version-pdf/von/16-duesseldorfer-vergaberechtstag/vom/mweimh/2167, abgerufen am 08.12.2016, verdient Zustimmung; Burgi, Vergaberecht, § 17, Rn. 10.

1325 *Mutschler-Siebert/Kern* in: Gabriel/Krohn/Neun, Handbuch des Vergaberechts, 1. Auflage 2014, § 30 Die Angebotswertung Rn. 56; Burgi/Brandmeier, EPPPL 2014, 12, 19; Burgi, Vergaberecht, § 17, Rn. 10.

1326 Burgi/Brandmeier, EPPPL 2014, 12, 19.

1327 Burgi/Brandmeier, EPPPL 2014, 12, 20.

1328 Burgi/Brandmeier, EPPPL 2014, 12, 20.

1329 Vgl. die soeben dargestellte und sich aus Art. 67 Abs. 2 UAbs. 1 VRL i.V.m. Erwägungsgrund 90 ergebende Systematik der Neuregelung.

1330 Vgl. den Wortlaut der Zuschlagsvorschriften des nationalen Rechts: § 127 Abs. 1 GWB, § 58 Abs. 2, S. 1, 2; § 59 Abs. 1 VgV; § 16d EU VOB/A Abs. 2–5.

von der Systematik her der Richtlinienvorgabe. Auch das GWB stellt in § 127 Abs. 1 S. 3 nunmehr ausdrücklich neben dem Preis gleichermaßen auf die „niedrigsten Kosten“ ab. Es bestehen zwei Optionen der Einbeziehung der Lebenszykluskostenrechnung zur Ermittlung des wirtschaftlichsten Angebotes. Zum einen ist dies die „Nur-Preis“ Vergabe, die nach der Vergaberechtsmodernisierung grundsätzlich weiterhin möglich ist, wie in Kapitel 3 unter Punkt D, I, 2, a) aufgezeigt. Diese Option wurde ergänzt um die „Nur-Kosten“ Vergabe, weshalb LCC auch national eine eigene Option der Zuschlagserteilung ist und somit eine deutliche Aufwertung erfährt. Konkretisiert wird dies in § 59 VgV der in Abs. 1 S. 1. Nach dieser Vorschrift kann der öffentliche Auftraggeber vorgeben, dass das Zuschlagskriterium „Kosten“ auf der Grundlage der Lebenszykluskosten der Leistung berechnet wird. Schließlich kann LCC nach wie vor neben leistungsbezogenen Kriterien zur Ermittlung des besten Preis-Leistungsverhältnisses herangezogen werden.

III. Einsatz von LCC neben qualitativen Kriterien zur Ermittlung des besten Preis-Leistungsverhältnisses

Entscheidet sich der öffentliche Auftraggeber dafür, das Ergebnis eines LCC neben qualitativen Kriterien zur Ermittlung des besten Preis-Leistungsverhältnisses heranzuziehen, so wird eine Gewichtung zwischen diesen beiden Komponenten erforderlich.[1331] Das Verhältnis der wirtschaftlichen Bedeutung der während des Lebenszyklus entstehenden Folgekosten zu den Anschaffungskosten kann Eingang in die Gewichtung des LCC als Kostenwirksamkeitsansatz finden. Je nach zu erwartendem Umfang kann den Folgekosten eine erhebliche Wertungsrelevanz eingeräumt werden.[1332]

Daraus resultieren zwei unterschiedliche Fragestellungen. Zum einen ist dies die Gewichtung des Kostenkriteriums LCC im Verhältnis zu den übrigen qualitativen Kriterien. Dies betrifft einen Teilaspekt der Unterforschungsfrage 4.[1333] Hiervon zu trennen ist die Ermittlung des besten Preis-Leistungsverhältnisses mit Hilfe von Berechnungsformeln. Dem widmen sich die Ausführungen sogleich unter 2.

1. Gewichtung des LCC-Kostenkriteriums

Wie bereits erwähnt, enthält weder die VRL, noch das nationale Umsetzungsrecht Angaben hinsichtlich einer Gewichtung des LCC-Kostenkriteriums im Verhältnis zu den qualitativen Kriterien im Zuge der Bestimmung des besten Preis-Leistungsverhältnisses. Weil sich mit der Vergaberechtsnovelle lediglich die Begrifflichkeiten

---

1331 *Wiedemann* in: Kulartz/Marx/Portz/Prieß, Kommentar zur VOL/A, 3. Auflage 2014, § 16, Rn. 333.

1332 *Horn* in: Müller-Wrede, Vergabe- und Vertragsordnung für Leistungen, 4. Auflage, Datenbank VergabePortal, Zugriff am 11.07.2016, § 19 VOL/A-EG , Rn. 283.

1333 Die wie folgt lautet: „Welches Gewicht darf dem LCC in der Zuschlagsentscheidung zukommen?“

änderten, also das neue „beste Preis-Leistungsverhältnis“ inhaltlich dem bisherigen „wirtschaftlichsten Angebot“ entspricht, greifen die nachstehenden Ausführungen auf die bisherige Vergaberechtsprechung sowie Literatur zurück.[1334]

a) „Clean-Vehicles-Directive“ als Anhaltspunkt?

Fraglich ist, ob sich der „Clean-Vehicles-Directive“ Anhaltspunkte entnehmen lassen, die sich für die Begründung einer Gewichtungsspanne fruchtbar machen lassen. Die Richtlinie regelt in Art. 5 Abs. 3 b), dass Energie- und Umweltauswirkungen sowie die Ergebnisse einer Lebenszykluskostenrechnung als Zuschlagskriterium dienen, ohne einen Hinweis auf eine bestimmte Quote zu liefern. Das bisherige nationale Umsetzungsrecht sah in § 4 Abs. 8 VgV a.F. vor, dass der öffentliche Auftraggeber den Energieverbrauch und die Umweltauswirkungen von Straßenfahrzeugen als Kriterium angemessen bei der Entscheidung über den Zuschlag berücksichtigt. Die Sektorenverordnung sah eine entsprechende Gewichtung nicht vor.[1335] Eine Erläuterung, was unter einer „angemessenen“ Gewichtung zu verstehen ist, bleibt das nationale Umsetzungsrecht jedoch schuldig. Auch die Historie der Verordnungsgebung hilft nicht weiter. Während der erste Entwurf die Energieeffizienz noch als „hoch gewichtetes“ Zuschlagskriterium vorsah, setzte sich auch der Bundesrat mit seinem Antrag, das Kriterium „besonders zu gewichten“, nicht durch.[1336] Tatsächlich lässt dies nur den Schluss zu, dass die in den Verordnungstext aufgenommene „angemessene“ Gewichtung ein Weniger im Verhältnis zu einer „hohen“ oder „besonderen“ Gewichtung darstellt.[1337] Letztlich handelt es sich hierbei insgesamt um unbestimmte Rechtsbegriffe, die einer Ausfüllung durch wertende Argumentation bedürfen. Unter Berücksichtigung der Historie sowie der Ratio der Norm ist eine nur marginale Berücksichtigung jedenfalls ausgeschlossen.

Die vorherige Fassung des § 4 Abs. 8 VgV findet sich nunmehr in Art. 68 Abs. 2 VgV.[1338] Die Vorschrift sieht vor, dass der öffentliche Auftraggeber den Energieverbrauch und die Umweltauswirkungen von Straßenfahrzeugen, ausgedrückt durch die in der Anlage 3 definierte Lebenszykluskostenmethode, als Zuschlagskriterien berücksichtigt. Der unbestimmte Rechtsbegriff „angemessen“ wurde aus dem Normtext entfernt. In der Begründung zur Vergabeverordnung heißt es

---

1334 Beispielhaft für viele: *Jasper* in: Tagungsband 16. Düsseldorfer Vergaberechtstag, S. 45, in: https://broschueren.nordrheinwestfalendirekt.de/herunterladen/der/datei/16-du-sseldorfer-vergaberechtstag-online-version-pdf/von/16-duesseldorfer-vergaberechtstag/vom/mweimh/2167, abgerufen am 08.12.2016.

1335 § 7 Abs. 6 Nr. 2 SektVO, § 29 Abs. 2 S. 3 SektVO.

1336 Stockmann/Rusch, NZBau 2013, 71, 76 mit Verweis auf die Begründung des Verordnungsentwurfs, BR-Dr 345/11, S. 2 sowie den Antrag des Landes Nordrhein-Westfalen v. 6. 7. 2011, BR-Dr 345/2/11, S. 1.

1337 Stockmann/Rusch, NZBau 2013, 71, 76.

1338 Deutscher Bundestag, Verordnung der Bundesregierung zur Modernisierung des Vergaberechts, BT-Drs. 18/7318, S. 202; Schaller, ZfBR Beilage 2016, 34 f.

wörtlich: „Zu Absatz 2: Absatz 2 überführt den Regelungsgehalt des § 4 Absatz 8 der bisherigen VgV in diese Verordnung."[1339] Demgegenüber entschied sich der Verordnungsgeber im Zuge der Normierung der allgemeinen Regeln zur Beschaffung energieverbrauchsrelevanter Liefer- und Dienstleistungen in § 67 Abs. 5 i.V.m. Abs. 3 VgV dazu vorzusehen, dass die Ergebnisse einer in geeigneten Fällen durchzuführenden Analyse minimierter Lebenszykluskosten „angemessen" zu berücksichtigen sind. Auch die Verordnungsbegründung verweist explizit auf die Angemessenheit sowie darauf, dass dem öffentlichen Auftraggeber insoweit ein Beurteilungsspielraum zusteht.[1340] Ob der Verordnungsgeber in Bezug auf Straßenfahrzeuge eine Änderung der Rechtslage herbeiführen wollte, ist angesichts der Begründung zweifelhaft. Zudem kann dies für die hier durchgeführte Untersuchung dahingestellt bleiben, weil ohnehin lediglich Anhaltspunkte für eine Gewichtung gewonnen werden sollen.

In der Literatur werden unterschiedliche Gewichtungsgrenzen genannt. Nicht weiterhelfen kann die Einschätzung, nach der bei Straßenfahrzeugen angesichts der hohen Lebenszykluskosten regelmäßig eine „hohe" Gewichtung angemessen sein dürfte.[1341] Eine Literaturstimme lehnt die „Angemessenheit" der Berücksichtigung ab, wenn Energieverbrauch und Umweltauswirkungen mit weniger als 10–20% gewichtet werden.[1342] An anderer Stelle wird auf den dem öffentlichen Auftraggeber zustehenden erheblichen Gestaltungsspielraum bei der Festlegung der Gewichtung verwiesen, die von den Nachprüfungsinstanzen nur darauf hin überprüfbar sei, ob die Grenzen der Angemessenheit überschritten wurden, indem das Kriterium völlig marginalisiert wird oder der öffentliche Auftraggeber unter Missachtung des Wettbewerbs- und Wirtschaftlichkeitsprinzips im anderen Extrem die Energie- und Umweltauswirkungen als ausschlaggebendes Wertungskriterium definiert.[1343] Es wurde eine Untergrenze von 3%[1344] sowie eine Differenzierung vorgeschlagen, nach der es auf die wirtschaftliche Bedeutung der Energie- und Umweltkosten im Verhältnis zu den Anschaffungskosten ankommt.[1345] Bei einer lediglich untergeordneten Bedeutung reiche eine Gewichtung von 5–10% aus,

---

1339 Deutscher Bundestag, Verordnung der Bundesregierung zur Modernisierung des Vergaberechts, BT-Drs. 18/7318, S. 202.

1340 Deutscher Bundestag, Verordnung der Bundesregierung zur Modernisierung des Vergaberechts, BT-Drs. 18/7318, S. 202.

1341 *Greb* in: Ziekow/Völlink, Vergaberecht, 2. Auflage 2013, § 4 VgV, Rn. 40 ohne nähere Ausführungen dazu, was unter einer „hohen" Gewichtung zu verstehen ist.

1342 Schröder, NZBau 2014, 467 f. m.w.N. in Fn. 22.

1343 Zeiss, NZBau 2012, 201, 203–205.

1344 Zeiss, NZBau 2012, 201, 204; ders., NZBau 2011, 658, 662; Stockmann/Rusch, NZBau 2013, 71, 76.

1345 In Bezug auf die Vorschriften zur Energieeffizienz: Zeiss, NZBau 2012, 201, 204; ders. zur vorherigen Fassung der VgV, in NZBau 2011, 658 ff.; Gaus, NZBau 2013, 401, 407.

wohingegen bei einer „herausragenden Rolle“ 20–30% zu fordern seien.[1346] Diese Überlegung lässt sich auch für eine Gewichtung von LCC als Kostenkriterium fruchtbar machen. Schließlich kann den Folgekosten je nach zu erwartendem Umfang eine erhebliche Wertungsrelevanz eingeräumt werden.[1347] Das Verhältnis der wirtschaftlichen Bedeutung der während des Lebenszyklus entstehenden Folgekosten zu den Anschaffungskosten sollte sich im Rahmen der Gewichtung des LCC-Kostenkriteriums widerspiegeln. Die Frage, ob sich die vorgeschlagenen Prozentgrenzen auf den Einsatz von LCC ohne weiteres übertragen lassen, ist anhand der Debatte, ob und mit welchem Gewicht der Preis bei der Wertung von Angeboten mindestens zu berücksichtigen ist[1348], zu bewerten.

b) Orientierungshilfe Preisgewichtung

Der EuGH gibt keine festen Grenzen hinsichtlich einer Mindest- oder Maximalgewichtung des Preises vor. Dem öffentlichen Auftraggeber dürfe zwar keine unbeschränkte Entscheidungsfreiheit zukommen, jedoch ist er nicht nur bei der Auswahl der Zuschlagskriterien frei, sondern auch bei deren Gewichtung, wenn diese eine Gesamtwürdigung der Kriterien ermöglicht, die der Ermittlung des wirtschaftlich günstigsten Angebotes dienen und sowohl alle Verfahrensvorschriften als auch alle wesentlichen Grundsätze, die sich aus dem Gemeinschaftsrecht ergeben, beachtet werden.[1349] Die Gewichtung eines nicht-monetären Umweltkriteriums mit 45% hielt der EuGH für mit dem europäischen Vergaberecht vereinbar.[1350]

Einheitliche Wertungsgrenzen ergeben sich aus der maßgeblich durch das OLG Düsseldorf und das OLG Dresden geprägten vergaberechtlichen Judikatur nicht. Das OLG Dresden nahm in einem Beschluss von Januar 2001 an, dass ein Wertungsanteil des Angebotspreises von 30% eine Größenordnung darstelle, die regelmäßig nicht unterschritten werden sollte.[1351] Der Preis müsse ein wichtiges,

---

1346 Zeiss, NZBau 2012, 201, 204, ders., zur vorherigen Fassung der VgV, NZBau 2011, 658 ff.; Gaus, NZBau 2013, 401, 407.

1347 *Horn* in: Müller-Wrede, Vergabe- und Vertragsordnung für Leistungen, 4. Auflage, Datenbank VergabePortal, Zugriff am 11.07.2016, § 19 VOL/A-EG, Rn. 283; ein ähnlicher Vorschlag findet sich für die Vorschriften zur Energieeffizienz bei Zeiss, NZBau 2012, 201, 204, der bei einer lediglich untergeordneten Bedeutung eine Gewichtung von 5–10% ausreichen lässt und bei einer „herausragenden Rolle“ 20–30% fordert; vgl. weiterhin ders. zur vorherigen Fassung der VgV in NZBau 2011, 658 ff.; Gaus, NZBau 2013, 401, 407.

1348 So die Überlegung von: Stockmann/Rusch, NZBau 2013, 71, 76.

1349 EuGH vom 04.12.2003, Rs. C-448/01, EU:C:2003:651 – *EVN und Wienstrom*, Rn. 37–39.

1350 EuGH vom 04.12.2003, Rs. C-448/01, EU:C:2003:651 – *EVN und Wienstrom*, Rn. 43.

1351 OLG Dresden, B. v. 05.01. 2001 – WVerg 11 u. 12/00, NZBau 2001, 459 ff.; dem sich anschließend: VK Niedersachsen, B. v. 17.03.2011 – Az.: VgK-65/2010, IBR 2011, 1253.

die Vergabeentscheidung substanziell beeinflussendes Entscheidungskriterium bleiben und dürfe nicht bis zur Bedeutungslosigkeit marginalisiert werden.[1352] Dies lässt zunächst auf die Festlegung einer *Mindestquote* schließen. Allerdings bestand der festgestellte Verstoß der Preisgewichtung gegen das Wirtschaftlichkeitsgebot darin, dass das Gewicht des Angebotspreises bezogen auf die erreichbare maximale Gesamtpunktzahl in dem Bewertungssystem einen Anteil von je nach Betrachtungsweise zwischen 0,6% und 1,8% ausmachte.[1353] Dies lässt nach dem Dafürhalten der Verfasserin jedoch die Wertung, nach der der Preis mit mindestens 30% in die Zuschlagsentscheidung eingehen sollte, unberührt. Das OLG Düsseldorf sah dies jedoch anders. Es bewertete den Beschluss Ende des gleichen Jahres als Einzelfall, weil der Vergabeverstoß darin begründet lag, dass das Preiselement rein rechnerisch nur mit einem Anteil von 0,6% bis 1,8% in die Zuschlagsentscheidung einging.[1354] Der Senat verwies darauf, dass der Angebotspreis zwar ein wichtiges, aber auch nur eines von mehreren Wertungskriterien sei, weshalb der Preis „kein lediglich am Rande der Wertung stehendes Beurteilungselement bleiben" dürfe[1355], mit der Folge, dass der Zuschlag losgelöst von preislichen Überlegungen erteilt werden könne.[1356] Der Auftraggeber müsse den Preis in ein angemessenes Verhältnis zu den übrigen Wirtschaftlichkeitskriterien bringen, wobei ihm jedoch ein weiter Beurteilungs- und Ermessensspielraum zustehe, der durch die Nachprüfungsinstanzen nur eingeschränkt kontrollierbar ist.[1357]

Ebenso vergaberechtlich unzulässig ist eine *Überbewertung des Preises*, weil auch den nicht monetären Aspekten ein angemessenes Gewicht im Rahmen des Zuschlages zukommen muss.[1358] Das Preiskriterium darf also weder unter- noch überbewertet werden.[1359] Der Preis stellt nach der Auffassung des OLG Düsseldorf ein gewichtiges Merkmal dar, das beim Zuschlagskriterium des besten Preis-Leistungsverhältnisses nicht am Rande der Wertung stehen darf, sondern vom Auftraggeber in ein angemessenes Verhältnis zu den übrigen Wertungskriterien zu

1352 OLG Dresden, B. v. 05.01. 2001 – WVerg 11 u. 12/00, NZBau 2001, 459 ff.

1353 OLG Dresden, B. v. 05.01. 2001 – WVerg 11 u. 12/00, NZBau 2001, 459 ff.

1354 OLG Düsseldorf, B. v. 29. 12. 2001 – Az.: Verg 22/01, NZBau 2002, 578, 580 f. Später bewertete das OLG Düsseldorf dies wie folgt: „Im Beschl. vom 29.12.2002 [...] hat der Senat zwar keine der Wertung des Preises geltende feste Prozentmarge gefordert, sich die grundsätzliche Beurteilung durch das OLG Dresden aber zu eigen gemacht", B. v. 27.11.2013 – Az.: VII-Verg 20/13, NZBau 2014, 121, 124.

1355 OLG Düsseldorf, B. v. 29. 12. 2001 – Az.: Verg 22/01, NZBau 2002, 578, 580f.; später bestätigt: OLG Düsseldorf, B. v. 25.05.2005 – Az.: VII-Verg 8/05, VPRRS 2013, 291.

1356 So die zutreffende spätere Konkretisierung des OLG Dresden, B. v. 27.11.2013 – Az.: VII-Verg 20/13, NZBau 2014, 121, 124.

1357 OLG Düsseldorf, B. vom 25.05.2005 – Az.: VII-Verg 8/05, VPRRS 2013, 291; OLG Dresden, B. v. 27.11.2013 – Az.: VII-Verg 20/13, NZBau 2014, 121, 124.

1358 OLG Düsseldorf, B. v 21.05.2012 – Az.: VII-Verg 3/12, BeckRS 2012, 15472.

1359 OLG Düsseldorf, B. v 21.05.2012 – Az.: VII-Verg 3/12, BeckRS 2012, 15472.

bringen ist.[1360] Eine Festlegung und Gewichtung von Zuschlagskriterien, bei denen materielle Kriterien zur Bewertung des besten Preis-Leistungsverhältnisses neben dem Angebotspreis nur eine *marginale Rolle* spielen oder der Preis eine übermäßige Bedeutung einnimmt, könne demnach gegen das Wirtschaftlichkeitsprinzip verstoßen.[1361] Das OLG Celle sah auch in einem Verhältnis zwischen Preis und Leistung von 40% zu 60% noch keine Marginalisierung bzw. Nivellierung des Preiskriteriums.[1362] Zur Begründung führt das Gericht aus, dass der dem öffentlichen Auftraggeber zustehende Spielraum im Rahmen der Festlegung der auftragsbezogenen Kriterien für die Bestimmung des besten Preis-Leistungsverhältnis seine Schranken in den Grundsätzen der Gleichbehandlung und Transparenz finde.[1363] Er muss Zuschlagskriterien festlegen, diese ordnungsgemäß bekanntgeben und die Bewertung anhand der vorgegebenen Kriterien vornehmen.[1364] Dabei darf die Festlegung und Gewichtung nicht dazu führen, dass diese Kriterien faktisch keine Rolle mehr spielen („keine Nivellierung der Aushöhlung der Angebotswertung").[1365]

Die Festlegung des Angebotspreises mit 50% ist nach Ansicht des OLG Düsseldorf weder zu hoch noch zu niedrig.[1366] Hingegen verletze eine Gewichtung des Preises mit 95% den Wirtschaftlichkeitsgrundsatz, weil dem weiteren Kriterium nur eine „Alibifunktion" zukomme.[1367] Schließlich befand der Vergabesenat des OLG Düsseldorf auch ein Verhältnis von Preis/Leistung mit 90 zu 10% für vergaberechtswidrig.[1368] Beachtenswert ist, dass der Senat auf die in seiner bisherigen Rechtsprechung etablierte Begründung rekurriert, ohne sich jedoch wie sonst auf die Besonderheiten des konkreten Auftrages zu beziehen. Es macht den Anschein, als ob das OLG losgelöst von der Einzelfallgestaltung ein unangemessenes Gewicht des Preises bei 90% annimmt. Im einem Beschluss von 2016 hielt das OLG Düsseldorf eine Gewichtung von nur 3% für vergaberechtlich zulässig.[1369] Eine Marginalisierung liege nicht vor, wenn mit nur einer geringen Gewichtung versehene Unterkriterien Ergebnis einer stark differenzierten Qualitätsbestimmung sind.[1370] Eine Aufgabe der Forderung nach einem gewissen Mindestgewicht

---

1360 OLG Düsseldorf, B. v 21.05.2012 – Az.: VII-Verg 3/12, BeckRS 2012, 15472 noch zu dem Zuschlagskriterium des wirtschaftlichsten Angebote mit Verweis u.a. auf OLG Dresden, B. v. 05.01.2001 – WVerg 11 und 12/00, VergabeR 2001, 41, 44; OLG Düsseldorf, B. v. 29.12.2001 – Verg 22/01, VergabeR 2002, 267, 274.

1361 OLG Düsseldorf, B. v 21.05.2012 – Az.: VII-Verg 3/12, BeckRS 2012, 15472 noch zu dem Zuschlagskriterium des wirtschaftlichsten Angebote.

1362 OLG Celle, B. v. 11.06.2015 – Az.: 13 Verg 4/15, BeckRS 2015, 11003.

1363 OLG Celle, B. v. 11.06.2015 – Az.: 13 Verg 4/15, BeckRS 2015, 11003, Rn. 58, 59.

1364 OLG Celle, B. v. 11.06.2015 – Az.: 13 Verg 4/15, BeckRS 2015, 11003, Rn. 58, 59.

1365 OLG Celle, B. v. 11.06.2015 – Az.: 13 Verg 4/15, BeckRS 2015, 11003, Rn. 58, 59.

1366 OLG Düsseldorf, B. v 21.05.2012 – Az.: VII-Verg 3/12, BeckRS 2012, 15472.

1367 OLG Dresden, B. v. 27.11.2013 – Az.: VII-Verg 20/13, NZBau 2014, 121, 124.

1368 OLG Düsseldorf, B. v. 09.01.2013 – Az.: VII-Verg 33/12, BeckRS 2013, 4078.

1369 OLG Düsseldorf, B. v. 15.06.2016 – VII-Verg 49/15 –, Rn. 35, juris.

1370 OLG Düsseldorf, B. v. 15.06.2016 – VII-Verg 49/15 –, Rn. 35, juris.

von leistungsbezogenen, nicht monetären Faktoren stellt dieser Beschluss nicht dar. Vielmehr eine dahingehende Konkretisierung des Begriffs der „Marginalisierung", dass einzelne leistungsbezogene Zuschlagskriterien *im Rahmen einer ausführlichen Bewertungsmatrix* durchaus eine Gewichtung im einstelligen Prozentbereich haben können.[1371]

Unter Vergabepraktikern sowie in der Literatur wurde diese Rechtsprechungslinie des OLG Düsseldorf, die sich der Mindestgewichtung nicht-monetärer Kriterien widmet, kritisch aufgenommen.[1372] Eine Berücksichtigung der zu erbringenden Leistung erfolgt nämlich nicht zwangsläufig über Wertungskriterien im Rahmen des Zuschlages, sondern ist auch möglich, indem sie in der Leistungsbeschreibung weitgehend vorgegeben wird und daher die geringfügig verbleibenden Differenzierungsspielräume nur mit einer geringeren Gewichtung in die Angebotswertung eingehen.[1373] Je stärker also die zu erbringende Leistung vorgegeben ist, desto mehr ist das optimale Preis-Leistungsverhältnis über den Preis zu erbringen.[1374] Ähnlich der BGH in Bezug auf eine nicht angegebene Gewichtung: Es komme dem „[...] Preis bei der Gewichtung umso größere Bedeutung zu, je standardisierter der Gegenstand der Beschaffung ist oder je detaillierter der Leistungsinhalt in den Vergabeunterlagen festgelegt wurde".[1375] Gegen den Beschluss des OLG Düsseldorf wird weiter vorgebracht, dass auch die reine Preisvergabe nach weit überwiegender Meinung möglich ist[1376], sodass „a maiore ad minus" auch eine hohe Gewichtung des Preises mit etwa 90% zulässig sein muss.[1377] Es ist schließlich auch nicht überzeugend, den Auftraggeber in diesen Fällen gänzlich auf das Preiskriterium zu

1371 *Opitz* in: Dreher/Motzke, Beck'scher Vergaberechtskommentar, 3. Auflage 2017, § 127 GWB, Rn. 37.

1372 Kulartz/Scholz, VergabeR 2014, 109, 112; Pfarr, OLG Düsseldorf: Bewertung des Preises mit 90 % vergaberechtswidrig?, Vergabeblog.de v. 10.05.2013, Nr. 15182, in: http://www.vergabeblog.de/2013-05-10/olg-dusseldorf-bewertung-des-preises-mit-90-vergaberechtswidrig-09-01-2013-verg-3312/, abgerufen am 08.12.2016 sowie insbesondere die im Anschluss geführte Diskussion unter namhaften Praktikern.

1373 Kulartz/Scholz, VergabeR 2014, 109, 112.

1374 Kulartz/Scholz, VergabeR 2014, 109, 112.

1375 BGH, Urteil vom 15.01.2013, Az.: X ZR 155/10, NZBau 2013, 319.

1376 OLG Frankfurt a. M., B. v. 5.06.2012 – Az.: 11 Verg 4/12, NZBau 2012, 719, 721; vgl. die weiteren Nachweise dort sowie beispielhaft für viele: Frenz in Willenbruch/Wieddekind, Kompaktkommentar Vergaberecht, 3. Auflage 2014, § 97 GWB, Rn. 81; Weyand, ibr-online-Kommentar Vergaberecht, Stand 14.09.2015, § 97 GWB, Rn. 1130; dogmatisch folgt dies entweder aus einer richtlinienkonformen Auslegung des Umsetzungsrechts oder aus einer unmittelbaren Anwendung des Art. 53 Abs. 1 VKR, Stoye/Plantiko, VergabeR 2015, 309 f.

1377 So der Kommentar von Schwabe zu folgendem Beitrag: Pfarr, OLG Düsseldorf: Bewertung des Preises mit 90 % vergaberechtswidrig?, Vergabeblog.de v. 10.05.2013, Nr. 15182, in: http://www.vergabeblog.de/2013-05-10/olg-dusseldorf-bewertung-des-preises-mit-90-vergaberechtswidrig-09-01-2013-verg-3312/, abgerufen am 08.12.2016.

verweisen. Selbst bei Ausschreibungen, deren Gestaltung den Bietern nur kleine Spielräume für wertungsrelevante Umstände lässt, kann schon ein kleiner Mehrwert durch die Beachtung eines qualitativen Kriteriums zu einer besseren Bewertung führen.[1378] Ein nur gering gewichtetes Kriterium ist also nicht unweigerlich von marginaler Bedeutung.[1379] Schließlich lässt sich nichts dagegen einwenden, dass bei zwei Angeboten, die preislich ungefähr gleichauf liegen, qualitative Kriterien den Ausschlag geben. In der Literatur wird vertreten, dass das OLG Düsseldorf mit seiner Forderung nach einem gewissen Mindestgewicht von leistungsbezogenen, nicht monetären Faktoren im Rahmen der Vergabeentscheidung versucht, der bisherigen Praxis öffentlicher Auftraggeber entgegenzuwirken, das Verbot der Zulassung von Nebenangeboten bei einer Bewertung ausschließlich anhand des niedrigsten Preises durch die Vorgabe nicht monetärer Zuschlagskriterien mit Bagatellgewichtung („Alibikriterien") auszuhebeln.[1380] Dies ist nach der Vergaberechtsmodernisierung überholt. Nebenangebote können nun auch zugelassen oder vorgeschrieben werden, wenn der Preis oder die Kosten das alleinige Zuschlagskriterium sind.[1381]

Die in der ersten Instanz mit der Nachprüfung befassten Vergabekammern führten ebenfalls zu Wertigkeitsannahmen aus. Die VK Sachsen schloss sich dem Beschluss des OLG Dresden von 2001 in Bezug auf die Mindestgewichtung des Preiskriteriums mit 30% an.[1382] Eine Gewichtung des Leistungsteils mit 70% war aus Sicht der 2. VK Bund wegen der hochkomplexen Leistungserbringung sachgerecht und nicht zu beanstanden.[1383] Gleichwohl wurde die Bezeichnung des Leistungskriteriums als „überdurchschnittlich" bezeichnet.[1384] Ähnlich die VK Lüneburg. Nach Auffassung des Nachprüfungsorgans war es nicht zu beanstanden, dass der Auftraggeber dem Kriterium „Angebotspreis" mit 75% nicht das ausschließliche, aber das entscheidende Gewicht beigemessen hat, weil das Vergaberecht den öffentlichen Auftraggeber nicht hindere, Rücksicht auf seine Haushaltssituation zu nehmen und nicht nur eine preiswerte, sondern auch eine objektiv billige Beschaffung anzustreben, sofern diese den von ihm in der Leistungsbeschreibung definierten Bedarf deckt.[1385] Auch die VK Niedersachen beanstandete eine Gewichtung des

1378 OLG Koblenz, B. v. 02.10.2012 – Az.: 1 Verg 4/12, JurionRS 2012, 24793.

1379 Zu diesem Ergebnis kam auch: Pfarr, OLG Düsseldorf: Bewertung des Preises mit 90 % vergaberechtswidrig?, Vergabeblog.de v. 10.05.2013, Nr. 15182, in: http://www.vergabeblog.de/2013-05-10/olg-dusseldorf-bewertung-des-preises-mit-90-vergaberechtswidrig-09-01-2013-verg-3312/, abgerufen am 08.12.2016.

1380 *Opitz* in: Dreher/Motzke, Beck'scher Vergaberechtskommentar, 3. Auflage 2017, § 127 GWB, Rn. 37.

1381 § 35 Abs. 2 S. 3 VgV. Vgl. hierzu eingehend die Ausführungen unter Kapitel 4, B. IV. a), ba).

1382 VK Sachsen, B. v. 07.05.2007 – Az.: 1/SVK/027-07, IBRRS 2007, 3216.

1383 2. VK Bund, B. v. 04.03.2004 – Az.: VK 2 – 134/03, JurionRS 2004, 32430.

1384 2. VK Bund, B. v. 04.03.2004 – Az.: VK 2 – 134/03, JurionRS 2004, 32430.

1385 VK Lüneburg, B. v. 13.05.2002 – Az.: 203-VgK-07/2002, IBRRS 2004, 3499.

Preises mit 70% nicht.[1386] Die VK Bund hielt eine Berücksichtigung des Preises mit 90% für zulässig, weil dem Kriterium „Technischer Wert“ im Fall nicht nur eine reine, vergaberechtlich unzulässige Alibifunktion zukam.[1387] Zu der Marginalisierung des Preiskriteriums führte die 2. VK Bund aus, dass eine Berücksichtigung des Angebotspreises mit 5% die finanzielle Komponente völlig in den Hintergrund treten lässt.[1388] Nach Auffassung der VK Brandenburg ist die Gewichtung des Kriteriums „Honorarangebot“ mit 15% ausreichend, weil sich die Wirtschaftlichkeit weder allein noch ausdrücklich nach dem Preis bemisst.[1389]

Aus dem Vorstehenden ergibt sich, dass sich in der Rechtsanwendung kein „safe harbour“ einer Mindestgewichtung des Preises – auch einer solchen mit 30% – durchgesetzt hat.[1390] Eine feste Grenze im Sinne einer Mindestgewichtung des Preiskriteriums kann der Vielfalt öffentlicher Aufträge nicht genügen, sondern ihr ist im Gegenteil die Gefahr immanent, dass sich der Auftraggeber hieran orientiert, anstatt den konkreten Beschaffungsgegenstand zu betrachten.[1391] Ihm steht es offen, die zu erbringende Leistung zu berücksichtigen, indem sie in der Leistungsbeschreibung weitgehend vorgegeben wird, sodass die wenigen verbleibenden Spielräume nur mit einer geringeren Gewichtung in die Angebotswertung eingehen.[1392] Je stärker allerdings die Leistung vorgegeben ist, desto mehr ist das optimale Preis-Leistungsverhältnis über den Preis zu erbringen.[1393]

c) Weitere Grenzen der Gewichtung

Hieraus ergeben sich weitere Grenzen der Gewichtung. So nahm der BGH für eine nicht angegebene Gewichtung an, dass dem Preis bei der Gewichtung umso größere Bedeutung zukomme, je standardisierter der Beschaffungsgegenstand ist oder je detaillierter der Leistungsinhalt in den Vergabeunterlagen festgelegt wurde.[1394] Je stärker also die zu erbringende Leistung fix vorgegeben wurde, desto mehr muss der öffentliche Auftraggeber das beste Preis-Leistungsverhältnis über den Angebotspreis bestimmen, was bei vollständig vorgegebener Leistung zu einer reinen

---

1386 VK Niedersachsen, B. v. 17.03.2011 – Az.: VgK-65/2010, IBRRS 2011, 1784.
1387 2. VK Bund, B. v. 14.01.2014 – Az.: VK 2-118/13, VPR 2014, 1019 mit Verweis auf OLG Düsseldorf, B. v. 27.11.2013 – VII-Verg 20/13 –, juris.
1388 2. VK Bund, B. v. 10.06.2005 – Az.: VK 2 – 36/05, JurionRS 2005, 22700.
1389 VK Brandenburg, B. v. 12.11.2008 – Az.: VK 35/08, IBRRS 2009, 0804.
1390 Zu diesem Schluss kam auch: Burgi, Vergaberecht, § 17 Rn. 9.
1391 Burgi, Vergaberecht, § 17 Rn. 9.
1392 Kulartz/Scholz, VergabeR 2014, 109, 112.
1393 Kulartz/Scholz, VergabeR 2014, 109, 112.
1394 BGH, Urt. v. 15.01.2013 – Az.: X ZR 155/10, NZBau 2013, 319. Weiterhin führte der BGH aus, dass bei Nichtbekanntgabe von Zuschlagskriterien in der Bekanntmachung oder den Vergabeunterlagen nur auf den niedrigsten Angebotspreis abgestellt wird, *Stolz* in: Willenbruch/Wieddekind, Kompaktkommentar Vergaberecht, 3. Auflage 2014, § 16 VOB/A EG, Rn. 157.

Preis- bzw. neuerdings Kosten-Vergabe führt.[1395] Die Leistungsbeschreibung steht also in einem wechselseitigen Verhältnis zu der Festsetzung der Zuschlagskriterien.[1396] Am anderen Ende des Spektrums steht die mittlerweile normierte vollständige Vorgabe des Preises. So sieht § 127 Abs. 2 GWB, der Art. 67 Abs. 2 UAbs. 2 VRL umsetzt[1397], den Einsatz ausschließlich leistungsbezogener Zuschlagskriterien vor, wenn verbindliche Vorschriften der Preisgestaltung bei der Ermittlung des wirtschaftlichsten Angebotes zu beachten sind (bspw. HOAI). Trotz der herausragenden Bedeutung des Preises für die Zuschlagsentscheidung[1398] erlaubt das Vergaberechtsregime in diesem Fall einzig leistungsbezogene Zuschlagskriterien vorzugeben. Eine Vergabe zum Festpreis, verbunden mit einer Angebotswertung ausschließlich anhand qualitativer, nicht-monetärer Wertungskriterien, kommt nur in Betracht, wenn bei Geltung einer gesetzlichen Gebühren- oder Honorarordnung (HOAI) „für die betreffende Leistung keine Schwankungsbreite zulässt", also ein Preiswettbewerb ausgeschlossen ist.[1399] Die Literaturansicht, nach der ein solches Vorgehen des öffentlichen Auftraggebers auch dann in Betracht kommt, „wenn der Auftraggeber ein bestimmtes Budget zur Verfügung hat, mit dem bestimmte Mindestanforderungen des Beschaffungsgegenstands („must haves") realisiert werden sollen und darüber hinaus gegebenenfalls noch Zusatzleistungen oder Qualitätsverbesserungen („nice to haves")"[1400] überzeugt nicht[1401]. Hiergegen lässt sich der eindeutige Wortlaut der Erwägungsgründe der VRL und die Begründung des GWB anführen: „Bei Geltung einer gesetzlichen Gebühren- oder Honorarordnung [...] sind die entsprechenden Honorarvorgaben bei der Beurteilung des Zuschlagskriteriums „Preis" entsprechend zu berücksichtigen. [...] Die Bestimmung des wirtschaftlichsten Angebots kann dann nur aufgrund der Bewertung

---

1395 Kulartz/Scholz, VergabeR 2014, 109, 112.

1396 Burgi, Vergaberecht, § 17 Rn. 9.

1397 Auf untergesetzlicher Ebene: § 58 Abs. 2 UAbs. 2 S. 3 VgV und § 16d EU Abs. 2 Nr. 4 VOB/A.

1398 Erwägungsgrund 90 VRL: Es sollte ausdrücklich festgehalten werden, dass das wirtschaftlich günstigste Angebot auf der Grundlage des besten Preis-Leistungs-Verhältnisses ermittelt werden sollte, welches stets eine Preis- oder Kostenkomponente beinhalten sollte.

1399 Die Begründung des Gesetzes gegen Wettbewerbsbeschränkungen (GWB) – Teil 4 (Konsolidierte Fassung nach VergRModG), BMWi, in: https://www.bmwi.de/BMWi/Redaktion/PDF/Gesetz/gesetz-gegen-wettbewerbsbeschraenkungen-gwb-teil4-konsolidierte-nicht-amtliche-fassung,property=pdf,bereich=bmwi2012,sprache=de,rwb=true.pdf, abgerufen am 17.08.2017, S. 104 formuliert dies unmissverständlich.

1400 *Opitz* in: Dreher/Motzke, Beck'scher Vergaberechtskommentar, 3. Auflage 2017, § 127 GWB, Rn. 36; *Wiedemann* in: Kulartz/Kus/Marx/Portz/Prieß, Kommentar zur VgV, § 58, Rn. 10.

1401 Ebenso *Burgi* in: Vergaberecht im Umbruch II, S. 60 mit Verweis auf Erwägungsgrund 90.

anderer Zuschlagskriterien als des Zuschlagskriteriums „Preis" erfolgen."[1402] Stark vereinfacht formuliert bestehen damit drei verschiedene Varianten für Zuschlagskriterien: Wird die Leistung vollständig vorgegeben, so ist der Preis das Zuschlagskriterium, was auch umgekehrt gilt, also wenn der Preis vorgegeben wird, ist die Leistung das Zuschlagskriterium.[1403] Werden weder der Preis noch die Leistung abschließend vorgegeben, so sind der Preis und die Leistung die Zuschlagskriterien.[1404]

2. *Bewertungsformeln zur Ermittlung des besten Preis-Leistungsverhältnisses*

Zusätzliche Unsicherheiten ergeben sich aus der jeweils verwendeten Methode der Preisgewichtung. So wird etwa bei Verwendung des üblichen Preispunkte-plus-Leistungspunkte-Verfahrens eine Mindestgewichtung des Preises mit 50% gefordert, weil andernfalls das Preiskriterium gänzlich neutralisiert werden kann, wenn nicht genügend Preispunkte vorhanden sind, um einen Qualitätsabstand zwischen zwei Bietern auszugleichen.[1405] Aus diesem Grund werden nachfolgend die Bewertungsformeln zur Ermittlung des besten Preis-Leistungsverhältnisses in aller Kürze dargestellt und bewertet.

Für die Gewichtung existieren verschiedene Modelle. In der Regel gibt der öffentliche Auftraggeber in Prozentzahlen an, wie hoch er das jeweilige Zuschlagskriterium gewichten will. Üblich ist es auch, eine Wertungsmatrix zu erstellen, in welcher sämtliche Wertungspunkte enthalten sind, die mit Schulnoten oder sonstigen Notensystemen bewertet werden.[1406] Es ist erlaubt, bei den einzelnen Kriterien einen gewissen Rahmen anzugeben, vorausgesetzt die Spannbreiten

1402 Die Begründung des Gesetzes gegen Wettbewerbsbeschränkungen (GWB) – Teil 4 (Konsolidierte Fassung nach VergRModG), BMWi, in: https://www.bmwi.de/BMWi/Redaktion/PDF/Gesetz/gesetz-gegen-wettbewerbsbeschraenkungen-gwb-teil4-konsolidierte-nicht-amtliche-fassung,property=pdf,bereich=bmwi2012,sprache=de,rwb=true.pdf, abgerufen am 17.08.2017, S. 104.

1403 *Jasper* in: Tagungsband 16. Düsseldorfer Vergaberechtstag, S. 42, in: https://broschueren.nordrheinwestfalendirekt.de/herunterladen/der/datei/16-du-sseldorfer-vergaberechtstag-online-version-pdf/von/16-duesseldorfer-vergaberechtstag/vom/mweimh/2167, abgerufen am 08.12.2016.

1404 *Jasper* in: Tagungsband 16. Düsseldorfer Vergaberechtstag, S. 42, in: https://broschueren.nordrheinwestfalendirekt.de/herunterladen/der/datei/16-du-sseldorfer-vergaberechtstag-online-version-pdf/von/16-duesseldorfer-vergaberechtstag/vom/mweimh/2167, abgerufen am 08.12.2016.

1405 Kiiver/Kodym, NZBau 2015, 59.

1406 *Mutschler-Siebert/Kern* in: Gabriel/Krohn/Neun, Handbuch des Vergaberechts, 1. Auflage 2014, § 30 Die Angebotswertung, Rn. 73 ff., sowie zu den Anforderungen an ein Wertungssystem: Weyand, ibr-online-Kommentar Vergaberecht, Stand 14.09.2015, § 97 GWB, Rn. 1511 ff.

sind nicht so gewählt, dass die Wertung letztlich nicht mehr nachprüfbar ist und willkürlich erscheint.[1407] Eine Marge von 10%, wie etwa die Gewichtung des Preises mit 50–60%, dürfte noch angemessen sein.[1408] Die Angabe der Gewichtung in absteigender Reihenfolge ist in Ausnahmefällen zulässig, wenn eine andere Art aus nachvollziehbaren Gründen nicht möglich ist, z.B. wenn zum Zeitpunkt der Ausschreibung unklar ist, wie die Leistung im Einzelnen auszusehen hat und zu bewerten sein wird.[1409] In den Vergabeverordnungen werden Preis- und Kostenaspekte als gleichberechtigte Zuschlagskriterien in leistungsbezogene Wertungsaspekte eingeordnet. Allerdings sind eine systematisch homogene Leistungswertung und eine monetäre Preiswertung nicht möglich. Um Preise als gleichberechtigtes Zuschlagskriterium zu den Leistungskriterien berücksichtigen und gewichten zu können, müssen die bieterseitigen Preisangaben in dasselbe Punkteraster umgerechnet werden, welches auch für die Leistungswertung Anwendung findet.

a) Punktesysteme

Punktesysteme ermitteln nicht den Quotienten zwischen dem Preis und den bei den Leistungskriterien erreichten Punkten, sondern rechnen den Preis in Punkte um und ermitteln unter Berücksichtigung der jeweils festgelegten Gewichtung eine Gesamtpunktzahl.[1410] Jedem Kriterium wird ein Punktewertspektrum von 0 bis 10 Punkten zugeordnet, wobei das Kriterium mit dem niedrigsten Preis die Maximalpunktzahl 10 erhält.[1411] Die Punktzahl der preislich nachfolgenden Angebote wird anhand folgender Formel berechnet:

$$10^*(2 - \text{Angebotspreis/Bestpreis})$$ [1412]

Bei den anderen Kriterien muss „referenziert“ werden, d.h. das Angebot mit der jeweils höchsten erreichten Punktzahl wird auf 10 gesetzt und die erreichten Punkte der anderen Angebote sind entsprechend zu erhöhen.[1413] Zur Abbildung der Gewichtung wird die jeweils erreichte Punktzahl mit dem entsprechenden

1407 Art. 67 Abs. 5 UAbs. 2 VRL; Art. 58 Abs. 3 S. 2 VgV.

1408 Zur alten Rechtslage, an der sich auch nach Erlass der VRL nichts geändert hat: *Ruhland* in: Pünder/Schellenberg, Vergaberecht, 2. Auflage 2015, § 16 VOB/A EG, Rn. 5.

1409 Art. 67 Abs. 5 UAbs. 2 VRL; Art. 58 Abs. 3 S. 2 VgV zu den Einzelheiten der Zulässigkeit vgl. *Ruhland* in: Pünder/Schellenberg, Vergaberecht, 2. Auflage 2015, § 16 VOB/A EG, Rn. 6.

1410 Althaus/Heindl, Der öffentliche Bauauftrag, 2. Auflage 2013, Teil 2, F Prüfung und Wertung der Angebote, Rn. 224.

1411 Bartsch/von Gehlen, NZBau 2012, 393, 395; Althaus/Heindl, Der öffentliche Bauauftrag, 2. Auflage 2013, Teil 2, F Prüfung und Wertung der Angebote, Rn. 224.

1412 Bartsch/von Gehlen, NZBau 2012, 393, 395; Althaus/Heindl, Der öffentliche Bauauftrag, 2. Auflage 2013, Teil 2, F Prüfung und Wertung der Angebote, Rn. 224.

1413 Bartsch/von Gehlen, NZBau 2012, 393, 395; Althaus/Heindl, Der öffentliche Bauauftrag, 2. Auflage 2013, Teil 2, F Prüfung und Wertung der Angebote, Rn. 224.

Faktor multipliziert.[1414] Den Zuschlag erhält das Angebot mit der danach ermittelten höchsten Gesamtpunktzahl.

Vorteilhaft ist, dass Punktesysteme schlüssige und nachvollziehbare Abstufungen enthalten.[1415] Im Verhandlungsverfahren nach § 17 VgV ermöglichen sie eine differenzierende Beurteilung der Stellungnahmen der Bieter im Verhandlungsgespräch durch die Mitarbeiter der Bewertungskommission.[1416] Allerdings bieten sich auch Manipulationsmöglichkeiten der Angebotswertung durch die Festlegung von Ausgangswerten für die z.B. die maximal erreichbaren Punkte vergeben werden und Abschlagswerten, also des Betrages, für den z.B. jeweils bestimmte Punkte abgezogen werden. Schwächen ergeben sich insbesondere in den folgenden Extremfällen: Ist der Ausgangswert sehr niedrig angesetzt, erreichen evtl. alle Angebote eine niedrige Punktzahl, weil sie weit darüberliegen. Ein niedriger Abschlagswert (bei höherem Ausgangswert) hat indes zur Folge, dass auch geringe Preisunterschiede zwischen den Angeboten zu extremen Punktunterschieden führen können.[1417] Je nach Wahl des Ausgangs- bzw. Abschlagswertes können Preisunterschiede zwischen den Bietern ein unterschiedliches Gewicht innerhalb des Zuschlagskriteriums (z.B. Honorar) erhalten.[1418] Die Gefahr einer Ungleichbehandlung der Bieter besteht folglich immer dann, wenn Punktunterschiede zwischen den Preisgeboten nicht proportional zu den eigentlichen Preisunterschieden ausfallen.[1419] Nach Auffassung der 1. VK Bund ist dem öffentlichen Auftraggeber eine solche Gewichtung nicht verwehrt. Er hat dann allerdings diese Gewichtung, die er durch die von ihm gewählten Unterkriterien in das Vergabeverfahren einführt, bekannt zu machen, damit es den Bietern möglich ist, sie bei der Angebotskalkulation zu berücksichtigen.[1420]

b) Lineare Interpolation

Zu den drei häufigsten eingesetzten Bewertungsmethoden zählt die Interpolationsmethode[1421], deren Grundidee es ist, die Angebotspreise in Preispunkte umzurechnen, sodass man sie als gewichtete Summe mittels einer Wertungsmatrix zu den Leistungspunkten LP addieren kann:

1414 Bartsch/von Gehlen, NZBau 2012, 393, 395; Althaus/Heindl, Der öffentliche Bauauftrag, 2. Auflage 2013, Teil 2, F Prüfung und Wertung der Angebote, Rn. 224.

1415 *Opitz* in: Dreher/Motzke, Beck'scher Vergaberechtskommentar, 2. Auflage 2013, § 16a VOB/A, Rn. 30.

1416 Weyand, Vergaberecht, 17. Aktualisierung 2015, Stand: 14.09.2015, § 97 GWB, Rn. 1314.

1417 Weyand, Vergaberecht, 17. Aktualisierung 2015, Stand: 14.09.2015, § 97 GWB, Rn. 1317.

1418 Weyand, Vergaberecht, 17. Aktualisierung 2015, Stand: 14.09.2015, § 97 GWB, Rn. 1317.

1419 Kiiver/Kodym, NZBau 2015, 59.

1420 1. VK Bund, B. v. 10.04.2008 – Az.: VK 1 – 33/08, IBRRS 2013, 2545.

1421 Bartsch/von Gehlen, NZBau 2015, 523 f.; *Wiedemann* in: Kulartz/Marx/Portz/Prieß, Kommentar zur VOL/A, 3. Auflage 2014, § 16, Rn. 336.

$$Z = GL \times LP\ GP \times PP$$

wobei LP für Leistungspunkte, PP für die interpolierten Preispunkte sowie GL und GP für die Gewichtung des Leistungs- bzw. Preiskriteriums steht.[1422] Den Zuschlag erhält das Angebot mit der höchsten Zuschlagskennzahl Z.[1423] Die Umrechnung der Angebotspreise in Preispunkte kann auf verschiedene Weisen erfolgen.

aa) Beidseitige Interpolationsmethode

Die lineare Interpolation weist dem niedrigsten Angebotspreis den Maximalwert (z.B. 100 Punkte) und dem höchsten Angebotspreis 0 Punkte zu.[1424] Die zwischen diesen Angeboten liegende Preisspanne gibt die Interpolationsgerade vor, anhand derer sich die Punktzahl der preislich dazwischenliegenden Angebote bemisst.[1425] Die Transformation der Angebotspreise in Punkte kann durch die folgende Formel ausgedrückt werden:

$$\text{Preispunkte Angebot} = \left(\frac{P_{max} - P_{Angebot}}{P_{max} - P_{min}}\right) L_{max}$$

wobei L_{max} für die maximal mögliche Punktzahl, P für den Angebotspreis, P_{min} für den niedrigsten Angebotspreis und P_{max} für den höchsten Angebotspreis steht.[1426] Um die Preispunkte des teuersten Angebotes zu berechnen, muss man $P_{Angebot} = P_{max}$ einsetzen, was im Zähler null und somit für den gesamten Bruch null ergibt, sodass die Multiplikation mit L_{max} für die maximal mögliche Punktzahl ebenfalls null ergibt.[1427] Setzt man zur Berechnung der Preispunkte des günstigsten Angebotes $P_{Angebot}$ mit P_{min} gleich, so steht sowohl im Zähler als auch im Nenner $P_{max} - P_{min,}$ was durch kürzen eins ergibt und durch die Multiplikation mit der maximal möglichen Punktzahl L_{max} ergibt.[1428] Die Zuschlagsformel lautet damit:

$$Z_{Angebot} = \left(GL \times LP_{Angebot}\right) \left(GP \times \frac{P_{max} - P_{Angebot}}{P_{max} - P_{min}}\right).$$ [1429]

bb) Einseitige Interpolationsmethode

Eine geläufige Beschreibung der einseitigen Interpolationsmethode findet sich in dem Formblatt 227 des Vergabehandbuchs des Bundes (HVB). Hiernach wird „[...] für die Angebotswertung [...] der Preis (in €) wie folgt in eine Punkteskala von 0 bis 10 Punkten normiert:

1422 Bartsch/von Gehlen, NZBau 2015, 523 f.
1423 Bartsch/von Gehlen, NZBau 2015, 523 f.
1424 Ferber, Bewertungskriterien und -matrizen im Vergabeverfahren, S. 294.
1425 Ferber, Bewertungskriterien und -matrizen im Vergabeverfahren, S. 294.
1426 Ferber, Bewertungskriterien und -matrizen im Vergabeverfahren, S. 294.
1427 Bartsch/von Gehlen, NZBau 2015, 523, 525.
1428 Bartsch/von Gehlen, NZBau 2015, 523, 525.
1429 Bartsch/von Gehlen, NZBau 2015, 523, 525.

- 10 Punkte erhält das Angebot mit dem niedrigsten Preis.
- 0 Punkte erhält ein fiktives Angebot mit dem 2-fachen des niedrigsten Preises.
- Alle Angebote mit darüberliegenden Preisen erhalten ebenfalls 0 Punkte.

Die Punktermittlung für die dazwischenliegenden Preise erfolgt über eine lineare Interpolation mit bis zu drei Stellen nach dem Komma."[1430] Die lineare Interpolation erfolgt also zwischen dem niedrigsten Preis P_{min} und dem doppelten des niedrigsten Preises 2 x P_{min}, sodass sich die Zuschlagsformel wie folgt darstellt:

$$Z_{Angebot} = \left(GL \times LP_{Angebot}\right) \left(GP \times \frac{P_{Angebot}}{P_{min}}\right) \text{ bzw.}$$

$$Z_{Angebot} = 0, \text{ wenn } P_{Angebot} > 2 \text{ x } P_{min.}$$ [1431]

Obschon die Interpolationsmethode unter anderem vom VHB, dem Handbuch für die Vergabe und Ausführung von Lieferungen und Leistungen im Straßen- und Brückenbau (HVA L-StB),[1432] dem Bayerischen Staatsministerium für Wirtschaft und Medien, Energie und Technologie[1433] u.v.w.m.[1434] empfohlen wird, ist sie nicht empfehlenswert, weil sie je nach Anzahl der wertbaren Angebote und dem Preisabstand zwischen den Angeboten zu einer Verzerrung durch die Transformation von Preisen in Punkte führen kann.[1435] Die Vergabejudikatur hält die lineare Interpolation hingegen nicht grundsätzlich für sachwidrig, auch wenn sie zur Folge haben kann, dass ein Angebot mit 0 Preispunkten zu bewerten ist, weil danach doch über das günstigste Angebot als Anker eine Rückkopplung zum relativen Preisabstand gegeben ist.[1436] Anders ist dies jedoch zu bewerten, wenn lediglich

---

1430 Vergabe- und Vertragshandbuch für die Baumaßnahmen des Bundes (VHB 2008), GMBl 2016 Nr. 26/27, S. 519, Stand: April 2016, Hinweise zu Formblatt 227, Punkt 4.1, S. 2.

1431 Bartsch/von Gehlen, NZBau 2015, 523, 525.

1432 Dort Teil 1 – Richtlinien für das Aufstellen der Vergabeunterlagen, BMVi, in: http://www.bmvi.de/SharedDocs/DE/Artikel/StB/handbuch-fuer-die-vergabe-und-ausfuehrung-von-lieferungen-und-leistungen-im-strassen-und-brueckenba.html?nn=36134; abgerufen am 13.12.2016.

1433 STMWI, Das wirtschaftlichste Angebot: Hinweise zur richtigen Gestaltung und Wertung im Vergabeverfahren, in: https://www.stmwi.bayern.de/fileadmin/user_upload/stmwivt/Publikationen/2014/Das_Wirtschaftlichste_Angebot.pdf, abgerufen 08.12.2016.

1434 Bartsch/von Gehlen, NZBau 2015, 523, 524 sowie die Nachweise in den Fn. 13 f.

1435 Ferber, Bewertungskriterien und -matrizen im Vergabeverfahren, S. 321.

1436 Für die einseitige Interpolationsmethode: 2. VK Bund, B. v. 24.10.2014 – Az.: VK 2-85/14, ZfBR 2015, 414; VK Südbayern, B. v. 22.04.2013 – Z3-3-3194-1-13-04/13, JurionRS 2013, 38054; OLG Düsseldorf, B. v. 29.04.2015 – Az.: VII-Verg 35/14, NZBau 2015, 440: „Einem Vergabefehler kann die Ag., wie auch die VK angenommen hat, auf dem sichersten Weg dadurch begegnen, indem sie ein fiktives Angebot, das doppelt so teuer ist wie das preisgünstigste Angebot, mit null Punkten und die dazwischen liegenden Angebote im Wege einer linearen Interpolation bewertet."

zwei wertbare Angebote in eine „Alles-oder-Nichts“ beidseitige Interpolationsmethode eingehen. Dies entschied das OLG Düsseldorf in seinem Beschluss „Abrechnungsmanagement“ für ein Wertungssystem nach dem Prinzip „100 Punkte oder nichts“[1437], weil dies zur Folge hat, dass ein Bieter in die Rolle des schlechtesten gerät und sein Angebot bei den jeweiligen Leistungskriterien (Qualität) keine Wertungspunkte erlangt.[1438] Während die Leistung dieses Angebotes unterbewertet wird, erfolgt die Wertung des zweiten Angebotes regelgerecht, sodass die Kriterien Preis und Leistung (Qualität) in Bezug auf die Bieter verschieden, mithin gleichheitswidrig bewertet werden und somit die bekannt gegebene Gewichtung aufgegeben wird.[1439] Überdies wirkt die Punkteskala wettbewerbsverzerrend, weil nicht berücksichtigt werden kann, ob Defizite in der Qualität durch einen niedrigen Preis kompensiert wurden.[1440] Die Vergaberechtswidrigkeit eines solchen Wertungssystems bestätigte das OLG Düsseldorf in seinem „InEK“ Beschluss für ein Preiswertungssystem „zehn oder drei Punkte“, weil sich auch hier die Verschmälerung der Preiswertung auf drei Punkte beim teuersten Angebot wettbewerbsverzerrend auswirkt und jedenfalls in einem Fall, in dem lediglich zwei Angebote eingereicht worden sind, nicht mehr hinzunehmen sind.[1441]

Schließlich ist eine Interpolation zwischen dem Angebot mit der höchsten Wertungssumme (Höchstpunktzahl) und dem Angebot mit der niedrigsten Wertungssumme (0 Punkte) nicht empfehlenswert, da Bieter die Bandbreite der Interpolation durch Abgabe überhöhter Angebote selbst beeinflussen können. Zum sog. „Flipping“ Effekt, der die Abhängigkeit der Zuschlagszahl des einzelnen Angebots vom Inhalt der Angebote Dritter beschreibt wird sogleich unter Punkt e, ba) ausgeführt.

1437 Im Fall lautete die Bewertungsformel: „Für die Angebotswertung wird eine Punkteskala von null bis 100 Punkte festgelegt. 100 Punkte erhält das Angebot mit der höchsten Wertungspunktzahl und null Punkte erhält das Angebot mit der niedrigsten Wertungspunktzahl. Die Punktebewertung für die dazwischen liegenden Angebote erfolgt über eine lineare Interpolation bis zu zwei Stellen hinter dem Komma.“, OLG Düsseldorf B. v. 22.1.2014 – VII-Verg 26/13, NZBau 2014, 371.

1438 OLG Düsseldorf, B. v. 22.01.2014 – Az.: VII-Verg 26/13, NZBau 2014, 371: „Geschieht dies bei sämtlichen Leistungskriterien, fällt das Kriterium Leistung (Qualität) bei der Wertung des Angebots aus und es bleibt auch ungewürdigt, ob der Bieter etwa einen schlechteren (hohen) Preis durch qualitative Aspekte seines Angebots hat ausgleichen können oder ob Defizite in der Qualität durch einen guten (niedrigen) Preis kompensiert werden.“

1439 OLG Düsseldorf, B. v. 22.01.2014 – Az.: VII-Verg 26/13, NZBau 2014, 371.

1440 OLG Düsseldorf, B. v. 22.01.2014 – Az.: VII-Verg 26/13, NZBau 2014, 371.

1441 OLG Düsseldorf, B. v. 29.04.2015 – Az.: VII-Verg 35/14, NZBau 2015, 440; vorhergehend: 2. VK Bund, B. v. 24.10.2014 – Az.: VK 2-85/14, ZfBR 2015, 414.

c) UfAB II

Die „Unterlage für Ausschreibung und Bewertung von IT-Leistungen" (UfAB) entwickelte sich seit ihrer Einführung im Jahr 1982 ständig weiter und findet auch über die Bundesverwaltung hinaus eine breite Anwendung.[1442] Mit der UfAB II von 1988, der 3. Fassung, wurde erstmals eine Methode zur Ermittlung des wirtschaftlichsten Angebotes mit der Möglichkeit einer unterschiedlichen Gewichtung von Preis und Leistung eingearbeitet.[1443] Die UfAB II-Formel findet noch immer Anwendung in Vergabeverfahren, obschon spätestens mit dem Erscheinen der UfAB III-Formel im Jahr 2003 bekannt ist, dass die Formel nicht zu empfehlen ist.[1444] Die Formel lautet wie folgt:

$$Z_{UfAB}II = GL \times L_{Angebot} + GP \times \frac{L_{Best} \times P_{nied}}{P_{Angebot}} (\text{UfAB II}).$$ [1445]

Hierbei werden die einzelnen Formelbestandteile definiert als L_{Best} für die beste erreichte Leistungskennzahl der wertbaren Angebote und P_{nied} als das niedrigste Preisangebot aller wertbaren Angebote, $L_{Angebot}$ steht für die Leistungspunktzahl des zu bewertenden Angebotes als Referenzwert UfAB VI und GP sowie GL sind die jeweiligen beabsichtigten Gewichtungen von Leistung und Preis.[1446]

Bei Anwendung der UfAB II-Formel kann es unter extremen Bedingungen sein, dass das leistungsstärkste Angebot auch bei einem objektiv überhöhten Preis die höchste Gesamtpunktzahl erhält.[1447] Solche „extremen Bedingungen" sind bei großen Unterschieden der Gewichtungsfaktoren GL und GK zu Gunsten von GL und einem sehr großen Abstand des leistungsstärksten Angebotes zu sämtlichen anderen bewerteten Angeboten gegeben.[1448] Gleichwohl verdient der Einsatz der Formel nach Ansicht des OLG es nicht grundsätzlich, als vergaberechtswidrig bezeichnet

---

1442 Zur Historie der UfAB vgl.: UfAB VI, Version 1.0, Historie, BMI in: http://www.bescha.bund.de/SharedDocs/Downloads/Aktuelles/Wissenswertes/2010/UfAB_V2_Historie.pdf?__blob=publicationFile&v=3, abgerufen am 14.09.2016.

1443 UfAB VI, Version 1.0 vom 30.04.2015, Historie, S. 3, BMI, in: http://www.cio.bund.de/SharedDocs/Publikationen/DE/IT-Beschaffung/ufab_vi_download.pdf?__blob=publicationFile, abgerufen am 13.12.2016.

1444 Bartsch/von Gehlen, NZBau 2012, 393, 396.

1445 UfAB II, Version 1.0, Bonn 2003, BMI, in: http://oeffentliche-auftraege.de/1-04/ufab-III-text.pdf, abgerufen am 08.12.2016; UfAB VI, Version 1.0 vom 30.04.2015, Punkt 4.21.5.3, S. 173, BMI, in: http://www.cio.bund.de/SharedDocs/Publikationen/DE/IT-Beschaffung/ufab_vi_download.pdf?__blob=publicationFile, abgerufen am 13.12.2016.

1446 UfAB VI, Version 1.0 vom 30.04.2015, Punkt 4.21.5.3, S. 173, BMI, in: http://www.cio.bund.de/SharedDocs/Publikationen/DE/IT-Beschaffung/ufab_vi_download.pdf?__blob=publicationFile, abgerufen am 13.12.2016

1447 OLG Düsseldorf, B. v. 29.12.2001 – Az.: Verg 22/01, NZBau 2002, 578 ff. Der Senat beruft sich insoweit auf eine Stellungnahme einer Koordinierungs- und Beratungsstelle für Informationstechnik der Bundesregierung.

1448 OLG Düsseldorf, B. v. 29.12.2001 – Az.: Verg 22/01, NZBau 2002, 578, 581.

zu werden, weil sie nur in äußerst unwahrscheinlichen Situationen zu ungerechten Ergebnissen führen kann, für die gleichzeitig Korrekturmaßstäbe gegeben sind, deren Einsatz bei sachgerecht wertender Betrachtung der Angebote solche Ergebnisse hinreichend zuverlässig zu vermeiden hilft.[1449] In den meisten Fällen gewährleiste die Formel eine angemessene Angebotswertung.[1450] Dem schlossen sich die Vergabekammern an.[1451]

Dennoch muss man eindeutig eine Schwäche der Formel darin sehen, dass die Preiskomponenten nicht richtig gewertet werden, weil überhöhte Preise durch höhere Leistungen überproportional ausgeglichen werden können.[1452] Die aktuelle UfAB VI empfiehlt die Formel daher nicht.[1453]

d) UfAB VI

Die überarbeitete UfAB VI, Version 1.0 integriert die Module des Sonderheftes 2012 zu u.a. dem Themenkomplex Bewertungsmethoden. Gegen die von der UfAB VI empfohlene einfache und die erweiterte Richtwertmethode werden von den Nachprüfungsinstanzen keine Bedenken erhoben.[1454]

1449 OLG Düsseldorf, B. v. 29.12.2001 – Az.: Verg 22/01, NZBau 2002, 578, 581; dies bestätigte das OLG Düsseldorf, B. v. 15.05.2002 – Az.: Verg 4/01, IBRRS 2002, 0838 auch außerhalb der Vergabe von IT-Leistungen.

1450 OLG Düsseldorf, B. v. 29.12.2001 – Az.: Verg 22/01, NZBau 2002, 578, 581.

1451 3. VK Bund, B. v. 19.04.2004 – Az.: VK 3 – 44/04; JurionRS 2004, 42853; 1. VK Bund, B. v. 15.7.2003 – Az.: VK 1-53/03, JurionRS 2003, 31266; 1. VK Bund, B. v. 1.4.2004 – Az.: VK 1 – 11/04, JurionRS 2004, 32438. Dies wurde auch für die Zugrundelegung der UfAB III-Formel bei der Angebotswertung von den Vergabekammern angenommen, weil schon die Verwendung der UfAB II-Formel von der Rechtsprechung akzeptiert worden ist und demgegenüber die UfAB III-Formel sogar weniger bedenklich ist, denn hier wird lediglich für jedes einzelne abgegebene Angebot die aus den Leistungspunkten ermittelte Qualität ins Verhältnis zum Preis gesetzt, vgl. VK Bund, B. v. 04.07.2006 – Az.: VK 3 – 60/06, JurionRS 2006, 20519; 3. VK Bund, B. v. 29.06.2006 – Az.: VK 3 – 48/06, JurionRS 2006, 20534; 3. VK Bund, B. v. 29.06.2006 – Az.: VK 3-39/06, juris.

1452 Schneider, NZBau 2002, 555 ff.; Roth, NZBau 2011, 75 f.; Bartsch/von Gehlen, NZBau 2012, 393, 396.

1453 UfAB VI, Version 1.0 vom 30.04.2015, Punkt 4.21.5.3, S. 173, BMI, in: http://www.cio.bund.de/SharedDocs/Publikationen/DE/IT-Beschaffung/ufab_vi_download.pdf?__blob=publicationFile, abgerufen am 13.12.2016

1454 Gleichwohl wird die UfAB VI in Ansehung der Rechtsprechung des OLG Düsseldorf bezüglich Transparenzanforderungen neu gefasst werden müssen, vgl. Ortner, Vergabesenat bekräftigt hohe Transparenzanforderungen an Bewertungsmatrix,Vergabeblog.de vom 22/02/2016, Nr. 24682, in: http://www.vergabeblog.de/2016-02-22/vergabesenat-bekraeftigt-hohe-transparenzanforderungen-bewertungsmatrix-olg-duesseldorf-beschl-v-16-12-2015-vii-verg-2515/, abgerufen am 08.12.2016; OLG Düsseldorf, B. v. 16.12.2015 – Az.: VII-Verg 25/15, NZBau 2016, 232; OLG Düsseldorf, B. v. 21.10.2015 – Az.: VII-Verg 28/14, NZBau 2016, 235.

aa) Einfache Richtwertmethode

Die UfAB VI empfiehlt die Anwendung der Einfachen Richtwertmethode für (einfache) Beschaffungsvorhaben, bei denen die Leistung und der Preis die gleiche Bedeutung erhalten sollen.[1455] Das wirtschaftlichste Angebot ist das mit dem höchsten Quotienten Z, der sich aus der Leistung (Leistungspunkte) und dem Preis (Euro) errechnet, sodass für jedes Angebot das „Leistungs-Preis-Verhältnis“ bestimmt wird.[1456] Die entsprechende Formel stellt sich folgendermaßen dar:

$$Z_{\text{Angebot}} = \frac{L_{\text{Angebot}}}{P_{\text{Angebot}}} \text{(ERM-Formel)},$$

wobei die Formelparameter wie folgt definiert werden: Z_{Angebot} = Kennzahl für Leistungs-Preis-Bewertung des zu bewertenden Angebots, L_{Angebot} = Leistungspunktzahl (Bewertungspunkte x Gewichtungspunkte) des zu bewertenden Angebots und P_{Angebot} = Preis (Euro) des zu bewertenden Angebots.[1457]

Beispiel Schwäche Einfache Richtwertmethode:[1458]

Bieter	**Leistungswert**	**Preis**	**Zuschlagszahl Z_{ERM} = L: P**
A	9000 Punkte	90.000 EUR	Z_{ERM} (A) = 100 Punkte/Tsd. Euro
B	3000 Punkte	30.000 EUR	Z_{ERM} (B) = 100 Punkte/Tsd. Euro

1455 UfAB VI, Version 1.0 vom 30.04.2015, Punkt 4.21.2, S. 157, BMI, in: http://www.cio.bund.de/SharedDocs/Publikationen/DE/IT-Beschaffung/ufab_vi_download.pdf?__blob=publicationFile, abgerufen am 13.12.2016; UfAB V, Sonderheft 2012 zur Aktualisierung der UfAB V – Version 2.0, S. 6, BMI, in: http://www.cio.bund.de/SharedDocs/Publikationen/DE/IT-Beschaffung/ufab_sonderheft.pdf?__blob=publicationFile, abgerufen am 08.12.2016. Demgegenüber wird die einfache Richtwertmethode mit Gewichtungsfaktor nicht empfohlen, weil der Vorgang nicht zu einer Änderung der Rangfolge führt, UfAB VI, Version 1.0, S. 171.

1456 UfAB VI, Version 1.0 vom 30.04.2015, Punkt 4.21.2, S. 157, BMI, in: http://www.cio.bund.de/SharedDocs/Publikationen/DE/IT-Beschaffung/ufab_vi_download.pdf?__blob=publicationFile, abgerufen am 13.12.2016; UfAB V, Sonderheft 2012 zur Aktualisierung der UfAB V – Version 2.0, S. 6, BMI, in: http://www.cio.bund.de/SharedDocs/Publikationen/DE/IT-Beschaffung/ufab_sonderheft.pdf?__blob=publicationFile, abgerufen am 08.12.2016. Ist das Preis-Leistungsverhältnis der führenden Angebote identisch, so empfiehlt die UfAB, dem preisgünstigsten Angebot den Zuschlag zu erteilen, soweit keine anderweitigen vergaberechtlichen Regelungen gelten.

1457 UfAB VI, Version 1.0 vom 30.04.2015, Punkt 4.21.2, S. 157, BMI, in: http://www.cio.bund.de/SharedDocs/Publikationen/DE/IT-Beschaffung/ufab_vi_download.pdf?__blob=publicationFile, abgerufen am 13.12.2016; UfAB V, Sonderheft 2012 zur Aktualisierung der UfAB V – Version 2.0, S. 6, BMI, in: http://www.cio.bund.de/SharedDocs/Publikationen/DE/IT-Beschaffung/ufab_sonderheft.pdf?__blob=publicationFile, abgerufen am 08.12.2016.

1458 Bartsch/von Gehlen/Hirsch, NZBau 2012, 393, 395.

Nach dem Beispiel liegen Bieter A und B in der Wertung gleichauf.[1459] Unterstellt man, dass Bieter A einen geringfügig niedrigeren Preis von 89.900 EUR anbietet, so muss der Zuschlag auf das Angebot von Bieter A erfolgen.[1460] Hingegen müsste Bieter B bezuschlagt werden, wenn Bieter A einen Preis von 90.100 EUR anbietet.[1461] Liegen die Preis-Leistungs-Verhältnisse von Angeboten eng zusammen, bewirken bereits geringfügige Veränderungen bei einem Zuschlagskriterium ein anderes Ergebnis, was bedeutet, dass entweder ein sehr teures, leistungsstarkes Angebot (Bieter A) oder ein sehr günstiges, aber leistungsarmes Angebot den Zuschlag erhält.[1462] Dies nimmt dem öffentlichen Auftraggeber seine Entscheidungsspielräume.[1463]

bb) Erweiterte Richtwertmethode

Für komplexe Ausschreibungen, bei denen aufgrund einer Vielzahl von Bewertungskriterien eine gewisse Schwankungsbreite von L zu erwarten ist, soll nach der UfAB VI bei nah beieinanderliegenden Angeboten ein weiteres Entscheidungskriterium herangezogen werden (sog. erweiterte Richtwertmethode).[1464] In einem ersten Schritt wird nach der soeben dargestellten ERM-Formel die jeweilige Zuschlagszahl Z_{ERM} für alle Angebote gebildet. Zwischen dem dann führenden Angebot und allen sich innerhalb einer vorab bekanntgegebenen Schwankungsbreite befindlichen Angebote erfolgt ein Stichentscheid (Entscheidungskriterien: Preis, Gesamtleistung und auch einzelne Leistungskriterien), was eine Schwerpunktsetzung zu Gunsten eines leistungsstärkeren oder eines preisgünstigeren Angebotes erlaubt.[1465]

1459 Bartsch/von Gehlen/Hirsch, NZBau 2012, 393, 395.

1460 Bartsch/von Gehlen/Hirsch, NZBau 2012, 393, 395.

1461 Bartsch/von Gehlen/Hirsch, NZBau 2012, 393, 395.

1462 Bartsch/von Gehlen/Hirsch, NZBau 2012, 393, 395.

1463 Bartsch/von Gehlen/Hirsch, NZBau 2012, 393, 395.

1464 *Opitz* in: Dreher/Motzke, Beck'scher Vergaberechtskommentar, 2. Auflage 2013, § 16a VOB/A, Rn. 46; UfAB VI, Unterlage für Ausschreibung und Bewertung von IT-Leistungen, Version 1.0 vom 30.04.2015, Punkt 4.21.3, S. 159, BMI, in: http://www.cio.bund.de/SharedDocs/Publikationen/DE/IT-Beschaffung/ufab_vi_download.pdf?__blob=publicationFile, abgerufen am 13.12.2016; UfAB V, Sonderheft 2012 zur Aktualisierung der UfAB V – Version 2.0, S. 8, BMI, in: http://www.cio.bund.de/SharedDocs/Publikationen/DE/IT-Beschaffung/ufab_sonderheft.pdf?__blob=publicationFile, abgerufen am 08.12.2016.

1465 UfAB VI, Version 1.0 vom 30.04.2015, Punkt 4.21.3, S. 159, BMI, in: http://www.cio.bund.de/SharedDocs/Publikationen/DE/IT-Beschaffung/ufab_vi_download.pdf?__blob=publicationFile, abgerufen am 13.12.2016; UfAB V, Sonderheft 2012 zur Aktualisierung der UfAB V – Version 2.0, S. 8, BMI, in: http://www.cio.bund.de/SharedDocs/Publikationen/DE/IT-Beschaffung/ufab_sonderheft.pdf?__blob=publicationFile, abgerufen am 08.12.2016.

Beispiel 1 Einfache Richtwertmethode mit Gewichtungsfaktor:[1466]

	Angebot 1	**Angebot 2**	**Angebot 3**	**Angebot 4**	**Angebot 5**
Leistungspunktzahl L (Angebot)	9.500	9.200	8.900	8.500	7.400
Preis in EUR P (Angebot)	120.000 EUR	105.000 EUR	100.000 EUR	98.000 EUR	110.000 EUR
Gewichtungsfaktor Leistung (G(Leistung))	60 %				
Gewichtungsfaktor Preis (G(Preis))	40 %				
Kennzahl Z (Angebot)	0,1188	0,1314	0,1335	0,1301	0,1009
Rang	4	2	1	3	5

Beispiel 2 Einfache Richtwertmethode mit Gewichtungsfaktor:[1467]

	Angebot 1	**Angebot 2**	**Angebot 3**	**Angebot 4**	**Angebot 5**
Leistungspunktzahl L (Angebot)	9.500	9.200	8.900	8.500	7.400
Preis in EUR P (Angebot)	120.000 EUR	105.000 EUR	100.000 EUR	98.000 EUR	110.000 EUR
Gewichtungsfaktor Leistung (G(Leistung))	30 %				
Gewichtungsfaktor Preis (G(Preis))	70 %				
Kennzahl Z (Angebot)	0,0339	0,0376	0,0381	0,0372	0,0288
Rang	4	2	1	3	5

1466 UfAB VI, Version 1.0 vom 30.04.2015, Punkt 4.21.5.2, S. 172, BMI, in: http://www.cio.bund.de/SharedDocs/Publikationen/DE/IT-Beschaffung/ufab_vi_download.pdf?__blob=publicationFile, abgerufen am 20.08.2017.

1467 UfAB VI, Version 1.0 vom 30.04.2015, Punkt 4.21.5.2, S. 172, 173, BMI, in: http://www.cio.bund.de/SharedDocs/Publikationen/DE/IT-Beschaffung/ufab_vi_download.pdf?__blob=publicationFile, abgerufen am 20.08.2017.

Anhand dieser Beispiele, die sich zudem mathematisch nachweisen lassen, wird aufgezeigt, dass die Einfache Richtwertmethode mit Gewichtungsfaktor eine Gewichtung von Leistung und Preis suggeriert, die tatsächlich nicht stattfindet, weshalb sie ohne die erwünschte Wirkung bleibt und nicht angewendet werden sollte.[1468]

cc) Medianmethode

Zu den gewichteten Richtwertmethoden, deren Anwendung sich bei unterschiedlicher Gewichtung von Leistung und Preis empfiehlt, zählt die Medianmethode, die den Referenzwert jeweils durch die Ermittlung des Medianwertes (Median) aller zur Wertung herangezogenen Leistungspunkte sowie des Medians aller zur Wertung herangezogenen Preise bildet.[1469] Der Median einer Reihe ist die Zahl unterhalb und oberhalb derer jeweils die Hälfte der Reihenglieder angesiedelt ist, wobei er die kleineren 50% von den größeren 50% der Werte einer Reihe teilt.[1470] Die Medianmethode lässt sich wie folgt ausdrücken:

$$Z_{Angebot} = GL \text{ x } \frac{L_{Angebot}}{L_{Median}} - GP \text{ x } \frac{P_{Angebot}}{P_{Median}},$$

wobei L_{Median} für den Median aller Leistungspunkte und P_{Median} für den Median aller Preise der jeweils berücksichtigungsfähigen Angebote steht.[1471]

Die Medianmethode lässt sich an der folgenden Beispiele veranschaulichen:

Für die Leistungspunktewerte A = 5.100 Punkte, B = 6.700 Punkte, C = 7.500 Punkte, D = 8.300 Punkte und E = 9.100 Punkte ist somit der Median der Wert von C mit 7.500 Leistungspunkten:[1472]

1468 UfAB VI, Version 1.0 vom 30.04.2015, Punkt 4.21.5.2, S. 173, BMI, in: http://www.cio.bund.de/SharedDocs/Publikationen/DE/IT-Beschaffung/ufab_vi_download.pdf?__blob=publicationFile, abgerufen am 20.08.2017.

1469 UfAB VI, Version 1.0 vom 30.04.2015, Punkt 4.21.4, S. 161 und 4.21.4.1, S. 162, BMI, in: http://www.cio.bund.de/SharedDocs/Publikationen/DE/IT-Beschaffung/ufab_vi_download.pdf?__blob=publicationFile, abgerufen am 13.12.2016.

1470 UfAB VI, Version 1.0 vom 30.04.2015, Punkt 4.21.4.1, S. 162, BMI, in: http://www.cio.bund.de/SharedDocs/Publikationen/DE/IT-Beschaffung/ufab_vi_download.pdf?__blob=publicationFile, abgerufen am 13.12.2016.

1471 UfAB VI, Version 1.0 vom 30.04.2015, Punkt 4.21.4.1, S. 162, BMI, in: http://www.cio.bund.de/SharedDocs/Publikationen/DE/IT-Beschaffung/ufab_vi_download.pdf?__blob=publicationFile, abgerufen am 13.12.2016.

1472 UfAB VI, Version 1.0 vom 30.04.2015, Punkt 4.21.4.1, S. 163, 164, BMI, in: http://www.cio.bund.de/SharedDocs/Publikationen/DE/IT-Beschaffung/ufab_vi_download.pdf?__blob=publicationFile, abgerufen am 20.08.2017.

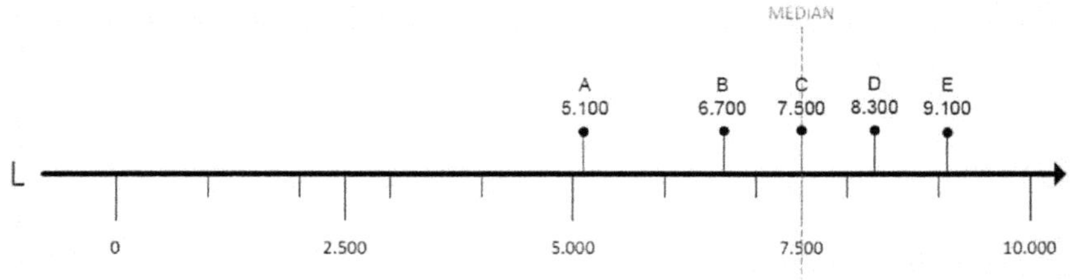

Quelle: UfAB VI, Punkt 4.21.4.1, S. 163

Bei einer geraden Anzahl an Werten, ist der Mittelwert der beiden mittleren Zahlen der Median. Bei einer Reihe von Preisen A = 70.000 Euro, B = 110.000 Euro, C = 130.000, D = 150.000 Euro, E = 170.000 Euro und F = 210.000 Euro ergibt sich somit ein Median von 140.000 Euro (Mittelwert der beiden mittleren Zahlen 130.000 und 150.000):[1473]

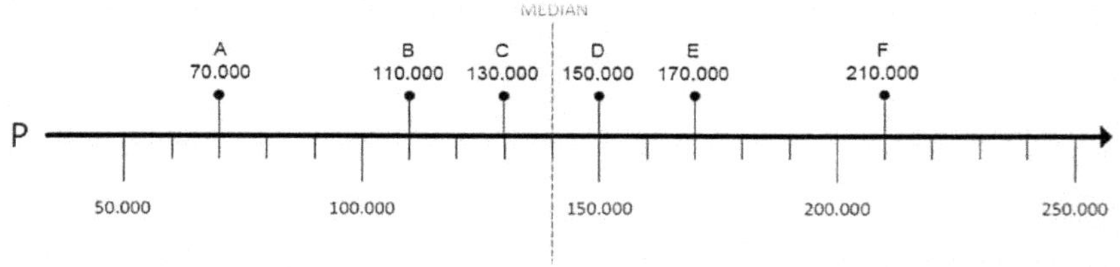

Quelle: UfAB VI, Punkt 4.21.4.1, S. 164

Der Einfluss von Werten am Rande des Zahlenspektrums wird durch die Heranziehung der Mediane als Bezugspunkte ausgeschaltet, sodass die außergewöhnlich niedrigen und hohen Werte (A = 5.100 Punkte und E = 9.100 Punkte sowie A = 70.000 Euro und F = 210.000 Euro) keinen Einfluss auf die Bildung des Medians haben.[1474]

1473 UfAB VI, Version 1.0 vom 30.04.2015, Punkt 4.21.4.1, S. 163, 164, BMI, in: http://www.cio.bund.de/SharedDocs/Publikationen/DE/IT-Beschaffung/ufab_vi_download.pdf?__blob=publicationFile, abgerufen am 20.08.2017.

1474 UfAB VI, Version 1.0 vom 30.04.2015, Punkt 4.21.4.1, S. 164, BMI, in: http://www.cio.bund.de/SharedDocs/Publikationen/DE/IT-Beschaffung/ufab_vi_download.pdf?__blob=publicationFile, abgerufen am 20.08.2017.

dd) Referenzwertmethode

Die Referenzwertmethode zählt ebenfalls zu den gewichteten Richtwertmethoden. Sie ersetzt den Median durch einen Referenzwert und lässt sich auf folgende Formel bringen:

$$Z_{Angebot} = GL \times \frac{L_{Angebot}}{L_{Referenzwert}} - GP \times \frac{P_{Angebot}}{P_{Referenzwert}}.$$ [1475]

Die Festlegung des jeweiligen Referenzwertes für Leistungspunkte sowie des Preises erfolgt durch den öffentlichen Auftraggeber auf der Grundlage von Informationen zur Marktsituation, die bei der Vorbereitung des Vergabeverfahrens zusammengetragen wurden.[1476] Hieraus ergibt sich zugleich der Nachteil dieser Methode. Es besteht das Risiko, dass der öffentliche Auftraggeber den Markt falsch einschätzt und die Referenzwerte daher stark von nach der Angebotswertung errechenbaren Durchschnittswerten oder Medianen der Leistungspunkte und der Preise abweichen.[1477] Auch kann sich eine Beeinträchtigung des Preiswettbewerbs daraus ergeben, dass sich die Bieter zu eng an den bekannt gemachten Referenzwerten orientieren.[1478] Vorteil dieser Vorgehensweise ist allerdings, dass nachrangige Angebote keinen Einfluss auf den Rang führender Angebote haben.[1479]

ee) Relative Preispunktemethode

Der sehr häufig angewendeten relativen Preispunktemethode liegt der Gedanke zugrunde, dass die Angebotspreise homogen in das Wertungsspektrum der Leistungswertung umgerechnet und damit letztlich als gleichberechtigtes gewichtetes Zuschlagskriterium betrachtet werden können. Hierzu erhält das niedrigste wertbare Angebot die volle Punktzahl (L_{max}) und das teuerste Angebot dieser Wertungsstufe $P_{höchst}$ null Preispunkte. Daraus ergibt sich nach Umformung (Multiplikation aller Zuschlagszahlen mit dem Faktor 1 L_{max}) folgende Zuschlagsformel:

1475 UfAB VI, Version 1.0 vom 30.04.2015, Punkt 4.21.4.2, S. 169, BMI, in: http://www.cio.bund.de/SharedDocs/Publikationen/DE/IT-Beschaffung/ufab_vi_download.pdf?__blob=publicationFile, abgerufen am 13.12.2016.

1476 UfAB VI, Version 1.0 vom 30.04.2015, Punkt 4.21.4.2, S. 169, BMI, in: http://www.cio.bund.de/SharedDocs/Publikationen/DE/IT-Beschaffung/ufab_vi_download.pdf?__blob=publicationFile, abgerufen am 13.12.2016.

1477 UfAB VI, Version 1.0 vom 30.04.2015, Punkt 4.21.4.2, S. 170, BMI, in: http://www.cio.bund.de/SharedDocs/Publikationen/DE/IT-Beschaffung/ufab_vi_download.pdf?__blob=publicationFile, abgerufen am 13.12.2016.

1478 UfAB VI, Version 1.0 vom 30.04.2015, Punkt 4.21.4.2, S. 170, BMI, in: http://www.cio.bund.de/SharedDocs/Publikationen/DE/IT-Beschaffung/ufab_vi_download.pdf?__blob=publicationFile, abgerufen am 13.12.2016.

1479 UfAB VI, Version 1.0 vom 30.04.2015, Punkt 4.21.4.2, S. 170, BMI, in: http://www.cio.bund.de/SharedDocs/Publikationen/DE/IT-Beschaffung/ufab_vi_download.pdf?__blob=publicationFile, abgerufen am 13.12.2016.

$$Z_{Angebot} = GL \times \frac{L_{Angebot}}{L_{max}} + GP \times \frac{P_{höchst} - P_{Angebot}}{P_{höchst} - P_{niedrigst}}.$$[1480]

Die Relative Preispunktemethode zählt zu den von der UfAB VI nicht empfohlenen Methoden, weil sie sich ähnlich wie die ebenso nicht empfohlene UfAB II-Formel verhält und zu vergleichbaren negativen Effekten sowie unerwünschtem Formelverhalten führen kann.[1481]

e) Kritische Überprüfung der Gewichtungsformeln

Die dargestellten Gewichtungsformeln unterliegen unerwarteten Effekten, zu denen die „falsche" Gewichtung des Preises und der „Flipping"-Effekt gehören.

aa) „Falsche" Gewichtung des Preises

Zu den unerwarteten Effekten in Bewertungsmethoden zählen zum einen eine „falsche" Gewichtung des Preises, die ihre Ursache in der Berechnungsformel selbst bzw. in der Ungenauigkeit infolge einer Umrechnung der absoluten Preiszahl und der Bezugnahme auf die Preise anderer Angebote haben kann. So führen etwa die Einfache Richtwertmethode und die Gewichtete Einfache Richtwertmethode immer zur selben Rangfolge der Angebote und damit zum gleichen Zuschlagsergebnis – unabhängig von der Wahl der Gewichte GP und GL, sodass die vorgenommene Gewichtung keinen Einfluss auf die Zuschlagsentscheidung hat.[1482] Dies wurde soeben unter Punkt ba) anhand eines Beispiels dargestellt. Des Weiteren kann die vom öffentlichen Auftraggeber beabsichtigte und bekannt gegebene Gewichtung von der effektiven Gewichtung abweichen, was sich anhand der Abhängigkeit von den Mittelwerten und derer von den Wertespektren darstellen lässt.[1483] Eine solche „falsche" Gewichtung des Preises kann sich wie dargestellt bei Anwendung der UfAB II-Formel, jedoch nur in Extremfällen ergeben. Gleiches gilt für die beidseitige Interpolationsmethode, wenn nur zwei Angebote eingehen. Wie der „Abrechnungsmanagement" Beschluss des OLG Düsseldorf zeigte, entsteht das Problem der „Nichtberücksichtigung", weil anstelle der angegebenen Gewichtung des Zuschlagskriteriums (im Fall: Leistung) überhaupt keine Wertung erfolgt.

1480 UfAB VI, Version 1.0 vom 30.04.2015, Punkt 4.21.5.4, S. 174, BMI, in: http://www.cio.bund.de/SharedDocs/Publikationen/DE/IT-Beschaffung/ufab_vi_download.pdf?__blob=publicationFile, abgerufen am 13.12.2016.

1481 UfAB VI, Version 1.0 vom 30.04.2015, Punkt 4.21.5.4, S. 175, BMI, in: http://www.cio.bund.de/SharedDocs/Publikationen/DE/IT-Beschaffung/ufab_vi_download.pdf?__blob=publicationFile, abgerufen am 13.12.2016. Weiter nicht empfohlen sind die Mittelwertmethode, UfAB VI, Version 1.0, Punkt 4.21.5.1 und die einfache Richtwertmethode mit Gewichtungsfaktor, UfAB VI, Version 1.0, Punkt 4.21.5.2.

1482 Bartsch/von Gehlen/Hirsch, NZBau 2012, 393, 397 f.

1483 Bartsch/von Gehlen/Hirsch, NZBau 2012, 393, 398 f.

bb) „Flipping"-Effekt

Sämtliche dargestellten Gewichtungsformeln sind anfällig für die Störung durch Angebote Dritter.[1484] Die Konstellation, in der zwei Angebote bei unveränderten Angebotswerten den Platz tauschen, nennt man „Flipping"-Effekt.[1485] „Flipping" beschreibt hierbei die Abhängigkeit der Zuschlagszahl des einzelnen Angebots vom Inhalt der Angebote Dritter entweder durch sukzessive Abschichtung der Bieter, wobei es einen großen Unterschied machen kann, ob die Abschichtung schrittweise oder nur in einem Schritt erfolgt, oder durch Abgabe eines taktischen dritten Angebotes.[1486] Die Gefahr einer Wettbewerbsverzerrung ergibt sich dann, wenn Bieter ihre Zuschlagschance durch die Abgabe von Mehrfachangeboten innerhalb eines Ausschreibungsverfahrens erhöhen, indem sie entweder eine Vielzahl preislich gestaffelter Hauptangebote abgeben oder ihr Angebot in Abhängigkeit vom Submissionsergebnis in der Wertung belassen oder herausnehmen (bewusst unvollständige Abgabe oder geforderte Erklärungen und Nachweise werden nicht nachgereicht).[1487] Insoweit gilt es allerdings zu beachten, dass Hauptangebote nur dann berücksichtigungsfähig sind, wenn sie nicht identisch sind[1488], was erfordert, dass der Inhalt der jeweiligen Angebote klar abgrenzbar ist[1489] und sich nicht nur in preislicher, sondern auch in technischer Hinsicht unterscheidet[1490].

Der „Flipping Effekt" wurde in der vergaberechtlichen Literatur[1491] anhand des nachfolgenden Beispiels veranschaulicht:

1484 Bartsch/von Gehlen/Hirsch, NZBau 2012, 393, 396; *Wiedemann* in: Kulartz/Marx/Portz/Prieß, Kommentar zur VOL/A, 3. Auflage 2014, § 16, Rn. 338.

1485 Bartsch/von Gehlen, NZBau 2015, 523, 527; *Wiedemann* in: Kulartz/Marx/Portz/Prieß, Kommentar zur VOL/A, 3. Auflage 2014, § 16, Rn. 338; hierzu ohne entsprechende Bezeichnung bereits: Schneider NZBau 2002, 555 f. zur UfAB II; Roth, NZBau 2011, 75 f.; ein weiteres Beispiel findet sich bei Ferber, Bewertungskriterien und -matrizen im Vergabeverfahren, S. 394.

1486 Bartsch/von Gehlen/Hirsch, NZBau 2012, 393, 396.

1487 Bartsch/von Gehlen/Hirsch, NZBau 2012, 393, 396, 399; Bartsch/von Gehlen, NZBau 2015, 523, 526; Bartsch, Schwächen von Zuschlagsformeln im Vergleich, S. 16 zu den sog. „Brautjungfern" Angeboten im Detail, online abrufbar unter: Bartsch, Wolfgang, Schwächen von Zuschlagsformeln im Vergleich, in: https://www.iabg.de/fileadmin/media/Geschaeftsfelder/InfoKom/Vergabemanagement/Zuschlagsformel/Flyer/Flyer___Vergabemangemt_Zuschlagsformeln_Schwaechen.pdf, abgerufen am 08.12.2016.

1488 Vgl. etwa: 1. VK Bund, B. v. 29.01.2014 – Az.: VK 1-123/13, VPR 2014, 183; OLG München, B. v. 29.10.2013 – Az.: Verg 11/13, VPR 2014, 21; OLG Düsseldorf, B. v. 01.10.2012 – Az.: Verg 34/12, IBR 2013, 98.

1489 OLG Düsseldorf, B. v. 09.03.2011 – Az.: Verg 52/10, IBR 2011, 353.

1490 OLG München, B. v. 29.10.2013 – Az.: Verg 11/13, VPR 2014, 21.

1491 Schneider, NZBau 2002, 555, 557.

Angebot	Leistungspunkte	Kosten	Punkte gem. UfAB II
(Sieger) Angebot 1	8200	40.000 EUR	15990
Angebot 2	8000	39.000 EUR	15989,7
Angebot 3	6000	38.000 EUR	14200

Eine nur geringfügige Änderung der Kosten des Angebotes 3 ergibt das nachfolgende, überraschende Ergebnis:[1492]

Angebot	Leistungspunkte	Kosten	Punkte gem. UfAB II
Angebot 1	8200	40.000 EUR	16092,5
(Sieger) Angebot 2	8000	39.000 EUR	16094,9
Angebot 3	6000	38.500 EUR	14200

Weder das Angebot 1 noch das Angebot 2 wurden angepasst, jedoch wird das Angebot 2 als neuer „Sieger" geringfügig besser beurteilt.[1493] Im vorliegenden Beispiel ergibt sich die Maßstabsbildung rein zufällig darauf, dass der ohnehin unterlegene dritte Bieter sein Angebot noch teurer anbietet.[1494] Dies kann jedoch kein taugliches Unterscheidungskriterium für das Verhältnis von Angebot 1 zu Angebot 2 darstellen.[1495]

Für die Relative Preispunkte-Methode wird dies anhand der folgenden Beispielkonstellation dargestellt:[1496]

Bieter	Leistung	Preis	Z	Rang	P neu	Z neu	Rang neu
A	8	890 EUR	8,3	1	890 EUR	8,1	2
B	7	880 EUR	8,2	2	880 EUR	8,2	1
C	10	960 EUR	6,0	3	940 EUR	6,0	3

Auch in diesem Beispiel gab die geringfügige Änderung des teuren, leistungsstarken Angebotes von Bieter C den Ausschlag für das Verhältnis der Bieter A und B. Ohne eine Anpassung seines Angebotes vorgenommen zu haben, ist Bieter A in der zweiten Konstellation unterlegen.

1492 Schneider, NZBau 2002, 555, 557.
1493 Schneider, NZBau 2002, 555, 557.
1494 Schneider, NZBau 2002, 555, 557.
1495 Schneider, NZBau 2002, 555, 557.
1496 Bartsch/von Gehlen/Hirsch, NZBau 2012, 393, 402.

Für die Median Methode wird dies anhand der folgenden Beispielkonstellation dargestellt:[1497]

Bieter	Leistung	Preis	Z	Rang	P neu	Z neu	Rang neu
A	10	1.000 EUR	2,8	1	1.000 EUR	2,2	2
B	8	700 EUR	2,7	2	700 EUR	2,3	1
C	6	850 EUR	0,5	3	750 EUR	0,5	3

Nach der Rechtsprechung des OLG Düsseldorf ist der „Flipping"-Effekt als Konsequenz der gewählten Bewertungsmethode hinzunehmen.[1498] Der Vergabesenat verweist auf das dem öffentlichen Auftraggeber nach europäischem und nationalen Vergaberecht insoweit zustehende Bestimmungsrecht und nimmt an, dass die Möglichkeit der Umkehrung der Reihenfolge der Bieter ja nach deren Anzahl auffällig sei, aber „auf den ersten Blick als Konsequenz der gewählten Methode hinzunehmen sei.[1499] Gewichtige Stimmen in der Vergabeliteratur konstatierten, dass der von Seiten der Antragstellerin beschriebene „Flipping"-Effekt sicher einen „zweiten Blick" verdient hätte.[1500] Obschon der Wettbewerbsgrundsatz nicht verletzt sei, erfordere die fehlerfreie Ermessensausübung des öffentlichen Auftraggebers zumindest, dass diesem die Auswirkungen und Schwächen der von ihnen gewählten Bewertungsmethoden bekannt sind.[1501]

f) Divisionsverfahren

Stimmen in der Literatur sehen eine weitere Schwäche der üblichen Bewertungsformeln darin, dass sie durch die Addition von gewichteten Preis- und Leistungspunkten eine Summe generieren, obwohl Art. 67 Abs. 2 VRL von einem „Verhältnis"[1502] zwischen Preis und Leistung, mithin einem Quotienten spricht.[1503] In oligopolistischen Märkten ergebe sich ein Problem daraus, dass die Preise nicht im Verhältnis zur angebotenen Leistung, sondern nur im Verhältnis zu den Angebotspreisen anderer Bieter benotet werden und dass die Qualitätsbenotung hiervon abgekoppelt erfolgt, was es dominanten Bietern ermöglicht, akzeptable Qualität zu

---

1497 Bartsch/von Gehlen/Hirsch, NZBau 2012, 393, 402. Dort finden sich weitere Beispiele.

1498 OLG Düsseldorf, B. v. 03.03.2010 – Az.: VII-Verg 48/09, ZfBR 2013, 287.

1499 OLG Düsseldorf, B. v. 03.03.2010 – Az.: VII-Verg 48/09, ZfBR 2013, 287. Dem sich anschließend: VK Lüneburg, B. v. 09.01.2015 – Az.: VgK-44/2014, juris, wenn die angewandte Formel nur bei extremem Auseinanderfallen der Bieterpreise zu dem „Flipping"-Effekt führen würde.

1500 Bartsch/von Gehlen/Hirsch, NZBau 2012, 393, 402.

1501 Bartsch/von Gehlen/Hirsch, NZBau 2012, 393, 403.

1502 Im Englischen: „ratio".

1503 Kiiver/Kodym, NZBau 2015, 59 f.

überhöhten Preisen anbieten.[1504] Eine weitere subtile Einschränkung des üblichen Preispunkte-plus-Leistungspunkte-Verfahrens ergibt sich daraus, dass ein Preisgewicht von unter 50% eine implizite Leistungshürde für akzeptable Angebote darstellen kann.[1505] Inhaltlich ist dieser Einwand abzugrenzen von einer „falschen" Gewichtung des Preiskriteriums. Entfallen beispielsweise 70% auf das Qualitätskriterium und nur 30% auf den Preis, so ist ein Bieter mit einem Abstand von mehr als 30 Qualitätspunkten zum nächsten qualitativ besseren Bieter vom Wettbewerb gänzlich ausgeschlossen, auch wenn er die Mindestanforderungen ebenso erfüllt wie sein Konkurrent, was zur Folge hat, dass auch ein knapp kalkulierter Preis mit Bestnote den Qualitätsunterschied nicht ausgleichen kann.[1506] In Ansehung vorstehender Gründe wird als Lösung vorgeschlagen, allen den Mindestanforderungen genügenden Angeboten eine dem Anteil der Basis- an der Maximalqualität entsprechende Leistungsnote als Grundnote zu verleihen, was durch folgende Formel ausgedrückt wird:

$$\frac{Pmin}{Pmax} = -\frac{\text{Qneg}}{(\text{Qmax} - \text{Qneg})}$$

wobei P_{min} für den geschätzten Preis steht, der den Mindestanforderungen entspricht, P_{max} für den Höchstpreis, den der öffentliche Auftraggeber für die maximal gewünschte Qualität zu zahlen bereit ist, Q_{neg} ist die theoretische Negativqualität bei Nullpreis und Q_{max} ist die maximal gewünschte Qualität.[1507] Alle den Mindestanforderungen genügenden Angebote wird das Gewicht des Leistungskriteriums als Grundnote verliehen – die Leistungskonkurrenz erfolgt über die verbleibende Qualitätsmarge bei Erfüllung der Leistungskriterien und schließlich wird die Leistungsnote durch das Preisgebot in Euro geteilt.[1508]

Obschon der Literaturstimme insoweit zuzustimmen ist, dass eine Umrechnung des Preises bei Anwendung des Divisionsverfahrens obsolet wird, weil die Formel bereits einen Quotienten generiert, leidet auch sie an erheblichen Schwächen. Wenngleich sich dieses Verfahren in der mathematischen Theorie sinnvoll begründen lässt, ist es dennoch von einigen Unwägbarkeiten abhängig. Wie auch schon bei der Referenzwertmethode besteht das Risiko, dass der öffentliche Auftraggeber den Markt falsch einschätzt und der geschätzte Preis, der den qualitativen Mindestanforderungen entspricht, stark von den tatsächlichen Gegebenheiten abweicht. Ebenso gilt dies für den Höchstpreis, den der öffentliche Auftraggeber für die maximal gewünschte Qualität zu zahlen bereit ist und die theoretische Negativqualität sowie für nahezu alle Komponenten der Formel. Die Gefahr einer

1504 Kiiver/Kodym, NZBau 2015, 59 f.
1505 Kiiver/Kodym, NZBau 2015, 59 f.
1506 Kiiver/Kodym, NZBau 2015, 59 f.
1507 Kiiver/Kodym, NZBau 2015, 59, 63, vgl. insbesondere die dargestellte Grafik bei der Q/P_{ref} die Kurve aller geschätzten akzeptablen Preis-Leistungsverhältnisse darstellt.
1508 Kiiver/Kodym, NZBau 2015, 59,63.

Beeinträchtigung des Preiswettbewerbs ergibt sich hier ebenfalls, wenn sich die Bieter zu eng an den bekannt gemachten Werten orientieren. Das Divisionsverfahren wurde allerdings noch nicht zum Gegenstand der Vergabejudikatur.

g) Lösungsvorschlag

Die von Seiten des öffentlichen Auftraggebers angestrebte Preisgewichtung muss also nicht zwingend dem jeweiligen „Wertigkeitsfaktor" einer Zuschlagsformel entsprechen, sodass sich berechtigterweise die Frage stellt, wann von einem gesicherten Preisanteil an der Zuschlagsentscheidung von beispielsweise 40% gesprochen werden kann.[1509] Vereinfacht formuliert kann es je nach angewendeter Bewertungsformel sein, dass sich die Gewichtung nicht in der Vergabeentscheidung widerspiegelt, was nach der Vergaberechtsprechung allerdings nur in Ausnahmefällen vergaberechtswidrig sein soll. Gleiches gilt wie aufgezeigt für den „Flipping" Effekt. Fordert man hinsichtlich einer fehlerfreien Ermessensausübung des öffentlichen Auftraggebers, dass diesem die Auswirkungen und Schwächen der ausgewählten Bewertungsmethoden bekannt sind[1510], so stellt sich gleichwohl die Frage, welche Konsequenzen er daraus ziehen kann. In der Literatur wird vorgeschlagen, von einer Gewichtung des Preises im Verhältnis zur Leistung Abstand zu nehmen, weil dieses „stumpfe Schwert" nur falsche Vorstellungen auf Bieter- und Auftraggeberseite schaffe.[1511] Dem ist insoweit zuzustimmen, als dass es zur Erreichung eines höheren Leistungsniveaus keiner Übergewichtung des Leistungskriteriums bedarf. Vielmehr kann der öffentliche Auftraggeber die Einhaltung hoher qualitativer Anforderungen auch durch entsprechende Vorgaben in der Leistungsbeschreibung und/oder in den übrigen Ausschreibungsunterlagen sicherstellen. Wie die unmittelbar nachfolgenden Ausführungen zeigen, besteht die Möglichkeit, LCC als einziges Zuschlagskriterium einzusetzen, wenn die auszuführenden Leistungen in allen für die Zuschlagsentscheidung in Betracht kommenden Punkten in der Leistungsbeschreibung und/oder in den übrigen Ausschreibungsunterlagen vom Auftraggeber hinreichend genau definiert worden sind.

Möchte der öffentliche Auftraggeber gleichwohl nicht auf eine Gewichtung des Preises im Verhältnis zur Leistung verzichten, empfiehlt es sich, dass er sich Gewichtungsmethoden bedient, die zu sachgerechten Ergebnissen führen. Wie aufgezeigt wurde, kann sich die Auswahl als schwierig darstellen. Die Methode der beidseitigen linearen Interpolation etwa ist nach der Vergaberechtsprechung nur dann zu beanstanden, wenn nur zwei Angebote eingehen. Allerdings sind sowohl die einseitige als auch die beidseitige Interpolationsmethode wegen ihrer

---

1509 Vgl. die überzeugenden Ausführungen von Bartsch zu dem Beitrag Pfarr, OLG Düsseldorf: Bewertung des Preises mit 90% vergaberechtswidrig?, Vergabeblog.de v. 10.05.2013, Nr. 15182, in: http://www.vergabeblog.de/2013-05-10/olg-dusseldorf-bewertung-des-preises-mit-90-vergaberechtswidrig-09-01-2013-verg-3312/, abgerufen am 08.12.2016.

1510 Bartsch/von Gehlen/Hirsch, NZBau 2012, 393, 403.

1511 Bartsch/von Gehlen/Hirsch, NZBau 2012, 393, 403.

Mängel nicht empfehlenswert.[1512] Von einem Einsatz der UfAB II-Formel, der Mittelwertmethode und der einfachen Richtwertmethode mit Gewichtungsfaktor ist abzusehen, obschon sie nicht vergaberechtswidrig sind. Demgegenüber führen die einfache und die erweiterte Richtwertmethode grundsätzlich zu sachgerechten Ergebnissen.[1513]

Gleich welcher Bewertungsformel sich der öffentliche Auftraggeber bedient, die Punktevergabe muss transparent sein. Der Transparenzgrundsatz erfordert nach Ansicht des OLG Düsseldorf, dass der öffentliche Auftraggeber seinen Bewertungsmaßstab – auch für Unterkriterien und ggf. Unter-Unterkriterien – vor Angebotsabgabe bekannt macht.[1514] Die Frage, ob darüber hinaus die konkret zum Einsatz kommende Bewertungsmethode bekanntgegeben werden muss, wird auf europäischer und nationaler Ebene unterschiedlich beantwortet. Der EuGH entschied in „TNS Dimarso", dass der öffentliche Auftraggeber nicht verpflichtet ist, potenziellen Bietern in der Auftragsbekanntmachung oder in den entsprechenden Verdingungsunterlagen die Bewertungsmethode, die er zur konkreten Bewertung und Einstufung der Angebote anwenden wird, zur Kenntnis zu bringen.[1515] Die Methode dürfe allerdings keine Veränderung der Zuschlagskriterien oder ihrer Gewichtung bewirken.[1516]

Die Entscheidung überzeugt aus der Sicht der Praxis, weil es in vielen Fällen unmöglich ist, eine Bewertungsmethode vorab so genau festzulegen, dass die Bewertung gleichsam automatisch feststeht.[1517] Die Entscheidung des EuGH findet auch nach der Vergaberechtsmodernisierung im Gesetz ihre Stütze. Die Zuschlagsvorschriften im europäischen und deutschen Recht fordern unverändert nur die Angabe der Zuschlagskriterien und deren Gewichtung in den Auftragsunterlagen.[1518] Mit seinem Verständnis des Art. 53 Abs. 2 VKR legte der EuGH zugleich die Auslegung sowie die sich daraus ergebende Anwendung des Unionsrechts

---

1512 Bartsch/von Gehlen, NZBau 2014, 523, 528.

1513 Aus diesem Grund empfiehlt die aktuelle UfAB sie auch, UfAB VI, Version 1.0 vom 30.04.2015, Punkt 4.21.2, S. 157, BMI, in: http://www.cio.bund.de/SharedDocs/Publikationen/DE/IT-Beschaffung/ufab_vi_download.pdf?__blob=publicationFile, abgerufen am 13.12.2016; Bartsch/Reichling, Formeltransparenz erforderlich – mit welchen Konsequenzen? (VK Bund, B. v. 03.03.2015 – Az.: VK 1-4/15), Vergabeblog.de vom 07/07/2015, Nr. 22924; Bartsch/von Gehlen, NZBau 2014, 523, 528.

1514 OLG Düsseldorf, B. v. 16.12.2015 – Az.: VII-Verg 25/15, NZBau 2016, 232; OLG Düsseldorf, B. v. 21.10.2015 – Az.: VII-Verg 28/14, NZBau 2016, 235; weiter: VK Bund, B. v. 03.03.2015 – Az.: VK 1-4/15, IBRRS 2015, 1034.

1515 EuGH, Urt. v. 14.07.2016, Rs. C-6/15, EU:C:2016:555 – *TNS Dimarso.*

1516 EuGH, Urt. v. 14.07.2016, Rs. C-6/15, EU:C:2016:555 – *TNS Dimarso.*

1517 Neusüß, Keine Pflicht zur Veröffentlichung der Bewertungsmethode, Vergabeblog.de vom 21.08.2016, Nr. 27080, in: http://www.vergabeblog.de/2016-08-21/keine-pflicht-zur-veroeffentlichung-der-bewertungsmethode-eugh-urt-v-14-07-2016-c-615-tns-dimarso/, abgerufen am 17.08.2017.

1518 Art. 67 Abs. 5 S. 1 VRL, § 127 Abs. 5 GWB, § 58 Abs. 3 S. 1 VgV.

durch die mitgliedstaatlichen Behörden und Gerichte fest.[1519] Eine überschießende, strengere Richtlinienumsetzung ist zum einen nicht erfolgt und hätte zum anderen erfordert, das die VRL insoweit eine Mindestharmonisierung enthält, die dem nationalen Gesetzgeber einen entsprechenden Spielraum eröffnet. Wie dargestellt wurde, ist dies für jede Vorschrift gesondert zu beurteilen. Art. 67 Abs. 5 VRL macht insoweit eine abschließende, vollharmonisierende Vorgabe. Schließlich könnte der Transparenzgrundsatz im nationalen Recht nur auslegungsunterstützend herangezogen werden. Ein Verständnis des § 127 Abs. 5 GWB bzw. des § 59 Abs. 3 S. 1 VgV, dass die Bewertungsmethode zwingend zu veröffentlichen ist, würde jedoch eine unzulässige überschießende Richtlinieninterpretation darstellen.[1520]

Die nationale Vergaberechtsprechung bewertete dies bisher anders.[1521] Ausgangspunkt der nationalen Diskussion waren Beschlüsse des OLG Düsseldorf, in denen das Gericht Bewertungsmaßstäbe beim Zuschlagskriterium Qualität als intransparent bewertete, wenn sie nicht zulassen, im Vorhinein zu bestimmen, welchen Erfüllungsgrad die Angebote auf der Grundlage des Kriterienkatalogs und konkreter Kriterien aufweisen müssen, um mit den festgelegten

---

1519 Art. 267 Abs. 1 lit. a AEUV; *Karpenstein* in: Grabitz/Hilf/Nettesheim, Das Recht der Europäischen Union 59. EL 2016, Art. 267 Rn. 2.

1520 So auch: Ortner, Strenge Rechtsprechung des OLG Düsseldorf zur Transparenzpflicht der Bewertungsmethode nach EuGH-Entscheidung nicht mehr haltbar, Vergabeblog.de vom 25/09/2016, Nr. 27344, in: http://www.vergabeblog.de/2016-09-25/strenge-rechtsprechung-des-olg-duesseldorf-zur-transparenzpflicht-der-bewertungsmethode-nach-eugh-entscheidung-nicht-mehr-haltbar/, abgerufen am 08.12.2016; *Schneevogl* in: jurisPR-VergR 2/2016 Anm. 1 EuGH 4. Kammer, Urteil vom 14.07.2016, C-6/15; a.A. Neusüß, Keine Pflicht zur Veröffentlichung der Bewertungsmethode, Vergabeblog.de vom 21.08.2016, Nr. 27080, in: http://www.vergabeblog.de/2016-08-21/keine-pflicht-zur-veroeffentlichung-der-bewertungsmethode-eugh-urt-v-14-07-2016-c-615-tns-dimarso/, abgerufen am 08.12.2016.

1521 OLG Celle, Urt. v. 23.02.2016 – Az.: 13 U 148/15, NZBau 2016, 381; insbesondere aber das OLG Düsseldorf, B. v. 15.06.2016 – Az.: VII-Verg 49/15, IBRRS 2016, 2548, Rn. 35 (stillschweigend); OLG Düsseldorf, B. v. 09.04.2014 – Az.: VII-Verg 36/13, IBRRS 2015, 0276; OLG Düsseldorf, B. v. 19.06.2013 – Az.: VII-Verg 8/13, ZfBR 2014, 85; sowie weiter VK Lüneburg, B. v. 29.10.2010 – Az.: VgK-52/10, IBRRS 2011, 1150 mit Verweis auf: VK Schleswig-Holstein, B. v. 22.01.2010 – Az.: VK-SH 26/09, IBRRS 2010, 0409; VK Thüringen, B. v. 17.11.2008, Az.: 250-4003.20-5125/2008-029-J, IBRRS 2008, 4010; 1. VK Bund, B. v, 10.08.2006 – Az.: VK1- 55/06, juris; weiter hierzu: Delcuvé, IBR 2016, 530 und *Röwekamp* in: Eschenbruch/Opitz, SektVO, 1. Auflage 2012, § 29 SektVO, Rn. 74; differenzierend danach, ob nicht ausgeschlossen werden kann, dass sich die Bekanntmachung der zum Einsatz kommenden Berechnungsmethode auf den Inhalt der Angebote auswirken kann: *Mutschler-Siebert/Kern* in: Gabriel/Krohn/Neun, Handbuch des Vergaberechts, 1. Auflage 2014, § 30 Die Angebotswertung, Rn. 78, weitere Nachweise in Fn. 87; Einzelfallabhängigkeit: OLG Brandenburg, B. v. 19.12. 2011 – Az.: Verg W 17/11, ZfBR 2012, 182.

Punktwerten bewertet zu werden.[1522] Das OLG Düsseldorf begründete dies damit, dass andernfalls objektiv Raum für Manipulationen und Willkür bei der Bewertung der Angebote bestehe.[1523] Wie soeben dargestellt, erfordert das Europarecht eine zumindest teilweise Aufgabe dieser Rechtsprechung. Das OLG Düsseldorf sah sich im Anschluss an die „TNS Dimarso" Entscheidung des EuGH veranlasst, seine als „sehr restriktive, ausgesprochen bieterfreundliche und für Auftraggeber kaum noch praktikable" bewertete[1524] „Schulnotenrechtsprechung"[1525] aufzuweichen. In seinem Beschluss vom 08.03.2017 führte das OLG Düsseldorf aus, dass es aus der „TNS Dimarso" Entscheidung des EuGH ableitet, dass die Bekanntgabe der Bewertungsmethode nicht zu einer Irreführung der Bieter führen darf.[1526] Die Leistungsbeschreibung, die Zuschlagskriterien und ihre Gewichtung müssten in einem solchen Fall hinreichend klar bleiben.[1527] Bleibe die Bekanntgabe der Bewertungsmethode hierauf ohne Einfluss, so sei die Bewertungsmethode unter diesem Gesichtspunkt vergaberechtlich nicht zu beanstanden.[1528]

Der BGH erteilte der strengen Schulnotenrechtsprechung in seinem Beschluss vom 04.04.2017 eine endgültige Absage.[1529] Im konkreten Fall begründete er dies, indem er auf „TNS Dimarso" rekurrierte und zur Begründung anführte, dass den Bietern andernfalls direkt oder mittelbar Lösungskomponenten vorgegeben würden, deren Erarbeitung gerade über eine funktionale Ausschreibung auf sie delegiert werden sollte.[1530] Der BGH ließ offen, ob unter „außergewöhnlichen" Umständen, wenn etwa die Komplexität des Auftragsgegenstandes vielschichtige Wertungskriterien erforderlich mache, der Auftraggeber bei Verwendung eines Benotungs- oder Punktewertungssystems seine Vorstellungen oder Präferenzen zum denkbaren Zielerreichungsgrad erläutern und damit Anhaltspunkte für eine günstige oder ungünstige Benotung vorgeben müsse, um eine intransparente Wertung zu vermeiden.[1531]

Der Beschluss des BGH ist begrüßenswert, weil er eine Klarstellung, insbesondere auch für öffentliche Auftraggeber bewirkt. In Ansehung vorstehender Überlegungen müssen öffentliche Auftraggeber die zum Einsatz kommende Bewertungsmethode fortan nicht mehr bekanntmachen.[1532]

1522 OLG Düsseldorf, B. v. 21.10. 2015 – VII-Verg 28/14 –, juris, Rn. 75; OLG Düsseldorf, B. v. 16.12. 2015 – VII-Verg 25/15 –, juris, Rn. 40.

1523 OLG Düsseldorf, B. v. 21.10. 2015 – VII-Verg 28/14 –, juris, Rn. 75.

1524 Neun/Otting, EuZW 2017, 629, 634.

1525 OLG Düsseldorf, B. v. 01.06.2016 – VII-Verg 6/16, BeckRS 2016, 13257; OLG Düsseldorf, B. v. 15.6.2016 – VII-Verg 49/15, NZBau 2016, 653; OLG Düsseldorf, B. v. 02.11.2016 – VII-Verg 25/16, NZBau 2017, 116.

1526 OLG Düsseldorf, B. v. 08.03.2017 – VII-Verg 39/16 –, juris, Rn. 46.

1527 OLG Düsseldorf, B. v. 08.03.2017 – VII-Verg 39/16 –, juris, Rn. 46.

1528 OLG Düsseldorf, B. v. 08.03.2017 – VII-Verg 39/16 –, juris, Rn. 46.

1529 BGH, B. v. 04.04.2017 – X ZB 3/17, NZBau 2017, 366.

1530 BGH, B. v. 04.04.2017 – X ZB 3/17, NZBau 2017, 366, Rn. 46.

1531 BGH, B. v. 04.04.2017 – X ZB 3/17, NZBau 2017, 366, Rn. 48.

1532 So auch: Delcuvé, IBR 2016, 530.

IV. LCC als niedrigstes Kostenkriterium

Wie aufgezeigt, ist die „Nur-Kosten" Vergabe auch nach neuem Vergaberecht grundsätzlich möglich.[1533] Bislang ergab sich dies rechtstheoretisch entweder aus einer richtlinienkonformen Auslegung des § 97 Abs. 5 GWB oder einer unmittelbaren Anwendung des Art. 53 Abs. 1 b) VKR.[1534] Dies gilt auch für LCC als einziges Zuschlagskriterium im Sinne einer „Nur-Kosten" Vergabe. Die anderslautende Formulierung in Erwägungsgrund 96 VLR beruht auf einem Übersetzungsfehler. Dort heißt es wörtlich: „Es sollte somit klargestellt werden, dass öffentliche Auftraggeber – außer wenn die Bewertung *allein auf Grundlage des Preises* erfolgt – das wirtschaftlich günstigste Angebot und *den niedrigsten Preis* unter Zugrundelegung einer Lebenszykluskostenrechnung bestimmen können."[1535] Der Wortlaut lässt vermuten, dass LCC nicht das einzige Zuschlagskriterium sein kann. Allerdings lautet die englische Fassung des Erwägungsgrundes wie folgt: „It should hence be made clear that, except where it is *assessed on the basis of price only*, contracting authorities can determine the most economically advantageous tender *and the lowest cost* using a life-cycle costing approach."[1536] Hier wird richtigerweise auf die niedrigsten Kosten Bezug genommen, die als selbstständige Alternative neben dem besten Preis-Leistungsverhältnis der Bestimmung des wirtschaftlich günstigsten Angebotes dienen können. Gemäß der englischen Originalfassung des Erwägungsgrunds 96 können die niedrigsten Kosten mittels eines Lebenszyklusansatzes ermittelt werden.

Die Entscheidung des öffentlichen Auftraggebers für die Vergabe nach dem Minimalprinzip ist im Grundsatz hinzunehmen, weil ihm bei der Auswahl und Festlegung der Gewichtung der Zuschlagskriterien ein Ermessensspielraum

---

1533 So auch: Burgi, Vergaberecht, § 17, Rn. 6; Stoye/Plantiko, VergabeR 2015, 309.

1534 Stoye/Plantiko, VergabeR 2015, 309; OLG Düsseldorf, B. v. 09.02.2009 – Az.: VII-Verg 66/08, IBRRS 2009, 2205. Allgemein hierzu: OLG Frankfurt a. M., B. v. 5.06.2012 – Az.: 11 Verg 4/12, NZBau 2012, 719 im Anschluss an die Sintesi Entscheidung des EuGH, Urt. v. 07.10.2004, C-247/02, EU:C:2004:593 – *Sintesi*; Weyand, ibr-online-Kommentar Vergaberecht, Stand 14.09.2015, § 97 GWB Rn. 1257 mit zahlreichen Nachweisen sowie in Rn. 1266/1 zu einer etwaigen Vorwirkung der VRL, die von Seiten des OLG Düsseldorf verneint wurde, wegen des Umsetzungsspielraumes (Wahlfreiheit), den Art. 67 Art. 67 Abs. 2 UAbs. 3 VRL den Mitgliedstaaten einräumt, OLG Düsseldorf, B. v. 28.01.2015 – Az.: VII-Verg 31/14, BeckRS 2015, 09750; a.A zur Rechtlage nach der VKR: *Ziekow* in: Ziekow/Völlink, Vergaberecht, 2. Auflage 2013, § 97 GWB, Rn. 107.

1535 Hervorhebung von der Verfasserin.

1536 Hervorhebung von der Verfasserin. Auch die französische Fassung wurde falsch übersetzt: „Il convient donc de préciser que, sauf lorsque *l'évaluation est exclusivement fondée sur le prix*, les pouvoirs adjudicateurs peuvent déterminer l'offre économiquement la plus avantageuse *et le prix le plus bas* en prenant en compte le coût du cycle de vie. »

zusteht.[1537] Es können gute Gründe dafür bestehen, allein den Preis für maßgeblich zu erklären und Qualitätsaspekte nur in der Leistungsbeschreibung vorzugeben. So führt die 2. VK Bund das Zuschlagskriterium der Qualität an, für das dies in besonderem Maße gelte, weil der Auftraggeber gerade bei Dienstleistungen Gefahr liefe sich dem Vorwurf der unzulässigen Vermengung der verschiedenen Wertungsstufen, insbesondere von Eignungs- und Zuschlagskriterien, auszusetzen.[1538] Die Anwendung des Minimalprinzips hat überdies den entscheidenden Vorteil, dass die Prüfung der Wirtschaftlichkeit der Angebote weniger aufwändig und leichter nachvollziehbar ist, sodass die Risiken eines Nachprüfungsverfahrens sinken.[1539]

Nach der nationalen Vergaberechtsprechung zur bisherigen Rechtslage begegnete die Bestimmung des Preises als ausschließliches Zuschlagskriterium jedenfalls dann keinen Bedenken, wenn andere Kriterien nicht geeignet sind oder nicht erforderlich erscheinen.[1540] Diese Einschränkung ergab sich nach Auffassung des Senats aus der „Sintesi" Entscheidung des EuGH, nach der ein nationaler Gesetzgeber, der ein ausschließliches Kriterium für die Vergabe öffentlicher Bauaufträge abstrakt und allgemein festlegt, öffentlichen Auftraggebern die Möglichkeit nehme, die Art und die Besonderheiten derartiger Aufträge im Einzelnen zu berücksichtigen, indem sie für jeden von ihnen das Kriterium wählen, das am besten geeignet ist, den freien Wettbewerb zu sichern und so die Auswahl des besten Angebots zu gewährleisten.[1541] Art und Besonderheiten des Auftrages, die eine „Nur-Preis" bzw. nunmehr auch „Nur-Kosten" Vergabe rechtfertigen, können dadurch gekennzeichnet sein[1542], dass die auszuführenden Leistungen in allen für die Zuschlagsentscheidung in Betracht kommenden Punkten in der Leistungsbeschreibung und/oder in den übrigen Ausschreibungsunterlagen vom Auftraggeber hinreichend genau definiert worden sind,[1543] oder dass der öffentliche Auftraggeber standardisierte oder

---

1537 Zu dem Auswahlermessen des öffentlichen Auftraggebers im Einzelnen: *Wiedemann* in: Kulartz/Marx/Portz/Prieß, Kommentar zur VOL/A, 3. Auflage 2014, § 16, Rn. 268–270.

1538 2. VK Bund, B. v. 12.12.2008 – Az.: VK 2 – 136/08, VPRRS 2014, 0087; B. v. 12.12.2008 – Az.: VK 2 – 130/08.

1539 *Wiedemann* in: Kulartz/Marx/Portz/Prieß, Kommentar zur VOL/A, 3. Auflage 2014, § 16, Rn. 274.

1540 OLG Düsseldorf, B. v. 11.12.2013 – Az.: VII-Verg 22/13, NZBau 2014, 374 in richtlinienkonformer Auslegung des § 97 Abs. 5 GWB.

1541 EuGH, Urt. v. 07.10.2004, C-247/02, EU:C:2004:593 – *Sintesi*, Rn. 40. Auf dieses Urteil bezieht sich der Vergabesenat des OLG Düsseldorf mit B. v. 09.02.2009 – Az.: VII-Verg 66/08, IBRRS 2009, 2205, Rn. 61; OLG Düsseldorf, B. v. 11.12.2013 – Az.: VII-Verg 22/13, NZBau 2014, 374.

1542 Dicks, VergabeR 2016, 309, 312.

1543 OLG Düsseldorf, B. v. 09.02.2009 – Az.: VII-Verg 66/08, IBRRS 2009, 2205 mit Verweis auf 1. VK Bund, B. v. 02.04.2014 – Az.: VK 1-14/14, IBRRS 2014, 1854; wie vorher bereits das OLG Naumburg, B. v. 05.12.2008 – Az.: 1 Verg 9/08, IBRRS 68486: „Die Leistungsbeschreibung ist hinsichtlich der den Auftraggeber interessierenden Zielvorgaben, insbesondere Entsorgungssicherheit, Entsorgungshäufigkeit

homogene Leistungen einkauft[1544], die homogene Angebote erwarten lassen,[1545] weil deren Qualitätseigenschaften feststehen, oder einfach beschrieben werden können.[1546] Die Gesetzesbegründung zum GWB stellt zudem auf nicht-marktübliche Leistungen ab[1547], was nicht ausreichend präzise ist, weil auch nicht standardisierte, inhomogene Lieferungen oder Leistungen marktüblich sein können.[1548]

Fraglich ist, ob die Aussagen der „Sintesi" Entscheidung auch nach der nationalen Vergaberechtreform noch zutreffen. Schließlich bezog sie sich inhaltlich auf die Situation, dass der Umsetzungsgesetzgeber eine Art der Vergabe abstrakt und allgemein festlegt. Mit Inkrafttreten des GWB in seiner aktuellen Fassung am 18.04.2016 ist dies nicht mehr der Fall. Vielmehr erlaubt § 127 Abs. 1 GWB die Vergabe allein anhand eines finanziellen Zuschlagskriteriums „Preis oder Kosten", als auch die ausschließliche Verwendung leistungsbezogener Zuschlagskriterien (ohne Preis-/ Kostenelement) sowie eine Kombination finanzieller oder leistungsbezogener Elemente.[1549] Der öffentliche Auftraggeber sollte sich nicht selbst der Möglichkeit beschneiden, für den konkreten Auftrag geeignete Zuschlagskriterien auszuwählen, die dessen Art und Besonderheiten berücksichtigen. Sein Bestimmungsrecht bedarf einer Einschränkung, wenn die Bieter nach den Vorgaben der Leistungsbeschreibung und der Ausschreibungsunterlagen zulässigerweise Unterschiedliches anbieten dürfen.[1550] Dies gebieten das Wettbewerbsprinzip und der Grundsatz der Wirtschaftlichkeit – insbesondere in Fällen, in denen die Vorgaben an die anzubietende Leistung keine homogenen Angebote erwarten lassen, weil sie den Bietern einen vergleichsweise großen Spielraum für die Gestaltung ausschreibungskonformer Angebote lassen und es daher vorkommen kann, dass Angebote, die geringfügig billiger sind als das günstigste Angebot, zwar die (Mindest-) Anforderungen der Leistungsbeschreibung erfüllen, aber überproportional hinter der Qualität des teureren Angebotes zurückbleiben.[1551] Würde alleine auf

---

und Abrechnungsgenauigkeit, sehr detailliert und lässt den Eingang sehr homogener Angebote erwarten."

1544 BGH, B. v. 07.01.2014 – Az.: X ZB 15/13, BGHZ 199, 327–344; wie vorher bereits das OLG Naumburg, B. v. 05.12.2008 – Az.: 1 Verg 9/08, IBRRS 68486.

1545 Zusammenfassend jüngst: OLG Düsseldorf, B. v. 24.09.2014 – Az.: VII-Verg 17/14, NZBau 2015, 314.

1546 Dicks, VergabeR 2016, 309, 312.

1547 Begründung Gesetz gegen Wettbewerbsbeschränkungen (GWB) – Teil 4 (Konsolidierte Fassung nach VergRModG), BMWi, in: https://www.bmwi.de/BMWi/Redaktion/PDF/Gesetz/gesetz-gegen-wettbewerbsbeschraenkungen-gwb-teil4-konsolidierte-nicht-amtliche-fassung,property=pdf,bereich=bmwi2012,sprache=de,rwb=true.pdf, abgerufen am 13.12.2016, S. 103.

1548 Dicks, VergabeR 2016, 309, 312.

1549 Burgi, Vergaberecht, § 17, Rn. 5.

1550 Zustimmung bedarf die 2. VK Bund, B. v. 10.11.14 – Az.: VK 2-89/14, VPRRS 2014, 0678. Hieran ändert auch die Vergaberechtsmodernisierung nichts.

1551 2. VK Bund, B. v.10.11.2014 – Az.: VK 2-89/14, VPRRS 2014, 0678; nunmehr ergeben sich die eingangs genannten Grundsätze aus § 97 Abs. 1, S. 1 und 2.

den Preis abgestellt, wäre dem vermeintlich billigeren Angebot der Zuschlag zu erteilen, obwohl es bei wirtschaftlicher Betrachtung gerade nicht das günstigste Angebot ist, sodass eine wettbewerbskonforme Wertung nicht möglich wäre.[1552] Hieran ändert sich auch nach der Vergaberechtsmodernisierung 2016 nichts.

1. Vergaberechtskonformität der „Nur-Kosten“ Vergabe?

Es bestehen folglich Konstellationen, in denen die „Nur-Preis“ und damit die „Nur-Kosten“ Vergabe nicht vergaberechtskonform ist.

a) (teil-)funktionale Ausschreibungen

Dies ist der Fall, wenn es sich um eine funktionale oder teilfunktionale Ausschreibung handelt[1553] – so auch das OLG Düsseldorf für eine Ausschreibung von Bauleistungen mittels Leistungsbeschreibung mit Leistungsprogramm nach § 7 Abs. 13–15 VOB/A EG a.F.[1554] Der Preis als alleiniges Zuschlagskriterium sei wegen des qualitativen Elements von Planungsleistungen ungeeignet, weil eine allein am Preis ausgerichtete Wertung der Angebote qualitative Elemente von Planungsleistungen nicht berücksichtige.[1555] Die Besonderheit des Falles bestand darin, dass die ausgeschriebenen Planungsleistungen nach den gesetzlichen Vorgaben der § 7 Abs. 13–15 und § 2 Abs. 2 VOB/A EG dem Wettbewerb zu unterstellen waren, weshalb der Senat forderte, dass neben dem Preis auch qualitative Wertungskriterien ins Gewicht fallen.[1556] Allerdings sind funktionale Ausschreibungen gerade dadurch gekennzeichnet, dass der Auftraggeber nur „Leistungs- und Funktionsanforderungen“ vorgeben muss[1557], die von den Bietern in unterschiedlicher Weise ausgefüllt bzw. erreicht werden können.[1558] Der Preis als alleiniges Zuschlagskriterium kommt folgerichtig auch in Betracht, weil auch die qualitativen Aspekte unterschiedlicher Angebote der Erfassung im Rahmen der Wertung bedürfen.[1559]

Es bleibt abzuwarten, ob sich außer der 1. und 2. VK Bund auch die übrigen Vergabesenate dem OLG Düsseldorf anschließen. Die Vergaberechtsmodernisierung

---

1552 2. VK Bund, B. v.10.11.2014 – Az.: VK 2-89/14, VPRRS 2014, 0678.

1553 1. VK Bund, B. v. 02.04.2014 – Az.: VK 1-14/14, IBRRS 2014, 1854; *Stolz/Kraus* in: Althaus/Heindl, Der öffentliche Bauauftrag, 3. Auflage 2013, Teil 2: Das Vergabeverfahren, Rn. 125.

1554 OLG Düsseldorf, B. v. 11.12.2013 – Az.: VII-Verg 22/13, NZBau 2014, 374; bestätigt in: OLG Düsseldorf, B. v 24.09.2014 – Az.: Verg 17/14 vorhergehend: 1. VK Bund, 02.04.2014 – VK 1-14/14.

1555 OLG Düsseldorf, B. v. 11.12.2013 – Az.: VII-Verg 22/13, NZBau 2014, 374. Dies bestätigend: VK Lüneburg, B. v. 07.10.2015 – Az.: VgK-31/2015, IBRRS 2016, 0013.

1556 OLG Düsseldorf, B. v. 11.12.2013 – Az.: VII-Verg 22/13, NZBau 2014, 374.

1557 Wie z.B. 8 EG Abs. 2 Nr. 2 VOL/A a.F.

1558 2. VK Bund, B. v.10.11.2014 – Az.: VK 2-89/14, VPRRS 2014, 0678.

1559 2. VK Bund, B. v. 10.11.2014 – Az.: VK 2-89/14, VPRRS 2014, 0678 mit Verweis auf: OLG Düsseldorf, B. v. 11.12.2013 – Az.: VII-Verg 22/13, NZBau 2014, 374.

ändert hieran nichts, sodass öffentlichen Auftraggebern zu empfehlen ist, bei funktionalen Ausschreibungen neben dem Preis auch qualitative Kriterien festzulegen, mit denen sich graduelle Unterschiede der Angebote ausmachen lassen.[1560] Hier gilt es darauf zu achten, dass die bereits beschriebenen Gewichtungsgrenzen eingehalten werden, weil sich Kriterien, denen eine reine „Alibifunktion“ zukommt, verbieten.

b) Nebenangebote?

Der BGH hat mit Beschluss vom 07.01.2014 entschieden, dass bei einer „Nur-Preis“ Vergabe Nebenangebote grundsätzlich nicht zugelassen und gewertet werden dürfen.[1561] Möchte der öffentliche Auftraggeber das Bieter-Know-how zur „Erschließung des wettbewerblichen Potentials“ über Nebenangebote abschöpfen, so muss er für deren vergaberechtskonforme Wertung aussagekräftige, auf den jeweiligen Auftragsgegenstand und den mit ihm zu deckenden Bedarf zugeschnittene Zuschlagskriterien festlegen, die es ermöglichen, das Qualitätsniveau von Nebenangeboten und ihren technischen-funktionellen und sonstigen sachlichen Wert über die Mindestanforderungen hinaus nachvollziehbar und überprüfbar mit dem für die Hauptangebote nach dem Amtsvorschlag vorausgesetzten Standard zu vergleichen.[1562] Konsequent folgert der BGH, dass das wirtschaftlichste Angebot auf dieser Basis ermittelt werden muss,[1563] weil sich die Werthaltigkeit eines in technisch-funktioneller Hinsicht abweichenden Leistungssolls schließlich nur mit Hilfe qualitativer Kriterien erfassen lässt.[1564] Der BGH folgte damit der Rechtsauffassung des OLG Düsseldorf[1565] und des OLG Jena[1566]. In der Literatur wurde vorgeschlagen, Nebenangebote zwar zuzulassen, sie aber über die Mindestanforderungen auf solche Angebote zu beschränken, die lediglich in Bezug auf Vergütungsregelungen und Zahlungsmodalitäten des

---

1560 Stoye/Plantiko, VergabeR 2015, 309, 311.

1561 BGH, B. v. 07.01.2014 – Az.: X ZB 15/13, BGHZ 199, 327–344; dem sich anschließend VK Nordbayern, B. v. 26.11.2015 – Az.: 21.VK-3194-39/15, IBRRS 2016, 0326.

1562 BGH, B. v. 07.01.2014 – Az.: X ZB 15/13, BGHZ 199, 327–344, Rn. 24.

1563 BGH, B. v. 07.01.2014 – Az.: X ZB 15/13, BGHZ 199, 327–344, Rn. 24; dabei muss gegebenenfalls auch eingeschätzt werden können, ob ein preislich günstigeres Nebenangebot mit einem solchen Abstand hinter der Qualität eines dem Amtsvorschlag entsprechenden Hauptangebots zurückbleibt, dass es nicht als das wirtschaftlichste Angebot bewertet werden kann.

1564 Stoye/Plantiko, VergabeR 2015, 309, 311, die es vor Umsetzung der VRL in das nationale Recht für ungeklärt hielten, ob dies auch für die Beschaffung homogener (Massen-)Leistungen gilt, denn hier würden die Haupt- und Nebenangebote eben keine graduellen Unterschiede aufweisen, sodass mit der Rspr. des BGH (B. v. 23.01.2013 – Az.: X ZB 8/11, NZBau 2013, 389, Rn. 15) eine unverfälschte Wertung von Haupt- und Nebenangeboten alleine nach dem Preis nicht von vornherein ausgeschlossen sind.

1565 OLG Düsseldorf, B. v. 02.11.2011 – Az.: VII Verg 22/11, IBRRS 2011, 4833 sowie OLG Düsseldorf, B. v. 30.10.2010 – Az.: VII-Verg 39/10, IBRRS 2012, 4172, jeweils mit Hinweis auf die Formulierung in Art. 24 Abs. 1 VKR.

1566 OLG Jena, B. v. 16.09.2013 – Az.: 9 Verg 3/13, IBRRS 2013, 3913.

Vertrages abweichen, sodass sich die Abweichungen über rein preisliche Zuschlagskriterien erfassen lassen.[1567] Andererseits nivelliert eine solche Vorgehensweise die Vorteile des reinen Preiswettbewerbs, der grundsätzlich eine einfache, übersichtliche und gut nachvollziehbare Wertung gewährleistet.[1568]

Nach der Vergaberechtsmodernisierung ist das Vorstehende bereits überholt. In der am 18.04.2016 in Kraft getretenen neuen Fassung der VgV heißt es nun in § 35 Abs. 2 S. 3 VgV eindeutig: „Nebenangebote können auch zugelassen oder vorgeschrieben werden, wenn der Preis oder die Kosten das alleinige Zuschlagskriterium sind." Infolge der unmissverständlichen Normierung in der VgV besteht kein Spielraum mehr für den Normanwender, sich der entgegenstehenden Rechtsauffassung des BGH zu der Rechtslage vor der Vergaberechtsmodernisierung anzuschließen. Ausweislich der Verordnungsbegründung sind die Mindestanforderungen an die Nebenangebote besonders sorgfältig festzulegen, wenn der Preis als alleiniges Zuschlagskriterium vorgesehen ist.[1569] Dies muss gleichermaßen für das Kostenkriterium gelten. Fraglich ist jedoch, was hierunter zu verstehen ist. Grundsätzlich brauchen die für Nebenangebote vorzugebenden Mindestanforderungen nicht alle Details der Ausführung zu erfassen, sondern können sich darauf beschränken, den Bietern in allgemeinerer Form den Standard und die wesentlichen Merkmale zu vermitteln, die eine Alternativausführung aufweisen muss, damit tatsächlich ein Spielraum für Alternativangebote besteht.[1570] Ein öffentlicher Auftraggeber, der sich der „Nur-Kosten" Vergabe bedienen will, muss also hierbei besonders sorgfältig vorgehen. Der Verordnungsgeber betont jedoch, dass unabhängig von dieser Klarstellung die Festlegung aussagekräftiger, auf den jeweiligen Auftragsgegenstand und den mit ihm zu deckenden Bedarf zugeschnittener Zuschlagskriterien durch den öffentlichen Auftraggeber *nahe liege*.[1571] Auf diese Weise könne eingeschätzt werden, ob ein preislich günstigeres Nebenangebot mit einem solchen Abstand hinter der Qualität eines dem Amtsvorschlag entsprechenden Hauptangebots zurückbleibe, dass es nicht als das wirtschaftlichste Angebot bewertet werden kann.[1572]

1567 *Wiedemann* in: Kulartz/Marx/Portz/Prieß, Kommentar zur VOL/A, 3. Auflage 2014, § 16, Rn. 278; ein weiterer Vorschlag findet sich bei Dicks, VergabeR 2016, 309, 314, der vorsieht, durch die Gestaltung der Mindestanforderungen an die Nebenangebote einen Qualitätsvergleich zwischen den Haupt- und Nebenangeboten sicherzustellen, vgl. insbesondere auch die Nachweise in den Fußnoten 20–22.

1568 *Wiedemann* in: Kulartz/Marx/Portz/Prieß, Kommentar zur VOL/A, 3. Auflage 2014, § 16, Rn. 278.

1569 Deutscher Bundestag, Verordnung der Bundesregierung zur Modernisierung des Vergaberechts, BT-Drs. 18/7318, S. 174.

1570 Deutscher Bundestag, Verordnung der Bundesregierung zur Modernisierung des Vergaberechts, BT-Drs. 18/7318, S. 174.

1571 Deutscher Bundestag, Verordnung der Bundesregierung zur Modernisierung des Vergaberechts, BT-Drs. 18/7318, S. 174.

1572 Deutscher Bundestag, Verordnung der Bundesregierung zur Modernisierung des Vergaberechts, BT-Drs. 18/7318, S. 174.

Die Modernisierung des Vergaberechts hat die praktischen Probleme der Zulassung von Nebenangeboten bei der Vergabe nach dem niedrigsten Preis nur verschärft[1573], obwohl der BGH sie erst jüngst einer zufriedenstellenden Lösung zugeführt hatte. Es bleibt abzuwarten, wie die vergaberechtliche Rechtsprechung die an den öffentlichen Auftraggeber zu stellenden Sorgfaltsanforderungen bei der Festlegung der Mindestanforderungen an die Nebenangebote bewerten und ausfüllen wird. Gegebenenfalls kommt auch hier eine Einschränkung des Auswahlermessens in bestimmten Fällen in Betracht. Dies etwa, wenn andernfalls ein Vergleich des Qualitätsniveaus von Nebenangeboten in technisch-funktioneller oder sachlicher Hinsicht mit dem für die Hauptangebote vorausgesetzten Standard nicht nachvollziehbar oder überprüfbar wäre.

2. Implikationen für LCC als einziges Zuschlagskriterium

Für den Einsatz von LCC als einziges Zuschlagskriterium bedeutet dies zunächst, dass es grundsätzlich auch ohne qualitative Kriterien vorgegeben werden kann. Keine vergaberechtlichen Bedenken ergeben sich bei homogenen Leistungen, die homogene Angebote erwarten lassen. Gleiches gilt, wenn die auszuführenden Leistungen in allen für die Zuschlagsentscheidung in Betracht kommenden Punkten in der Leistungsbeschreibung und/oder in den übrigen Ausschreibungsunterlagen hinreichend genau definiert worden sind. Insbesondere wenn der öffentliche Auftraggeber das Know-how des Bieters über Nebenangebote abschöpfen will, muss er darauf achten, dass er bei der Festlegung der Mindestanforderungen (Standard und wesentliche Merkmale) an die Nebenangebote besonders sorgfältig vorgeht. Gleichwohl können Nebenangebote nach der neuen Rechtslage auch bei der Vorgabe von LCC als reine Kostenvergabe zugelassen werden.

Demgegenüber schließen sich eine (teil-)funktionale Ausschreibung und LCC als einziges Zuschlagskriterium aus. Dies ergibt sich bereits daraus, dass sich LCC besonders für die Beschaffung von homogenen (Massen-)Waren und -Leistungen eignet. Überdies ist das besondere Charakteristikum funktionaler Ausschreibungen die Vorgabe bloßer Leistungs- und Funktionsanforderungen, die von den Bietern in unterschiedlicher Weise ausgefüllt werden können. Ließe man in diesem Fall LCC als alleiniges Zuschlagskriterium zu, so blieben die qualitativen Aspekte unterschiedlicher Angebote im Rahmen der Wertung außer Acht. Die Einbeziehungsmöglichkeit auch ökologischer Externalitäten kann hieran nichts ändern.

C. Voraussetzungen des Einsatzes von LCC als Zuschlagskriterium

Die in Art. 68 VRL normierte „Lebenszykluskostenrechnung" muss im Zusammenhang mit dem soeben erläuterten Art. 67 Abs. 2 VRL gelesen werden.[1574] Letztere

1573 Zustimmung verdient Dicks, VergabeR 2016, 309, 315.
1574 *Hettich* in: Das neue Vergaberecht, S. 69.

Vorschrift betrifft den Einsatz von LCC im Rahmen der Festlegung der Zuschlagskriterien. Dem öffentlichen Auftraggeber werden zwei Möglichkeiten an die Hand gegeben. Entweder kann LCC neben qualitativen Kriterien zur Ermittlung des besten Preis-Leistungsverhältnisses herangezogen werden oder als einziges Zuschlagskriterium der „niedrigsten LCC-Kosten", wenn auf eine funktionale Ausschreibung verzichtet wurde. Die formellen und materiellen Voraussetzungen der Einbeziehung von LCC in ein Vergabeverfahren finden sich demgegenüber in Art. 68 VRL, der erstmals eine allgemeine Regelung eingeführt und die bestehenden sektorspezifischen Maßnahmen ergänzt hat.[1575] Für den vorliegenden Zusammenhang ist die „Clean-Vehicles-Directive" von Bedeutung, die für die Beschaffung von Straßenfahrzeugen eine spezifische finanzielle Wertungsmethodik in Form einer LCC-Rechnung bereitstellt.[1576]

Die Lebenszykluskostenrechnung wird als große Novelle der VRL verkauft, was nachfolgend im Anschluss an die Analyse der formellen und materiellen Voraussetzungen der Einbeziehung von LCC ebenfalls beleuchtet wird.

I. Richtlinienvorgabe in Art. 68 VRL

Zunächst zum Wortlaut des Art. 68 VRL, der wie folgt lautet:

„(1) Soweit relevant, umfasst die Lebenszykluskostenrechnung die folgenden Kosten während des Lebenszyklus eines Produkts, einer Dienstleistung oder Bauleistung ganz oder teilweise:

a) von dem öffentlichen Auftraggeber oder anderen Nutzern getragene Kosten, wie:
   i) Anschaffungskosten,
   ii) Nutzungskosten, wie z. B. Verbrauch von Energie und anderen Ressourcen,
   iii) Wartungskosten,
   iv) Kosten am Ende der Nutzungsdauer (wie Abholungs- und Recyclingkosten);
b) Kosten, die durch die externen Effekte der Umweltbelastung entstehen, die mit der Ware, der Dienstleistung oder der Bauleistung während ihres Lebenszyklus in Verbindung stehen, sofern ihr Geldwert bestimmt und geprüft werden kann; solche Kosten können Kosten der Emission von Treibhausgasen und anderen Schadstoffen sowie sonstige Kosten für die Eindämmung des Klimawandels umfassen.

(2) Bewerten die öffentlichen Auftraggeber die Kosten nach dem Lebenszyklus-Kostenansatz, nennen sie in den Auftragsunterlagen die von den Bietern bereitzustellenden Daten und die Methode, die der öffentliche Auftraggeber zur Bestimmung der Lebenszyklus-Kosten auf der Grundlage dieser Daten anwenden wird.

1575 Erwägungsgrund 96.

1576 Weiter erwähnt Erwägungsgrund 96 die „Energy Star"-Verordnung, die allerdings keine Lebenszykluskostenrechnung enthält. Verordnung (EG) Nr. 106/2008 des Europäischen Parlaments und des Rates vom 15.01.2008 über ein gemeinschaftliches Kennzeichnungsprogramm für Strom sparende Bürogeräte (Neufassung), OJ L 39, 13.2.2008, S. 1–7.

Die Methode, die zur Bewertung der externen Umweltkosten angewandt wird, muss folgende Bedingungen erfüllen:

a) Sie beruht auf objektiv nachprüfbaren und nichtdiskriminierenden Kriterien. Ist die Methode nicht für die wiederholte oder kontinuierliche Anwendung konzipiert worden, so darf sie insbesondere nicht bestimmte Wirtschaftsteilnehmer auf unzulässige Weise bevorzugen oder benachteiligen;
b) sie ist für alle interessierten Parteien zugänglich;
c) die geforderten Daten lassen sich von Wirtschaftsteilnehmern, die ihrer Sorgfaltspflicht in normalem Maße nachkommen, einschließlich Wirtschaftsteilnehmern aus Drittstaaten, die dem GPA oder anderen, für die Union bindenden internationalen Übereinkommen beigetreten sind, mit vertretbarem Aufwand bereitstellen

(3) Für den Fall, dass eine gemeinsame Methode zur Berechnung der Lebenszyklus-Kosten durch einen Rechtsakt der Union verbindlich vorgeschrieben worden ist, findet diese gemeinsame Methode bei der Bewertung der Lebenszyklus-Kosten Anwendung.

Ein Verzeichnis derartiger Rechtsakte und erforderlichenfalls der sie ergänzenden delegierten Rechtsakte ist in Anhang XIII enthalten. Der Kommission wird die Befugnis übertragen, gemäß Artikel 87 delegierte Rechtsakte zur Aktualisierung dieses Verzeichnisses zu erlassen, wenn aufgrund der Annahme neuer Rechtsvorschriften, die eine gemeinsame Methode verbindlich vorschreiben, oder der Aufhebung oder Änderung bestehender Rechtsakte eine Aktualisierung erforderlich ist."[1577]

1577 In den weiteren Arbeitssprachen der EU lautet der Richtlinientext des Art. 68 VRL wörtlich wie folgt: Im Englischen: "1. Life-cycle costing shall to the extent relevant cover parts or all of the following costs over the life cycle of a product, service or works:
(a) costs, borne by the contracting authority or other users, such as:
(i) costs relating to acquisition,
(ii) costs of use, such as consumption of energy and other resources,
(iii) maintenance costs,
(iv) end of life costs, such as collection and recycling costs.
(b) costs imputed to environmental externalities linked to the product, service or works during its life cycle, provided their monetary value can be determined and verified; such costs may include the cost of emissions of greenhouse gases and of other pollutant emissions and other climate change mitigation costs
2. Where contracting authorities assess the costs using a life- cycle costing approach, they shall indicate in the procurement documents the data to be provided by the tenderers and the method which the contracting authority will use to determine the life-cycle costs on the basis of those data.
The method used for the assessment of costs imputed to environmental externalities shall fulfil all of the following conditions:
(a) it is based on objectively verifiable and non-discriminatory criteria. In particular, where it has not been established for repeated or continuous application, it shall not unduly favour or disadvantage certain economic operators;
(b) it is accessible to all interested parties;

(c) the data required can be provided with reasonable effort by normally diligent economic operators, including economic operators from third countries party to the GPA or other international agreements by which the Union is bound.
3. Whenever a common method for the calculation of life-cycle costs has been made mandatory by a legislative
act of the Union, that common method shall be applied for the assessment of life-cycle costs.
A list of such legislative acts, and where necessary the delegated acts supplementing them, is set out in Annex XIII. The Commission shall be empowered to adopt delegated acts in accordance with Article 87 concerning the update of that list, when an update of the list is necessary due to the adoption of new legislation making a common method mandatory or the repeal or modification of existing legal acts."
Im Französischen: "1. Le coût du cycle de vie couvre, dans la mesure où ils sont pertinents, tout ou partie des coûts suivants du cycle de vie d'un produit, d'un service ou d'un ouvrage:
a) les coûts supportés par le pouvoir adjudicateur ou d'autres utilisateurs, tels que:
i) les coûts liés à l'acquisition,
ii) les coûts liés à l'utilisation, tels que la consommation d'énergie et d'autres ressources,
iii) les frais de maintenance,
iv) les coûts liés à la fin de vie tels que les coûts de collecte et de recyclage.
b) les coûts imputés aux externalités environnementales liés au produit, au service ou à l'ouvrage pendant son cycle de vie, à condition que leur valeur monétaire puisse être déterminée et vérifiée; ces coûts peuvent inclure le coût des émissions de gaz à effet de serre et d'autres émissions polluantes ainsi que d'autres coûts d'atténuation du changement climatique.
2. Lorsque les pouvoirs adjudicateurs évaluent les coûts selon une méthode basée sur le cycle de vie, ils indiquent dans les documents de marché les données que doivent fournir les soumissionnaires et la méthode qu'utilisera le pouvoir adjudicateur pour déterminer le coût du cycle de vie sur la base de ces données.
La méthode utilisée pour évaluer les coûts imputés aux externalités environnementales respecte l'ensemble des conditions suivantes:
a) elle se fonde sur des critères vérifiables de façon objective et non discriminatoires. En particulier, lorsqu'elle n'a pas été prévue pour une application répétée ou continue, elle ne favorise ni ne défavorise indûment certains opérateurs économiques;
b) elle est accessible à toutes les parties intéressées;
c) les données requises peuvent être fournies moyennant un effort raisonnable consenti par des opérateurs économiques normalement diligents, y compris des opérateurs de pays tiers parties à l'AMP ou à d'autres accords internationaux par lesquels l'Union est liée.
3. Lorsqu'une méthode commune de calcul des coûts du cycle de vie est devenue obligatoire de par un acte législatif de l'Union, elle est appliquée pour l'évaluation des coûts du cycle de vie.
La liste de ces actes législatifs et, si nécessaire, des actes délégués les complétant figure à l'annexe XIII. La Commission est habilitée à adopter des actes délégués conformément à l'article 87 en ce qui concerne l'actualisation de cette liste, lorsque cette actualisation est nécessaire en raison de l'adoption de nouveaux actes législatifs rendant une méthode commune obligatoire ou de l'abrogation ou de la modification d'actes juridiques en vigueur."

Auffällig ist zunächst die Länge des Textes. Unter namhaften Vergaberechtlern spricht man gar von „Textmassen".[1578] Diesem Richtlinienartikel widmen sich die Erwägungsgründe 95 und 96. Mit der Normierung von LCC soll das Potenzial der öffentlichen Auftragsvergabe in vollem Umfang für die Verwirklichung der Ziele der Strategie „Europa 2020" für intelligentes, nachhaltiges und integratives Wachstum ausgeschöpft werden. Die soeben angesprochene sektorspezifische Rechtsetzung soll nun durch eine allgemeine Vorgabe ergänzt werden. Erwägungsgrund 96 konkretisiert den Richtlinienartikel inhaltlich und wird in dieser Forschungsarbeit an der jeweils relevanten Stelle herangezogen.

1. Einzubeziehende Kosten

Die Lebenszykluskostenrechnung i.S.d. Art. 68 VRL umfasst die von dem öffentlichen Auftraggeber oder anderen Nutzern getragenen Kosten, wie Anschaffungs-, Nutzungs- und Wartungskosten sowie Kosten am Ende der Nutzungsdauer die während des Lebenszyklus eines Produkts, einer Dienst- oder Bauleistung ganz oder teilweise entstehen. Unter „Lebenszyklus" versteht die VRL ausweislich Art. 2 Nr. 20 alle aufeinander folgenden und/oder miteinander verbundenen Stadien, einschließlich der durchzuführenden Forschung und Entwicklung, der Produktion, des Handels und der damit verbundenen Bedingungen, des Transports, der Nutzung und Wartung, während der Lebensdauer einer Ware oder eines Bauwerks oder während der Erbringung einer Dienstleistung, angefangen von der Beschaffung der Rohstoffe oder Erzeugung von Ressourcen bis hin zur Entsorgung, den Aufräumarbeiten und der Beendigung der Dienstleistung oder Nutzung.

a) Interne Kosten

Die Lebenszykluskostenrechnung umfasst nach Art. 68 Abs. 1 a) VRL zunächst die von dem öffentlichen Auftraggeber oder anderen Nutzern getragenen internen Kosten. Diese haben einen genauen Geldwert und lassen sich wie erwähnt in die Kategorien Anschaffungskosten, Nutzungskosten (z.B. Verbrauch von Energie und anderen Ressourcen), Wartungskosten und Kosten am Ende der Nutzungsdauer (z.B. Abholungs- und Recyclingkosten) einteilen. In Erwägungsgrund 96 werden weiter beispielhaft die Kosten für durchzuführende Forschung, Entwicklung, Produktion und Transport aufgelistet.[1579] Diese Kosten liegen zeitlich vor der Anschaffung und gehen zumeist in dem Preis auf, den der Bieter hierfür aufruft. Es bedarf genauerer Untersuchung, ob diese Kosten nach der VRL berücksichtigungsfähig sind.

1578 *Jasper* in: Tagungsband 16. Düsseldorfer Vergaberechtstag, S. 45, in: https://broschueren.nordrheinwestfalendirekt.de/herunterladen/der/datei/16-du-sseldorfer-vergaberechtstag-online-version-pdf/von/16-duesseldorfer-vergaberechtstag/vom/mweimh/2167, abgerufen am 08.12.2016.

1579 Weiter ist die Nutzung, Wartung und Entsorgung aufgeführt.

aa) Anschaffungskosten

Die Kommission lehnte in ihrer Auslegungsmitteilung über die Berücksichtigung von Umweltbelangen bei der Vergabe öffentlicher Aufträge von 2001 eine erneute Berücksichtigung des Preises, den ein öffentlicher Auftraggeber für die Beschaffung eines Produktes zahlt, bei der Erteilung des Zuschlages ab, weil er die Kosten wiederspiegelt, die in bereits abgeschlossenen Phasen angefallen sind.[1580] Diese Auffassung behielt sie zunächst bei. So zählt sie in ihrem Handbuch für ein umweltorientiertes Beschaffungswesen zu den während der Lebensdauer eines Produktes bzw. einer Dienst- oder Bauleistung zu berücksichtigenden Kosten den Beschaffungspreis und alle damit verbundenen Kosten (Lieferung, Installation, Inbetriebnahme usw.).[1581] In ihrem Vorschlag für eine Richtlinie über die öffentliche Auftragsvergabe von 2011[1582] gab sie diese Auffassung aber auf. Artikel 67 Abs. 1 a) der Vorschlagsfassung zählte die Produktionskosten beispielhaft als Kosten im Zusammenhang mit dem Erwerb auf.[1583]

Die Einbeziehung der Kosten, die zeitlich vor der Anschaffung liegen, wie etwa Forschung und Entwicklung oder Produktion, steht im Gegensatz zu dem für Lebenszykluskostenrechnungen allgemeingültigen Grundsatz der akteurspezifischen Kostenerfassung,[1584] der für das öffentliche Beschaffungswesen besagt, dass die Analyse aus Sicht des jeweiligen öffentlichen Auftraggebers durchgeführt

1580 Interpretierende Mitteilung der Kommission über das auf das öffentliche Auftragswesen anwendbare Gemeinschaftsrecht und die Möglichkeiten zur Berücksichtigung von Umweltbelangen bei der Vergabe öffentlicher Aufträge, KOM(2001) 274 endg., ABl. C 333 v. 28.11.2001, S. 12, Ziffer 3.2.

1581 Europäische Kommission, „Umweltorientierte Beschaffung! Ein Handbuch für ein umweltorientiertes öffentliches Beschaffungswesen", 3. Auflage 2016, dort S. 67, http://ec.europa.eu/environment/gpp/pdf/handbook_de.pdf, abgerufen am 18.07.2016. So auch schon in der 2. Auflage 2011, S. 56, in: http://ec.europa.eu/environment/archives/gpp/buying_green_handbook_2011_de.pdf, abgerufen am 08.12.2016; sowie der Hinweis auf den Vorschlag britischen Chartered Institute of Purchasing and Supply auf S. 36 der 1. Auflage 2004, in: http://ec.europa.eu/environment/archives/gpp/buying_green_handbook_de.pdf, abgerufen am 08.12.2016.

1582 Vorschlag für eine Richtlinie des Europäischen Parlaments und des Rates über die öffentliche Auftragsvergabe, KOM(2011) 896 endg., S. 11. Weiter lässt hierauf der Internetauftritt der EU Kommission schließen, der die Anschaffungskosten sowie alle damit verbundenen Kosten (Lieferung, Installation, Versicherung etc.) aufzählt. Zumindest die Lieferung ist mit dem Beschaffungspreis abgegolten, Europäische Kommission, in: http://ec.europa.eu/environment/gpp/lcc.htm, abgerufen am 18.07.2016.

1583 Weiter ergibt sich dies aus Erwägungsgrund 40 der Vorschlagsfassung.

1584 Hunkeler/Lichtenvort/Rebitzer, Environmental life cycle costing, S. 9 f.; Swarr/Hunkeler/Klöpffer/Pesonen/Ciroth/Brent/Pagan, Environmental Life Cycle Costing: A code of practice, S. 22 ff., die zwischen der Sichtweise des Konsumenten, des Produzenten sowie der des öffentlichen Beschaffers unterscheiden.

werden muss.[1585] Hiernach sind alle Kosten, die mit dem Produkt zusammenhängen und von der *verantwortlichen Behörde* auch tatsächlich getragen werden müssen, berücksichtigungsfähig, wozu auch externe Kosten zählen können.[1586]

Die VRL weicht dieses Prinzip auf, indem auch die von anderen Nutzern getragenen Kosten von einer Lebenszykluskostenrechnung i.S.d. Art. 68 VRL umfasst sind. Sie beschränkt sich also nicht auf den öffentlichen Auftraggeber als Akteur. Vor dem Hintergrund, dass die vergebende Stelle nicht zwingend der Nutzer des jeweiligen Beschaffungsgegenstandes sein muss, ist dies auch sachgerecht. Im Gegensatz zu dem Wortlaut des Richtlinienvorschlages lässt die VRL das Schicksal der den Anschaffungskosten vorgelagerten Kosten (Forschung und Entwicklung, Produktion etc.) ungeklärt.

Für eine Berücksichtigung dieser Kosten spricht das mit der Normierung der Lebenszykluskostenrechnung verfolgte Ziel. Mit Hilfe u.a. des LCC soll das Potenzial der öffentlichen Auftragsvergabe in vollem Umfang für die Verwirklichung der Ziele der Strategie „Europa 2020“ für intelligentes, nachhaltiges und integratives Wachstum ausgeschöpft werden.[1587] Eine Lebenszykluskostenrechnung ist über die Berücksichtigung von Externalitäten ein strategischer Zweck, mit dem ein Beitrag zur Verwirklichung der vorgenannten Ziele geleistet werden kann. Überdies leitete bereits die VKR die Abkehr von dem streng einzelwirtschaftlichen Maßstab[1588] ein,

1585 Die ausdrückliche Bezeichnung findet sich bei: Möller/Statmann/Gröger, Umweltfreundliche Beschaffung: Schulungsskript 5 – Einführung in die Berechnung von Lebenszykluskosten und deren Nutzung im Beschaffungsprozess, S. 11, in: https://www.umweltbundesamt.de/sites/default/files/medien/378/publikationen/umweltfreundliche_beschaffung_script_5.pdf, abgerufen am 08.12.2016.

1586 Möller/Statmann/Gröger, Umweltfreundliche Beschaffung: Schulungsskript 5 – Einführung in die Berechnung von Lebenszykluskosten und deren Nutzung im Beschaffungsprozess, S. 11, in: https://www.umweltbundesamt.de/sites/default/files/medien/378/publikationen/umweltfreundliche_beschaffung_script_5.pdf, abgerufen am 08.12.2016.

1587 Erwägungsgrund 95.

1588 Vgl. die Ausführungen des dritten Kapitels unter Punkt B, IV, 2.; allgemein zum Wirtschaftlichkeitsbegriff des Vergaberechts: Opitz, NZBau 2001, 12 ff.; ders. in: Dreher/Motzke, Beck'scher Vergaberechtskommentar, 2. Auflage 2013, § 97 Abs. 5 GWB, Rn. 38; *Dreher* in Immenga/Mestmäcker, Wettbewerbsrecht, 5. Auflage 2014, § 97 GWB, Rn. 360. Nach der Gegenansicht, dem als „wohlfahrtsökonomisch“ bezeichneten Ansatz, sollten Umweltkriterien bereits dann zulässig sein, wenn weder ein wirtschaftlicher Bezug, noch ein wirtschaftlicher Vorteil für den Auftraggeber mittelbar oder unmittelbar feststellbar ist (Fischer/Barth, NVwZ 2002, 1184, 1188; Schneider, DVBl. 2003, 1186, 1190; Bezeichnung bei: Opitz, VergabeR 2004, 421, 428). Auch Generalanwalt Mischo vertrat in seinen Schlussanträgen v. 13.12.2001 (Rs. C-513/99; ECLI: EU:C:2001:686) zu der Rechtssache „Concordia Bus Finland“ in Rn. 102 diese Position. Nach richtigem Verständnis der „Concordia Bus Finland“ Entscheidung lehnte der EuGH die beiden sich diametral gegenüberstehenden Ansichten ab; so auch: Bungenberg, NVwZ 2003, 314, 316; ders./Nowak,

sodass Zuschlagskriterien dem öffentlichen Auftraggeber nicht mehr zwingend einen unmittelbaren wirtschaftlichen Vorteil vermitteln müssen. Spätestens mit der Vergaberechtsmodernisierung lässt sich, wie in Kapitel 3 in Punkt D, I, d) aufgezeigt wurde, auch national die Öffnung für strategische Ziele sowie die Abkehr vom streng einzelwirtschaftlichen Maßstab nicht mehr leugnen. Eine Lebenszykluskostenrechnung kann deshalb grundsätzlich auch solche Kosten einbeziehen, die dem öffentlichen Auftraggeber keinen unmittelbaren wirtschaftlichen Vorteil vermitteln. Überdies bezieht sich Art 68 Abs. 1 VRL auf die Legaldefinition des Lebenszyklus in Art. 2 Nr. 20, nach der hiervon auch die durchzuführende Forschung und Entwicklung, die Produktion sowie der Transport umfasst sind. Schließlich dient die erforderliche Verbindung mit dem Auftragsgegenstand zumindest für das ELCC als Korrektiv, sodass nur der Anteil ökologischer externer Kosten einbezogen wird, der auch mit dem Auftrag zusammenhängt.

Die Tatsache, dass sich die Vorschlagsfassung der Europäischen Kommission nicht durchsetzen konnte, deutet aber darauf hin, dass die bereits mit dem Anschaffungspreis abgegoltenen Kosten nicht erneut berücksichtigt werden sollen. Nach Art. 67 Abs. 1 a) umfassten die internen Kosten auch solche, die „im Zusammenhang mit dem Erwerb, wie Produktionskosten" entstehen. Diese Formulierung wurde im Zuge des europäischen Rechtssetzungsverfahrens ohne Begründung gänzlich ersetzt durch den Begriff der „Anschaffungskosten" in Art. 68 Abs. 1 a) VRL. Nur aus Erwägungsgrund 96 ergibt sich, dass hierzu auch die Kosten der Produktion, des Transports sowie der durchzuführenden Forschung und Entwicklung zählen sollen. Wie bereits in Kapitel 3 unter Punkt B. IV. erläutert wurde, kommen den Erwägungsgründen, die integraler Bestandteil eines Sekundärrechtsaktes sind, keine normative Wirkung zu.[1589] Sie spielen aber bei der Ermittlung des Willens des Europäischen Gesetzgebers eine zentrale Rolle.[1590] Als primäres „policy statement" des Richtliniengebers können die Erwägungsgründe im Rahmen einer

ZUR 2003, 10, 14; Steinberg in EuZW 2002, 628, 634. Anders: Opitz, NZBau 2003, 252, 257, der Autor nahm zunächst an, dass mit Concordia Bus Finland der Maßstab der Einzelwirtschaftlichkeit gelten soll, vermischt diesen Punkt aber mit der Frage des geforderten Zusammenhangs mit dem Auftragsgegenstand, später ging ders. in VergabeR 2004, 421, 428 davon aus, dass das Urteil Concordia Bus Finland in diesem Punkt beide Verständnisse zulasse, spätestens aber mit Erlass des Artikel 53 Abs. 1 RL 2004/18/EG und EVN Wienstrom eine Abkehr von dem Grundsatz der Einzelwirtschaftlichkeit im europäischen Vergaberecht erfolgt ist.

1589 *Beckmann* in: Dauses, EU-Wirtschaftsrecht, 40. EL Juni 2016, E. VI. Versicherungsrecht, Rn. 40; *Dreher/Hoffmann/Kling* in: Enzyklopädie Europarecht, Band 4: Europäisches Wirtschaftsordnungsrecht, 1. Auflage 2015, § 17, Rn. 28; *Gaitanides* in: von der Groeben/Schwarze/Hatje, Europäisches Unionsrecht, 7. Auflage 2015, Art. 19 EUV, Rn. 45; *Wegener* in: Calliess/Ruffert, EUV/AEUV, 5. Auflage 2016, Art. 19 EUV, Rn. 16.

1590 Vgl. die Nachweise in Fn. 757.

teleologischen Interpretation[1591] sowie einer historischen Auslegung des Sekundärrechts herangezogen werden[1592].

Aus diesem Grund kommt Erwägungsgrund 96 keine dahingehende unmittelbare Rechtswirkung zu, dass die dort genannten Kosten zwingend in ein LCC einzubeziehen wären. Dennoch ergibt auch dieser Erwägungsgrund in komprimierter Form Aufschluss über die Ziele des Sekundärrechtsaktes und die Hintergründe des Rechtssetzungsverfahrens.[1593] Vorliegend ergibt sich jedoch ein Widerspruch zu der Gesetzgebungshistorie infolge der Streichung eben dieser Kosten in Art. 67 Abs. 1 a) der Entwurfsfassung. Allerdings zählt auch die Legaldefinition der Lebenszykluskosten in Art. 2 Nr. 20 VRL das Stadium der durchzuführenden Forschung und Entwicklung, der Produktion, des Handels und der damit verbundenen Bedingungen auf. Das in diesem Artikel etablierte Verständnis beansprucht auch in Art. 68 Geltung. Ein LCC i.S.d. Vergaberichtlinie bezieht auch solche internen Kosten ein, die im Anschaffungspreis aufgehen.

Dies ist nach dem Dafürhalten der Verfasserin allerdings kritisch zu beurteilen. Die Vermeidung des sog. „double counting" zählt zu den wichtigsten Grundprinzipien bei der Durchführung von Lebenszykluskostenrechnungen. Dieses Problem tritt auf, wenn eine Position mehr als ein Mal in die Berechnung eingeht.[1594] Infolge der sich hieraus ergebenen Verzerrungen liefert das LCC in diesem Fall keine zuverlässigen Ergebnisse mehr.[1595] Aus diesem Grund wird bei der Durchführung empfohlen, mögliche Quellen von „double counting" auszumachen und zu vermeiden.[1596] Dies betrifft die hier diskutierten mit dem Anschaffungspreis abgegoltenen Kosten, wie der Lieferung und Montage, aber auch die Wartungskosten,

---

1591 Vgl. die Nachweise in Fn. 758

1592 Vgl. die Nachweise in Fn. 759.

1593 *Gaitanides* in: von der Groeben/Schwarze/Hatje, Europäisches Unionsrecht, 7. Auflage 2015, Art. 19 EUV, Rn. 45; *Wegener* in: Calliess/Ruffert, EUV/AEUV, 4. Auflage 2011, Art. 19 EUV, Rn. 15.

1594 Studio Fieschi & soci Srl/Scuola Superiore Sant'Anna, LCC calculation tool Technical Specifications, S. 17, in: http://ec.europa.eu/environment/gpp/pdf/LCC_tool_technical_specifications.pdf, abgerufen am 08.12.2016. Zu der Problematik bei Einbeziehung externer Kosten: Höhne, Life Cycle Costing – Systematisierung bestehender Studien S. 44. Dies stellt insbesondere ein Problem dar, wenn Externalitäten nicht einbezogen werden. Teilweise wurde insgesamt das Verhältnis von Kosten und Nachhaltigkeit und damit das Konzept des LCSA in Frage gestellt, vgl. hierzu Hall, Int J LCA 2015, 1625 f.

1595 Studio Fieschi & soci Srl/Scuola Superiore Sant'Anna, LCC calculation tool Technical Specifications, S. 17, in: http://ec.europa.eu/environment/gpp/pdf/LCC_tool_technical_specifications.pdf, abgerufen am 08.12.2016.

1596 Studio Fieschi & soci Srl/Scuola Superiore Sant'Anna, LCC calculation tool Technical Specifications, S. 17, in: http://ec.europa.eu/environment/gpp/pdf/LCC_tool_technical_specifications.pdf, abgerufen am 08.12.2016.

die während der Gewährleistungs-/Garantiezeit nicht berücksichtigt werden sollten.[1597] Es empfiehlt sich daher auf die Einbeziehung dieser Kosten zu verzichten, um den Einsatz eines LCC nicht vergaberechtlich angreifbar zu machen.

Aus der Problematik des „double countings“ ergibt sich eine weitere Implikation: Wird LCC neben qualitativen Kriterien zur Bestimmung des besten Preis-Leistungsverhältnisses eingesetzt, so muss auch insoweit darauf geachtet werden, dass ein Element nicht mehrfach im Rahmen des Zuschlages berücksichtigt wird. Bezieht ein LCC beispielsweise die Kosten der Elektrizität oder externe Kosten der CO_2-Emissionen mit ein, so sollten keine zusätzlichen Punkte über qualitative Kriterien des niedrigsten Verbrauchs an Elektrizität oder CO_2-Emissionen vergeben werden.[1598]

bb) Nutzungs-, Wartungs- und EoL-kosten

Zu den Nutzungskosten zählen die in Art. 68 Abs. 1 b) VRL genannten Kosten des Verbrauchs von Energie und anderen Ressourcen. Hierbei kommt es vor allem auf den jeweiligen Einsatz des Produktes bzw. der Dienst- oder Bauleistung an. Insbesondere können die Kosten der verbrauchten Ressourcen in den Mitgliedsstaaten variieren, weshalb auf einen Durchschnittspreis zurückgegriffen werden sollte. Zu den Wartungskosten zählen alle während des Lebenszyklus eines Produkts, einer Dienst- oder Bauleistung von Seiten des öffentlichen Auftraggebers oder anderen Nutzern getragenen Kosten. Hiervon umfasst sind alle Kosten zur Erhaltung oder Wiederherstellung des Beschaffungsgegenstandes, die durch technische und entsprechende Verwaltungs-, Leitungs- und Überwachungsmaßnahmen ausgelöst werden, bspw. Personalkosten für Wartung und Reparatur, Ersatzteilkosten sowie Kosten der Nachrüstung.[1599] Wie soeben erläutert, gilt es auch insoweit das „double counting“ von Kostenpositionen zu vermeiden. Schließlich sind die sog. EoL-Kosten erfasst. Die VRL nennt in Art. 68 Abs. 1 d) die Kosten der Abholung und des Recyclings. Erfasst sind alle Kosten die am Ende der Lebensdauer entstehen, also die der Entsorgung, der Demontage oder des Rückbaus, wobei darauf geachtet werden sollte, dass sie nicht bereits mit dem Anschaffungspreis abgegolten wurden.

1597 Studio Fieschi & soci Srl/Scuola Superiore Sant'Anna, LCC calculation tool Technical Specifications, S. 17, in: http://ec.europa.eu/environment/gpp/pdf/LCC_tool_technical_specifications.pdf, abgerufen am 08.12.2016.

1598 Beispiel aus: Studio Fieschi – SSSUP, Life cycle costing (LCC) tool, 22.07.2016, User's Guide, S. 7.

1599 Studio Fieschi & soci Srl/Scuola Superiore Sant'Anna, LCC calculation tool Technical Specifications, S. 17, in: http://ec.europa.eu/environment/gpp/pdf/LCC_tool_technical_specifications.pdf, abgerufen am 08.12.2016.

b) Externe Kosten

Zu einer ökologisch bzw. sozial relevanten Methode wird das LCC allerdings erst durch die Einbeziehung von externen Kosten, die während des Lebenszyklus eines Produktes, einer Dienst- oder Bauleistung entstehen. Von einer Lebenszykluskostenrechnung i.S.d. Art. 68 VRL sind auch externe Kosten der Umweltbelastung erfasst, wie sie der durch die Gewinnung der in der Ware verwendeten Rohstoffe, der Ware selbst oder ihrer Herstellung hervorgerufenen Umweltverschmutzung zugeschrieben werden.[1600] Die VRL listet beispielhaft Kosten der Emission von Treibhausgasen und anderen Schadstoffen sowie sonstige Kosten für die Eindämmung des Klimawandels auf. Gemeint ist der in Geld umgerechnete negative Wert der Umweltverschmutzung.[1601] Externe Kosten erfassen ökologische Auswirkungen von Produktion und Verbrauch, die nicht direkt von einem am Produktlebenszyklus partizipierenden Wirtschaftsteilnehmer, wie etwa den Unternehmen, Endnutzern oder staatlichen Einrichtungen, getragen werden.[1602] Diese Externalitäten werden nicht zwangsläufig Gegenstand der ökonomischen Erwägungen der am System Beteiligten, weil sie im oder durch das natürliche oder gesellschaftliche System auftreten.[1603] Hinsichtlich der externen Auswirkungen auf die Umwelt kann, vorbehaltlich der Beachtung der in Kapitel 2 unter C, II, 2 aufgezeigten Grundsätze, auf das Ergebnis eines LCA zurückgegriffen werden.[1604]

Ihre Einbeziehung in eine Lebenszykluskostenrechnung erfordert nach dem Wortlaut zunächst, dass sie mit der Ware, der Dienst- oder Bauleistung während ihres Lebenszyklus in Verbindung stehen. An dieser Stelle kann auf die Legaldefinition des Lebenszyklus in Art. 2 Nr. 20 VRL Bezug genommen werden. Die Frage nach der konkreten Ausgestaltung der Verbindung externer Umweltkosten zu dem jeweiligen Lebenszyklusstadium des Beschaffungsgegenstandes beantwortet Art. 68 VRL nicht. Auch hier geben die Erwägungsgründe Aufschluss über die Intention des Europäischen Gesetzgebers. So sind etwa auch die Kosten der Umweltverschmutzung berücksichtigungsfähig, die durch die Gewinnung der in

---

1600 Art. 68 Abs. 1 b) VRL i.V.m. Erwägungsgrund 96 Abs. 2.

1601 Summa, NZBau 2012, 729, 735.

1602 Dragos/Neamtu, EPPPL 2013, 19, 24, ohne dies genau zu spezifizieren, sprechen die Autoren von der Kompromissfassung des Rates (aus dem Englischen: „compromise text“ bzw. „compromise draft“). Sie beziehen sich also entweder auf den „Kompromisstext des Vorsitzes des Rates/Konsolidierte Fassung“ vom 24.07.2012, Nr. 12878/12 oder auf den „Kompromisstext des Vorsitzes“ vom 30.11.2012, Nr. 16725/1/12 REV 1, der diesen überarbeitet; weiter: Hunkeler/Lichtenvort/Rebitzer, Environmental Life Cycle Costing, Executive Summary, XXiX.

1603 Hunkeler/Lichtenvort/Rebitzer, Environmental Life Cycle Costing, Executive Summary, XXiX.

1604 Weiter hierzu: Dragos/Neamtu, EPPPL 2013, 19 f.; dies., Life-cycle costing for sustainable public procurement in the European Union in: Sustainable Public Procurement under EU Law, S. 130.

der Ware verwendeten Rohstoffe oder die Ware selbst oder ihrer Herstellung hervorgerufen werden.[1605] Dies lässt auf ein denkbar weites Verständnis der geforderten „Verbindung" der externen Effekte der Umweltbelastung der Ware, Dienst- oder Bauleistung während ihres Lebenszyklus schließen. Ob insoweit der Maßstab des Art. 67 Abs. 3 VRL anzulegen ist, wird sogleich unter Punkt 3 behandelt.

Des Weiteren muss „ihr Geldwert bestimmt und geprüft" werden können. Über diese „lapidare Hilfestellung" hinaus[1606], bleibt offen, was darunter zu verstehen ist, dass Externalitäten ein – hypothetischer – finanzieller Wert zugewiesen wird, sie also monetarisiert werden.[1607] Ein bekanntes Beispiel vormaliger Externalitäten, denen seitens der Regierungen ein finanzieller Wert zugeschrieben wurden, ist das „polluter-pays-principle"[1608] oder Verursacherprinzip[1609], wie in Kapitel 2 unter Punkt B, III, 1, b) erläutert. Externalitäten führen sodann zu echten Geldströmen und tatsächlichen Kosten für deren Verursacher, wie es in einigen Ländern für CO_2 und SO_x Emissionen bereits der Fall ist.[1610] Andernfalls werden die Umweltkosten in Geld ausgedrückt, also hypothetisch monetarisiert, um in einem ELCC als Kostenrechnungsmethode Berücksichtigung finden zu können.[1611] Externe Umweltkosten können weiterhin in Bezug auf eine Versauerung (Gramm SO_2, NO_X und NH_3), Eutrophierung (Gramm NO_X und NH_3), Bodennutzung (m^2 im Jahr) oder andere messbare Auswirkungen entstehen.[1612] Das „SMART SPP" Projekt entwickelte ein Tool zur Errechnung der Lebenswegkosten und CO_2-Emissionen eines Produkts und gibt öffentlichen Auftraggeber zugleich einen ebenso online verfügbaren Nutzerleitfaden an die Hand.[1613]

Gleichwohl ist das Konzept der externen Umweltkosten schwer greifbar.[1614] Die Durchführbarkeit einer konkreten Messung solcher Kosten ist hoch problematisch,

1605 Erwägungsgrund 96 Abs. 2 VRL.

1606 So: Gröning, VergabeR 2014, 339, 346.

1607 Hunkeler/Lichtenvort/Rebitzer, Environmental Life Cycle Costing, Executive Summary, XXiX, die auf die so genannte „willingness-to-pay" Methode abstellen.

1608 Nach dem der „Umweltstörer" grundsätzlich die Kosten für die Vermeidung, Beseitigung oder den Ausgleich von Umweltbelastungen tragen soll, vgl. OECD, The Polluter Pays Principle; Atapattu, Emerging principles of international environmental law, S. 437 ff.; Kiss/Shelton, Guide to international environmental law, S. 95.

1609 Hunkeler/Lichtenvort/Rebitzer, Environmental Life Cycle Costing, Executive Summary, XXiX.

1610 Hunkeler/Lichtenvort/Rebitzer, Environmental Life Cycle Costing, Executive Summary, XXiX.

1611 Generaldirektion Umwelt der Europäischen Kommission zu LCC als Instrument des GPP, in: http://ec.europa.eu/environment/gpp/lcc.htm, abgerufen am 08.12.2015.

1612 *Dragos/Neamtu* in: Sustainable Public Procurement under EU Law, S. 130.

1613 Adell, Aure/Seebach, Dominik/Möller, Martin/ Tepper, Philipp, LCC-CO_2 tool user guide, in: http://www.smart-spp.eu/fileadmin/template/projects/smart_spp/files/Guidance/Final_versions/EN_SMART_SPP_Tool_User_Guide_2011_FINAL.pdf, abgerufen am 08.12.2016.

1614 Gröning, VergabeR 2014, 339, 346.

weil die Wissenschaft bislang nur eingeschränkt die volle wirtschaftliche Dimension der Kosten der Umweltverschmutzung voraussagen kann, sodass alleine deshalb die finanzielle Bewertung von unklaren und möglicherweise subjektiven Einschätzungen anhängt.[1615] Ob es trotz der schon „konzeptionell angelegten Schwierigkeit“, Umweltkosten kalkulatorisch zu erfassen[1616], noch möglich ist, die Angebote vergaberechtlich korrekt an Zuschlagskriterien zu werten[1617], wird mit einem Fragezeichen versehen werden dürfen und lässt sich nach dem derzeitigen Forschungsstand weder bejahen noch verneinen. Dem öffentlichen Auftraggeber bietet diese Schwäche des ELCC jedenfalls umfassende Manipulationsmöglichkeiten der Angebotswertung.

c) *Kein SLCC?*

Diese Schwierigkeiten werden den europäischen Gesetzgeber davon abgehalten haben, externe soziale Kosten in den Wortlaut des Art. 68 VRL aufzunehmen. Ein entsprechender Vorstoß des Europäischen Parlaments setzte sich im Gesetzgebungsverfahren nicht durch.[1618] Zunächst sei daran erinnert, dass das SLCC am weitesten greift, indem es alle weiteren externen Kosten in die Analyse mit einbezieht.[1619] Es wird beschrieben als die Bewertung aller gegenwärtigen und künftigen Kosten, die im Zuge des Lebenszyklus eines Produktes entstehen und von irgendeinem Mitglied der Gesellschaft getragen werden müssen.[1620]

Für soziale externe Kosten stellt sich in noch größerem Maß das Problem der Vorausschätzung und Monetarisierung. Gesichtspunkten wie etwa die öffentliche Gesundheit und sozialer Wohlstand, Normen und Rechte hinsichtlich der Arbeitsplatzqualität, sowie Privat- und Familienleben, lassen sich nur schwerlich ein

---

1615 Burgi/Brandmeier, EPPPL 2014, 12, 18 f.

1616 *Burgi* in: Vergaberecht im Umbruch II, S. 58, 66.

1617 Gröning, VergabeR 2014, 339, 346.

1618 Bericht des Ausschusses für Verbraucherschutz und Binnenmarkt über den Vorschlag für eine Richtlinie des Europäischen Parlaments und des Rates über die öffentliche Auftragsvergabe, (KOM(2011)0896 – C7-0006/2012 – 2011/0438(COD)), Änderungsantrag 191 zu Art. 67 Abs. 1 b) VRL: „**externe Kosten wie z. B. Sozial-** oder Umweltkosten, die direkt mit dem Lebenszyklus in Verbindung stehen, sofern ihr Geldwert bestimmt und geprüft werden kann; diese Kosten können Kosten der Emission von Treibhausgasen und anderen Schadstoffen sowie sonstige Kosten für die Eindämmung des Klimawandels umfassen.“

1619 Vgl. die Ausführungen des zweiten Kapitels unter Punkt B, III, c). Laut Hunkeler/Lichtenvort/Rebitzer, Environmental Life Cycle Costing, S. 4 zumeist in monetärer Hinsicht (bspw. basierend auf einer „willingness-to-pay“ Methode).

1620 Hunkeler/Lichtenvort/Rebitzer, Environmental Life Cycle Costing, S. 8. Subventionen und Steuern werden, im Gegensatz zu ELCC, nicht einbezogen, weil diesen kein Nettokosteneffekt zukommt.

Geldwert beimessen, weshalb sie im SLCC qualitativ berücksichtigt werden müssen.[1621] Dies setzt allerdings voraus, dass die betreffenden Externalitäten bestimmt werden können und der jeweilige Akteur von seiner Betroffenheit Kenntnis erlangt hat.[1622] Es stellt eine besondere Herausforderung dar, diese Kosten und Vorteile mit einem akzeptablen Maß an Sicherheit vorauszusagen.[1623] Für ökologische Externalitäten fordert Art. 68 Abs. 2 VRL jedoch, dass sie einer Monetarisierung zugänglich sind. Schließt die VRL ein SLCC damit aus?

Ließe man die Berücksichtigung auch sozialer externer Kosten zu, so müsste ihnen ein finanzieller Wert beigemessen werden. Es finden sich keine Anhaltspunkte dafür, soziale Externalitäten anders zu behandeln, als externe Kosten der Umweltbelastung. Allerdings kann nicht außer Acht gelassen werden, dass Art. 68 VRL sie gänzlich unerwähnt lässt. Erwägungsgrund 96 Abs. 4 fordert die Prüfung, „ob eine gemeinsame Methode zur Ermittlung der Sozialkosten entlang des Lebenszyklus festgelegt werden kann, bei der bereits bestehende Methoden wie etwa die im Rahmen des Umweltprogramms der Vereinten Nationen festgelegten Leitlinien für die soziale Produktbewertung entlang des Lebenszyklus (Guidelines for Social Life Cycle Assessment of Products) berücksichtigt werden."

Aufschluss über die Intention des europäischen Gesetzgebers gibt dies leider nicht. Es wird vertreten, dass unklar sei, ob sich die Erwägungsgründe an die Mitgliedsstaaten, die öffentlichen Auftraggeber oder auf künftige Bestrebungen der Europäischen Kommission beziehen.[1624] Hier ist nach dem Dafürhalten der Verfasserin der europäische Gesetzgeber angesprochen. Dies ergibt sich aus Art. 68 Abs. 3 VRL i.V.m. Erwägungsgrund 96 Abs. 3, nach dem eine auf europäischer Ebene entwickelte gemeinsame LCC Methode durch einen Rechtsakt der Union verbindlich vorgeschrieben wurde. Die Prüfung der Möglichkeit einer gemeinsamen Methode zur Ermittlung der Sozialkosten entlang des Lebenszyklus trägt vielmehr dem gegenwärtigen Forschungsstand Rechnung. An dieser Stelle sei an die Feststellungen des Kapitels 2 unter Punkt B, III, c) erinnert. Die wissenschaftliche Erforschung des in Erwägungsgrund 96 Abs. 4 angesprochenen „Social Life Cycle

1621 Hunkeler/Lichtenvort/Rebitzer, Environmental Life Cycle Costing, S. 9; Perera/Morton/Perfrement, Life Cycle Costing in Sustainable Public Procurement: A white paper from IISD, S. 3, in: https://www.iisd.org/pdf/2009/life_cycle_costing.pdf, abgerufen am 08.12.2016.

1622 Hunkeler/Lichtenvort/Rebitzer, Environmental Life Cycle Costing, S. 9. Zudem wird an dieser Stelle noch vorgebracht, dass vielen Externalitäten ein Geldwert beigemessen werden kann, vgl. hierzu insgesamt die Seiten, 59 ff. und insbesondere die Tabelle A.2 im Anhang, S. 166.

1623 Perera/Morton/Perfrement, Life Cycle Costing in Sustainable Public Procurement: A white paper from IISD, S. 3, in: https://www.iisd.org/pdf/2009/life_cycle_costing.pdf, abgerufen am 08.12.2016.

1624 *Dragos/Neamtu* in: Sustainable Public Procurement under EU Law, S. 128.

Assessment“, also SLCA, steht noch am Anfang ihrer Entwicklung.[1625] Die UNEP-SETAC Life Cycle Initiative richtete eine Arbeitsgruppe ein, die untersuchte, ob und wie SLCA als produktbezogene Sozialbilanz möglich ist.[1626] Die Forschungsergebnisse fasste sie in den zitierten „Guidelines for Social Life Cycle Assessment of Products“[1627] zusammen. Dort wird SLCA als Technik zur sozialen Folgenabschätzung beschrieben, die die sozialen und sozioökonomischen Aspekte der Produkte sowie deren positive und negative Auswirkungen entlang ihres Lebenszyklus (Lieferkette, einschließlich der Nutzungsphase und Entsorgung) anhand

1625 Swarr/Hunkeler/Klöpffer/Pesonen/Ciroth/Brent/Pagan, Environmental Life Cycle Costing: A code of Practice, S. 6; Klöpffer, Int J LCA 2008, 89, 91; einen Überblick über die zum Zeitpunkt der Veröffentlichung existierenden Ansätze geben Jørgensen/Le Bocq/Nazarkina/Hauschild, Int J LCA 2008, 96 ff.; ein Vorschlag einer S-LCA Methode vor Erlass der sogleich beschriebenen Guidelines for Social Life Cycle Assessment of Products findet sich bei Hunkeler, Int J LCA 2006, 371, sowie einer Anwendung der Methode in einer Fallstudie, die zwei Waschmittel miteinander vergleicht findet sich im Anhang, S. 377 ff.; auch Dreyer/Hauschild/Schierbeck, Int J LCA 2006, 88 ff. schlagen einen Rahmen einer S-LCA vor Veröffentlichung der UN/SETAC Guidelines vor. Ein Überblick zur geschichtlichen Entwicklung findet sich bei: Benoît/Norris u.a., The guidelines for social life cycle assessment of products: Just in time!, Int J LCA 2010, 156 f. Jüngst: Wu/Yang/Chen, Sustainability 2014, 4200–4226. Bereits die Sinnhaftigkeit eines solchen Ansatzes wurde in der Literatur diskutiert (So wohl: Dragos/Neamtu, EPPPL 2013, 19, 25, die sich zwar auf SLCC beziehen, aber in der Fußnote 33 ausschließlich Literatur zum SLCA zitieren), weil die meisten sozialen Auswirkungen keinen Bezug zu dem eigentlichen Prozess hätten, sondern vielmehr das Verhalten der ausführenden Unternehmen beträfen (So etwa: Dreyer/Hauschild/Schiebeck, Int J LCA 2006, 88(89 ff.). Weil ein kausaler Zusammenhang nur in diesem Verhältnis bestehe, schlagen die Autoren vor, auch die SLCA-Sachanalyse auf die am Produktsystem beteiligten Unternehmen zu fokussieren.).

1626 In einer Machbarkeitsstudie mit dem Titel „Integration of Social Aspects into LCA“ aus dem Jahr 2006 kam die Gruppe zu dem Ergebnis, dass einer solchen, dem (ökologischen) LCA entsprechenden Bilanzierung, aus methodischer Hinsicht offensichtlich keine grundsätzlichen Probleme entgegenstehen, die die Durchführbarkeit in Frage stellen würden, so: Grießhammer/Benoît/Dreyer/Flysjö/Manhart/Mazijn/Méthot/Weidem, Feasibility Study: Integration of social aspects into LCA, Freiburg i.Br. 2006, S. 1: „In terms of methodology, there are evidently no fundamental problems calling the feasibility of SLCA into question.“, in: http://www.saiplatform.org/uploads/Library/UNEP-SETACLifeCycleInitiativeTFonSocialIssues-FeasibilityStudy.pdf, abgerufen am 08.12.2016.

1627 UNEP/SETAC Life Cycle Initiative, Guidelines for Social Life Cycle Assessment of Products, in: http://www.unep.fr/shared/publications/pdf/DTIx1164xPA-guidelines_sLCA.pdf; abgerufen am 09.12.2016. Weiterführende Literatur: Parent/Cucuzzella/Revéret, Int J LCA 2010, 164 ff.; Benoît/Norris u.a., Int J LCA 2010, 157 ff.

generischer und standortspezifischer Daten bewertet.[1628] Die Initiative orientierte sich an den Standards zur Durchführung einer Ökobilanz[1629], die sie um soziale und sozioökonomische Aspekte ergänzen. Ein SLCA kann entweder allein oder in Kombination mit der Durchführung eines LCA angewendet werden.[1630] Beachtenswert ist, dass sich der Erwägungsgrund auf eine soziale Ökobilanz bezieht. Wie aufgezeigt wurde, ist dieses SLCA aber von einem LCC als ökonomische Dimension von Nachhaltigkeit abzugrenzen. Nur dieses Instrument wurde unter dem Titel „Lebenszykluskosten" in Art. 68 VRL normiert. Eine Einbeziehung der gegenwärtigen und künftigen Kosten, die durch die Einbeziehung der externen Effekte der Belastung der Gesellschaft im Zuge des Lebenszyklus eines Produktes, einer Dienst- oder Bauleistung entstehen, käme aber einem „Societal LCC", also SLCC gleich. In Ermangelung eines Standardwerkes oder vertiefender Forschung wird der europäische Normgeber mit dem Verweis auf die „Guidelines for Social Life Cycle Assessment of Products" lediglich auf etwas Existentes zurückgegriffen haben. Der Unterscheidung muss aber in jedem Fall Rechnung getragen werden.

Die vorstehenden Ausführungen zeigen, dass die SLCC Forschung noch keinen Stand erreicht hat, auf den sich ein öffentlicher Auftraggeber beziehen sollte. Neben der nur sehr schwierig möglichen Monetarisierung sozialer Externalitäten besteht eine große Herausforderung auch darin, die Kosten und Vorteile, die etwa durch Beiträge zum sozialen Zusammenhalt durch die Schaffung von Arbeitsplätzen, Lebensgrundlagen und neue Industrien entstehen, mit einem akzeptablen Maß an Sicherheit vorauszusagen.[1631] Die Gefahr einer Nichtvergleichbarkeit der Prognosewerte der Bieterangaben stellt sich bei einer Berücksichtigung der sozialen Externalitäten damit in noch größerem Umfang als bei den Umwelteffekten.

1628 Der Lebenszyklus umfasst die Gewinnung und Verarbeitung von Rohstoffen, Herstellung, Vertrieb, Nutzung und Wiederverwendung, Wartung, Recycling sowie die Endlagerung; UNEP/SETAC Life Cycle Initiative, Guidelines for Social Life Cycle Assessment of Products, S. 37.

1629 An den Reihen DIN EN ISO 14040 und 14044; UNEP/SETAC Life Cycle Initiative, Guidelines for Social Life Cycle Assessment of Products, S. 5, in: http://www.unep.fr/shared/publications/pdf/DTIx1164xPA-guidelines_sLCA.pdf; abgerufen am 09.12.2016; Somit wird auch das SLCA in den folgenden iterativen Schritten ausgeführt: Definition von Ziel und Untersuchungsrahmen, Sachbilanz, Wirkungsabschätzung, Auswertung. Obschon sich die von der Life Cycle Initiative vorgeschlagene Methode an den Standards für die Durchführung einer Ökobilanz orientiert, weichen einige Aspekte der Analyse voneinander ab, während andere beiden gemeinsam sind und wieder andere verstärkt sind, vgl. dort S. 39.

1630 UNEP/SETAC Life Cycle Initiative, Guidelines for Social Life Cycle Assessment of Products, S. 37, in: http://www.unep.fr/shared/publications/pdf/DTIx1164xPA-guidelines_sLCA.pdf; abgerufen am 09.12.2016.

1631 Perera/Morton/Perfrement, Life Cycle Costing in Sustainable Public Procurement: A white paper from IISD, S. 3, in: https://www.iisd.org/pdf/2009/life_cycle_costing.pdf, abgerufen am 08.12.2016; Dragos/Neamtu, EPPPL 2013, 19, 25.

Eine Gleichbehandlung der Bieter kann auf dieser Grundlage kaum noch gewährleistet werden. Der Literaturansicht, nach der ein öffentlicher Auftraggeber den Einsatz von SLCC mit Erwägungsgrund 96 Abs. 4 VRL rechtfertigen kann, ohne gegen die Richtlinie zu verstoßen,[1632] ist in Ansehung der vorstehenden Gründe nicht zu folgen.

Schließlich widerspricht dies dem Willen des Europäischen Gesetzgebers, der mit der Normierung der Kosten der externen Effekte der Umweltbelastung in Art. 68 Abs. 1 b) VRL gezeigt hat, dass er sich der Differenzierung zwischen LCC, ELCC und SLCC bewusst war. Bereits die Vorschlagsfassung des Artikels zur „Lebenszykluskostenrechnung“ verzichtete auf die Kosten der externen sozialen Effekte.[1633] Von einem gesetzgeberischen Versehen kann daher nicht ausgegangen werden. Hierin liegt kein „weakening of the full potential“[1634] begründet, weshalb das Nachhaltigkeitsziel der Richtlinie verfehlt wäre. Derzeit besteht schlicht noch kein Potential für den Einsatz von SLCC, weil dessen Grundlagen wissenschaftlich nicht ausreichend erforscht sind und die komplizierte Prognose dieser Kosten zu großen Unsicherheiten führt, die einer Vergleichbarkeit der Bieterangebote entgegenstehen wird. Im Übrigen stellt die VRL gleichwertig auf strategische soziale und ökologische Aspekte ab. Lediglich beispielhaft sei hier die im Vergleich zur VKR verstärkte Erwähnung auch sozialer Kriterien in der Auflistung der Zuschlagskriterien in Art. 67 Abs. 2 UAbs. 1 lit. a) angeführt. Hierzu zählen, die Zugänglichkeit, das „Design für Alle“, soziale Eigenschaften und Handel sowie die damit verbundenen Bedingungen.

2. Anforderungen an die jeweilige LCC-Methode

Mit der Normierung der Lebenszykluskostenrechnung in Art. 68 VRL existiert nun erstmals eine sektorübergreifende Regelung, die formelle und materielle Anforderungen an die jeweilige LCC-Methode allgemein festlegt.

a) ...in formeller Hinsicht

In formeller Hinsicht fordert Art. 68 Abs. 2 UAbs. 1 VRL, dass die öffentlichen Auftraggeber in den Auftragsunterlagen die von den Bietern bereitzustellenden Daten und die Methode nennen, die zur Bestimmung der Lebenszykluskosten auf der Grundlage dieser Daten angewendet wird. Eine Legaldefinition der „Auftragsunterlagen“ findet sich in Art. 2 Nr. 13 VRL. Dies sind „sämtliche Unterlagen, die vom öffentlichen Auftraggeber erstellt werden oder auf die er sich bezieht, um Bestandteile der Auftragsvergabe oder des Verfahrens zu beschreiben oder festzulegen; dazu zählen die Bekanntmachung, die Vorinformationen, sofern sie als

---

1632 *Dragos/Neamtu* in: Sustainable Public Procurement under EU Law, S. 128.

1633 Vgl. Art. 67 Abs. 1 b) des Vorschlages für eine Richtlinie des Europäischen Parlaments und des Rates über die öffentliche Auftragsvergabe, KOM(2011) 896 endg.

1634 Dragos/Neamtu, EPPPL, 2013, 19, 25.

Aufruf zum Wettbewerb dienen, die technischen Spezifikationen, die Beschreibung, die vorgeschlagenen Auftragsbedingungen, Formate für die Einreichung von Unterlagen seitens der Bewerber und Bieter, Informationen über allgemeingültige Verpflichtungen sowie sonstige zusätzliche Unterlagen".

Unabhängig von der Möglichkeit der Vorinformation muss die gewählte LCC-Methode sowie die von den Bietern bereitzustellenden Daten in jedem Fall in der Auftragsbekanntmachung angegeben werden.[1635] Sie ist für die meisten Verfahrensarten konstitutiver Bestandteil und markiert in der Regel den formellen Beginn des Vergabeverfahrens.[1636] Oberhalb der Schwellenwerte ist zwingend das Standardformular „Auftragsbekanntmachung" des Anhangs II der EU Verordnung zur Einführung von Standardformularen für die Veröffentlichung von Vergabebekanntmachungen[1637] zu beachten. Deren aktuelle Fassung stützt sich u.a. bereits auf die VRL. Obschon LCC-Vorgaben keine ausdrückliche Erwähnung finden, differenziert Punkt II.2.5. nach der Zuschlagserteilung auf ein Kostenkriterium, das dort mit Name und ggf. Gewichtung anzugeben ist. Darüber hinaus kommt es auf die gewählte Art des Vergabeverfahrens, sowie darauf an, auf welcher Ebene eine Lebenszykluskostenrechnung vorgegeben wird.

aa) Nennung der LCC-Methode ausreichend?

Es ist nach dem Dafürhalten der Verfasserin fraglich, ob die bloße „Nennung" der zum Einsatz kommenden LCC-Methode ausreichen kann oder ob unter Einhaltung der Grundsätze der Auftragsvergabe, wie sie ihre Auslegung durch „Max Havelaar" gefunden haben, erforderlich ist, die zugrundeliegenden Kriterien anzugeben.

In dieser Entscheidung rekurrierte der EuGH auf die Grundsätze der Gleichheit, der Nichtdiskriminierung und der Transparenz, die vormals in Art. 2 VKR normiert waren, zur Begründung seines Ergebnisses, dass eine direkte Bezugnahme

---

1635 Darüber hinaus müssen die Auftragsbekanntmachungen die Informationen nach Anhang V Teil C enthalten und werden gemäß Artikel 51 veröffentlicht, vgl. Art. 49 S. 2 VRL.

1636 *Ohlerich* in: Gabriel/Krohn/Neun, Handbuch des Vergaberechts, 1. Auflage 2014, § 21 Auftragsbekanntmachungen und andere Ex-ante-Veröffentlichungen, Rn. 6, 7.

1637 Durchführungsverordnung (EU) 2015/1986 der Kommission vom 11.11.2015 zur Einführung von Standardformularen für die Veröffentlichung von Vergabebekanntmachungen für öffentliche Aufträge und zur Aufhebung der Durchführungsverordnung (EU) Nr. 842/2011, ABl. Nr. L 296, 12.11.2015, S. 1–146. Weiter das CPV: Verordnung (EG) Nr. 213/2008 der Kommission vom 28.11.2007 zur Änderung der Verordnung (EG) Nr. 2195/2002 des Europäischen Parlaments und des Rates über das Gemeinsame Vokabular für öffentliche Aufträge (CPV) und der Vergaberichtlinien des Europäischen Parlaments und des Rates 2004/17/EG und 2004/18/EG im Hinblick auf die Überarbeitung des Vokabulars, ABl. Nr. L 74, 15.3.2008, S. 1–375.

auf ein Gütezeichen der Richtlinienvorgabe nicht gerecht werde.[1638] Dies galt gleichermaßen auf Ebene der Leistungsbeschreibung für die Vorgabe technischer Spezifikationen sowie für Zuschlagskriterien. Vielmehr waren die detaillierten Umwelteigenschaften selbst dann ausdrücklich anzugeben, wenn die für ein konkretes Umweltzeichen festgelegten Eigenschaften verwendet werden.[1639] Die Anforderungen an den Auftragsgegenstand seien so genau zu fassen, dass sie ein klares Bild vermitteln.[1640] Bieter müssten sich auf ein einheitliches amtliches Dokument stützen können, ohne „den Zufälligkeiten einer Informationssuche" ausgesetzt zu sein.[1641] Wenngleich erwartet werden könne, dass sich interessierte Unternehmen gebührend informierten, entbinde dies den öffentlichen Auftraggeber nicht von der Verpflichtung, seine Anforderungen klar zu formulieren.[1642]

Lassen sich die Grundaussagen der „Max Havelaar" Entscheidung aber auf die Situation des Art. 68 Abs. 2 UAbs. 1 VRL übertragen? An dieser Stelle findet sich speziell für Lebenszykluskostenrechnungen eine Bezugnahme auf den Transparenzgrundsatz.[1643] Nach dieser Richtlinienvorschrift ist dem Bieter zunächst mitzuteilen, welche Daten er bereitstellen muss. Sodann muss der öffentliche Auftraggeber offenlegen, in welche LCC-Methode er diese Daten einsetzt, um die Lebenszykluskosten des Beschaffungsgegenstandes zu berechnen. Dahinter steht die Ratio der Gewährleistung von Transparenz, zu der auch die Möglichkeit des Bieters zählt, im Vorhinein einschätzen zu können, welche Chancen er auf den Zuschlag hat, sog. „Ex-ante Transparenz".[1644] Wie die „Max Havelaar" Entscheidung gezeigt hat, müssen sich Bieter auf ein einheitliches amtliches Dokument stützen

1638 EuGH, Urt. v. 10.05.2012, Rs. C-368/10, EU:C:2012:284 – *Max Havelaar*, Rn. 69 für technische Spezifikationen sowie für Zuschlagskriterien Rn. 93–95.

1639 EuGH, Urt. v. 10.05.2012, Rs. C-368/10, EU:C:2012:284 – *Max Havelaar*, Rn. 67.

1640 EuGH, Urt. v. 10.05.2012, Rs. C-368/10, EU:C:2012:284 – *Max Havelaar*, Rn. 62.

1641 EuGH, Urt. v. 10.05.2012, Rs. C-368/10, EU:C:2012:284 – *Max Havelaar*, Rn. 66, 67.

1642 EuGH, Urt. v. 10.05.2012, Rs. C-368/10, EU:C:2012:284 – *Max Havelaar*, Rn. 66. Anders GA Kokott: Sie war zwar ebenfalls der Auffassung von einem informierten Bieter könne erwartet werden, dass er die verwendeten Gütezeichen kennt bzw. die diesen zugrundeliegenden Kriterien bei den Zertifizierungsstellen gegebenenfalls erfragt. Aus dieser Tatsache und unter Berücksichtigung des anderenfalls entstehenden Verwaltungsaufwands für öffentliche Auftraggeber schloss sie, dass die globale Bezugnahme in den Auftragsunterlagen auf das „EKO" Gütezeichen für sich genommen, keine Verletzung von Artikel 23 Abs. 6 VKR darstelle, sondern vielmehr darin begründet liege, dass ein bestimmtes Umweltzeichen verbindlich vorgeschrieben wurde. Schlussanträge GA Juliane Kokott v. 15.12.2011, Rs. C-368/10, EU:C:2011:840 – *Max Havelaar*, Rn. 56–59.

1643 Zu diesem Ergebnis kam auch: Haak, NZBau 2015, 11, 17.

1644 *Müller* in: Kulartz/Kus/Portz/Prieß, Kommentar zum GWB Vergaberecht, 4. Auflage 2016, § 97 GWB, Rn. 30. Daneben ist zweifellos die Nachvollziehbarkeit der einzelnen Schritte im Vergabeverfahren unverzichtbare Voraussetzung für die Nachprüfbarkeit („ex-post Transparenz").

können, ohne „den Zufälligkeiten einer Informationssuche“ ausgesetzt zu sein.[1645] Zu einer klaren Formulierung der Anforderungen gehört nach dem Dafürhalten der Verfasserin daher auch hier, dass der öffentliche Auftraggeber die zugrundeliegenden Anforderungen zumindest in ihren Grundzügen beschreibt. Dem Bieter muss über die Angabe der konkret zu berücksichtigenden Kosten ein Bild davon vermittelt werden, was die Wirtschaftlichkeit seines Angebotes zu beeinflussen geeignet ist. In den Grundzügen werden hierüber bereits die bereitzustellenden Daten Aufschluss geben. Obschon zu befürchten steht, dass der entstehende Verwaltungsaufwand ein weiteres praktisches Hindernis der Einbeziehung von LCC-Vorgaben schafft[1646], sollten die Auftragsunterlagen gleichwohl eine detaillierte Beschreibung der Funktionsweise des LCC-Modells enthalten[1647]. Die bloße Nennung der Methode kann nicht ausreichend sein, um den Transparenzanforderungen gerecht zu werden.

bb) Zugänglichkeit einer ELCC-Methode

Für LCC-Modelle, die auch externe Kosten der Umweltbelastung berücksichtigen, verlangt Art. 68 Abs. 2 UAbs. 2 b) VRL darüber hinaus, dass die verwendete ELCC-Methode für alle interessierten Wirtschaftsteilnehmer zugänglich ist.[1648] Die Bewertung der den externen Effekten auf die Umwelt zugeschriebenen Kosten ist im Vergleich zu einem konventionellen LCC mit größeren Prognoseunsicherheiten verbunden und auch insgesamt wesentlich komplexer. Der am Auftrag interessierte Wirtschaftsteilnehmer muss die Möglichkeit erhalten, auf das konkret verwendete ELCC-Modell zugreifen zu können, weil er sich nur so ein präzises Bild von der Funktionsweise des Zuschlagskriteriums „niedrigste LCC-Kosten“ machen kann. Die Angabe der einzubeziehenden Kosten kann hier nicht ausreichen. Werden mehrere Umweltindikatoren in ein LCC einbezogen, so kann der öffentliche Auftraggeber einer von ihm bevorzugt zu verhindernden Umweltbelastung durch eine stärkere Gewichtung des betreffenden Indikators besonders Rechnung tragen.[1649] Hierbei handelt es sich um einen Umstand, der interessierten Wirtschaftsteilnehmern durch die Gewährleistung von „Ex-ante“ Transparenz bekannt gemacht werden muss, damit sie ihre Chancen auf den Zuschlag realistisch einschätzen können.

1645 EuGH, Urt. v. 10.05.2012, Rs. C-368/10, EU:C:2012:284 – *Max Havelaar*, Rn. 66, 67.

1646 Vgl. die parallele Überlegung der Schlussanträge GA Juliane Kokott v. 15.12.2011, Rs. C-368/10, EU:C:2011:840 – *Max Havelaar*, Rn. 56–59.

1647 Studio Fieschi – SSSUP, Life cycle costing (LCC) tool, 22.07.2016, User's Guide, S. 7.

1648 So auch: Erwägungsgrund 96 Abs. 2 S. 2 VRL: Hiernach sollten die Methoden, „[...] die von den öffentlichen Auftraggebern für die Bewertung der externen Effekten auf die Umwelt zugeschriebenen Kosten verwendet werden, [...] allen interessierten Parteien zugänglich gemacht werden“.

1649 Jobse/Dimitri, LCC-calculations and the principles of public procurement, S. 5, in: https://underpinn.portals.mbs.ac.uk/Portals/70/docs/2.1%20-%20Jobse%20&%20Dimitri%20-%20LCC%20calculations%20v1%200.pdf, abgerufen am 08.12.2016.

b) ...in materieller Hinsicht

Die Zugänglichkeit ist eine von insgesamt drei Bedingungen, die LCC-Methoden, die zur Bewertung der externen Umweltkosten angewendet werden, erfüllen müssen. Neben diesem formellen Gesichtspunkt schreibt Art. 68 Abs. 2 UAbs. 2 materielle Anforderungen vor, die sich ebenso nur auf zum Einsatz kommende ELCC-Methoden beziehen. Dies ergibt sich aus dem eindeutigen Wortlaut des Richtlinientextes.[1650]

aa) Objektiv nachprüfbare und nichtdiskriminierende Kriterien

In materieller Hinsicht erfordert Art. 68 Abs. 2 UAbs. 2 a) VRL zunächst, dass die LCC-Methode, die zur Bewertung der externen Umweltkosten angewendet wird, auf objektiv nachprüfbaren und nichtdiskriminierenden Kriterien beruht.[1651] Bei dieser Regelung handelt es sich um eine konkrete Ausgestaltung des Diskriminierungsverbotes sowie des Gleichbehandlungsgrundsatzes.

Wie in Kapitel 3 unter Punkt C, IV, 2, a) aufgezeigt wurde, umfasst das Diskriminierungsverbot die seltenen unmittelbaren Diskriminierungen, die direkt an die Staatsangehörigkeit oder die Ansässigkeit anknüpfen[1652], sowie versteckte, oder auch mittelbare, materielle Diskriminierungen[1653] bei einer unterschiedslos anwendbaren Regelung, die Personen bzw. Produkte aus dem Ausland faktisch benachteiligt.[1654] Verallgemeinernd ausgedrückt, dürfen die Voraussetzungen für die Beteiligung an einer Ausschreibung nicht so festgelegt sein, dass sie in der Praxis nur von inländischen Bietern erfüllt werden können oder dies Bietern aus anderen Mitgliedsstaaten nur mit größeren Schwierigkeiten möglich ist.[1655] Das Diskriminierungsverbot steht einer Bevorzugung nationaler oder aus bestimmten Regionen stammender Bieter bzw. Unternehmen entgegen.

Bezogen auf das ELCC bedeutet dies, dass die angewendete Methode die Chancen von in einem anderen Mitgliedsstaat also der öffentliche Auftraggeber ansässigen Bietern auf den Zuschlag nicht in irgendeiner Form beschränken dürfen.[1656]

1650 Dort heißt es „Die Methode, die *zur Bewertung der externen Umweltkosten* angewandt wird, muss folgende Bedingungen erfüllen:", Hervorhebung von der Verfasserin.

1651 Vgl. Art. 68 Abs. 2 UAbs. 2 a). VRL.

1652 Schneider, NVwZ 2009, 1057 f.; *Antweiler* in: Dreher/Motzke, Beck'scher Vergaberechtskommentar, 2. Auflage 2013, § 6 VOB/A, Rn. 9; *Epiney* in: Calliess/Ruffert, EUV/AEUV, 4. Auflage 2011, Art. 18, Rn. 12–14.

1653 Zur Synonymen Verwendung der Begrifflichkeiten Ehlers, Europäische Grundrechte und Grundfreiheiten, 4. Auflage 2014, § 7 I 2, Rn. 26.

1654 *Burgi* in: Grabitz/Hilf, Das Recht der Europäischen Union, 40. Auflage 2009, B 13 Vergabefremde Kriterien, Rn. 13 mit Verweis auf die Rechtsprechung in Fn. 21.

1655 EuGH, Urt. v. 06.11.2003, Rs. C-243/01, EU:C:2003:597 – *Gambelli u.a.*, Rn. 71; EuGH, Urt. v. 27.10.2005, ECLI: EU:C:2005:644 – *Contse u.a.*, Rn. 60.

1656 Bereits zur Entwurfsfassung: Jobse/Dimitri, LCC-calculations and the principles of public procurement, S. 4, in: https://underpinn.portals.mbs.ac.uk/Portals/70/

Inländischen Bietern darf die Bereitstellung der geforderten Daten nicht leichter möglich sein.

In diesen Zusammenhang fügt sich der Grundsatz der Gleichbehandlung ein, der sich auf alle Phasen eines Vergabeverfahrens bezieht und erfordert, dass alle Bieter – auch potenzielle – die gleiche Aussicht auf die Erteilung des Zuschlages haben.[1657] Wie aufgezeigt wurde[1658], ist dieser Grundsatz untrennbar mit den übrigen allgemeinen Vergaberechtsgrundsätzen verbunden,[1659] sodass sich gewisse Überscheidungen zu dem Gebot der Nichtdiskriminierung ergeben. Darüber hinaus bedeutet eine Gleichbehandlung der Bieter aber auch, dass die Kriterien für die Vergabe des Auftrags von Beginn an klar bestimmt sind[1660] und sodann auf alle Bieter in gleicher Art und Weise angewendet werden[1661]. Hieraus lässt sich für das ELCC schließen, dass die von Seiten des öffentlichen Auftraggebers verwendete Methode zur Bewertung der externen Umweltkosten unter keinen Umständen zu einem nicht-objektiven Vergleich der Angebote führen darf.[1662]

bb) Ad-hoc Methode zulässig?

Die verabschiedete Fassung des Art. 67 Abs. 2 UAbs. 2 a) VRL sieht darüber hinaus vor, dass eine Methode, die nicht für die wiederholte oder kontinuierliche Anwendung konzipiert worden ist, insbesondere nicht bestimmte Wirtschaftsteilnehmer auf unzulässige Weise bevorzugen oder benachteiligen darf.

Hieraus lässt sich zunächst schließen, dass dem öffentlichen Auftraggeber die Verwendung von Ad-hoc Methoden vorbehaltlich der Einhaltung der in UAbs. 2 normierten Anforderungen offen steht.[1663] Dies ergibt sich insbesondere aus der

---

docs/2.1%20-%20Jobse%20&%20Dimitri%20-%20LCC%20calculations%20v1%200.pdf, abgerufen am 08.12.2016; Dragos/Neamtu, EPPPL 2013, 19, 26.

1657 Mäsch, Praxiskommentar zum deutschen und europäischen Kartellrecht, 1. Auflage 2009, § 97 GWB, Rn. 7; *Frenz* in: Willenbruch/Wieddekind: Kompaktkommentar Vergaberecht, 3. Auflage 2014, § 97 GWB, Rn. 23; *Dörr* in: Dreher/Motzke, Beck'scher Vergaberechtskommentar, 2. Auflage 2013, § 97 GWB, Rn. 10.

1658 Vgl. die Ausführungen in Kapitel 3, C. IV, 2, c).

1659 *Dörr* in: Dreher/Motzke, Beck'scher Vergaberechtskommentar, 2. Auflage 2013, § 97 GWB, Rn. 1; Mäsch, Praxiskommentar zum deutschen und europäischen Kartellrecht, 1. Auflage 2009, § 97 GWB, Rn. 8. Dies betrifft insbesondere das nationale Wettbewerbsgebot in § 97 Abs. 1 GWB sowie das Transparenzgebot; eine Auflistung verschiedener Fallgruppen gleichbehandlungswidriger Vergabepraktiken findet sich bei: *Dreher* in: Immenga/Mestmäcker,Wettbewerbsrecht, 5. Auflage 2014, § 97 GWB, Rn. 78–118.

1660 EuGH, Urt. v. 10.05.2012, Rs. C-368/10, EU:C:2012:284 – *Max Havelaar*, Rn. 56.

1661 Zu Konzessionen: Mitteilung der Kommission zu Auslegungsfragen im Bereich Konzessionen im Gemeinschaftsrecht, Amtsblatt C 121 v. 29.04.2000, S. 2–13.

1662 Dragos/Neamtu, EPPPL 2013, 19, 27.

1663 Zu diesem Ergebnis kam auch: Arrowsmith, The Law of Public & Utilities Procurement, Vol. 1, 3rd Edition 2014, Chapter 7, Rn. 245.

Historie des europäischen Rechtssetzungsverfahrens, die ihm Rahmen einer historischen Auslegung heranzuziehen ist.[1664] Der Richtlinienvorschlag der EU Kommission sah zwingend vor, dass die jeweils verwendete LCC-Methode für „die wiederholte oder kontinuierliche Anwendung konzipiert" wurde.[1665] Diese Fassung wurde gestrichen. Es ist begrüßenswert, dass sich das Europäische Parlament mit seinem Änderungsvorschlag in erster Lesung[1666] durchsetzen konnte, weil die Vorgabe einer Konzeption für die wiederholte und kontinuierliche Anwendung nicht nur Ad-hoc LCC-Methoden ausgeschlossen hätte, sondern dies im Umkehrschluss auch bedeutet hätte, dass der Einsatz von LCC überhaupt nicht erlaubt wäre, wenn es keine etablierte generelle Methode gibt.[1667] Entgegen der gesetzgeberischen Intention wäre der Weg des Einsatzes von Lebenszykluskostenrechnungen durch eine Förderung der Entwicklung und Anwendung europäischer Konzepte nicht unbedingt weiterverfolgt worden,[1668] sondern hätte in Ansehung des gegenwärtigen Entwicklungsstandes stagniert. Es erscheint wenig sinnvoll, all den Mitgliedsstaaten, die nicht der „Green 7" Gruppe angehören, die Anwendung von LCC dadurch zu erschweren, dass sie eine Methode für die wiederholte und kontinuierliche Anwendung entwickeln müssen. Dies stellt nur ein weiteres, auch aus dem Blickwinkel der allgemeinen Vergaberechtsgrundsätze, unnötiges Hindernis der Fortentwicklung dieses Instruments dar. Dem öffentlichen Auftraggeber die Möglichkeit zu nehmen, in einem ohnehin komplizierten Prozess auf die Vorgabe einer

1664 Vgl. hierzu eingehend: *Riesenhuber* in: Europäische Methodenlehre, Rn. 35–37.

1665 Art. 67 Abs. 2 S. 2 b) Vorschlag für eine Richtlinie des Europäischen Parlaments und des Rates über die öffentliche Auftragsvergabe, KOM(2011) 896 endg.

1666 Bericht des Ausschusses für Binnenmarkt und Verbraucherschutz über den Vorschlag für eine Richtlinie des Europäischen Parlaments und des Rates über die öffentliche Auftragsvergabe, A7-0007/2013, Änderungsantrag 192 sowie der Standpunkt des Europäischen Parlaments festgelegt in erster Lesung am 15.01.2014 im Hinblick auf den Erlass der Richtlinie 2014/.../EU des Europäischen Parlaments und des Rates über die öffentliche Auftragsvergabe und zur Aufhebung der Richtlinie 2004/18/EG. Der Kompromisstext des Vorsitzes des Rates/Konsolidierte Fassung vom 24.07.2012 sah diese Voraussetzung demgegenüber noch vor, Nr. 12878/12; vgl. auch die Synopse bei: Dragos/Neamtu, EPPPL 2013, 19, 23; gleiches galt für die überarbeitete Fassung vom 30.11.2012, Nr. 16725/1/12 REV 1. Bereits im Kompromisstext des Rates wurde in Abs. 3 UAbs. 3 lit. a) gestrichen, dass die Methode auf der Grundlage wissenschaftlicher Informationen erarbeitet wurde.

1667 Arrowsmith, The Law of Public & Utilities Procurement, Vol. 1, 3rd Edition 2014, Chapter 7, Rn. 245; Semple, Reform of the EU Procurement Directives and WTO GPA: Forward Steps for Sustainability?, S. 18, in: https://papers.ssrn.com/sol3/Delivery.cfm/SSRN_ID2089357_code606015.pdf?abstractid=2089357&mirid=1, abgerufen am 08.12.2016, verweist zudem darauf, dass dies nach der VKR – vorbehaltlich der Einhaltung der allgemeinen Grundsätze des Gemeinschaftsrechts und der spezifischen Anforderungen für Zuschlagskriterien – zulässig war.

1668 Erwägungsgrund 95.

bestimmten Methode zu bestehen, hätte zur Folge haben können, dass er gänzlich auf eine Anwendung verzichtet.[1669]

Mit der Vorgabe, dass eine Ad-hoc Methode bestimmte Wirtschaftsteilnehmer nicht auf unzulässige Weise bevorzugen oder benachteiligen darf, wollte der europäische Gesetzgeber wettbewerblichen Bedenken Rechnung tragen. Dies ergibt sich aus Erwägungsgrund 96 Abs. 2 S. 3, nach dem solche Methoden „auf nationaler, regionaler oder lokaler Ebene festgelegt werden, um jedoch Wettbewerbsverzerrungen durch speziell zugeschnittene Methoden zu vermeiden, sollten sie allgemein in dem Sinne gehalten werden, dass sie nicht speziell für ein bestimmtes öffentliches Vergabeverfahren festgelegt werden sollten." Obschon sich dies nicht aus der verabschiedeten Fassung des Art. 68 Abs. 2 VRL ergibt, indiziert dieser Erwägungsgrund, dass die Richtlinie einer auf den individuellen Auftrag zugeschnittenen LCC-Methode entgegensteht, weil hierin die Gefahr einer Wettbewerbsverzerrung liege. Dies ist deswegen als kritisch zu werten, weil aus den genannten Gründen die Entwicklung eines „one-fits-all" LCC-Modells ausgeschlossen ist.[1670] An dieser Stelle hätte es ausgereicht, dass sich die VRL auf solche LCC-Methoden bezieht, die auf einzelne Bieter zugeschnitten sind und die damit andere interessierte Wirtschaftsteilnehmer auf unzulässige Weise benachteiligen. Eine namhafte Literaturstimme schloss dennoch aus Erwägungsgrund 96 Abs. 2 S. 3, dass bereits etablierte Methoden nach der VRL vorzugswürdig sind.[1671] Es könne daher argumentiert werden, dass eine Vermutung gegen den Einsatz von Ad-hoc Methoden bestehe und den öffentlichen Auftraggeber zumindest dann, wenn eine LCC-Methode für die wiederholte oder kontinuierliche Anwendung existiert, eine Darlegungslast trifft, warum er eben diese nicht eingesetzt hat.[1672] Dieser Schluss lässt sich aber weder mit dem Wortlaut des Erwägungsgrundes, noch mit dem des betreffenden Richtlinienartikels in Einklang bringen. Eine derartige Vermutung, die zur Folge hat, dass den öffentlichen Auftraggeber eine Begründungspflicht für die Auswahl der von ihm eingesetzten Methode trifft, lässt Art. 68 VRL gänzlich vermissen. Auch würde dies ein weiteres Hindernis für den Einsatz von LCC begründen. Schließlich sucht der herangezogene Satz des Erwägungsgrundes Beeinträchtigungen des Diskriminierungsverbotes sowie des Gleichbehandlungs- und Wettbewerbsgebotes zu unterbinden. Gerade, weil nach der Richtlinie

---

1669 Semple, Reform of the EU Procurement Directives and WTO GPA: Forward Steps for Sustainability?, S. 18, in: https://papers.ssrn.com/sol3/Delivery.cfm/SSRN_ID2089357_code606015.pdf?abstractid=2089357&mirid=1, abgerufen am 08.12.2016.

1670 Auch *Dragos/Neamtu* in: Sustainable Public Procurement under EU Law, S. 132 empfanden es als kritisch auf den individuellen Auftrag zugeschnittene LCC-Modelle auszuschließen.

1671 Arrowsmith, The Law of Public & Utilities Procurement, Vol. 1, 3rd Edition 2014, Chapter 7, Rn. 245.

1672 Arrowsmith, The Law of Public & Utilities Procurement, Vol. 1, 3rd Edition 2014, Chapter 7, Rn. 245.

LCC-Methoden auf nationaler, regionaler oder lokaler Ebene festgelegt werden können, muss sichergestellt werden, dass interessierte ausländische Wirtschaftsteilnehmer nicht unzulässig benachteiligt werden. Aus der Tatsache, dass die betreffende Methode speziell auf ein bestimmtes Vergabeverfahren zugeschnitten wurde, ergibt sich jedoch nicht zwangsläufig eine Wettbewerbsverzerrung. Vielmehr ist das Hinzutreten weiterer Umstände erforderlich, die dazu führen, dass die eingesetzte LCC-Kalkulation bestimmte Bieter auf unzulässige Weise bevorzugt oder benachteiligt – wie in Art. 68 Abs. 2 UAbs. 2 a) S. 2 VRL vorgesehen. Abschließend kann noch das Wortlautargument herangezogen werden: Erwägungsgrund 96 Abs. 2 S. 3 formuliert die Vermeidung speziell auf den Auftrag zugeschnittener LCC-Methoden als Empfehlung. An deren Zulässigkeit nach der VRL vermag dies jedoch nichts zu ändern.

Nach bestehendem Richtlinienrecht ist somit lediglich die Anwendung einer gemeinsamen Methode im Sinne des Art. 68 Abs. 3 VRL zwingend. Besteht kein (sektor-)spezifisches LLC-Modell für bestimmte Produkte oder Dienst- bzw. Bauleistungen, so steht es dem öffentlichen Auftraggeber frei, bereits existente Modelle für bestimmte Zwecke oder für andere Vergabeverfahren abzuändern oder eben Ad-hoc Methoden anzuwenden.[1673] Wurde keine gemeinsame EU-Methode für die Berechnung der Lebenszykluskosten verbindlich vorgeschrieben, können entsprechende Methoden auf nationaler, regionaler oder lokaler Ebene entwickelt werden.[1674]

Ungeachtet der Frage, ob die Entwicklung derartiger LCC-Methoden die Ressourcen und das Know-how vieler öffentlicher Auftraggeber übersteigt[1675], schafft ihnen dies in erster Linie Flexibilität, was in bestimmten Fällen auch notwendig ist[1676]. Allerdings liegt zwischen einer auf den konkreten Auftrag zugeschnittenen Methode und einer solchen, die einen bestimmten Wirtschaftsteilnehmer bevorzugt, nur ein schmaler Grat – was zudem nur schwer nachvollziehbar ist.[1677] Das Vorliegen einer nach der VRL unzulässigen, weil einen bestimmten Bieter begünstigenden, LCC-Methode, müsste gerügt und bei Nichtabhilfe durch den Auftraggeber in einem Nachprüfungsverfahren[1678] geltend gemacht werden. Wie einem Mitbewerber dieser Nachweis gelingen soll, ist fraglich. Aber auch aus Sicht der Vergabekammern, bzw. in zweiter Instanz der Vergabesenate der Oberlandesgerichte,

1673 Ähnlich: *Dragos/Neamtu* in: Sustainable Public Procurement under EU Law, S. 132.

1674 Erläuterungen zu der Vergaberichtlinie für klassische öffentliche Auftraggeber der EU-Kommission, zusammengefasst vom forum vergabe e.v. dort Übersicht Nr. 7, S. 2, in: http://www.forum-vergabe.de/fileadmin/user_upload/Rechtsvorschriften/Annahme_Modernisierung/Erlaeuterungen_Klassische_Auftraggeber_01.pdf, abgerufen am 08.12.2016.

1675 Kunzlik, PPLR 2013, 97, 112; bei *Hettich* in: Das neue Vergaberecht, S. 71.

1676 *Dragos/Neamtu* in: Sustainable Public Procurement under EU Law, S. 132.

1677 *Dragos/Neamtu* in: Sustainable Public Procurement under EU Law, S. 132 f.

1678 Die nationale Regelung zur Einleitung eines Vergabeverfahrens findet sich nach der Reform in § 160 GWB.

ist dies nicht nur technisch hoch komplex, sondern in Ansehung des dem öffentlichen Auftraggebers zustehenden Ermessensspielraum obendrein vergaberechtlich schwierig.[1679] Trotz dieser Schwachpunkte ist die verabschiedete Fassung des Art. 68 Abs. 2 a) VRL aus den genannten Gründen vorzugswürdig.

Zu weit ging der Richtlinienvorschlag der EU Kommission, indem er es Bietern gestatteten wollte, eine andere Methode für die Berechnung der Lebenszykluskosten ihres Angebotes zu wählen, sofern ihnen der Nachweis gelang, dass sie den Anforderungen der VRL genügt und der vom öffentlichen Auftraggeber vorgegebenen Methode gleichwertig ist.[1680] Auch dieser Unterabsatz wurde gestrichen.[1681] Das Ergebnis der Verhandlungen ist zu begrüßen. Hätte sich doch die Vorschlagsfassung die Frage gefallen lassen müssen, wann eine LCC-Methode als gleichwertig im Sinne der Vorschrift angesehen werden kann.[1682] Für öffentliche Auftraggeber hätte dies eine zusätzliche Komplikation bei der Anwendung von LCC bedeutet und die Vergleichbarkeit der eingehenden Angebote untergraben.[1683] Mit der Streichung konnte einer der größten Vorzüge des Preis- bzw. nunmehr Kostenkriteriums, die absolute Komparabilität, bewahrt werden.[1684]

1679 *Dragos/Neamtu* in: Sustainable Public Procurement under EU Law, S. 133.

1680 Art. 67 Abs. 2 UAbs. 2 S. 3, Vorschlag für eine Richtlinie des Europäischen Parlaments und des Rates über die öffentliche Auftragsvergabe, KOM(2011) 896 endg.

1681 Kompromisstext des Vorsitzes des Rates/Konsolidierte Fassung vom 24.07.2012, Nr. 12878/12; Bericht des Ausschusses für Binnenmarkt und Verbraucherschutz über den Vorschlag für eine Richtlinie des Europäischen Parlaments und des Rates über die öffentliche Auftragsvergabe, A7-0007/2013, Änderungsantrag 192 sowie der Standpunkt des Europäischen Parlaments festgelegt in erster Lesung am 15.01.2014 im Hinblick auf den Erlass der Richtlinie 2014/.../EU des Europäischen Parlaments und des Rates über die öffentliche Auftragsvergabe und zur Aufhebung der Richtlinie 2004/18/EG.

1682 Jobse/Dimitri, LCC-calculations and the principles of public procurement, S. 4, in: https://underpinn.portals.mbs.ac.uk/Portals/70/docs/2.1%20-%20Jobse%20&%20Dimitri%20-%20LCC%20calculations%20v1%200.pdf, abgerufen am 08.12.2016. Die Autoren führen das ILCD Handbuch an, nach dem die Konsistenz und die Sicherstellung von Qualität unabdingbar ist für die Legitimität des Resultates. Obschon sich das Handbuch nur auf die Konsistenz innerhalb einer LCC-Kalkulation bezieht, sind die genannten Aspekte nach Auffassung der Autoren dennoch sehr weit und generell gefasst, sodass sie als objektive Orientierungshilfe herangezogen werden können.

1683 Dragos/Neamtu, EPPPL 2013, 19, 22, zur Kompromissfassung des Rates. Eingehend befassen sich Jobse/Dimitri, LCC-calculations and the principles of public procurement, S. 5 f. hiermit, auf S. 7 wird eine Lösung angeboten, in: https://underpinn.portals.mbs.ac.uk/Portals/70/docs/2.1%20-%20Jobse%20&%20Dimitri%20-%20LCC%20calculations%20v1%200.pdf, abgerufen am 08.12.2016.

1684 Burgi/Brandmeier, EPPPL 2014, 12, 19.

cc) Bereitstellung der Daten mit vertretbarem Aufwand

Anstelle der Zulassung gleichwertiger Methoden nahm der europäische Gesetzgeber in Art. 68 Abs. 2 UAbs. 2 c) VRL mit auf, dass sich die geforderten Daten von Wirtschaftsteilnehmern, die ihrer Sorgfaltspflicht in normalem Maße nachkommen, einschließlich Wirtschaftsteilnehmern aus Drittstaaten, die dem GPA oder anderen, für die Union bindenden internationalen Übereinkommen beigetreten sind, mit vertretbarem Aufwand bereitstellen lassen.[1685]

Eine Erläuterung, wann ein Wirtschaftsteilnehmer seiner „Sorgfaltspflicht in normalem Maße nachkommt" bleibt die VRL schuldig. In der unionsgerichtlichen Judikatur zum Transparenzerfordernis von Zuschlagskriterien findet sich eine ähnliche Formulierung. Hiernach ist erforderlich, dass alle Bedingungen und Modalitäten des Vergabeverfahrens in der Bekanntmachung oder im Lastenheft klar, genau und eindeutig formuliert sind, damit alle durchschnittlich fachkundigen Bieter bei Anwendung der üblichen Sorgfalt deren genaue Bedeutung verstehen und sie in gleicher Weise auslegen können.[1686] Der EuGH hat leider auf eine inhaltliche Konkretisierung des „durchschnittlich fachkundigen Bieters, der die übliche Sorgfalt anlegt" verzichtet.[1687]

Aus dem „Max Havelaar" Urteil lässt sich nur negativ schließen, dass der öffentliche Auftraggeber auch bei berechtigter Erwartung der Anlegung der üblichen Sorgfalt seitens der interessierten Wirtschaftsteilnehmer nicht von seiner Verpflichtung entbunden wird, selbst seine Anforderungen klar zu formulieren.[1688] Demgegenüber war die Generalanwältin Kokott der Ansicht, dass von einem durchschnittlich fachkundigen Bieter, der die übliche Sorgfalt walten lässt,

1685 Kompromisstext des Vorsitzes des Rates/Konsolidierte Fassung vom 24.07.2012, Nr. 12878/12; gleiches galt für die überarbeitete Fassung vom 30.11.2012, Nr. 16725/1/12 REV 1; Bericht des Ausschusses für Binnenmarkt und Verbraucherschutz über den Vorschlag für eine Richtlinie des Europäischen Parlaments und des Rates über die öffentliche Auftragsvergabe, A7-0007/2013, Änderungsantrag 192 sowie der Standpunkt des Europäischen Parlaments festgelegt in erster Lesung am 15.01.2014 im Hinblick auf den Erlass der Richtlinie 2014/.../EU des Europäischen Parlaments und des Rates über die öffentliche Auftragsvergabe und zur Aufhebung der Richtlinie 2004/18/EG.

1686 Beispielhaft für viele: EuGH, Urt. v. 10.05.2012, Rs. C-368/10, EU:C:2012:284 – *Max Havelaar*, Rn. 88, 109; sowie Schlussanträge GA Campos Sánchez-Bordona v. 21.01.2016, Rs. C-27/15, EU:C:2016:48 – *Pizzo*, Rn. 49 mit weiteren Nachweisen in Fn. 17.

1687 Dies gilt auch für EuGH Entscheidungen auf anderen Rechtgebieten, bspw. EuGH, Urt. v. 12.07.2011, Rs. C-324/09, EU:C:2011:474 – *L'Oréal SA u.a.*, in der der EuGH zu einer Betreiberhaftung für Markenrechtsverletzungen auf einem Online-Marktplatz ebenfalls auf den Maßstab eines „sorgfältigen Wirtschaftsteilnehmers" bzw. im Englischen „diligent economic operator" abstellte, ohne dies inhaltlich zu konkretisieren.

1688 EuGH, Urt. v. 10.05.2012, Rs. C-368/10, EU:C:2012:284 – *Max Havelaar*, Rn. 66.

„durchaus erwartet werden [kann], dass er die auf dem betreffenden Markt verwendeten Umweltgütezeichen kennt oder sich jedenfalls bei den Zertifizierungsstellen solcher Gütezeichen über die von ihnen angelegten Kriterien informiert."[1689]

Diese sich diametral gegenüberstehenden Ansichten in ein und derselben Rechtssache zeigen, dass es eine Wertungsfrage des Einzelfalls ist, was von einem interessierten Wirtschaftsteilnehmer „erwartet" werden kann. Der Maßstab des mit der üblichen Sorgfalt handelnden Wirtschaftsteilnehmers ist nach dem Dafürhalten der Verfasserin den Gegebenheiten des jeweiligen Beschaffungsvorganges sowie den Eigenheiten des konkret betroffenen Bieters anzupassen.[1690] Eine schematische Betrachtung verbietet sich. So müssen etwa für kleinere und mittlere Unternehmen (KMU) andere Sorgfaltspflichten gelten als für Großunternehmen. Schließlich ist es erklärtes Ziel der Vergaberichtlinie, KMU die Teilnahme an öffentlichen Vergabeverfahren zu erleichtern.[1691]

Der „sorgfältige Wirtschaftsteilnehmer" ist vorliegend auch nicht der Hauptbezugspunkt. Im Kern kommt es doch darauf an, ob sich die geforderten Daten mit vertretbarem Aufwand bereitstellen lassen. Es geht darum, was dem „sorgfältigen" Wirtschaftsteilnehmer zugemutet werden kann in Sinne einer Verhältnismäßigkeitserwägung. Die Verhältnismäßigkeit ist ein nunmehr in Art. 18 Abs. 1 VRL normierter Grundsatz der Auftragsvergabe, der unstreitig zur Auslegung herangezogen werden kann. Hiernach müssen die Modalitäten der Ausschreibung den Besonderheiten des betreffenden Vergabegegenstandes angemessen sein.[1692] Der öffentliche Auftraggeber ist gehalten, keine fachlichen, finanziellen oder technischen Anforderungen zu verlangen, die im Hinblick auf den Gegenstand des Auftrags unverhältnismäßig oder exzessiv sind.[1693]

1689 Schlussanträge GA Juliane Kokott v. 15.12.2011, Rs. C-368/10, EU:C:2011:840 – *Max Havelaar*, Rn. 56.

1690 Ähnliche Argumentation in den Schlussanträge GA Campos Sánchez-Bordona v. 21.01.2016, Rs. C-27/15, EU:C:2016:48 – *Pizzo*, Rn. 65; weiter Riefa, Consumer Protection and Online Auction Platforms: Towards a Safer Legal Framework, S. 201 „[...] the diligent economic operator test strikes me as being a test applied with the knowledge and expertise the operator in question has."

1691 Vgl. Erwägungsgrund 1 VRL.

1692 EuGH, Urt. v. 13.10.2005, C-458/03, EU:C:2005:605 – *Parking Brixen*, Rn. 50.

1693 Frenz, Handbuch Europarecht, Band 3: Beihilfe- und Vergaberecht 2007, Rn. 1847; ders. in: Willenbruch/Wieddekind: Kompaktkommentar Vergaberecht, 3. Auflage 2014, § 97 GWB, Rn. 26, als Bsp. verbieten sich seiner Ansicht nach „übertrieben hohe fachliche Anforderungen an die Angestellten des Bieters, wenn es sich bei dem Vergabegegenstand um einfachste Tätigkeiten – wie etwa die Raumpflege – handelt, die ohne besondere fachliche Qualifikationen ausgeführt werden können." *Dörr* in: Dreher/Motzke, Beck'scher Vergaberechtskommentar, 2. Auflage 2013, § 97 GWB, Rn. 4, sowie Einleitung: Vergaberecht in Deutschland – Das Recht der öffentlichen Auftragsvergabe im Stufenbau der Rechtsordnung, Rn. 164.

Es bleibt abzuwarten, wie die Vergaberechtsprechung diese „Bedingungen“ des Art. 68 Abs. 2 UAbs. 2 c) VRL ausfüllen wird. Nationale Nachprüfungsstellen, die mit der Überprüfung einer ELCC-Methode betraut sind, müssen diese, bzw. die Zugänglichkeit der geforderten Daten, am Maßstab des „sorgfältigen Wirtschaftsteilnehmers“ unter Heranziehung des Grundsatzes der Verhältnismäßigkeit messen.[1694] Weiter erschwert wird diese Prüfung, wenn das nationale Recht die Vergaberichtlinie nicht um adäquate Methoden oder Merkmale der von Bietern bereitzustellenden Daten ergänzt.[1695] Zweifellos wird den Nachprüfungsbehörden ein hohes Maß an Expertise abverlangt.[1696] Zudem steht dem öffentlichen Auftraggeber hinsichtlich der Auswahl der ELCC-Methode ein Beurteilungs- und Ermessensspielraum zu, der durch die Nachprüfungsinstanzen nur eingeschränkt kontrollierbar ist.[1697]

3. *Verbindung mit dem Auftragsgegenstand*

Wie die Ausführungen des dritten Kapitels unter Punkt C, IV, 3 bzw. C, II, 3, a) gezeigt haben, sollen mit der Voraussetzung einer Auftragsgegenstandsverbindung die weitreichenden Freiräume, die Art. 67 Abs. 2 VRL dem öffentlichen Auftraggeber in Bezug auf die Einbeziehung strategischer Ziele einräumt, austariert werden. Es handelt sich um ein besonders gewichtiges Korrektiv, weil anders als bei Eingreifen etwa der Grundfreiheiten keine Rechtsfertigungsmöglichkeit besteht. Der europäische Gesetzgeber normierte in Absatz 3 der Vorschrift ein weites Verständnis der Auftragsgegenstandsbezogenheit, nach dem es genügt, wenn die Zuschlagskriterien[1698] sich in irgendeiner Hinsicht und in irgendeinem Lebenszyklusstadium auf den Auftragsgegenstand beziehen, wobei nicht erforderlich ist, dass es Teil seiner stofflichen Beschaffenheit ist.[1699] Eine Bezugnahme auf die allgemeine Unternehmenspolitik der Bieter mittels Zuschlagskriterien ist hingegen nicht gestattet.[1700] Dem öffentlichen Auftraggeber eröffnet die Normierung dieses weiten Verständnisses, wie es durch die „Max Havelaar“ Entscheidung etabliert wurde, einen großen Gestaltungsspielraum. Der europäische Gesetzgeber erweitert die Vorgaben des EuGH gar dahin, dass das Zuschlagskriterium sich nur in irgendeinem Lebenszyklusstadium auf den Auftragsgegenstand beziehen muss.

1694 Ähnlich: *Dragos/Neamtu* in: Sustainable Public Procurement under EU Law, S. 132; dies. zur Kompromissfassung des Rates in: EPPPL 2013, 19,22 f.

1695 *Dragos/Neamtu* in: Sustainable Public Procurement under EU Law S. 132; dies. zur Kompromissfassung des Rates in: EPPPL 2013, 19,22 f.

1696 *Dragos/Neamtu* in: Sustainable Public Procurement under EU Law, S. 132; dies. zur Kompromissfassung des Rates in: EPPPL 2013, 19,22 f.

1697 OLG Düsseldorf, Beschl. vom 25.05.2005 – VII-Verg 8/05, VPRRS 2013, 291; OLG Dresden, B. v. 27.11.2013 – Az.: VII-Verg 20/13, NZBau 2014, 121,124.

1698 Gleiches gilt für Ausführungsbedingungen, vgl. Erwägungsgrund 97 VRL.

1699 Vgl. die Konkretisierung in Erwägungsgrund 97 VRL.

1700 Erwägungsgrund 97 UAbs. 2 VRL.

Eingeschlossen sind Kriterien, die lediglich mit dem Produktions- oder Bereitstellungsprozess sowie des Handels damit zusammenhängen oder mit einem spezifischen Prozess in Bezug auf ein anderes Lebenszyklusstadium in Verbindung stehen.[1701]

a) Forderung eines Auftragsgegenstandsbezugs in Art. 68 Abs. 1 b) VRL?

Klärungsbedürftig ist zunächst, ob die Voraussetzung des Zusammenhangs mit dem Auftragsgegenstand auch für LCC-Vorgaben Geltung beansprucht. Ein Hinweis hierauf findet sich in Art. 68 Abs. 1 b) VRL, nach dem von einem ELCC auch „Kosten, die durch die externen Effekte der Umweltbelastung entstehen, die mit der Ware, der Dienstleistung oder der Bauleistung während ihres Lebenszyklus in Verbindung stehen" umfasst sind. Der europäische Gesetzgeber normiert hiermit den in Art. 67 Abs. 3 VRL allgemein gehaltenen Auftragsgegenstandsbezug konkret für das ELCC. Auch in der Literatur wird die Geltung dieses Erfordernisses teilweise stillschweigend vorausgesetzt[1702] oder gefordert.[1703] Dies ergibt sich auch aus nachfolgenden Erwägungen.

Zunächst handelt sich es sich bei den in ein ELCC einzubeziehenden externen Kosten der Umweltbelastung um einen strategischen Zweck. Wie in Kapitel 2 unter Punkt D, III aufgezeigt wurde, sind diese Externalitäten, auch wenn sie im Rahmen einer Lebenszykluskostenrechnung in geldwerter Form ausgedrückt werden, gleichwohl keine rein finanzielle Komponente.[1704] Vielmehr ist und bleibt

---

1701 Art. 67 Abs. 3 lit. a) und b) VRL.

1702 Faustino, PPLR 2014, 124, 128; Burgi/Brandmeier, EPPPL 2014, 12, 18; Gröning, VergabeR 2014, 339, 346: „Außerdem müsse der allgemeingültige Anspruch gewahrt bleiben, dass eine Verbindung zum Auftragsgegenstand besteht."

1703 Dragos/Neamtu, EPPPL 2013, 19, 27; Jobse/Dimitri, LCC-calculations and the principles of public procurement, S. 3, in: https://underpinn.portals.mbs.ac.uk/Portals/70/docs/2.1%20-%20Jobse%20&%20Dimitri%20-%20LCC%20calculations%20v1%200.pdf, abgerufen am 08.12.2016.

1704 Ähnlich *Burgi* in: Vergaberecht im Umbruch II, S. 58, 65 f., der sich allerdings unter Verweis auf u.a. Opitz, NZBau 2001, 12 f., darauf beruft, dass diese Aspekte im Gegensatz zu finanziellen Komponenten keine Wirkungen auf den Haushalt des öffentlichen Auftraggebers haben und gesamtwirtschaftliche Erwägungen, insbesondere Auswirkungen auf andere staatliche Haushalte, im konkreten Beschaffungsvorgang außer Acht zu bleiben haben. Ohne dies explizit zu erwähnen, bezieht er sich damit auf den so genannten „Grundsatz der Einzelwirtschaftlichkeit". Nach Auffassung der Verfasserin hat dieser allerdings mit den „Concordia Bus Finland" und „EVN und Wienstrom" Entscheidungen sowie dem Erlass der VKR seine Berechtigung verloren. Opitz selbst spricht im Jahr 2004 von einem „Paradigmenwechsel" in diesem Zusammenhang in VergabeR 2004, 421, 428; ders. in Dreher/Motzke, Beck'scher Vergaberechtskommentar, 2. Auflage 2013, § 97 GWB, Rn. 18, 38, zur Erweiterung des vergaberechtlichen Wirtschaftlichkeitsbegriffs durch die Rechtsprechung des EuGH. Über die Berücksichtigungsfähigkeit

eine solche ökologische Vorgabe ein strategischer Zweck, auch wenn der Versuch unternommen wird, ihr einen monetären Wert zuzuschreiben. Mit der Einpreisung dieser Kriterien in einen Kosten-Wirksamkeitsansatz werden sie nicht zu einer originären Verwaltungsaufgabe, zu deren Erfüllung etwas beschafft werden soll.[1705] Vielmehr soll hiermit das politische Ziel der Verbesserung des Umweltschutzes verfolgt werden. Die externen Umweltkosten, die in ein ELCC einbezogen werden sollen, müssen also bereits wegen ihrer Natur als strategischer Zweck einen Auftragsbezug aufweisen.

b) LCC als Zuschlagskriterium

Des Weiteren muss sich die Vorgabe von – auch konventionellem – LCC an den gleichen Voraussetzungen messen lassen, wie die übrigen qualitativen Kriterien, wobei der Auftragsgegenstandsverbindung eine besondere Bedeutung zukommt.[1706] Dies resultiert bereits aus seinem Einsatz neben qualitativen Kriterien zur Ermittlung des besten Preis-Leistungsverhältnisses. Nichts Anderes gilt für eine „Nur-LCC" Vergabe, weil das LCC auch insoweit als Zuschlagskriterium zum Einsatz kommt. Die VRL gibt für alle in Art. 67 normierten Kriterienkategorien das Korrektiv eines Auftragsbezuges vor.[1707] Werden LCC-Vorgaben im Rahmen des Zuschlages gemacht, müssen sie sich daher ebenso an Art. 67 Abs. 3 VRL messen lassen. Für finanzielle Zuschlagskriterien wurde der Auftragsgegenstandsbezug gar stärker betont, was sich auch in der neu eingeführten Möglichkeit einer finanziellen Angebotswertung allein anhand von LCC manifestiert.[1708] Schließlich ist dieser im Gegensatz zu dem reinen Angebotspreis eine Verbindung mit dem Auftragsgegenstand nicht schon immanent.[1709] Eine „Nur-LCC" Vergabe kann auch zeitlich vor der Anschaffung liegende Kosten mit einbeziehen. Gerade für Kosten der Forschung und Entwicklung sowie der Produktion muss jedoch ein Auftragsbezug gefordert werden, weil andernfalls die allgemeine Unternehmenspolitik der Bieter mit einbezogen würde. Dies ist vergaberechtlich aber unzulässig. Das Vorstehende gilt für konventionelles LCC und ELCC gleichermaßen.

Der öffentliche Auftraggeber steht vor der Herausforderung, zu bestimmen, wann eine Verbindung mit dem Auftragsgegenstand im Sinne des Art. 68 Abs. 1

---

strategischer Aspekte sagt die obige Feststellung, dass es sich hierbei nicht um „rein" finanzielle Komponenten handelt nichts aus. Siehe dazu sogleich.

1705 In etwas anderem Zusammenhang: Burgi, ZHR 2014, 2, 7.

1706 Burgi/Brandmeier, EPPPL 2014, 12, 18.

1707 *Burgi* in: Vergaberecht im Umbruch II, S. 58, 61; *Semple* in: Sustainable Public Procurement under EU Law, S. 67; a.A. wohl Faustino, PPLR 2014, 124, 131, ohne nähere Begründung.

1708 *Burgi* in: Vergaberecht im Umbruch II, S. 58, 61.

1709 *Burgi* in: Vergaberecht im Umbruch II, S. 58, 61.

b) bzw. Art. 67 Abs. 3 VRL vorliegt.[1710] Obschon der Europäische Gesetzgeber ein weites Verständnis der Verbindung mit dem Auftragsgegenstand normiert hat, dient diese Voraussetzung gleichwohl als Korrektiv, weil sie eine Bezugnahme auf die allgemeine Einkaufspolitik verbietet und diesem Kriterium entnommen werden kann, dass die Verbindung mit dem Auftragsgegenstand in einem vertretbaren Rahmen bleibt.[1711] Hiervon geht auch die Europäische Kommission in ihrem „non-paper" zum strategischen Einsatz des öffentlichen Beschaffungswesens aus.[1712] Hiernach schließt die von der Richtlinie geforderte Verbindung mit dem Auftragsgegenstand solche Kriterien aus, die nur vage mit dem Produktionsprozess verbunden sind, wie etwa die Vorgabe, dass ein bestimmter Prozentsatz des Anschaffungspreises in soziale Projekte in der Produktionsregion investiert wird (Fair-Trade Prämie).[1713] Ungeachtet der Tatsache, dass es sich um eine interne unverbindliche Arbeitsunterlage[1714] handelt, lässt sich ihr gleichwohl die Auffassung der EU Kommission entnehmen. Überdies wurde das „non-paper" der Gruppe „Öffentliches Beschaffungswesen" des Rats der EU zugänglich gemacht, sodass es Eingang in das Europäische Gesetzgebungsverfahren fand.

c) Folgen des weiten Verständnisses der Verbindung mit dem Auftragsgegenstand für ELCC

Die Vergaberichtlinie schreibt ein weites Verständnis der Verbindung mit dem Auftragsgegenstand vor. Die in ein ELCC einzubeziehenden externen Umweltkosten müssen mit dem Auftragsgegenstand während seines Lebenszyklus in Verbindung stehen. Nach Art. 67 Abs. 3 VRL ist erforderlich, aber auch ausreichend, dass sich ein Zuschlagskriterium in irgendeiner Hinsicht und in irgendeinem Lebenszyklus-Stadium auf die auftragsgegenständlichen Lieferungen, Bau- oder Dienstleistungen bezieht.

1710 Jobse/Dimitri, LCC-calculations and the principles of public procurement, S. 3, in: https://underpinn.portals.mbs.ac.uk/Portals/70/docs/2.1%20-%20Jobse%20&%20Dimitri%20-%20LCC%20calculations%20v1%200.pdf, abgerufen am 08.12.2016.

1711 Martens/de Margerie, EPPPL 2013, 8, 17.

1712 Rat der Europäischen Union, Dok. Nr. 5369/12, 20.01.2012, Annex: Non-paper, ausgearbeitet von der Kommission (GD Binnenmarkt) zum Cluster 2 (Strategischer Einsatz des öffentlichen Auftragswesens).

1713 Rat der Europäischen Union, Dok. Nr. 5369/12, 20.01.2012, Annex: Non-paper, ausgearbeitet von der Kommission (GD Binnenmarkt) zum Cluster 2 (Strategischer Einsatz des öffentlichen Auftragswesens) S. 5.

1714 *Ritter* in: Immenga/Mestmäcker, EU-Wettbewerbsrecht, 5. Auflage 2012, VO 1/2003 Art. 33, Rn. 5: Insgesamt ist eine Tendenz der EU Kommission zu erkennen, dass u.a. interne noch unverbindliche Arbeitsunterlagen über das Internet zugänglich gemacht werden, um die öffentliche Diskussion in einem Vorstadium – also vor der Veröffentlichung eines Kommissionsvorschlags im Amtsblatt – anzuregen, manchmal, dem diplomatischen Sprachgebrauch folgend, auch „Non-Papers" genannt.

Die Nachteile des abgelehnten „engen“ Auftragsgegenstandsbezugs versucht die Literatur am Beispiel eines öffentlichen Lieferauftrages zu verdeutlichen, bei dem der öffentliche Auftraggeber ein ELCC vorgibt, das Treibhausgasemissionen, die im Zusammenhang mit dem Transport der Waren von deren Lager oder Produktionsstätte zur Verbrauchsstelle entstehen, einbezieht.[1715] Eine bessere Punktzahl erhält der Bieter, der mit seinem Lager oder der Produktionsstätte näher von die Verbrauchsstelle des ausgeschriebenen Auftrags zieht – ungeachtet dessen, ob für weitere Aufträge längere Transportstrecken entstehen, die wiederum höhere Emissionen mit sich bringen.[1716] Solche „externen“ Emissionen müssten als mit dem Auftragsgegenstand in Verbindung stehend angesehen werden, weil das betreffende Zuschlagskriterium andernfalls kontraproduktiv wäre und zudem Bieter diskriminieren würde, die geographisch weiter entfernt von der Verbrauchsstelle des Auftrags angesiedelt sind, auch wenn diese Wirtschaftsteilnehmer ansonsten insgesamt umwelteffizienter sind.[1717] Bieter, die von vornherein näher an der Verbrauchsstelle liegen, würde demgegenüber ein unfairer Vorteil verschafft.[1718]

Das Beispiel überdehnt jedoch auch das normierte Verständnis der Verbindung mit dem Auftragsgegenstand, die externen Umweltkosten in ein ELCC einzubeziehen, die infolge eines Umzugs eines Bieters für weitere Aufträge durch längere Transportstrecken und hierdurch verursachte höhere Emissionen entstehen. Diese hängen ja gerade nicht mit dem Lebenszyklusstadium der konkreten Lieferung als Auftragsgegenstand zusammen, sondern betreffen vielmehr die allgemeine Unternehmenspolitik.

Demgegenüber sind die zeitlich vor der Anschaffung liegenden Kosten grundsätzlich erfasst. So bezieht sich Art 68 Abs. 1 VRL auf die Legaldefinition des Lebenszyklus in Art. 2 Nr. 20, nach der hiervon auch die Kosten der durchzuführenden Forschung und Entwicklung, der Produktion sowie des Transports umfasst sind. Auch wenn die Einbeziehung dieser Kosten aus juristischer Sicht nur schwer mit dem Auftragsgegenstandsbezug vereinbar ist[1719], besteht insoweit wenigstens ein irgendwie gearteter Bezug zum Gegenstand der Beschaffung, wenn man den in die Richtlinie aufgenommenen ganzheitlichen Ansatz zugrunde legt.

4. Überprüfbarkeit der LCC-Anforderungen?

Wird LCC neben qualitativen Kriterien zur Ermittlung des besten Preis-Leistungsverhältnisses oder über eine „Nur-LCC“ Vergabe als Zuschlagskriterium eingesetzt, so muss es sich ebenso an den Voraussetzungen des Art. 67 Abs. 4 VRL messen

---

1715 Beispiel bei *Semple* in: Sustainable Public Procurement under EU Law, S. 67.
1716 *Semple* in: Sustainable Public Procurement under EU Law, S. 67.
1717 *Semple* in: Sustainable Public Procurement under EU Law, S. 67.
1718 *Semple* in: Sustainable Public Procurement under EU Law, S. 67.
1719 Burgi/Brandmeier, EPPPL 2014, 12, 18, die jedoch auch annehmen, dass dies den Anpassungen der übrigen Zuschlagskriterien und Spezifikationen entspricht.

lassen. Nach dieser Vorschrift dürfen Zuschlagskriterien nicht zur Folge haben, dass dem öffentlichen Auftraggeber uneingeschränkte Wahlfreiheit übertragen wird. Diese in der „Beentjes" Entscheidung[1720] aufgestellte Voraussetzung findet damit rund 16 Jahre später Eingang in den Text der Vergaberichtlinien und bildet zugleich die Untergrenze der Einbeziehung strategischer Kriterien.[1721] Des Weiteren müssen Zuschlagskriterien die Möglichkeit eines wirksamen Wettbewerbs gewährleisten und mit Spezifikationen einhergehen, die eine *wirksame Überprüfung* der von den Bietern übermittelten Informationen gestatten.[1722] Es muss bewertet werden können, wie gut die Angebote die Zuschlagskriterien erfüllen.[1723] Im Zweifelsfall nehmen die öffentlichen Auftraggeber eine wirksame Überprüfung der Richtigkeit der von den Bietern beigebrachten Informationen und Nachweise vor.[1724]

Bezogen auf das LCC stellt besonders die Vorgabe einer wirksamen Überprüfung der von den Bietern übermittelten Informationen zumindest eine Herausforderung für die Einbeziehung von LCC dar.[1725] Im Nachgang zu der „EVN und Wienstrom" Entscheidung[1726], die leicht abweichend eine „objektive" Überprüfbarkeit forderte, wurde angenommen, dass dies insbesondere bei „weichen" Kriterien, wie etwa bei herstellungsbezogenen Umweltmerkmalen, nur eingeschränkt möglich sei.[1727] Abhilfe sollten Zertifikatslösungen, unabhängige Gütesiegel, wie sie bereits für die verschiedensten Herstellungsmerkmale gebräuchlich sind, und Herkunftsnachweise (Garantiezertifikate) schaffen.[1728] Allerdings handelt es sich selbst bei den in ein ELCC einbezogenen externen Umweltkosten nicht um rein „weiche" Kriterien, weil deren Berücksichtigungsfähigkeit voraussetzt, dass sie einer Monetarisierung zugänglich sind. Die von den Bietern bereitzustellenden Informationen bestehen damit ausschließlich aus Zahlen. Deren Richtigkeit kann der öffentliche Auftraggeber durch die Forderung entsprechender Nachweise überprüfen. Allerdings sind die von Bietern angegebenen künftigen Wartungs-, Instandhaltungs- und Entsorgungskosten, der Verbrauch und erst recht externe Umwelteffekte reine Prognosewerte.[1729] Gerade, weil die interessierten Wirtschaftsteilnehmer diese

---

1720 EuGH, Urt. v. 20.09.1988, Rs. C-31/87, EU:C:1998:508 – *Beentjes*, Rn. 26.

1721 Ziekow, DÖV, 2015, 897, 903.

1722 Art. 67 Abs. 4 S. 2 VRL, Hervorhebung von der Verfasserin.

1723 Art. 67 Abs. 4 S. 2 VRL.

1724 Art. 67 Abs. 4 S. 3 VRL.

1725 Deutlicher: *Burgi* in: Vergaberecht im Umbruch II, S. 58, 66, der zwar Art. 68 Abs. 4 zitiert, sich inhaltlich aber auf Art. 67 Abs. 4 VRL bezieht.

1726 EuGH vom 04.12.2003, Rs. C-448/01, EU:C:2003:651 – *EVN und Wienstrom*, Rn. 48. So auch fast wörtlich die Schlussanträge GA Jean Mischo v. 27.02.2003, Rs. C-448/01, EU:C:2003:121 – *EVN und Wienstrom*, Rn. 42 f.

1727 Krohn, NZBau 2004, 92, 95.

1728 Krohn, NZBau 2004, 92, 95, Beckmann, NZBau 2004, 600, 603.

1729 Otting, VergabeR 2016, 316, 326 zur gleichlautenden nationalen Fassung des § 59 VgV.

Informationen übermitteln, besteht die Gefahr der Nichtvergleichbarkeit von Prognosewerten der Bieter.[1730] Für den öffentlichen Auftraggeber ist dies jedoch nur äußerst schwierig überprüfbar. Jedenfalls sollten auch die Grundlagen der Prognose Teil eines zu fordernden Nachweises sein.

5. Gemeinsame Methode zur Berechnung der Lebenszykluskosten

Schließlich verpflichtet Art 68 Abs. 3 VRL die öffentlichen Auftraggeber zur Anwendung einer durch einen Rechtsakt der Union verbindlich vorgeschriebenen „gemeinsamen Methode" zur Berechnung der Lebenszykluskosten. Ein Verzeichnis derartiger Rechtsakte und erforderlichenfalls der sie ergänzenden delegierten Rechtsakte ist in Anhang XIII enthalten. Die Kommission ist zum Erlass delegierter Rechtsakte zur Aktualisierung des Verzeichnisses gemäß Art. 87 ermächtigt, wenn aufgrund der Annahme neuer Rechtsvorschriften, die eine gemeinsame Methode verbindlich vorschreiben, oder der Aufhebung oder Änderung bestehender Rechtsakte eine Aktualisierung erforderlich ist. Der Europäische Gesetzgeber empfiehlt die Entwicklung gemeinsamer Methoden auf Unionsebene für die Berechnung der Lebenszykluskosten für bestimmte Kategorien von Lieferungen oder Dienstleistungen.[1731] Überdies ergibt sich aus den Erwägungsgründen, dass wann immer solche gemeinsamen Methoden entwickelt wurden, ihre Anwendung auch verbindlich vorgeschrieben werden sollte.

a) Zuflucht in gemeinsamen Methoden?

Fast einhellig geht man davon aus, dass der „Siegeszug" eines Einsatzes von LCC stark davon abhängen wird, ob öffentlichen Auftraggebern auf europäischer Ebene gemeinsame Methoden an die Hand gegeben werden.[1732] Insbesondere für

---

1730 Otting, VergabeR 2016, 316, 326 zur gleichlautenden nationalen Fassung des § 59 VgV.

1731 Nach dem Wortlaut des Erwägungsgrunds 96 UAbs. 3 VRL „sollten" gemeinsame LCC-Methoden entwickelt werden.

1732 Semple, Reform of the EU Procurement Directives and WTO GPA: Forward Steps for Sustainability?, S. 18, in: https://papers.ssrn.com/sol3/Delivery.cfm/SSRN_ID2089357_code606015.pdf?abstractid=2089357&mirid=1, abgerufen am 08.12.2016; *Jasper* in: Tagungsband 16. Düsseldorfer Vergaberechtstag, S. 46, in: https://broschueren.nordrheinwestfalendirekt.de/herunterladen/der/datei/16-du-sseldorfer-vergaberechtstag-online-version-pdf/von/16-duesseldorfer-vergaberechtstag/vom/mweimh/2167, abgerufen am 08.12.2016; *Hettich* in: Das neue Vergaberecht, S. 71; *Burgi* in: Vergaberecht im Umbruch II, S. 58, 66 mit Verweis auf die Stellungnahme der Bundesregierung zum Grünbuch der Europäischen Kommission zur Modernisierung des Vergaberechts vom 18.05.2011, Ziffer II.2, in: http://www.forum-vergabe.de/fileadmin/user_upload/Stellungnahmen_zum_Gr%C3%BCnbuch_2011/StN_der_BReg_zum_Gr%C3%BCnbuch-18.04.2011_endg1.pdf, abgerufen am 31.10.2016. Tatsächlich fordert die Bundesregierung klare Regeln, eventuell verbunden mit Hilfestellungen durch die Kommission bezüglich der Berechnungsmethoden und

kleinere Auftraggeber wird die Handhabbarkeit dieses Kriteriums von der Verbreitung verbindlich vorgegebener gemeinsamer Methoden abhängen.[1733] Eine eigenständige Entwicklung von LCC wird häufig deren Ressourcen und Know-how übersteigen.[1734] Überdies verhindert dies eine Fragmentierung und bietet öffentlichen Auftraggebern zumindest für die betreffenden Sektoren Rechtssicherheit.[1735]

An dieser Stelle sei allerdings daran erinnert, dass die Entwicklung einer „one-fits-all" Methode eine „Chimäre" ist und es Standardformeln nicht gibt.[1736] Wie im zweiten Kapitel unter Punkt C, III dargestellt, scheitert dies aus einer Vielzahl von Gründen. Hierzu zählen die fehlende Existenz eines generischen Datenformates für ein sachbilanzbasiertes LCC, die starke Abhängigkeit von festgelegtem Ziel und Untersuchungsrahmen, die Volatilität von Kosteninformationen sowie der Verschiedenartigkeit der Beschaffungsgegenstände – insbesondere mit Blick auf die Entstehung von Kosten während der Nutzungs- oder EoL-Phase sowie die daraus resultierende Zweckmäßigkeit von LCC, was mit dem Detaillierungsgrad eines LCC korreliert. Es bleibt folglich nur die Entwicklung entsprechender Methoden auf europäischer, nationaler, regionaler oder lokaler Ebene für bestimmte Kategorien von Lieferungen oder Dienst- bzw. Bauleistungen. Eine große Kategorisierung in sinnvolle Fallgruppen sollte demgegenüber vorgenommen werden, weil eine reine Einzelfallbetrachtung für den öffentlichen Auftraggeber nicht praktikabel wäre.

Bei der Entwicklung gemeinsamer LCC-Methoden auf europäischer Ebene, die durch einen Rechtsakt der Union verbindlich vorgeschrieben werden, bieten die OECD-Umweltindikatoren eine Orientierungshilfe für die Ausgestaltung eines

---

Instrumente. Klare, unionsweit einheitliche Regeln würden sich allerdings nur bei Vorliegen gemeinsamer Methoden ergeben. Etwas abgeschwächt ist dies ein Lösungsvorschlag für die Entwurfsfassung bei Jobse/Dimitri, LCC-calculations and the principles of public procurement, S. 7, in: https://underpinn.portals.mbs.ac.uk/Portals/70/docs/2.1%20-%20Jobse%20&%20Dimitri%20-%20LCC%20calculations%20v1%200.pdf, abgerufen am 08.12.2016. *Dragos/Neamtu* in: Sustainable Public Procurement under EU Law, S. 134 lassen wohl ausreichen, wenn solche LCC-Methoden auf EU oder nationaler Ebene für bestimmte Produkttypen festgelegt werden.

1733 *Burgi* in: Vergaberecht im Umbruch II, S. 58, 66.

1734 Kunzlik, PPLR 2013, 97, 112.

1735 Semple, Reform of the EU Procurement Directives and WTO GPA: Forward Steps for Sustainability?, S. 18, in: https://papers.ssrn.com/sol3/Delivery.cfm/SSRN_ID2089357_code606015.pdf?abstractid=2089357&mirid=1, abgerufen am 08.12.2016.

1736 *Jasper* in: Tagungsband 16. Düsseldorfer Vergaberechtstag, S. 46 in: https://broschueren.nordrheinwestfalendirekt.de/herunterladen/der/datei/16-du-sseldorfer-vergaberechtstag-online-version-pdf/von/16-duesseldorfer-vergaberechtstag/vom/mweimh/2167, abgerufen am 08.12.2016, die vor dieser Vorschrift warnt, weil der abstrakte Rechtsbegriff ein hohes Gut sei.

ELCC.[1737] Bei der Frage, wie ökologische Faktoren in einer LCC-Rechnung berücksichtigt werden können und welcher Art diese sein sollen, können die von der OECD formulierten wichtigsten Umweltindikatoren („key environmental indicators") herangezogen werden, die aus einer größeren Auswahl bedeutender Umweltaspekte anhand ihrer politischen Bedeutung, ihrer analytischen Zuverlässigkeit und ihrer Messbarkeit ausgewählt wurden.[1738] Unterschieden wird zum einen zwischen Aspekten der Umweltverschmutzung, zu denen der Klimawandel, die Ozonschicht, die Luftqualität, das Abfallaufkommen sowie die Qualität des Süßwassers zählen.[1739] Zum anderen sind dies die OECD Umweltindikatoren der Süßwasser-, Forst-, Fisch- und Energieressourcen sowie Biodiversität, die sich in die Kategorie „natürliche Ressourcen und Güter" einordnen lassen.[1740] Schließlich können die auf nationaler, regionaler oder lokaler Ebene herausgebildeten Methoden als Basis für einen gemeinsamen Rahmen für die Entwicklung von LCC-Methoden auf europäischer Ebene dienen, die sodann durch einen Rechtsakt der Union verbindlich vorgeschrieben werden.[1741] In diesem Zusammenhang würde es sich anbieten, durch europaweit durchzuführende Konsultationen zu eruieren, welche Methoden sich besonders bewährt haben. Wie eingangs erwähnt, wird der Erfolg des LCC maßgeblich davon abhängen, ob öffentlichen Auftraggebern auf europäischer Ebene gemeinsame Methoden an die Hand gegeben werden. Der Gefahr einer Ungleichbehandlung der Bieter sowie die soeben erwähnte Problematik der Nichtvergleichbarkeit von Prognosewerten der Bieter sollten durch einheitliche und verbindliche Vorgaben begegnet werden. Anders als soft-law können verbindlich vorgeschriebene gemeinsame Methoden, bestehende Unsicherheiten bei der Verwendung von LCC Modellen auf Seiten der öffentlichen Auftraggeber ausräumen und machen dieses neue Zuschlagskriterium handhabbar. Ein Beispiel entsprechender Bestrebungen auf europäischer Ebene wird sogleich dargestellt.

1737 Dies empfehlen: *Dragos/Neamtu* in: Sustainable Public Procurement under EU Law, S. 130; Jobse/Dimitri, LCC-calculations and the principles of public procurement, S. 3, in: https://underpinn.portals.mbs.ac.uk/Portals/70/docs/2.1%20-%20Jobse%20&%20Dimitri%20-%20LCC%20calculations%20v1%200.pdf, abgerufen am 08.12.2016.

1738 OECD Environment Directorate, OECD Key Environmental Indicators, S. 8, in: https://www.oecd.org/env/indicators-modelling-outlooks/37551205.pdf, abgerufen am 08.12.2016.

1739 OECD Environment Directorate, OECD Key Environmental Indicators, S. 8, in: https://www.oecd.org/env/indicators-modelling-outlooks/37551205.pdf, abgerufen am 08.12.2016.

1740 OECD Environment Directorate, OECD Key Environmental Indicators, S. 8, in: https://www.oecd.org/env/indicators-modelling-outlooks/37551205.pdf, abgerufen am 08.12.2016.

1741 Ähnlich: *Dragos/Neamtu* in: Sustainable Public Procurement under EU Law, S. 130.

b) „Clean-Vehicles-Directive“ als bislang einzige gemeinsame Methode

Die Liste der gemeinsamen Methoden in Anhang XIII besteht derzeit nur aus der Richtlinie 2009/33/EG des Europäischen Parlaments und des Rates, der „Clean-Vehicles-Directive“ mit der öffentlichen Auftraggebern für die Beschaffung von Straßenfahrzeugen die Anwendung eines ELCC verbindlich vorgegeben wird. Die Richtlinie beschreibt in Art. 6 eine detaillierte ELCC Methode zur finanziellen Bewertung und Berechnung der CO_2- sowie Schadstoffemissionen, mit deren Hilfe die während der gesamten Lebensdauer anfallenden Betriebskosten bestimmt werden können.[1742] Diese erste „gemeinsame Methode“ wird ausführlich in Kapitel 2 unter Punkt C, IV, 1 beleuchtet, sodass an dieser Stelle nur auf diese Ausführungen verwiesen wird. Beschafft der öffentliche Auftraggeber „Straßenfahrzeuge“, also Personenkraftwagen, leichte und schwere Nutzfahrzeuge sowie Busse – ungeachtet der Art des Antriebs –[1743] so ist er in der Auswahl der LCC-Methode nicht frei, sondern muss auf das in Art. 6 der „Clean-Vehicles-Directive“ beschriebene ELCC-Modell zurückgreifen, obwohl die aufgezeigten Schwächen grundsätzlich gegen einen Einsatz sprechen.

c) Bestrebungen auf europäischer Ebene

Obschon die VRL die Entwicklung gemeinsamer Methoden antizipiert[1744], kann es wohl noch einige Zeit dauern, bis weitere LCC-Modelle für andere Sektoren entwickelt werden[1745]. Indiz hierfür ist die bereits im Jahr 2006 seitens der Kommission angestoßene Entwicklung einer gemeinsamen LCC-Methode für das öffentliche Bauwesen, die bislang aber lediglich in Entwurfsform existiert.[1746] Nach

---

1742 Saphir, Umweltfreundliche Beschaffung: Schulungsskript 1, Grundlagen der umweltfreundlichen öffentlichen Beschaffung 2015, S. 22, in: https://www.umweltbundesamt.de/sites/default/files/medien/378/publikationen/umweltfreundliche_beschaffung_script_1.pdf, abgerufen am 08.12.2016; hierzu auch Schmidt/Buchmüller/Falke/Schnutenhaus, Rechtsgutachten Umweltfreundliche öffentliche Beschaffung, S. 14 f., in: https://www.umweltbundesamt.de/sites/default/files/medien/378/publikationen/texte_54_2014_rechtsgutachten_umweltfreundliche_beschaffung.pdf, abgerufen am 09.12.2016; Dragos/Neamtu, EPPPL 2013, 19, 26 f.; Beschreibung bei Schröder, NZBau 2014, 467, 469 ff.; vgl. weiter die Berechnungshilfe des von der EU-Kommission geförderten „Clean Fleets“ Projekts in Fn. 297.

1743 Vgl. Art. 4 Nr. 3 i.V.m. Tabelle 3 des Anhangs sowie Tabelle 1 und Art. 6 Abs. 1 a). Ausgeschlossen sind Motorräder, was sich aus dem Umkehrschluss der Tabelle 3 des Anhangs ergibt, weil dort nur vierrädrige Fahrzeuge aufgeführt sind.

1744 Erwägungsgrund 96 UAbs. 3; zur Antizipation seitens der Kommission als Initiativorgan: Kunzlik, PPLR 2013, 97, 112.

1745 Semple, Reform of the EU Procurement Directives and WTO GPA: Forward Steps for Sustainability?, S. 18, in: https://papers.ssrn.com/sol3/Delivery.cfm/SSRN_ID2089357_code606015.pdf?abstractid=2089357&mirid=1, abgerufen am 08.12.2016.

1746 Davis Langdon Management Consulting, Life cycle costing (LCC) as a contribution to sustainable construction: a common methodology, in: http://www.tmb.org.tr/

Verabschiedung der VRL gab die Kommission eine erste Studie zur Entwicklung eines LCC-Modells für bestimmte Produktkategorien, wie IT-/Büroausstattung, (Innenraum-)Beleuchtung, Haushaltsgeräte[1747], Warenautomaten und medizinische elektrische Geräte in Auftrag, das den Anforderungen des Art. 68 VRL entsprechen soll. Die Ergebnisse der Studie umfassen ein LCC-Tool, ein Nutzerhandbuch sowie technische Spezifikationen, die genauer zu den Hintergründen des vorgeschlagenen „Tools" ausführen.[1748] In inhaltlicher Hinsicht sei auf die Ausführungen des zweiten Kapitels unter Punkt C, IV, 3 verwiesen. Diese Methoden wurden jedoch nicht offiziell von der Kommission genehmigt. Dieses Vorgehen entspricht der derzeitigen Praxis der Kommission, Studien oder Berichte, die von Dritten für sie erstellt worden sind, online zur Verfügung zu stellen, um so die öffentliche Diskussion anzuregen, ohne sich jedoch hinsichtlich des Inhaltes als gebunden anzusehen.[1749] Gleichwohl postuliert die Generaldirektion Umwelt auf ihrem Internetauftritt, dass sie an der Entwicklung eines LCC-Tools arbeite, das öffentlichen Auftraggebern die Anwendung von LCC erleichtern solle.[1750] Bislang handelt es sich jedenfalls nicht um eine gemeinsame Methode im Sinne des Art. 68 Abs. 4 VRL, weil sie nicht durch eine europäische Rechtsvorschrift verbindlich vorgeschrieben wurde. Eine gemeinsame und somit verpflichtende Methode ist von dieser Generaldirektion derzeit nicht geplant.

d) Erlass delegierter Rechtsakte durch die EU Kommission

Wird eine gemeinsame LCC-Methode durch einen Rechtsakt der Union verbindlich vorgeschrieben, so liegt die Kompetenz zur Aktualisierung des Verzeichnisses in Anhang XIII bei der Europäischen Kommission, vgl. Art. 68 Abs. 3 VRL.[1751]

---

arastirma_yayinlar/LCC_draft-methodology.pdf, abgerufen 08.12.2016; sowie den Abschlussbericht in Fn 465.

1747 Aus dem Englischen „White Goods".

1748 Europäische Kommission, Green Public Procurement, in: http://ec.europa.eu/environment/gpp/index_en.htm, abgerufen am 08.12.2016.

1749 *Ritter* in: Immenga/Mestmäcker, EU-Wettbewerbsrecht, 5. Auflage 2012, VO 1/2003 Art. 33, Rn. 5.

1750 „The European Commission is developing a calculation tool on life-cycle costing which aims to facilitate the use of LCC amongst public procurers. The LCC calculation tool will be developed in accordance with art.68 of the current (2014) public procurement directives. It will focus on specific product categories, such as Office IT Equipment, Lighting (Indoor Lighting), White Goods, Vending Machines and Medical Electrical Equipment", http://ec.europa.eu/environment/gpp/lcc.htm, abgerufen am 31.10.16.

1751 Weiter hierzu: Kunzlik, From suspect practice to market-based instrument: policy alignment and the evolution of EU law's approach to „green" public procurement, PPLR 2013, 97, 112.

Ihr wurde ab dem 17.04.2014 auf unbestimmte Zeit die Befugnis übertragen, gemäß Art. 87 VRL delegierte Rechtsakte zu erlassen.[1752] Ein Widerruf ist jederzeit durch formellen Beschluss des Europäischen Parlaments und des Rats möglich.[1753] Wirksam wird er jedoch frühestens am Tag seiner Veröffentlichung im Amtsblatt der Europäischen Union oder zu einem in dem Beschluss über den Widerruf angegebenen späteren Zeitpunkt.[1754] Die Gültigkeit von delegierten Rechtsakten, die bereits in Kraft sind, wird hiervon nicht berührt.[1755] Sobald die Kommission einen delegierten Rechtsakt erlässt, übermittelt sie ihn gleichzeitig dem Europäischen Parlament und dem Rat.[1756] Sein Inkrafttreten setzt voraus, dass weder das Europäische Parlament noch der Rat innerhalb einer Frist von zwei Monaten nach Übermittlung dieses Rechtakts Einwände erhoben haben oder wenn vor Ablauf dieser Frist das Europäische Parlament und der Rat beide der Kommission mitgeteilt haben, dass sie keine Einwände erheben werden.[1757] Diese Frist wird auf Initiative des Europäischen Parlaments oder des Rates um zwei Monate verlängert.[1758]

Die Möglichkeit des Erlasses der sog. delegierten Rechtsakte der Kommission ist in Art. 290 AEUV vorgesehen und ähnelt der aus dem deutschen Recht geläufigen durch Gesetz vorgesehenen Ermächtigung einer Regierung zum Erlass von Rechtsverordnungen.[1759] Die in Art. 68 Abs. 3 i.V.m. Art. 87 VRL normierte „Ausübung der Befugnisübertragung" genügt den formellen und materiellen Vorgaben des Art. 290 AEUV. So sieht dessen Abs. 1 vor, dass in den betreffenden Gesetzgebungsakten Ziele, Inhalt, Geltungsbereich und Dauer der Befugnisübertragung ausdrücklich festgelegt werden. Die wesentlichen Aspekte eines Bereichs sind jedoch dem Gesetzgebungsakt vorbehalten und eine Befugnisübertragung ist für sie deshalb ausgeschlossen. Ziel, Inhalt und Geltungsbereich der Befugnisübertragung ergeben sich vorliegend aus Art. 68 Abs. 3 VRL selbst, der die Möglichkeit der Aktualisierung des Verzeichnisses in Anhang XIII regelt. Demgegenüber ist die Dauer grundsätzlich unbestimmt, was Art. 87 VRL vorsieht. Den übrigen formellen Anforderungen des Art. 290 Abs. 2 AEUV im Hinblick auf die Bedingungen der Übertragbarkeit wurde der Europäische Gesetzgeber ebenso gerecht, indem er sowohl einen Widerruf der Befugnis normierte, als auch die Möglichkeit des Europäischen Parlaments und des Rates vorsah, innerhalb einer bestimmten Frist Einwände zu erheben.

1752 Art. 87 Abs. 2 VRL.

1753 Art. 87 Abs. 3 S. 1 und 2 VRL.

1754 Art. 87 Abs. 3 S. 3 VRL.

1755 Art. 87 Abs. 3 S. 4 VRL.

1756 Art. 87 Abs. 4 VRL.

1757 Art. 87 Abs. 5 S. 1 VRL.

1758 Art. 87 Abs. 5 S. 2 VRL.

1759 *Hahlen* in: Grabitz/Hilf/Nettesheim, Das Recht der Europäischen Union, 59. EL 2016, Art. 338 AEUV, Rn. 37.

II. Abweichende LCC-Vorgaben im nationalen Umsetzungsrecht?

Wie aufgezeigt wurde, erfolgte die Umsetzung der VRL weitgehend „eins zu eins“ in das deutsche Recht.[1760] Aus diesem Grund wird nachfolgend untersucht, ob und inwieweit das nationale Recht überhaupt von der Richtlinienvorgabe des Art. 68 VRL, ergänzt um die Anforderungen an Zuschlagskriterien in Art. 67 VRL, abweicht. Es wird zugleich die Frage beantwortet, ob die Anforderungen der Einbeziehung von LCC im Rahmen des Zuschlages denen des europäischen Richtlinienrechts entsprechen, sodass an dieser Stelle auf die Ausführungen unter Punkt C, I verwiesen werden kann.

1. Fehlende gesetzliche Regelung der Lebenszykluskostenrechnung im GWB

Das Vergaberechtsmodernisierungsgesetz[1761] enthält weder eine Definition von Lebenszykluskosten, noch setzt es die Vorlage der VRL zu einer Lebenszykluskostenrechnung um. Dementsprechend findet sich auch keine entsprechende Regelung im Kartellvergaberecht des 4. Teils des GWB. Das gesetzliche Vergaberecht wird allerdings durch mehrere Rechtsverordnungen ergänzt, die in einer Mantelverordnung, der Vergaberechtsmodernisierungsverordnung – VergRModVO[1762], zusammengefasst worden sind und die Einzelheiten der Verfahren zur Vergabe von öffentlichen Aufträgen und Konzessionen regeln. Ebenso wie das VergRModG, das im 4. Teil des GWB geregelt ist, dient die VergRModVO der Umsetzung der VRL.

2. Untergesetzliche Vorgaben

a) „Berechnung der Lebenszykluskosten“ in § 59 VgV

Die Richtlinienvorgabe des Art. 68 VRL setzte der nationale Gesetzgeber in § 59 VgV unter der Überschrift „Berechnung von Lebenszykluskosten“ nahezu wortgleich um. Die Vorschrift lautet wörtlich:

1760 So die Leitlinie ausweislich des Beschlusses des Bundeskabinetts vom 07.01.2015, BMWi, Eckpunkte zur Reform des Vergaberechts, S. 2, in: https://www.bmwi.de/BMWi/Redaktion/PDF/E/eckpunkte-zur-reform-des-vergaberechts,property=pdf,bereich=bmwi2012,sprache=de,rwb=true.pdf, abgerufen am 08.12.2016. Nach der Umsetzung bewertete dies Krönke in NVwZ 2016, 568 auf diese Weise.

1761 Gesetz zur Modernisierung des Vergaberechts (Vergaberechtsmodernisierungsgesetz – VergRModG) vom 17.02.2016, Bundesgesetzblatt Jahrgang 2016 Teil I Nr. 8, ausgegeben zu Bonn am 23.02.2016.

1762 Verordnung zur Modernisierung des Vergaberechts (Vergaberechtsmodernisierungsverordnung – VergRModVO) vom 12. April 2016, BGBl. 2016 Teil I Nr. 16, ausgegeben zu Bonn am 14. April 2016.

„(1) Der öffentliche Auftraggeber kann vorgeben, dass das Zuschlagskriterium „Kosten“ auf der Grundlage der Lebenszykluskosten der Leistung berechnet wird.

(2) Der öffentliche Auftraggeber gibt die Methode zur Berechnung der Lebenszykluskosten und die zur Berechnung vom Unternehmen zu übermittelnden Informationen in der Auftragsbekanntmachung oder den Vergabeunterlagen an. Die Berechnungsmethode kann umfassen
1. die Anschaffungskosten,
2. die Nutzungskosten, insbesondere den Verbrauch von Energie und anderen Ressourcen,
3. die Wartungskosten,
4. Kosten am Ende der Nutzungsdauer, insbesondere die Abholungs-, Entsorgungs- oder Recyclingkosten, oder
5. Kosten, die durch die externen Effekte der Umweltbelastung entstehen, die mit der Leistung während ihres Lebenszyklus in Verbindung stehen, sofern ihr Geldwert nach Absatz 3 bestimmt und geprüft werden kann; solche Kosten können Kosten der Emission von Treibhausgasen und anderen Schadstoffen sowie sonstige Kosten für die Eindämmung des Klimawandels umfassen.

(3) Die Methode zur Berechnung der Kosten, die durch die externen Effekte der Umweltbelastung entstehen, muss folgende Bedingungen erfüllen:
1. sie beruht auf objektiv nachprüfbaren und nichtdiskriminierenden Kriterien; ist die Methode nicht für die wiederholte oder dauerhafte Anwendung entwickelt worden, darf sie bestimmte Unternehmen weder bevorzugen noch benachteiligen,
2. sie ist für alle interessierten Beteiligten zugänglich und
3. die zur Berechnung erforderlichen Informationen lassen sich von Unternehmen, die ihrer Sorgfaltspflicht im üblichen Maße nachkommen, einschließlich Unternehmen aus Drittstaaten, die dem Übereinkommen über das öffentliche Beschaffungswesen von 1994 (ABl. C 256 vom 3.9.1996, S. 1), geändert durch das Protokoll zur Änderung des Übereinkommens über das öffentliche Beschaffungswesen (ABl. L 68 vom 7.3.2014, S. 2) oder anderen, für die Europäische Union bindenden internationalen Übereinkommen beigetreten sind, mit angemessenem Aufwand bereitstellen.

(4) Sofern eine Methode zur Berechnung der Lebenszykluskosten durch einen Rechtsakt der Europäischen Union verbindlich vorgeschrieben worden ist, hat der öffentliche Auftraggeber diese Methode vorzugeben.“

aa) Abweichungen der VgV von der Richtlinienvorgabe

Bis auf wenige Ausnahmen ist die Fassung des § 59 VgV identisch mit der Richtlinienvorgabe des Art. 68 VRL. Das nationale Recht sieht in Abs. 1 zunächst vor, dass das Zuschlagskriterium „Kosten“ auch auf Grundlage der Lebenszykluskosten der Leistung berechnet werden kann.[1763] Über diese Klarstellung hinaus ergibt sich jedoch keine inhaltliche Abweichung von der Richtlinie. Die Aufzählung der einzubeziehenden Kosten findet sich erst in Abs. 2 S. 2, wobei im Zuge der Normierung der externen Umweltkosten anstelle der „Ware, Dienstleistung oder Bauleistung" eher allgemein von „Leistung" die Rede ist. Mit der Einbeziehung umweltbezogener Kostenfaktoren strebt der nationale Gesetzgeber die Förderung des Ziels eines intelligenten, nachhaltigen und integrativen Wachstums bei der öffentlichen Auftragsvergabe an.[1764] Auch wird nicht lediglich die Bekanntmachung in den Auftragsunterlagen gefordert, sondern konkret auf die Auftragsbekanntmachung oder die Vergabeunterlagen abgestellt. Wie aufgezeigt, handelt es sich hierbei aber ebenso um Auftragsunterlagen als Oberbegriff, sodass sich auch insoweit keine Änderung ergibt.

Absatz 3 des § 59 VgV legt fest, „welche Voraussetzungen eine Methode zur Berechnung der Kosten, die durch die externen Effekte der Umweltbelastung entstehen, erfüllen muss, um den Anforderungen der Transparenz, Gleichbehandlung, Nichtdiskriminierung und Nachprüfbarkeit gerecht zu werden".[1765] Die Vorschrift dient damit der Umsetzung des Absatzes 2 Unterabsatz 2 Buchstabe a) bis c) des Art. 68. Der Text wurde nur minimal verändert. So hieß es in Abs. 2 UAbs. 2 a) der VRL, dass ELCC-Methoden insbesondere „nicht bestimmte Wirtschaftsteilnehmer auf unzulässige Weise bevorzugen oder benachteiligen" dürfen.[1766] Der Umsetzungsgesetzgeber normierte in Abs. 3 Nr. 1 jedoch, dass „sie bestimmte Unternehmen weder bevorzugen noch benachteiligen" darf. Auch kommt es national darauf an, ob Unternehmen ihrer Sorgfaltspflicht im *üblichen* Maße nachkommen, wonach in der VRL das *normale* Maß vorgesehen war.[1767] Aus dem *vertretbaren* Aufwand wurde in der VgV ein *angemessener*.[1768] Schließlich setzt § 59 Abs. 4 Abs. 3 der Richtlinienvorgabe um, allerdings ohne die europäische Methode als „gemeinsam" zu bezeichnen und auch der Verweis auf das Verzeichnis in Anhang XIII der VRL fehlt.

1763 Deutscher Bundestag, Verordnung der Bundesregierung zur Modernisierung des Vergaberechts, BT-Drs. 18/7318, S. 196, im „Hinblick auf Artikel 68 Absatz 1 der Richtlinie 2014/24/EU und den Erwägungsgrund 96 dieser Richtlinie".

1764 Deutscher Bundestag, Verordnung der Bundesregierung zur Modernisierung des Vergaberechts, BT-Drs. 18/7318, S. 197 mit Verweis auf Erwägungsgrund 96 der VRL.

1765 Deutscher Bundestag, Verordnung der Bundesregierung zur Modernisierung des Vergaberechts, BT-Drs. 18/7318, S. 196, im „Hinblick auf Artikel 68 Absatz 1 der Richtlinie 2014/24/EU und den Erwägungsgrund 96 dieser Richtlinie".

1766 Im Englischen: "...shall not unduly favour or disadvantage certain economic operators". Im Französischen: "...elle ne favorise ni ne défavorise indûment certains opérateurs économiques".

1767 Hervorhebung von der Verfasserin.

1768 Hervorhebung von der Verfasserin.

bb) Vergaberechtliche Bewertung der Abweichungen

Aus Sicht des Vergaberechts ergibt sich durch die marginale Abänderung des Wortlautes von der Richtlinienfassung keine rechtlich relevante Diskrepanz. Es ist nicht ersichtlich, dass der nationale Umsetzungsgesetzgeber mit der Regelung des § 59 VgV von den Vorgaben des Richtlinienrechts in Art. 68 VRL abweichen wollte. Vielmehr ist davon auszugehen, dass er teilweise eine andere Fassung bevorzugte, ohne sich inhaltlich von der Vergaberichtlinie entfernen zu wollen. Die Vorschrift ist im Hinblick auf Art. 68 VRL europarechtskonform.

b) Teilweise Aufgabe des Kaskadensystems des nationalen Vergaberechts

Für den Bereich der VOL und der VOF wurde das Kaskadensystem des nationalen Vergaberechts um eine Stufe reduziert: Die VOL/A 2. Abschnitt und die VOF sind entfallen, sodass für diese Bereiche fortan ausschließlich die VgV gilt. Derzeit wird ein neuer Regelungstext erarbeitet, der die Vergabe- und Vertragsordnung für Leistungen (VOL/A Abschnitt 1) ersetzen soll.[1769] Das BMWi skizzierte im Anschluss an Gespräche mit den Bundesministerien und den Ländern einen Diskussionsentwurf für eine Verfahrensordnung für die Vergabe öffentlicher Liefer- und Dienstleistungsaufträge unterhalb der EU-Schwellenwerte (Unterschwellenvergabeordnung – UVgO), der den ersten Abschnitt der VOL/A ersetzen soll.[1770] Der VgV kommt damit seit dem 18.4.2016 mehr als „nur" eine Scharnierfunktion mit Verweis auf die jeweiligen Vergabe- und Vertragsordnungen zu.[1771] Für die Vergabe von Bauleistungen ist neben bestimmten Teilen der VgV weiterhin die VOB/A EU anzuwenden. Insoweit bleibt es bei dem dreistufigen Kaskadensystem. Nach § 2 VgV ist für die Vergabe von Bauaufträgen Abschnitt 1 und Abschnitt 2, Unterabschnitt 2 der VgV anzuwenden. Im Übrigen gilt die VOB/A-EU, also deren 2. Abschnitt in der Fassung der Bekanntmachung vom 19.01.2016.[1772]

1769 BMWi, Reform des Vergaberechts, in: https://www.bmwi.de/DE/Themen/Wirtschaft/Oeffentliche-Auftraege-und-Vergabe/reform-des-vergaberechts.html, abgerufen am 31.10.16.

1770 BMWi, Reform des Vergaberechts, in: https://www.bmwi.de/DE/Themen/Wirtschaft/Oeffentliche-Auftraege-und-Vergabe/reform-des-vergaberechts.html, abgerufen am 31.10.16. BMWi, Entwurf für eine Verfahrensordnung für die Vergabe öffentlicher Liefer- und Dienstleistungsaufträge unterhalb der EU-Schwellenwerte (Unterschwellenvergabeordnung – UVgO), in: https://www.bmwi.de/BMWi/Redaktion/PDF/C-D/diskussionsenetwurf-zur-unterschwellenvergabeordnung-ugvo,property=pdf,bereich=bmwi2012,sprache=de,rwb=true.pdf, abgerufen am 08.12.2016.

1771 BMWi, Reform des Vergaberechts, in: https://www.bmwi.de/DE/Themen/Wirtschaft/Oeffentliche-Auftraege-und-Vergabe/reform-des-vergaberechts.html, abgerufen am 31.10.16.

1772 § 2 S. 2 VgV.

c) *LCC in der VOB/A EU*

Weiter findet sich ebenso auf untergesetzlicher Ebene eine Regelung der Lebenszykluskostenrechnung unter der Überschrift „Wertung" in § 16d EU Abs. 2 Nrn. 5–7 VOB/A. Die Erarbeitung und Fortschreibung der VOB obliegt dem Deutschen Vergabe- und Vertragsausschuss für Bauleistungen (im Folgenden: „DVA").[1773] Ende November 2015 gab der DVA die Entwürfe für die Abschnitte 1–3 der VOB/A in die Mitgliederbefragung. Die neuen Texte der VOB/A wurden am 19.01.2016 im Bundesanzeiger veröffentlicht.[1774] Die Einzelheiten zu den Änderungen in der VOB/A[1775] ergeben sich aus den beigefügten Hinweisen.[1776] Hiernach bildet den Schwerpunkt der Überarbeitung Abschnitt 2, weil dort die Vorgaben der VRL umgesetzt worden sind, soweit sie nicht auf gesetzlicher Ebene im 4. Teil des GWB oder in übergreifend geltenden Vorschriften der VgV geregelt wurden.[1777] Aus Sicht des DVA besonders wichtige Vorschriften des GWB wurden jedoch wiederholt.[1778] Hinweise zu der Umsetzung der Lebenszykluskostenrechnung des Art. 68 VRL finden sich hier allerdings nicht. Auch enthält lediglich Abschnitt 2, der die Oberschwellenvergabe regelt, entsprechende Vorgaben. Der Wortlaut des § 16d EU Abs. 2 Nrn. 5–7 VOB/A lautet wie folgt:

„5. Die Lebenszykluskostenrechnung umfasst die folgenden Kosten ganz oder teilweise:
   a) von dem öffentlichen Auftraggeber oder anderen Nutzern getragene Kosten, insbesondere Anschaffungskosten, Nutzungskosten, Wartungskosten, sowie Kosten am Ende der Nutzungsdauer (wie Abholungs- und Recyclingkosten);
   b) Kosten, die durch die externen Effekte der Umweltbelastung entstehen, die mit der Leistung während ihres Lebenszyklus in Verbindung stehen, sofern ihr Geldwert bestimmt und geprüft werden kann; solche Kosten können

1773 § 2 der Satzung des DVA.

1774 Gemeinsam mit den Änderungen der VOB/B, BAnz AT 19.01.2016 B3, Berichtigung in BAnz AT 01.04.2016 B1, die jedoch nur für den hier nicht relevanten Teil des Abschnittes 1 galten.

1775 Und der VOB/B.

1776 Bekanntmachung der Vergabe- und Vertragsordnung für Bauleistungen Teil A (VOB/A), Teil B (VOB/B) – Ausgabe 2016 – vom: 07.01.2016, BAnz AT 19.01.2016 B3, S. 1.

1777 Bekanntmachung der Vergabe- und Vertragsordnung für Bauleistungen Teil A (VOB/A), Teil B (VOB/B) – Ausgabe 2016 – vom: 07.01.2016, BAnz AT 19.01.2016 B3, S. 3.

1778 Bekanntmachung der Vergabe- und Vertragsordnung für Bauleistungen Teil A (VOB/A), Teil B (VOB/B) – Ausgabe 2016 – vom: 07.01.2016, BAnz AT 19.01.2016 B3, S. 3. Weiter wurde darauf hingewiesen, dass der hohe Detaillierungsgrad der EU-Richtlinien zwangsläufig zu einem Anwachsen des Abschnitts 2 VOB/A führte, was den DVA dazu bewogen hat, die Struktur moderat zu ändern, um die VOB/A übersichtlicher zu gestalten.

Kosten der Emission von Treibhausgasen und anderen Schadstoffen sowie sonstige Kosten für die Eindämmung des Klimawandels umfassen.

6. Bewertet der öffentliche Auftraggeber den Lebenszykluskostenansatz, hat er in der Auftragsbekanntmachung oder in den Vergabeunterlagen die vom Unternehmer bereitzustellenden Daten und die Methode zur Ermittlung der Lebenszykluskosten zu benennen. Die Methode zur Bewertung der externen Umweltkosten muss
   a) auf objektiv nachprüfbaren und nichtdiskriminierenden Kriterien beruhen,
   b) für alle interessierten Parteien zugänglich sein und
   c) gewährleisten, dass sich die geforderten Daten von den Unternehmen mit vertretbarem Aufwand bereitstellen lassen.
7. Für den Fall, dass eine gemeinsame Methode zur Berechnung der Lebenszykluskosten durch einen Rechtsakt der Europäischen Union verbindlich vorgeschrieben wird, findet diese gemeinsame Methode bei der Bewertung der Lebenszykluskosten Anwendung."

aa) Auslassungen im Vergleich zu Art. 68 VRL

Die Vorschrift, die im Übrigen Vorgaben zur Wertung enthält, übernimmt in weiten Teilen den Wortlaut der Richtlinienvorgabe des Art. 68 VRL und weicht hiervon nur marginal ab. So fehlt etwa das Beispiel des Verbrauchs von Energie und anderen Ressourcen als Nutzungskosten in der VOB/A. Im Gleichlauf mit § 59 VgV wird auch hier konkret auf die Auftragsbekanntmachung und die Vergabeunterlagen abgestellt, anstelle einer pauschalen Bezugnahme auf die Auftragsunterlagen, wie sie die VRL vorsieht. Ebenso spricht die VOB/A von Leistung und nicht von der Ware, Dienstleistung oder Bauleistung. Eine Differenzierung ist obsolet, weil ihr Anwendungsbereich nur Bauvergaben umfasst.

Allerdings enthält die Regelung in der Nummer 6, gerade auch im Vergleich zur VgV, einige Auslassungen. So fehlt in Buchstabe a) der Hinweis, dass eine Methode, die nicht für die wiederholte oder kontinuierliche Anwendung konzipiert wurde, insbesondere nicht bestimmte Wirtschaftsteilnehmer auf unzulässige Weise bevorzugen oder benachteiligen darf. Diese Richtlinienvorgabe wurde in der VOB/A überhaupt nicht umgesetzt. Auch werden in Buchstabe c) Wirtschaftsteilnehmer aus Drittstaaten, die dem GPA oder anderen, für die Union bindenden internationalen Übereinkommen beigetreten sind, nicht erwähnt. Überdies fehlt die Bezugnahme auf den „sorgfältigen Wirtschaftsteilnehmer" der VRL. Die VOB/A sieht nur vor, dass sich die geforderten Daten von den Unternehmen mit vertretbarem Aufwand bereitstellen lassen müssen. Schließlich wird auch hier nicht auf das Verzeichnis des Anhangs XIII der VRL verwiesen.

bb) Bewertung

Die Auslassungen sind sicherlich dem Versuch des DVA geschuldet, den Normtext nicht mit klarstellenden Regelungen zu überfrachten. So wurden die LCC-Vorgaben in den Wertungsparagraphen des §16d VOB/A aufgenommen. Dies gilt insbesondere für den Hinweis, dass eine Methode, die nicht für die wiederholte oder kontinuierliche Anwendung konzipiert wurde, nicht bestimmte Wirtschaftsteilnehmer auf unzulässige Weise bevorzugen oder benachteiligen darf. Wie sogleich unter Punkt III, 2, c) aufgezeigt wird, ergibt sich dies bereits aus dem Diskriminierungsverbot und dem Gleichbehandlungsgrundsatz des § 97 Abs. 2 GWB. Gleiches gilt für die Zumutbarkeit des Informationsbeschaffungsaufwandes, der einem sorgfältigen Wirtschaftsteilnehmer zugemutet werden kann.

d) ELCC-Methode der „Clean-Vehicles-Directive" im nationalen Umsetzungsrecht

Die in Art. 6 der „Clean-Vehicles-Directive" beschriebene „gemeinsame" ELCC-Methode, die dem öffentlichen Auftraggeber für die Beschaffung von Straßenfahrzeugen verbindlich vorgeschrieben wird, findet sich in Anlage 3 zu Art. 68 Abs. 3 VgV. Es wurde lediglich der Wortlaut marginal angepasst. Inhaltlich ergeben sich aber keine Änderungen gegenüber dem Richtlinienrecht. Dies ergibt sich sowohl aus einem Vergleich des Wortlautes, als auch aus der Begründung des Verordnungsgebers, nach dem ein öffentlicher Auftraggeber, der den Energieverbrauch und die Umweltauswirkungen von Straßenfahrzeugen finanziell bewerten will, „die in Anlage 3 (s. Art. 6 der RL 2009/33/EG) dargestellte Berechnungsmethode anzuwenden" hat.[1779] Gleiches gilt für den Anwendungsbereich, der nunmehr in § 68 VgV normiert ist[1780] und ausweislich der Begründung zur VgV der Umsetzung der Vorgaben der „Clean-Vehicles-Directive" dient[1781] sowie für die Umsetzung der beiden Optionen in § 68 Abs. 2 VgV. Obschon die Begründung hier anführt, lediglich den Regelungsgehalt des § 4 Abs. 8 der bisherigen VgV zu überführen, ergibt sich aus der Begründung zur vierten Verordnung zur Änderung der Verordnung über die Vergabe öffentlicher Aufträge vom 16.08.2011, mit der die Vorgaben der „Clean-Vehicles-Directive" erstmals in das nationale Recht aufgenommen wurden, dass es sich um eine „eins zu eins" Umsetzung handelt.[1782] Schließlich finden sich in Anlage 2 zur VgV in Tabelle 1–3 die Daten zur Berechnung der über die Lebensdauer von Straßenfahrzeugen anfallenden externen Kosten, die ebenfalls denen der Richtlinie entsprechen. Diese erste „gemeinsame Methode" wird ausführlich

1779 Begründung zur Verordnung zur Änderung der Vergabeverordnung sowie der Sektorenverordnung, BR-Drucks. 70/11, S. 23.

1780 Mit der vierten Verordnung zur Änderung der Verordnung über die Vergabe öffentlicher Aufträge vom 16.08.2011, BGBl. I Nr. 44 vom 19.08.2011 wurden die Vorgaben der „Clean-Vehicles-Directive" zunächst in den § 4 Abs. 7–10 normiert.

1781 Deutscher Bundestag, Verordnung der Bundesregierung zur Modernisierung des Vergaberechts, BT-Drs. 18/7318, S. 202. Hiernach dient Abs. 1 S. 1 der Umsetzung von Art. 1 der Richtlinie, S. 2 der Umsetzung von Art. 5 Abs. 2, Abs. 3 setzt Art. 6 Abs. 1 um und Abs. 4 regelt in Umsetzung von Art. 2 die Ausnahmen.

1782 Begründung zur Verordnung zur Änderung der Vergabeverordnung sowie der Sektorenverordnung, BR-Drucks. 70/11, S. 23.

in Kapitel 2 unter Punkt C, IV, 1 beleuchtet, sodass an dieser Stelle nur auf diese Ausführungen verwiesen wird.

3. Anforderungen an Zuschlagskriterien nach dem GWB

a) LCC als Zuschlagskriterium

Die nationalen Zuschlagsvorschriften entsprechen von der Systematik her der Richtlinienvorgabe. Auch das GWB stellt in § 127 Abs. 1 S. 3 nunmehr ausdrücklich neben dem Preis gleichermaßen auf die „niedrigsten Kosten" ab, sodass das LCC auch national eine eigene Option der Zuschlagserteilung ist. Dies wird ausdrücklich klargestellt in § 59 Abs. 1 S. 1 VgV, nach dem der öffentliche Auftraggeber vorgeben kann, dass das Zuschlagskriterium „Kosten" auf der Grundlage der Lebenszykluskosten der Leistung berechnet wird. Schließlich kann LCC nach wie vor neben leistungsbezogenen Kriterien zur Ermittlung des besten Preis-Leistungsverhältnisses herangezogen werden.

b) Materielle Vorgaben des § 127 Abs. 2–5 GWB

Wie aufgezeigt, wurden auch die detaillierten Vorgaben zur Gestaltung der Zuschlagskriterien, die bisher zumindest teilweise nur auf untergesetzlicher Ebene geregelt waren, in die Absätze 2 bis 5 aufgenommen.[1783] Hierzu zählt in materieller Hinsicht die Verbindung mit dem Auftragsgegenstand nach § 127 Abs. 3 GWB. Mit dieser Vorschrift setzte der deutsche Gesetzgeber die Richtlinienvorgabe des Art. 67 Abs. 3 „eins zu eins" um, indem er ein weites Verständnis der Verbindung normierte. Auch wenn das GWB seiner Definition der Auftragsgegenstandsverbindung nicht voranstellt, dass Zuschlagskriterien sich in irgendeiner Hinsicht und in irgendeinem Lebenszyklusstadium auf die gemäß dem Auftrag zu erbringenden Lieferungen, Dienst- oder Bauleistungen beziehen muss, so ergibt sich dies dennoch aus der Formulierung des Satzes 2, 2. Halbsatz, dass sich ein Zuschlagskriterium auf ein anderes Stadium im Lebenszyklus der Leistung beziehen kann. Inhaltlich wurde hiermit keine andere Vorgabe gemacht. Es wäre verfehlt zu fordern, dass anstelle eines „anderen" die Formulierung „irgendein" Stadium des Lebenszyklus hätte aufgenommen werden müssen.

Weiter normiert § 127 Abs. 4 S. 1, 2. Halbsatz GWB die wirksame Überprüfungsmöglichkeit des öffentlichen Auftraggebers, ob und inwieweit die Angebote die Zuschlagskriterien erfüllen. Anders als in der Richtlinie fehlt in dem deutschen

---

1783 Begründung Gesetz gegen Wettbewerbsbeschränkungen (GWB) – Teil 4 (Konsolidierte Fassung nach VergRModG), BMWi, in: https://www.bmwi.de/BMWi/Redaktion/PDF/Gesetz/gesetz-gegen-wettbewerbsbeschraenkungen-gwb-teil4-konsolidierte-nicht-amtliche-fassung,property=pdf,bereich=bmwi2012,sprache=de,rwb=true.pdf, abgerufen am 05.07.2016, dort S. 103 mit Verweis auf § 16 Absatz 6 VOB/A EG, §§ 19 Absatz 9, 21 Absatz 1 VOL/A EG sowie § 11 Absatz 5 VOF.

Gesetzestext aber die Vorgabe, nach der der öffentliche Auftraggeber im Zweifelsfall eine wirksame Überprüfung der Richtigkeit der von den Bietern beigebrachten Informationen und Nachweise vornimmt. Hierbei handelt es sich allerdings nicht um eine materielle Anforderung an das Zuschlagskriterium selbst, sondern um die Ankündigung, dass im Zweifelsfall entsprechende Überprüfungen stattfinden. Die konkrete Anforderung besteht vielmehr darin, dass die Bieterangaben einer wirksamen Überprüfung zugänglich sein müssen. Schließlich normiert der nationale Text, dass die Zuschlagskriterien so festgelegt sein müssen, dass der Zuschlag nicht willkürlich erteilt werden kann. Demgegenüber sollen Zuschlagskriterien nach der VRL dem öffentlichen Auftraggeber keine „uneingeschränkte Wahlfreiheit" übertragen. Die Zielrichtung und der materielle Inhalt dieser Anforderung ist jedoch identisch.

Schließlich müssen die Zuschlagskriterien und deren Gewichtung nach § 127 Abs. 5 GWB in der Auftragsbekanntmachung oder den Vergabeunterlagen aufgeführt werden. Das gesetzliche Vergaberecht ist an dieser Stelle wesentlich knapper gehalten als die Vergaberichtlinie. Allerdings findet sich in der ergänzend heranzuziehenden VgV in § 58, bis auf wenige Ausnahmen, Art. 67 Abs. 5 VRL wörtlich wieder. Es fehlt einzig die Klarstellung, dass die Angabe der Gewichtung entbehrlich ist, wenn der Preis das einzige Zuschlagskriterium ist. Dies versteht sich allerdings von selbst. Deshalb tat der nationale Gesetzgeber gut daran, die VgV nicht auch noch um diese Vorgabe zu ergänzen.

4. *Verzicht auf eine gesonderte Darstellung der nationalen Vorgaben an LCC als Zuschlagskriterium*

Wie die vorstehenden Ausführungen gezeigt haben, ist das nationale Umsetzungsrecht in § 59 VgV bzw. in § 16d EU Abs. 2 Nrn. 5–7 VOB/A inhaltsgleich mit der Richtlinienvorgabe des Art. 68 VRL. Dies ergibt sich zunächst aus dem soeben dargestellten Vergleich des Wortlautes der VRL mit dem der VgV. Darüber hinaus sprechen auch strukturelle Überlegungen hierfür. Die materiellen Vorgaben an die Berücksichtigung einer ELCC-Methode sind eine normative Ausgestaltung der Grundsätze der Auftragsvergabe. Dies wurde an den betreffenden Stellen aufgezeigt und wird auch nachfolgend im Rahmen der Frage behandelt, ob der europäische Gesetzgeber bei der Festschreibung der materiellen Voraussetzungen auf eine Differenzierung zwischen ELCC und LCC hätte verzichten können. Die nationalen Grundsätze der Auftragsvergabe haben jedoch wie aufgezeigt vor allen Dingen eine europäische Wurzel.[1784] Es besteht ein Gleichlauf zwischen den Inhalten des europäischen Gleichbehandlungs-, Wettbewerbs-, Transparenz

1784 Dies gilt vor allen Dingen für den Verhältnismäßigkeitsgrundsatz, der über den Umweg des europäischen Vergaberechts in das GWB einzog, obschon der national seit jeher als Ausprägung des Rechtsstaatsprinzips anerkannt war, vgl. Burgi, Vergaberecht, § 6 Rn. 24.

sowie Verhältnismäßigkeitsgrundsatz und dem deutschen Verständnis dieser Prinzipien.[1785] Eine gesonderte Untersuchung der die Lebenszykluskostenrechnung normierenden Vorschriften des nationalen Rechts würde folglich kein anderes Ergebnis in Bezug auf die Voraussetzungen des Einsatzes von LCC im Rahmen des Zuschlages bringen, weshalb zur Vermeidung einer Redundanz auf die Ausführungen dieses Kapitels unter Punkt C, 1 verwiesen wird.

III. Grenzen der Einbeziehung von LCC aus den Grundsätzen der Auftragsvergabe

Weitere Grenzen des Einsatzes von Lebenszykluskostenrechnungen ergeben sich aus den Grundsätzen der Auftragsvergabe. Diese sind nun erstmals vollständig in Art. 18 Abs. 1 VRL und auch im nationalen Vergaberecht normiert. Das deutsche Recht geht über die Richtlinienvorgabe hinaus, indem es auch den Mittelstandsschutz des § 97 Abs. 4 GWB zu einem Grundsatz der Auftragsvergabe erhebt.

1. Funktion im Rahmen der Auslegung

Die Grundsätze der Auftragsvergabe dienen nach überwiegender Auffassung als Leitlinien im Rahmen der Auslegung.[1786] Wie in Kapitel 3 C. IV 1. b) und c) hergeleitet, sind die Grundsätze der Auftragsvergabe Prinzipien im Sinne der allgemeinen Rechtslehre und bedürfen eines auslegungsfähigen Gegenstandes in Form einer konkreten vergaberechtlichen Regelung.[1787] Auch konkret gefasste Regeln enthalten oftmals Spielräume entweder auf Tatbestandsseite in Form unbestimmter Rechtsbegriffe, oder auf Rechtsfolgenseite durch die Einräumung von Verwaltungsermessen.[1788] Der öffentliche Auftraggeber als Rechtsanwender ist bei Ausfüllung dieser Spielräume nicht frei, sondern er muss sich an höherrangigem Recht sowie an von Seiten des Gesetzgebers vorgegebenen Grundlagen orientieren, die im Fall

---

1785 Hier bezieht sich die Verfasserin lediglich auf das inhaltliche Verständnis der Grundsätze, das sich parallel entwickelte.

1786 Grundsätzlich hierzu: Burgi, NZBau 2008, 29, 32; dem sich anschließend: *Dörr* in: Beck'scher Vergaberechtskommentar, 3. Auflage 2017, Vorbem. vor § 97 GWB, Rn. 13; Höfler, NZBau 2010, 73, 76; *Dörr* in: Beck'scher Vergaberechtskommentar, 3. Auflage 2017, Einleitung: Vergaberecht in Deutschland – Das Recht der öffentlichen Auftragsvergabe im Stufenbau der Rechtsordnung, Rn. 68; Schröder, NVwZ 2008, 1288, 1290; VK Nordbayern, B. v. 14.10.2009 – 21.VK-3194-45/09 –, juris; a.A. *Dreher* in: Immenga/Mestmäcker, Wettbewerbsrecht, 5. Auflage, § 97 GWB, Rn. 3 nach dessen Ansicht die materiellen Vergabegrundsätze auch angewendet werden können, wenn das konkretisierende untergesetzliche Vergaberecht keine Regelung enthält.

1787 Schröder, NVwZ 2008, 1288, 1290.

1788 Burgi, NZBau 2008, 29, 32; Burgi, Vergaberecht, § 6 Rn. 15.

des Vergaberechts aus den Grundsätzen der Auftragsvergabe bestehen.[1789] Den Vergabegrundsätzen kommt hier eine entscheidende Bedeutung über die Zielvorgabe der Gewährung von Wettbewerb, Transparenz und Gleichbehandlung zu.[1790]

Dies dürfte insbesondere für die unbestimmten Rechtsbegriffe in Art. 68 Abs. 2 UAbs. 2 c) VRL und § 59 Abs. 3 Nr. 2 VgV bedeutsam sein. Dort wurde der Wirtschaftsteilnehmer respektive Unternehmer eingeführt, der „seiner Sorgfaltspflicht im üblichen Maße nachkommt". Wie soeben dargestellt, ist es aber eine Wertungsfrage des Einzelfalls, was von einem interessierten Wirtschaftsteilnehmer erwartet werden kann. Der Maßstab ist den Gegebenheiten des jeweiligen Beschaffungsvorganges sowie den Eigenheiten des konkret betroffenen Bieters anzupassen.[1791] Bei der Ausfüllung dieses unbestimmten Rechtsbegriffes muss sich der Rechtsanwender von den Grundsätzen der Auftragsvergabe leiten lassen. Besonders der Gleichbehandlungsgrundsatz und das Diskriminierungsverbot, aber auch Verhältnismäßigkeitserwägungen spielen hier eine Rolle. Weiter stellen die Normen darauf ab, ob sich die Daten mit vertretbarem Aufwand bereitstellen lassen. Die Vertretbarkeit des Aufwandes ist ein unbestimmter Rechtsbegriff, der auf Tatbestandsseite Spielräume eröffnet und eine Heranziehung der Grundsätze der Auftragsvergabe als Auslegungsdirektive ermöglicht. Auf Rechtsfolgenseite ist das dem öffentlichen Auftraggeber zustehende Auswahlermessen hinsichtlich der jeweiligen LCC-Methode von hervorgehobener Bedeutung. Bei Ausübung dieses Ermessens ist der öffentliche Auftraggeber nicht frei, sondern muss sich an den Grundsätzen der Auftragsvergabe orientieren.

2. *Lückenfüllende Heranziehung der Grundsätze der Auftragsvergabe*

Wie Kapitel 3 unter den Punkten C, IV, 1, c) und D, II, 1 aufgezeigt wurde, setzt eine lückenfüllende Heranziehung der Grundsätze der Auftragsvergabe als Prinzipien zunächst sowohl nach europäischem und nationalen Recht voraus, dass keine konkrete Regelung existiert. Wie dargestellt wurde, löst die allgemeine Rechtslehre die Konkurrenz eines Rechtsprinzips mit einer konkreteren Norm (Regel) zugunsten der Regel auf, sodass das Prinzip eingeschränkt wird.[1792] Die Grundsätze

---

1789 Burgi, NZBau 2008, 29, 32; Burgi, Vergaberecht, § 6 Rn. 15; grundsätzlich Schäfers, JuS 2015, 875, 878; Zippelius, Juristische Methodenlehre, § 10, III c).

1790 Für das nationale Recht: *Dreher* in: Immenga/Mestmäcker, Wettbewerbsrecht, 5. Auflage, § 97 GWB, Rn. 3; Burgi, NZBau 2008, 29, 32; Burgi, Vergaberecht, § 6 Rn. 15. Zu der Bedeutung als „Ermessensdirektiven" *Fehling* in: Pünder/Schellenberg, Vergaberecht, 2. Auflage 2015, § 97 GWB, Rn. 45.

1791 Ähnliche Argumentation in den Schlussanträge GA Campos Sánchez-Bordona v. 21.01.2016, Rs. C-27/15, EU:C:2016:48 – *Pizzo*, Rn. 65; weiter Riefa, Consumer Protection and Online Auction Platforms: Towards a Safer Legal Framework, S. 201; „[...] the diligent economic operator test strikes me as being a test applied with the knowledge and expertise the operator in question has."

1792 Vgl. die Nachweise in Fn. 935.

der Auftragsvergabe sind nach der in dieser Forschungsarbeit vertretenen Auffassung als Rechtsprinzipien einzuordnen, weil sie Handlungsanweisungen für den öffentlichen Auftraggeber enthalten, jedoch nicht so genau formuliert sind, dass sich darunter subsumieren ließe. Weiter zielen sie darauf ab, dass die Rechtsgüter Transparenz, Gleichbehandlung, Nichtdiskriminierung, Verhältnismäßigkeit und Wettbewerb in größtmöglichem Umfang in einem Vergabeverfahren realisiert werden.

Von daher wird nachstehend untersucht, ob die in Rede stehende Rechtsfolge bereits von einer normierten Regel abgedeckt wird. Ist dies der Fall, so kommt den Grundsätzen der Auftragsvergabe nur ihre Funktion als Leitlinien im Rahmen der Auslegung zu. Der europäische und nationale Gesetzestext, der die Lebenszykluskostenrechnung regelt, rekurriert an zahlreichen Stellen auf die Grundsätze des Vergaberechts.

a) Regelungslücken im LCC-Gesetzestext

Eine konkrete Norm als „Regel" im Sinne der allgemeinen Rechtslehre besteht in Art. 68 VRL bzw. § 59 VgV und § 16d EU Abs. 2 Nrn. 5–7 VOB/A. Weil der VgV im nationalen Recht eine Rahmenfunktion zukommt und die Texte inhaltlich gleich sind, wird nachfolgend für das nationale Recht ausschließlich auf den Text des § 59 VgV abgestellt. Charakteristisch für eine Regel ist, dass sie einen Tatbestand und eine Rechtsfolge enthält, sodass ein Sachverhalt durch eine Subsumption unter diesen Tatbestand gelöst werden kann.[1793] Der Normtext der Lebenszykluskostenrechnung in der VRL und der VgV enthält Tatbestände und gibt materielle Voraussetzungen vor, denen die jeweilige LCC-Methode genügen muss. Implizit enthält die Norm die Rechtsfolge, dass ein diesen Anforderungen nicht gerecht werdendes LCC vergaberechtlich unzulässig ist.

aa) Ausnahme des LCC von der Auftragsgegenstandsverbindung?

Die Regelung in Art. 68 Abs. 1 a) VRL bzw. § 59 Abs. 2 Nr. 1–5 VgV normiert für das konventionelle LCC keine Verbindung mit dem Auftragsgegenstand, während dies für externe Umweltkosten jedoch voraussetzt wird.[1794] Eine Ausnahme des konventionellen LCC von diesem Erfordernis wäre nicht sachgerecht, weil auch zeitlich vor der Anschaffung liegende Kosten in ein konventionelles LCC mit einbezogen werden können. Insbesondere für Kosten der Forschung und Entwicklung sowie der Produktion muss ein Auftragsbezug gefordert werden, weil andernfalls die allgemeine Unternehmenspolitik der Bieter mit einbezogen würde, was vergaberechtlich unzulässig ist. Die Regelung der Lebenszykluskosten enthält insoweit eine Lücke.

1793 Beispielhaft für viele: Röhl/Röhl, Allgemeine Rechtslehre, S. 288.
1794 Vgl. Art. 68 Abs. 1 b) VRL und § 59 Abs. 2 Nr. 5 VgV.

Allerdings besteht in Art. 67 Abs. 3 VRL, der in § 127 Abs. 3 GWB umgesetzt wurde, eine konkrete Regel auf die für den Einsatz von LCC als Zuschlagskriterium auch zurückgegriffen werden muss. Dies wurde in diesem Kapitel unter Punkt C, I, 3 aufgezeigt. Es besteht insoweit also keine Möglichkeit eines Rückgriffes auf die Grundsätze der Auftragsvergabe.

bb) Keine wirksame Prüfungsmöglichkeit der Bieterangaben bei LCC?

Gleiches gilt in Bezug auf die im Gesetzestext der Lebenszykluskostenrechnung nicht mit aufgenommene wirksame Überprüfungsmöglichkeit der von den Bietern bereitzustellenden Daten, auf deren Grundlage der öffentliche Auftraggeber die Lebenszykluskosten bestimmt. Gleichwohl ist das europäische und nationale Recht insoweit nicht lückenhaft, weil die jeweiligen Zuschlagsvorschriften eine entsprechende Regelung enthalten.[1795]

cc) Fehlende materielle Vorgaben an LCC-Methoden

Ein anderes Resultat ergibt sich jedoch hinsichtlich der Ausnahme des konventionellen LCC von den materiellen Vorgaben in Art. 68 Abs. 2 UAbs. 2 VRL bzw. § 59 Abs. 3 VgV. Nach diesen Vorschriften muss die Methode auf objektiv nachprüfbaren und nichtdiskriminierenden Kriterien beruhen. Ist sie überdies nicht für die wiederholte oder kontinuierliche Anwendung konzipiert worden, so darf sie insbesondere nicht bestimmte Wirtschaftsteilnehmer auf unzulässige Weise bevorzugen oder benachteiligen. Sie muss weiter für alle interessierten Parteien zugänglich sein. Schließlich erfordert die Einbeziehung von ELCC-Methoden, dass sich die geforderten Daten von Wirtschaftsteilnehmern, die ihrer Sorgfaltspflicht in normalem Maße nachkommen, mit vertretbarem Aufwand bereitstellen lassen.

Demgegenüber erschöpfen sich die Voraussetzungen an die Einbeziehung eines konventionellen LCC in der Angabe der von den Bietern bereitzustellenden Daten sowie der zum Einsatz kommenden Methode in den Auftragsunterlagen.[1796] Über die Einhaltung von Transparenz hinaus, werden lediglich die einzubeziehenden Kosten aufgelistet und die obligatorische Anwendung einer durch einen Rechtsakt der Union verbindlich vorgeschriebenen Methode vorgegeben.[1797] Darüber hinaus enthält die Regelung der Lebenszykluskostenrechnung keine materiellen Vorgaben an eine konventionelle LCC-Methode. Die Lückenhaftigkeit der jeweils konkreten Norm im europäischen und nationalen Recht ergibt sich bereits aus diesem Umstand.

An dieser Stelle sind die in Kapitel 3 unter den Punkten C, IV, 1, c) und D, II, 1 erläuterten methodischen Erwägungen heranzuziehen. Die Rechtsfolgen, die

1795 Vgl. die Ausführungen in Kapitel 4 unter C, I, 4.

1796 Art. 68 Abs. 2 UAbs. 1 VRL und § 59 Abs. 2 S. 1 VgV.

1797 Art. 68 Abs. 1 a) VRL und § 59 Abs. 2 S. 2 Nr. 1–4 VgV bzw. hinsichtlich der gemeinsamen Methode Art. 68 Abs. 3 VRL und § 59 Abs. 4 VgV.

sich aus den Grundsätzen der Auftragsvergabe ergeben würden, werden nämlich nicht normiert, sodass keine konkretere Norm als „Regel" im Sinne der allgemeinen Rechtslehre existiert. So ergibt sich auch aus dem Diskriminierungsverbot, dem Gleichbehandlungs- und dem Wettbewerbsgrundsatz, dass eine konventionelle Ad-hoc LCC-Methode bestimmte Wirtschaftsteilnehmer nicht auf unzulässige Weise bevorzugen oder benachteiligen darf – insbesondere, wenn sie nicht für die wiederholte und kontinuierliche Anwendung konzipiert wurde. Die „Regel" des Art. 68 Abs. 2 UAbs. 2 a) VRL bzw. § 59 Abs. 3 Nr. 1 VgV ist insoweit lückenhaft. Gleiches gilt für die materielle Anforderung, dass die von Seiten des öffentlichen Auftraggebers vorgegebene Methode auf objektiv nachprüfbaren und nichtdiskriminierenden Kriterien beruhen muss. Die Rechtsfolge der Vergaberechtswidrigkeit im Verstoßfall ergäbe sich für konventionelles LCC auch aus dem Diskriminierungsverbot und dem Gleichbehandlungsgrundsatz. Eine Regelungslücke besteht weiter darin, dass die Zugänglichkeit der eingesetzten Methode in Art. 68 Abs. 2 UAbs. 2 b) VRL und § 59 Abs. 3 Nr. 2 VgV lediglich für das ELCC vorgegeben wird. Auch wenn sich dies ggf. damit begründen lässt, dass diese Form der Lebenszykluskostenrechnung durch die Einbeziehung der externen Kosten der Umweltbelastung wesentlich komplexer ist als das konventionelle LCC, gebieten der Grundsatz der Nichtdiskriminierung sowie der Gleichbehandlungs- und Wettbewerbsgrundsatz gleichwohl, dass die zum Einsatz kommende Methode allen Bietern gleichermaßen zugänglich sein muss.[1798] Schließlich gelten parallele Erwägungen für Art. 68 Abs. 2 UAbs. 2 c) VRL und § 59 Abs. 3 Nr. 3 VgV. Eine konventionelle LCC-Methode, die von den Wirtschaftsteilnehmern die Bereitstellung von Daten abverlangt, welche sich nur mit einem nicht mehr vertretbaren Aufwand bereitstellen ließen, wäre wegen eines Verstoßes gegen den Verhältnismäßigkeitsgrundsatz vergaberechtswidrig.

Mit der Ausnahme des konventionellen LCC von diesen materiellen Voraussetzungen entsteht also eine Lücke, sodass es darauf ankommt, ob unmittelbar auf die nunmehr in Art. 18 Abs. 1 VRL und § 97 Abs. 1 und 2 GWB normierten Grundsätze der Auftragsvergabe rekurriert werden kann.

b) Normativer Regelungsgehalt der Grundsätze der Auftragsvergabe

Wie in Kapitel 3 unter Punkt D, II, 2 darstellt, kommen aus Sicht des nationalen Rechts den in § 97 Abs. 2 GWB normierten Grundsätzen der Auftragsvergabe ein eigenständiger normativer Regelungsgehalt zu. Hierbei gilt es zu beachten, dass in Absatz 2 neben dem Gleichbehandlungsgrundsatz auch ein Diskriminierungsverbot enthalten ist. Ausweislich der Gesetzesbegründung ist auch eine „Diskriminierung aufgrund der Herkunft eines Bieters [...] auszuschließen, wobei nicht zwischen Bietern aus Deutschland, aus EU-Staaten oder aus Nicht-EU-Staaten

1798 Für technische Spezifikationen der EuGH, Urt. v. 10.05.2012, Rs. C-368/10, EU:C:2012:284 – *Max Havelaar*, Rn. 69.

unterschieden wird".[1799] Bei den in Absatz 1 normierten Grundsätzen des Wettbewerbs, der Transparenz und der Verhältnismäßigkeit kommt ein unmittelbarer Rückgriff nur ausnahmsweise in Betracht, wenn sich ein vom Europarecht geforderter Zustand auf eine andere Weise nicht herstellen ließe. Sie haben in dieser Ausnahmesituation eine Art „Reservefunktion".

c) Differenzierung zwischen LCC und ELCC aus Sicht des nationalen Rechts unerheblich?

In Ansehung der vorstehenden Ausführungen stellt sich die Frage, ob die Differenzierung zwischen LCC und ELCC in Art. 68 Abs. 2 UAbs. 2 VRL bzw. § 59 Abs. 3 VgV aus Sicht des nationalen Vergaberechts unerheblich ist. Diese Vorschriften sind konkrete Ausgestaltungen der Grundsätze der Auftragsvergabe für das ELCC. Bereits vor Erlass der VRL ergaben sich die Anforderungen dieser Norm aus dem Diskriminierungsverbot, dem Grundsatz der Gleichbehandlung und des Wettbewerbs sowie dem Verhältnismäßigkeitsprinzip.

Diejenigen materiellen Anforderungen an die Einbeziehung von ELCC, die sich aus dem Diskriminierungsverbot und dem Grundsatz der Gleichbehandlung ergeben, beanspruchen im nationalen Recht auch für das konventionelle LCC über § 97 Abs. 2 GWB Geltung. Zunächst ist die Vorgabe in Art. 68 Abs. 2 UAbs. 2 a) VRL bzw. § 59 Abs. 3 Nr. 1 VgV, nach der die ELCC-Methode auf objektiv nachprüfbaren und nichtdiskriminierenden Kriterien beruht, eine konkrete Ausgestaltung des Diskriminierungsverbotes sowie des Gleichbehandlungsgrundsatzes. Über die unmittelbare Heranziehung des § 97 Abs. 1 GWB gilt auch für das konventionelle LCC, dass die von Seiten des öffentlichen Auftraggebers verwendete Methode zur Bewertung der externen Umweltkosten keinesfalls zu einem nicht-objektiven Vergleich der Angebote führen darf. Ebenso darf sie die Chancen von „ausländischen", in einem anderen Mitgliedsstaat als der öffentliche Auftraggeber ansässigen, Bietern auf den Zuschlag nicht in irgendeiner Form beschränken. Inländischen Bietern darf die Bereitstellung der geforderten Daten nicht leichter möglich sein. Der in Satz 2 enthaltene Zusatz, dass Ad-hoc Methoden insbesondere nicht bestimmte Wirtschaftsteilnehmer auf unzulässige Weise bevorzugen oder benachteiligen dürfen, ist rein klarstellender Natur. Hiermit erfuhr der Gleichbehandlungsgrundsatz eine konkrete Ausgestaltung.

Die in lit. b) bzw. Nr. 2 geforderte Zugänglichkeit der ELCC Methode für alle interessierten Beteiligten erwächst neben dem offensichtlich einschlägigen Transparenzgrundsatz, zu dem in Kapitel 4 bereits unter C, 2, a) bb) ausgeführt wurde,

---

1799 Begründung Gesetz gegen Wettbewerbsbeschränkungen (GWB) – Teil 4 (Konsolidierte Fassung nach VergRModG), S. 52, BMWi, in: https://www.bmwi.de/BMWi/Redaktion/PDF/Gesetz/gesetz-gegen-wettbewerbsbeschraenkungen-gwb-teil4-konsolidierte-nicht-amtliche-fassung,property=pdf,bereich=bmwi2012,sprache=de,rwb=true.pdf, abgerufen am 05.07.2016

auch aus dem Grundsatz der Nichtdiskriminierung. Hier lässt sich die Entscheidung „Max Havelaar“ anführen, nach der die Zugänglichkeit einer technischen Spezifikation aufgrund der ihnen immanenten Gefahr einer Diskriminierung zu fordern sei.[1800] Diese Feststellung übertrug der EuGH auch auf Zuschlagskriterien.[1801] In Art. 68 Abs. 2 UAbs. 2 c) bzw. § 59 Abs. 3 Nr. 3 VgV geht es im Kern darum, welcher Informationsbeschaffungsaufwand einem sorgfältigen Wirtschaftsteilnehmer zugemutet werden kann im Sinne einer Verhältnismäßigkeitserwägung.[1802] Allerdings kommen hier auch Diskriminierungserwägungen und der Gleichheitssatz zum Tragen. So darf die Bewertung, ob sich die geforderten Daten von einem Wirtschaftsteilnehmer mit vertretbarem Aufwand bereitstellen lassen, nicht zu Diskriminierungen und Ungleichbehandlungen führen. Man denke hier etwa an KMU, denen nach der VRL die Teilnahme an öffentlichen Vergabeverfahren zu erleichtern ist.[1803]

Demnach ergeben sich sämtliche materiellen Voraussetzungen an ELCC zumindest auch aus den Grundsätzen der Gleichbehandlung und der Nichtdiskriminierung. In Ansehung des Umstandes, dass der EuGH die Inhalte der Grundsätze der Auftragsvergabe nicht streng voneinander abgrenzt und die Begründung zudem selten dogmatisch ist,[1804] verwundert das Ergebnis nicht. Zudem stellt der EuGH in seiner Rechtsprechung vornehmlich auf die Grundsätze der Nichtdiskriminierung, der Gleichbehandlung und der Transparenz ab. So wurde das „Pressetext“ Urteil gar dahingehend verstanden, dass sich der Wettbewerbsgrundsatz in den Vergabevorschriften konkretisiere, weshalb er keinen eigenständigen, limitierenden

---

1800 EuGH, Urt. v. 10.05.2012, Rs. C-368/10, EU:C:2012:284 – *Max Havelaar*, Rn. 62.

1801 EuGH, Urt. v. 10.05.2012, Rs. C-368/10, EU:C:2012:284 – *Max Havelaar*, Rn. 95.

1802 Vgl. die Ausführungen dieses Kapitels unter Punkt C, 2, b), ca).

1803 Vgl. Erwägungsgrund 1 VRL.

1804 Beispielhaft kann hier „Max Havelaar“ heranzogen werden. Hiernach erfordern die Grundsätze der Gleichheit, der Nichtdiskriminierung und der Transparenz, dass die Zuschlagskriterien objektiv sind. Dies gewährleiste, dass der Vergleich und die Bewertung der Angebote in objektiver Weise erfolgen und somit unter Bedingungen eines wirksamen Wettbewerbs. Bei Kriterien, die dem öffentlichen Auftraggeber eine unbeschränkte Entscheidungsfreiheit einräumen, sei dies nicht der Fall. Dieselben Grundsätze verpflichten den öffentlichen Auftraggeber dazu, in allen Stadien eines Vergabeverfahrens sowohl den Grundsatz der Gleichbehandlung potenzieller Bieter als auch den Grundsatz der Transparenz der Zuschlagskriterien zu wahren. Diese sind so zu formulieren, dass alle gebührend informierten und mit der üblichen Sorgfalt handelnden Bieter deren genaue Bedeutung verstehen und sie somit in gleicher Weise auslegen können. EuGH, Urt. v. 10.05.2012, Rs. C-368/10, EU:C:2012:284 – *Max Havelaar*, Rn. 88 mit Verweis auf: u. a. zu entsprechenden Vorschriften der Richtlinien, die der Richtlinie 2004/18 vorausgegangen sind sowie EuGH vom 04.12.2003, Rs. C-448/01, EU:C:2003:651 – *EVN und Wienstrom*, Rn. 56 bis 58.

Gehalt entfalten könne.[1805] Für den Transparenzgrundsatz, der eine Ausformung des Gleichbehandlungsgrundsatzes sei, gelte methodisch nichts Anderes.[1806]

Aus Sicht des nationalen Vergaberechts ist ein unmittelbarer Rückgriff auf diese in § 97 Abs. 2 GWB normierten Grundsätze möglich, weil sie als konkrete Ge- bzw. Verbotsnorm ausgestaltet sind und daher einen eigenständigen Regelungsgehalt haben. Die Unterscheidung zwischen ELCC und konventionellem LCC ist daher unerheblich. Die Einhaltung von Transparenz wird für beide Erscheinungsformen der Lebenszykluskostenrechnungen vorausgesetzt.[1807]

3. *Grundsätze der Auftragsvergabe und LCC*

Die Grundsätze der Auftragsvergabe können damit im Rahmen der Auslegung einer konkreten Norm herangezogen werden. Bei Vorliegen einer Lücke in der konkreten Regelung erlaubt das nationale Recht einen unmittelbaren Rückgriff auf die Grundsätze der Gleichbehandlung und der Nichtdiskriminierung. Nur sofern sich ein vom europäischen Recht geforderter Zustand auf andere Weise nicht herstellen ließe, kommt den weiteren in § 97 Abs. 1 GWB normierten Grundsätzen des Wettbewerbs, der Transparenz, der Wirtschaftlichkeit und der Verhältnismäßigkeit eine „Reservefunktion" zu.[1808]

a) Diskriminierungsverbot

Die Gefahr der Diskriminierung ist insbesondere dem Einsatz von ELCC immanent. Werden zu den Kosten, die durch die externen Effekte der Umweltbelastung entstehen, die der Treibhausgasemissionen hinzugezählt, sind dies bei einem öffentlichen Lieferauftrag vornehmlich die mit dem Transport verbundenen Kosten vom Lager oder der Produktionsstätte zum Verbrauchspunkt beim öffentlichen Auftraggeber.[1809] Hier kommt es zu Diskriminierungen von Bietern, die in einem größeren geographischen Abstand zu dem Verbrauchs- oder Lieferpunkt angesiedelt sind – ungeachtet der Tatsache, ob sie insgesamt umwelteffizienter sind.[1810] Auch an anderer Stelle wird diese Problematik anhand des Beispiels der Ausschreibung einer Papier-, Pappe- und Kartonagenentsorgung thematisiert, bei der die Umweltkosten für den Transport des Altpapiers in eine Papierfabrik Berücksichtigung finden.[1811] Befindet sich in der auftraggebenden Stadt eine Papierfabrik, so hätte ein Bieter, der die Entsorgung in der eigenen, jedoch 100 km entfernt

1805 *Ziekow* in: Ziekow/Völlink, Vergaberecht, 2. Auflage 2013, § 97 GWB, Rn. 7.
1806 *Ziekow* in: Ziekow/Völlink, Vergaberecht, 2. Auflage 2013, § 97 GWB, Rn. 7 sowie 38 ff.
1807 Art. 68 Abs. 2 VRL und § 59 Abs. 2 S. 1 VRL.
1808 Burgi, Vergaberecht, § 6 Rn. 16; ders. NZBau 2008, 29, 32.
1809 Beispiel bei: *Semple* in: Sustainable Public Procurement under EU Law, S. 67.
1810 Beispiel bei: *Semple* in: Sustainable Public Procurement under EU Law, S. 67.
1811 Summa, NZBau 2012, 729, 735.

liegenden Papierfabrik anbietet, faktisch keine Chance.[1812] Überträgt man dies auf die Ausschreibung öffentlicher Bauaufträge, können Bieter gezwungen sein, Roh- und Werkstoffe einzusetzen, die aus der näheren Umgebung der Baustelle stammen.[1813]

Die Förderung regionaler Produkte und Wirtschaftsteilnehmer ist jedoch vergaberechtlich nicht zulässig. Eine Ausschreibung darf nicht die Wahlfreiheit der interessierten Wirtschaftsteilnehmer faktisch auf Produkte oder Vertragspartner „aus der Region" beschränken.[1814] Der Zweck des ELCC kann in den vorgenannten Fällen konterkariert werden, wenn die sonstige Umwelteffizienz der Wirtschaftsteilnehmer unberücksichtigt bleibt oder nicht angemessen gewichtet wird.

b) Gleichbehandlungsgrundsatz

Die Beachtung des Gleichbehandlungsgrundsatzes kann sich insbesondere für die Vorgabe von ELCC-Methoden als schwierig erweisen. So handelt es sich bei künftigen Wartungs-, Instandhaltungs- oder Entsorgungskosten, dem Verbrauch und erst Recht bei den Kosten, die durch die externen Effekte der Umweltbelastung entstehen, um reine Prognosewerte, die zudem von den Unternehmen übermittelt werden.[1815] Es besteht daher in hohem Maße die Gefahr der Nichtvergleichbarkeit der von den Bietern übermittelten Daten.[1816]

c) Grundsätze der Auftragsvergabe ohne normativen Gehalt

Ein unmittelbarer Rückgriff auf den Wettbewerbs-, Transparenz- und Verhältnismäßigkeitsgrundsatz setzt nach nationalem Recht neben dem Bestehen einer normativen Lücke voraus, dass sich auf andere Weise ein europarechtskonformer Zustand nicht herstellen ließe.[1817] Dies ist anhand des jeweiligen Einzelfalles zu beurteilen.

Zu dem Transparenzgrundsatz wurde bereits umfassend in Kapitel 3 unter Punkt C, IV, 2, b) ausgeführt, sodass auf diese Ausführungen verwiesen wird. Über die dargestellten Publizitätsanforderungen hinaus, enthält dieser Grundsatz der Auftragsvergabe auch die Verpflichtung, sich während des gesamten Verfahrens an dieselbe Auslegung der Zuschlagskriterien zu halten.[1818] Insbesondere dürfen

---

1812 Summa, NZBau 2012, 729, 735.
1813 Summa, NZBau 2012, 729, 735.
1814 Summa, NZBau 2012, 729, 735; der Autor verweist zudem darauf, dass sich dies als preistreibend auswirken kann.
1815 Otting, VergabeR 2016, 316, 326 zur gleichlautenden nationalen Fassung des § 59 VgV.
1816 Otting, VergabeR 2016, 316, 326 zur gleichlautenden nationalen Fassung des § 59 VgV.
1817 Vgl die Nachweise in Fn. 1090.
1818 EuGH, Urt. v. 18.11.2010, Rs. C-226/09, EU:C:2010:697 – *Kommission/Irland*, Rn. 59; EuGH vom 04.12.2003, Rs. C-448/01, EU:C:2003:651 – *EVN und Wienstrom*, Rn. 92; EuGH, Urt. v. 18.10.2001, Rs. C-19/00, EU:C:2001:553 – *SIAC Construction*, Rn. 43.

einmal bekannt gemachte Zuschlagskriterien während des Vergabeverfahrens nicht mehr geändert werden.[1819] Ein Rückgriff auf Anforderungen, die keinen Ausdruck in der Ausschreibung gefunden haben, ist der ausschreibenden Stelle ebenso verwehrt.[1820] Bedeutsam für den Einsatz von LCC neben qualitativen Kriterien ist die jüngste Entscheidung des EuGH, nach der die „Transparenzpflicht“ nicht erfordert, dass die Bewertungsmethode, die der öffentliche Auftraggeber zur konkreten Bewertung und Einstufung der Angebote anwenden wird, zur Kenntnis zu bringen ist.[1821] Allerdings darf diese Methode keine Veränderung der Zuschlagskriterien oder ihrer Gewichtung bewirken.[1822]

Wettbewerbliche Bedenken können sich daraus ergeben, dass eine Ad-hoc Methode bewusst auf bestimmte Wirtschaftsteilnehmer zugeschnitten ist.[1823] Es wurde bereits darauf verwiesen, dass die Grenzen zwischen einer auf den individuellen Auftrag zugeschnittenen Methode und einer solchen, die bestimmte Bieter auf unzulässige Weise bevorzugt oder benachteiligt, fließend sind. Hierzu führt dieses Kapitel in Punkt C, 2, b), bb) im Detail aus.

Der Verhältnismäßigkeitsgrundsatz kommt nach Auffassung der Verfasserin besonders bei der Auswahl der jeweiligen LCC-Methode zum Tragen. Insoweit hat dieser Grundsatz nur eine auslegungsunterstützende Funktion im Rahmen der Ausfüllung des dem öffentlichen Auftraggebers zustehenden Auswahlermessen auf Rechtsfolgenseite. Wie aufgezeigt wurde, ist der Einsatz von Ad-hoc ELCC-Methoden zulässig, wenn keine gemeinsame Methode durch einen Rechtsakt der Union verbindlich vorgeschrieben wurde. Dies ermöglicht die Entwicklung nationaler Anforderungen für die Formate oder Datentypen, die in einem solchen Fall zur Verfügung gestellt werden können, welche sich an dem Verhältnismäßigkeitsgrundsatz messen lassen müssen.[1824] In diesem Zusammenhang kommt es darauf an, ob sich die Daten von einem sorgfältigen Wirtschaftsteilnehmer mit vertretbarem Aufwand bereitstellen lassen. Hierzu wurde bereits unter Punkt C, 2, b), cc) dieses Kapitels eingehend ausgeführt.

1819 EuGH, Urt. v. 18.11.2010, Rs. C-226/09, EU:C:2010:697 – *Kommission/Irland*, Rn. 60; EuGH vom 04.12.2003, Rs. C-448/01, EU:C:2003:651 – *EVN und Wienstrom*, Rn. 48, hinsichtlich Zuschlagskriterien; vgl. in Bezug auf die Eignung: *Ziekow* in: Ziekow/Völlink, Vergaberecht, 2. Auflage 2013, § 97 GWB, Rn. 38.

1820 *Ziekow* in: Ziekow/Völlink, Vergaberecht, 2. Auflage 2013, § 97 GWB, Rn. 38 mit Verweis auf: EuGH, Urt. v. 17.09.2002, Rs. C-513/99, EU:C:2002:495 – *Concordia Bus Finland*, Rn. 62; siehe weiter die Nachweise dort.

1821 EuGH, Urt. v. 14.07.2016, Rs. C-6/15, ECLI: EU:C:2016:555 – *TNS Dimarso.*

1822 EuGH, Urt. v. 14.07.2016, Rs. C-6/15, ECLI: EU:C:2016:555 – *TNS Dimarso.*

1823 Vgl. zu der parallel gelagerten Problematik, dass eine Leistungsbeschreibung von vornherein bewusst auf bestimmte Bieter zugeschnitten ist, VK Südbayern, B. v. 21.07.2008 – Z3-3-3194-1-23-06/08, IBRRS 2009, 1277; *Fehling* in: Pünder/Schellenberg, Vergaberecht, 2. Auflage 2015, § 97 GWB, Rn. 60.

1824 *Dragos/Neamtu* in: Sustainable Public Procurement under EU Law, S. 123.

IV. Grundfreiheiten und LCC aus Sicht des nationalen Rechts

Schließlich können sich Rechtsbindungen einer Einbeziehung von LCC-Vorgaben aus den Grundfreiheiten des AEUV ergeben. Wie im dritten Kapitel unter Punkt E, III, 1 dargestellt, sind sie im Oberschwellenbereich als Quelle einer unionsrechtskonformen Auslegung beachtlich. Darüber hinaus kann ihnen in engen Grenzen eine sog. „Maßstabsfunktion" zukommen, wenn das vergaberechtliche Sekundärrecht Lücken aufweist oder Umsetzungsspielräume eröffnet.[1825]

1. Beachtlichkeit im Zuge unionsrechtskonformer Auslegung

Nach gefestigter Rechtsprechung des EuGH und der herrschenden Meinung im Schrifttum[1826] sind die mitgliedsstaatlichen Gerichte und Behörden als Ausfluss des Anwendungsvorrangs zu einer unionsrechtskonformen Auslegung mitgliedsstaatlicher Vorschriften verpflichtet.[1827] Die richtlinienkonforme Auslegung stellt einen bedeutsamen Bereich der unionsrechtskonformen Auslegung dar.[1828] Sie ist jedoch nicht Gegenstand dieser hier vorgenommenen Untersuchung, weil es hier nicht auf eine Auslegung des nationalen Umsetzungsrechts anhand des Unionsrechts ankommt. Erforderlich ist zunächst, dass die betreffende nationale Norm Auslegungsspielräume eröffnet, was konkret für das Vergaberecht über die zahlreichen unbestimmten Rechtsbegriffe auf Tatbestandsseite und über Ermessensnormen auf der Rechtsfolgenseite möglich ist.[1829] Wie soeben erläutert, bedürfen insbesondere die unbestimmten Rechtsbegriffe des „sorgfältigen Wirtschaftsteilnehmers"

1825 Egger, Europäisches Vergaberecht, 1. Auflage 2008, 1. Teil: Grundlegung, § 2 Rechtliche Rahmenbedingungen, Rn. 106; *Dörr* in: Dreher/Motzke, Beck'scher Vergaberechtskommentar, 2. Auflage 2013, Einleitung: Vergaberecht in Deutschland – Das Recht der öffentlichen Auftragsvergabe im Stufenbau der Rechtsordnung, Rn. 144; Ehlers, Europäische Grundrecht und Grundfreiheiten, 4. Auflage 2014, § 7, Rn. 9.

1826 *Ziekow* in: Ziekow/Völlink, Vergaberecht, 2. Auflage 2013, Einleitung, Rn. 7, der zudem darauf verweist, dass dies unabhängig davon gilt, ob sie in Umsetzung einer unionsrechtlichen Richtlinie erlassen worden sind, vgl. die Nachweise in Fn. 14; Burgi, Vergaberecht, § 3 Rn. 11; *Ruffert* in: Calliess/Ruffert, EUV/AEUV, 5. Auflage 2016, Art. 1 AEUV, Rn. 24; a.A. *Immenga/Mestmäcker* in: dies., Wettbewerbsrecht, 5. Auflage 2014, Einleitung, Rn. 34.

1827 EuGH vom 20.05.1976, Rs. C-111/75, ECLI: EU:C:1976:68 – *Mazzalai / Ferrovia del Renon;* EuGH vom 10.04.1984, Rs. C-14/83, ECLI: EU:C:1984:153 – *Von Colson und Kamann / Land Nordrhein-Westfalen;* EuGH vom 10.04.1984, Rs. C-79/83, ECLI: EU:C:1984:155 – *Harz / Deutsche Tradax,* Rn. 26; EuGH vom 13.12.1989, Rs. C-322/88, ECLI: EU:C:1989:646 – *Grimaldi/Fonds des Maladies Professionnelles,* Rn. 18; EuGH vom 26.09.2000, Rs. C-262/97, ECLI: EU:C:2000:492 – *Engelbrecht,* Rn. 39; EuGH vom 27.02.2003, Rs. C-327/00, ECLI: EU:C:2003:109 – *Santex,* Rn. 63.

1828 *Roth* in: Europäische Methodenlehre, Rn. 9–10; *Ruffert* in: Calliess/Ruffert, EUV/AEUV, 5. Auflage 2016, Art. 1 AEUV, Rn. 24.

1829 Burgi, Vergaberecht, § 3 Rn. 11.

respektive „Unternehmers" und der „vertretbare Aufwand" Auffüllung durch den Rechtsanwender. Auf Rechtsfolgenseite denke man an das Ermessen, das dem öffentlichen Auftraggeber bei der Auswahl der einzusetzenden LCC-Methode zusteht.

a) Warenverkehrsfreiheit und LCC

Die Warenverkehrsfreiheit des Art. 34 AEUV garantiert vornehmlich die grenzüberschreitende Mobilität von Produkten, also von körperlichen oder sonstigen handelbaren Gegenständen.[1830] Besonders nationale Ad-hoc Maßnahmen, die auf bestimmte Aufträge zugeschnitten wurden, können sich aus Sicht der Warenverkehrsfreiheit als problematisch darstellen. Sie darf sich nicht als eine ausschließliche Bezugnahme auf eine nationale technische Norm im Sinne der „Dundalk" Entscheidung[1831] darstellen. Des Weiteren darf der öffentliche Auftraggeber nicht über die „Hintertür" der Umweltexternalitäten die Verwendung von nationalen oder gar regionalen Produkten vorschreiben. Der EuGH stellte schon im Jahr 1993 in seinem „Storebaelt" Urteil[1832] klar, dass die Vorgabe einer weitgehenden Verwendung nationaler Baustoffe, Verbrauchsgüter, Arbeitskräfte und Geräte nicht mit der Warenverkehrsfreiheit vereinbar ist. Demgegenüber kann der in „UNIX"[1833] etablierte Gleichwertigkeitszusatz keine Rolle spielen, weil dies die Grenzen einer unionsrechtskonformen Auslegung überdehnen würde, die sich aus dem Wortlaut der betreffenden Vorschrift ergeben.[1834] Es ist eindeutig, dass die Regelung der Lebenszykluskostenrechnung die Möglichkeit des Bieters, andere LCC-Modelle anzuwenden, ausschließt. Dies ergibt sich unmissverständlich aus der Gesetzgebungshistorie, was in Kapitel 4 unter Punkt C, I, 2, b), bb) ausführlich untersucht wurde.

b) Dienstleistungsfreiheit und LCC

Die Dienstleistungsfreiheit des Art. 56 AEUV ist für das Vergaberecht grundsätzlich von Bedeutung. Sie bezieht sich auf entgeltlich erbrachte Leistungen im grenzüberschreitenden Verkehr[1835], jedoch spielt sie vornehmlich in der Bewertung der

1830 Ehlers, Europäische Grundrechte und Grundfreiheiten, 4. Auflage 2014, § 7 I 2, Rn. 3; Kilian, Europäisches Wirtschaftsrecht, Rn. 236, eingehend Rn, 239 ff.

1831 EuGH, Urt. v. 02.09.1988, Rs. C-45/87, EU:C:1988:435 – *Dundalk*, Rn 20, 27. Die Ausschreibung des Ausgangsrechtsstreits sah eine Klausel vor, nach der für die zu liefernden Rohre eine gemäß dem „Irish Standard Mark licensing Scheme" des irischen Instituts für industrielle Forschung und Normung erteilte Bescheinigung über die Übereinstimmung mit der irischen Norm 188:1975 vorliegen musste.

1832 EuGH, Urt. v. 22.06.1993, Rs. C-243/89, EU:C:1993:257 – *Storebælt*, Rn. 45.

1833 EuGH, Urt. v. 22.06.1993, Rs. C-359/93, EU:C:1995:14 – *Kommission/Niederlande*.

1834 *Ziekow* in: Ziekow/Völlink, Vergaberecht, 2. Auflage 2013, Einleitung, Rn. 6.

1835 Ehlers, Europäische Grundrechte und Grundfreiheiten, 4. Auflage 2014, § 7 I 2, Rn. 5; Kilian, Europäisches Wirtschaftsrecht, Rn. 296.

vergaberechtlichen Zulässigkeit von Tariftreueerklärungen und vergaberechtlichen Mindestlohnvorgaben eine Rolle.[1836] Im vorliegenden Zusammenhang wird diese Grundfreiheit relevant, wenn es um LCC-Vorgaben geht, die mittelbar eine Verwendung von nationalen oder regionalen Dienst- oder Bauleistungen vorschreiben.

2. *Maßstabsfunktion der Grundfreiheiten*

Über diese Heranziehung im Zuge einer unionsrechtskonformen Auslegung hinaus, kann den Grundfreiheiten eine Maßstabsfunktion zukommen, wenn das vergaberechtliche Sekundärrecht Lücken aufweist oder Umsetzungsspielräume eröffnet.[1837] Fällt die nationale Maßnahme jedoch in einen Bereich, der auf Unionsebene erschöpfend harmonisiert wurde, so ist die anhand der Bestimmungen dieser Harmonisierungsmaßnahme und nicht anhand des Primärrechts der Union zu beurteilen.[1838]

Es kommt folglich darauf an, ob Art. 68 VRL die „Lebenszykluskostenrechnung" abschließend harmonisiert. Zu der Lückenhaftigkeit des Normtextes wurde bereits in diesem Kapitel unter Punkt C, III, 2, a) ausgeführt. Überdies käme eine innerstaatliche Beachtlichkeit des Unionsrechts nur über eine unmittelbare Wirkung oder dessen Anwendungsvorrang in Betracht.[1839] Weil es jedoch an einem nationalen Umsetzungsgesetz nicht fehlt, besteht nur letztere Möglichkeit. Auch diese erfasst aber die Konstellation, dass das nationale Gesetz explizit eine andere Rechtsfolge vorsieht, als die tatbestandlich einschlägige Norm des Unionsrechts.[1840] Wie aufgezeigt wurde, sind § 59 VgV und damit auch § 16d EU Abs. 2 Nrn. 5–7 VOB/A nicht nur europarechtskonform, sondern auch eine „eins zu eins" Umsetzung der Richtlinienvorgabe. Aus Sicht des nationalen Rechts ergibt sich somit keine Situation, in der die Regelung der Lebenszykluskostenrechnung am primären Unionsrecht zu messen wäre, sodass eine Maßstabsfunktion der Grundfreiheiten nicht in Betracht kommt.

1836 Vgl. beispielhaft „Rüffert" EuGH, Urt. v. 03.12.2008, Rs. C-346/06, EU:C:2008:189 sowie jüngst EuGH, Urt. v. 17.11.2015, Rs. C-115/14, EU:C:2015:760 – *RegioPost.*

1837 Egger, Europäisches Vergaberecht, 1. Auflage 2008, 1. Teil: Grundlegung, § 2 Rechtliche Rahmenbedingungen, Rn. 106; *Dörr* in: Dreher/Motzke, Beck'scher Vergaberechtskommentar, 2. Auflage 2013, Einleitung: Vergaberecht in Deutschland – Das Recht der öffentlichen Auftragsvergabe im Stufenbau der Rechtsordnung, Rn. 144; Ehlers, Europäische Grundrecht und Grundfreiheiten, 4. Auflage 2014, § 7, Rn. 9.

1838 So jüngst der EuGH, Urt. v. 17.11.2015, Rs. C-115/14, EU:C:2015:760 – *RegioPost*, Rn. 57 mit Verweis auf: u.a. EuGH, Urt. v. 13.12.2001, Rs. C-324/99, ECLI: EU:C:2001:682 – *DaimlerChrysler*, Rn. 32; EuGH, Urt. v. 18.01.2007, Rs. C-313/05, EU:C:2007:33 – *Brzeziński*, Rn. 44 und EuGH, Urt. v. 10.04.2014, Rs. C-115/13, EU:C:2014:253 – *Kommission/Ungarn*, Rn. 38.

1839 Burgi, Vergaberecht, § 3 Rn. 13–15.

1840 Burgi, Vergaberecht, § 3 Rn. 13–15.

V. Bewertung der Vorgaben an die Einbeziehung von LCC

Ob mit der Vergaberechtsmodernisierung ein Systemwechsel erfolgte, „der die Verbindung des Vergabeverfahrens zu seinen haushaltsrechtlichen Wurzeln kappt"[1841], kann bezweifelt werden. Allerdings zeigt sich durch die Normierung der Lebenszykluskostenrechnung deutlich, dass die Abkehr von dem streng einzelwirtschaftlichen Grundsatz vollzogen ist.[1842] Die Art. 68 VRL bzw. § 59 VgV und § 16d EU Abs. 2 Nrn. 5–7 VOB/A bringen keine wesentlichen Neuerungen. Der Kosten-Wirksamkeitsansatz wird als „neuer Schlauch für alten Wein" bezeichnet.[1843] Allerdings sieht das Vergaberechtsrechtsregime nun erstmals die Zuschlagsoption der „Nur-Kosten" Vergabe und damit auch einer „Nur-LCC" Vergabe vor. Dies ist für diese Forschungsarbeit von erheblicher Bedeutung, weil dem öffentlichen Auftraggeber damit eine weitere Möglichkeit der Einbeziehung von LCC an die Hand gegeben wird, die zudem den wesentlichen Vorteil einer besseren Vergleichbarkeit der Angebote hat.

Die formellen und materiellen Anforderungen an die Einbeziehung von LCC sind, wie gezeigt wurde, größtenteils konkrete Ausgestaltungen der Grundsätze der Auftragsvergabe.[1844] Bislang ergaben sich die Grenzen für LCC, in Ermangelung einer konkreten Regelung, aus eben diesen Prinzipien. Hieraus ergibt sich zugleich, dass der europäische Gesetzgeber den Anwendungsbereich des Vergaberechts mit den Vorgaben des Art. 68 VRL weder ausgeweitet, noch überdehnt hat, weil sie sich aus einer konsequenten Anwendung des Vergabe- und Primärrechts ergeben.[1845] Gleichwohl führt die Normierung der Voraussetzungen zu mehr Rechtssicherheit, weil konkret festgeschrieben wird, welche Anforderungen sich aus den Grundsätzen der Auftragsvergabe konkret für das LCC ergeben sollen.[1846] Je geringer die Spielräume des öffentlichen Auftraggebers, desto eher sind die Angebote vergleichbar.[1847]

1841 Summa, NZBau 2012, 729, 735.

1842 Burgi/Brandmeier, EPPPL 2014, 18.

1843 *Jasper* in: Tagungsband 16. Düsseldorfer Vergaberechtstag, S. 46, in: https://broschueren.nordrheinwestfalendirekt.de/herunterladen/der/datei/16-du-sseldorfer-vergaberechtstag-online-version-pdf/von/16-duesseldorfer-vergaberechtstag/vom/mweimh/2167, abgerufen am 08.12.2016. Die Autorin wird Eindruck nicht los, der Gesetzgeber habe hier alle politisch und pressemäßig interessanten Schlagwörter „triggern" wollen, S. 45.

1844 Haak, NZBau 2015, 11, 17. Auch der Autor geht eher von einem klarstellenen Charakter der neuen Vorschriften aus.

1845 Prieß/Simonis, NZBau 2015, 731, Fn. 3: „Die Beurteilung der Auftraggebereigenschaft von öffentlich-rechtlichen Rundfunkanstalten bildet hierfür ein gutes Beispiel, das pars pro toto für diese Entwicklung steht".

1846 Faustino, PPLR 2014, 124, 127, insbes. den Nachweis in Fn. 21.

1847 Burgi/Brandmeier, EPPPL 2014, 18.

Die Kehrseite der umfangreichen Vorschriften in Art. 68 VRL bzw. § 59 VgV und § 16d EU Abs. 2 Nrn. 5–7 VOB/A ist, dass sie das Potenzial haben, öffentliche Auftraggeber zu überfordern. Dies betrifft insbesondere die im Zweifelsfall von ihm vorzunehmende „wirksame" Überprüfung der Richtigkeit der von den Bietern beigebrachten Informationen und Nachweise.[1848] Letztere beruhen allerdings auf Prognosewerten, die aus der subjektiven Sicht des Bieters beigebracht werden, was ihre Vergleichbarkeit erheblich erschwert. Die Vorschriften über die Lebenszykluskostenrechnung fordern zwar, dass die externen Effekte der Umweltverschmutzung durch einen Geldwert bestimmt werden können, aber der wissenschaftliche Forschungsstand ist hinsichtlich der Prognose der vollen ökonomischen Dimension der Umweltverschmutzung nach wie vor begrenzt.[1849] Ihre finanzielle Bewertung hängt von unklaren und möglicherweise subjektiven Einschätzungen ab.[1850] Weiter müssen sich die Anstrengungen der dem Nachweis verpflichteten Bieter innerhalb eines angemessenen Aufwands halten.[1851] Es ist ungewiss, wann diese Grenze überschritten ist. Auch sollten sich die Vergabestellen keinem erheblichen bürokratischen Mehraufwand ausgesetzt sehen, weil andernfalls zu befürchten steht, dass sie von dem LCC-Instrument keinen Gebrauch machen.

Eine vergaberechtlich korrekte Wertung anhand von Zuschlagskriterien, zu denen etwas so schwer Greifbares, wie die durch die externen Effekte der Umweltbelastung entstehenden Kosten zählen, ist nach Ansicht der Verfasserin ein schwieriges Unterfangen.[1852] Auch unter namhaften Vergaberechtlern wurde die Frage der Berechnung der Lebenszykluskosten kontrovers diskutiert, insbesondere unter Hinweis auf die Probleme bei der objektiven und zuverlässigen Ermittlung und Berechnung der Lebenszykluskosten.[1853] Es wurde jedoch auf die Öffentlich-Privaten-Partnerschaften verwiesen, sowie darauf, dass es durchaus möglich sei, auch für komplexe und sehr ausdifferenzierte Vorhaben bundesweit anerkannte Berechnungsmethoden zu finden und zu etablieren.[1854] Tatsächlich wird der Einsatz

1848 Art. 67 Abs. 4 S. 3 VRL, § 137 Abs. 4 S. 1 GWB.

1849 Ähnlich: Burgi/Brandmeier, EPPPL 2014, 18. Die Autoren kritisieren weiter, dass mit ELCC zwar qualitative Aspekte internalisiert werden, sie sich aber in der Rechnung nicht abbilden müssen: „At first glance, this appears to be an adequate instrument for this purpose, but it actually does not distinguish between a cost reduction linked to an improved fulfilment of the quality criterion or whether the cost reduction was achieved by other means."

1850 Ähnlich: Burgi/Brandmeier, EPPPL 2014, 18.

1851 *Burgi* in: Vergaberecht im Umbruch II, S. 58, 66, sieht dies als besonders kritisch an.

1852 So auch: Gröning, VergabeR 2014, 339, 346, der LCC deshalb als „Öko-Luftschloss" bezeichnet.

1853 Forum Vergabe e.V., Sechzehnte forum vergabe Gespräche 2013, S. 124, in: http://www.forum-vergabe.de/fileadmin/user_upload/Schriftenreihe/Dokumentationsband_16._forum_vergabe_Gespraeche_gek.pdf, abgerufen am 08.12.2016.

1854 Forum Vergabe e.V., Sechzehnte forum vergabe Gespräche 2013, S. 124, in: http://www.forum-vergabe.de/fileadmin/user_upload/Schriftenreihe/Dokumentationsband_16._forum_vergabe_Gespraeche_gek.pdf, abgerufen am 08.12.2016.

des Instruments wesentlich von der Entwicklung von LCC-Methoden für die verschiedenen Beschaffungsgegenstände abhängen. Dem geben die Vorschriften zur Lebenszykluskostenrechnung aber ausreichend Raum. Sie suchen die Balance zwischen der Notwendigkeit, den Einsatz von LCC zu fördern, indem sie eine flexible Regelung der Annahme weiterer Methoden vorsehen, aber gleichzeitig die Grundsätze der Transparenz und der Nichtdiskriminierung hervorzuheben.[1855]

1855 *Dragos/Neamtu* in: Sustainable Public Procurement under EU Law, S. 127.

Kapitel 5: Zusammenfassung der Ergebnisse, Thesen

Mit dieser Untersuchung wurde die Forschungshypothese, nach der LCC einen effektiven Beitrag zu einer nachhaltigen öffentlichen Auftragsvergabe im vorgesehenen rechtlichen Rahmen leisten kann, bestätigt. Obschon derzeit erst eine einzige gemeinsame Methode EU-weit festgeschrieben ist, ist der Einsatz von LCC bereits praktikabel, weil die Voraussetzungen der Einbeziehung dieses Instruments erstmals allgemein und sektorübergreifend normiert wurden. Diese mögen sich zuvor aus den Grundsätzen der Auftragsvergabe ergeben haben, allerdings besteht nun Rechtssicherheit, was sich hieraus konkret für das LCC ergeben soll. Gleichwohl wird der Erfolg dieses Instruments maßgeblich von der Entwicklung gemeinsamer oder zumindest auf nationaler, regionaler bzw. lokaler Ebene vorgegebener (sektor-)spezifischer LCC-Modelle für bestimmte Produkte oder Dienst- bzw. Bauleistungen abhängen.

A. Beantwortung der Forschungsfragen

I. Teilfrage 1

Die Frage, *welche Voraussetzungen das Vergaberechtsregime an den Einsatz von LCC stellt und ob diese förderlich oder eher hinderlich sind*, kann infolge der „eins zu eins" Umsetzung der Richtlinienvorgabe im nationalen Recht gemeinsam behandelt werden. Dies sind abgesehen von den Anforderungen an die jeweilige LCC-Methode die Voraussetzungen für Zuschlagskriterien in Art. 67 VRL und § 127 GWB, der durch § 58 VgV bzw. für Bauvergaben durch § 16d EU Abs. 2 VOB/A ergänzt wird. Weitere landesgesetzliche Verpflichtungen scheiden infolge kompetenzieller Erwägungen aus.

Als Oberbegriff fungiert nach der neuen Rechtslage der des wirtschaftlich günstigsten Angebotes. Für die Berücksichtigung von LCC stehen dem öffentlichen Auftraggeber nunmehr zwei Modalitäten zur Auswahl. Die Vergabe anhand

- der Kosten bzw. eines Kosten-Wirksamkeitsansatzes (wie die Lebenszykluskostenrechnung), oder
- des besten Preis-Leistungsverhältnisses unter Einbeziehung qualitativer, umweltbezogener und/oder sozialer Aspekte.

In *materieller* Hinsicht ist zunächst eine Verbindung mit dem Auftragsgegenstand erforderlich. Mit der Neuregelung wurde ein denkbar weites Verständnis festgeschrieben. Ausreichend ist, dass sich ein Zuschlagskriterium in irgendeiner Hinsicht und in irgendeinem Lebenszyklusstadium auf die auftragsgegenständlichen

Lieferungen, Bau- oder Dienstleistungen bezieht. Die Kriterien können auch mit einem spezifischen Prozess in Bezug auf ein anderes Lebenszyklus-Stadium oder lediglich mit dem Produktions- oder Bereitstellungsprozess sowie des Handels damit zusammenhängen. Dementsprechend wird keine Auswirkung auf die materiellen Eigenschaften des Auftragsgegenstandes vorausgesetzt. Ausgeschlossen ist lediglich die Bezugnahme auf die allgemeine Unternehmenspolitik der Bieter. Es wurde folglich ein denkbar weites Verständnis der Verbindung mit dem Auftragsgegenstand normiert, das dem öffentlichen Auftraggeber einen großen Gestaltungsspielraum einräumt. Für die Einbeziehung strategischer Ziele ist diese Voraussetzung daher eher förderlich.[1856]

Des Weiteren müssen Zuschlagskriterien hinreichend bestimmt und einer wirksamen Überprüfung zugänglich sein. Diese weitere Schranke der Einbeziehung strategischer Ziele ist im Verhältnis zu der Auftragsgegenstandsverbindung strikter. Die Problematik der Überprüfungsmöglichkeit besteht insbesondere bei qualitativen Zuschlagskriterien. Diese Anforderung erschwert die Einbeziehung von LCC deutlich, weil es sich bei den Bieterangaben, wie künftige Wartungs-, Instandhaltungs- und Entsorgungskosten um Prognosewerte handelt, die von einem öffentlichen Auftraggeber nur sehr schwierig überprüfbar sind.[1857]

In *formeller* Hinsicht ist die Angabe der einzelnen Zuschlagskriterien sowie deren Gewichtung vorgeschrieben, die auch mittels einer Marge mit angemessener Bandbreite angegeben werden kann, es sei denn, das wirtschaftlich günstigste Angebot wird auf Grundlage des Preises ermittelt. Ausnahmsweise, wenn eine Gewichtung aus objektiven Gründen nicht möglich ist, kann der öffentliche Auftraggeber die Kriterien in absteigender Rangfolge angeben.[1858] Die Voraussetzung der Publizität ist grundsätzlich als neutral zu bewerten. Auch macht Art. 68 VRL konkretere Vorgaben für die Einbeziehung einer LCC-Methode. Als Erschwernis kann sich die Angabe der Gewichtung darstellen, weil sich der öffentliche Auftraggeber bereits zu Beginn des Vergabeverfahrens festlegen muss, was sich im Einzelfall als schwierig darstellen kann.[1859] Mit der Beantwortung der Teilfrage 4 wird eine Eingrenzung der möglichen Gewichtung von LCC in der Zuschlagsentscheidung vorgenommen.

Schließlich erfordert das Vergaberechtsregime infolge seiner nun auch nationalen Abkehr vom einzelwirtschaftlichen Maßstab nicht mehr, dass Zuschlagskriterien dem öffentlichen Auftraggeber einen unmittelbaren wirtschaftlichen Vorteil vermitteln.[1860] Dieser Umstand ist für das LCC von hervorgehobener Bedeutung, weil sich dessen Vorteile in der Regel nicht unmittelbar bei der ausschreibenden Stelle zeigen.

1856 Vgl. die Ausführungen in Kapitel 3, C, I, 3 a) und III.
1857 Vgl. die Ausführungen in Kapitel 3, C, I, 3 b) und III.
1858 Art. 67 Abs. 5 UAbs. 3 VRL.
1859 Vgl. die Ausführungen in Kapitel 3, C, I, 4.
1860 Vgl. die Ausführungen in Kapitel 3, D, I, 2, d).

II. Teilfrage 2

Weiter wurde untersucht, *ob sich der Einsatz eines LCC-Modells an den Maßstäben der Grundsätze der Auftragsvergabe messen lassen muss.* Diese sind nunmehr sämtlich in Art. 18 Abs. 1 VRL und § 97 Abs. 1, 2 und 4 GWB festgeschrieben. Nach der allgemeinen Rechtslehre wird die Konkurrenz eines Rechtsprinzips mit einer konkreteren Norm (Regel) zugunsten der Regel aufgelöst, sodass das Rechtsprinzip eingeschränkt wird. Es kommt also sowohl nach europäischem[1861] als auch nationalem Recht zunächst darauf an, ob eine konkretere Norm besteht, die einen Tatbestand und eine Rechtsfolge formuliert, sodass ein Sachverhalt durch eine Subsumption unter diesen Tatbestand gelöst werden kann. Punkt C, III, 2, a) des Kapitels 4 widmet sich im Detail der Frage, ob die Normierung der Lebenszykluskostenrechnung in Art. 68 VRL und § 59 VgV Regelungslücken enthält, die einen Rückgriff auf die Grundsätze der Auftragsvergabe ermöglichen.

Während ihre Heranziehung als Auslegungsdirektiven unproblematisch dort möglich ist, wo der Normtext auf Tatbestandsseite durch unbestimmte Rechtsbegriffe oder auf Rechtsfolgenseite durch Ermessensentscheidungen Gestaltungsspielräume eröffnet, ist im nationalen Recht umstritten, ob ihnen darüber hinaus ein eigenständiger normativer Regelungsgehalt zukommt. Dies ist für den in § 97 Abs. 2 GWB geregelten Gleichbehandlungs- und Diskriminierungsgrundsatz sowie das Gebot der Berücksichtigung mittelständischer Interessen in Abs. 4 zu bejahen, weil die Vorschriften ein konkretes Ge- und Verbot enthalten. Im Gegensatz zu der Losvergabe kommt dem Gleichbehandlungs- und Diskriminierungsgrundsatz für den vorliegenden Zusammenhang eine hervorgehobene Bedeutung zu.[1862]

Die Teilfrage ist also dahingehend zu beantworten, dass aus Sicht des nationalen Rechts den Grundsätzen der Auftragsvergabe eine Auslegungsfunktion zukommt, wo § 59 VgV Gestaltungsspielräume durch unbestimmte Rechtsbegriffe und die Einräumung von Ermessen eröffnet. Dies betrifft insbesondere das Auswahlermessen. Nur der Gleichbehandlungs- und Diskriminierungsgrundsatz kann eigenständig herangezogen werden und dies auch nur soweit die Regelung der Lebenszykluskostenrechnung in § 59 VgV eine lückenhafte Regelung enthält.[1863]

III. Teilfrage 3

Außerdem wurde die Frage behandelt, ob sich *weitere primärrechtliche Grenzen aus Sicht des nationalen öffentlichen Auftraggebers* ergeben.

Dem Primärrecht kommt eine Ergänzungsfunktion zu, wenn die Vergaberichtlinien Lücken aufweisen oder Umsetzungsspielräume eröffnen. Eine abschließende

---

1861 Vgl. die Ausführungen in Kapitel 3, C, IV, 1, c).
1862 Vgl. die Ausführungen in Kapitel 3, D, II, 1.
1863 Vgl. die Ausführungen in Kapitel 3, D, II, 1.

sekundärrechtliche Regelung hat Anwendungsvorrang bzw. entfaltet eine Sperrwirkung, wenn diese ihrerseits mit dem Primärrecht vereinbar ist. Die Regelung des Zuschlages ist insoweit nicht abschließend harmonisiert, als dass sie nur eine beispielhafte Aufzählung der Zuschlagskriterien enthält. Gleiches gilt für den Ausschluss der „Nur-Preis" bzw. „Nur-Kosten" Vergabe bzw. deren Beschränkung auf bestimmte Fallgruppen. Die VRL räumt den Mitgliedsstaaten insoweit einen Umsetzungsspielraum für die einzelstaatlichen Regelungen ein. Die weiteren Vorgaben des Art. 67 VRL stellen jedoch eine Vollharmonisierung dar. Für die Vorschrift des Art. 68 wird dies im vierten Kapitel unter Punkt C, III, 2, a) beleuchtet.

Der sachliche Anwendungsbereich des Primärrechts ist bei Vorliegen eines grenzüberschreitenden Interesses eröffnet. Hierbei dient der geschätzte Auftragswert oder der Ort der Ausführung als Indiz. Für den vorliegenden Zusammenhang kann vor allen Dingen der Warenverkehrsfreiheit, aber auch der Dienstleistungsfreiheit, eine eigenständige Bedeutung zukommen. Infolge der Rechtfertigungsmöglichkeit stellen die Grundfreiheiten ein nur eingeschränkt wirksames Korrektiv dar.[1864] Es ergeben sich weiter keine beihilferechtlichen Bedenken. In einen durchzuführenden „market economy investor test" ist auch die längerfristige Rentabilität den Finanzengagements zu berücksichtigen, weshalb auch die Berücksichtigung von LCC im Rahmen des Zuschlages, die die Beschaffung auf den ersten Blick verteuern kann, keine marktunangemessene Bezahlung und damit keine Begünstigung i.S.d. Beihilfenrechts darstellt.[1865]

IV. Teilfrage 4

Nach der europäischen und nationalen Vergaberechtsmodernisierung hat der öffentliche Auftraggeber die Option, die mittels LCC ermittelte Kostenwirksamkeit als einziges Zuschlagskriterium („Nur-Kosten" Vergabe) festzulegen. Die Frage, *welches Gewicht dem LCC in der Zuschlagsentscheidung zukommen darf*, lässt sich also dahingehend beantworten, dass es zu 100% ausschlaggebend sein kann. Es sei allerdings auf die in Kapitel 4 unter Punkt B, IV, b) aufgezeigten Implikationen für LCC als einziges Zuschlagskriterium verwiesen. Weiter ist bedeutsam, dass dies einerseits die Bewertung vereinfacht und auch qualitätsbezogene Aspekte nur zum Teil preisgegeben werden müssen. Andererseits bedeutet dies aber, dass eine Gewichtung der qualitativen Aspekte im Verhältnis zu den Kosten nicht mehr frei bestimmbar ist, wodurch die grundlegenden Charakteristika qualitativer Kriterien eingebüßt werden. Auch Externalitäten, denen kein monetärer Wert beigemessen werden kann, blieben in der Zuschlagsentscheidung unberücksichtigt. Überdies ist bei der „Nur-LCC" Vergabe zu beachten, dass eine Kombination mit einer funktionalen Leistungsbeschreibung ausgeschlossen ist und die Zulassung von Nebenangeboten voraussetzt, dass der öffentliche Auftraggeber bei der Festlegung der

1864 Vgl. die Ausführungen in Kapitel 3, E, I-III.
1865 Vgl. die Ausführungen in Kapitel 3, E, IV, 2, d).

Mindestanforderungen des Standards und der wesentlichen Merkmale einer Alternativausführung besonders sorgfältig vorgeht.[1866]

Der öffentliche Auftraggeber kann LCC nach wie vor neben qualitativen Kriterien zur Bestimmung des besten Preis-Leistungsverhältnisses einsetzen. Kommt es neben qualitativen Kriterien zur Bestimmung des besten Preis-Leistungsverhältnisses zum Einsatz, wird eine Gewichtung erforderlich. Weder die VRL noch das nationale Umsetzungsrecht geben Aufschluss, mit welchem Prozentsatz das Kostenkriterium in die Zuschlagsentscheidung eingehen muss. Für die „Clean-Vehicles-Directive" bzw. deren Umsetzungsrecht wurde eine Untergrenze der Berücksichtigung von Energieverbrauch und Umweltauswirkungen mit zum Teil 3%[1867], an anderer Stelle mit weniger als 10–20% angenommen.[1868] Weitere Anhaltspunkte einer vergaberechtlich zulässigen Gewichtung des Kostenkriteriums lassen sich der bisherigen Diskussion um die Preisgewichtung entnehmen. Auf europäischer Ebene wurde die Gewichtung eines Umweltkriteriums mit 45% nicht beanstandet. Leider lässt sich aber weder der europäischen, noch der nationalen Rechtsanwendung ein „safe harbour" im Sinne einer Mindestgewichtung des Preises entnehmen. Die Auswertung der deutschen Vergaberechtsprechung lässt aber den Schluss zu, dass jedenfalls eine Berücksichtigung des jeweiligen Kriteriums mit 5% die finanzielle oder die qualitative Komponente völlig in den Hintergrund treten lässt.[1869] Über eine solche Marginalisierung hinaus, besteht nach dem Dafürhalten der Verfasserin keine feste Grenze, weil dies der Vielfalt öffentlicher Aufträge nicht gerecht würde und die Wechselbeziehung der Leistungsbeschreibung zu der Festsetzung der Zuschlagskriterien außer Acht ließe. Je stärker die zu erbringende Leistung fix vorgegeben wurde, desto mehr muss der öffentliche Auftraggeber das beste Preis-Leistungsverhältnis über den Angebotspreis bestimmen, was bei vollständig vorgegebener Leistung zu einer reinen Preis- bzw. neuerdings Kosten-Vergabe führt. Überdies sollte sich das Verhältnis der wirtschaftlichen Bedeutung der während des Lebenszyklus entstehenden Folgekosten zu den Anschaffungskosten im Rahmen der Gewichtung des LCC-Kostenkriteriums widerspiegeln. Je nach zu erwartendem Umfang kann den Folgekosten eine erhebliche Wertungsrelevanz beigemessen werden.[1870] Auch insoweit ist es bedeutsam, das Bestimmungsrecht

---

1866 Vgl. die Ausführungen in Kapitel 4, B, IV, 1-2.

1867 Zeiss, NZBau 2012, 201, 204; ders., NZBau 2011, 658, 662; Stockmann/Rusch, NZBau 2013, 71, 76.

1868 Schröder, NZBau 2014, 467 f., m.w.N. in Fn. 22.

1869 OLG Dresden, B. v. 27.11.2013 – Az.: VII-Verg 20/13, NZBau 2014, 121, 124; 2. VK Bund, B. v. 10.06.2005 – VK 2 – 36/05, JurionRS 2005, 22700.

1870 *Horn* in: Müller-Wrede: Kommentar: Vergabe- und Vertragsordnung für Leistungen, 4. Auflage, Datenbank VergabePortal, Zugriff am 11.07.2016, § 19 VOL/A-EG, Rn. 283; ein ähnlicher Vorschlag findet sich für die Vorschriften zur Energieeffizienz bei Zeiss, NZBau 2012, 201, 204, der bei einer lediglich untergeordneten Bedeutung eine Gewichtung von 5–10% ausreichen lässt und bei einer „herausragenden Rolle"

des öffentlichen Auftraggebers nicht durch die Festlegung einer Mindestgewichtung zu beschneiden.[1871]

Eine fehlerfreie Ermessensausübung seitens des öffentlichen Auftraggebers verlangt jedoch, dass dieser sich der Ungenauigkeiten bzw. des „Flipping-Effektes" einiger Bewertungsformeln, die zur Kostengewichtung eingesetzt werden, zumindest bewusst ist. Wie aufgezeigt wurde, muss sich die beabsichtigte Gewichtung nicht zwingend in der Vergabeentscheidung widerspiegeln. Insoweit kann nicht verlangt werden, gänzlich auf eine Gewichtung der Kosten zu verzichten. Jedoch ist der Einsatz von Bewertungsformeln, die zu sachwidrigen Ergebnissen führen, wie etwa die UfAB II-Formel, die Mittelwertmethode und die einfache Richtwertmethode mit Gewichtungsfaktor nach dem Dafürhalten der Verfasserin als ermessensfehlerhaft zu bewerten. Dies muss auch für die beidseitige lineare Interpolation gelten, weil sie in Fällen, in denen nur zwei Angebote eingehen, nach der Judikatur vergaberechtswidrig ist.[1872]

V. Teilfrage 5

Die fünfte Teilfrage, *nach der die Möglichkeiten des LCC-Instrumentes im Hinblick auf eine Berücksichtigung strategischer Ziele* untersucht werden sollten, kann so beantwortet werden, dass der Einbeziehung *sozialer Anforderungen* in eine LCC-Bewertung Grenzen gesetzt sind.

Der europäische Gesetzgeber hat externe soziale Kosten nicht in die Regelung zur Lebenszykluskostenrechnung in Art. 68 VRL mit aufgenommen. Ein SLCC, das am weitesten greift, indem es alle weiteren externen Kosten in die Analyse mit einbezieht, ist nicht von dieser Vorschrift umfasst. Das Europäische Parlament konnte sich mit seinem entsprechenden Vorstoß im Gesetzgebungsverfahren nicht durchsetzen.

Dies ist zum einen darauf zurückzuführen, dass sich für externe soziale Kosten in noch größerem Maß das Problem der Monetarisierung stellt. Man denke hier etwa an Gesichtspunkte wie die öffentliche Gesundheit und sozialer Wohlstand, Normen und Rechte hinsichtlich der Arbeitsplatzqualität, sowie Privat- und Familienleben. Ihnen lässt sich nur schwerlich ein Geldwert beimessen, weshalb sie in einem SLCC qualitativ berücksichtig werden müssten. Dies ist aber von Art. 68 VRL sowie dem nationalen Umsetzungsrecht in § 59 VgV und § 16d EU Abs. 2 Nrn. 5–7 VOB/A nicht vorgesehen. Vielmehr fordern diese Normen, dass die Externalitäten einer Monetarisierung zugänglich sind.

Eine weitere große Herausforderung besteht darin, die Kosten und Vorteile, die etwa durch Beiträge zum sozialen Zusammenhalt durch die Schaffung von

---

20–30% fordert. Vgl. weiterhin ders. zur vorherigen Fassung der VgV in NZBau 2011, 658 ff.; Gaus, NZBau 2013, 401, 407.

1871 Vgl. die Ausführungen in Kapitel 4, B, III, 2, g).

1872 Vgl. die Ausführungen in Kapitel 4, B, III, 2, e).

Arbeitsplätzen, Lebensgrundlagen und neue Industrien entstehen, mit einem akzeptablen Maß an Sicherheit vorauszusagen. Die Gefahr einer Nichtvergleichbarkeit der Prognosewerte der Bieterangaben stellt sich bei einer Berücksichtigung der sozialen Externalitäten damit in noch größerem Umfang als bei den Umwelteffekten.

Der Europäische Gesetzgeber trug nach dem Dafürhalten der Verfasserin mit der Ausnahme des SLCC vom Anwendungsbereich der Lebenszykluskostenrechnung in Art. 68 VRL dem gegenwärtigen Stand der Forschung Rechnung. Ein „weakening of the full potential" ist hierin nicht zu sehen. Derzeit besteht schlicht noch kein Potenzial für den Einsatz von SLCC, weil dessen Grundlagen wissenschaftlich nicht ausreichend erforscht sind und die komplizierte Prognose dieser Kosten zu großen Unsicherheiten führt, die einer Vergleichbarkeit der Bieterangebote entgegensteht. Der Europäische Gesetzgeber behält sich allerdings vor, die Regelung, um die soziale Dimension von LCC zu ergänzen, wenn entsprechende wissenschaftliche Grundlagen gelegt wurden.[1873]

Demgegenüber bietet das LCC-Instrument im Hinblick auf *Effekte der Umweltbelastung* als strategisches Ziel weitreichende Möglichkeiten. Zum einen wird das ELCC von den Vorschriften zur Regelung der „Lebenszykluskostenrechnung" als weitere Erscheinungsform von LCC in Art. 68 Abs. 1 b) VRL und in § 59 Abs. 2 Nr. 5 VgV bzw. § 16d EU Abs. 2 Nr. 5 b) VOB/A ausdrücklich vorgesehen. Auch insoweit erkennt der europäische Gesetzgeber den gegenwärtigen Stand der Forschung an. Wie aufgezeigt wurde, handelt es sich bei dem ELCC um die am besten adaptierte Lebenszykluskostenmethode.[1874]

In formeller Hinsicht fordern diese Normen zunächst Publizität in den Auftragsunterlagen, insbesondere in der Bekanntmachung. Hierzu zählt eine Beschreibung der zum Einsatz kommenden ELCC-Methode in ihren Grundzügen. Überdies muss sie allen am Auftrag interessierten Wirtschaftsteilnehmern zugänglich sein. Materiell ist erforderlich, dass sie auf objektiv nachprüfbaren und nichtdiskriminierenden Kriterien beruht. Die angewendete Methode darf also die Chancen „ausländischer" Bieter auf den Zuschlag nicht in irgendeiner Form beschränken. Eine ELCC-Vorgabe, die inländischen Bietern die Bereitstellung der geforderten Daten leichter macht, ist vergaberechtlich unzulässig. Die von Seiten des öffentlichen Auftraggebers verwendete Methode zur Bewertung der externen Umweltkosten muss in jedem Fall einen objektiven Vergleich der Angebote der Bieter ermöglichen.[1875]

Eine nicht für die wiederholte oder kontinuierliche Anwendung konzipierte ELCC-Methode darf insbesondere nicht bestimmte Wirtschaftsteilnehmer auf unzulässige Weise bevorzugen oder benachteiligen.[1876] Hier gibt der europäische

1873 Vgl. Erwägungsgrund 96 Abs. 4 VRL sowie die erläuternden Ausführungen in Kapitel 4 unter Punkt C., I, 1, c).

1874 Vgl. die Ausführungen in Kapitel 2 unter Punkt B., III, 1, b).

1875 Vgl. die Ausführungen in Kapitel 4 unter Punkt C., I, 2, a).

1876 Vgl. die Ausführungen in Kapitel 4 unter Punkt C., I, 2, b), ba).

Gesetzgeber ausreichend Raum für die Förderung dieses Instrumentes durch die Entwicklung von ELCC-Methoden für die verschiedenen Beschaffungsgegenstände. Nur eine gemeinsame Methode i.S.d. Art. 68 Abs. 3 VRL bzw. § 59 Abs. 4 VgV ist zwingend anzuwenden. Ansonsten sind Ad-hoc Methoden zulässig.[1877] Dem öffentlichen Auftraggeber steht es frei, auf bereits existente ELCC-Modelle für bestimmte Zwecke zurückzugreifen oder diese für andere Vergabeverfahren abzuändern. Es gilt allerdings zu beachten, dass die Grenzen zwischen einer auf den konkreten Auftrag zugeschnittenen Methode und einer solchen, die einen bestimmten Wirtschaftsteilnehmer bevorzugt, fließend sind. Dies ist kritisch zu prüfen. Zu Recht werden „gleichwertige" ELCC-Methoden nicht zugelassen, weil somit eine objektive Vergleichbarkeit der Angebote nicht möglich wäre.

Die Anforderung der Bereitstellung der Daten mit „vertretbarem" Aufwand für Wirtschaftsteilnehmer, die ihrer Sorgfaltspflicht in normalem Maße nachkommen, ist im Kern eine Verhältnismäßigkeitserwägung, für die sich eine schematische Betrachtung verbietet. Vielmehr muss der vertretbare Aufwand für den jeweiligen Wirtschaftsteilnehmer festgestellt werden. Die von Seiten der Bieter bereitzustellenden Daten dürfen keine fachlichen, finanziellen oder technischen Anforderungen enthalten, die im Hinblick auf den Gegenstand des Auftrages unverhältnismäßig oder exzessiv sind. Allerdings steht dem öffentlichen Auftraggeber bei der Auswahl der jeweiligen ELCC-Methode ein Ermessens- und Beurteilungsspielraum zu, der durch die Nachprüfungsinstanzen nur eingeschränkt überprüfbar sind.[1878]

Bereits aus seiner Eigenschaft als strategischer Zweck ergibt es sich, dass das ELCC eine Verbindung mit dem Auftragsgegenstand aufweisen muss. Weiter wird es im Rahmen des Zuschlages eingesetzt, sodass sich das Instrument auch aus diesem Grund an Art. 67 Abs. 3 VRL bzw. § 127 Abs. 3 GWB messen lassen muss. Im Zuge der Vergaberechtsreform wurde ein denkbar weites Verständnis der Auftragsgegenstandsverbindung festgeschrieben. Ausreichend ist, dass sich ein Zuschlagskriterium in irgendeiner Hinsicht und in irgendeinem Lebenszyklusstadium auf den Auftragsgegenstand bezieht. Eine Bezugnahme auf die allgemeine Unternehmenspolitik der Bieter ist somit ausgeschlossen. Die Verbindung muss sich nach richtiger Ansicht auch in einem vertretbaren Rahmen halten.[1879]

Eine besondere Herausforderung stellt schließlich die Überprüfbarkeit der Bieterangaben dar, was von dem öffentlichen Auftraggeber ein beträchtliches fachliches Know-how fordert und ihn zugleich mit einem erheblichen bürokratischen Mehraufwand konfrontieren kann.[1880]

1877 Vgl. die Ausführungen in Kapitel 4 unter Punkt C., I, 2, b), aa).
1878 Vgl. die Ausführungen in Kapitel 4 unter Punkt C., I, 2, b), cc).
1879 Vgl. die Ausführungen in Kapitel 4 unter Punkt C., I, 3.
1880 Vgl. die Ausführungen in Kapitel 4 unter Punkt C., I, 4.

B. Thesen

1. Life Cycle Costing (LCC) bildet vornehmlich die ökonomische Dimension von Nachhaltigkeit ab.[1881]
2. Einem Environmental Life Cycle Costing (ELCC) kann die Sachbilanz eines zuvor durchgeführten Life Cycle Assessments (LCA) zugrunde gelegt werden, wenn bestimmte Grundprinzipien beachtet werden.[1882]
3. Ein „one-fits-all" LCC-Modell für die öffentliche Beschaffung existiert nicht.[1883] Die Entwicklung eines solchen scheitert aus einer Vielzahl von Gründen. Hierzu zählen die fehlende Existenz eines generischen Datenformates für ein sachbilanzbasiertes LCC, die starke Abhängigkeit von festgelegtem Ziel und Untersuchungsrahmen, die Volatilität von Kosteninformationen sowie der Verschiedenartigkeit der Beschaffungsgegenstände – insbesondere mit Blick auf die Entstehung von Kosten während der Nutzungs- oder EoL-Phase sowie die daraus resultierende Zweckmäßigkeit von LCC, was mit dem Detaillierungsgrad eines LCC korreliert.
4. Das ELCC ist zugleich ein strategischer Zweck, weil es auch die Kosten einbezieht, die durch die externen Effekte der Umweltbelastung entstehen.[1884]
5. In Abkehr von dem streng einzelwirtschaftlichen Maßstab kommt es nach europäischem und nationalem Vergaberecht nicht mehr darauf an, dass Zuschlagskriterien dem öffentlichen Auftraggeber einen unmittelbaren wirtschaftlichen Vorteil vermitteln.[1885]
6. Die in der Judikatur des EuGH entwickelten Anforderungen an strategische Zuschlagskriterien wurden in weiten Teilen in der VRL normiert. Die Vorgabe von strategischen Zuschlagskriterien ist ein wirksames und daher für öffentliche Auftraggeber relevantes Mittel zur Verfolgung politischer Ziele.[1886]
7. Der nationale Gesetzgeber setzte die Vorgaben der VRL an die Zuschlagserteilung „eins zu eins" um.[1887]
8. Ein Rückgriff auf die Grundsätze der Auftragsvergabe setzt trotz deren sekundärrechtlicher Normierung nach der allgemeinen Rechtslehre voraus, dass die VRL keine hierauf bezogene konkrete Regelung vorsieht.[1888]
9. Ergibt die stets erforderliche Untersuchung anhand des Einzelfalls, dass die in Rede stehende Rechtsfolge bereits von einer konkreten Regel abgedeckt wird, können die Grundsätze der Auftragsvergabe nach der allgemeinen Rechtslehre nur auslegungsergänzend herangezogen werden.[1889]

1881 Vgl. die Ausführungen in Kapitel 2 unter Punkt B., III.
1882 Vgl. die Ausführungen in Kapitel 2 unter Punkt C., II.
1883 Vgl. die Ausführungen in Kapitel 2 unter Punkt C., III.
1884 Vgl. die Ausführungen in Kapitel 2 unter Punkt D., III.
1885 Vgl. die Ausführungen in Kapitel 3 unter Punkt B., III, 4.
1886 Vgl. die Ausführungen in Kapitel 3 unter Punkt C., III, 1.
1887 Vgl. die Ausführungen in Kapitel 3 unter Punkt D., I, 2, b).
1888 Vgl. die Ausführungen in Kapitel 3 unter Punkt C., IV, 1, c).
1889 Vgl. die Ausführungen in Kapitel 3 unter Punkt C., IV, 1, d).

10. Ihre Auslegungsfunktion entfalten die Grundsätze der Auftragsvergabe dort, wo die konkret gefassten Regeln dem Rechtsanwender entweder auf Tatbestandsseite in Form unbestimmter Rechtsbegriffe, oder auf Rechtsfolgenseite durch die Einräumung von Verwaltungsermessen Spielräume eröffnen.[1890]
11. Ergibt die Einzelfallprüfung das Vorliegen einer Regelungslücke der jeweiligen Vorschrift, kommt nach nationalem Recht ein unmittelbarer Rückgriff nur auf den Gleichbehandlungsgrundsatz und das Gebot der Berücksichtigung mittelständischer Interessen in Betracht. Nur diesen Grundsätzen der Auftragsvergabe kommt ein eigenständiger normativer Regelungsgehalt zu, weil sie als konkrete Ge- und Verbotsnorm ausgestaltet sind, sodass es keines weiteren normativen Anhaltspunktes bedarf.[1891]
12. Demgegenüber können der Wettbewerbs-, Transparenz- und Verhältnismäßigkeitsgrundsatz nur auslegungsergänzend herangezogen werden, es sei denn, ein vom Europarecht geforderter Rechtszustand ließe sich nicht auf andere Weise herbeizuführen.[1892]
13. Dem Sekundärrecht kommt ein Anwendungsvorrang bzw. eine Sperrwirkung gegenüber den Grundfreiheiten zu, wenn es mit den Grundlagen des Binnenmarktes vereinbar ist. Dies ergibt sich aus der Normenhierarchie. Ein Rückgriff auf das Vergabeprimärrecht ist im Rahmen des Art. 67 Abs. 2 UAbs. 3 VRL grundsätzlich möglich, weil die VRL diesen Bereich nicht abschließend harmonisiert.[1893]
14. Die Berücksichtigung strategischer Ziele ist nicht pauschal als Beihilfegewährung einzuordnen.[1894]
15. Die Lebenszykluskostenrechnung wurde signifikant aufgewertet, indem sie über das Kostenkriterium eine weitere, eigene Option für die Zuschlagserteilung darstellt.[1895]
16. Das nationale Vergaberecht lässt eine „Nur-Preis“ bzw. „Nur-Kosten“ Vergabe grundsätzlich zu, es sei denn, der öffentliche Auftraggeber entscheidet sich zu der Abschöpfung des „Know-hows“ der Bieter durch eine (teil)funktionale Ausschreibung.[1896]
17. Nebenangebote sind bei der Vergabe nach dem niedrigsten Preis/Kosten zugelassen. In Fällen, in denen ein Vergleich des Qualitätsniveaus von Nebenangeboten in technisch-funktioneller oder sachlicher Hinsicht mit dem für die Hauptangebote vorausgesetzten Standard nicht nachvollziehbar oder überprüfbar wäre, sollte das Auswahlermessen des öffentlichen Auftraggebers eingeschränkt werden.[1897]

1890 Vgl. die Ausführungen in Kapitel 3 unter Punkt C., IV, 1, d).
1891 Vgl. die Ausführungen in Kapitel 3 unter Punkt D., II, 1, a) – c).
1892 Vgl. die Ausführungen in Kapitel 3 unter Punkt D., II, 1, a) – c).
1893 Vgl. die Ausführungen in Kapitel 3 unter Punkt E., II, 1.
1894 Vgl. die Ausführungen in Kapitel 3 unter Punkt E., IV, 2, d).
1895 Vgl. die Ausführungen in Kapitel 4 unter Punkt B., IV.
1896 Vgl. die Ausführungen in Kapitel 4 unter Punkt B., IV, 1, a).
1897 Vgl. die Ausführungen in Kapitel 4 unter Punkt B., IV, 1, b).

18. LCC kann wie bislang neben qualitativen Kriterien zur Ermittlung des besten Preis-Leistungsverhältnisses zum Einsatz kommen.[1898]
19. Ein „safe harbour" im Sinne einer Mindestgewichtung des Preises – auch einer solchen mit 30% – existiert nicht.[1899]
20. Je stärker also die zu erbringende Leistung fix vorgegeben wird, desto mehr muss der öffentliche Auftraggeber das beste Preis-Leistungsverhältnis über den Angebotspreis bestimmen, was bei vollständig vorgegebener Leistung zu einer reinen Preis- bzw. Kosten-Vergabe führt.[1900]
21. Aus der jeweils verwendeten Methode der Preisgewichtung können sich zusätzliche Unsicherheiten ergeben.[1901]
22. Die bereits mit dem Anschaffungspreis abgegoltenen Kosten, wie sie z.B. durch Produktion, Transports oder Forschung und Entwicklung entstehen, dürfen nach der VRL grundsätzlich erneut berücksichtigt werden, wenn ein „double counting" vermieden wird.[1902]
23. Das Vergaberechtsregime sieht das SLCC nicht vor, was dem derzeitigen Forschungsstand entspricht.[1903]
24. Die Auftragsunterlagen sollten eine detaillierte Beschreibung der Funktionsweise des jeweils eingesetzten LCC-Modells enthalten.[1904]
25. Nur sofern eine gemeinsame LCC-Methode i.S.d. Art. 68 Abs. 3 VRL existiert, muss diese zwingend angewendet werden. Im Übrigen steht dem öffentlichen Auftraggeber die Anwendung von Ad-hoc LCC-Methoden frei, sofern diese bestimmte Wirtschaftsteilnehmer nicht auf unzulässige Weise bevorzugen oder benachteiligen.[1905]
26. Der Maßstab des mit der üblichen Sorgfalt handelnden Wirtschaftsteilnehmers, auf den zur Bewertung des vertretbaren Aufwandes der Datenbeschaffung abgestellt wird, ist den Gegebenheiten des jeweiligen Beschaffungsvorganges sowie den Eigenheiten des konkret betroffenen Bieters (bspw. KMU) anzupassen. Im Kern geht es geht darum, was dem „sorgfältigen" Wirtschaftsteilnehmer zugemutet werden kann i.S.d. Verhältnismäßigkeitserwägung. Es dürfen keine fachlichen, finanziellen oder technischen Anforderungen gestellt werden, die im Hinblick auf den Gegenstand des Auftrags unverhältnismäßig oder exzessiv sind.[1906]

1898 Vgl. die Ausführungen in Kapitel 4 unter Punkt B., III.
1899 Vgl. die Ausführungen in Kapitel 4 unter Punkt B., III, 1, b).
1900 Vgl. die Ausführungen in Kapitel 4 unter Punkt B., III, 1, c).
1901 Vgl. die Ausführungen in Kapitel 4 unter Punkt B., III, 2, a) – g).
1902 Vgl. die Ausführungen in Kapitel 4 unter Punkt C., I, 1, a), aa).
1903 Vgl. die Ausführungen in Kapitel 4 unter Punkt C., I, 1, c).
1904 Vgl. die Ausführungen in Kapitel 4 unter Punkt C., I, 2, a), aa).
1905 Vgl. die Ausführungen in Kapitel 4 unter Punkt C., I, 2, b), bb).
1906 Vgl. die Ausführungen in Kapitel 4 unter Punkt C., I, 2, b), cc).

27. Die LCC-Methode muss eine Auftragsgegenstandsverbindung aufweisen, weil sie Zuschlagskriterium ist. Für das ELCC ergibt sich dies zudem daraus, dass es über die Einbeziehung ökologischer Externalitäten ein strategischer Zweck ist.[1907]
28. Gleiches gilt für die Anforderung einer wirksamen Überprüfungsmöglichkeit der von den Bietern übermittelten Informationen. Für die Einbeziehung von LCC stellt dies eine besondere Herausforderung dar.[1908]
29. Das nationale Recht setzt die Vorgaben der Richtlinie in Bezug auf die Lebenszykluskostenrechnung ohne inhaltliche Abweichung um.[1909]
30. Die Differenzierung zwischen ELCC und konventionellem LCC in Art. 68 Abs. 2 UAbs. 2 VRL bzw. § 59 Abs. 3 VgV ist aus Sicht des nationalen Vergaberechts unerheblich, weil sich sämtliche materielle Voraussetzungen, die für das ELCC normiert werden, zumindest auch aus den Grundsätzen der Gleichbehandlung und der Nichtdiskriminierung ergeben und ihnen ein eigenständiger normativer Gehalt zukommt. Im Übrigen können die Grundsätze der Auftragsvergabe nur auslegungsergänzend herangezogen werden.[1910]
31. Es ergibt sich keine Situation, in der die nationale Regelung der Lebenszykluskostenrechnung am primären Unionsrecht zu messen wäre, sodass eine Maßstabsfunktion der Grundfreiheiten nicht in Betracht kommt. Sie können allenfalls im Zuge einer unionsrechtskonformen Auslegung des innerstaatlichen Rechts beachtlich werden.[1911]

*

1907 Vgl. die Ausführungen in Kapitel 4 unter Punkt C., I, 3.
1908 Vgl. die Ausführungen in Kapitel 4 unter Punkt C., I, 4.
1909 Vgl. die Ausführungen in Kapitel 4 unter Punkt C., II, 2, a), bb) und c), bb).
1910 Vgl. die Ausführungen in Kapitel 4 unter Punkt C., III, 2, c).
1911 Vgl. die Ausführungen in Kapitel 4 unter Punkt C., IV, 2.

Literaturverzeichnis

Ahsen, Anette von/Weißmann, Claudia: Lebenszykluskostenrechnung und Ökobilanzierung für Plus-Energie-Häuser – Methodenbekanntheit und -anwendung sowie Konsequenzen für die zukünftige Förderung, in: Zeitschrift für Umweltpolitik und Umweltrecht (2014) 37 Jg., S. 229–257 (zit.: von Ahsen/Weißmann, ZfU 2014)

Althaus, Stefan/Heindl, Christian (Hrsg.): Der öffentliche Bauauftrag, Vergabe und Ausführung von Bauleistungen nach VOB Teile A, B und C 2. Aufl., München 2013 (zit.: Althaus/ Heindl, Der öffentliche Bauauftrag, 2. Auflage 2013, Teil, Buchst.)

Arrowsmith, Sue: The Community's Legal Framework on Public Procurement: "the way Forward" at Last? in: Common Market Law, Bd. 36.1999, 1, S. 13–49. (zit.: Arrowsmith, CMLR 1999)

Arrowsmith, Sue: The law of public and utilities procurement, Regulation in the EU and UK London 2005 (zit.: Arrowsmith, The Law of Public & Utilities Procurement, Vol. 1, 2nd Edition 2005, S.)

Arrowsmith, Sue: The law of public and utilities procurement, Regulation in the EU and UK London 2014 (zit.: Arrowsmith, The Law of Public & Utilities Procurement, Vol. 1, 3rd Edition 2014, Chapter, Rn.)

Atapattu, Sumudu A.: Emerging principles of international environmental law Ardsley, New York 2006 (zit.: Atapattu, Emerging principles of international environmental law, S.)

Ax, Thomas: Zulässigkeit vergabefremder Kriterien, insbesondere Tariftreueerklärungen in: Zeitschrift für deutsches und internationales Vergaberecht 1997, S. 46–49 (zit.: Ax, ZVgR 1997)

Aytac, Gülmihri: Islamische Ansätze zur Nachhaltigkeit in: Littig, Beate (Hrsg.): Religion und Nachhaltigkeit. Multidisziplinäre Zugänge und Sichtweisen. Münster 2004, S. 191–209 (zit.: *Aytac*, in: Littig, S.)

Baatz, Ursula: Buddhismus – Ökologie – Nachhaltigkeit in: Littig, Beate (Hrsg.): Religion und Nachhaltigkeit. Multidisziplinäre Zugänge und Sichtweisen. Münster 2004, S. 119–149 (zit.: *Baatz*, in: Littig, S.)

Back-Hock, Andrea: Lebenszyklusorientiertes Produktcontrolling, Ansätze zur computergestützten Realisierung mit einer Rechnungswesen-Daten- und – Methodenbank Berlin/Heidelberg 1988 (zit.: Back-Hock, Lebenszyklusorientiertes Produktcontrolling, S.)

Badura, Peter/Isensee, Josef (Hrsg.): Handbuch des Staatsrechts der Bundesrepublik Deutschland Band X: Deutschland in der Staatengemeinschaft 3. Aufl., Heidelberg/Hamburg 2012 (zit.: *Bearbeiter* in: Badura/Isensee, HStR 2012, Band X, 3. Auflage 2012, §, Rn.)

Bahns/Brinkmann/Gläser/Sedlaczek: Bd. 3., Art. 106 bis 173 AEUV in: Groeben, Hans von der/Schwarze, Jürgen u. a. (Hrsg.) Europäisches Unionsrecht, Vertrag über die Europäische Union; Vertrag über die Arbeitsweise der Europäischen Union; Charta der Grundrechte der Europäischen Union 7. Aufl., Baden-Baden 2015 (zit.: *Bearbeiter* in: von der Groeben/Schwarze/Hatje, Europäisches Unionsrecht, 7. Auflage 2015, Art., Rn.)

Bail, Christoph: Das Klimaschutzregime nach Kyoto in: Europäische Zeitschrift für Wirtschaftsrecht 1998, S. 457–463 (zit.: Bail, EuZW 1998)

Balitzki, Anja: Werbung mit ökologischen Selbstverpflichtungen, in: Gewerblicher Rechtsschutz und Urheberrecht 2013, S. 670–675 (zit.: Balitzki, GRUR 2013)

Barth, Regine/Erdmenger, Christoph/Günther, Edeltraud: Umweltfreundliche öffentliche Beschaffung, Innovationspotenziale, Hemmnisse, Strategien Heidelberg 2005 (zit.: Barth/Erdmenger/Günther, Umweltfreundliche öffentliche Beschaffung, S.)

Bartosch, Andreas: Schnittstellen zwischen öffentlicher Auftragsvergabe und europäischem Beihilferecht in: Wirtschaft und Wettbewerb 2001, Heft 07–08, S. 673–686 (zit.: Bartosch, WuW 2001)

Bartosch, Andreas: Vergabefremde Kriterien und Art. 87 I EG: Sitzt das öffentliche Beschaffungswesen in Europa auf einem beihilferechtlichen Pulverfass? in: Europäische Zeitschrift für Wirtschaftsrecht 2001, S. 229–232 (zit.: Bartosch, EuZW 2001)

Bartsch, Wolfgang/von Gehlen, Hans/ Hirsch, Veit Mit Preisgewichtung vorbei am wirtschaftlichsten Angebot? in: Neue Zeitschrift für Bau- und Vergaberecht 2012, S. 393–403 (zit.: Bartsch/von Gehlen/Hirsch, NZBau 2012)

Bartsch, Wolfgang/von Gehlen, Hans: Keine zutreffende Ermittlung des besten Preis-Leistungs-Verhältnisses mit Interpolationsformeln in: Neue Zeitschrift für Bau- und Vergaberecht 2015, S. 523–528 (zit.: Bartsch/von Gehlen, NZBau 2015)

Beaucamp, Guy/Treder, Lutz: Methoden und Technik der Rechtsanwendung 3. Aufl., Heidelberg 2015 (zit.: Beaucamp/Treder, Methoden und Technik der Rechtsanwendung, Rn.)

Bechtold, Rainer/Otting, Olaf: Kartellgesetz, Gesetz gegen Wettbewerbsbeschränkungen; Kommentar 6. Aufl., München 2010 (zit.: *Bearbeiter* in: Bechtold/Otting, GWB Kommentar, 6. Auflage 2010, §, Rn.)

Beckmann, Martin: Die Verfolgung ökologischer Zwecke bei der Vergabe öffentlicher Aufträge in: Neue Zeitschrift für Bau- und Vergaberecht 2004, S. 600–605 (zit.: Beckmann, NZBau 2004)

Benedict, Christoph: Sekundärzwecke im Vergabeverfahren, Öffentliches Auftragswesen, seine teilweise Harmonisierung im EG/EU-Binnenmarkt und die Instrumentalisierung von Vergaberecht durch vergabefremde Aspekte Berlin 2000 (zit.: Benedict, Sekundärzwecke im Vergabeverfahren)

Benedict, Christoph: „Vergabefremde" Aspekte nach Beentjes und Nord-Pas-de-Calais – Europarechtliche Vorgaben für die Anwendung von § 97 IV GWB in: Neue Juristische Wochenschrift 2001, S. 947–948 (zit.: Benedict, NJW 2001)

Benoît, Catherine/Norris, Gregory A./Valdivia, Sonia/Ciroth, Andreas/Moberg, Asa/Bos, Ulrike/Prakash, Siddharth/Ugaya, Cassia/Beck, Tabea: The guidelines for social life cycle assessment of products, Just in time! in: International Journal of Life Cycle Assessment (15) 2010, S. 156 (zit.: Benoît/Norris u.a., Int J LCA 2010)

Bergmann, Jan Michael (Hrsg.): Handlexikon der Europäischen Union 5. Aufl., Baden-Baden/Wien/Basel 2015 (zit.: *Bearbeiter* in: Bergmann, Handlexikon der Europäischen Union, 5. Auflage 2015)

Beuttenmüller, Ingo: Vergabefremde Kriterien im öffentlichen Auftragswesen, Vereinbarkeit mit dem europäischen Sekundärrecht und den Grundfreiheiten 1. Aufl., Baden-Baden 2007 (zit.: Beuttenmüller, Vergabefremde Kriterien im öffentlichen Auftragswesen, S.)

Beyerlin, Ulrich: Rio-Konferenz 1992: Beginn einer neuen globalen Umweltrechtsordnung? in: Zeitschrift für ausländisches öffentliches Recht und Völkerrecht 1994, S. 122–149 (zit.: Beyerlin, ZaöRV 1994)

Beyerlin, Ulrich: Staatliche Souveränität und internationale Umweltschutzkooperation – Gedanken zur Entwicklung des Umweltvölkerrechts in: Beyerlin, Ulrich/Bothe, Michael/Hofmann, Rainer/Petersmann, Ernst-Ulrich (Hrsg.): Recht zwischen Umbruch und Bewahrung. Völkerrecht Europarecht Staatsrecht; Festschrift für Rudolf Bernhardt 1. Aufl.. Berlin 1995 (zit.: *Beyerlin* in: FS Bernhardt, S.)

Beyerlin, Ulrich Umweltvölkerrecht 1. Aufl., München 2000 (zit.: Beyerlin, Umweltvölkerrecht, §, Rn.)

Beyerlin, Ulrich/Reichard, Martin: The Johannesburg Summit: Outcome and Overall Assessment in: Zeitschrift für ausländisches öffentliches Recht und Völkerrecht 2003, S. 213–238 (zit.: Beyerlin/Reichard, ZaöRV 2003)

Bitterich, Klaus: Tariftreue vor dem EuGH in: Zeitschrift für Wirtschaftsrecht 2008, S. 1455–1462 (zit.: Bitterich, ZIP 2008)

Blanchard, Benjamin S.: Design and manage to life cycle cost Portland, Or. 1978 (zit.: Blanchard, Design and manage to life cycle cost)

Blanchard, Benjamin S./Fabrycky, Wolter J.: Systems engineering and analysis 3. Aufl., Upper Saddle River, NJ 1998 (zit.: Blanchard/Fabrycky, Systems engineering and analysis, 3rd Edition, 1998)

Bode, Maximilian/Bünting, Frank: Rechenbuch der Lebenszykluskosten, Ein Leitfaden mit Rechenmodell und Arbeitshilfen Frankfurt am Main 2011 (zit.: Bode/Bünting u.a., Rechenbuch der Lebenszykluskosten)

Boesen, Arnold: Vergaberecht, Kommentar zum 4. Teil des GWB 1. Aufl., Köln 2000 (zit.: Boesen, Vergaberecht: Kommentar zum 4. Teil des GWB, 1. Auflage 2000)

Böhm, Monika/Danker, Claudia: Politische Zielvorgaben als Vergabekriterien in: Neue Zeitschrift für Verwaltungsrecht 2000, S. 767–768 (zit.: Böhm/Danker, NVwZ 2000)

Bolz, Herrmann: Der Staat als Zukunftsagentur in: Umwelt- und Planungsrecht 11 und 12 2012, S. 433 (zit.: Bolz, UPR 2012)

Bosselmann, Klaus: Rio+10: Any Closer to Sustainable Development in: New Zealand Journal of Environmental Law 2002, S. 297–318 (zit.: Bosselmann, NZJEL 2002)

Boussabaine, Halim A./Kirkham, Richard J.: Whole life-cycle costing, Risk and risk responses Oxford, UK u.a. 2004 (zit.: Boussabaine/Kirkham, Whole life-cycle costing)

Brackmann, Roswitha: Nachhaltige Beschaffung in der Vergabepraxis in: Vergaberecht 2014, S. 310–318 (zit.: Brackmann, VergabeR 2014)

Bradley, Malcolm/ Dawson, Ray: Whole Life Cost: The Future Trend in Software Development in: Software Quality Journal 8(2) 1999, 121–131 (zit.: Bradley/ Dawson, SQJ 1999)

Braun, Christian: Ausschreibungspflichtigkeit des Verkaufs von Gesellschaftsanteilen in: Zeitschrift für das gesamte Vergaberecht 2006, S. 657–667 (zit.: Braun, VergabeR 2006)

Braun, Christian: Anmerkung zu Thüringer OLG, Beschluss vom 9. September 2010 – 9 Verg 4/10 in: Zeitschrift für das gesamte Vergaberecht 2011, S. 96–102 (zit.: Braun VergabeR 2011)

Bräuninger, Michael/Schulze, Sven/Stöver, Jana/Brunner, Oliver/Koller, Cornelia/ Langer, Michael/Quitzau, Jörn: Hamburg Institute of International Economics (HWWI) and Berenberg „Nachhaltigkeit," Strategy 2030 – Wealth and Life in the Next Generation 12 Hamburg 2010 (zit.: Bräuninger u.a., Nachhaltigkeit)

Brauser- Jung, Gerrit: Europäisches Vergaberecht 3.0 in: Zeitschrift für das gesamte Vergaberecht 2013, S. 285–299 (zit.: Brauser-Jung, VergabeR 2013)

Brohm, Markus: Die „Mitteilungen" der Kommission im Europäischen Verwaltungs- und Wirtschaftsraum Baden-Baden 2012 (zit.: Brohm, Die „Mitteilungen" der Kommission im Europäischen Verwaltungs- und Wirtschaftsraum, S.)

Bubeck, Desmond: Life Cycle Costing (LCC) im Automobilbau, Analyse und Planung von Lebenszykluskosten bei der Entwicklung von Produkten und Produktsystemen; Ansatz zur Integration des LCC innerhalb der ganzheitlichen Bilanzierung Hamburg 2002 (zit.: Bubeck, Life Cycle Costing (LCC) im Automobilbau)

Bückmann, Walter/Lee, Yeong Heui/Simonis, Udo Ernst: Das Nachhaltigkeitsgebot der Agenda 21 und seine Umsetzung in das Umwelt- und Planungsrecht in: Umwelt- und Planungsrecht 2002, S. 168–172 (zit.: Bückmann/Lee/Simonis UPR 2002)

Bückmann, Walter: Nachhaltiges Landmanagement und Klimaschutz in: Umwelt- und Planungsrecht 2009, S. 407–418 (zit.: Bückmann, UPR 2009)

Bultmann, Peter Friedrich: Anmerkung der Redaktion: Concordia Bus Finland Oy Ab ./. Helsingin kaupunki, HKL-Bussiliikenne; Zulässigkeit der Berücksichtigung von Umweltkriterien bei Ausschreibungen in: Zeitschrift für deutsches und internationales Bau- und Vergaberecht 2002, S. 812–820 (zit.: Bultmann, ZfBR 2002)

Bultmann, Peter Friedrich: Beschaffungsfremde Kriterien: Zur "neuen Formel" des Europäischen Gerichtshofes in: Zeitschrift für deutsches und internationales Bau- und Vergaberecht 2004, S. 134–140 (zit.: Bultmann, ZfBR 2004)

Bungenberg, Marc: Die Berücksichtigung des Umweltschutzes bei der Vergabe öffentlicher Aufträge in: Neue Zeitschrift für Verwaltungsrecht 2003, S. 314–317 (zit.: Bungenberg, NVwZ 2003, 314)

Bungenberg, Marc/ Nowak, Carsten: Europäische Umweltverfassung und EG-Vergaberecht – zur Berücksichtigung von Umweltschutzbelangen bei der Zuschlagserteilung in: Zeitschrift für Umweltrecht, S. 10–15 (zit.: Bungenberg/ Nowak, ZUR 2003)

Burgi, Martin: Vergabefremde Zwecke und Verfassungsrecht in: Neue Zeitschrift für Bau- und Vergaberecht 2001, S. 64–72 (zit.: Burgi, NZBau 2001)

Burgi, Martin: Die Ausschreibungsverwaltung. Dogmatische Herausforderungen des Verwaltens mit Dienstleistungskonzessionen in: Deutsche Verwaltungsblätter 2003, S. 949–958 (zit.: Burgi, DVBl 2003)

Burgi, Martin: Die Bedeutung der allgemeinen Vergabegrundsätze Wettbewerb, Transparenz und Gleichbehandlung in: Neue Zeitschrift für Bau- und Vergaberecht 2008, S. 29–34 (zit.: Burgi, NZBau 2008)

Burgi, Martin: Die Förderung sozialer und technischer Innovationen durch das Vergaberecht in: Neue Zeitschrift für Bau- und Vergaberecht 2011, S. 577–583 (zit.: Burgi, NZBau 2011),

Burgi, Martin; Brandmeier, Benedikt: Quality as an Interacting Award Criterion under Current and Future EU-Law in: European Procurement & Public Private Partnership Law Review 2014, S. 12–26 (zit.: Burgi/Brandmeier, EPPPL 2014)

Burgi, Martin: Ein Rechtsgebiet wird erwachsen: Zur Umsetzung der neuen EU-Vergaberichtlinien in: Zeitschrift für Zivil- und Handelsrecht, Zeitschrift für das gesamte Handels- und Wirtschaftsrecht 2014, S. 2–9 (zit.: Burgi in ZHR 2014)

Burgi, Martin: Ökologische und soziale Beschaffung im künftigen Vergaberecht: Kompetenzen, Inhalte, Verhältnismäßigkeit in: Neue Zeitschrift für Bau- und Vergaberecht 2015, S. 597–602 (zit.: Burgi, NZBau 2015)

Burgi, Martin: Zuschlag und Zuschlagskriterien: Die Komplexität nimmt zu in Pünder, Hermann/Prieß, Hans-Joachim u. a. (Hrsg.): Vergaberecht im Umbruch II, Die neuen EU-Vergaberichtlinien und ihre Umsetzung; Hamburger Kolloquium zum öffentlichen Wirtschaftsrecht in der Bucerius Law School am

06. November 2014, 1. Aufl., Hamburg/Hamburg 2015 (zit.: *Burgi* in: Vergaberecht im Umbruch II, S.)

Burgi, Martin: Vergaberecht, Systematische Darstellung für Praxis und Ausbildung München 2016 (zit.: Burgi, Vergaberecht, §)

Byok, Jan: Die Entwicklung des Vergaberechts seit 2008 in: Neue Juristische Wochenschrift 2009, S. 644–649 (zit.: Byok, NJW 2009)

Byok, Jan/Jaeger, Wolfgang (Hrsg.): Kommentar zum Vergaberecht, Erläuterungen zu den vergaberechtlichen Vorschriften des GWB und der VgV 3. Aufl., Frankfurt am Main 2011 (zit.: *Bearbeiter* in: Byok/Jaeger, Kommentar zum Vergaberecht, 3. Auflage 2011, §, Rn.)

Calliess, Christian Die neue Querschnittsklausel des Art. 6 ex 3c EGV als Instrument zur Umsetzung des Grundsatzes der nachhaltigen Entwicklung in: Deutsche Verwaltungsblätter 1998, S. 559–568 (zit.: Calliess, DVBl 1998)

Calliess, Christian/Ruffert, Matthias (Hrsg.): EUV, AEUV, Das Verfassungsrecht der Europäischen Union mit Europäischer Grundrechtecharta; Kommentar 4. Aufl., München 2011 (zit.: *Bearbeiter* in: Calliess/Ruffert, EUV, AEUV, 4. Auflage 2011, Art., Rn.)

Calliess, Christian/Ruffert, Matthias u. a.: EUV, AEUV, Das Verfassungsrecht der Europäischen Union mit Europäischer Grundrechtecharta: Kommentar 5. Aufl. 2016 (zit.: *Bearbeiter* in: Calliess/Ruffert u.a., EUV, AEUV, 5. Auflage 2016, Art., Rn.)

Caranta, Roberto: Sustainable Public Procurement in the EU, Chapter 2 in: Caranta, Roberto/Trybus, Martin/Caranta-Trybus (Hrsg.): The law of green and social procurement in Europe Kopenhagen 2010 (zit.: *Caranta* in: The law of green and social procurement in Europe 2010)

Carlowitz, Hannß Carl von Sylvicultura oeconomica Leipzig, 1713 Transkription in das Deutsch der Gegenwart von Thomasius, Harald/Bendix, Bernd 1. Aufl., Remagen 2013 (zit.: Carlowitz, Sylvicultura oeconomica)

Ciroth, Andreas: Cost data quality considerations for eco-efficiency measures in: Ecological Economics 2009, S. 1583–1590 (zit.: Ciroth, EcolEcon 2009)

Cooper, Robin/Kaplan, Robert: Measure Costs Right: Make the Right Decisions in: Harvard Business Review 1988, S. 96–103 (zit.: Cooper/Kaplan, HBR 1988)

Dageförde, Angela: Möglichkeiten der Berücksichtigung von Umweltbelangen bei der Vergabe öffentlicher Aufträge, Die Interpretierende Mitteilung der Kommission vom 4. 7. 2001 in: Neue Zeitschrift für Bau- und Vergaberecht 2002, S. 598–600 (zit.: Dageförde, NZBau 2002)

Danner, Wolfgang/Theobald, Christian (Hrsg.): Energierecht 89. Ergänzungslieferung, Rechtsstand: voraussichtlich Mai 2016 1. Aufl., München 2016 (zit.: *Bearbeiter* in: Danner/Theobald, Energierecht, 89. Ergänzungslieferung, §, Rn.)

Dauses, Manfred: Handbuch des EU-Wirtschaftsrechts, Loseblattausgabe 39. Ergänzungslieferung, Stand: Februar 2016 München 2016 (zit.: *Bearbeiter* in: Dauses, EU-Wirtschaftsrecht, 39. EL Februar 2016)

Dauses, Manfred: Handbuch des EU-Wirtschaftsrechts, Loseblattausgabe 40. Ergänzungslieferung, Stand: Juni 2016 München 2016 (zit.: *Bearbeiter* in: Dauses, EU-Wirtschaftsrecht, 40. EL Juni 2016)

Deimling, Christian von/Essig, Michael/ Schaupp, Markus/Amann, Markus/Vafai, Sascha: Life-Cycle-Cost-Management as an Instrument for Strategic Public Procurement: State of the Art and Perspectives München 2016 (zit.: von Deimling u.a., Life-Cycle-Cost-Management as an Instrument for Strategic Public Procurement:)

Delcuvé, Frederic: Bewertungsmethode muss nicht bekannt gegeben werden! in: Immobilien & Baurecht, 2016, S. 530 (zit.: Delcuvé, IBR 2016)

Deter, Gerhard: „Nationale Nachhaltigkeitsstrategie" und Grundgesetz in: Zeitschrift für Umweltrecht 2012, S. 157–162 (zit.: Deter, ZUR 2012)

Dhillon, Balbir S.: Life cycle costing, Techniques, models and applications New York 1989 (zit.: Dhillon, Life cycle costing: Techniques, Models, and Applications)

Di Giulio, Antonietta: Die Idee der Nachhaltigkeit im Verständnis der Vereinten Nationen, Anspruch, Bedeutung und Schwierigkeiten Münster 2004 (zit.: Di Giulio, Die Idee der Nachhaltigkeit im Verständnis der Vereinten Nationen – Anspruch, Bedeutung und Schwierigkeiten, S.)

Dicks, Heinz-Peter Nebenangebote nach der Vergabemodernisierung 2016: Lösung oder Perpetuieren eines Dilemmas? in: Zeitschrift für das gesamte Vergaberecht 2016, S. 309–315 (zit.: Dicks, VergabeR 2016)

Dieckmann, Martin/Scharf, Jan Peter/Wagner-Cardenal, Kersten (Hrsg.): Vergabe- und Vertragsordnung für Leistungen (VOL) – Teil A, Allgemeine Bestimmungen für die Vergabe von Leistungen (VOL/A), Ausgabe 2009; Kommentar München 2013 (zit.: *Bearbeiter* in: Dieckmann/Scharf/Wagner-Cardenal, VOL/A, 1. Auflage 2013, §, Rn.)

Diemon-Wies, Ingeborg/Graiche, Stefan: Vergabefremde Aspekte – Handhabung bei der Ausschreibung gem. § 97 IV GWB in: Neue Zeitschrift für Bau- und Vergaberecht 2009, S. 409–413 (zit.: Diemon-Wies/Graiche, NZBau 2009)

Dieners, Peter/Reese, Ulrich (Hrsg.): Handbuch des Pharmarechts, Grundlagen und Praxis 1. Aufl., München 2010 (zit.: *Bearbeiter* in: Dieners/Reese, Handbuch des Pharmarechts, 1. Auflage 2010, §, Rn.)

Dippel, Norbert/Zeiss, Christopher: Vergabefremde Aspekte – Rechtsschutz im Vergabenachprüfungsverfahren wegen Verstoßes gegen das EG-Beihilfenrecht in: Neue Zeitschrift für Bau- und Vergaberecht 2002, S. 376–378 (zit.: Dippel/Zeiss, NZBau 2002)

Dragos, Dacian/Neamtu, Bogdana: Sustainable Public Procurement: Life-Cycle Costing in the New EU Directive Proposal in: European Procurement &

Public Private Partnership Law Review 2013, S. 19–30 (zit.: Dragos/Neamtu, EPPPL 2013)

Dragos, Dacian/Neamtu, Bogdana: Fighting corruption in public procurement: the case of Romania in: Racca, Gabriella Margherita/Yukins, Christopher (Hrsg.): Integrity and efficiency in sustainable public contracts. Balancing corruption concerns in public procurement internationally. Brüssel 2014 (zit.: *Dragos/Neamtu* in: Integrity and efficiency in sustainable public contracts, S.)

Dragos, Dacian/Neamtu, Bogdana: Life-cycle costing for sustainable public procurement in the European Union in: Sjåfjell, Beate/Wiesbrock, Anja (Hrsg.): Sustainable public procurement under EU law. New perspectives on the state as stakeholder. Cambridge, United Kingdom 2016 (zit.: *Dragos/Neamtu* in: Sustainable Public Procurement under EU Law)

Dreher, Meinrad: Anmerkung zu EuGH vom 26.09.2000, C-225/98 -Schulgebäude (Nord-Pas-de-Calais) in: Juristenzeitung 2001, S. 140–141 (zit.: Dreher, JZ 2001)

Dreher, Meinrad/Haas, Gabriele/Rintelen, Gregor von: Vergabefremde Regelungen und Beihilferecht Berlin 2002 (zit.: Dreher/Haas/von Rintelen, Vergabefremde Regelungen und Beihilferecht)

Dreher, Meinrad/Motzke, Gerd: Beck'scher Vergaberechtskommentar, GWB 4. Teil, VgV, SektVO, VOB Teil A 2. Aufl., München 2013 (zit.: *Bearbeiter* in: Dreher/Motzke, Beck'scher Vergaberechtskommentar, 2. Auflage, §, Rn.)

Dreher, Meinrad/Motzke, Gerd: Beck'scher Vergaberechtskommentar, GWB 4. Teil, VgV, SektVO, VOB Teil A 3. Aufl., München 2017 (zit.: *Bearbeiter* in: Dreher/Motzke, Beck'scher Vergaberechtskommentar, 3. Auflage, §, Rn.)

Dreyer, Louise/Hauschild, Michael Schierbeck, Jens: A Framework for Social Life Cycle Impact Assessment in: International Journal of Life Cycle Assessment (11) 2006, 88–98 (zit.: Dreyer/Hauschild/Schierbeck, Int J LCA 2006)

Duden – das Herkunftswörterbuch, Etymologie der deutschen Sprache Riecke, Jörg (Hrsg.) 5. Aufl., Berlin 2014 (zit.: Duden, das Herkunftswörterbuch, S.)

Egger, Alexander: Nicht alles ist vergabefremd in: Neue Zeitschrift für Bau- und Vergaberecht, 2002, S. 601–603 (zit.: Egger, NZBau 2002)

Egger, Alexander: Europäisches Vergaberecht 1. Aufl., Baden-Baden 2008 (zit.: Egger, Europäisches Vergaberecht, 1. Auflage 2008)

Ehlers, Dirk (Hrsg.): Europäische Grundrechte und Grundfreiheiten 4. Aufl., Berlin 2014 (zit.: Ehlers, Europäische Grundrechte und Grundfreiheiten, 4. Auflage 2014, §, Rn.)

Ehrmann, Markus: Die erste Vertragsstaatenkonferenz der UN-Klimakonvention: Ergebnisse des Berliner Klimagipfels in: Neue Zeitschrift für Verwaltungsrecht, 1996, S. 347–349 (zit.: Ehrmann, NVwZ 1996)

Eilmansberger, Thomas: Überlegungen zum Zusammenspiel von Vergaberecht und Beihilferecht in: Wirtschaft und Wettbewerb 2004, S. 384–392 (zit.: Eilmannsberger, WuW 2004)

Elkington, John: Accounting for the Triple Bottom Line in: Measuring Business Excellence 1998, Vol. 2 Iss. 3 S. 18–22 (zit.: Elkington, MBE 1998, Vol. 2, Iss. 3)

Engelhardt, Wolfgang (Hrsg.): Der Erdgipfel, Perspektiven für die Zeit nach Rio Bonn 1993 (zit.: Engelhardt, Der Erdgipfel. Perspektiven für die Zeit nach Rio)

Epiney, Astrid/Scheyli, Martin: Strukturprinzipien des Umweltvölkerrechts 1. Aufl., Baden-Baden 1998 (zit.: Epiney/Scheyli, Strukturprinzipien des Umweltvölkerrechts, S.)

Epping, Volker/Hillgruber, Christian (Hrsg.): Grundgesetz, Kommentar 34. Aufl., München 2017 (zit.: *Bearbeiter* in: Epping/Hillgruber, Beck'scher Online-Kommentar Grundgesetz, 30. Edition, Stand: 15.08.2017, Art., Rn.)

Erbguth, Wilfried: Konsequenzen der neuen Rechtsentwicklung im Zeichen nachhaltiger Raumentwicklung in: Deutsche Verwaltungsblätter 1999, S. 1082–1091 (zit.: Erbguth, DVBl. 1999)

Eschenbruch, Klaus/Opitz, Marc (Hrsg.): Sektorenverordnung: SektVO Verordnung über die Vergabe von Aufträgen im Bereich des Verkehrs, der Trinkwasserversorgung und der Energieversorgung Kommentar München 2012 (zit.: *Bearbeiter* in: Eschenbruch/Opitz, SektVO, 1. Auflage 2012, §, Rn.)

Fante, Jan Patrick: Die Instrumentalisierung des öffentlichen Beschaffungswesens zur Durchsetzung politischer Ziele, Erscheinungsformen und rechtliche Schranken im europäischen und deutschen Recht Aachen 2004 (zit.: Fante, Die Instrumentalisierung des öffentlichen Beschaffungswesens zur Durchsetzung politischer Ziele, S.)

Faustino, Paula Bordalo: Award criteria in the new EU Directive on public procurement in: Public Procurement Law Review 2014, 3, 124–133 (zit.: Faustino, PPLR 2014)

Ferber, Thomas: Bewertungskriterien und -matrizen im Vergabeverfahren (E-Book), Wie erziele ich ein optimales Zuschlagsergebnis? o.O. 2015 (zit.: Ferber, Bewertungskriterien und -matrizen im Vergabeverfahren)

Finkbeiner, Matthias/Schau, Erwin M. Erwin M./Lehmann, Anne Katrin/ Traverso, Marzia: Towards Life Cycle Sustainability Assessment in: Sustainability (2) 2010, 3309 (zit.: Finkbeiner/Schau/Lehmann/Traverso, Sustainability 2010)

Fischer, Almut/Barth, Regine: Europäisches Vergaberecht und Umweltschutz in: Neue Zeitschrift für Verwaltungsrecht 2002, 1184–1192 (zit.: Fischer/Barth, NVwZ 2002)

Fischer, Hans Georg: Öffentliche Aufträge im Spannungsfeld zwischen Vergaberecht und europäischem Beihilferecht in: Zeitschrift für das gesamte Vergaberecht 2004, S. 1–16 (zit.: Fischer, VergabeR 2004)

Fischer, Hans Georg/Keller, Matthias/Ott, Matthias/Quarch, Michael: EU-Recht in der Praxis Köln 2012 (zit.: Fischer/Keller/Ott/Quarch, EU-Recht in der Praxis, 1. Auflage 2012)

Fleischer, Holger: Europäische Methodenlehre: Stand und Perspektiven in: Rabels Zeitschrift für ausländisches und internationales Privatrecht 2011, S. 700–729 (zit.: Fleischer, RabelsZ 2011)

Franke, Horst/Kemper, Ralf/Zanner, Christian/Grünhagen, Matthias (Hrsg.): VOB-Kommentar, Bauvergaberecht, Bauvertragsrecht, Bauprozessrecht 3. Aufl., Neuwied 2007 (zit.: *Bearbeiter* in: Franke/Kemper/Zanner/Grünhagen, VOB-Kommentar, 3. Auflage 2007, §, Rn.)

Frenz, Walter: Auftragsvergabe nach Umweltschutzkriterien und Gemeinschaftsrecht in: Wirtschaft und Wettbewerb 2002, S. 352–361 (zit.: Frenz, WuW 2002)

Frenz, Walter: Handbuch Europarecht, Band 3: Beihilfe- und Vergaberecht Berlin, Heidelberg 2007 (zit.: Frenz, Handbuch Europarecht, Band: 3 Beihilfe- und Vergaberecht 2007)

Frenz, Walter: Soziale Vergabekriterien in: Neue Zeitschrift für Bau- und Vergaberecht 2007, S. 17–23 (zit.: Frenz, NZBau 2007)

Frenz, Walter: Umwelt- und Klimaschutz in der Wirtschaftskrise in: Gewerbearchiv Beilage Wirtschaft und Verwaltung 2010, S. 74–87 (zit.: Frenz, GewArch Beilage WiVerw Nr. 01/2010)

Frenz, Walter: Die Berücksichtigung mittelständischer Interessen nach § 97 Abs. 3 GWB und Europarecht in: Gewerbearchiv 2011, S. 97–99 (zit.: Frenz, GewArch 2011)

Frenz, Walter: Soziale Vergabekriterien im Spiegel aktueller Judikatur von EuGH und BVerfG in: Neue Zeitschrift für Sozialrecht 2011, S. 321–326 (zit.: Frenz, NZS 2011)

Frenz, Walter: Handbuch Europarecht, Band 1: Europäische Grundfreiheiten 2. Aufl., Heidelberg 2012 (zit.: Frenz, Handbuch Europarecht, Band 1: Europäische Grundfreiheiten, 2. Auflage 2012, Rn.)

Frenz, Walter: Europarecht 2. Aufl., Berlin/Heidelberg 2016 (zit.: Frenz, Europarecht, 2. Auflage 2016)

Gabriel, Marc/Krohn, Wolfram/Neun, Andreas (Hrsg.): Handbuch des Vergaberechts, Gesamtdarstellung und Kommentierung Vergaben nach GWB, VgV, SektVO, VSVgV, VOL/A, VOB/A, VOF, SGB V, VO(EG) 1370, AEUV 1. Aufl., München 2014 (zit.: *Bearbeiter* in: Gabriel/Krohn/Neun, Handbuch des Vergaberechts, 1. Auflage 2014, §, Rn.)

Gaus, Michael: Ökologische Kriterien in der Vergabeentscheidung, Eine Hilfe zur vergaberechtskonformen nachhaltigen Beschaffung in: Neue Zeitschrift für Bau- und Vergaberecht 2013, S. 401–409 (zit.: Gaus, NZBau 2013)

Geißdörfer, Klaus: Total Cost of Ownership (TCO) und Life Cycle Costing (LCC), Einsatz und Modelle; ein Vergleich zwischen Deutschland und USA Münster 2009 (zit.: Geißdörfer, Total Cost of Ownership (TCO) und Life Cycle Costing (LCC))

Geißdörfer, Klaus/Gleich, Ronald/Wald, Andreas: Standardisierungspotentiale lebenszyklusbasierter Modelle des strategischen Kostenmanagements in: Zeitschrift für Betriebswirtschaft (79) 2009, S. 693–716 (zit.: Geißdörfer/Gleich/Wald, ZfB 2009)

Gemeinsame Forschungsstelle Europäische Kommission (JRC) – Institut für Umwelt und Nachhaltigkeit International Reference Life Cycle Data System (ILCD) Handbook – General guide for Life Cycle Assessment – Detailed guidance 1. Aufl. 2010, Luxembourg, Publications Office of the European Union, 2010 (zit.: JRC, ILCD Handbook – General guide for Life Cycle Assessment – Detailed guidance, S.)

Gettkant, Andreas (Hrsg.): Nach dem Erdgipfel, Global verantwortliches Handeln für das 21. Jahrhundert; Kommentare und Dokumente Bonn-Bad Godesberg 1993 (zit.: Gettkant, Nach dem Erdgipfel, S.)

Glaser, Andreas/Kahl, Wolfgang: Zur Europarechtskonformität kombinierter Tariftreue- und Mindestlohnklauseln in Landesvergabegesetzen in: Zeitschrift für das gesamte Handels- und Wirtschaftsrecht 2013, S. 643–678 (zit.: Glaser/Kahl, ZHR 2013)

Göpel, Maja: Ombudspersonen für zukünftige Generationen: Diktatoren oder Bürgervertreter? in: Gesang, Bernward (Hrsg.): Kann Demokratie Nachhaltigkeit? Wiesbaden 2014 (zit.: *Göpel* in: Kann Demokratie Nachhaltigkeit?, S.)

Gordon, John/Bigg, Tom: Nach dem Erdgipfel von Rio de Janeiro, Eine Zwischenbilanz; britisch-deutsche Notizen zur Umsetzung / John Gordon und Tom Bigg Hrsg. der dt. Ausg.: Raimund Bleischwitz Aus dem Engl. von Christopher Hay Berlin 1994 (zit.: Gordon/Bigg, Nach dem Erdgipfel von Rio de Janeiro- eine Zwischenbilanz, S.)

Götz, Walter: Die Zulässigkeit vergabefremder Kriterien nach Europarecht in: Europarecht 1999, S. 621–634 (zit.: Götz, EuR 1999)

Götz, Walter: Öffentliche Beschaffungsmärkte und Europarecht, Die Transparenz- und Teilnahmebestimmungen der Vergaberichtlinien im Lichte der Rechtsprechung des Europäischen Gerichtshofs Frankfurt am Main 1999 (zit.: Götz, Öffentliche Beschaffungsmärkte und Europarecht)

Grabitz, Eberhard/Hilf, Meinhard (Hrsg.): Das Recht der Europäischen Union 40. Ergänzungslieferung, Stand: Oktober 2009 München 2010 (zit.: *Bearbeiter* in: Grabitz/Hilf, Das Recht der Europäischen Union, 40. EL 2009, Rn.)

Grabitz, Eberhard/Hilf, Meinhard/Nettesheim, Martin (Hrsg.): Das Recht der Europäischen Union, EUV und AEUV 58. Ergänzungslieferung, Stand: Januar 2016

München 2016 (zit.: *Bearbeiter* in: Grabitz/Hilf/Nettesheim, Das Recht der Europäischen Union, 58. EL 2016, Art., Rn.)

Grabitz, Eberhard/Hilf, Meinhard/Nettesheim, Martin (Hrsg.): Das Recht der Europäischen Union, EUV und AEUV 59. Ergänzungslieferung, Stand: Juli 2016 München 2016 (zit.: *Bearbeiter* in: Grabitz/Hilf/Nettesheim, Das Recht der Europäischen Union, 59. EL 2016, Art., Rn.)

Graevenitz, Albrecht van: Mitteilungen, Leitlinien, Stellungnahmen – Soft Law der EU mit Lenkungswirkung in: Europäische Zeitschrift für Wirtschaftsrecht 2013, S. 169–173 (zit.: Graevenitz, EuZW 2013)

Grober, Ulrich: Ein sperriger Begriff: über die Erfindung von Nachhaltigkeit, Scheidewege. in: Jahresschrift für skeptisches Denken, Band 38, Jahrgang 2008/2009, S. 9–10 (zit.: Grober, „Ein sperriger Begriff: über die Erfindung von Nachhaltigkeit“ in „Scheidewege. Jahresschrift für skeptisches Denken“, Band 38, Jahrgang 2008/2009)

Grober, Ulrich: Die Entdeckung der Nachhaltigkeit, Kulturgeschichte eines Begriffs München 2013 (zit.: Grober, Die Entdeckung der Nachhaltigkeit)

Groeben, Hans von der/Schwarze, Jürgen: Kommentar zum Vertrag über die Europäische Union und zur Gründung der Europäischen Gemeinschaft 6. Aufl., Baden-Baden 2003 (zit.: *Bearbeiter* in: von der Groeben/Schwarze, Kommentar zum EU-/EG-Vertrag, 6. Auflage 2003, Art., Rn.)

Groeben, Hans von der/Schwarze, Jürgen/ Hatje, Armin: Europäisches Unionsrecht, Vertrag über die Europäische Union; Vertrag über die Arbeitsweise der Europäischen Union; Charta der Grundrechte der Europäischen Union 7. Aufl., Baden-Baden (zit.: *Bearbeiter* in: von der Groeben/Schwarze/Hatje, Europäisches Unionsrecht, 7. Auflage 2015, Art., Rn.)

Gröning, Jochen: Die Grundlagen des neuen Vergaberechtsschutzes in: Zeitschrift für Wirtschaftsrecht 1999, S. 52–59 (zit.: Gröning, ZIP 1999)

Gröning, Jochen: Die neue Richtlinie für die öffentliche Auftragsvergabe – ein Überblick in: Zeitschrift für das gesamte Vergaberecht 2014, S. 339–351 (zit.: Gröning, VergabeR 2014)

Gröning, Jochen: Anwendbarkeit und Ausnahmebestimmungen im künftigen Vergaberecht in: Neue Zeitschrift für Bau- und Vergaberecht 2015, S. 690–693 (zit.: Gröning, NZBau 2015)

Grunwald, Armin/Kopfmüller, Jürgen: Nachhaltigkeit, Eine Einführung 2. Aufl., Frankfurt am Main 2012 (zit.: Grunwald/Kopfmüller, Nachhaltigkeit)

Guineé, Jeroen B./Heijungs, Reinout/Huppes, Gjalt/Zamagni, Alessandra/Masoni, Paolo/Buonamici, Roberto/Ekvall, Tomas/Rydberg, Tomas: Life cycle assessment: past, present, and future in: Environmental science & technology (45) 2011, S. 90–96 (zit.: Guineé u.a., Environ Sci Technol. 2011)

Günther, Edeltraud: Ökologieorientiertes Management, Um-(weltorientiert) Denken in der BWL; mit 104 Tabellen Stuttgart 2008 (zit.: Günther, Ökologieorientiertes Management)

Haak, Sandra: Vergaberecht in der Energiewende – Teil I in: Neue Zeitschrift für Bau- und Vergaberecht 2015, S. 11–17 (zit.: Haak, NZBau 2015)

Hailbronner, Kay: Die Vergabe öffentlicher Aufträge nach europäischem Gemeinschaftsrecht in: Wirtschaft und Verwaltung 1994, S. 173–251 (zit.: Hailbronner, WiVerw 1994)

Hailbronner, Kay/Weber, Claus: Die Neugestaltung des Vergabewesens durch die Europäische Gemeinschaft in: Europäisches Wirtschafts- und Steuerrecht 1997, 73–82 (zit.: Hailbronner/Weber, EWS 1997)

Hall, Murray R.: A transdisciplinary review of the role of economics in life cycle sustainability assessment in: International Journal of Life Cycle Assessment (20) 2015, S. 1625–1639 (zit.: Hall, Int J LCA 2015)

Hamberger, Joachim u. a. (Hrsg.): Carlowitz, Hans Carl von, Sylvicultura oeconomica, Oder Haußwirthliche Nachricht und Naturmäßige Anweisung zur Wilden Baum-Zucht München 2013 (zit.: Hamberger, Vorbemerkung, Sylvicultura oeconomica, S.)

Hardtke, Arnd/Prehn, Marco: Perspektiven der Nachhaltigkeit, Vom Leitbild zur Erfolgsstrategie Wiesbaden 2001 (zit.: Hardtke/Prehn, Perspektiven der Nachhaltigkeit, S.)

Hattig, Oliver/Maibaum, Thomas (Hrsg.): Praxiskommentar Kartellvergaberecht, Der 4. Teil des GWB und VgV 2. Aufl., Köln 2014 (zit.: Hattig/Maibaum, Praxiskommentar Kartellvergaberecht, 2. Auflage 2014, §, Rn.)

Hausmann, Hans-Christian: Systematik und Rechtsschutz des Vergaberechts in: Gewerbearchiv 2012, S. 107–112 (zit.: Hausmann, GewArch 2012)

Heermann, Peter/Schlingloff, Jochen (Hrsg.): Münchener Kommentar zum Lauterkeitsrecht (UWG), Band 2: §§ 5–20 UWG 2. Aufl., München (zit.: *Bearbeiter* in: Heermann/Schlingloff, Münchener Kommentar zum Lauterkeitsrecht, 2. Auflage 2014, §, Rn.)

Heidenhain, Martin (Hrsg.): European State Aid Law 1. Aufl. München 2010 (zit.: Heidenhain, European State Aid Law, 1. Auflage 2010)

Heintzen, Markus: Vergabefremde Ziele im Vergaberecht in: Zeitschrift für das gesamte Handels- und Wirtschaftsrecht (2001) 165, S. 62–78 (zit.: Heintzen, ZHR 165(2001))

Heralova, Renata Schneiderova: Life Cycle Cost Optimization Within Decision Making on Alternative Designs of Public Buildings in: Procedia Engineering (85) 2014, S. 454–463 (zit.: Heralova, Procedia Eng. 2014)

Hettich, Lars/Soudry, Daniel: Das neue Vergaberecht, Eine systematische Darstellung der neuen EU-Vergaberichtlinien 2014 Köln 2014 (zit.: *Bearbeiter* in: Das neue Vergaberecht, S.)

Hettne, Jörgen: Sustainable Public Procurement and the Single Market – Is There a Conflict of Interest? in: European Procurement & Public Private Partnership Law Review, S. 31–40 (zit.: Hettne, EPPPL 2013)

Heyne, Karolin: Die Verfolgung von Umweltschutzzielen im öffentlichen Beschaffungswesen in: Zeitschrift für Umweltrecht 2011, S. 578–586 (zit.: Heyne, ZUR 2011)

Hipp, Claus: Nachhaltiges Wirtschaften in: Institut für Bildung und Entwicklung im Caritasverband der Erzdiözese München und Freising e.V. (Hrsg.): Nachhaltigkeit als Prinzip für die Zukunft 1. Aufl. München 2003 (zit.: *Hipp* in: Nachhaltigkeit als Prinzip für die Zukunft, S.)

Hochschorner, Elisabeth/Noring, Maria: Practitioners' use of life cycle costing with environmental costs – a Swedish study in: The International Journal of Life Cycle Assessment (16) 2011, S. 897–902 (zit.: Hochschorner/Noring, Int J Life Cycle Assess 2011, 897)

Höfler, Heiko: Transparenz bei der Vergabe öffentlicher Aufträge in: Neue Zeitschrift für Bau- und Vergaberecht 2010, S. 73–78 (zit.: Höfler, NZBau 2010)

Höfler, Heiko: Beschaffung und Betrieb von Waffensystemen im Spannungsfeld von Vergabe- und Beihilfenrecht in: Neue Zeitschrift für Bau- und Vergaberecht 2015, S. 736–743 (zit.: Höfler, NZBau 2015)

Hohmann, Harald: Ergebnisse des Erdgipfels von Rio – Weiterentwicklung des Umweltvölkerrechts durch die UN-Umweltkonferenz von 1992 in: Neue Zeitschrift für Verwaltungsrecht 1993, S. 311–318 (zit.: Hohmann, NVwZ 1993)

Höhne, Christoph: Life Cycle Costing – Systematisierung bestehender Studien in: Günther, Edeltraud (Hrsg.): Dresdner Beiträge zur Lehre der Betrieblichen Umweltökonomie, Nr. 37/2009, Technische Universität, Fakultät Wirtschaftswissenschaften Dresden 2009 (zit.: Höhne, Life Cycle Costing – Systematisierung bestehender Studien, S.)

Höltermann, Anke: Verantwortung für zukünftige Generationen in der Forstwirtschaft, Zur ethischen Rechtfertigung verschiedener Konzepte von forstlicher Nachhaltigkeit 1. Aufl., Freiburg im Breisgau 2001 (zit.: Höltermann, Verantwortung für zukünftige Generationen in der Forstwirtschaft, S.)

Homann, Oliver/Büdenbender, Martin: Die Beschaffung von Straßenfahrzeugen nach neuem Vergaberecht in: VergabeR 2012, S. 1–9 (zit.: Homann/Büdenbender, VergabeR 2012)

Höpfl, Thomas: Soziale Auftragsvergabe – Entscheidung zwischen Pflicht- und Kürprogramm im öffentlichen Beschaffungswesen in: Wirtschafts- und Sozialpolitische Zeitschrift, S. 106–126 (zit.: Höpfl, WISO 2004)

Hopp, Torsten: Das Verhältnis des Vergaberechts zum Wettbewerbs- und Kartellrecht am Beispiel des Berliner Vergabegesetzes in: Der Betrieb 2009, S. 29–34 (zit.: Hopp, DB 2000)

Hübner, Alexander: Anmerkung zu EuGH, Urt. v. 4.12.2003 – Rs C-448/01 „EVN und Wienstrom" in: Zeitschrift für das gesamte Vergaberecht 2004, S. 36–49 (zit.: Hübner, VergabeR 2004)

Huerkamp, Florian: Gleichbehandlung und Transparenz als gemeinschaftsrechtliche Prinzipien der staatlichen Auftragsvergabe Tübingen 2010 (zit.: Huerkamp, Gleichbehandlung und Transparenz als gemeinschaftsrechtliche Prinzipien der staatlichen Auftragsvergabe, S.)

Hunkeler, David: Societal LCA Methodology and Case Study in: International Journal of Life Cycle Assessment (11) 2006, S. 371–382 (zit.: Hunkeler, Int J LCA 2006)

Hunkeler, David/Lichtenvort, Kerstin/Rebitzer, Gerald: Environmental Life Cycle Costing Hoboken 2008 (zit.: Hunkeler/Lichtenvort/Rebitzer, Environmental Life Cycle Costing, S.)

Immenga, Ulrich/Mestmäcker, Ernst-Joachim: Wettbewerbsrecht, Band 1/ Teil 1: Kommentar zum Europäischen Kartellrecht 5. Aufl., München 2012 (zit.: *Bearbeiter* in: Immenga/Mestmäcker, EU-Wettbewerbsrecht, 5. Auflage 2012, Art., Rn.)

Immenga, Ulrich/Mestmäcker, Ernst-Joachim: Wettbewerbsrecht, Band 2/Teil 2 GWB: §§ 97-129b (Vergaberecht) 5. Aufl., München 2014 (zit.: *Bearbeiter* in: Immenga/Mestmäcker, Wettbewerbsrecht, 5. Auflage 2014, §, Rn.)

Jaeger, Wolfgang: Die neue Basisvergaberichtlinie der EU vom 26.2.2014 – ein Überblick in: Neue Zeitschrift für Bau- und Vergaberecht 2014, S. 259–266 (zit.: Jaeger, NZBau 2014)

Jasper, Ute/Soudry, Daniel: Lebenszyklusansatz in kommunalen Projekten in: Kommunalwirtschaft 2010, Sonderausgabe: Sparkassen im kommunalen Raum, S. 84–85 (zit.: Jasper/Soudry, Kommunalwirtschaft / Sonderausgabe 2010)

Jennert, Carsten: Vergabefremde Kriterien – keine Beihilfen, sondern gemeinwirtschaftliche Pflichten in: Neue Zeitschrift für Bau- und Vergaberecht 2003, S. 417–420 (zit.: Jennert, NZBau 2003)

Jestaedt, Thomas/Kemper, Klaus/Marx, Fridhelm/Prieß, Hans-Joachim (Hrsg.): Das Recht der Auftragsvergabe, Auftraggeber, ausschreibungspflichtige Aufträge, Vergabeverfahren, Sektoren, Rechtsschutz Neuwied 1999 (zit.: *Bearbeiter* in: Jestaedt/Kemper/Marx/Prieß, Das Recht der Auftragsvergabe, S.)

Johlen, Heribert/Oerder, Michael: Münchener Anwalts-Handbuch Verwaltungsrecht 3. Aufl., München 2012 (zit.: *Bearbeiter* in: MAH Verwaltungsrecht, 3. Auflage 2012, §, Rn.)

Johnson, Stanley P.: The earth summit London 1993 (zit.: Johnson, The earth summit, S.)

Johnstone, Nick/Erdlenbruch, Katrin: Introduction, Greener Public Purchasing and Wider Economy in: The Environmental Performance of Public Procurement. Issues of Policy Coherence. Paris 2003 (zit.: Johnstone/Erdlenbruch, The Environmental Performance of Public Procurement, S.)

Jordan, Andrew: The international organisational machinery for sustainable development, Rio and the road Beyond in: Environmentalist (14) 1994, S. 23–33 (zit.: Jordan, The Environmentalist 1994)

Jørgensen, Andreas/Le Bocq, Agathe/ Nazarkina, Liudmila/Hauschild, Michael: Methodologies for social life cycle assessment in: International Journal of Life Cycle Assessment (13) 2008, S. 96–103 (zit.: Jørgensen/Le Bocq/Nazarkina/Hauschild, Int J Life Cycle Assess 2008, 96

Kaelble, Hendrik: Berücksichtigung von Umweltschutzgesichtspunkten in: Zeitschrift für das gesamte Vergaberecht 2002, S. 604–607 (zit.: Kaelble, VergabeR 2002)

Kahl, Wolfgang: Staatsziel Nachhaltigkeit und Generationengerechtigkeit in: Die öffentliche Verwaltung 2009, 2–13 (zit.: Kahl, DÖV 2009)

Kajüter, Peter: Das CSR-Richtlinie-Umsetzungsgesetz — ein Kompromiss in: IRZ Zeitschrift für Internationale Rechnungslegung 2017, S 137–138 (zit.: Kajüter, IRZ 2017)

Kallmayer, Axel: Die Bindungswirkungen von Kommissionsmitteilungen im EU-Wettbewerbsrecht – mehr Rechtssicherheit durch soft law? in: Calliess, Christian (Hrsg.): Herausforderungen an Staat und Verfassung Baden-Baden 2015 (zit.: *Kallmayer* in: Herausforderungen an Staat und Verfassung, S.)

Kapellmann, Klaus Dieter/Messerschmidt, Burkhard (Hrsg.): VOB Teile A und B, Vergabe- und Vertragsordnung für Bauleistungen mit Vergabeverordnung (VgV) 5. Aufl., München/München 2015 (zit.: *Bearbeiter* in: Kapellmann/Messerschmidt, VOB Kommentar, Teil A/B, 5. Auflage 2015, §, Rn.)

Karenfort, Jörg/von Koppenfels, Ulrich/Siebert, Stefan: ‚Tariftreueregelungen' bei der Vergabe öffentlicher Aufträge – vereinbar mit deutschem Kartellrecht und Europarecht? in: BetriebsBerater, S. 1825–183 (zit.: Karenfort/von Koppenfels/Siebert, BB 1999)

Kiiver, Philipp/Jakub, Kodym: Die Ermittlung des Preis-Leistungs-Verhältnisses von Angeboten in: Neue Zeitschrift für Bau- und Vergaberecht 2015, S. 59–63 (zit.: Kiiver/Kodym, NZBau 2015)

Kilian, Wolfgang: Europäisches Wirtschaftsrecht, Ein Studienbuch 4. Aufl., München 2010 (zit.: Kilian, Europäisches Wirtschaftsrecht, Rn.)

Kirchner, Christian: Zur Ökonomik des Vergaberechts in: Zeitschrift für das gesamte Vergaberecht 2010, S. 725–735 (zit.: Kirchner, VergabeR 2010)

Kiss, Alexandre Charles/Shelton, Dinah: Guide to international environmental law 2007 1st Edition 2007 (zit.: Kiss/Shelton, Guide to international environmental law, S.)

Kloepfer, Michael: Umweltschutz als Verfassungsrecht – Zum neuen Art 20a GG in: Deutsches Verwaltungsblatt 1996, S. 73–80 (zit.: Kloepfer, DVBl 1996)

Klöpffer, Walter: Life-Cycle based methods for sustainable product development in: International Journal of Life Cycle Assessment (8) 2003, S. 157–159 (zit.: Klöpffer, Int J LCA 2003, 157)

Klöpffer, Walter: The Role of SETAC in the Development of LCA in: International Journal of Life Cycle Assessment (11) 2006, S. 116–122 (zit.: Klöpffer, Int J Life Cycle Assessment 2006)

Klöpffer, Walter: Life cycle sustainability assessment of products in: International Journal of Life Cycle Assessment (13) 2008, S. 89–95 (zit.: Klöpffer, Int J LCA, 2008)

Klöpffer, Walter; Grahl, Birgit: Ökobilanz (LCA), Ein Leitfaden für Beruf und Praxis 1. Aufl., Weinnheim 2012 (zit.: Klöpffer/Grahl, Ökobilanz (LCA), S.)

Knauff, Matthias: Legitimität und Legitimation des europäischen Soft Law – Grundfragen und Lösungsansätze in: Flauss, Jean-François/Iliopoulos-Strangas, Julia (Hrsg.): Das soft law der europäischen Organisationen, S. 370–401 Baden-Baden 2012 (zit.: *Knauff* in: Das Soft Law der Europäischen Organisationen, S.)

Knipper, Michael: Tariftreueerklärungen im öffentlichen Auftragswesen in: Wirtschaft und Wettbewerb, S. 677–684 (zit.: Knipper, WuW 1999)

Koenig, Christian/Kühling, Jürgen: Grundfragen des EG-Beihilferechts in: Neue Juristische Wochenschrift 2000, S. 1065–1074 (zit.: Koenig/Kühling, NJW 2000)

Köndgen, Johannes: Die Rechtsquellen des Europäischen Privatrechts in: Riesenhuber, Karl (Hrsg.): Europäische Methodenlehre, 3. Aufl., Berlin 2015 (zit.: *Köndgen* in: Europäische Methodenlehre, Rn.)

Krohn, Wolfram: Umweltschutz als Zuschlagskriterium: Grünes Licht für Ökostrom in: Neue Zeitschrift für Bau- und Vergaberecht 2004, S. 92–96 (zit.: Krohn, NZBau 2004)

Krohn, Wolfram: Öffentliche Auftragsvergabe und Umweltschutz, Die Berücksichtigung von Umweltschutzbelangen bei der öffentlichen Auftragsvergabe nach europäischem und deutschem Vergaberecht Köln 2003 (zit.: Krohn, Öffentliche Auftragsvergabe und Umweltschutz, S.)

Krönke, Christoph: Das neue Vergaberecht aus verwaltungsrechtlicher Perspektive in: Neue Zeitschrift für Verwaltungsrecht 2016, S. 568–575 (zit.: Krönke, NVwZ 2016)

Kühling, Jürgen/Huerkamp, Florian: Ausschreibungsverzicht und Europäische Grundfreiheiten – Das Vergaberecht in der (Wirtschafts-) Krise in: Neue Zeitschrift für Verwaltungsrecht S. 557–562 (zit.: Kühling/Huerkamp, NVwZ 2009)

Kühling, Jürgen/Huerkamp, Florian: Vergaberechtsnovelle 2010/2011: Reformbedarf bei den vergabefremden Ausführungsbedingungen nach § 97 Abs. 4 Satz 2 GWB? in: Zeitschrift für das gesamt Vergaberecht 2010, S. 545–554 (zit.: Kühling/Huerkamp, VergabeR 2010)

Kulartz, Hans-Peter: Varianten – legitime Lösungsansätze zum Zwecke wirtschaftlicher Beschaffung? in: Prieß, Hans-Joachim (Hrsg.): Wettbewerb, Transparenz, Gleichbehandlung. 15 Jahre GWB-Vergaberecht; Festschrift für Fridhelm Marx. München 2013 (zit.: *Kulartz* in: FS für Marx, S.)

Kulartz, Hans-Peter/Marx, Fridhelm/Portz, Norbert/Prieß, Hans-Joachim (Hrsg.): Kommentar zur VOL/A 3. Aufl., Köln 2014 (zit.: *Bearbeiter* in: Kulartz/Marx/Portz/Prieß, Kommentar zur VOL/A, 3. Auflage 2014, §, Rn.)

Kulartz, Hans-Peter/Scholz, Daniel: Zuschlagskriterien – Grenzen bei der Gewichtung? in: Zeitschrift für das gesamte Vergaberecht 2014, S. 109–114 (zit.: Kulartz/Scholz, VergabeR 2014)

Kulartz, Hans-Peter/Kus, Alexander/Marx, Firedhelm/Portz Norbert/Prieß, Hans-Joachim (Hrsg.:) Kommentar zur VgV Köln, 2017 (zit.: *Bearbeiter* in: Kulartz/Kus/Marx/Portz/Prieß, Kommentar zur VgV, §, Rn.)

Kulartz, Hans-Peter/Kus, Alexander/Portz, Norbert/Prieß, Hans-Joachim (Hrsg.): Kommentar zum GWB-Vergaberecht 4. Aufl., Köln 2016 (zit.: *Bearbeiter* in: Kulartz/Kus/Portz/Prieß, Kommentar zum GWB-Vergaberecht, 4. Auflage 2016, §, Rn.)

Kunzlik, Peter: From Suspect Practice to Market-Based Instrument: Policy Alignment and the Evolution of EU Law's approach to "green" Public Procurement in: Public Procurement Law Review 2013, S. 97–115 (zit.: Kunzlik, PPLR 2013)

Kus, Alexander: Losvergabe und Ausführungskriterien in: Neue Zeitschrift für Bau- und Vergaberecht 2009, S. 21–24 (zit.: Kus, NZBau 2009)

Larenz, Karl/Canaris, Claus-Wilhelm: Methodenlehre der Rechtswissenschaft 3. Aufl., Berlin 1995 (zit.: Larenz/Canaris, Methodenlehre der Rechtswissenschaft, S.)

Latzel, Clemens: Soziale Aspekte bei der Vergabe öffentlicher Aufträge nach der Richtlinie 2014/24/EU in: Neue Zeitschrift für Bau- und Vergaberecht 2014, S. 673–681 (zit.: Latzel, NZBau 2014)

Leifer, Christoph/Mißling, Sven: Die Berücksichtigung von Umweltschutzkriterien im bestehenden und zukünftigen Vergaberecht am Beispiel des europäischen Umweltmanagementsystems EMAS in: Zeitschrift für Umweltrecht 2004, S. 266–273 (zit.: Leifer/Mißling, ZUR 2004)

Leinemann, Ralf/Kirch, Thomas (Hrsg.): Vergabeverordnung Verteidigung und Sicherheit, VSVgV; mit Gesetz gegen Wettbewerbsbeschränkungen, 4. Teil, Auszug, und VOB/A-VS; Kommentar München 2013 (zit.: *Bearbeiter* in: Leinemann/Kirch, VSVgV, 1. Auflage 2013, §, Rn.)

Lenz, Otto: Entwicklung der Rechtsprechung des EuGH – Wirkung und Konsequenzen für das öffentliche Auftragswesen in: Forum Öffentliches Auftragswesen (Hrsg.): Forum '92 Öffentliches Auftragswesen Köln 1992 (zit.: Lenz, Forum '92 Öffentliches Auftragswesen, S.)

Leonard, H. Jeffrey/Morell, David: Emergence of Environmental Concern in Developing Countries: A Political Perspective in: Stanford Journal of International Law (17) 1981, S. 281–314 (zit.: Leonard/Morell, SJIL 1981)

Lipka, Ron: Beihilferechtliche Anforderungen an Vergabeverfahren, Zur Einordnung staatlicher Aufträge als Beihilfen und zu den Rechtsschutzmöglichkeiten der Konkurrenten 1. Aufl., Baden-Baden 2005 (zit.: Lipka, Beihilferechtliche Anforderungen an Vergabeverfahren, S.)

Loewenheim, Ulrich/Meessen, Karl/Riesenkampff, Alexander: Kartellrecht, Kommentar 2. Aufl., München 2009 (zit.: *Bearbeiter* in: Loewenheim/Meessen/Riesenkampff, Kartellrecht, 2. Auflage 2009, §, Rn.)

Losch, Alexandra: Das Legislativpaket im EG-Vergaberecht – Das Ende der vergabefremden Kriterien? in: Europarecht 2005, S. 231–241 (zit.: Losch, EuR 2005)

Lübbig, Thomas: Anmerkung zu EuG: Unzulässige Einstellung eines Beihilfenprüfverfahrens in: Europäische Zeitschrift für Wirtschaftsrecht 1999, S. 665–672 (zit.: Lübbig, EuZW 1999)

Madauss, Bernd: Lebenszykluskosten in: Schelle, Heinz (Hrsg.): Symposium Life Cycle Cost, GPM, Ges. für Projektmanagement INTERNET Deutschland e.V., München 1986, S. 5–22 (zit.: *Madauss* in: Symposium Life Cycle Cost, S.)

Mader, Oliver: Das neue EG-Vergaberecht in: Europäische Zeitschrift für Wirtschaftsrecht 2004, S. 425–429 (zit.: Mader, EuZW 2004)

Malanczuk, Peter: Die Konferenz der Vereinten Nationen über Umwelt und Entwicklung (UNCED) und das internationale Umweltrecht in: Beyerlin, Ulrich/Bothe, Michael/Hofmann, Rainer/Petersmann, Ernst-Ulrich (Hrsg.): Recht zwischen Umbruch und Bewahrung. Völkerrecht, Europarecht, Staatsrecht; Festschrift für Rudolf Bernhardt. Berlin u.a. 1995 (zit.: *Malanczuk* in: Recht zwischen Umbruch und Bewahrung)

Malthus, Thomas Robert: An Essay on the Principle of Population London 1798 (zit.: Malthus, An Essay on the Principle of Population, S.)

Manz, Tobias/Schönwälder, Yannick: Die vergaberechtliche Gretchenfrage: Wie hältst Du's mit dem Mittelstand? in: Neue Zeitschrift für Bau- und Vergaberecht 2012, S. 465–470 (zit.: Manz/Schönwälder, NZBau 2012)

Martens, Jens: NRO im UNCED-Prozeß: Testfall für mehr Partizipation im UN-System in: Gettkant, Andreas (Hrsg.): Nach dem Erdgipfel, Global verantwortliches Handeln für das 21. Jahrhundert; Kommentare und Dokumente, Bonn-Bad Godesberg 1993, S. 149–164 (zit.: *Martens* in: Nach dem Erdgipfel, S.)

Martens, Marc/Margerie, Stanislas de: The Link to the Subject-Matter of the Contract in Green and Social Procurement in: European Procurement & Public Private Partnership Law Review 2013, S. 8–18 (zit.: Martens/de Margerie, EPPPL 2013)

Martin-Ehlers, Andres: Die Unzulässigkeit vergabefremder Kriterien in: Wirtschaft und Wettbewerb 1999, S. 685–694 (zit.: Martin-Ehlers, WuW 1999)

Motzke, Gerd/Pietzcker, Jost/ Prieß, Hans-Joachim: Beck'scher VOB-Kommentar – Verdingungsordnung für Bauleistungen, Teil AMit Gesetz gegen Wettbewerbsbeschränkungen 4. Teil: Vergabe öffentlicher Aufträge 1. Aufl., München 2001 (zit.: *Bearbeiter* in: Motzke/Pietzcker/Prieß, Beck'scher VOB-Kommentar, 1. Auflage 2001, §, Rn)

Marx, Fridhelm: Vergabefremde Aspekte im Lichte des europäischen und des deutschen Rechts in: Schwarze, Jürgen (Hrsg.): Die Vergabe öffentlicher Aufträge im Lichte des europäischen Wirtschaftsrechts, S. 77–86 1. Aufl. 2000 (zit.: *Marx* in: Die Vergabe öffentlicher Aufträge im Lichte des europäischen Wirtschaftsrechts, S.)

Mäsch, Gerald (Hrsg.): Praxiskommentar zum deutschen und europäischen Kartellrecht, GWB – Art. 81 ff. EGV – VerfVO – FKVO – FK-DVO – GVO-Spez – GVO-VV – GFVO-TT – GVO-FuE 1. Aufl., Münster, Westf./Köln 2009 (zit.: *Bearbeiter* in: Mäsch, Praxiskommentar zum deutschen und europäischen Kartellrecht, 1. Auflage 2009, §, Rn.)

Maunz, Theodor/Dürig, Günter: Grundgesetz 78. Ergänzungslieferung, Rechtsstand: Juni 2017, München 2017 (zit.: *Bearbeiter* in: Maunz/Dürig, Grundgesetz 78. EL Juni 2017, Art. Rn.)

Meadows, Donella H/Meadows, Dennis L./Behrens, Jorgen Randers William III: The Limits to Growth Washington, D.C. 1972 (zit.: Meadows/Meadows/Meadows, The Limits to Growth, S.)

Mebratu, Desta: Sustainability and sustainable development in: Environmental Impact Assessment Review (18) 1998, S. 493–520 (zit.: Mebratu, EIA Review 1998)

Meeh-Bunse, Gunther/Hermeling, Anke/Schomaker, Stefan: Aktuelle Aspekte zum Inkrafttreten der CSR-Richtlinie in Deutschland in: Deutsches Steuerrecht 2017, S. 1127–1128. (zit.: Meeh-Bunse/Hermeling/Schomaker, DStR 2017)

Meißner, Barbara: Ökologische und soziale Aspekte der Landesvergabegesetze in: Zeitschrift für das gesamte Vergaberecht 2012, S. 301–309 (zit.: Meißner, VergabeR 2012)

Menzel, Hans-Joachim: Das Konzept der „nachhaltigen Entwicklung" – Herausforderungen an Rechtssetzung und Rechtsanwendung in: Zeitschrift für Rechtspolitik 2001, S. 221–229 (zit.: Menzel, ZRP 2001)

Menzie, Charles: SETAC Publications Have Global Impact in: Integrated Environmental Assessment and Management 2015, S. 5 (zit.: Menzie, Integr. Enviro. Assess. Manage. 2015)

Mesnil, Benoit: The hesitant emergence of maximum sustainable yield (MSY) in fisheries policies in Europe in: Marine Policy (36) 2012, S. 473–480 (zit.: Mesnil, Marine Policy 2012)

Meyer, Nina: Die Einbeziehung politischer Zielsetzungen bei der öffentlichen Beschaffung, Zur Zulässigkeit der Verwendung sogenannter „beschaffungsfremder Kriterien" unter besonderer Berücksichtigung der Tariftreueerklärungen

Berlin 2002 (zit.: Meyer, Die Einbeziehung politischer Zielsetzungen bei der öffentlichen Beschaffung, S.)

Meyerholt, Ulrich: Umweltrecht (Schriftenreihe Wirtschaft & Öffentliches Recht) Oldenburg 2010 (zit.: Meyerholt, Umweltrecht, S.)

Mohr, Jochen: Ein soziales Vergaberecht? in: Zeitschrift für das gesamte Vergaberecht 2009, S. 543–563 (zit.: Mohr, VergabeR 2009)

Müller-Graff, Peter-Christian: Das Soft Law der Europäischen Organisationen: Einführung in: Flauss, Jean-François/Iliopoulos-Strangas, Julia (Hrsg.): Das soft law der europäischen Organisationen, S. 138–159 Baden-Baden 2012 (zit.: *Müller-Graff* in: Das Soft Law der Europäischen Organisationen, S.)

Müller-Graff, Peter-Christian: Enzyklopädie Europarecht Band 4, Europäisches Wirtschaftsordnungsrecht, 1. Aufl., Baden-Baden 2015 (zit.: *Bearbeiter* in: Müller-Graff, Enzyklopädie Europarecht, Band 4: Europäisches Wirtschaftsordnungsrecht, 1. Auflage 2015, §, Rn.)

Müller-Wrede, Malte: Nachhaltige Beschaffung in: Zeitschrift für das gesamte Vergaberecht 2012, S. 416–425 (zit.: Müller-Wrede, VergabeR 2012)

Müller-Wrede, Malte (Hrsg.): Kompendium des Vergaberechts, Systematische Darstellung unter Berücksichtigung des EU-Vergaberechts 2. Aufl., Köln 2013 (zit.: Müller-Wrede, Kompendium des Vergaberechts)

Müller-Wrede, Malte (Hrsg.): GWB-Vergaberecht, Taschenkommentar 2. Aufl., Köln 2014 (zit.: *Bearbeiter* in: Müller-Wrede, GWB-Vergaberecht, 2. Auflage 2014, §, Rn.)

Müller-Wrede, Malte (Hrsg.): Vergabe- und Vertragsordnung für Leistungen – VOL, A, Kommentar, 4. Aufl., Köln 2014 (zit.: *Bearbeiter* in: Müller-Wrede, Vergabe- und Vertragsordnung für Leistungen, 4. Auflage, Datenbank VergabePortal, Zugriff am)

Najam, Adil: Unraveling of the Rio Bargain in: Politics and the Life Sciences (21), No. 2 2002, S. 46–50 (zit.: Najam, PLS 2002)

Neßler, Volker: Berlin, Politische Auftragsvergabe durch den Staat? – Zur europarechtlichen Zulässigkeit politischer Kriterien bei der öffentlichen Auftragsvergabe in: Die öffentliche Verwaltung 2000, S. 145–152 (zit.: Neßler, DÖV 2000)

Neuhauser, Peter: „...den Nachkommen auf ewig“ Nachhaltigkeit: Biblische Wurzeln und aktuelle Bedeutung in: Nachhaltigkeit als Prinzip für die Zukunft 1. Aufl., München 2003 (zit.: *Neuhauser* in: Nachhaltigkeit als Prinzip für die Zukunft, S.)

Neun, Andreas/Otting, Olaf: Die EU-Vergaberechtsreform 2014 in: Europäische Zeitschrift für Wirtschaftsrecht 2014, S. 446–452 (zit.: Neun/Otting, EuZW 2014)

Neun, Andreas/Otting, Olaf: Die Entwicklung des europäischen Vergaberechts in den Jahren 2016/2017 in: Europäische Zeitschrift für Wirtschaftsrecht 2017, S. 629–636 (zit.: Neun/Otting, EuZW 2017)

Noch, Rainer: Vergaberecht kompakt, Verfahrensablauf und Entscheidungspraxis 3. Aufl., Düsseldorf 2005 (zit.: Noch, Vergaberecht, 3. Auflage 2005, S.)

O'Brien, Martin/Doig, Alison/Clift, Roland: Social and environmental life cycle assessment (SELCA) in: International Journal of Life Cycle Assessment (1) 1996, S. 231–237 (zit.: O´Brien/Doig/Clift, Int J LCA 1996)

Oberthur, Sebastian: Rio: kein Misserfolg in: Europa-Archiv, Vol. 47, No. 20, 01.1992, S. 595–602 (zit.: Oberthür, EA 1992)

Ogden, Joan M./Williams, Robert H./Larson, Eric D.: Societal lifecycle costs of cars with alternative fuels/engines in: Energy Policy (32) 2004, S. 7–27 (zit.: Ogden/Williams/Larson, Energy Policy 2004)

Orthmann, Nicola: Tagungsbericht zum 16. Düsseldorfer Vergaberechtstag 2015 in: Neue Zeitschrift für Bau- und Vergaberecht 2015, S. 612–615 (zit.: Ohrtmann, NZBau 2015)

Opitz, Marc: Der Wirtschaftlichkeitsbegriff des Kartellvergaberechts in: Neue Zeitschrift für Bau- und Vergaberecht 2001, S. 12–16 (zit.: Opitz, NZBau 2001)

Opitz, Marc: Die Entwicklung des EG-Vergaberechts in den Jahren 2001 und 2002 – Teil 1: Die Rechtstatsachen und der Rechtsrahmen in: Neue Zeitschrift für Bau- und Vergaberecht 2003, S. 183–200 (zit.: Opitz, NZBau 2003)

Opitz, Marc: Die Entwicklung des EG-Vergaberechts in den Jahren 2001 und 2002 – Teil 2: Die Rechtsprechung in: Neue Zeitschrift für Bau- und Vergaberecht 2003, S. 252–261 (zit.: Opitz in NZBau 2003)

Opitz, Marc: Das Legislativpaket: die neuen Regelungen zur Berücksichtigung umwelt- und sozialpolitischer Belange bei der Vergabe öffentlicher Aufträge in: Zeitschrift für das gesamte Vergaberecht 2004, S. 421–430 (zit.: Opitz, VergabeR 2004)

Otting, Olaf: Eignungs- und Zuschlagskriterien im neuen Vergaberecht in: Zeitschrift für das gesamte Vergaberecht 2016, S. 316–326 (zit.: Otting, VergabeR 2016)

Pache, Eckhart: Der Staat als Kunde – System und Defizite des neuen deutschen Vergaberechts in: Deutsche Verwaltungsblätter 2001, S. 1781–1792 (zit.: Pache, DVBl 2001)

Pache, Eckhart/Rueger, Christina: Klarheit über soziale Aspekte im Vergaberecht? Zur Auslegungsmitteilung der Kommission vom 15.10.2001 in: Europäische Zeitschrift für Wirtschaftsrecht 2002, S. 169–171 (zit.: Pache/Rüger, EuZW 2002)

Parent, Julie/Cucuzzella, Carmela; Revéret, Jean-Pierre: Impact assessment in SLCA, Sorting the sLCIA methods according to their outcomes in: International Journal of Life Cycle Assessment (15) 2010, S. 164–171 (zit.: Parent/Cucuzzella/Revéret, Int J LCA 2010)

Peters, Heinz-Joachim: Art. 20a GG – Die neue Staatszielbestimmung des Grundgesetzes in: Neue Zeitschrift für Verwaltungsrecht 1995, S. 555–556 (zit.: Peters, NVwZ 1995)

Pfohl, Markus Chr.: Prototypgestützte Lebenszyklusrechnung, Dargestellt an einem Beispiel aus der Antriebstechnik München 2002 (zit.: Pfohl, Prototypgestützte Lebenszyklusrechnung, S.)

Pfohl, Hans-Christian/Wübbenhorst, Klaus: Lebenszykluskosten. Ursprung, Begriff und Gestaltungsvariablen in: Journal für Betriebswirtschaft 1983, S. 142–155 (zit.: Pfohl/Wübbenhorst, JfB 1983)

Pietzcker, Jost: Rechtsbindungen der Vergabe öffentlicher Aufträge in: Archiv für öffentliches Recht, 1982, S. 61–99 (zit.: Pietzcker, AöR 1982)

Pietzcker, Jost: Die neue Gestalt des Vergaberechts in: Zeitschrift für das gesamte Handels- und Wirtschaftsrecht 162 (1998), S. 427–473 (zit.: Pietzcker, ZHR 1998)

Pinner, Wolfgang: Nachhaltig investieren und gewinnen, Profitieren vom ökologischen Megatrend Wien 2008 (zit.: Pinner, Nachhaltig investieren und gewinnen, S.)

Pollmann, Tobias: Der verfassungsrechtliche Gleichbehandlungsgrundsatz im öffentlichen Vergaberecht Berlin 2009 (zit.: Pollmann, Der verfassungsrechtliche Gleichbehandlungsgrundsatz im öffentlichen Vergaberecht, S.)

Porras, Ileana: The Rio Declaration: A new Basis for International Cooperation in: Sands, Philippe (Hrsg.): Greening international law. New York 1994, S. 20–34 (zit.: *Porras*, Greening international law, S.)

Preuß, Norbert/Schöne, Lars Bernhard: Real Estate und Facility Management, Aus Sicht der Consultingpraxis 4. Aufl. 2016 (zit.: Preuß/Schöne, Real Estate und Facility Management, S.)

Prieß, Hans-Joachim: Handbuch des europäischen Vergaberechts, Gesamtdarstellung der EU/EWR-Vergaberegeln mit Textausgabe 3. Aufl., Köln u.a. 2005 (zit.: Prieß, Handbuch des europäischen Vergaberechts, 3. Auflage 2005, S.)

Prieß, Hans-Joachim/Simonis, Matthias: Die künftige Relevanz des Primärvergabe- und Beihilfenrechts in: Neue Zeitschrift für Bau- und Vergaberecht 2015, S. 731–736 (zit.: Prieß/Simonis, NZBau 2015)

Pufé, Iris: Nachhaltigkeit Konstanz 2012 (zit.: Pufé, Nachhaltigkeit, S.)

Pünder, Hermann: Die Vergabe öffentlicher Aufträge unter den Vorgaben des europäischen Beihilferechts in: Neue Zeitschrift für Bau- und Vergaberecht 2003, S. 530–539 (zit.: Pünder, NZBau 2003)

Pünder, Hermann: Zu den Vorgaben des grundgesetzlichen Gleichheitssatzes für die Vergabe öffentlicher Aufträge in: Verwaltungsarchiv – Zeitschrift für Verwaltungslehre, Verwaltungsrecht und Verwaltungspolitik, Bd. 95 (2004), S. 38–62 (zit.: Pünder, VerwArch 2004)

Pünder, Hermann/Schellenberg, Martin (Hrsg.): Vergaberecht, GWB, VgV, SektVO, VOL/A, VOB/A, VOF, Haushaltsrecht, Öffentliches Preisrecht; Handkommentar 2. Aufl., Baden-Baden 2015 (zit.: *Bearbeiter* in: Pünder/Schellenberg, Vergaberecht, 2. Auflage 2015, §, Rn.)

Ramirez, Paola Karina Sanchez/ Petti, Luigia: Social Life Cycle Assessment: Methodological And Implementation Issues in: The Annals of the "Stefan cel Mare" University of Suceava. Fascicle of The Faculty of Economics and Public Administration (11) 2011, S. 11–17 (zit.: Ramirez/Petti, The Annals of The "Ştefan cel Mare" University of Suceava 2011)

Rebitzer, Gerald/Hunkeler, David: Life cycle costing in LCM, Ambitions, opportunities, and limitations in: International Journal of Life Cycle Assessment (8) 2003, S. 253–256 (zit.: Rebitzer/Hunkeler, Int J LCA 2003)

Rebitzer, Gerald: Enhancing the application efficiency of life cycle assessment for industrial uses Thèse sciences Ecole polytechnique fédérale de Lausanne EPFL: 2005; no 3307 (zit.: Rebitzer, Enhancing the application efficiency of life cycle assessment for industrial uses, S.)

Rechten, Stephan: Die Novelle des EU-Vergaberechts in: Neue Zeitschrift für Bau- und Vergaberecht 2004, S. 366–375 (zit.: Rechten, NZBau 2004)

Rechten, Stephan/Röbke, Marc: Basiswissen Vergaberecht, Ein Leitfaden für Ausbildung und Praxis Köln 2014 (zit.: Rechten/Röbke, Basiswissen Vergaberecht, S.)

Reidt, Olaf/Stickler, Thomas/ Glahs, Heike (Hrsg.): Vergaberecht, Kommentar 3. Aufl., Köln 2011 (zit.: *Bearbeiter* in: Reidt/Stickler/Glahs, Vergaberecht Kommentar, 3. Auflage 2011, §, Rn.)

Rengeling, Hans-Werner/Middeke, Andreas/Gellermann, Martin (Hrsg.): Handbuch des Rechtsschutzes in der Europäischen Union 3. Aufl., München 2014 (zit.: *Bearbeiter* in: Rengeling/Middeke/Gellermann, Handbuch des Rechtsschutzes in der Europäischen Union, 3. Auflage 2014, §, Rn.)

Renn, Ortwin/Deuschle, Jürgen/Jäger, Alexander: Leitbild Nachhaltigkeit, Eine normativ-funktionale Konzeption und ihre Umsetzung Wiesbaden 2007 (zit.: Renn/Deuschle/Jäger, Leitbild Nachhaltigkeit, S.)

Riefa, Christine: Consumer protection and online auction platforms, Towards a safer legal framework Farnham 2015 (zit.: Riefa, Consumer protection and online auction platforms, S.)

Riesenhuber, Karl: Die Auslegung in: Riesenhuber, Karl (Hrsg.): Europäische Methodenlehre, 3. Aufl., Berlin 2015 (zit.: *Riesenhuber* in: Europäische Methodenlehre, Rn.)

Riezler, Stephan: Lebenszyklusrechnung, Instrument des Controllings strategischer Projekte Wiesbaden 1996 (zit.: Riezler, Lebenszyklusrechnung, S.)

Rittner, Fritz: Das öffentliche Auftragswesen im Spannungsfeld zwischen Gemeinschaftsrecht und nationalem Recht in: Schwarze, Jürgen (Hrsg.): Das öffentliche Auftragswesen in der EG. Vorträge der Fachgruppe für Europarecht auf der 25. Tagung der Gesellschaft für Rechtsvergleichung vom 20. – 22. März 1996 in Jena 1. Aufl., Europarecht: Beiheft 1996/1 Baden-Baden 1996, S. 7–22 (zit.: Rittner, EuR Beiheft 1/1996)

Rittner, Fritz: Die „sozialen Belange" i. S. der EG-Kommission und das inländische Vergaberecht in: Europäische Zeitschrift für Wirtschaftsrecht 1999, S. 677–680 (zit.: Rittner, EuZW 1999)

Rittner, Fritz: Die „sozialen Belange" i.S. der EG-Kommission und das inländische Vergaberecht in: Schwarze, Jürgen (Hrsg.): Die Vergabe öffentlicher Aufträge im Lichte des europäischen Wirtschaftsrechts 1. Aufl. 2000 (zit.: *Rittner* in: Die Vergabe öffentlicher Aufträge im Lichte des europäischen Wirtschaftsrechts, S.)

Röhl, Klaus Friedrich/Röhl, Hans Christian: Allgemeine Rechtslehre 3. Aufl., Köln 2008 (zit.: Röhl/Röhl, Allgemeine Rechtslehre, S.)

Ronellenfitsch, Michael: Umwelt und Verkehr unter dem Einfluss des Nachhaltigkeitsprinzips in: Neue Zeitschrift für Verwaltungsrecht 2006, S. 385–388 (zit.: Ronellenfitsch, NVwZ 2006)

Rößner, Sören/Schalast, Christoph: Umweltschutz und Vergabe in Deutschland nach der Entscheidung des EuGH – Concordia Bus Finland in: Neue Juristische Wochenschrift 2003, S. 2361–2364 (zit.: Rößner/Schalast, NJW 2003)

Roth, Frank: Methodik und Bekanntgabe von Wertungsverfahren zur Ermittlung des wirtschaftlichsten Angebots in: Neue Zeitschrift für Bau- und Vergaberecht 2011, S. 75–80 (zit.: Roth, NZBau 2011)

Roth, Frank: Das öffentliche Preisrecht im Spannungsfeld zwischen Zivilrecht und Vergaberecht in: Neue Zeitschrift für Bau- und Vergaberecht 2015, S. 209–216 (zit.: Roth, NZBau 2015)

Roth, Wulf-Henning: Die Richtlinienkonforme Auslegung in: Riesenhuber, Karl (Hrsg.): Europäische Methodenlehre, 3. Aufl., Berlin 2015 (zit.: *Roth* in: Europäische Methodenlehre, Rn.)

Rust, Ursula: GWB-Vergaberecht und soziale Standards in: Europäische Zeitschrift für Wirtschaftsrecht 1999, S. 453–457 (zit.: Rust EuZW 1999)

Rust, Ursula: Die sozialen Kriterien im Vergaberecht – eine Duplik auf Rittner, EuZW 1999, 677 in: Europäische Zeitschrift für Wirtschaftsrecht 2000, S. 205–208 (zit.: Rust, EuZW 2000)

Rüthers, Bernd/Fischer, Christian/Birk, Axel: Rechtstheorie 9. Aufl., Frankfurt 2016 (zit.: Rüthers/Fischer/Birk, Rechtstheorie, Rn.)

Sand, Peter H.: International Environmental Law after Rio Kaleidoscope in: European Journal of International Law (4) 1993, S. 377–389 (zit.: Sand, Eur. J. Int'l L. 1993)

Sands, Philippe (Hrsg.): Greening international law New York 1994 (zit.: Sands, Greening international law, S.)

Sands, Philippe/Peel, Jacqueline: Principles of international environmental law 3. Aufl., Cambridge 2012 (zit.: Sands/Peel, Principles of international environmental law, S.)

Schäfer, Alexander: Öffentliche Belange im Auftragswesen und Europarecht Berlin 2003 (zit.: Schäfer, Öffentliche Belange im Auftragswesen und Europarecht, S.)

Schäfer, Peter: Green Public Procurement im Rahmen der EU-Umwelt- und Nachhaltigkeitspolitik in: Prieß, Hans-Joachim (Hrsg.): Wettbewerb, Transparenz, Gleichbehandlung. 15 Jahre GWB-Vergaberecht; Festschrift für Fridhelm Marx. München 2013, S. 657–676 (zit.: *Schäfer* in: FS für Marx, S.)

Schaller, Hans: Die Umsetzung der EU-Richtlinien 2014 – Die neue Vergabeverordnung für die Vergabe öffentlicher Aufträge, Teil 2 in: Zeitschrift für deutsches und internationales Bau- und Vergaberecht – Beilage 2016, S. 34- (zit.: Schaller, ZfBR Beilage 2016)

Schanz, Heiner: Forstliche Nachhaltigkeit, Sozialwissenschaftliche Analyse der Begriffsinhalte und -funktionen 1. Aufl., Freiburg im Breisgau 1996 (zit.: Schanz, Forstliche Nachhaltigkeit, S.)

Scharpenack, Gerald: Sekundärzwecke im Vergaberecht, Eine rechtsvergleichende Untersuchung anhand der Affirmative Action Policy der USA und der Verfolgung „vergabefremder" Ziele im Rahmen der Auftragsvergabe in der Bundesrepublik Deutschland Frankfurt am Main u.a.2005 (zit.: Scharpenack, Sekundärzwecke im Vergaberecht, S.)

Schiff, Alexander: Sekundär- vor Primärrecht? in: Europäische Zeitschrift für Wirtschaftsrecht 2015, S. 899–903 (zit.: Schiff, EuZW 2015)

Schild, Ulrich: Lebenszyklusrechnung und lebenszyklusbezogenes Zielkostenmanagement, Stellung im internen Rechnungswesen, Rechnungsausgestaltung und modellgestützte Optimierung der intertemporalen Kostenstruktur 1. Aufl., Wiesbaden 2005 (zit.: Schild, Lebenszyklusrechnung und lebenszyklusbezogenes Zielkostenmanagement, S.)

Schima, Bernhard: Wettbewerbsfremde Regelungen – falsche Signale vom Europäischen Gerichtshof? in: Neue Zeitschrift für Bau- und Vergaberecht S. 1–7 (zit.: Schirma, NZBau 2002)

Schmidt, Wulf-Peter: Life Cycle costing as part of design for environment environmental business cases in: International Journal of Life Cycle Assessment (8) 2002, S. 167–174 (zit.: Schmidt, Int J LCA 2003)

Schneevogel, Kai: Keine Pflicht zur vorherigen Bekanntgabe der Bewertungsmethode in: Juris PraxisReport Vergaberecht 2/2016 (zit.: Schneevogl, jurisPR-VergR 2/2016 Anm. 1 EuGH 4. Kammer, Urteil vom 14.07.2016 – C-6/15)

Schneider, Karsten: Die Rechtswidrigkeit der UfAB II-Formel im Vergabeverfahren in: Neue Zeitschrift für Bau- und Vergaberecht 2002, S. 555–557 (zit.: Schneider NZBau 2002)

Schneider, Jens-Peter: EG-Vergaberecht zwischen Ökonomisierung und umweltpolitischer Instrumentalisierung in: Deutsches Verwaltungsblatt 2003, S. 1186–1196 (zit.: Schneider, DVBl. 2003)

Schneider, Jens-Peter: Umweltschutz im Vergaberecht in: Neue Zeitschrift für Verwaltungsrecht 2009, S. 1057–1063 (zit.: Schneider, NVwZ 2009)

Schneidewind, Uwe: Nachhaltiges Ressourcenmanagement als Gegenstand einer transdisziplinären Betriebswirtschaftslehre – Suffizienz als Business Case in: Corsten, Hans/Roth, Stefan (Hrsg.): Nachhaltigkeit. Unternehmerisches Handeln in globaler Verantwortung. Wiesbaden 2012, S. 67–92 (zit.: *Schneidewind* in: Nachhaltigkeit, S.)

Schrader, Christian: Nachhaltigkeit in Unternehmen in: Zeitschrift für Umweltrecht 2013, S- 451–458 (zit.: Schrader, ZUR 2013)

Schröder, Holger: Inhalt, Gestaltung und Praxisfragen des wettbewerblichen Vergabeverfahrens nach der neuen europäischen ÖPNV-Verordnung in: Neue Zeitschrift für Verwaltungsrecht 2008, S. 1288–1291 (zit.: Schröder, NVwZ 2008)

Schröder, Holger: „Grüne" Zuschlagskriterien in: Neue Zeitschrift für Bau- und Vergaberecht 2014, S. 467–472 (zit.: Schröder, NZBau 2014)

Schwarze, Jürgen: Die Vergabe öffentlicher Aufträge im Lichte des europäischen Wirtschaftsrechts in: Europäische Zeitschrift für Wirtschaftsrecht 2000, S. 133–144 (zit.: Schwarze, EuZW 2000)

Seidel, Ingelore: Anmerkung zu: EuGH: Kampf gegen Arbeitslosigkeit zulässiges Vergabekriterium in: Europäische Zeitschrift für Wirtschaftsrecht 2000, S. 755–763 (zit.: Seidel, EuZW 2000)

Seidel, Ingelore: Zur Implementierung von Sekundärzielen im europäischen Vergaberecht in: Zeitschrift für deutsches und internationales Vergaberecht 2000, S. 195–200 (zit.: Seidel, ZVgR 2000)

Semple, Abby: The link to the subject matter: a glass ceiling for sustainable public contracts? in: Sjåfjell, Beate/Wiesbrock, Anja (Hrsg.): Sustainable public procurement under EU law. New perspectives on the state as stakeholder. Cambridge, United Kingdom 2016, S. 50–74 (zit.: *Semple* in: Sustainable public procurement under EU law, S.)

Sherif, Yosef S./Kolarik, William J.: Life cycle costing: Concept and practice in: Omega, The International Journal of Management Science (9) 1981, S. 287–296 (zit.: Sherif/Kolarik, Omega 1981)

Shields, Michael/Young, Mark: Managing product life cycle costs: An organizational model in: Journal of Cost Management for the Manufacturing Industry (1991) (Bd. 5, Nr. 1–3) S. 39–51 (zit.: Shields/Young, J Cost Manage Manuf Ind 1991)

Siegel, Thorsten: Die Grundfreiheiten als Auffangordnung im europäischen und nationalen Vergaberecht in: Europäisches Wirtschafts- und Steuerrecht 2008, S. 66–73 (zit.: Siegel, EWS 2008)

Siegel, Thorsten: Sozial- und Umweltstandards im öffentlichen Beschaffungswesen in: Zeitschrift für Landes- und Kommunalrecht Hessen/Rheinland-Pfalz/Saarland 2011, S. 121–125 (zit.: Siegel, LKRZ 2011)

Siegel, Thorsten: Anmerkung zu: Vergaberecht: Ausschreibung von ÖKO- und Fairtrade-Produkten mittels Siegel, Umweltgütezeichen in: Europäische Zeitschrift für Wirtschaftsrecht 2012, S. 592–600 (zit.: Siegel, EuZW 2012)

Siegel, Thorsten: Wie fair ist das Vergaberecht? Der faire Handel vor dem EuGH in: Zeitschrift für das gesamte Vergaberecht 2013, S. 370–376 (zit.: Siegel, VergabeR 2013)

Siemon, Klaus D.: Baukosten bei Neu- und Umbauten, Planung und Steuerung 5. Aufl., Wiesbaden 2012 (zit.: Siemon, Baukosten bei Neu- und Umbauten, S.)

Sofroniou, Andreas: Change management in I.T. Swindon 2004 (zit.: Sofroniou, Change management in I.T., S.)

Steiff, Jakob: Vergabefremde Aspekte – eine Zwischenbilanz in: Zeitschrift für das gesamte Vergaberecht 2009, S. 290–302 (zit.: Steiff, VergabeR 2009)

Steinberg, Philipp: Anmerkung zu: EuGH: Umweltschützende vergabefremde Kriterien zulässig in: Europäische Zeitschrift für Wirtschaftsrecht 2002, S. 628–635 (zit.: Steinberg, EuZW 2002)

Steinberg, Philipp: Die „Wienstrom"-Entscheidung des EuGH in: Europäische Zeitschrift für Wirtschaftsrecht 2004, S. 76–78 (zit.: Steinberg, EuZW 2004)

Steinberg, Philipp: Die Flexibilisierung des neuen europäischen Vergaberechts in: Neue Zeitschrift für Bau- und Vergaberecht 2005, S. 85–92 (zit.: Steinberg, NZBau 2005)

Steinberg, Philipp: Vergaberechtliche Steuerung als Verbundaufgabe, Prozedurale und materielle Einwirkungsmöglichkeiten öffentlicher Auftraggeber im unvollkommenen Binnenmarkt 1. Aufl., Baden-Baden 2005 (zit.: Steinberg, Vergaberechtliche Steuerung als Verbundaufgabe, S.)

Stockmann, Thomas/Rusch, Daniel: Wie viel Energieeffizienz muss es sein? Anforderungen an Leistungsbeschreibung und Wertung nach § 4 IV bis VI b VgV in: Neue Zeitschrift für Bau- und Vergaberecht 2013, S. 71–79 (zit.: Stockmann/Rusch, NZBau 2013)

Stoye, Jörg/Plantiko, Calle B: Der reine Preiswettbewerb – wann ist es sinnvoll, wann verboten? in: Zeitschrift für das gesamte Vergaberecht 2015, S. 309–313 (zit.: Stoye/Plantiko, VergabeR 2015)

Streinz, Rudolf (Hrsg.): EUV/AEUV, Vertrag über die Europäische Union und Vertrag über die Arbeitsweise der Europäischen Union 2. Aufl., München 2012 (zit.: *Bearbeiter* in: Streinz, EUV/AEUV, 2. Auflage 2012, Art., Rn.)

Strohs, Matthias: Die Berücksichtigung vergabefremder Kriterien bei der Vergabe von Bauaufträgen durch die öffentliche Hand in: Baurecht 1988, S. 144–151 (zit.: Strohs, BauR 1988)

Summa, Hermann: Die Entscheidung über die Auftragsvergabe – Ein Ausblick auf das künftige Unionsrecht in: Neue Zeitschrift für Bau- und Vergaberecht 2012, S. 729–737 (zit.: Summa, NZBau 2012)

Swarr, Thomas/Hunkeler, David/Klopffer, Walter/Pesonen, Hanna-Leena/Ciroth, Andreas/Brent, Alan C./Pagan, Robert: Environmental life cycle costing, A code of practice Pensacola Fla. u.a. 2011 (zit.: Swarr/Hunkeler/Klöpffer/Pesonen/Ciroth/Brent/Pagan, Environmental Life Cycle Costing: A code of practice, S.)

Tamm, Marina/Tonner, Klaus: Verbraucherrecht, Rechtliches Umfeld – Vertragstypen – Rechtsdurchsetzung; Beratungshandbuch 2. Aufl. 2016 (zit.: *Bearbeiter* in: Tamm/Tonner u.a., Verbraucherrecht, 2. Auflage 2016)

Tegler, Elke: Das neue Hessische Vergabe- und Tariftreuegesetz in: Zeitschrift für das gesamte Vergaberecht 2015, S. 402–408 (zit.: Tegeler, VergabeR 2015)

Thombansen, Gabriele: EU-Dienstleistungsrichtlinie Köln 2015 (zit.: Thombansen, EU-Dienstleistungsrichtlinie)

Tremmel, Jörg: Nachhaltigkeit als politische und analytische Kategorie, Der deutsche Diskurs um nachhaltige Entwicklung im Spiegel der Interessen der Akteure München 2003 (zit.: Tremmel, Nachhaltigkeit als politische und analytische Kategorie, S.)

United Nations (Ed.): Our common future 1. Aufl., Oxford u.a. 1987 (zit.: United Nations, Our common future, S.)

Valdivia, Sonia/Ugaya, Cassia M. L./Hildenbrand, Jutta/Traverso, Marzia/Mazijn, Bernard/Sonnemann, Guido: A UNEP/SETAC approach towards a life cycle sustainability assessment—our contribution to Rio+20 in: International Journal of Life Cycle Assessment (18) 2013, S. 1673 (zit.: Valdivia/Ugaya/Hildenbrand/Traverso/Mazijn/Sonnemann, Int J LCA 2013)

Varga, Zsófia: Berücksichtigung sozialpolitischer Anforderungen nach dem neuen § 97 Abs. 4 Satz 2 GWB – europarechtskonform? in: Zeitschrift für das gesamte Vergaberecht 2009, S. 535–543 (zit.: Varga, VergabeR 2009)

VDI 2884:2005, Beschaffung, Betrieb und Instandhaltung von Produktionsmitteln unter Anwendung von Life Cycle Costing (LCC) (zit.: VDI 2884:2005, Beschaffung, Betrieb und Instandhaltung von Produktionsmitteln unter Anwendung von Life Cycle Costing (LCC))

VDMA Einheitsblatt 34160:2006, Prognosemodell für die Lebenszykluskosten von Maschinen und Anlagen (zit.: VDMA Einheitsblatt 34160:2006, Prognosemodell für die Lebenszykluskosten von Maschinen und Anlagen, S.)

Vogel, Roland: Zur Nachhaltigkeit in: Der Sachverständige 2009, S. 127–133 (zit.: Vogel, DS 2009)

Vogt, Markus: Prinzip Nachhaltigkeit, Ein Entwurf aus theologisch-ethischer Perspektive 2. Aufl., München 2010 (zit.: Vogt, Prinzip Nachhaltigkeit, S.)

Vogtmann, Hardy/Maier, Jürgen: United Nations Conference on Sustainable Development (UNCSD) – Rio+20: What an effort for such a meager result in: Future of Food: Journal on Food, Agriculture and Society (1) 2013, S. 65–68 (zit.: Vogtmann/Maier, Future of Food: Journal on Food, Agriculture and Society 2013)

Voss, Gerhard: 25 Jahre Nachhaltigkeitspolitik im Rückblick in: Bardt, Hubertus (Hrsg.): Auf dem Weg zu mehr Nachhaltigkeit. Erfolge und Herausforderungen 25 Jahre nach dem Brundtland-Bericht. Köln 2012, S. 7–24 (zit.: *Voss* in: Auf dem Weg zu mehr Nachhaltigkeit, S.)

Wägenbaur, Rolf: Zehn Jahre nach Rio – die EG-Kommission bereitet den nächsten Umweltgipfel im Jahr 2002 vor in: Europäische Zeitschrift für Wirtschaftsrecht 2001, S. 290 (zit.: Wägenbaur, EuZW 2001)

Wagner, Volkmar/Pfohl, Benjamin Quirin: Vergabefremde Aspekte in den Landesvergabegesetzen – ein Überblick in: Zeitschrift für das gesamte Vergaberecht 2015, S. 390- (zit.: Wagner/Pfohl, VergabeR 2015)

Wegener, Bernhard W./Hahn, Jörg Ludwig: Ausschreibung von Öko- und Fair-Trade-Produkten mittels Gütezeichen in: Neue Zeitschrift für Bau- und Vergaberecht 2012, S. 684–688 (zit.: Wegener/Hahn, NZBau 2012)

Weyand, Rudolf: ibr-online-Kommentar Vergaberecht, Praxiskommentar zu GWB, VgV, SektVO, VSVgV, VOB/A 2012, VOL/A, VOF mit sozialrechtlichen Vorschriften 9. Aktualisierung 2012, Stand: 26.11.2012 (zit.: Weyand, Vergaberecht, 9. Aktualisierung 2012, Stand: 26.11.2012, § 97 GWB)

Weyand, Rudolf: ibr-online-Kommentar Vergaberecht, Praxiskommentar zu GWB, VgV, SektVO, VSVgV, VOB/A 2012, VOL/A, VOF mit sozialrechtlichen Vorschriften 17. Aktualisierung 2015, Stand: 14.09.2015 (zit.: Weyand, Vergaberecht, 17. Aktualisierung 2015, Stand: 14.09.2015, § 97 GWB)

Wietersheim, Mark von (Hrsg.): Veris-VOB/A-Online-Kommentar Datenbank Veris, Zugriff am 16.02.2016 (zit.: *Bearbeiter* in: VERIS-VOB/A-Online-Kommentar, Stand [Datum])

Wildemann, Horst: Kostenprognosen bei Großprojekten Stuttgart 1982 (zit.: Wildemann, Kostenprognosen bei Großprojekten, S.)

Willenbruch, Klaus/Wiedekind, Kristina (Hrsg.): Kompaktkommentar Vergaberecht 4. Aufl., Köln 2017 (zit.: *Bearbeiter* in: Willenbruch/Wieddekind, Kompaktkommentar Vergaberecht, 4. Auflage 2017, §, Rn.)

Wolf, Knut/Holm, Christian: Total Cost of Ownership – Kennzahl oder Konzept? in: Die Fachzeitschrift für Information Management & Consulting (13) 1998, S. 19–23 (zit.: Wolf/Knut, Information Management 1998)

Wolff, Nina: Die Ergebnisse des Weltgipfels über nachhaltige Entwicklung in Johannesburg – Zusammenfassung und Wertung mit Blick auf die Entwicklung des Umweltvölkerrechts in: Natur und Recht 2003, S. 137–143 (zit.: Wolff, NuR 2003, 137)

Wollenschläger, Ferdinand Das EU-Vergaberegime für Aufträge unterhalb der Schwellenwerte in: Neue Zeitschrift für Verwaltungsrecht 2007, S. 388–395 (zit.: Wollenschläger, NVwZ 2007)

Wu, Ruqun/Yang, Dan/Chen, Jiquan: Social Life Cycle Assessment Revisited in: Sustainability (6) 2014, S. 4200–4226 (zit.: Wu/Yang/Chen, Sustainability 2014)

Wübbenhorst, Klaus L.: Konzept der Lebenszykluskosten, Grundlagen, Problemstellungen und technologische Zusammenhänge Darmstadt 1984 (zit.: Wübbenhorst, Konzept der Lebenszykluskosten, S.)

Wulf, Inge/Niemöller, Jens: Neuerungen im (Konzern-)Lagebericht durch den Referentenentwurf eines CSR-Richtlinie-Umsetzungsgesetzes in: IRZ Zeitschrift für Internationale Rechnungslegung 2016, S. 245–248 (zit.: Wulf/Niemöller, IRZ 2016)

Zamagni, Alessandra/Guinee, Jeroen/Hetjungs, Reinout/Masoni, Paolo: Life Cycle Sustainability Analysis in: Curran, Mary Ann (Hrsg.): Life cycle assessment handbook. A guide for environmentally sustainable products. Hoboken, NJ 2012, S. 453–474 (zit.: *Zamagni/Guinée/Heijungs/Masoni* in: Life cycle assessment handbook, S.)

Zamagni, Alessandra: Life cycle sustainability assessment in: International Journal of Life Cycle Assessment (17) 2012, S. 373–376 (zit.: Zamagni, Int J LCA 2012)

Zehbold, Cornelia: Lebenszykluskostenrechnung Wiesbaden/o.O. 1996 (zit.: Zehbold, Lebenszykluskostenrechnung, S.)

Zeiss, Christopher: Weniger Energieverbrauch! – Beschaffung energieeffizienter Geräte und Ausrüstung in: Neue Zeitschrift für Bau- und Vergaberecht 2011, S. 658–662 (zit.: Zeiss, NZBau 2011)

Zeiss, Christopher Energieeffizienz in der Beschaffungspraxis in: Neue Zeitschrift für Bau- und Vergaberecht 2012, S. 201–206 (zit.: Zeiss, NZBau 2012)

Ziekow, Jan Vergabefremde Zwecke und Europarecht in: Neue Zeitschrift für Bau- und Vergaberecht 2001, S. 72–78 (zit.: Ziekow, NZBau 2001)

Ziekow, Jan/Völlink, Uwe-Carsten: Vergaberecht, Gesetz gegen Wettbewerbsbeschränkungen 4. Teil, Vergabeordnung, Sektorenverordnung, Vergabe- und Vertragsordnung für Bauleistungen, Vergabe- und Vertragsordnung für Leistungen, Verordnung über öffentliche Personenverkehrsdienste 1. Aufl., München 2011 (zit.: *Bearbeiter* in: Ziekow/Völlink, Vergaberecht, 1. Auflage 2011, §, Rn.)

Ziekow, Jan/Völlink, Uwe-Carsten: Vergaberecht, Gesetz gegen Wettbewerbsbeschränkungen – 4. Teil, Vergabeverordnung, Sektorenverordnung, Vergabeverordnung für die Bereiche Verteidigung und Sicherheit, Vergabe- und Vertragsordnung für Bauleistungen, Vergabe- und Vertragsordnung für Leistungen, Vergabeordnung für freiberufliche Leistungen, Verordnung über öffentliche Personenverkehrsdienste 2. Aufl., München 2013 (zit.: *Bearbeiter* in: Ziekow/Völlink, Vergaberecht, 2. Auflage 2013, §, Rn.)

Ziekow, Jan: Soziale Aspekte in der Vergabe in: Die öffentliche Verwaltung 2015, S. 897–904 (zit.: Ziekow, DÖV 2015)

Zippelius, Reinhold: Juristische Methodenlehre 11. Aufl., München 2012 (zit.: Zippelius, Juristische Methodenlehre, S.)

Internetquellenverzeichnis

Bartsch, Wolfgang, Schwächen von Zuschlagsformeln im Vergleich, in: https://www.iabg.de/fileadmin/media/Geschaeftsfelder/InfoKom/Vergabemanagement/Zuschlagsformel/Flyer/Flyer___Vergabemangemt_Zuschlagsformeln_Schwaechen.pdf, abgerufen am 08.12.2016.

Baukosteninformationszentrum Deutscher Architektenkammern GmbH (BKI), BKI-Baukostendatenbank, in: http://www.bki.de/neubau-2016.html, abgerufen am 08.12.2016.

Bayrisches Staatsministerium für Wirtschaft und Medien, Energie und Technologie (STMWI), Das wirtschaftlichste Angebot: Hinweise zur richtigen Gestaltung und Wertung im Vergabeverfahren, in: https://www.stmwi.bayern.de/fileadmin/user_upload/stmwivt/Publikationen/2014/Das_Wirtschaftlichste_Angebot.pdf, abgerufen 08.12.2016.

Beschaffungsamt des Bundesministeriums des Innern, UfAB II: Unterlage für Ausschreibung und Bewertung von IT-Leistungen – Version 1.0, Bonn 2003, BMI in: http://oeffentliche-auftraege.de/1-04/ufab-III-text.pdf, abgerufen am 08.12.2016.

Beschaffungsamt des Bundesministeriums des Innern, UfAB V: Unterlage für Ausschreibung und Bewertung von IT-Leistungen, Sonderheft 2012 zur Aktualisierung der UfAB V – Version 2.0, Bonn 2012, BMI in: http://www.cio.bund.de/SharedDocs/Publikationen/DE/IT-Beschaffung/ufab_sonderheft.pdf?__blob=publicationFile, abgerufen am 08.12.2016.

Beschaffungsamt des Bundesministeriums des Innern, UfAB VI: Unterlage für Ausschreibung und Bewertung von IT-Leistungen – Version 1.0, Bonn 2015, BMI in: http://www.cio.bund.de/SharedDocs/Publikationen/DE/IT-Beschaffung/ufab_vi_download.pdf;jsessionid=0F83624F52E92612CB52257840CBAA1A.2_cid289?__blob=publicationFile, abgerufen am 08.12.2016.

Bettencourt, Luís/Kaur, Jasleen, Evolution and structure of sustainability science, PNAS 2011, vol. 108, no. 492011, in: http://www.pnas.org/content/108/49/19540.full.pdf, abgerufen am 08.12.2016 und Supporting Information, in: http://www.pnas.org/content/suppl/2011/11/23/1102712108.DCSupplemental/pnas.1102712108_SI.pdf#STXT, abgerufen am 08.12.2016.

Bibliographisches Institut GmbH (Dudenverlag), Nachhaltigkeit, in: http://www.duden.de/rechtschreibung/Nachhaltigkeit, abgerufen am 08.12.2016.

Borgstedt, Silke/Christ, Tamina/Reusswig, Fritz, Bundesministerium für Umwelt Naturschutz und Reaktorsicherheit (BMU) (Hrsg.): Umweltbewusstsein in Deutschland 2010, Referat Öffentlichkeitsarbeit, Bonn 2010, in: http://www.umweltbundesamt.de/sites/default/files/medien/publikation/long/4045.pdf, abgerufen am 08.12.2016.

Bundesministerium für Bildung und Forschung, Forsa-Umfrage im Wissenschaftsjahr Zukunftsprojekt ERDE: Viele Deutsche wissen nicht, was Nachhaltigkeit, in: http://www.zukunftsprojekt-erde.de/fileadmin/de.wissenschaftsjahr-2012/content_de/Presse/Downloads/WJ2012_Dokument_Ergebnisse_Forsa-Studie.pdf, abgerufen am 08.12.2016.

Bundesministerium für Umwelt, Naturschutz, Bau und Reaktorsicherheit (BMUB), Berechnung der Lebenszykluskosten, in: https://www.umweltbundesamt.de/themen/wirtschaft-konsum/umweltfreundliche-beschaffung/berechnung-der-lebenszykluskosten, abgerufen am 08.12.2016

Bundesministerium für Umwelt, Naturschutz, Bau und Reaktorsicherheit (BMUB), Ökobilanz, in: https://www.umweltbundesamt.de/themen/wirtschaft-konsum/produkte/oekobilanz, abgerufen am 08.12.2016.

Bundesministerium für Umwelt, Naturschutz, Bau und Reaktorsicherheit (BMUB), BNB-Bewertungsmethodik, in: https://www.bnb-nachhaltigesbauen.de/bewer tungssystem/bnb-bewertungsmethodik.html, abgerufen am 08.12.2016.

Bundesministerium für Umwelt, Naturschutz, Bau und Reaktorsicherheit (BMUB), Umweltfreundliche Beschaffung: beschaffung-info.de, in: http://www.umweltbundesamt.de/themen/wirtschaft-konsum/umweltfreundliche-beschaf fung#strap-14488, abgerufen am 08.12.2016.

Bundesministerium für Umwelt, Naturschutz, Bau und Reaktorsicherheit (BMUB), Häufige Fragen zum Thema Licht, in: http://www.umweltbundesamt.de/themen/klima-energie/energiesparen/licht/haeufige-fragen-thema-licht; abgerufen am 08.12.2016.

Bundesministerium für Umwelt, Naturschutz, Bau und Reaktorsicherheit (BMUB), EMAS = Eco-Management and Audit Scheme, in: http://www.emas.de/home/, abgerufen am 08.12.2016.

Bundesministerium für Umwelt, Naturschutz, Bau und Reaktorsicherheit (BMUB), Die öffentliche Beschaffung – ein Hebel für Klimaschutz und Zukunftsmärkte!, in: http://www.bmu.de/fileadmin/Daten_BMU/Download_PDF/Produkte_und_Umwelt/mckinseystudie_papier_beschaffung.pdf, abgerufen am 08.12.2016.

Bundesministerium für Umwelt, Naturschutz, Bau und Reaktorsicherheit (BMUB), Referat B I 5 – Bauingenieurwesen, Nachhaltiges Bauen, Bauforschung, Leitfaden Nachhaltiges Bauen Zukunftsfähiges Planen, Bauen und Betreiben von Gebäuden, Berlin Februar 2016, in: http://www.bmub.bund.de/fileadmin/Daten_BMU/Pools/Broschueren/nachhaltiges_bauen_leitfaden_broschuere_bf.pdf, abgerufen am 09.12.2016

Bundesministerium für Wirtschaft und Energie (BMWi), Eckpunkte zur Reform des Vergaberechts, in: https://www.bmwi.de/BMWi/Redaktion/PDF/E/eckpunkte-zur-reform-des-vergaberechts,property=pdf,bereich=bmwi2012,sprache=de,rwb=true.pdf, abgerufen am 08.12.2016.

Bundesministerium für Wirtschaft und Energie (BMWi), Entwurf für eine Verfahrensordnung für die Vergabe öffentlicher Liefer- und Dienstleistungsaufträge unterhalb der EU-Schwellenwerte (Unterschwellenvergabeordnung – UVgO), in: https://www.bmwi.de/BMWi/Redaktion/PDF/C-D/diskussionsenetwurf-zur-unterschwellenvergabeordnung-ugvo,property=pdf,bereich=bmwi2012,sprache=de,rwb=true.pdf, abgerufen am 08.12.2016.

Bundesministerium für Wirtschaft und Energie (BMWi), Öffentliche Aufträge und Vergabe – Übersicht und Rechtsgrundlagen auf Bundesebene, in: http://www.bmwi.de/DE/Themen/Wirtschaft/Oeffentliche-Auftraege-und-Vergabe/uebersicht-und-rechtsgrundlagen.html, abgerufen am 08.12.2016.

Bundesministerium für Wirtschaft und Energie (BMWi), Öffentliches Beschaffungswesen: Wissenschaftlicher Beirat beim Bundesministerium für Wirtschaft und Technologie, in: https://www.bmwi.de/BMWi/Redaktion/PDF/Publikationen/gutachten-2-2007,property=pdf,bereich=bmwi,sprache=de,rwb=true.pdf, abgerufen am 08.12.2016.

Bundesministerium für wirtschaftliche Zusammenarbeit und Entwicklung (BMZ), Umweltprogramm der Vereinten Nationen, in: http://www.bmz.de/de/was_wir_machen/wege/multilaterale_ez/akteure/uno/unep, abgerufen am 08.12.2016.

Bundesregierung, Deutsche Nachhaltigkeitsstrategie – Neuauflage 2016 (Entwurf 30.05.2016), in: https://www.bundesregierung.de/Content/DE/StatischeSeiten/Breg/Nachhaltigkeit/0-Buehne/2016-05-31-download-nachhaltigkeitsstrategie-entwurf.html?nn=437032, abgerufen am 08.12.2016.

Bundesregierung, Die nationale Nachhaltigkeitsstrategie, in: http://www.bundesregierung.de/Webs/Breg/DE/Themen/Nachhaltigkeitsstrategie/1-die-nationale-nachhaltigkeitsstrategie/nachhaltigkeitsstrategie/_node.html, abgerufen am 08.12.2016.

Burgi, Martin, Ökologische und soziale Beschaffung in künftigen Vergaberecht: Kompetenzen, Inhalte, Verhältnismäßigkeit in: Tagungsband 16. Düsseldorfer Vergaberechtstag, S. 50–65, in: https://broschueren.nordrheinwestfalendirekt.de/herunterladen/der/datei/16-du-sseldorfer-vergaberechtstag-online-version-pdf/von/16-duesseldorfer-vergaberechtstag/vom/mweimh/2167, abgerufen am 08.12.2016.

"Clean Fleets" Projekt, Berechnungshilfe der über die Lebensdauer von Straßenverkehrsfahrzeugen anfallenden externen Kosten, in: http://www.clean-fleets.eu/fileadmin/files/documents/Publications/LCC_tool_Aug_2015/Clean_Fleets_LCC_tool_-_EN.xlsm, abgerufen am 09.12.2016.

Clement, Simon/Erdmenger, Christoph/Ochoa, Amalia, Eco-Procurement: The Path to a Greener Marketplace, in: http://archive.sustainable-procurement.org/fileadmin/files/Other_publications/RELIEF_results.pdf, abgerufen am 08.12.2016.

Das Gabler Wirtschaftslexikon, Aggregation, in: http://wirtschaftslexikon.gabler.de/Archiv/55812/aggregation-v12.html, abgerufen am 08.12.2016.

Davis Langdon Management Consulting, Life cycle costing (LCC) as a contribution to sustainable construction: a common methodology – Final Report, in: http://ec.europa.eu/DocsRoom/documents/5054/attachments/1/translations/en/renditions/native, abgerufen am 08.12.2016.

Davis Langdon Management Consulting, Life cycle costing (LCC) as a contribution to sustainable construction: a common methodology, in: http://www.tmb.org.tr/arastirma_yayinlar/LCC_draft-methodology.pdf, abgerufen 08.12.2016

Dörr, Oliver/Hoffjan, Andreas, Die Bedeutung der Verordnung PR Nr. 30/53 über die Preise bei öffentlichen Aufträgen, in: https://www.bmwi.de/BMWi/Redaktion/PDF/Publikationen/Studien/die-bedeutung-der-verordnung-pr-nr-30-53-ueber-die-preise-bei-oeffentlichen-auftraegen,property=pdf,bereich=bmwi2012,sprache=de,rwb=true.pdf, abgerufen am 08.12.2016.

Editors of Encyclopædia Britannica (Ed.), Encyclopaedia Britannica, Cost, Chicago 2017, in: http://www.britannica.com/topic/cost, abgerufen am 08.12.2016.

Europäische Kommission, Green Public Procurement, in: http://ec.europa.eu/environment/gpp/index_en.htm, abgerufen am 08.12.2016.

Europäische Kommission, Life-cycle costing, in: http://ec.europa.eu/environment/gpp/lcc.htm, abgerufen am 08.12.2016.

Europäische Kommission, Lifetime cost tool-box, in: http://ec.europa.eu/transport/themes/urban/vehicles/directive/toolbox_en.htm, abgerufen am 08.12.2016.

Europäische Kommission, Public Procurement Indicators 2015, Brüssel 2016, in: http://ec.europa.eu/DocsRoom/documents/20679, abgerufen am 09.09.2017.

Europäische Kommission, Umweltorientierte Beschaffung! Ein Handbuch für ein umweltorientiertes öffentliches Beschaffungswesen, 2. Aufl. 2011, in: http://ec.europa.eu/environment/archives/gpp/buying_green_handbook_2011_de.pdf, abgerufen am 08.12.2016.

Europäische Kommission, Umweltorientierte Beschaffung! Ein Handbuch für ein umweltorientiertes öffentliches Beschaffungswesen, 3. Aufl. 2016, in: http://ec.europa.eu/environment/gpp/pdf/handbook_2016_de.pdf, abgerufen am 08.12.2016.

Europäische Kommission, Umweltorientierte Beschaffung! Ein Handbuch für ein umweltorientiertes öffentliches Beschaffungswesen, 1. Aufl. 2004, in: http://ec.europa.eu/environment/archives/gpp/buying_green_handbook_de.pdf, abgerufen am 08.12.2016.

Eurostat, Sustainable development in the European Union – 2015 monitoring report of the EU Sustainable Development Strategy, Luxemburg 2015, http://ec.europa.eu/eurostat/documents/3217494/6975281/KS-GT-15-001-EN-N.pdf/5a20c781-e6e4-4695-b33d-9f502a30383f, abgerufen am 08.12.2016.

Forum Vergabe e.V., Erläuterungen zu der Vergaberichtlinie für klassische öffentliche Auftraggeber der EU-Kommission, in: http://www.forum-vergabe.de/

fileadmin/user_upload/Rechtsvorschriften/Annahme_Modernisierung/Erlaeu terungen_Klassische_Auftraggeber_01.pdf, abgerufen am 08.12.2016.

Forum Vergabe e.V., Sechzehnte forum vergabe Gespräche 2013, in: http://www.forum-vergabe.de/fileadmin/user_upload/Schriftenreihe/Dokumentationsband_16._forum_vergabe_Gespraeche_gek.pdf, abgerufen am 08.12.2016

GfK Verein, Pressemitteilung: Nachhaltigkeit – in vieler Munde und in immer mehr Köpfen, Nürnberg 2013, http://www.gfk-verein.org/sites/default/files/medien/34/dokumente/pm_gfk_verein_nachhaltigkeit_13_dt.pdf; abgerufen am 08.12.2016

Grießhammer, Rainer/Benoît, Catherine/Dreyer, Louise/Flysjö, Anna/Manhart, Andreas/Mazijn, Bernard/Méthot, Andrée-Lise /Weidem, Bo, Feasibility Study: Integration of social aspects into LCA, Freiburg i.Br. 2006, in: http://www.saiplatform.org/uploads/Library/UNEP-SETACLifeCycleInitiativeTFon-SocialIssues-FeasibilityStudy.pdf, abgerufen am 08.12.2016.

Grober, Ulrich, Der Erfinder der Nachhaltigkeit, Die Zeit vom 25.11.1999, in: http://www.zeit.de/1999/48/Der_Erfinder_der_Nachhaltigkeit, abgerufen am 07.12.2016

Grober, Ulrich, Tiefe Wurzeln: Eine Kleine Begriffsgeschichte von ‚Sustainable Development' – Nachhaltigkeit, Natur und Kultur 2002, S. 116–128 in: http://www.umweltethik.at/wp/wp-content/uploads/GroberTiefeWurzeln.pdf, abgerufen am 08.12.2016.

Grossarth, Jan/Plickert, Philip, 20 Jahre nach „Rio 1992" – Gemischte Bilanz der Weltenretter, FAZ vom 21.06.2012, in: http://www.faz.net/aktuell/wirtschaft/20-jahre-nach-rio-1992-gemischte-bilanz-der-weltenretter-11793288.html, abgerufen am 08.12.2016

Hofmann, Markus, Rio+20 – Den alten Geist von Rio wiederbeleben, NZZ vom 20.6.2012, in: http://www.nzz.ch/den-alten-geist-von-rio-wiederbeleben-1.17261473, abgerufen am 08.12.2016

ICLEI European Secretariat GmbH (ICLEI), Clean Fleets – Useful Links, in: http://www.clean-fleets.eu/about-clean-fleets/useful-links/, abgerufen am 08.12.2016.

ICLEI European Secretariat GmbH (ICLEI), RELIEF – European research project on green procurementt, in: http://www.iclei-europe.org/products-activities/?cmd=view&aid=74, abgerufen am 08.12.2016.

Industrie- und Handelskammer Nürnberg für Mittelfranken, Lexikon der Nachhaltigkeit, Nachhaltigkeit, in: https://www.nachhaltigkeit.info/artikel/nachhaltig keit_1398.htm, abgerufen am 08.12.2016.

Industrie- und Handelskammer Nürnberg für Mittelfranken, Lexikon der Nachhaltigkeit, Nachhaltigkeit, Brundtland Bericht, in: https://www.nachhaltigkeit.info/artikel/brundtland_report_563.htm, abgerufen am 08.12.2016.

Institute of Environmental Sciences, Leiden University (CML), D20 Blue Paper on Life Cycle Sustainability Analysis, in: http://www.leidenuniv.nl/cml/ssp/publi cations/calcas_report_d20.pdf, abgerufen am 08.12.2016.

IWW Institut für Wissen in der Wirtschaft GmbH, Autokauf – Nutzungsvergütung richtig berechnen, in: http://www.iww.de/asr/archiv/autokauf-nutzungsvergue tung-richtig-berechnen-f39214, abgerufen am 19.08.2017.

Jasper, Ute, Leistungsbeschreibung und Zuschlagskriterien im künftigen Vergaberecht in: Tagungsband 16. Düsseldorfer Vergaberechtstag, S. 40–51, in: https://broschueren.nordrheinwestfalendirekt.de/herunterladen/der/datei/16-du-ssel dorfer-vergaberechtstag-online-version-pdf/von/16-duesseldorfer-vergabe rechtstag/vom/mweimh/2167, abgerufen am 08.12.2016.

Jobse, Carolien/Dimitri, Nicola, LCC-calculations and the principles of public procurement, in: https://underpinn.portals.mbs.ac.uk/Portals/70/docs/2.1%20-%20 Jobse%20&%20Dimitri%20-%20LCC%20calculations%20v1%200.pdf, abgerufen am 08.12.2016.

Klöpffer, Walter, Life-Cycle Based Sustainability Assessment as Part of LCM, in: Proceedings of the 3rd International Conference on Life Cycle Management, Zürich 27.-29.08.2007, in: http://www.lcm2007.org/presentation/Mo_3.06-Kloepffer.pdf, abgerufen am 08.12.2016.

Koch, Hans-Joachim et al., Sachverständigenrat für Umweltfragen (SRU) (Hrsg.): Umweltgutachten 2008 – Umweltschutz im Zeichen des Klimawandels, Berlin 2008, in: http://www.umweltrat.de/SharedDocs/Downloads/DE/01_ Umweltgutachten/2008_Umweltgutachten_BTD.pdf?__blob=publicationFile, abgerufen am 08.12.2016.

Life Cycle Initiative, Life Cycle Sustainability Assessment, in: http://www.life cycleinitiative.org/starting-life-cycle-thinking/life-cycle-approaches/life-cycle-sustainability-assessment/, abgerufen am 08.12.2016.

Lottermoser, Susanne, Öffentliche Beschaffung unter dem Einfluss von Innovation und Umweltschutz in: Forum Vergabe e.V., 13. Badenweiler Gespräche, S. 155 ff. in: http://www.forum-vergabe.de/fileadmin/user_upload/Downloads/Baden weiler_Dokuband_ohne_Bilder_und_TN.pdf, abgerufen am 08.12.2016.

Mill, John Stuart, Principles of Political Economy with some of their Applications to Social Philosophy, London 1909, in: http://www.econlib.org/library/Mill/mlP61.html, abgerufen am 08.12.2016.

McKinsey & Company, Inc./Bundesministeriums für Umwelt, Naturschutz und Reaktorsicherheit (BMUB) (Hrsg.): „Potenziale der öffentlichen Beschaffung für ökologische Industriepolitik und Klimaschutz“, 2008, in: http://www.bmub.bund.de/fileadmin/Daten_BMU/Download_PDF/Produkte_und_Umwelt/mckinseystudie.pdf, abgerufen am 08.12.2016.

Minestrini, Stefania, EC project on Life Cycle Costing calculation tool, Stockholm 28-29.04.2015, in: http://ec.europa.eu/environment/gpp/pdf/28_04_2015/6_LCC.pdf, abgerufen am 08.12.2016.

Möller, Martin/Statmann, Britta/Gröger, Jens/Umweltbundesamt (Hrsg.): Umweltfreundliche Beschaffung: Schulungsskript 5 – Einführung in die Berechnung von Lebenszykluskosten und deren Nutzung im Beschaffungsprozess, Dessau-Roßlau 2012, in: https://www.umweltbundesamt.de/sites/default/files/medien/378/publikationen/umweltfreundliche_beschaffung_script_5.pdf, abgerufen am 08.12.2016.

Nestlé Nespresso S.A., AAA: Die langfristige Verpflichtung von Nespresso gegenüber den Bauern, in: http://www.nespresso.com/ecolaboration/de/de/article/8/1899/aaa-die-langfristige-verpflichtung-von-nespresso-gegenuber-den-bauern.html, abgerufen am 08.12.2016.

Neusüß, Peter, Keine Pflicht zur Veröffentlichung der Bewertungsmethode, Vergabeblog.de vom 21.08.2016, Nr. 27080, in: http://www.vergabeblog.de/2016-08-21/keine-pflicht-zur-veroeffentlichung-der-bewertungsmethode-eugh-urt-v-14-07-2016-c-615-tns-dimarso/, abgerufen am 08.12.2016.

o.V., Der legendäre „Erdgipfel“ von Rio 1992, Hamburger Abendblatt vom 13.06.12, in: www.abendblatt.de/ratgeber/wissen/article2306532/Der-legendaere-Erdgipfel-von-Rio-1992.html, abgerufen am 08.12.2016.

o.V., Festival der Heuchelei, Der Spiegel 18.05.1992, in: http://www.spiegel.de/spiegel/print/d-13688465.html, abgerufen am 08.12.2016.

o.V., ReCiPe Methode für Wirkungsabschätzungen, in: http://www.lcia-recipe.net/, abgerufen am 08.12.2016.

o.V., Rio+20: Umweltschützer beklagen mangelhaftes Gipfelergebnis, Der Spiegel vom 22.06.2012, in: http://www.spiegel.de/wissenschaft/natur/uno-gipfel-rio-20-endet-enttaeuschend-a-840423.html, abgerufen am 08.12.2016.

Ochoa, Amalia/Erdmenger, Christoph, Study contract to survey the state of play of green public procurement in the European Union, Final report, Freiburg, in: http://www2.medioambiente.gov.ar/ciplycs/documentos/archivos/Archivo_142.pdf, abgerufen am 08.12.2016.

OECD Environment Directorate, OECD Key Environmental Indicators, Paris 2008, in: https://www.oecd.org/env/indicators-modelling-outlooks/37551205.pdf, abgerufen am 08.12.2016.

OGC – the UK Office of Government Commerce, Procurement Guide: 07 – Whole-life costing and cost management, London 2007, in: http://www.ciseco.it/Ricerca/whole%20life%20costing.pdf, abgerufen am 08.12.2016.

Öko-Institut e.V./ICLEI, Costs and Benefits of Green Public Procurement in Europe, in: http://ec.europa.eu/environment/gpp/pdf/eu_recommendations_1.pdf, abgerufen am 08.12.2016.

ÖKO-TEST Verlag GmbH, Kaffeekapseln: Die Müllmacher, S. 37, in: http://www.oekotest.de/cgi/index.cgi?artnr=102798&bernr=04, abgerufen am 08.12.2016.

Organisation for Economic Co-operation and Development (OECD), Procurement – Key Performance Indicators, in: http://www.oecd.org/gov/ethics/procurement-key-performance-indicators.htm, abgerufen am 08.12.2016.

Ortner, Roderic, Strenge Rechtsprechung des OLG Düsseldorf zur Transparenzpflicht der Bewertungsmethode nach EuGH-Entscheidung nicht mehr haltbar, Vergabeblog.de vom 25.09.2016, in: http://www.vergabeblog.de/2016-09-25/strenge-rechtsprechung-des-olg-duesseldorf-zur-transparenzpflicht-der-bewertungsmethode-nach-eugh-entscheidung-nicht-mehr-haltbar/, abgerufen am 08.12.2016.

Ortner, Roderic, Vergabesenat bekräftigt hohe Transparenzanforderungen an Bewertungsmatrix, Vergabeblog.de vom 22/02/2016; in: http://www.vergabeblog.de/2016-02-22/vergabesenat-bekraeftigt-hohe-transparenzanforderungen-bewertungsmatrix-olg-duesseldorf-beschl-v-16-12-2015-vii-verg-2515/, abgerufen am 08.12.2016.

Perera, Oshani/Morton, Barbara/Perfrement, Tina, Life Cycle Costing in Sustainable Public Procurement: A white paper from IISD, Winnipeg 2009, in: https://www.iisd.org/pdf/2009/life_cycle_costing.pdf, abgerufen am 08.12.2016.

Perras, Arne, Der entzauberte Gipfel, Süddeutsche Zeitung vom 05.09.2002, in: http://www.sueddeutsche.de/wissen/kommentar-der-entzauberte-gipfel-1.634572, abgerufen am 08.12.2016

Pfarr, Valeska, OLG Düsseldorf: Bewertung des Preises mit 90 % vergaberechtswidrig?, Vergabeblog.de v. 10.05.2013, Nr. 15182, in: http://www.vergabeblog.de/2013-05-10/olg-dusseldorf-bewertung-des-preises-mit-90-vergaberechtswidrig-09-01-2013-verg-3312/, abgerufen am 08.12.2016.

Polzin, Jürgen, „Geist von Rio" bei Umweltkonferenz nicht mehr zu spüren, Der Westen vom 19.06.2012, in: http://www.derwesten.de/politik/geist-von-rio-bei-umweltkonferenz-nicht-mehr-zu-spueren-id6785045.html, abgerufen am 08.12.2016.

Pretato, Ugo/Rillo, Elia/Studio Fieschi & soci S.r.l. (Hrsg.): Update on Life Cycle Costing (LCC) project, Amsterdam 2016, in: http://ec.europa.eu/environment/gpp/pdf/20_04_2016/6_LCC_Tool.pdf, abgerufen am 08.12.2016

Rat für Nachhaltige Entwicklung, Jahreskonferenz des RNE: Unterschiedliche Bewertungen von Rio+20, in: http://www.nachhaltigkeitsrat.de/aktuelles/news-nachhaltigkeit-archiv/20.12/2012-07-05/jahreskonferenz-des-rne-unterschiedliche-bewertungen-von-rio-20/, abgerufen am 08.12.2016.

Rat für Nachhaltige Entwicklung, Was ist Nachhaltigkeit?, in: http://www.nachhaltigkeitsrat.de/nachhaltigkeit/?size=1%C3%82%C2%A8blstr%3D0, abgerufen am 08.12.2016.

Rat für Nachhaltige Entwicklung, Weltgipfel Rio +20 – Rio 2012, in: http://www.nachhaltigkeit.info/artikel/weltgipfel_rio_20_rio_de_janeiro_2012_1419.htm, abgerufen am 08.12.2016.

Renda, Andrea/Pelkmans, Jacques/Egenhofer, Christian/Schrefler, Lorna/Luchetta, Giacomo/Selçuki, Can/Ballesteros, Jesus/Zirnhel, Anne-Claire, The Uptake of Green Public Procurement in the EU 27, Brüssel 2012, in: http://ec.europa.eu/environment/gpp/pdf/CEPS-CoE-GPP%20MAIN%20REPORT.pdf, abgerufen am

08.12.2016 bzw. die Anhänge in: http://ec.europa.eu/environment/gpp/pdf/CEPS-CoE-GPP%20ANNEXES.pdf, abgerufen am 07.12.2016.

Saphir, Robert/Umweltbundesamt (Hrsg.): Umweltfreundliche Beschaffung: Schulungsskript 1, Grundlagen der umweltfreundlichen öffentlichen Beschaffung 2015, Dessau-Roßlau 2015, in: https://www.umweltbundesamt.de/sites/default/files/medien/378/publikationen/umweltfreundliche_beschaffung_script_1.pdf, abgerufen am 08.12.2016

Schmidt, Helmut, Aus Rio kommt die Rettung nicht, Die Zeit vom 12.06.1992, in: http://www.zeit.de/1992/25/aus-rio-kommt-die-rettung-nicht, abgerufen am 08.12.2016.

Schmidt, Vanessa/Buchmüller, Christian/Falke, Iris/Schnutenhaus, Jörn/Umweltbundesamt (Hrsg.): Rechtsgutachten Umweltfreundliche öffentliche Beschaffung, Berlin 2014, in: https://www.umweltbundesamt.de/sites/default/files/medien/378/publikationen/texte_54_2014_rechtsgutachten_umweltfreundliche_beschaffung.pdf, abgerufen am 09.12.2016.

Secretariat of the Convention on Biological Diversity, Convention on Biological Diversity, in: https://www.cbd.int/doc/legal/cbd-en.pdf, abgerufen am 08.12.2016.

Semple, Abby, Reform of the EU Procurement Directives and WTO GPA: Forward Steps for Sustainability?, London 2012, in: https://papers.ssrn.com/sol3/Delivery.cfm/SSRN_ID2089357_code606015.pdf?abstractid=2089357&mirid=1, abgerufen am 08.12.2016.

SMART SPP consortium (Hrsg.)/Adell, Aure/Seebach, Dominik/Möller, Martin/ Tepper, Philipp, LCC-CO_2 tool user guide, in: http://www.smart-spp.eu/fileadmin/template/projects/smart_spp/files/Guidance/Final_versions/EN_SMART_SPP_Tool_User_Guide_2011_FINAL.pdf, abgerufen am 19.08.2017.

SMART SPP consortium, Guidance and tools developed through SMART SPP, in: http://www.smart-spp.eu/guidance, abgerufen am 19.08.2017.

Society of Environmental Toxicology and Chemistry (SETAC), in: https://www.setac.org, abgerufen am 08.12.2016.

Society of Environmental Toxicology and Chemistry (SETAC), SETAC's Mission, in: http://www.setac.org/?page=Mission, abgerufen am 08.12.2016.

Studio Fieschi & soci Srl/Scuola Superiore Sant'Anna, LCC calculation tool User's Guide, in: http://ec.europa.eu/environment/gpp/pdf/LCC_tool_user_guide_final.pdf, abgerufen am 08.12.2016.

Studio Fieschi & soci Srl/Scuola Superiore Sant'Anna, LCC calculation tool Technical Specifications, in: http://ec.europa.eu/environment/gpp/pdf/LCC_tool_technical_specifications.pdf, abgerufen am 08.12.2016.

Sylvest, Janne/Kröber, Robert/Jürgens, Olaf/Schermuly, Simon/Bendel, Yannik/Hauser, Christian/Kronthaler, Franz/Ludwig, Udo, Final Report: Cross Border Procurement Above EU Thresholds, European Commission, DG Internal Market and Services, Kopenhagen 2011, in: http://ec.europa.eu/internal_market/

publicprocurement/docs/modernising_rules/cross-border-procurement_en.pdf, abgerufen am 08.12.2016.

The SMART SPP consortium (Hrsg.)/Adell, Aure/Seebach, Dominik/Möller, Martin/ Tepper, Philipp, LCC-CO_2 tool user guide, in: http://www.smart-spp.eu/fileadmin/template/projects/smart_spp/files/Guidance/Final_versions/EN_SMART_SPP_Tool_User_Guide_2011_FINAL.pdf, abgerufen am 08.12.2016.

The SMART SPP consortium, Guidance and tools developed through SMART SPP, in: http://www.smart-spp.eu/guidance, abgerufen am 08.12.2016.

UNEP/SETAC Life Cycle Initiative, Guidelines for Social Life Cycle Assessment of Products, in: http://www.unep.fr/shared/publications/pdf/DTIx1164xPA-guidelines_sLCA.pdf; abgerufen am 09.12.2016.

UNEP/SETAC Life Cycle Initiative, in: http://www.lifecycleinitiative.org, abgerufen am 08.12.2016.

UNEP/SETAC Life Cycle Initiative, Towards a Life Cycle Sustainability Assessment, Making informed choices on products, in: http://www.unep.org/pdf/UNEP_LifecycleInit_Dec_FINAL.pdf; abgerufen am 09.12.2016.

United Nations (UN), Bericht des Weltgipfels für nachhaltige Entwicklung, Johannesburg 26.08.-04.09.2002, in: http://www.un.org/depts/german/conf/jhnnsbrg/a.conf.199-20.pdf, abgerufen am 08.12.2016.

United Nations (UN), Johannesburg Declaration on Sustainable Development, 04.09.2012, in: http://www.un-documents.net/jburgdec.htm, abgerufen am 08.12.2016.

United Nations (UN), Sustainable Development Goals – 17 Goals to Transform Our World, in: http://www.un.org/en/sustainablefuture/index.shtml, abgerufen am 08.12.2016.

United Nations Department of Economic and Social Affairs (DESA), UNEP-"Walderklärung", General Asembly, 14.08.1992, Report of the United Nations Conference on Environment and Development, Rio de Janeiro, 3-14 June 1992, Annex III: Non-Legally Binding Authoritative Statement of Principles for a Global Consensus on the Management, Conservation and Sustainable Development of all Types of Forests, in: http://www.un.org/documents/ga/conf151/aconf15126-3annex3.htm, abgerufen am 08.12.2016.

United Nations Environment Programme (UNEP), Rio Declaration on Environment and Development, in: http://www.unep.org/Documents.Multilingual/Default.asp?DocumentID=78&ArticleID=1163, abgerufen am 08.12.2016.

United Nations Environment Programme (UNEP), What is Sustainable Public Procurement?, in: http://www.unep.org/resourceefficiency/Consumption/SustainableProcurement/WhatisSustainablePublicProcurement/tabid/101245/Default.aspx, abgerufen 08.12.2016.

United Nations Framework Convention on Climate Change, in: https://unfccc.int/essential_background/convention/items/6036.php, abgerufen am 08.12.2016.

United Nations Framework Convention on Climate Change, Kyoto Protocol to the United Nations Framework Convention on Climate Change, in: http://unfccc.int/essential_background/kyoto_protocol/items/1678.php, abgerufen am 08.12.2016.

Upphandlingsmyndigheten (The National Agency for Public Procurement of Sweden), LCC Instrumente des Schwedischen Rates für Umweltmanagement (SEMCo), in: http://www.upphandlingsmyndigheten.se/en/subject-areas/lcc-tools/, abgerufen am 08.12.2016;

Upphandlingsmyndigheten (The National Agency for Public Procurement of Sweden), Life cycle cost calculation – professional refrigerators and freezers, in: http://www.upphandlingsmyndigheten.se/en/sustainable-public-procurement/sustainable-procurement-criteria/building-and-property/professional-kitchen/professional-refrigerators-and-freezers/life-cycle-cost-calculation---professional-refrigerators-and-freezers, abgerufen am 08.12.2016.

Upphandlingsmyndigheten (The National Agency for Public Procurement of Sweden), Life cycle costs for vending machines, in: http://www.upphandlings myndigheten.se/en/sustainable-public-procurement/sustainable-procurement-criteria/food/vending-incl.-coffee-vending-machines/vending-machines-only/life-cycle-costs, abgerufen am 08.12.2016.

Wegweiser GmbH Berlin/TU Berlin/Orrick Hölters & Elsing, „Einkäufer Staat" als Innovationstreiber, in: https://www.vergabe24.de/fileadmin/dateien/Dokumente/Downloads/Studie_Staat_als_Innovationstreiber.pdf; abgerufen am 08.12.2016.

Zimmermann, Kerstin, Anwendung des Leitfadens Nachhaltiges Bauen und des Bewertungssystems Nachhaltiges Bauen (BNB) in den Bundesbauverwaltungen, in: http://www.nachhaltigesbauen.de/fileadmin/Netzwerk_NB/pdf/Men%C3%BCpunkt_Unterrichtsmaterialien/13_Zusatzmodul_Lebenszyklus kosten.pdf, abgerufen am 08.12.2016.

Verzeichnis anderer Quellen

British Standards Institution: BS 5760-20:1997, IEC 60300-3-4:1996, Reliability of systems, equipment and components. Guide to the specification of dependability requirements (zit.: BS 5760:1997)

British Standards Institution: BS 3811:1993, Glossary of terms used in terotechnology (zurückgenommen am 13.12.2011) (zit.: BS 3811:1993)

DIN 18960:2008-02, Nutzungskosten im Hochbau (zit.: DIN 18960:2008-02 Nutzungskosten im Hochbau, S.)

DIN 276-1:2008-12, Kosten im Bauwesen – Teil 1: Hochbau (zit.: DIN 276-1:2008-12 Kosten im Bauwesen – Teil 1: Hochbau, S.)

DIN EN ISO 14040:2006-10, Umweltmanagement – Ökobilanz – Grundsätze und Rahmenbedingungen; Deutsche und Englische Fassung EN ISO 14040:2006 (zit.: DIN EN ISO 14040:2006-10, Umweltmanagement – Ökobilanz – Grundsätze und Rahmenbedingungen, S.)

DIN EN ISO 14040:2009-11, Umweltmanagement – Ökobilanz – Grundsätze und Rahmenbedingungen; Deutsche und Englische Fassung EN ISO 14040:2006 (zit.: DIN EN ISO 14040:2009-11, Umweltmanagement – Ökobilanz – Grundsätze und Rahmenbedingungen, S.)

Rechtsprechungsverzeichnis

Datum und Art der Entscheidung	Aktenzeichen, ggf. Name der Entscheidung	Fundstelle
Europäischer Gerischtshof (EuGH)		
EuGH, Urt. v. 14.07.2016	Rs. C-6/15 – *TNS Dimarso*	EU:C:2016:555
EuGH, Urt. v. 17.11.2015	Rs. C-115/14 – *RegioPost*	EU:C:2015:760
EuGH, Urt. v. 18.09.2014	Rs. C- 549/13 – *Bundesdruckerei*	EU:C:2014:2235
EuGH, Urt. v. 10.04.2014	Rs. C-115/13 – *Kommission/ Ungarn*	EU:C:2014:253
EuGH, Urt. v. 10.05.2012	Rs. C-368/10 – *Max Havelaar*	EU:C:2012:284
EuGH, Urt. v. 29.03.2012	Rs. C-599/10 – *SAG ELV Slovensko u.a.*	EU:C:2012:191
EuGH, Urt. v. 12.07.2011	Rs. C-324/09 – *L'Oréal SA u.a.*	EU:C:2011:474
EuGH, Urt. v. 18.11.2010	Rs. C-226/09 – *Kommission/ Irland*	EU:C:2010:697
EuGH, Urt. v. 08.07.2010	Rs. C-171/08 – *Goldene Aktien*	EU:C:2010:412
EuGH, Urt. v. 23.12.2009	Rs. C-376/08 – *Serrantoni und Consorzio stabile edili*	EU:C:2009:808
EuGH, Urt. v. 16.12.2008	Rs. C-213/07 – *Michaniki*	EU:C:2008:731
EuGH, Urt. v. 03.12.2008	Rs. C-346/06 – *Rüffert*	EU:C:2008:189
EuGH, Urt. v. 19.06.2008	Rs. C-454/06 – *Pressetext*	EU:C:2008:351
EuGH, Urt. v. 15.05.2008	Rs. C-147/06 – *SECAP und Santorso*	EU:C:2008:277
EuGH, Urt. v. 18.12.2007	Rs. C- 341/05 – *Laval un Partneri*	EU:C:2007:809
EuGH, Urt. v. 13.11.2007	Rs. C-507/03 – *An Post*	EU:C:2007:676
EuGH, Urt. v. 22.03.2007	Rs. C-383/05 – *Talotta*	EU:C:2007:181
EuGH, Urt. v. 18.01.2007	Rs. C-313/05 – *Brzeziński*	EU:C:2007:33
EuGH, Urt. v. 06.04.2006	Rs. C-410/04 – *ANAV/Bari*	EU:C:2006:237
EuGH, Urt. v. 27.10.2005	Rs. C-234/03 – *Contse u.a.*	EU:C:2005:644
EuGH, Urt. v. 13.10.2005	Rs. C-458/03 – *Parking Brixen*	EU:C:2005:605
EuGH, Urt. v. 06.10.2005	Rs. C-204/03 – *FENIN/ Kommission*	EU:C:2005:588
EuGH, Urt. v. 21.07.2005	Rs. C-231/03 – *Coname*	EU:C:2005:487
EuGH, Urt. v. 14.12.2004	Rs. C-210/03 – *Swedish Match*	EU:C:2004:802

Datum und Art der Entscheidung	**Aktenzeichen, ggf. Name der Entscheidung**	**Fundstelle**
EuGH, Urt. v. 07.10.2004	Rs. C-247/02 – *Sintesi*	EU:C:2004:593
EuGH, Urt. v. 29.04.2004	Rs. C-496/99 P – *Kommission/ CAS Succhi di Frutta*	EU:C:2004:236
EuGH, Urt. v. 11.12.2003	Rs. C-322/01 – *Deutscher Apothekerverband*	EU:C:2003:664
EuGH, Urt. v.04.12.2003	Rs. C-448/01 – *EVN und Wienstrom*	EU:C:2003:651
EuGH, Urt. v. 06.11.2003	Rs. C-243/01 – *Gambelli u.a.*	EU:C:2003:597
EuGH, Urt. v. 27.02.2003	Rs. C-327/00 – *Santex*	EU:C:2003:109
EuGH, Urt. v. 17.09.2002	Rs. C-513/99 – *Concordia Bus Finland*	EU:C:2002:495
EuGH, Urt. v. 07.03.2002	Rs. C-310/99 – *Italien/ Kommission*	EU:C:2002:143
EuGH, Urt. v. 13.12.2001	*Rs. C-324/99 – DaimlerChrysler*	EU:C:2001:682
EuGH, Urt. v. 18.10.2001	Rs. C-19/00 – *SIAC Construction*	EU:C:2001:553
EuGH, Urt. v. 08.12.2000	Rs. C-324/98 – *Telaustria und Telefonadress*	EU:C:2000:669
EuGH, Urt. v. 26.09.2000	Rs. C-225/98 – *Nord-Pas-de-Calais*	EU:C:2000:494
EuGH, Urt. v. 26.09.2000	Rs. C-262/97 – *Engebrecht*	EU:C:2000:492
EuGH, Urt. v. 04.07.2000	Rs. C-387/97 – *Kommission/ Griechenland*	EU:C:2000:356
EuGH, Urt. v. 18.11.1999	Rs. C-275/98 – *Unitron Scandinavia und 3-S*	EU:C:1999:567
EuGH, Urt. v. 14.09.1999	Rs. C- 391/97 – *Gschwind*	EU:C:1999:409
EuGH, Urt. v.07.05.1998	Rs. C-150/96 – *Clean Car Autoservice/ Landeshauptmann von Wien*	EU:C:1998:205
EuGH, Urt. v. 28.04.1998	Rs. C-120/95 – *Decker/ Caisse de maladie des employés privés*	EU:C:1998:167
EuGH, Urt. v. 12.07.1997	Rs. C-266/95 – *Merino García / Bundesanstalt für Arbeit*	EU:C:1997:292
EuGH, Urt. v. 26.06.1997	Rs. C-368/95 – *Vereinigte Familiapress Zeitungsverlags- und Vertriebs GmbH / Bauer Verlag*	EU:C:1997:325
EuGH, Urt. v. 25.04.1996	Rs. C-87/94 – *Wallonische Busse*	EU:C:1996:161

Datum und Art der Entscheidung	Aktenzeichen, ggf. Name der Entscheidung	Fundstelle
EuGH, Urt. v. 30.11.1995	Rs. C-55/94 – *Gebhard/ Consiglio dell'Ordine degli Avvocati e Procuratori di Milano*	EU:C:1995:411
EuGH, Urt. v. 14.02.1995	Rs. C- 279/93 – *Finanzamt Köln-Altstadt/ Schumacker*	EU:C:1995:31
EuGH, Urt. v. 14.09.1994	Rs. C-42/93 – *Spanien/ Kommission*	EU:C:1994:326
EuGH, Urt. v. 26.04.1994	Rs. C-272/91 – *Kommission/ Italien*	EU:C:1994:167
EuGH, Urt. v. 24.11.1993	Rs. C-267/91 – *Keck und Mithouard*	EU:C:1993:905
EuGH, Urt. v. 22.06.1993	Rs. C-359/93 – *Kommission/ Niederlande*	EU:C:1995:14
EuGH, Urt. v. 22.06.1993	Rs. C-243/89 – *Storebælt*	EU:C:1993:257
EuGH, Urt. v. 03.06.1992	Rs. C-360/89 – *Kommission/ Italien*	EU:C:1992:235
EuGH, Urt. v. 25.07.1991	Rs. C-76/90 – *Säger/ Dennemeyer*	EU:C:1991:331
EuGH, Urt. v. 25.07.1991	Rs. C-288/89 – *Gouda*	EU:C:1991:323
EuGH, Urt. v. 11.07.1991	Rs. C-351/88 – *Laboratori Bruneau/ USL RM/24 di Monterotondo*	EU:C:1991:304
EuGH, Urt. v. 07.05.1991	Rs. C-340/89 – *Vlassopoulou/ Ministerium für Justiz, Bundes- u. Europaangelegenheiten Baden-Württemberg*	EU:C:1991:193
EuGH, Urt. v. 21.03.1991	Rs. C-305/89 – *Kommission/ Italien*	EU:C:1991:142
EuGH, Urt. v. 21.03.1991	Rs. C-303/88 – *Kommission/ Italien*	EU:C:1991:136
EuGH, Urt. v. 20.03.1990	Rs. C-21/88 – *Du Pont de Nemours Italiana/ USL di Carrara*	EU:C:1990:121
EuGH, Urt. v. 13.12.1989	Rs. C-322/88 – *Grimaldi/ Fonds des Maladies Professionnelles*	EU:C:1989:646
EuGH, Urt. v. 05.12.1989	Rs. C-3/88 – *Kommission/ Italien*	EU:C:1989:606
EuGH, Urt. v. 20.09.1988	Rs. C-31/87 – *Beentjes*	EU:C:1998:508

Datum und Art der Entscheidung	Aktenzeichen, ggf. Name der Entscheidung	Fundstelle
EuGH, Urt. v. 02.09.1988	Rs. C-45/87 – *Dundalk*	EU:C:1988:435
EuGH, Urt. v. 18.11.1987	Rs. C-137/85 – *Maizena/ BALM*	EU:C:1987:493
EuGH, Urt. v. 14.10.1987	Rs. C-278/85 – *Kommission/ Dänemark*	EU:C:1987:439
EuGH, Urt. v. 09.07.1987	Rs. C-27 bis 29/86 – *CEI und Bellini*	EU:C:1987:355
EuGH, Urt. v. 24.02.1987	Rs. C-310/85 – *Deufil/ Kommission*	EU:C:1987:96
EuGH, Urt. v. 10.04.1984	Rs. C-14/83 – *von Colson und Kamann/ Land Nordrhein-Westfalen*	EU:C:1984:153
EuGH, Urt. v. 10.04.1984	Rs. C-79/83 – *Harz/Deutsche Tradax*	EU:C:1984:155
EuGH, Urt. v. 17.12.1981	Rs. C-279/80 – *WEBB*	EU:C:1981:314
EuGH, Urt. v. 08.10.1980	Rs. C-810/79 – *Überschär*	EU:C:1980:228
EuGH, Urt. v. 05.04.1979	Rs. C-148/78 – *Ratti*	EU:C:1979:110
EuGH, Urt. v. 20.02.1979	Rs. C-120/78 – *Cassis-de-Dijon*	EU:C:1979:42
EuGH, Urt. v. 20.05.1976	Rs. C-111/75 – *Mazzalai/ Ferrovia del Renon*	EU:C:1976:68
EuGH, Urt. v.18.06.1975	Rs. C-94/74 – *IGAV/ Ente nazionale per la Cellulosa*	EU:C:1975:81
EuGH, Urt. v. 11.07.1974	Rs. C-87/74 – *Dassonville*	EU:C:1974:82
EuGH, Urt. v. 12.02.1974	Rs. C-152/73 – *Sotgiu/ Deutsche Bundespost*	EU:C:1974:13

Schlussanträge EuGH

Schlussanträge GA Campos Sánchez-Bordona v. 21.01.2016	Rs. C-27/15 – *Pizzo*	EU:C:2016:48
Schlussanträge GA Maciej Szpunar v. 16.07.2015	Rs. C-340/14 – *Trijber*	EU:C:2015:505
Schlussanträge GA Juliane Kokott v. 15.12.2011	Rs. C-368/10 – *Max Havelaar*	EU:C:2011:840
Schlussanträge GA Verica Trstenjak v. 11.02.2010	Rs. C-160/08 – *Kommission/ Deutschland*	EU:C:2010:67
Schlussanträge GA Christine Stix-Hackl Mischo v. 25.11.2003	Rs. C-222/02 – *Paul u.a.*	EU:C:2003:637

Datum und Art der Entscheidung	Aktenzeichen, ggf. Name der Entscheidung	Fundstelle
Schlussanträge GA Jean Mischo v. 27.02.2003	Rs. C-448/01 – *EVN und Wienstrom*	EU:C:2003:121
Schlussanträge GA Jean Mischo v. 13.12.2001	Rs. C-513/99 – *Concordia Bus Finland*	EU:C:2001:686
Schlussanträge GA Philippe Léger, Schlussanträge v. 15.06.2000	Rs. C-94/99 – *ARGE*	EU:C:2000:330
Schlussanträge GA Siegbert Alber vom 14.03.2000	Rs. C-225/98 – *Nord-Pas-de-Calais*	EU:C:2000:121
Schlussanträge GA Marco Darmon v. 04.05.1988	Rs. C-31/87 – *Beentjes*	EU:C:1998:283

Gericht der Europäischen Union (EuG)

EuG, Urt. v. 20.05.2010	Rs. T-258/06 – *Kommission/ Deutschland*	EU: T:2010:214
EuG, Urt. v. 04.03.2003	Rs. T-319/99 – *FENIN*	EU: T:2003:50
EuG, Urt. v. 05.11.1997	Rs. T-149/95 (92) – *J. Richard Ducros/ Kommission*	EU: T:1997:165
EuG, Urt. v. 12.12.1996	Rs. T-380/94 – *AIUFASS und AKT/ Kommission*	EU: T:1996:195
EuG, Urt. v. 28.01.1990	Rs. T-14/96 – *BAI/ Kommission*	EU: T:1999:12

Bundesverfassungsgericht (BVerfG)

BVerfG, Urt. v. 22.02.2011	1 BvR 699/06	BVerfGE 128, 226
BVerfG, B. v. 23.04.2009	1 BvR 3424/08	juris
BVerfG, B. v. 11.07.2006	1 BvL 4/00	BVerfGE 116, 202–228
BVerfG, B. v. 13.06.2006	1 BvR 1160/03	BVerfGE 116, 135–163
BVerfG, B. v. 14.03.2006	1 BvR 2087/03	BVerfGE 115, 167, 227
BVerfG, B. v. 26.06. 2002	1 BvR 558/91, 1 BvR 1428/91	BVerfGE 105, 252–279
BVerfG, B. v. 26.06.2002	1 BvR 670/91	BVerfGE 105, 279–312
BVerfG, B. v. 26.05.1993	1 BvR 208/93	NJW 1993, 2035, 2037
BVerfG, B. v. 07.04.1992	1 BvR 1772/91	NJW 1992, 1675
BVerfG, B. v. 13.11.1990	1 BvR 275/90	BVerfGE 83, 82–88
BVerfG, B. v. 11.04.1967	1 BvL 25/64	BVerfGE 21, 292–306

Datum und Art der Entscheidung	Aktenzeichen, ggf. Name der Entscheidung	Fundstelle
Bundesgerichtshof (BGH)		
BGH, B. v. 04.04.2017	X ZB 3/17	NZBau 2017, 366
BGH, B. v. 07.01.2014	X ZB 15/13	BGHZ 199, 327–344
BGH, B. v. 23.01.2013	X ZB 8/11	NZBau 2013, 389
BGH, Urt. v. 15.01.2013	X ZR 155/10	NZBau 2013, 319
BGH, B. v. 08.02.2011	X ZB 4/10	BGHZ 188, 200–233
BGH, B. v. 26.09. 2006	X ZB 14/06	NZBau 2006, 800
BGH, B. v. 1.2.2005	X ZB 27/04	NZBau 2005, 290
BGH, B. v. 22. 03.1976	GSZ 2/75	BGHZ 67, 81–92, NJW 1976, 1941
Oberlandesgerichte (OLG)		
OLG Brandenburg, B. v. 19.12. 2011	Verg W 17/11	ZfBR 2012, 182
OLG Celle, Urt. v. 23.02.2016	13 U 148/15	NZBau 2016, 381
OLG Celle, B. v. 11.06.2015	13 Verg 4/15	BeckRS 2015, 11003
OLG Dresden, B. v. 27.11.2013	VII-Verg 20/13	NZBau 2014, 121, 124
OLG Dresden, B. v. 05.01. 2001	WVerg 11 u. 12/00	NZBau 2001, 459
OLG Düsselforf, B. v. 02.11.2016	VII-Verg 25/16	NZBau 2017, 116
OLG Düsseldorf, B. v. 15.06.2016	VII-Verg 49/15	IBRRS 2016, 2548; juris; NZBau 2016, 653
OLG Düsseldorf, B. v. 01.06.2016	VII-Verg 6/16	BeckRS 2016, 13257
OLG Düsseldorf, B. v. 16.12.2015	VII-Verg 25/15	NZBau 2016, 232; juris
OLG Düsseldorf, B. v. 21.10.2015	VII-Verg 28/14	NZBau 2016, 235; juris
OLG Düsseldorf, B. v. 29.04.2015	VII-Verg 35/14	NZBau 2015, 440
OLG Düsseldorf, B. v. 28.01.2015	VII-Verg 31/14	BeckRS 2015, 09750
OLG Düsseldorf, B. v. 24.09.2014	VII-Verg 17/14	NZBau 2015, 314
OLG Düsseldorf, B. v. 09.04.2014	VII-Verg 36/13	IBRRS 2015, 0276
OLG Düsseldorf, B. v. 22.01.2014	VII-Verg 26/13	NZBau 2014, 371

Datum und Art der Entscheidung	Aktenzeichen, ggf. Name der Entscheidung	Fundstelle
OLG Düsseldorf, B. v. 11.12.2013	VII-Verg 22/13	NZBau 2014, 374
OLG Düsseldorf, B. v. 11.12.2013	VII-Verg 22/13	NZBau 2014, 374
OLG Düsseldorf, B. v. 27.11.2013	VII-Verg 20/13	juris
OLG Düsseldorf, B. v. 19.06.2013	VII-Verg 8/13	ZfBR 2014, 85
OLG Düsseldorf, B. v. 09.01.2013	VII-Verg 33/12	BeckRS 2013, 4078
OLG Düsseldorf, B. v. 01.10.2012	VII-Verg 34/12	IBR 2013, 98
OLG Düsseldorf, B. v 21.05.2012	VII-Verg 3/12	BeckRS 2012, 15472
OLG Düsseldorf, B. v. 02.11.2011	VII-Verg 22/11	IBRRS 2011, 4833
OLG Düsseldorf, B. v. 09.03.2011	VII-Verg 52/10	IBR 2011, 353
OLG Düsseldorf, B. v. 30.10.2010	VII-Verg 39/10	IBRRS 2012, 4172
OLG Düsseldorf, B. v. 03.03.2010	VII-Verg 48/09	ZfBR 2013, 287
OLG Düsseldorf, B. v. 09.02.2009	VII-Verg 66/08	IBRRS 2009, 2205
OLG Düsseldorf, B. v. 25.05.2005	VII-Verg 8/05	VPRRS 2013, 291
OLG Düsseldorf, B. v. 15.05.2002	Verg 4/01	IBRRS 2002, 0838
OLG Düsseldorf, B. v. 29.12.2001	Verg 22/01	NZBau 2002, 578; VergabeR 2002, 267–274
OLG Dresden, B. v. 05.01.2011	WVerg 11 und 12/00	VergabeR 2001, 41–44
OLG Frankfurt a. M., B. v. 5.06.2012	11 Verg 4/12	NZBau 2012, 719
OLG Jena, B. v. 16.09.2013	9 Verg 3/13	IBRRS 2013, 3913
OLG Karlsruhe, B. v. 06.04.2011	15 Verg 3/11	juris
OLG Koblenz, B. v. 02.10.2012	1 Verg 4/12	JurionRS 2012, 24793
OLG München, B. v. 29.10.2013	Verg 11/13	VPR 2014, 21

Datum und Art der Entscheidung	Aktenzeichen, ggf. Name der Entscheidung	Fundstelle
OLG Naumburg, B. v. 05.12.2008	1 Verg 9/08	IBRRS 68486
Schleswig-Holsteinisches OLG, B. v. 24.01.2016	1 Verg 6/12	juris

Vergabekammern Bund (VK Bund)

1. VK Bund, B. v. 02.04.2014	VK 1-14/14	IBRRS 2014, 1854
1. VK Bund, B. v. 29.01.2014	VK 1-123/13	VPR 2014, 183
1. VK Bund, B. v. 10.04.2008	VK 1-33/08	IBRRS 2013, 2545
1. VK Bund, B. v. 10.08.2006	VK1-55/06	juris
1. VK Bund, B. v. 7.4.2004	VK 1-15/04	IBRRS 2014, 1082
1. VK Bund, B. v. 1.4.2004	VK 1-11/04	JurionRS 2004, 32438
1. VK Bund, B. v. 15.7.2003	VK 1-53/03	JurionRS 2003, 31266
2. VK Bund, B. v. 10.11.14	VK 2-89/14	VPRRS 2014, 0678
2. VK Bund, B. v. 24.10.2014	VK 2-85/14	ZfBR 2015, 414
2. VK Bund, B. v. 14.01.2014	VK 2-118/13	VPR 2014, 1019.
2. VK Bund, B. v. 12.12.2008	VK 2-136/08	VPRRS 2014, 0087
2. VK Bund, B. v. 10.06.2005	VK 2-36/05	JurionRS 2005, 22700
2. VK Bund, B. v. 04.03.2004	VK 2-134/03	JurionRS 2004, 32430
3. VK Bund, B. v. 04.07.2006	VK 3-60/06	JurionRS 2006, 20519
3. VK Bund, B. v. 29.06.2006	VK 3-39/06	juris
3. VK Bund, B. v. 29.06.2006	VK 3-48/06	JurionRS 2006, 20534
3. VK Bund, B. v. 19.4.2004	VK 3-44/04	JurionRS 2004, 42853
VK Bund, B. v. 03.03.2015	VK 1-4/15	IBRRS 2015, 1034

Vergabekammern (VK)

VK Brandenburg, B. v. 12.11.2008	VK 35/08	IBRRS 2009, 0804
VK Lüneburg, B. v. 07.10.2015	VgK-31/2015	IBRRS 2016, 0013
VK Lüneburg, B. v. 09.01.2015	VgK-44/2014	juris
VK Lüneburg, B. v. 29.10.2010	VgK-52/10	IBRRS 2011, 1150
VK Lüneburg, B. v. 13.05.2002	203-VgK-07/2002	IBRRS 2004, 3499
VK Niedersachsen, B. v. 17.03.2011	VgK-65/2010	IBRRS 2011, 1784
VK Nordbayern, B. v. 26.11.2015	21.VK-3194-39/15	IBRRS 2016, 0326

Datum und Art der Entscheidung	Aktenzeichen, ggf. Name der Entscheidung	Fundstelle
VK Nordbayern, B. v. 14.10.2009	21.VK-3194-45/09	juris
VK Sachsen, B. v. 07.05.2007	1/SVK/027-07	IBRRS 2007, 3216
VK Schleswig-Holstein, B. v. 22.01.2010	VK-SH 26/09	IBRRS 2010, 0409
VK Südbayern, B. v. 21.07.2008	Z3-3-3194-1-23-06/08	IBRRS 2009, 1277
VK Südbayern, B. v. 22.04.2013	Z3-3-3194-1-13-04/13	JurionRS 2013, 38054
VK Thüringen, B. v. 17.11.2008	250-4003.20-5125/2008-029-J	IBRRS 2008, 4010

www.ingramcontent.com/pod-product-compliance
Ingram Content Group UK Ltd.
Pitfield, Milton Keynes, MK11 3LW, UK
UKHW021925290926
8980IPUK00016B/1456